Palacký, František

Urkundliche Beiträge zur Geschliche Böhmens

Palacký, František

Urkundliche Beiträge zur Geschliche Böhmens

Inktank publishing, 2018

www.inktank-publishing.com

ISBN/EAN: 9783747766651

URKUNDLICHE BEITRÄGE

ZUR

GESCHICHTE BÖHMENS

UND

SEINER NACHBARLÄNDER

IM ZEITALTER GEORG'S VON PODIEBRAD

(1450 — 1471).

GESAMMELT UND HERAUSGEGEBEN

VON

FRANZ PALACKY.

WIEN.

AUS DER KAISERLICH-KÖNIGLICHEN HOF- UND STAATSDRUCKEREI.

1860.

Vorbericht.

Die Bekanntmachung dieser Sammlung von historischen Denkmälern hat einen doppelten Zweck: erstens der Erzählung, welche den vierten Band meiner Geschichte von Böhmen bildet, als urkundliche Grundlage zu dienen, und zweitens, zur Aufklärung einer nicht unwichtigen und doch bisher wenig bekannten geschichtlichen Periode überhaupt beizutragen.

Da der von gleichzeitigen Chronisten überlieferte historische Stoff über Georg von Podiebrad und sein Zeitalter überall gar zu dürftig und einseitig ist, so sah ich mich frühzeitig genöthigt, urkundlichen Denkmälern aus dieser Zeit in Archiven und Bibliotheken des In- und Auslandes nachzuforschen und eine Sammlung derselben anzulegen. In der That sind die nachfolgenden „Beiträge“ zu 1450—71 von mir in einem Zeitraume von nicht weniger als 36 Jahren (1824 bis 1859) zusammengebracht worden; freilich in Verbindung mit einer Menge anderer Denkmäler, welche frühere oder spätere Perioden der böhmischen Geschichte beleuchten.

Bei der Anlage dieser im Ganzen bisher zu einem ansehnlichen Umfange gediehenen Sammlung verfolgte ich ursprünglich nur subjective Zwecke: ich suchte überall solche Daten, welche zunächst meinem Bedürfnisse entsprachen und geeignet waren, meine Kenntniss der für Böhmens Geschichte wichtigen Thatsachen zu erweitern und zu festigen; was diesfalls andere Forscher gebracht, wurde weniger berücksichtigt, und eine absolute Vollständigkeit, als ohnehin kaum erreichbar, gar nicht angestrebt. Eine Bekanntmachung des von mir gewonnenen historischen Stoffes lag auch von jeher gar nicht in meiner Absicht; höchstens dass ich mich mit der Zeit entschloss, die in böhmischer Sprache gesammelten Briefe und Actenstücke, meist aus sprachlichen und literarischen Gründen, in den vier Bänden des „Archív český“ (Prag 1840—1846 in 4°.) zu veröffentlichen; ein Sammelwerk, dessen Fortsetzung seiner Zeit wegen Mangels an Unterstützung unterbleiben musste. Erst als im August 1858 von des Görlitzer Rathsherrn und Bürgermeisters Bartholomäus Scultetus (†1614) handschriftlichen Annales Gorlicenses der dritte, die Jahre 1450—1470 umfassende Band in meine Hände gerieth, kam mir der Gedanke, ob ich nicht gut thäte, diesen reichen und wahrlich mit Unrecht vergessenen historischen Schatz mit anderen Forschern, die doch jedenfalls nach mir kommen werden, zu theilen? Ich entschloss mich um so eher dazu, je bereitwilliger die historische Commission der kaiserlichen Akademie der Wissenschaften sich erwies, diese Bekanntmachung zu fördern. Erst da wurde von mir der Plan entworfen, dessen Verwirklichung der geneigte Leser im gegenwärtigen Bande der Fontes rerum Austriacarum vor sich hat. Alles urkundliche Material, in dessen Besitz ich gelangt war, sollte, soweit es die geschichtlichen Vorgänge betraf oder beleuchtete, daher mit Ausschluss aller blos privatrechtlichen Documente oder Verträge, in chronologischer Ordnung und in derjenigen Form mitgetheilt werden, in welcher ich es eben besass. Natürlich beschränkte sich diese Publication nur auf solche, die in lateinischer oder deutscher Sprache verfasst worden waren: die böhmisch geschriebenen Urkunden und Briefe, welche im Archiv český noch nicht haben veröffentlicht werden können, musste ich schon aus dem Grunde zurückhalten, weil es unmöglich war, ihnen die ausserhalb Böhmens gewöhnlich in Anspruch genommene deutsche Übersetzung beizufügen.

Zu dieser Darlegung der Umstände, unter welchen gegenwärtiges Buch entstanden ist, fand ich mich durch diejenigen Rücksichten bewogen, welche bekanntlich die gewöhnlichste Veranlassung aller Vorreden zu sein pflegen. Man schreibt letztere, um sich mit dem Leser über den Werth der Leistung zu verständigen und der Strenge des Urtheils über die Mängel derselben dadurch zuvorzukommen, dass man sie in vorhinein selbst gesteht und erklärt. So will auch ich erklären, was ich an diesem Werke als Mängel selbst ansehe und woher sie kommen. Der Leser möge dann entscheiden, ob ich dennoch berechtigt war, mit einem in vieler Hinsicht unvollkommenen Werke in die Öffentlichkeit zu treten.

Da ich mich bescheide, blosse „Beiträge“ zu liefern, so wird man hoffentlich auf Vollständigkeit der überlieferten

Quellen keinen Anspruch erheben und mir gleichwohl zugesehen, dass ich Aussagen aller Parteien mit gleichem Fleisse aufgesucht, keine vorsätzlich ausgeschlossen oder vernachlässigt habe. Der gegründetste Vorwurf, den man mir machen kann, wird der Mangel an gehöriger Haltung und die Ungleichheit sein, denen zufolge ich manche minder wichtige Urkunde ganz, andere, die mitunter von weit grösserem Interesse wären, nur in längeren oder kürzeren Auszügen, oft sogar in blosser Inhaltsanzeige mittheile. Darauf antworte ich, dass auch mir bei Benützung der Quellen, zumal in Archiven, die Zeit sehr ungleich zugemessen war und nicht immer die Copirung der ganzen Urkunden gestattete, mochte ihr Inhalt auch noch so wichtig und willkommen sein. Da bei den meisten Archiven, die ich besuchte, die neuen Register noch unvollendet und nicht mittheilbar waren, so war ich gewöhnlich genöthigt, die gewünschten Acten nach mehr oder weniger glücklich gewählten Schlagwörtern zu verlangen, und der Werth des Erlangten hing oft mehr vom Zufall, als vom guten Willen der Archivare ab. Da traf es sich denn nicht selten, dass nach wochenlanger wenig lohnender Arbeit ich erst am Schlusse, wo die Zeit des Aufenthaltes mir bereits kurz zugemessen war, auf ergiebigere Quellen gerieth, deren vollständige Bewältigung nun eine Unmöglichkeit wurde, und wo ich mich auf blosses Excerpiren beschränken musste. Was Wunder, wenn ich dann keine objective Analyse des ganzen Inhaltes, sondern nur solche Daten oder Andeutungen aufnahm, die mir neu oder für meine Zwecke von besonderer Bedeutung waren, da ich ja die ganze Arbeit eben zunächst nur für mein Bedürfniss, nicht für die Öffentlichkeit unternommen hatte? Für mich war aber Geschichtschreibung

Zweck, Geschichtforschung nur Mittel; ich sammelte in Eile nur solche Steine, deren ich zum künftigen Mosaikgemälde noch bedurfte, ohne mich bei solchen aufzuhalten, welche ich bereits besass. Diesen Umstand mögen diejenigen berücksichtigen, welche jene Quellen nach mir studiren und meine Mittheilungen daraus einseitig und oberflächlich finden werden. Bei der Anlage dieses gegenwärtigen Werkes musste ich nun nothwendig auf die Frage eingehen, ob es besser war, solche Excerpte einfach für mich zurückzubehalten und zu unterdrücken, oder trotz ihrer Unvollkommenheit zu veröffentlichen? Ich entschied mich für das letztere und schmeichle mir mit der Hoffnung, dass künftige Forscher mir das zu Gute halten werden. Wenigstens erfahren sie daraus, wo und unter welcher Signatur sie die vollständigen Acten und weitere Aufklärungen zu suchen haben.

Einen minder wesentlichen Vorwurf wird man etwa gegen die grösstentheils corrigirte Orthographie der lateinischen Texte erheben. Die Neuzeit verlangt gewöhnlich die Beibehaltung der Schreibweise des Originals in allen ihren Zufälligkeiten und Mängeln. Ich will die Gründe dieser jetzt fast allgemein zugestandenen Forderung hier nicht bestreiten, obgleich sich Erhebliches dagegen vorbringen liesse. Das Wesentlichste bleibt immer das sichere und correcte Lesen der alten Schrift, das nur durch vielfache Übung zu erlangen ist; das Reproduciren der besonderen Eigenthümlichkeit ist noch lange nicht geeignet, vor Fehlern zu schützen. Zu meiner Entschuldigung diene die Angabe, dass ich den grössten Theil der lateinischen Documente vor bereits mehr als dreissig Jahren, wo jene Forderung noch nicht allgemein gestellt wurde, in der Weise abgeschrieben hatte, die für mich die bequemste war, d. i. ohne minutiöse Berücksichtigung der stets mehr oder weniger fehlerhaften Schreibweise des Originals. Die Restitution der mittelalterlichen Orthographie in denselben vor der Drucklegung wäre für mich ein Opfer an Zeit gewesen, zu welchem ich mich in keiner Weise entschliessen durfte.

Unglückliche Gesundheitszustände meiner Familie nöthigten mich nicht allein den ganzen Winter 1859—60 in Nizza zuzubringen, sondern auch auf dem Rückwege den grössten Theil des Sommers mich in Marseille und Genf aufzuhalten. Das machte eine Revision des Druckes sowohl dieser Beiträge, als auch der betreffenden Partie meiner Geschichte, welche gleichzeitig die Pressen in Prag wie in Wien beschäftigten, von meiner Seite unmöglich; und eben so wenig war ich im Stande, eine nachträgliche Vergleichung des hier gedruckten Textes mit deren Quelle anzustellen. Bei der unverkennbaren Sorgfalt jedoch, mit welcher die Correctur des Satzes in Wien geführt wurde, habe ich allen Grund zu hoffen, dass die überall unvermeidlichen Druckfehler sich nur auf wenige Fälle reduciren und den Sinn der Urkunden nirgends wesentlich alteriren werden. Wenn auch z. B. Seite 155, Nr. 162 „sächsische" statt „schlesische" Prälaten, Herzoge u. s. w. angeführt werden, so wird dieses Versehen wohl keinen kundigen Leser beirren.

Ich kann übrigens die Bemerkung nicht unterlassen, dass ein grosser Theil der Corruptionen des Textes nicht der Reproduction, sondern den Quellen selbst zur Last zu legen ist. Dies gilt insbesondere von Urkunden, welche nicht aus den Originalien, sondern aus alten Abschriften geschöpft wurden: man weiss wohl, wie uncorrect in der Regel die alten Copisten zu verfahren pflegten. Handschriftliche Hauptquellen waren für mich namentlich: 1. Das MS. Sternberg, 2. MS. sign. G. XIX des Prager Domcapitels, und 3. des Scultetus Annales Gorlicenses, über welche ich mir desshalb einige Andeutungen erlauben muss.

Unter der Bezeichnung „MS. Sternberg“ ist das älteste bekannte Exemplar des sonst auch unter dem Namen „Cancellaria regis Georgii“ bei den böhmischen Schriftstellern öfter genannten Werkes zu verstehen. Es enthält Briefe, Actenstücke und Aufsätze verschiedener Art, wie sie aus K. Georg's Kanzlei oder in dieselbe kamen, meist als Formeln, daher zum Theil datumlos und ohne alle Ordnung gesammelt; die meisten nur in lateinischer Sprache allein, viele zugleich auch in böhmischer, offenbar für den König selbst angefertigter Übersetzung, wenige blos in letzterer, noch wenigere im böhmischen Original. Ich vermuthe, der nachmalige königliche Secretär Paul Propst von Zderaz habe die Sammlung ursprünglich zu seinem eigenen Gebrauch angelegt. Der grösste Theil der Briefe und Aufsätze rührt aus der Feder Dr. Gregor's von Heimburg († 1472) her, einige wurden auch von Dr. Martin Mayr († 1481) verfasst, und der Sammler bewahrte und schätzte sie offenbar nicht sowohl ihres historischen Inhalts als der stylistischen Form wegen. Mir sind drei Exemplare dieses Werkes bekannt: zwei in der Bibliothek der Fürsten Lobkowitz in Prag und eines in der v. Gersdorf'schen in Budissin. Dasjenige, welches aus dem Nachlasse des

Grafen Franz Sternberg (✝ 1830) von den Fürsten Lobkowitz erkauft wurde und von mir eben als „MS. Sternberg“ bezeichnet wird, ist nicht nur gleichzeitig, sondern erweislich auch Quelle der anderen, welche schon dem XVI. Jahrhunderte angehören. Ehemals befand es sich im Besitze Bohuslaw Balbin's, der viele Randbemerkungen hineinschrieb und es dem Historiker Thomas Pešina übermachte. Das zweite Lobkowitz'sche Exemplar, in einem Codex von grossem Umfange an andere Sammlungen dieser Art sich anschliessend, wurde im Jahre 1502 aus dem ersteren abgeschrieben; dafür spricht unter anderen schon der Umstand entscheidend, dass Textesstellen, welche im MS. Sternberg beschädigt oder ausgerissen sind, im letzteren fehlen oder lückenhaft und nur so weit vorkommen, als sie eben im ersteren noch lesbar erscheinen. Ich habe beide Texte schon vor 1830 im Detail verglichen und mich von der Richtigkeit dieses Sachbestandes überzeugt. Die Handschrift der v. Gersdorf'schen Bibliothek habe ich jedoch nicht näher untersucht. Könnte man nun unser „MS. Sternberg“ auch füglich als das für den Propst Paul von Zderaz gefertigte Exemplar ansehen, so ist es doch nicht minder wahr, dass es von einem sehr unwissenden und nachlässigen Schreiber herrührt, der nur zu oft ganz sinnlos copirte. Ich habe seine Fehler, wo sie sich offen und greifbar darstellten, schon beim Copiren meist stillschweigend berichtigt, wo aber solches nicht anging, die Warnung sic! nur manchmal beigefügt. Und so erscheinen denn diese Mängel auch im folgenden Drucke wieder.

Letztere Bemerkung gilt übrigens auch von den Abschriften des ganz gleichzeitigen Codex sign. G. XIX der

Bibliothek des Prager Domcapitels. Auch ihr Schreiber häufte die Fehler oft in unglaublicher Menge und veranlasste mich hier wie dort in gleicher Weise zu verfahren.

Hinzufügen muss ich, dass schon Thomas Pešina in seinem Mars Moravicus beide diese Urkundensammlungen nicht nur kannte und benützte, sondern auf Seite 691 seines Werkes auch näher beschrieb, und unser MS. Sternberg als seinen Codex major, die Handschrift G. XIX aber als Codex minor bezeichnete. Bekanntlich hat er auch aus beiden Quellen viele Urkunden und Briefe mehr oder minder vollständig in sein Werk aufgenommen: aber in welcher Weise! Nicht nur erlaubte er sich alle Stellen, welche seinem Ohr allzu barbarisch lauteten, in ein besseres Latein zu übersetzen und mannigfach zu interpoliren, sondern er unterdrückte auch ganze Sätze, deren Inhalt ihm anstössig oder missliebig war. Da ich dadurch veranlasst wurde, mehrere von ihm mitgetheilte Urkunden hier zu wiederholen, so kann Jedermann, dem es daran gelegen, sich durch Vergleichung meines Textes mit dem seinigen die nöthige Überzeugung darüber selbst verschaffen.

Durch die Wiedereinführung der Annalen von Bartholomäus Scultetus († 1614) in die weiteren Kreise der historischen Forschung glaube ich einen Anspruch auf Dank von Seite der letzteren mir erworben zu haben: obgleich ich das Verdienst dabei gerne mit demjenigen theilen will, der mir die Möglichkeit verschaffte, diesen Schatz mit Musse zu benützen, — dem Görlitzer Stadtrath a. D. Herrn Gustav Köhler. Es scheint auffallend und kaum verzeihlich, dass die sonst wohlverdienten Herausgeber sowohl der älteren Lausitzer Urkundenverzeichnisse als auch der neuen Scriptores rerum Lusatic. (1839) von diesem ihnen so nahe liegenden reichen Schatz keine Kenntniss nahmen. Ich selbst erfuhr sein Dasein nur aus J. G. Kloss' handschriftlicher „Geschichte des Hussitenkrieges in der Lausitz", auf welche wieder Herr Wattenbach mich aufmerksam gemacht hatte. Kloss berief sich häufig auf Scultetus und sammelte auch selbst ein dahin einschlägiges Diplomatar, das mir jedoch nur in sehr uncorrecter Abschrift zugänglich war. Dieser schätzbare Schriftsteller wird aber von seinem Vorgänger nicht nur an Fleiss und Detailkenntniss, sondern auch an kritischem Sinn übertroffen, obgleich Scultetus selbst eigentlich keine Erzählung, sondern nur Randbemerkungen lieferte. Denn seine ganze historische Methode ist eigenthümlicher Art. Er begnügte sich nämlich, interessante Urkunden und Briefe, die er im Archive seiner Stadt vorfand, nur nach den Jahren, wohin sie gehörten, geordnet, seinem Werke abschriftlich einzuverleiben und gelegentlich am Rande zu commentiren. Er las gewöhnlich richtig und irrte nur selten bei Bestimmung der Zeitdaten. Die Abschriften pflegte er vollständig, mit allen sowohl Auf- und Unterschriften als Ort- und Zeitangaben aufzunehmen; nur inhaltsleere Reden und Sätze, selbstverständliche Wendungen des Styls u. dgl. erlaubte er sich meist auszulassen und mit blossem „etc." anzudeuten. In diesem Maasse bewährt sich seine Treue bei Vergleichung seines Textes mit noch vorhandenen Originalen. Einen grossen und nicht den mindest wichtigen Theil seines Materials schöpfte er aber aus dem nunmehr verschollenen Nachlasse des damaligen Stadtschreibers von Görlitz, M. Johann Frauenburg, —

eines Mannes, der in der Geschichte seiner Stadt und Zeit eine eben so tief eingreifende als traurige Rolle gespielt hat, die aber näher zu beleuchten hier nicht der Ort ist.

Was ich ausserdem an urkundlichen Quellen, sei es aus verschiedenen Archiven und Bibliotheken selbst geschöpft habe oder gefälliger Mittheilung anderer Gelehrten verdanke, ist bei jedem einzelnen Stücke angegeben und bedarf wohl keiner weiteren Aufklärung. Manches der hier publicirten Denkmäler mag auch, ohne dass ich es wusste, schon anderswo veröffentlicht worden sein: ich hoffe aber, der dadurch angerichtete Schaden werde sich nicht hoch belaufen. Von Dr. Riedel's neuestem Bande des Codex diplomaticus Brandenburgensis erhielt ich erst dann Kenntniss, als meine Sammlung dem Drucke bereits grösstentheils übergeben war.

Ich habe in der letzten Zeit die Überzeugung gewonnen, dass ein eingehenderes Studium der städtischen Archive, zumal in Schlesien und der Lausitz, geeignet wäre, über manche von mir dunkel gelassene Partien der Geschichte K. Georg's erwünschtes Licht zu verbreiten; ich durfte mich aber in meinem Gange dadurch nicht noch länger aufhalten lassen. Die Zeit mahnt ernst und weit ist die Bahn, die ich noch zu durchlaufen habe; etwas Vollkommenes zu erreichen und zu leisten ist aber dem Sterblichen hienieden nie und nirgends beschieden.

Geschrieben auf der peinlichsten Heimreise, die mich je getroffen, zu Genf im Juli und geschlossen in Heidelberg am 4. August 1860, — und auch dieses Datum möge den Mängeln dieser Vorrede, wo nicht zur Entschuldigung, doch zur Erklärung dienen.

Fr. Palacky.

1.

1450, Mart. 22 (Pilsen).

Bündniss Herzog Friedrich's von Sachsen mit dem katholischen Herrenverein in Böhmen.

(Aus dem Original im kön. sächs. Staatsarchive in Dresden.)

In gotes namen glucklichen amen. Dem heiligen Römischen reich, vnd vnserem gnedigistenn Herren, dem Romischen kunig, auch kunig Lassla zu eren, vnd vnsern beyden landen vnd lewten ze nucze vnd fromen, haben wier vns herzog Fridrich von Sachsen, des heiligen Romischen reichs ercz marschalh lantgraue in Doringen vnd margraff ze Meissen an einen, vnd wier Vlrich vnd Hainrich sein sone von Rosenbergk, Wenzlas von Michelspergk, Hynko Crussina von Schwambergk, Jan von Schwamberk, Jan von Newenhawse, Ulrich von Newenhawse, Hainrich von Colowrath, Jan genant Ozor von Bozkowitz, Wenzlas genant Hecht von Rositz gesessen auf Wewerzie, Niklas vnd Jan gebrueder von Lobkowicz, Bedrzich von Strazniz, Fridrich von Schonburk vnd Glawchaw, Hainrich der elder von Weydow, Allusch von Schonburk, Cunesch genannt Rozkosch von Duben, purgermeister und rethe der stete Behmischen Budweis, newen Pilsen, vnd Cadan, mit anderen herren, ritterschaft vnd steten in der cron zu Beheim, die in vnser aynigung verschreibungen vnd puntgnosszn sein an dem andern taile, mit einander veraynet, verpunden vnd verschriben haben, verpinden auch vnd verschreiben vns in krafft dicz briefs getrewlichen an alles geuerde aneinander zu helffen drey jare nach dato dicz briefs ordenlichen nach einander volgende, gegen herrn Girziken von Podiebrad, allen seinen helfern dye mit im in verpuntnusse sein, in form vnd weise so hernach geschrieben stet, zum ersten wer sache das bemelt herr Girzik mit seinen helfern mit macht auff dye obgeschriben Behmischen herren vnd puntgnosszn czuge, vnd sy vns egenanten herzog Fridrich besendten und anrufften, so sullen wir in den nächsten vierzehen tagen nach ihrer besendung mit vnser macht ze hulff komen und inn getrewlich helffen so beste wier khunen vnd mugen an geuerde, desgeleichen ab der vorgenant er Girzik vnd sein helfferen obberuerten mit macht vns herzog Fridrich vorgenanten in unser lande vnd auf vns czuge, so sullen uns dye bemelten Behmischen herren vnd puntgenosz auch in den nechsten vierzehen tagen nach vnser besendung mit irer macht zu hulff komen vnd vns getrewlichen helffen so beste sy khennen und mugen an geuerde, doch das solche verkundigung vnd besendung geschehen soll denn edeln ern Ulrichen vnd Hainrichen seinem sone von Rosenberk; item wer auch sach das der genant er Girzik mit seinen helffern sust mit vns herzog Fridrich vnd puntgnossn kriegen wurde, so sullen wier obgeschriebener herzog Fridrich von Sachsen vnd auch dye Behmischen herrn vnd puntgnossn von vnd auss vnsern slossen getrewlich an einander helffen damit wier inn wiedersten mugen. Auch ist merklichen beredt worden das wier obgeschriben beyde tayle ayne an der anderen willen vnd wissen in den obgeschreben dreyen jaren mit den bemelten vnseren feinden in dheinerley weise befriden besonen vnd vorrichten sullen, sunder solicher krieg vnd vehde die dreye jare semtlich verenden verharren oder aintrechtiklichen versonen lassen, es ist auch mer beredt vnd beschlossen worden, ob sich begebe das wir obgeschriebener herzog Fridrich vnd dye vnseren grauen hern ritterschaft vnd stete aynicherlay spruch gewunnen zu den obgenanten Behmischen herren vnd puntgenoss zu ir aynen oder mer vnd auch sy desgeleichen zu vns vnd den vnsern widerrumbe, darumb sullen wier dhein fehde czwitracht gegen einander haben nach gewynnen, sunder wier sullen vnd wellen von yeclichem tayl czween frunde aussgeben dye sache zu erkennen, vnd was vns herzogen Fridrich obgenanten vnd dy vnseren antrifft, das wier ader dye unseren beklaget wurden, darumb sullen wier und wellen gen Brux czu tagen schicken, was aber vns Behmischen herren vnd puntgnossen antrifft, das wier oder dy vnseren beklaget wurden, darumbe sullen wier vnd wellen in die stadt Cadan zu tagen schicken. Geb sich aber alsdan das sich vielleicht die vier oblewte von vns baiden so denn vor beruert ist, genennet vnd ausgegeben nicht veraynen vmb solch zuspruch mochten, von welichem taile dann der clager were, der sol vnd mag in dem lande des anderen tail einen obristen obmanne kiesen, wie es denn derselb obman in sone ader rechtlichem ausstrag schaidet also sol es von baider seitte an alles widersprechen geholden vnd volfuret werden, alles geuerde vnd argenlist aussgeschlossen. Solh obgeschriebne aynigung verpindung vnd verschreibunge geloben wier obgeschriebener herzog Fridrich an vnserem tail bey vnserem furstlichen trewen, vnd wier obgeschriebne herren vnd puntgenossn zu Beheim bey vnserem trewen und eren alle obgeschriebene stucke gepunt vnd artikel vnd ytzlichs besunder getrewlich gancz vnuorruckt zu holden vnd zu volfuren an allen eintrag an ark vnd alles geuerde. Des zu vrkundt haben wier obgeschribner Vlrich auch Hainrich sein sone von Rosenberk, Hynko Crussina von Schwamberk, Wenczlow von Michelsperk, Vlrich von Newenhawse, Heinrich von Colowrath vnd Libenstein, Jan von Schwamberk, Niklas und Jan gebrueder von Lobkowicz vnser aygne angeborne ingesigel an diesen brieff lassen hengen, der wier alle andre puntgnossn hievon mit gebrauchen. Geben ze Pilsen am Suntag so man in der heiligen kirchen singet judica me domine etc. in der vasten als man czalt nach Cristi geburt vierzehenhundert, vnd darnach in dem fvnfczigisten jare.

(Mit neun angehangenen Siegeln.)

2.

1450, März 27 (Wunsidel).

Bündniss der fünf Fürsten mit dem Podiebrad'schen Verein in Böhmen.

(Aus dem Liber D. Alesonis de Sternberg, Ms. im Wittingauer Archive.)

„Dy verpunthnuss der fürsten und etzlicher Behmischen herrn wider herczog Friderichen zu Sachsen und marggraue zu Meyssen etc. zu Wunsidl geschehen."

Von gots genaden wir Fridrich des heyligen Romischen reichs erczkamerer marggraue zu Brandburgk und burggraue zu Nurembergk, Otto pfalzgraue bey Rein und herzog in Bayeren, Wilhelm herzog zu Sachsen lantgraue in Doringen und marggraue zu Meissen, Johanns und Albrecht gebruder marggrauen zu Branndburg und burggrauen zu Nuremberg und wir disz nachgeschriben mit namen Girzik von Cunstat herre zu Bodiebrad, Aless Petr und Sdencko heren zu Sternberg, Jan Zagiemacz herre zu Cunstat, Fridrich burggraue von Donyn und herre zu Wildsstein, Burian von Guttenstein herre zum Preitenstein, Jan von Russynaw ritter haubtman des Czaslawers kreisz, Sdenko von Postupicz haubtmann des Chrudymers kreisz, Jan Czalta von Steinperg gesessen zum Rabenstein und alle andre herren ritter

1*

knecht lanntleüte und stete zu Beheim die in unserm punth yetzundt sein ader werden, bekennen und thun kunth offenlich mit diesem prieff kein allermeniklich die in sehen horen, das wir uns umb manicherley ursach und merklicher verhandlung willen, die uns unsrn landen und leuten in vil und manicherlay stucken durich den hochgeborn fürsten herren Fridrichen herczogen zu Sachsen etc. uber verschreibung eynigunge und punthnusze auch gelubde und eyde, damit er gegen uns obgenanten fürsten und der krone zu Beheim gewannt ist, verhandelt uberfaren und versprochen hat mit dem, das er uns uber sulch obgeschriben pflicht manigfeldiklichen nach unsern slossen stetten, lannden und leuten gestanden, der eins teils entwendet und nochmals teglich dornach stett und vorhat mit punthnüsz eynigung und anderm fürnemen unnser widersachen sulichs gegen uns allen und den unsern furder zu uben, das aber zu furkomen und zu bebarn, als wir uns selbs und auch der wirdigen crone zu Beheim wol pflichtig sein, so haben wir mit gutem vorrate uns zusamen getan und verpunden in massen hernach geschriben stett.

Zum ersten das wir dy Behemischen herrn obgenant fur uns selbs eynen herczuge machen und auff herczog Fridrichen von Sachssen ziehen sullen, desgeleichen wir marggraf Fridrich und herczog Wilhelm obgenant auch thun und unser iglicher an seinem orte uff herczog Fridrichen ziben und imm felde sein auf zeit, die darumb benant werden sullen, und wir sullen alsdann aneinander wider den obgenanten herczogen Friderichen hilfflich sein.

Item ab wir auf baide seitten icht sloss ader stete gebunen, damit sal es gehalden werden nach anweisung der alten verschreibung, also was wir zu payder seytt gewunnen, zu welichem lande ader wem das gewunnen gute rechtlichen zugehort, dem peleib es, was aber der feinde um fromd wer, das sal den partheyen allen getailt werden nach anczale der werlichen leute.

Als auch wir marggraue Albrecht mit den von Nurnberg und iren helffern in offner fehde und feintschaft sein, ist auch beslossen und hirinen abgeredt, das wir mit unsern herrn und frunden nemlichen den bischoff von Bamberg und Eystett, herczog Otten von Bayern und marggraue Johannsen obgenanten auff dy obgerurten zeit ein felte auff sie ader ander stete, die ir helffer sind, machen sullen, darzue sullen wir dy obgenanten herrn des pundes zu Beheim in leiben und schicken zweytausent ader funfczehen hundert man zu rosz und fuesz, die wir obgenanten fürsten mit der kostung verlegen und für redlichen billichen und gebonlichen ssaden steen sullen, und die sollen wir in schicken auf die zeit der wir einig wern, so auch suliehs wie obgeschriben stett volfurt und wir mit den von Nuremberg und iren helffern gericht wurden, geschehe dann das wir obgenanten herrn von Boheim icht fehde ader feinthschafft gewunnen und irer genaden hülffe begern, so sullen wir obgenanten fürsten ine zu einem zuge, wohin des noth geschehe, auch zweytausent ader funffczehen hundert manne zu rosz und zu fuesz leihen und schicken auff unser aygen kosten und schaden, ob wir des von in ermonet werden, als auch wir marggraue Albrecht einen zuge mit unsern frunden auff dy von Nuremberg ader ander stete ir helfer zu thun vor haben, geschehe nu das wir in solichem mit den von Nuremberg und iren helffern ein ende kriegten ader geeynet wurden, so sullen wir alsdann der andern unser parthey auff herczog Fridrichen und sein helffer zu cziehen und beystendig und hilflich sein, fugte es sich auch das herczog Fridrich obgenant yemantz under uns beschedigen ader uberczihen wurde vor sulichen zeit und ee der czuge volbracht wurde, so sullen wir dy ander parthey dem ader den selben nach allem unsern vermugen hulff und beystant thun, so palde wir des erinnert werden.

Wir obgenant fursten und heren alle sullen und wollen in disen obgeschriben sachen wider herczog Fridrichen obgenant getreulich an einander beholffen beystendig und beraten sein an argek und an alles geuerde, und umb deszwillen das wir alle von payden partheyn mit unsern landen leüten und den unsern sulich unser furnemen dester volkomlicher vollenden und in guter eynikeit gein einander siczen und bleiben mugen und nicht zu fehden khumen noch kein parthey die ander beschedigen noch durch die unsern zu thun gestatten sullen noch wollen, so haben wir uns hirinn auch geeinet und vertragen, ob geschehe, das wir ader dy unsrn zu baider seyten ichts mit einander zu schicken gewunnen, wie sich das fugen und begeben möcht, das sal zwischen unnser solicher masz auszgetragen werden, ob das wer, das auff unser der obgenanten fursten seytten von yemant icht überfarn wurde, darumb solt marggraue Johanns mit gleichem zusacz ein obman sein, begebe sich aber icht auff unser der Beheim seytten, darüber solt her Girzik mit gleichem czusacz ein obman sein, und solich sach solt alsdann zu ende und austrage komen in den nagsten zweyen monaten nach des klagenden tails erfordern ungeuerlichen an gelegen stetten, und ab das were, das einer, von dem das uberfaren were gescheen, des rechten nicht pflegen wolt nach dem gesprochen urtail volge thett, so sal die parthey, der er gewant were, in darzue halten, das er dem nachquem, möcht sie des aber an der andern parthey hulffe nicht zu wege brengen, so sol ine die ander parthey darczue peholffen sein, damit er darumb gestrafft und darzue pracht wurde, das er den so vil gleichs thett, als die erkenntnusz des obermannes innen halden wurde.

Und dise unser eynung sol zwischen unser weren und pesteen pis auff einen Bemischen konig, der nach ordenlicher gewonhait und rechte des Bemischen lanndes gekronet wirt, alle argelist und geuerde hirinnen genczlich auszgeslossen.

Zu urkunde mit unsrm anhangenden insigeln versigelt. Geben zu Wunsidel am Freitag vor palmarum nach Cristi unsers herren gepurt vierczenhundert jare und darnach im ffunfczigisten jare.

3.

1450, April 13.

Einung Herzog Friedrichs von Sachsen und der Herren Ulrich und seines Sohnes Heinrich von Rosenberg, Wenczlaw von Michelsperg, Hynko Krussina von Schwamberg, Jhan von Schwamberg, Jhan von Nüenhuse, Vlrich vom Nüenhuse, Heinrich von Kolwrat, Jhan gnant Ozor von Bozkowitz, Wenczlaw gnant Hecht von Rositz ges. vf Wewerzie, Niclas und Jhan von Lobkowitz gebrüdere, Bedrsich von Straszniez, Fridrich von Schonburg und Gluchaw, Henrich der elder von Wyda, Alsch von Schonburg, Kunesch gnant Rozkosz von Dube, Burgermeister und Rate der Stete Nuwen Pilsen, Bemischen Budeweisz und Cadan etc. auf drei Jahre gegen Girziken von Podiebrad und dessen Helfer. Wenn eine Partei von letzterem angegriffen wird, so soll die andere auf deren Verlangen binnen 14 Tagen bewaffnete Hilfe schicken etc. D. zum Cadan, 1450, Montag nach Quasimodogeniti.

(Copia arch. Dresd. III, 53.)

4.

1450, Mai 13 (Krumau).

Ulrich von Rosenberg an den Grafen von Schaumberg.

— Heute ist mein Sohn (Heinrich) von hinnen ins Feld gezogen. Der von Hassenstein und Herr Gindřich von Kolowrat haben Herrn

Alschen von Sternberg eine Kirche, so er besetzt hatte, mit Sturm angewonnen und darauf 50 gefangen und etliche erschlagen — und sind dann vor Kniežewes gezogen. — Herr Krušina hat dem Chlewcen auch ein Schlössel abgenommen. — Sie (die Feinde) liegen auch an zwei Enden zu Felde, vor zwei Schlössern. — D. Krumau, Mittwoch vor Ascensionis, 1450.

Die Ascensionis, den 14. Mai, datirte Herr Heinrich von Rosenberg seine Schreiben d. in campis circa Božeyow.

(Orig. arch. Trebon.)

5.

1450, Mai 11 — 16.

Herzog Friedrich von Sachsen an Ulrich von Rosenberg.

Nachdem er von den fruchtlosen Unterhandlungen zu Pilgram erfahren und von Herrn Ulrich von Rosenberg dazu aufgefordert wurde, befahl er den Seinigen durch's ganze Land gerüstet auf zu sein, und verspricht in Kurzem „einen redlichen reisigen gezüg gein Brüx zu schicken“; er verlangt zu wissen, ob die Gegenpartei schon ins Feld rücke. Dat. zu Grimme, am Montage nach Vocem Jocunditatis 1450.

(Orig. arch. Trebon.)

Derselbe an denselben.

Dem Briefe vom 11. Mai gemäss hat er einen reisigen Gezeug nach Brüx bestellt: doch ist er jetzt genöthigt, mit seinem Bruder Herzog Wilhelm und seinem Schwager Markgrafen Friedrich von Brandenburg am Freitag in der Pfingstwoche (29. Mai) in eigener Person Tag zu halten, so dass er jetzt unmöglich dem von Ulrich von Rosenberg gestellten Verlangen gemäss ins Feld rücken könne; nach jenem Tage aber wolle er um so rüstiger im Feld erscheinen. Herr Ulrich möge sich das nicht verdriessen lassen. D. zu Grimme, Sonnabend nach Ascensionis, 1450.

(Orig. ebendas.)

6.

1450, Mai 31 (Neustadt).

König Friedrich an Ulrich von Rosenberg.

Die verlangte Hilfe von 500 — 600 Pferden könne er ihm jetzt nicht schicken, da er eben jetzt auch gegen Pangratzen von Galicz und andere Feinde Feld halte; er wolle aber die Mittel bedenken, wie diese Zwieträchte in Böhmen gütlich beigelegt werden möchten; und bittet ihn zuletzt, das Beste König Ladislaw's fleissig und standhaft zu besorgen. D. zur Neustadt, Sonntag vor Gottsleichnamstag, 1450, anno regni XI.

(Orig. arch. Trebon.)

7.

1450, Mai 31 (fgg.).

Das Schreiben der 5 Fürsten vom 18. Mai theilte Herzog Friedrich von Sachsen allen Städten in der Lausitz und Schlesien mit (dd. zu Czerwist am Sonntage Trinitatis) und klagte ihnen zugleich über Georg von Poděbrad, der sich der Regierung in Böhmen wider K. Laslaw unterstehe, sich vermesslich Gubernator nenne und die frommen Herren in Böhmen zu bedrängen suche etc. (doch wurden die Originalbriefe darüber zurückbehalten).

Den 5 Fürsten antwortete Friedrich (dd. zu Lipczk am Montage in den Pfingsten, 25. Mai) Jiřik habe mit seinen Helfern Schloss und Stadt Brüx unerfordert bei Nacht abzuersteigen versucht und die Seinigen beschädigt, wonach erst Fehdebriefe von ihm gekommen seien; er müsse daher ihn als Feind ansehen und behandeln und hoffe, die Fürsten werden ihn nicht unterstützen.

(Concept arch. Dresd. III, 21.)

Darauf schrieben am Dinstag nach Trinitatis (2. Juni) Pfalzgraf Otto und die Markgrafen Johann und Albrecht an Fridrichen, und verwunderten sich darüber, dass sie von ihm nicht früher so schwere Klagen gegen Jiřik vernommen; sie verlangen dennoch seine Hilfe gegen die Nürnberger und wollen, dass er Jiřiken unbeschädigt lasse, da sie ihn Ehrenhalben nicht verlassen könnten.

(Orig. ibid. III, 47.)

Herz. Friedrich entgegnet (dd. zu Missen, Montag nach Corp. Chr., 8. Juni) er habe es nicht für nöthig gehalten, sie früher von Jiřiks Feindschaft gegen ihn zu unterrichten, es seien seitdem auch andere Herren zu ihm in Hilfe getreten; er hoffe, sie würden ihm das nicht verdenken und Jiřik nicht unterstützen. Wegen Nürnbergs habe er mit Friedrich von Brandenburg zu Zerbst einen Tag nach

Nürnberg auf Montag nach Visitat. Mariae verabredet, den er sie zu beschicken ersucht.

(Cop. arch. Dresd. III, 48.)

8.

1450, Juni 3.

„Anlass zu Zerbst beteidingt“.

1450 Mittwoch an S. Erasmustage sind zu Zerbst Herzog Friedrich von Sachsen u. Markgraf Friedrich von Brandenburg „von des irrethumbs landes vnd voitie zu Lusitz wegen“ durch Erzbischof Friedrich von Magdeburg freundlich entrichtet worden; wegen anderer Gebrechen ist ein Tag nach Nürnberg auf Montag nach Visit. Mariae angesetzt u. Ludwig Landgraf von Hessen nebst dem Erzbischof zum Obmann zwischen den Parteien (auch Johann und Albrecht von Brandenburg) angenommen worden etc. etc.

(Copia arch. Dresd. III, 54.)

9.

1450, Juni 10 (Meissen).

Herzog Friedrich von Sachsen genehmigt den Spruch und die Richtung, welche sein Rath und lieber Getreuer, „herr Matthes von Lazan, Slick gnant, herre zur Weissenkirchen, burggraf zu Eger und zum Elbogen“, zwischen ihm und „Niklas von Kraczin, gnant Uchatzko, izund heuptmann zu Konigswarte“ gemacht hat und verspricht sie unverrückt zu halten. D. zu Missen, 1450, Mittewoche nach vnsers Herrn Lichnamstage (10. Juni).

(Orig. arch. Dresd.)

Gleiches Bekenntniss zu dieser Richtung stellte Niklas von Kraczin schon am heil. Pfingstabende (23. Mai) aus.

(Orig. ibid.)

In einem Schreiben vom Dinstag nach Urbani (26. Mai) bat „Mathes her zur Weiszkirchen, burgraue zum Elbogen“ den Herzog Friedrich, da er zwei Gefangene desselben von Uchatsko nur gegen ein Lösegeld von 100 Gulden rhein. habe ledig machen können, ihn darüber nicht zu Schaden kommen zu lassen.

(Orig. ibid.)

10.

1450, Juni 13 (Pilsen).

Der katholische Herrenverein in Böhmen an Herzog Friedrich von Sachsen, Meldung von dem mit ihren Gegnern geschlossenen Vertrage und seiner Ausschliessung von demselben.

(Original im kön. Archiv zu Dresden.)

Durchleuchter hochgeborner fürst gnediger lieber herre. Unser willig dinste sein ewern gnaden allezeit voran willig. Gnediger lieber her nachdem als ewer (sic) in einikait vnd verschreibnuss mit vns seitt, also hab wir ewr furstliche gnade wie offt besantt durch boten vnd auch durch brieff vns zu hilff zu cziehen nach laut vnd aufweisung vnser verschreibnuss, des vns denn gros notturft gewest were, ewr gnad uns geantwort hat durch brieff und auch durch boten vns zu hilff ze komen, das denn nicht von ewern gnaden geschehen ist, wenn vnser verschreibung innehalt, wenn wir ewern gnaden vor vierczehen tag zu wissen geben, so sal ewer gnad mit ewr gnad macht vns zu hilffe komen, nu haben wir ewr gnaden gehart im felde nu wol funff wochen mit grossen vnssern verderblichen scheden, wenn wir haben allezeit zu ewern gnaden hoffnung gehabt vns zu hilff zu komen, es ist auch herr Niklas von Lobkowitz zu vns komen in das here bei Rokiczan vnd hat vns geweist ewr gnaden brieff, wie ewr gnad schreibt, wie ir wellet schicken ewr volck gein Chadan den suntag nach gots leichnamstag, des wir alles gehart, nicht also erfunden, auch kein hilff von ewrn gnaden verstanden haben, dadurch vns den gros scheden zugezogen vnd geschehen sein von den feinden, nu hab wir mussen ansehen vnser gross verderben vnd mit vnsse feinden frid mussen aufnemen auf sand Jorgentag schirstkunftig vnd ewr gnad hindan haben mussen seczen, darnach ewr gnade wisse sich zu richten.

Geben zu Pilsen am Sambstag vor sant Veitstag annorum dni etc. l^{mo}.

Heinrich von Rosenberg
Ulrich von Newenhawse vnd
all ander herren ritter knechts
vnd Stete yecz zu felde
ligende.

11.

1450, September 9 (Neustadt).

König Friedrich ermächtigt die Budweiser, sich einen Stadtrath selbst zu setzen.

(Original im Budweiser St. Archiv.)

Wir Friderich von gotes gnaden Romischer kunig, zu allen zeiten merer des reichs, herczog zu Osterreich, zu Steyr, zu Kernten und zu Crain, graue zu Tirol etc. embieten den fursichtigen burgermeister vnd rate der statt zum Budweis, vnsern lieben getreuen vnser gnad vnd alles gut. Lieben getreuen! Als wir euch vormals von wegen vnsers lieben vettern kunig Laslaes, als eins kunigs zu Beheim, ewrs herren, beuolhen vnd macht gegeben haben, einen rat vnd schepfen in der statt bei euch zu setzen, das ir dann also getan, vnd durch solich setzung die statt, als wir vernemen, die zeit auss wol versorgt habt, das uns zu gutem geuallen von euch kömet; nu habt ir yetzund zu vns ewr erber bottschaft gesandt, vnd vns gepetten, solichen ratt bey euch nu zu uernewen, das vns dann durch guter vrsach vnd ewrer bett willen auch gefallen hat, derwarten, das auch ettlichen in dem rate solich müe vnd sorgfeltikeit solang nit zu swer werde; darumb in solichem gutem getrauen, das wir zu euch haben, so beuelhen wir euch von des obgenanten vnsers lieben vettern wegen, vnd geben euch auch vollen gewalt, zu disem male vnd auf solich zeit, als dann gewönlich ist, einen newen rat zu setzen vnd zu erwellen von solichen erbern leuten, damit dann vnser lieber vetter, wir, auch die gancze statt vnd gemein, reich vnd arm, versorgt sein, die dann auch mit solichen gelubden vnd eiden verpunden werden als das pillich vnd recht ist; vnd tüt darinne, als wir euch des gancz getrauen, wann wir darumb keinen amptman zu euch haben senden wollen, sonder wir haben vnser getrauen in euch als fromme vnd getreue leut setzen wöllen; vnd wir gepieten darauf euch, der ganczen gemeinde zum Budweis, reich vnd arm, vnsern lieben getreuen, ernstlich vnd vesticlich von wegen vnsers egenanten vettern, das ir solichem newen rate, der in obgeschribner masse geseczt wirt, volliclich gehorsam vnd gewertig seit vnd euch dawider nit setzet, in dhein weise, als dann pillich vnd recht ist. Daran tüt ir vns vnd vnsern vettern ein sonder gefallen, das wir gen euch gnediclich wollen erkennen.

Geben zu der Neuestatt am newndten tag des monads September, nach Christi gepurd virtzehn hundert vnd im funftzigisten, vnd vnsers reichs im ainlefften jare.

Ad mandatum d. regis
d. Joh. Ungnad referente.

12.

1450, Sept. 19—28.

Herzog Wilhelm von Sachsen an Georg von Podiebrad und dessen Bundesgenossen.

Als vnser lieber sweher markgraf Albrecht von Brandenburg und wir unsere räthe „bie uch gehabt habin in werbunge uch wol bewust, sind solich... rete vff hute Sonnabind vor Blankenhain, da wir iczunt im felde ligen wider bie vns komen vnd habin vns bericht, wie daz sie von Pirne gein Missen gleit sein worden. Da hat vnnser bruder yn geantwurtet, er wulle keinerlei teidinge thun, die wiele ir vff im lieget.“ Diese Räthe konnten kein Geleit zu den Böhmen zurück erlangen. Der Herzog verlangt zu wissen, wo diese liegen, um sich mit ihnen vereinigen zu können etc. D. im felde für Blankenhain vff Sonnabend nach Lamperti 1450 (19. Sept.).

(Orig. arch. Dresd. I, 363.)

Derselbe an Denselben.

Dankt für die Erbietung zur Hilfe und zur Vereinigung der Heere. Er habe Schloss u. Stadt Blankenhain der Grafen von Gleichen bezwungen und sei gestern Sonntag vor Schloss und Stadt Nebra gezogen, habe die Stadt genommen und belagere das Schloss. Die von Nuemburg hätten sich schwer gegen ihn vergangen, die Böhmen möchten gegen sie ziehen, „dahin ir von Aldenburg funff myle habt,“ wohin auch er ziehen und dieselben strafen wolle etc. D. im felde vor Nebra, vff Montag Wenceslai 1450 (28. Sept.).

(Orig. ibid. I, 364.)

13.

1450, Oct. 22 (Krymptschaw).

Urkunde über den im Lager bei Krimmitschau geschlossenen Waffenstillstand.

(Original im Dresdner Archiv.)

Wir die hirnachgeschriben Hanns von Neytperg vnd meister Vlrich Ryederer licentiat beider rechten des allerdurchluchtigsten fursten vnd herren hern Fridrichs Romischen konigs czu allen zeiten merer des reichs herczogen zu Osterreich etc. vnsers gnedigsten hern, vnd wir Heinrich Griffenclahe thumtechand zu Mentze, Conrad zu Frankensteyn ritter burcgraf zu Starkenberg vnd Hans von Erlebach hoffmeister des hochwirdigsten in got vater vnd hern hern Diterichs erzbischofs zu Mentz des heiligen Romischen riches in Teutzschen lannden erczcanczler etc. rethe bekennen vnd thun kund allermennicliсh, das wir vff hutigen tag von der krieg zwytracht vehde vnd feltzuge wegin, wie sich die dann zwuschen des hochgebornen fursten vnd herren hern Friderichen des heyligen Romischen richs erczmarschalken eyns vnd erwirdigen in got vater vnd herrn hern Peter bischofs zu Nuemburg eyns vnd des hochgebornen fürsten vnd hern hern Wilhelmen herzogen zu Sachsen landgrauen in Doringen vnd marcgrauen zu Miessen gebrudern vnd der hochgebornen fursten vnd herren hern Friederichen des heiligen Romischen riches ertzkamerer, Johannsen Albrechten vnd Fridrichen gebrudern marcgrauen zu Brandenburg vnd burggrauen zu Nuremberg vnd des wohlgebornen herren graf Heinrichs von Schwartzpurg herren zu Arnstad vnd Sundershusen vnd der edeln herren her Girzik von Kunstad hern zum Bodyebrad, hern Zdenko von Sternberg obersten burcgrauen des slosss Prage, hern Petern von Sternberg, hern Gindrzich von Dauben, hern Gindrzich von Placz, hern Buryan von Gutensteyn, hern Jhane von Kunstad, hern Fridrichen burcgrauen von Donyn, herrn Ditrichen von Janowitz, hern Jesko von Boskowitz, hern Wilhelmen von Ileburg, hern Jenko von Postuwitz haubtman in Krautmerkrays. Jhan Perdos von Pratko, Jhane von Boskowitz ritter, Jhane Zaltu von Steynberg vnd Wenczla Czerda von Petrowitz vnd anderen herren rittern knechten auch der von steten so ytzt von Behemen mit sampt zu im felde sein der andern teyle vnd yrer yeder helffer vnd helffers helffer vnd aller der die dorvnder gewandt sein, bissher gemacht vnd begeben, beredt vnd beteydingt haben eynen vffrichtigen getreuwen vnd cristenlichen fridlichen anstand, der morgen mit vffgang der sonnen angehen, wehren vnd bestehen sal biss vff sanct Vrbanstag schierstkunfftig den tag vber zu vndirgang der sonnen, vnd sollen yn sollicher vorgemeldter ziid des frides die vorgenanten herren vnd partheyen durch sie oder yre volmechtig anwalt vnuergriffenlich dem fride eynen gutlichen tag suchen vnd halten zu Bamberg vff den Montag nach dem Sontage in der fasten, als man singet reminiscere schierstkunftig des nachts doselbs an der herberge zu sein vnd dornach des andern tages zu den sachen zu griffen dahin dann die egenanten vnser gnedigen hern von Sachsen etc. vnser egemeldten gnedigsten vnd gnedigen herren den Romischen konig siner koniglichen gnaden rethe zu schicken den ertzbischoff von Mentz auch den hochgebornen fursten vnd hern hern Ludewigen landgrauen zu Hessen vnsern gnedigen hern zu sollichem tage zu komen biitden sullen doselbs flissiclich zuuersuchen die obgemeldten partheyen fruntlich in der gutlichkeyd oder eyns zymlichen rechtlichen ustrags zuuereynen, vmb alle yre spenne zwytrechte vnd missehelung so yetwedersijd geyneinander habin vnd sullen auch doruff alle slos stete merkte hofe vnd dorffer mit yren zugehorungen die yede parthie in diesen kriegen besetzt vnd in huldunge genomen had iglichem der die ytzt innhad zu ussgang diesss friedes oder so lange biss zu gutlichem oder rechtlichem usstrage innehalten es sullen auch alle die die in diesen kriegen von allen kriegen von allen parthien gefangen worden sin biss zu vssgange diesss friedes gereysig vff yre eyde burger vnd bauwrn uff bestalt tege habin vnd den tege gegeben werden an geuerde, es sal auch alle vnbezalt schatzunge vnd brandschatzunge aller vorgemeldter parthyen halben anstehen biss zu ussgange diesss frides doch das ein yeder gefangener sin atzunge bezale item ab eynch parthey oder die yren in diesem fride icht handilt oder tete das den andern teyl oder die sinen wolt bedunken ein fridbruch sein das seltn stehen zu des egenanten vnsers gnedigen hern von Hessen erkenntnus ob das ein fridbruch sey vnd wie man den wandiln vnd verbessern sulle. Des zu warem vrkund haben wir vorgemeldten vnderteydinger hiran vnser insigile gehangen und wann nu sollicher fride mit vnser egenanter fursten von Sachsen vnd partheyen vnd vnser vorgenanter Behemischer herren wissen, vnd willen beteydinget vnd bescheen ist so gereden vnd globen wir ytzt gemeldten fursten bie vnsern furstlichen eren vnd wirdden an eydesstad vnd wir die egemeldeten Behemischen herren bie vnsern waren truwen an eydesstad diesen fride an allen hier inn begriffen stucken punkten vnd artikeln vesticlich vnd vnzurbrochen getruwelich zu halten vnd wir obgenanten fursten von Sachsen fur vns vnd fur vnser yeders vorgemeldten parthien auch fur vnser helffer vnd helffers helffer vnd alle die vns vorbemeldten parthyen in diesen sachen gewandt sein habin zusampt den vorgenanten vndirtheidigern des vnser insigile auch an diesin brief gehenckt so habin wir obgenanter Girzick für vns vnd die anderen obgenanten Behemischen herren ritter vnd knechte auch die von steten die in diesin sachen verwandt sind vnser insigil auch zu der obgenanten fursten vnd vndertheydingern insigile an diesin brief gehangen.

Gescheen vnd gebin zu Krymptschaw am Dornstage nach der eylfftusend meyde tag nach Cristi vnssers hern geburd im vierzenhunderten vnd funffzigsten jaren.

(Mit acht anhängenden Siegeln.)

14.

1450, November 11.

„Hineck Crussina herre zu Sswamberg vnd heupman des Egerlandes und Bohuszlawe von Swamberg mein sone herr daselbist" treten in einen gütlichen christlichen Frieden mit Johann Markgrafen von Brandenburg und den Seinen bis auf nächstkünftigen S. Jacobstag (25. Jul. 1451). Obmann des Friedens sei „der edele Mathes von Lazan ritter Slick genant"; Bürgschaft leisten Herr Bohuslaw von Seeberg herre zu der Plan, Jan von Wolfstein gesessen zum Trybel, Jan von Prostiborz gesessen zum Pomockel, Raczko von Weyssengrün, Sigmund von Holubingenhof, Benesch von Tuppawe, Leotold von Obernitz, Humprecht von Gotschaw, Friedrich von Feyltsch zu Burschengrun und Hanns Kelner gesessen zu Bezderawe; die Summe von 5000 rhein. Gulden; Einlager nach Eger. D. an S. Merlenstag, 1450.

Orig. arch. Plassenburg (in Bamberg).

15.

1451, Mart. 31 (Eger).

Herzog Wilhelm von Sachsen und Markgraf Albrecht von Brandenburg, als Teidingsleute, erstrecken den zwischen Herzog Friedrich von Sachsen und dem Podiebrader Bunde in Böhmen geschlossenen Waffenstillstand bis zum 29. Juni 1451.

(Orig. im k. sächs. Staatsarchiv.)

Von gotes gnaden wir Wilhelm herczog zu Sachsen lantgraue in Doringen vnd marggraue zu Missen vnd Albrecht marggraue zu Branndburg vnd burggraue zu Nuremberg bekennen vnd thun kunt offenlich mit dem brief gein allermeniglich, nachdem vormals zu Krymtschaw vff Donrstag nach der eilfftausent meide tag nehstuergangen zwischen den parteyen die das beruret ein fride vnd gutlicher standt biss vff Vrbani schierstkunftig beteidinget gemacht vnd dabey aussgedrucket ist das in solicher zeit des friden ein gutlicher vnuerpunder tag vff den nechstuergangen Montag nach dem Suntag Reminiscere in der stat zu Bamberg solte gesucht vnd gehalten worden sein, alles nach inhalt vnd ausweissung der fridbriefe daruber gegeben, also haben wir vmb des besten willen als teidingsleute souil fleisses gethan, damit wir zwischen dem hochgebornen fursten vnserem lieben herrn bruder vnd oheim hern Fridrichen herczogen zu Sachsen des heiligen Romischen reichs erzmarschalck lantgrauen in Doringen vnd marggrauen zu Missen an einem, vnd den edeln vnd gestrengen hern Girziken von Cunstat hern zu Bodiebrad vnd seiner parteyen am andern teil einen gutlichen vnuerpunden tag hieher gein Eger gemacht, denselbs personlich besucht vnd nach vil vnserer muhe in den sachen gethan mit beider vorgnanten parteyen willen wissen vnd volwort beteidinget haben das solicher vorgesaczter fride zwischen denselben parteyen erstrecket vnd erlenget sein sal biss furter vff sant Peter vnd Pauls der heiligen zwelffboten tage nechstkunftig, denselben tag gancz auss biss zu vndergang der sunnen, vnd das auch alle geuangen auff beidenseiten so sich die stellen worden biss vf denselben sant Peter und Pauls tage betaget werden sullen nach lawt vnd innhalt der vorgemelten fridbrieue, vnd ob sich yemant vmb gelt auss geborget hette, sollen die purgen vnd selbgelter dafur die zeit auss soliches frides vngemant bleiben biss zu aussgang des frides, vnd doch noch soliches friden aussgang behafft vnd schuldig sein, wes sie vor solicher zeit pflichtig gewest weren, wir haben auch dabey nemlich beteidinget vnd abgeredt das durch beide vorgnante parteyen pynnen der zeit des frides ein gutlicher vnuorpunder tag vff den Suntag trinitatis vor vns teidingsleuten geleistet vnd besucht werden sol, nemlich das vnser bruder vnd oheim herczog Fridrich vorgnanter personlich vnd wir obgnante teidingsleute auch in eignen personen vff den genanten Suntag in die stat gen Prux vnd her Girzick vorgnanter personlich mit sampt seiner partey gein Belen gein Teplicz oder gein Lawn komen sollen alsdann wir teidingsleute am Montag darnach folgende zu den sachen greiffen die gnugsamlich vorhoren vnd fleisslich vorsuchen wollen ob wir die gutlichen gerichten, oder sie gleicher billicher recht zu nemen vnd zu geben mit einander vertragen mogen. Vnd des zu vrkunde haben wir obgenanten herczog Wilhelm vnd marggraf Albrecht als teidingsleute von beyden parteyen bethe wegen vnser yeglicher sein eigen insigel mit rechter wissen auff diesen brief thun drucken vnd zu merer sicherheit vnd vns diser teiding zu besagen haben wir herczog Friedrich von Sachsen obgenanter fur vns vnsere helffern vnd nemlich auch fur hern Fridrichen von Schoimburg etc. vnd wir Girzick von Cunstat etc. fur vns vnd vnsere partey vnser yeglicher sein eigen insigel zu der obgenanten teidingsleute insigeln auch auff disen brief mit wissen thun drucken. Geschehen vnd geben zu Eger am Mitwoch nach dem Suntag als man in der heiligen kirchen singet Oculi in der vasten nach Cristi gepurt vierzehenhundert vnd darnach in dem ein vnd funfzigsten jaren.

(Mit vier hinten aufgedrückten Siegeln.)

16.

1451, Jun. 27 (Prux).

Dieselben Teidingsleute verlängern denselben Stillstand weiter bis zum 25. Juli 1451.

(Orig. in demselben Archiv.)

Von gotes gnaden wir Wilhelm herczog zu Sachsen lantgraue in Doringen vnd marggraue zu Missen vnd Albrecht marggraue zu Branndburg vnd burggraue zu Nuremberg bekennen vnd thun kunt offenlich mit dem briefe, nachdem wir am Mitwochen nach Oculi nehstuergangen vff dem tage zu Eger den friden vnd gutlichen standt so vormals zwischen dem hochgebornen fursten vnserm lieben bruder vnd oheim hern Friderichen herzogen zu Sachsen des heiligen Romischen reichs erczmarschalck lantgrauen in Doringen vnd marggrauen zu Missen an einem vnd den wolgebornen edeln vnd gestrengen hern Girzik von Cunstat herren zu Bodiebradt etc. vnd seiner parteyen am andern teil zu Krymptzaw gemacht ist biss vff Sant Peter und Paulstag schierstkunfftig erstrecket vnd dabej einen gutlichen vnuerpunden tag vff diese zeit zwischen den parteyen gemacht vnd verainet haben alles nach clerlicher innhaltung der fridtbrieue daruber begriffen vff solichen tag wir als teidingsleute vnd die parteyen beiderseit komen sind zwischen den wir zu teidingen angeuangen vnd darinne erfunden haben das zuuoran not ist den friden der sust gar kurzlich ende hett zu erstrecken vff das wir mussiglich ob den sachen gesein, dar inn dest statlicher gehandeln vnd furgenemen mogen was nucz vnd notdurftig sein wirdet. Darumb so haben wir vff heut dato disses briefes mit beider parteyen wissen vnd willen den friden vnd gutlichen standt von sant Peter vnd Pauls tag biss furter vff sant Jacobs tag schierstkunftig vnd denselben tag ganz auss biss zu vndergangk der sunnen erstrecket vnd erlengert erstrecken vnd erlengen den in kraft diss briefs also das der von allen parteyen vnd den iren solich zeit auss getreulich vnd vnuerprochenlich gehalten werden sol mit allen punkten nach laut des vorgemelten fridbriefs vormals zu Eger darunter begriffen sundern vmb die geuangen ab man die solich zeit des frides betagt haben will so sollen die Behemischen hern die also betagen also das man sie fur ein ziemlich gelt gein jar aussporge ob aber das aussporgen vnd betagen nicht geschehe so solten doch die geuangen die zeit des frides nicht geschuczet sunder als erbere geuangen gehalten werden alles one arg vnd ohne alles geuerde. Des zu vrkunt haben wir obgenante herczog Wilhelm vnd marggraff Albrecht als teidingsleute von beider parteyen bete wegen vnser yeglicher sein eigen insigel mit rechter wissen an diesen brief thun drucken und zu merer sicherheit haben wir herzog Fridrich von Sachsen obgenant fur vns vnd vnsere helffere und wir Girzick von Cunstat fur vns vnd vnsere helffere vnser yeglicher sein insigel zu den obgenanten teidingsleute insigeln auch mit wissen vff disen brief thun drucken. Geben zu Prux am Suntag nach vnsers herrn leichnams tage *anno eiusdem millesimo quadringentesimo quinquagesimo primo.*

(Mit vier aufgedrückten Siegeln.)

17.

1451, Juni s. d.

Artikel des zwischen den Herren des Saazer Kreises in Böhmen und Herrn Friedrich von Schönburg nach des Letzteren Gefangennehmung geschlossenen Friedens.

(Aus dem Urkundenbuche Aleš' von Sternberg im Wittingauer Archive.)

Item her Fridrych von Schumburg hat alszo vorwillet dise untengeschribene stücke zu volfüren und damit schol er ledig werden seins gefeincknuss an anderer schatczunge.

Von ersten das er das slosz Pirssenstein abtreten sol das in ir macht und gewalt geben und entwarten und damit sol er alles das sein ist herab nemen und füren was er daben hatt auszgenamen was von speisz daben ist das schol bleiben pey dem slosz.

Item das andere, das alle gesellen dy auff dem slosz sein sollen frey herab geen ungehindert mit iren harnusch und gerete, und welcher sich mit dem lande rychten wil das sol auffgenomen werden.

Item das dryt das alle gefangen auff peyder zeiten sollen ledig und losz gesagt und gelasen werden an satczunge.

Item das vierde umb dy magestat darumb her Fridrych von Schumburg gemant und angelangt hat dy von Sacz von heren Alschen seins vettern kindere wegen darumb schol er ader ein andrer der in hett mit den briff nicht anders suchen nach fordern den mit recht an kryeg.

Item das fünffte das her Fridrych schol ein ewyge urfehde thun allen den di vor dem slos gelegen sein und hulff und rath darczu geben haben und thun und aber mit dem hin für icht zu schicken gewunne das sol er mit des landes rechten suchen als dy abschrifft auszweyst.

Item das sechste so das slosz gebrochen wirt pitt den her Fridrich umb dy gütter dy czum slos Pirssenstein gehören den weyszen wyder zu geben das schol in nych versagt werden sunder des gewert.

18.

1451, Juni 29.

Friedbriefe der Herren des Saazer Kreises und Herrn Friedrich's von Schönburg.

(Aus dem Urkundenbuche Aleš' von Sternberg im Wittingauer Archive.)

I.

Wir Alesch und Peter heren zu Ssternberg Burian herr zum Guthenstein Jacob und Jan von Wrzessowecz ritter Jon Czalta von Sstainperg und alle erberge lantlewtt in Satzer kraysse und purgermeyster rethe und gemain der czweyer stet Sacze und Lawen und gemaynicklichen alle die dy der sach zu schicken haben bekennen in disem unsern offen briff und wollen das esz wyssentlichen sey allen denn die disen briff sehin hören adir leszen noch dem und wir für den edeln heren heren Fridrichen von Schümburg heren zu Glawchaw für das slosz Pirssinstain als für unsern veintt geczogen sein den da selbist gefangen und das slosz benotigt haben alszo das esz uns zu unsern handen geben und geentwürt ist, dorin wir denen heren Alschen von Schümburg seling erben sünderliche gunst getan und dem genenten heren Fridrichen versprochen haben wenn das slosz Pirssensstain geprochen wirt als denn den kinden ire güter dy die zeit zum Pirssenstain gehört haben wider zu geben alszo geben wir inn die selbin güter alle mit allen und ytlichen iren herlichkeyten und zugehörungen wie dy mit sünderlichen worten mügen genant werden wider ein aufgeschlossin den Hauszpergk darauff das slosz Pirssensstain yczund lyget der hynfür nymmermeer besaczt noch gepautt sol werden sunder der andern obgenenten güter aller sullen und mügen sie genissen und der geprauchen als irer rechten erbgüter für uns und menicklichen ungehindert und gereden und versprechen in alle bey unsern guten waren kristeinlichen trewen keynerley irrung noch einspruch dorein zu thun noch nymant von unsern wegen an alles geuerde. Auch ist nemlich beret von des Kauffung wegen zum Brune umb sulich spruch die der genent herr Fridrich zu im vermeint zu haben das sie von paiden teilen derselbin sach mechtigklich bey uns Pettern heren zu Ssternberg und Jacoben von Wrzessowicz ritter pleyben schüllen und wen uns heren Fridrich pytet tag dorumb zu beschaden so schüllen wir inn yn vier wochen noch seyner vormanung aynen tag an gelegne stet setczen und der sach ein ende machen, wörd abyr sach daz wir in den tag in den genenten vier wochen nicht seczten so mag here Fridrich dornoch seyn sach gegen dem Kauffung noch seyner notdorfft fordern und fürnemen, und umb dy Hluban ist berett daz here Fridrich das mit recht gen in süchen schol an den enden do sie hyn gehören. Forder ist berett was herre Fridrich zu eren Nicolaen zu sprechen hat das hat er macht gegen im fürzunemen und zu fordern noch seynen willen und gegen dem Hoynise zu Wintericz deszgleychen, daz get uns nichcz an, und sol im an seyner verschreybung gen uns unschedlych sein, wir versprechen auch alle dem offt genenten heren Fridrichen das im von uns und allen den unsern auff den gütern zu der Sletenen die er von abte von Grünham inne hat keynerley beschedigung thun noch thun lassen sullen so lang und er die in seyner beschuczung ynne hatt, würd in abyr von den unsern an unsern willen schade getan das schol gebessert und widergekart werden noch Peter heren zu Ssternberg und Jacoben von Wrzessowicz rytter erkentnus geschehe in abir schade an eynem gemaynen czuge gen Meysen dorumb sullen und wollen wir unbetaydingt sein. Des zu waren bekenthnusse haben wir Petr herre zu Ssternberg Jacob von Wrzessowicz rytter, und wir purgermayster und rethe der czwayer sstete Sacz un Lawen unsere insigel und secret an disem briff gehangen, der under wir alle die andern uns mitsampt in verpinden alles das zu halden was in dysem briff geschriben stett, der geben ist noch Christi unsers heren gepurt XIIII^{c}. und in dem LI. jare an sant Petr und Pauls der heiligen czwelff poten tage.

II.

1451, Juni 29.

Wir Frydrich von Ssumburg her zu Glaucha und Hartenssteín bekennen und thun kunt offenlichen mit disem briff vor allermenigklichen und wollen das esz wissentlichen sey allen den dy inn sehen hören ader leszen das wir ein ewige urfehde gethan haben und thuen dy mit krafft dicz briffs das wir ewigklichen nymmermeer thun wollen noch sein mit worten nach mit werken heimlychen nach offenlychen, wyder dy edeln und wolgebornen heren heren Alschen heren zu Ssternberg sein sone, heren Burian von Gutenstein, heren Jacob von Wrzessowicz ritteren hewptman desz Saczer kreysze heren Jan von Brzessowicz ritter seyn sone errn Jan Czalta von Ssteinperge gesessen zum Rabensstein, nach wyder alle dy erbergen lantlewte desz ganczen Saczers kreyszs darinn siczende noch wideren dy ersamen und weyszen purgermeystern und reten und den ganczen gemeynen der czweyer sstete Sacz und Lawen, nach wider alle die iren nach wider dem selbigen ganczen Satczer kreysz nymant auszgeslossen gestlichen noch werntlichen, nach wider der obgenanten heren herscheffften gutteren mannen dynern, untertanen lewten und dem di in zuuersprechen steen dy sie ytczund haben ader in den und andern kreyszen ader wa sy dy zukumfftiglichen und an welchen enden sy dy gewynnen nach wider alle di da rat tat folge peysstande hülf ader lere gethan haben da mit das slosz Pirssenstein gewunnen und wir geffangen sein worden, darumb wir sy nach ire erben hyn für nymmermeer ewigklichen wir nach nymant von unsern wegen esz were durch schube lere ader anweysung von des ader sust von andern sach wegen dy obgeschriben heren ritterschafft stete und ire erben, und alle dy iren nicht anten eferen nach mit krigen anlangen sollen, nach enwollen heymlichen nach offenlichen in keynerley weisz wie menschen list erdencken möcht, den gewonnen wir was hernach czu schicken von unseren selbs eignen sach ader von unsern dyneren wegen mit den abgeschriben heren lantlewten ssteten und den ganczen Saczer kreysz ader mit den iren ader mit den dy in peystand hulff ader rathe gethan haben da gereden und globen wir das wir das nit anders gen in schallen noch enwollen fürnemen denn mit dem landsrechten zu Behem und uns an iren landsrechten genügen lassen was dae erkant wurde nach schuld und antwürt und das in kayner ander weysz fürnemen. Auch ist nemlych und sunderlich berett und betadingkt worden als umb dye magestat darumb wir Fridrich here zu Glauchaw die von Sacze angelanget haben als von heren Alschen unsers vettern seling kinder wegen daz hinfür wir nach nymant der denselben brieff ynne haben wirt die von Sacze mit krige damit fordern noch anlangen sol sunder das mit demselben brieff anders gen in das nicht fürnemen noch suchen sol denn in obgeschribner masse mit recht. Esz ist auch nemlych, betaydingt und beret von des Kauffungs wegen zum Brone umb sulich spruche die her Fridrich im vermaint zu haben daz sie von paiden tayln derselben sach mechticlich bey uns Petern heren zu Ssternberg und Jacoben von Brzessowicz pleyben schüllen, und wen uns here Fridrich schreybt und pit tag darumb czu seteczen so süllen wir in in vier wochen noch seyner vermanung ein tag gelegne stet seteczen und der sach ein ende machen word abyr sach daz wir in den tag in den genanten vier wochen nycht seczten so mag der herre Fridrich von Ssumburg dar noch sein sach gein Kauffung noch seyner notdorfft fordern und fürnemen und umb dye Hluban ist betaydingt daz here Fridrich daz mit recht gen in suchen sol an den enden do sie hyn gehören. Das alles gereden und globen wir peim unserm guten waren trewen und eren getrewlichen auffrichtigklichen stet gancz vest unverruckt und unverpothenlichen ytczliche punct und artikl in den briue begriffen zu halden an alles geuerde. Des zu urkund etc.

(Dat. 1431, 29. Jan.) Orig. in archivo civit. Saecensis.

19.

1451, Juli 23 (Wymar).

Abermalige Verlängerung des Waffenstillstandes zwischen Herzog Friedrich von Sachsen und dem Podiebrader Bunde bis zum 24. August 1451.

(Orig. im k. sächs. Staatsarchiv.)

Von gotes gnaden wir Wilhelm hertzog zu Sachsen landgraue zu Doringen vnd marggraff zu Miessen und Albrecht marggraue zu Brandenburg vnd burggraue zu Nuremberg bekennen vnd thun offintlichen mit dem briev nochdem wir den frieden so wir vormals zu Eger zwischen dem hochgebornen fursten vnserm liebin bruder vnd ohmen hern Friedrichen hertzogen zu Sachsen des heiligen Romischen riechs ertzmarschalg landgrauen in Doringen vnd marggrauen zu Miessen an eynem und den edeln wolgebornen vnd gestrengen hern Girzick von Cunstat herren zu Bodiebrat vnd siner parthien am andern teil biess vff Sand Peter vnd Paulstag nechst vorgangen erstrecket hatten uff dem nechst gehalten tag zu Brux biess vff Sand Jacobstag allernechstfolgende erlenget haben vnd noch in handel sind ub wir vffbedacht den yn etliche der parthien vff vnser furgebin genomen haben die dincke zu einem gerumen frieden oder zu gantz errichtunge brengen mogen vff das dann ein solches wie notdurft fordert deste statlicher zuuorbotschaften vnd vfzuerbeyten sey dorvmbe so habin wir mit beder obingenanter parthien wissen vnd willen solchen fride von Sand Jacobstag biess furde vff Sand Bartolomeustag schirste folgende vnd denselbin tag gantz vss biess zu vndergang der sonnen erstrecket vnd erlenget erstrecken vnd erlengen den in chraft dieses briues also das der von allen parthien vnd den iren solche ziet vss getreuwlich vnd vnuorbrochenlich gehalden werden sol nach dem friedensbriue vor daruber begriffen sundern die gefangen mag iciliche parthie halten die ziett des frides nach irem gefallen als ob der frieden nicht wer on geuerde. Des zu vrkundt haben wir obingenanter herzog Wilhelm vnser insigel vor vns vnd den genanten vnsern liebin sweher marggrauen Albrechten als teydinsslute des wir marggrauen Albrecht hirzu mit vnserm liben sweher gebrechenss halben nutzumale vnssers insigels gebruchen mit rechter wissen an diesen briue thun drucken und zu mererer sicherheit haben wir herczog Friedrich von Sachsen etc. obgenanten für vns vnd vnser helffer und wir Girzick von Cunstat etc. von vns vnd vnser parthie vnser iclicher sin insigel zu der obingenanten teydingsluten insigeln auch mit wissen vf diesen briue thun drucken.

Gegeben zu Wymar vff Frietag nach Marie Magdalene anno domini millesimo quadringentesimo quinquagesimo primo.

(Mit drei hinten aufgedruckten Siegeln.)

20.

1451.

Böhmisch-bayrische Grenzfehden.

(Auszüge und Anmerkungen aus den Original-Acten des kön. Reichsarchivs in München.)

A. Herzog Albrecht von Bayern verleiht und verschreibt dem Přibik von Klenau sein Gut, genannt Winkel im Aigen, nebst den Ortschaften Fürth, Eschelkam und Neukirchen auf Lebenszeit. Dafür verpflichtet sich Letzterer dem Herzog zum Schutz der Grenze gegen die Einfälle böhmischer Ritter. Dat. zu München, Freitag nach Mariä Verkündigung (26. März) 1451.

(MS. Böhmen u. Obere Pfalz lit. B.)

B. Um die Zeit des Palmsonntags (18. April) wurden dem Herzog Albrecht von Bayern, wegen des Racek von Janowic, Fehdebriefe zugesandt von Peter von Sternberg, Jakob von Wřesowic (Hauptmann des Saazer und Leitmeritzer Kreises und Herrn auf Lutitz) und von Jan Calta von Steinberg, Herrn auf Rabenstein. — Es kam jedoch nicht gleich zum Kriege, da Přibik von Klenau sich der Sache annahm und zu Klenau einen Tag zwischen den Parteien vermittelte. — Erst nachdem sich dieser Tag wegen zu hoch gespannter gegenseitiger Forderungen zerschlagen, klagte der Herzog darüber den böhmischen Ständen (dd. Pfinztag vor S. Ulrich, 1. Juli) und kündigte die Absicht an, Gewalt zu brauchen.

(Orig. Acten ebendas.)

C. Sonntag vor Egidi (29. Aug.) schrieben Hynek Krušina von Schwamberg, Hauptmann des Pilsner Kreises und Egerlandes, und Jan von Kolowrat auf Bezdružic, an Herzog Albrecht von Bayern und verlangten, dass die zwischen Riesenberg und Janowic liegenden Rittergüter, namentlich des Jan Wirko zu Uslaw, Ernest zu Herstein und des Jan von Wolfstein, welche die Fehde der Herzoge gegen die von Janowitz nichts angehe, geschont und gesichert werden möchten.

(Das. ebendas.)

D. Um die Mitte September thaten die Bayern einen Einfall in Böhmen und branuten die Dörfer unter Riesenberg ab (Modlice, Marquartice, Hlubok u. a.), wobei mehrere Leute des Heinrich Liebsteinsky von Kolowrat, Herrn auf Taus, Schaden litten. (Kolowrat wohnte selbst in Taus.) Da mehrere böhmische Herren sich der Janowicer annahmen, so kam es zu wechselseitigen Einfällen in beide Grenzländer. Endlich im October wurde in Pilsen ein Kreistag gehalten, wo die Janowicer sich zum Landfrieden erklärten und der Kreis die Sachen auf rechtlichem Wege mit den Herzogen von Bayern auszutragen beschloss, während zugleich alle Feindseligkeiten aufhören sollten.

Nach Zeugniss der Acten waren Jan und Albrecht von Kolowrat auf Bezdružic Brüder; die Städte Tachau, Teinitz und Mies gehörten Herrn Burian von Guttenstein auf Breitenstein, oder waren doch in seinem Schutze; Wilhelm von Wolfstein „gesessen zu Hostun", war einer seiner Mannen.

Im November 1451 wurden Heinrich von Kolowrat auf Taus und Přibik von Klenau wieder auf fünf Jahre von den Herzogen in Bayern in Dienste genommen, gegen die Janowicer zunächst, mit einem Jahrgeld von 600 Gulden. Auch dem Burian von Guttenstein wurden noch Jahrgelder gezahlt.

(Orig. Acten ebendas.)

21.

Übersicht der Correspondenz Johann Capistran's von den Jahren 1451 und 1452, in Bezug auf die böhmischen und mährischen Hussiten.

(Was hier geboten wird, ist nur ein Versuch, in ein chronologisches Verzeichniss zu bringen, so viel uns davon bekannt ist. Die reichhaltigste Quelle dafür ist eine Handschrift der Leipziger Universitätsbibliothek Nr. 940 in 4°, dann Originalien und Abschriften im Wittingauer Archive, Abschriften in den Prager Consistorialacten, im kön. sächs. Staatsarchive in Dresden u. dgl. m. Da zu viele Briefe nur in Auszügen und undatirt vorhanden sind, so ist es nicht immer leicht, ihre Identität und Reihenfolge zu bestimmen.)

Jahr 1451.

1) August 21. Kremsier: Bohemi et Moravi (sacerdotes Cremsirii degentes) fratri Johanni de Capistrano: dd. Cremsir, sabbato post Stephani regis. Ms. Lips. 940, fol. 286ᵃ.

2) s. d. Capistran's Antwort darauf. Aus einem Olmützer Codex (2, VI, 6) abgedruckt in Fr. Walouch životopis sw. Jana Kapistrana, Brünn 1858, Seite 669 — 707.

3) Aug. 25. Towačow: Der mährische Landeshauptmann Johann Towačowsky von Cimburg an Joh. von Capistran, dd. Towaczow, feria 4 post Bartholomæi. Lips. 940, fol. 286ᵇ (erwähnt bei Cochlaeus).

4) Sept. 3. Olmütz: Capistran's Antwort darauf, dd. Olomucz, 3. Sept. Lips. 287ᵃ. Ms. Sternberg p. 287 (erwähnt bei Cochlaeus). Siehe hier Nr. 22.

5) Sept. (s. d.) Brünn: ein zweites Schreiben Capistran's an denselben. Lips. 940, fol. 287.

6) s. d. Königingrätz: M. Johannes Borotin Johanni Capistrano, dat. in Greczreginæ s. d. Incipit: Obsecro te, frater religiose. Lips. fol. 282ᵇ. Gedruckt in Capistranus triumphans S. 367, bei Walouch S. 790 — 792. (NB. In einer Wittingauer Handschrift wird dieser Brief dem M. Rokycana zugeschrieben.)

7) Sept. 16. Lucz (?): Derselbe an denselben, dd. ex Llucz (?) in die S. Ludmilæ. Inc.: Nominatissimo et utinam digno. Lips. fol. 283ᵃ.

8) s. d. Capistran's Antwort. Inc. Jhesus Christus. Scribis te optare Johannes Borotin. Gedruckt in Capistr. triumph. S. 368 — 370.

9) Sept. 20. Brünn: Capistran's zweites Schreiben an denselben, dd. ex Brunna, 20. Sept. Inc. Exprobrantissimo amico suo M. Johanni Borotin. Lips. fol. 284ᵇ.

10) s. d. Capistran's drittes Schreiben an denselben, eine lange Abhandlung, gedruckt bei Walouch S. 792 — 895.

11) Sept. 11. Prag: M. Johann Rokycana's erstes Schreiben an Johann Capistran, dd. Pragæ, sabbato ante exaltationem S. Crucis. Lips. fol. 290. Consist. Prag. fol. 38. Scultetus, III, 5. Gedruckt bei Cochlaeus, Wadding, in Capistr. triumphans p. 345 u. s. w.

12) Sept. 20. Brünn: Capistran's Antwort darauf, dd. ex Brunna, 20. Sept. Inc. Tuas honestas, quales alii non dixerunt. Consist. Prag. fol. 39, gedruckt bei Cochlaeus, Wadding, Capistr. triumph. p. 346.

13) Sept. 20. Brünn: Capistran an den Gubernator Georg von Podiebrad, dd. ex Brunna, 20. Sept. Inc. Hac die venerandi

M. Johannis de Rokyczano literæ mihi oblatæ sunt. Lips. 287b. Archiv Trebon. Gedruckt bei Cochlaeus und Walouch.

14) Sept. 24. Znaim: Johannes de Capistrano universitati Viennensi, dd. ex Znayma, 24. Sept. Lips. fol. 278a.

15) Oct. 12. Zwettl: Capistran an Ulrich von Rosenberg. Original im Wittingauer Archiv; daraus bei Walouch S. 708—710.

16) s. d. Rokycana an Capistran. Inc. Optans te in Christo sapere. Gedruckt bei Wadding und Hermann (Capistr. triumph. p. 344).

17) Oct. 19. Krumau: Capistran an Rokycana, dd. ex Crumlov in Bohemia. Inc. Affectum salutis tuæ et proximorum. Mirari satis nequeo, mi Rokyczane. Abschrift in Wittingau; Consist. Prag. fol. 40. Gedruckt bei Walouch S. 711—716.

18) Nov. 12. Rokycana an Capistran, dd. feria VI post Martini s. die quinque fratrum. Inc. Salutem in omnium salvatore. Utinam saperes et intelligeres. Ms. der Prager Universitätsbibliothek XI, C. 9, fol. 150—155, bei Walouch (aus einer Olmützer Handsch.), S. 717—728.

Jahr 1452.

19) Januar 14. Eger: Capistran an Rokycana, eine lange Abhandlung, dd. ex Egra, 1452, incepta in vigilia Nativitatis Domini (24. Dec. 1451) et conclusa in sabbato post octavam Epiphaniæ, pluribus aliis arduis negotiis occupatus. Inc. Salutem in salvatore omnium electorum, de quorum numero ferventi exspectatione te opto. In derselben Prager Handschrift, fol. 155—183 und bei Walouch S. 728—786.

20) Januar 10. Eger: Capistran an Herrn Ulrich von Rosenberg. Original im Wittingauer Archive. Siehe unten Nr. 23. Ein zweiter Brief dess. an dens. vom demselben Datum betrifft anderweitige Angelegenheiten.

21) Januar 10. Eger: Capistran an den Rath der Stadt Znaim. Aus einer Olmützer Handschrift herausg. bei Walouch S. 786 bis 790.

22) April 18. — Mai 5. Brüx: Capistran an die böhmischen Barone dd. ex Ponte, quinta die Maii, „licet primæ compilatæ fuerint et destinatæ 18 die Aprilis" (Capistran's eigenhändige Bemerkung in dem Exemplar des Dresdner Archivs, V, 240). Es ist dies der vielbesprochene Brief, worin Rokycana nur als bellua insensata bezeichnet wird; unvollständig edirt bei

Cochlaeus und Amand Hermann (Capistr. triumph.). Ms. Lips fol. 292[b].

23) Mai 17. Brüx: Capistran an Ulrich von Rosenberg. Orig., siehe unten Nr. 30.

24) Mai 24. Krumau: Ulrich von Rosenberg an Capistran. Siehe unten Nr. 31.

25) Mai 29. Prag: Georgius gubernator et consilium regni Bohemiæ Johanni de Capistrano, dd. Pragæ feria II festi pentecostes. Ms. Lips. fol. 299; archiv. Dresd. V, 240; bei Cochlaeus uncorrect gedruckt. (Der bekannte Drohbrief.)

26) Mai 29. Prag: Magistri civium et consules Pragensium civitatum majoris, novæ et minoris, eidem dd. eodem. Ms. Lips. fol. 300, arch. Dresd. ibid.

27) Mai 30. Johannes de Nedielisst eidem, dd. fer. III in pentecoste. Ms. Lips. fol. 291, arch. Dresd. ibid.

28) Juni 6. Brüx: Capistran an Georg von Podiebrad, dd. ex Ponte, die sexta Junii. Inc. Putabam ego minorum ordinis minimus. Abschrift im Wittingauer und im Dresdner Staatsarchive.

29) Juni 7. Brüx: Capistran an Ulrich von Rosenberg. Original in Wittingau. Siehe unten Nr. 32.

30) Oct. (s. d.) Brüx: Fr. Johannis de Capistrano literæ ad baronem N. N. (so gibt ihn Capistran selbst an), dd. ex Ponte post festum Michaelis im Dresdner Staatsarchive (V, 240) von Capistran eigenhändig signirt.

31) Oct. 15. (Magdeburg.) Capistran an Ulrich von Rosenberg. (Orig. in Wittingau.) Declarat gaudium suum de felici adventu R. Ladislai ad civitatem suam Viennensem cum consensu Imperatoris; hortaturque multis D. Ulricum, ut adhibeat studium maximum in dieta Viennensi pro die S. Martini indicta, ne Ladislaus Bohemis ad compactata tuenda sese obliget (Epistola prolixa).

32) Oct. 21. (Leipzig.) Derselbe an denselben. Orig. das. (Ein Auszug daraus findet sich in der Geschichte von Böhmen, IV, 1, S. 313.)

33) Nov. 5. (Leipzig.) Derselbe an dens. Orig. das. Significat se ad dietam Viennensem pro festo S. Martini non vocatum a R. Ladislao, itaque nec affuturum; doletque D. Ulricum in studio religionis novissime quodammodo lapsum esse.

22.

1451, Sept. 3 (Olmütz).

Johann von Capistran an den mährischen Landeshauptmann Johann Towačowsky von Cimburg, über die Nichtigkeit der Compactate.

(Aus MS. Sternberg p. 287.)

Magnifice et utcunque excellens domine, more vulgari! In Christo Jesu recta sapere, et non inanem temporalem, sed aeternam consequi gloriam!

Per tuum specialem nuntium ut asseruit non ex me molestas, sed ex tua ut ita dixerim excellentia graves periculosasque, nec non et perniciosas suscepi literas, ignorans tamen, si tuo ex pectore talia processerint, quod ex famosissima intelligentia tua ac circumspecta discretione id mihi facile credendum non annuo. Video enim intentionem tuam non passim, non distincte, non discussive, ad compactata innixam totaliter et conversam. Quam ob rem tanto magis compatior ac dolore cordis affligor, quanto magis tantum virum noverim ignorare, quam compactatores in his quæ speciale mandatum requirebant, auctoritatem habuerint a sanctæ memoriæ Eugenio papa quarto, vel etiam a recolendissimæ memoriæ tunc dignissimo cardinali S. Angeli, D. Juliano Romano, qui in studio legali pro veritate dicenda meus conscius comparque in tali facultate per annos plurimos mecum convixit, mecumque conversatus exstitit tamquam fidelis amicus; quamve etiam ab ipso Basiliensi concilio, quod etsi bonum principium habuit ex institutione Martini, utinam numquam talem exitum habuisset contra sanctæ memoriæ Eugenium papam quartum; cujus imaginem, paleam atque sanctineam temerarie, impiissime, malignissime atque diabolice concremarunt; intruseruntque illum pauperrimum Sabaudiæ ducem Amedeum in papam; verum non in papam, sed potius in basiliscum, qui tandem divina clementia illustrastus, fatuitatem suam deposuit, ac temeritatem intrudentium exprobravit, humiliter et devote abrenuntians sanctissime et justissime, quod inique, maligne et damnabiliter usurpaverat. Cujus poenitentiam et humilitatem ac submissionem sub obedientia Nicolai papæ quinti omnis catholica ecclesia gratanter et hilariter, pie, benigne et misericorditer acceptavit. Nec me latet passio, æmulatio, et indignatio Arelatensis, hostis perfidissimi Eugenii papæ quarti, quia eum camerarium apostolicum abnuit instituere. Novit etiam tua, ut ita dixerim, celsitudo, si etiam post compactata in Iglavia millesimo quadringentesimo tricesimo sexto, die quarta Julii, per eos, qui ad eadem compactata quoad communicationem sub utraque specie processerunt, mandatum speciale sive ex parte sanctæ memoriæ Eugenii, sive ex parte D. Juliani in consilio præsidentis, sive ex parte ipsius etiam Basiliensis concilii nominati in Iglavia ostenderunt, vel si etiam talia compactata per ipsum Eugenium vel per ipsum D. Julianum, aut per ipsum concilium Basiliense, vel forte postmodum per SS. D. N[rum] Nicolaum papam quintum unquam fuerint acceptata, ratificata, authenticata vel confirmata. Si in hoc quidquam habetis, ostendite: quod tamen nisi videro sub una authentica forma, minime credam, cum sciam, numquam vere posse ostendi. Magis autem patet, etiam ipsius Basiliensis concilii consuetudinem communicandi laicalem populum sub una specie tantum, ab ipsa sancta et immaculata universali Romana ecclesia rationabiliter introductam, et hactenus diutissime observatam, et a doctoribus divinæ legis, sacrarum scripturarum atque canonum multam peritiam habentibus jam a longo tempore commendatam, pro lege habendam esse, nec alicui licitum esse, eam reprobare, aut sine auctoritate ecclesiæ ipsam aliter mutare, sub data Basileæ in sessione publica solenniter celebrata X. cal. Januarii anno domini M° CCCCXXXVIJ°. Compactata autem facta fuerunt M° CCCC° XXXVJ°, X. Julii (sic). Patet igitur expresse, quod vestra compactata, de quibus tantum festum agitis, nedum prædictis evacuata sunt, sed etiam multis aliis rationibus, quas in tractatu, quem super his composui, diligenter et authentice demonstravi. Quas cum ab altissimo donaretur, libentius facie ad faciem et ore ad os, etiam coram omni christiano populo; item, utinam ab ipso salvatore D. Jesu Christo sic daretur, ut coram SS. D. N[ro], Nicolao papa quinto et omnibus RR[mis] cardinalibus, cunctisque prælatis ecclesiasticis, universisque doctoribus in sacra pagina et alterius cujuscunque facultatis, pacifice, caritative, tranquille et concorditer, tamquam omnium minimus et indignus explicare valerem; cum desiderio vestræ vestrorumque sequacium et complicium, abjectis mundialibus vanitatibus illecebrisque carnalibus, adipiscendæ gloriæ sempiternæ. Ad quam prævio lumine spiritus sancti in cognitione catholicæ veritatis vos et vestros promoveat divinæ sapientiæ veridica cognitio, evangelica Christi prolatio, irrefragabilisque doctrina ipsius dom. nostri Jesu Christi, qui suam sanctam, unicam immaculatamque ecclesiam et sponsam suo proprio sibi sanguine salute perpetua comparavit et perenniter acquisivit. Vale interim, dum te propriis oculis aspexero, ad finem gloriæ sempiternæ. Ex Olomucz, III. Septembris, 1452 (sic), manu festina.

Fidelis orator Frater Johannes
de Capistrano ordinis minorum.

23.

1451, 12. October (Zwettl).

Johann von Capistran an Herrn Ulrich von Rosenberg. Er werde nächstens nach Krumau kommen und sei zur Disputation mit Rokycana bereit.

(Original im Wittingauer Archive.)

„Magnifico et excellenti dño dño Vlrico de Rosenberg etc. suo protectori et preceptori singularissimo fidelissime et cito obsignentur.“

IHC.

Magnifice et excellens domine, domine ac protector et benefactor mi singularissime, humillima ac debita comendatione premissa. Hodierna die, quam semper honoratam sum habiturus, reddite sunt mihi litere dnationis tue; que quidem quantam letitiam et iocunditatem mihi attulerint, nullo dicendi genere consequi possem: quando quidem ita promptissimum ita paratissimum ad me sub tui tutela suscipiendum te invenio. Non enim aliud expectabam, nisi ut in te omnes uno ore predicant, efferunt et extollunt, christianissimum scilicet nomen, ut clarissimas et egregias virtutes tuas silentio pretercam ceteras: que tot et tante sunt: ut verum fatear, dificile dietu essent et licet cetera virtutum genera ad cuiusuis principis ornamentum accedant maximum. Decus tamen christiani nominis omnia vincit superat et calcat. Placuisse excellenti dnationi tue literas meas magnopere gratulor: sed illud longe magis gaudio me afficit incredibili: cum meum ad te accessum sollicitas, ad liberandum tot millia animarum pereuntium, que quotidie sathane gutturi preda et cibus fiunt. Quod firmissime assequutus es. Sum enim in Czbetell, profecturusque crastina die post absolutam predicationem Weytram. Ibi namque expectabo quousque tua excellens dnatio pro me miserit. Si quidem feria quinta proxime futura tui ad me venerint, sexta feria sequenti iter versus Crumnam arripiemus. De die tamen disponas pro arbitrio tuo. Me autem semper ad veniendum paratissimum invenient. Sed animadvertat dnatio tua ut duo currus pro sotiis et libris meis omnino mittantur, cum sine illis proficisci non valeremus. Plura scriberem, sed omnia ore ad os agemus cum una tecum fuero quod citissime erit, si tuos quamprimum ad me mittere non gravaberis. Tua vero excellens dnatio interim magnanima erit, et periocunda. Spero enim quod ea assequemur divina gratia opitulante, quæ ceteris negata fuerunt. Nam adest magnus et excelsus deus noster suis admirandis et stupendis operibus. Nobis autem molestum minime sit adesse humano studio et ingenio. Responsivas literas nullas adhuc,accepi ab amico meo Rokyczano, causam ignoro. Certior enim factus sum, quod congregationem nonnullorum baronum Boemorum que fit prope Olomucz accessit, non libenti animo, ni fallor. Disputationem ut ex meis literis intelligere potuisti illi non denegavi neque denegabo, dummodo congruitas loci tributa sit, et peritissimorum virorum pulcra corona. Scio et certus sum quod pro sui animi obstinatione potius ille frangetur quam flecti possit, eius argumenta rationes et ut verius dicam cavillationes, auctoritates et dicta facile refellemus: sed eius et mei censores astare vellem: ut secundum illorum sententiam mee doctrine acquiesceret et consentiret. Non enim intendo secum garulare, ut sepenumero loyci faciunt: sed ut omnia a congruis et debitis iudicibus determinentur. Omnis ignorantie et timoris locus a me remotus est, si mecum de congruo loco et de viris interventuris in actu convenire voluerit. Nam hujusmodi actus non apud vulgares et indoctos viros: sed apud eos quorum probata et autentica est sententia et auctoritas fieri debet. Sed de ijs hactenus in quibus omnibus tuo optimo et fidelissimo consilio utar. Valeat excellens dnatio tua quam Christus tueatur in evum, et me ut facis sub tuo presidio suscipe. Pro ea dignitate quam merito Rj[dus] p. d. Jeodocus filius tuus assequutus est plurimum congratulor agoque gratias immensas deo omnipotenti qui illam sibi tribuit. Rogove ut ad sublimiora illum tollat, qui ex innata bonitate et virtute omnia bona meretur. Iterum atque iterum vale mi optime protector, et pro me cito mittere non immoraberis, qui jam tecum fuisse diu desideravi. Ex Czbetell. XIJ[a]. Octobris 1451. Manu velocissima.

Tue excellentis dominationis inutilis servus licet orator fidelissimus, Fr. Johannes de Capistrano minorum minimus.

24.

1452, 10. Januar (Eger).

Johann von Capistran an Herrn Ulrich von Rosenberg. Er wolle nach Brüx übersiedeln, um Prag näher zu sein, verspricht seine Streitschrift gegen Rokycana zu senden u. dgl. m.

(Original im Archiv zu Wittingau.)

Magnifico et excellenti domino, D. Ulrico de Rosamberg ec. suo benefactori et praeceptori colendissimo.

IHC.

Magnifice et excellens domine, domine benefactor et præceptor mi colendissime, humillimam ac debitam commendationem cum omni officio obsequendi. Immensas tibi gratias ago, tum vero maxime, cum de novis australibus ac de vestro statu me certiorem facis, quem semper opto felicem. Superioribus diebus latius et diffusius per quemdam Brunnensem omnia quæ isthic agantur et acta sint V. M. significavi, nec aliquid postea occurrit, nisi minatorias literas hos nostros Egrenses a nostris amicis recepisse, ut me in exilium dent, quemadmodum alias facere consueverunt. A R^{mo} D. cardinali et ab ill. duce Saxoniæ Friderico scilicet seniori responsum propediem exspecto. Intendo enim Pontem proficisci, si D. duci placuerit; non quod isti cives nolint me tenere, sed ut propinquior sim Pragæ; de quo quidem accessu scies certitudinem antea forte quam hinc recedamus, et præsertim cum intendam hic per multos adhuc dies moram trahere sic temporisando, quousque mensis Martii decurrat, ut postea aestivo tempore adiuti valeamus liberius nostros hostes spirituali exercitu castrametari. Literas commendatitias prout petiit Exc. V^{ra} perlibenter confeci ad maximum pontificem, ad Ser. D. regem Franciæ et ad ill. ducem Brugundiæ (sic), quas præsentibus alligatas vobis transmitto; non tamen me extendo ad aliqua particularia, ne qui religionem sequor, possim ab illis reprehendi; sed generalia scribo, ut oratores vestri quæ placuerint V. D. audacius petere possint. Spero commendationem meam præ ceteris apud ill. ducem Brugundiae plurimum D. V^{ræ} esse valituram, cum mei magnam notitiam habeat. Copias responsivarum mearum ad perditum illum hominem Rokyczanam D. V. mittere nequeo, cum sint ita prolixae, ut a meis sociis transscribi non possint. Sed velim tibi persuadeas, nihil ab illo mihi scriptum fuisse, quod sine ampla responsione præteritum sit. Nihil enim defecit, quod ad lotionem, imo ut verum fatear, ad detectionem suorum scelerum requiratur, quod silentio præterierim, ex eo quod principium introduxit. Spero quod adhuc illarum copiam accipies, si scriptores habere potero. Socii namque mei tantis profecto sunt occupati negotiis, ut vix necessariora absolvere valeant. Fratres mei e Roma nondum venerunt: sed illos quotidie magno cum desiderio exspecto. Bullam quam accepi, cujus copiam ad V. D. per illum de Brunna misi, motu proprio SS^{mus} D. N^{r} ad me direxit: sed non dubito, quod majora sint socii allaturi, cum nondum tunc amplicuerunt. Reliqua quæ occurrerint imposterum significabo. Rogoque, ut facis, digneris sæpius me literis visitare, maxime de conclusione illius diaetae celebrandæ vel jam celebratæ in Posonio, ac de adventu Ungarorum ad limites Moraviae digneris nos certiorem efficere. Multi multa dicunt, sed quia nihil certa habeo, non audeo aliud scribere, nisi quod me totum V. D. dedo, totumque trado. Valeat M. V^{ra}, quam Christus sempiterno tueatur aevo. Ex Egra, X^{ma} Januarii 1452.

V. M. et Ex. D. humilis servulus licet fidelis orator
Fr. Johs de Capistrano
manu propria me ss.

25.

1452, Mart. 22 (Dresden).

Schiedspruch im Streite Herzog Friedrich's von Sachsen mit Johann von Wartenberg auf Blankenstein.

(Original im k. sächs. Staatsarchiv in Dresden.)

Wir von gots gnaden Caspar bischoff zu Missen, vnd Jhan von Wartenberg der junger her zu Tetezschen bekennen vnd thun kunth vffentlich mit dessem brieffe geyn aller menneglich noch deme der hochgeborne forste vnsser gnediger her er Fridrich herczog czu Sachsen, des heyligen Romischen reychss ertez marschalk lantgraue in Doringen vnd marggraue zu Missen an eym, vnd der edel er Jhan von Wartenberg her zu Blankensteyn am andern teyl von etzlicher sachin wegin plackerye roberye vnd andirss mehir anlangede von eynes lande vnd gebyte in des andern geschen, irre gewest, vnd der aller vff vns kommen syndt sie daruss zeu entscheden, vnss auch glewbwirdiglich zeugesaget haben wie wir sie daruss scheyden werden, das sie das von yren, vnd beyderseyt der yren wegen gantz vnvorbrochen also halden wollen als haben wir sulch yre irrthum, wie die vor vnss brocht sind zcu vns genomen, die egentlich vorhorth, vnd sie von allen syten in der gutlichkeyt daruss entscheden vnd entscheden sie der gegenwertiklichen in crafft diss briffes, also das sulchs alles, wie sich das czwyschen on vnd beyderseit den yren biss uff dessen hutigen tag vorlauffen vnd gemacht hath, eyn berychte vnd gesumete sache seyn vnd bleiben vnd eyner den andern derhalben hynfur nicht mehir zcu rede setczen nach fordern sal, begebe sichss aber das vnser gnediger her von Sachsin ader ymanth der synen angegriffen vnd beschedigt sulch namen in des von Blankensteins gebyte vnd gegwenge gefurt ader brocht, vnd der beschedigethe ader vnsers gnedigen hern von Sachsin amptlute dem rouber nachfulgen wurden, daran sullen der gnanthe von Blankensteyn vnd die sinen des selbin vnsers gnedigen hern von Sachsin amptlute ader die synen nicht hyndern besundern on czum rechten beholffen syn wenn sie darvmb angeruffen werden wurde auch wydervmb dem von Blankensteyn ader den synen ichst genomen, vnd der name in vnssers gnedigen hern von Sachsen lanth von den beschedigethen ader synen amptluten nach gefulget, daran sullen der selbige von Blankensteyn oder die synen auch vnuerhynderth blyben vnd hulffe zum rechten widder die plecker finden, wenn vnssers gnedigen hern von Sachsin amptlute, ader die synen darumb ersucht werden item vmb die gerichte czu Petersswalde sol vnser gnediger her von Sachsin syne trefflichen rethe czy eym tage in das gnanten dorff schicken, sulchen tag der von Blankensteyn nach Ostern dem lantvoite zcu Missen vierzen tage (in das gnanten dorff) forhyn sal czuschriben vnd das personlich warthen, vff demselbigen tage denn yr iglicher syne kuntschafft sie were lebende ader legende sal vorbrengen vnd was yderteyl nach sulcher kuntschafft von alderss an sulchem gerychte gehabet hette, ader haben sulde, das er furder dabey blybe vnd das behalde, von dem anderen teyl daran vngehyndert doch das es vnserm gnedigen hern von Sachsin vngeferlich sie ab syn gnade zcu czythen als der tag zcugeschriben wurde, ander sachen czu schicken gewonne so das er des tages nicht besenden kunde sunderlichen vmb den hengist als vnser gnediger her von Sachsin dem von Blankensteyn zcu geben verheissen hath sal syne gnade demselbigen von Blankensteyn vor sulchen hengist vnd vor alle anderen schulde vnd scheden,

3*

die er czu synen gnaden biss vff dessen hevtigen tag hadt gemeynt czu haben, hundert Reynische golden ader vor yden solchen golden funfvndczwenzig nuwe groschen der vorgeschlagen Friberger muntze geben nemlich die hälffte vf Pfingesten schirst kommende vnd die ander helffte vff Sente Michelstag nehest darnach folgende, dieselbe bezalung der von Blankensteyn bie dem lautvoite zcu Pirne vff igliche obenberurthe tagczeyt vinden vnd nemen, vnd des genügeliche qwytanciam geben sall alle geuerde vnd arglist hirynne gantz vssgeslossen. Des zu warer orkund haben wir genanthen scheideslute dessen brieffe czwene gleichs luthes mit vnseren petczyt vnd insigel lasen vorsigeln vnd iglichem teyl eynen gegeben. Geschen czu Dresden am Mittewoche nach Letare anno domini M°. CCCC° quinquagesimo secundo.

(Mit zwei aufgedrückten Insiegeln.)

26.

1452, Mart. (fin.).

Auszug aus dem Denkzettel, was der Bote Herrn Ulrich's von Rosenberg bei König Friedrich (in Italien) zu werben hatte.

(Concept im Archiv zu Wittingau. Die eingeklammerten Stellen sind im Concept wieder durchstrichen.)

Vor erst, als ich den Spann zu ew. k. gnaden geschickt hatt von sachwegen, dass die herren im land zu Behmen in uneinigkeit sind umb die berednuss die mit ew. kun. gnaden geschehen ist am nachsten zu Wien.

Item nu lass ich ew. k. gn. wissen, dass sie in den nachgeschriebenen sachen uneinig sein:

It. Vor erst, dass herrn Girziken nicht gefällt, dass ihm ew. gnade die regierung befohlen hat an ewer gnad.

It. Zum andern vermeinen sie, dass der Rokyczan zum erzbischof geweiht soll werden ahn alle weigerung und auszug; und dass solches ew. gn. wohl zu wegen bringen mag.

(It. Von der obgemelten stuck wegen hat herr Girzik in willen zu ew. k. gn. zu schicken oder von ew. k. gn. ettlichen räthe zusammen zu fugen und aus den sachen zu reden.)

(It. Darauf haben die boten geantwortet die zu Wien bei ew. gn. gewesen sein und mit ew. k. gn. die berednuss beschlossen haben, sie haben die beteidigung redlich und wohl ausrichtt, das den männiglichen auf der schiersten sammnung die auf S. Georgentag schierst zu Prag gehalten soll werden, erkennen und loben sullen.)

It. Darauf hat der Kostka geantwortet den abgemeldten boten, was sie zu Wien auf dem vergangenen tag mit ew. k. gn. gehandelt haben, das haben sie nicht einträchtlichen gethan, und haben auch dess nicht macht gehabt zu beschliessen; und der kamrer sei auch dawider gewest.

It. So hat der Rokyczan geredt, die boten die zu Wien gewesen sein bei ew. kun. gn., die vermeinen ihn in schmach und schande zu bringen, dass ihm das erzbisthum zu Prag, daran er gekohren sei worden, nicht folgen sull. Nu will' er versuchen, dass er dieselbigen boten selbs in grosse schand und schmach bring.

It. Ich hab auch eigentlich vernommen, ist das E. G. die Slesie und das land zu Mähren in E. G. unterthänigkeit und glubnus bring, ehe E. G. herein in das land zu Behem kommt, das ettlich die sich gern in den sachen wider E. G. setzen solchs alsbald nicht thun werden.

It. Der Rokyczan, Kostka, Malowecz, Mokrofusky, Pardus, Hertwik und ettlich andere und ettlich aus den städten jetzo täglich zu rath gehn, wie sie die sach auf der zusammenkommung mit E. G. räthen und dem schiersten S. Georgentag auf der sammnung zu Prag für sich nemen wellen; und was sie miteinander zu rath werden, das bringen sie alles H. Girziken an schriftlichen und vermainen ye, dass sie noch vor Ostern mit E. G. räthen zusammenkommen werden.

It. Der tag so der gehalten sollt worden seyn auf Mitterfasten zu Prag nachstvergangen, der ist darumb verlegt worden bis auf S. Georgentag, ob sie sich wiederumb in solcher uneinigkeit, darinn sie seyn, vereinen mochten; wenn noch die beteidigung, so mit E. k. G. beschehen ist, in der gemein ist nicht geoffenbart worden, sunder auf den schiersten obgemeldten tag erst geoffenbart werden soll, und das auch darumb, dass sie ehe mit E. G. räthen zusammen kommen wollten.

It. Ich verstehe aber nicht anders, dann dass die boten alle hintangesetzt den Kostka und kamrer so die bei E. G. gewesen seyn und die sach beschlossen haben, und viel ander herrn und guter leut mit ihnen, nicht anders sich in den sachen vermeinen zu halten als frumme leut und recht und billich ist.

Auch hab ich vernommen wie ettlich gerne sehen und auch begehren mein, dass ich mich auch auf den tag gen Prag fügen sollt, doch ohn ein gleit nicht, und das darumb, ob jemand wär, der wider E. G. in solcher berednuss seyn wollt, dass unser dester mehr wären solchen widerzustehen und widerreden. Und was nu E. G. darinnen mit mir schafft, des bin ich willig zu thun als meinem gnädigen lieben herrn.

It. Ich verstehe auch nicht anders, denn dass im lande zu Böheim bis auf den schiersten S. Georgentag kein feld nicht gehalten werde. Aber H. Girzik nimmt leut auf wo sie ihm werden mugen, als auf ein jahr.

(Georg v. Podiebrad soll mit H. Zdenck [v. Sternberg?] wegen der Botschaft uneins geworden seyn, sich aber wieder versöhnt und den Predigern in Prag darauf alles Zwietrachtstiften scharf untersagt haben.)

It. Er (H. Girzik) sulle auch die boten die von meinem gnädigen herrn kunig Lasslaw in der Slesie und Mähren gewesen seyn, fast geehrt, und gross sich vor ihnen meinem gnäd. herrn konig Lasslaw mit dienst und unterthänigkeit erboten haben.

It. Mich ist auch angelangt wie der kamrer als er jetzo von E. k. G. heraufgeritten ist, mit frohlicher stimme geredt soll haben, wie E. G. alles das gerne thun welle was ihnen lieb sey, und sunder von des erzbischofs wegen, wär nur dass wir selbs Böhem untereinander uns nicht verrathen.

etc. etc. etc.

27.

1452, Apr. (s. d.).

Werbung eines Brandenburgischen Gesandten an die Böhmischen in Prag versammelten Stände über einen zu Regensburg mit dem Cardinal Cusa zu haltenden vorläufigen Tag.

(Aus dem Urkundenbuche Herrn Alrš' von Sternberg.)

Der hochgeborn furst mein genadiger herr marggraue Albrecht von Brandeburg und burggraue zu Nuremberg haist mich allen herrn ritterschaften und andern dismalen zu Prag bey einander versamnet sagen voran sein günstlichen grüs mit geneygten willen ze thun was zu fride süne und eynikeit zwischen der heiligen Romischen kirichen dem bapstlieben stüel unsrm heyligen vater dem bapst und der in der wirdigen kron zu Beheim gedinen mag unuerdrossenlich zu arbaiten.

Mit solicher vorkundigung, das nach dem mein genädiger herre marggraue Albrecht mit sambt dem hochgeboren fürsten herczog Ludwigen ewre schreiben nagst auff dem tag zu Lawff enpfangen haben, hat sich gefugt der hochwirdig vater her Nicolaus titels Sangt Peters ad Vincula der heyligen Romischen kirchen cardinal herauff vom Rein hinein in sein kirichen gen Brixen und in dem durich czichen meins genadigen herren marggraue Albrechts lande zu Heylsprunn im kloster uber nacht gewesen, da selbst hin sich mein genadiger herr yetczogenant zu im füget und aus den anliegunden sachen der cron zu Beheim mit im rede gehabt, uns als in den vergangen zeyten etwe vil rede und hanndel gewesen sein als von eins tags und zusammen khumens des selben vatters des cardinals und der in der cron zu Beheim das dann biszher nicht hat mügen füglich gefunden werden also hat mein genadiger herr marggraue Albrecht wleys getan und sulich zusamen khummen noch zu wegen bringen und souil an dem selben vatter dem cardinal gelernet, das in beduncken wil wie er nochmals zu eynem tag zu kummen wol geneyget wer. Und sindtemalen der gebreche vormals desz zusammen khumens auch an der form und auff was meynung sulicher tag geleist solt werden und auch von versicherung und gelaitz wegen gewesen ist: so hat mein genadige herr souil mit dem vatter dem cardinal geredt, das er sich verwillet hat zu khumen zu Regenspurg auff den Sontag Trinitatis nechst khumendt, also das die in der cron zu Beheim etlich ausz in nemlich herren Girziken und herren Alschenn von Ssternberg ader ye ir einen mit eyner anczal der andern auch dahin schicken, darczue sich mein genadiger herre marggraff Albrecht mit sampt seynem oheim herczog Ludwigen von Bayeren auch fügen wollen, allda zu ratschlagen und sich zu verayenn yner stat und czeit solichs tags auch form und weise versicherung und gleits und was zu sulichem notturftig sein wirdet in eyner still und geheim auf sulichs das man sulichen tag hinfur dester fruchtperlicher gelaisten müge.

Und mein genadiger herr pitt euch all mit ganczem vleisz hierinne gutwillig beweysen und vinden lassen damit solicher tag ewrenthalben nit erblinde ader abgeschlagen werd, dester gerner er den in der wirdigen kron zu Beheim all wegen thun will das in lib und dinst ist.

28.

1452, 22. Apr. (Romae).

Schreiben des Papstes Nicolaus V. an Herrn Georg von Podiebrad: er möge den gegen Kaiser Friedrich aufstehenden Österreichern keinen Beistand leisten.

(Aus einer Handschrift des Prager Domcapitels.)

(G. XIX, fol. 133.)

Nicolaus episcopus servus servorum dei: dilecto filio, nobili viro, Georgio de Poydibrad, salutem et apostolicam benedictionem. Gravis et intoleranda novitas visa est nobis, quam superioribus diebus nonnulli barones et incolae ducatus Austriae attentarunt: qui licet carissimo in Christo filio nostro Friderico, Romanorum tunc regi illustri, nunc vero imperatori augusto, tamquam legitimo et indubitato tutori carissimi in Christo filii nostri Ladislai, Hungariæ ac Bohemiæ regis illustris, super regimine et administratione dicti ducatus, sicut ad eum dictante jure et antiqua suadente consuetudine pertinebat, obedientiam ac fidelitatem promisissent, et per aliquos annos sine controversia præstitissent, nuper tamen, dum rex ipse Romanorum ad nos pro imperiali diademate profecturus, de modo regendi terras et dominia prædicti ducatus in ejus absentia disponeret, conventicula facientes, conspirare ac superba temeritate rebellare sunt ausi; attrahentesque sibi diversis machinationibus plerosque prælatos ecclesiasticos et oppidorum diversorum consulatus ac rectores, et promissionum et juramentorum suorum contemptores, de gubernatione ducatus antedicti minime veriti sunt se intromittere et ea facere, quæ ad solos principes Austriæ pertinent, exigentes vectigalia et officiales pro suo libito destituentes et instituentes. Que res non imperatori præfato solum, cui et homagii et obedientiæ et fidei jura violata sunt, sed nobis quoque et apostolicæ sedi injuriosa est: cum eo tempore hæc rebellio cœperit, in quo propter transitum ad imperiales infulas de nostris manibus suscipiendas jam institutum, rex idem Romanorum sub nostra et dictæ sedis protectione constitutus noscebatur. Nolentes igitur tantam et tam enormem insolentiam sub dissimulationis velamine pertransire, ne deteriora [illegible]
omnibus baronibus et incolis ducatus Austriæ, qui [illegible]
lionis aut auctores aut participes quovis modo [illegible]
thematis et aliarum censurarum poena mand[illegible]
eis assignatum tempus, a tali novitat[illegible]

gram imperatori præfato obedientiam et reverentiam cum omnimoda satisfactione restituant; sicut in aliis literis nostris, quarum copiam tibi mittimus cum præsentibus, hæc omnia plenius continentur. Quod idcirco tuae nobilitati insinuare decrevimus, ne verbis illorum annuentes (sic) in periculum incidas, si forsitan aut favorem aut assistentiam aut foedus a te exquirerent. Nos enim intelligentes sinceram mentem imperatoris præfati erga dictum regem Ladislaum patruelem suum: quem veluti filium diligit, et ut regium sanguinem suum decuit, educari curavit, suoque bono intentus est, non dubitantes, quia tunc regi Ladislao favemus, quando imperatori assistimus, adversus rebelles prædictos et alios eis adhærentes quævis apostolicæ sedis præsidia, donec resipiscant mandatisque nostris obtemperent, non cessabimus impartiri. — Datum Romæ apud sanctum Petrum, anno incarnationis dominicæ millesimo quadringentesimo quinquagesimo secundo, decimo Kalendas Maji, pontificatus nostri anno sexto.

D. de Luca.

29.

1452, Apr. (s. d.).

Anonyme Nachricht über Georg von Podiebrad's Wahl zum Gubernator auf 2 Jahre. „Was alle stete geistlicher guter halden, das man im dy reichen sal: darumb wollen etliche stete des nicht thun als Sacz, Laun, Thabor vnd ander mer etc.“

(Cap. Arch. Dresd. V, 223.)

30.

1452, 17. Maji (Brüx).

Johann von Capistran an Herrn Ulrich von Rosenberg. Erkundigungen über die böhmischen Zustände.

(Original im Archiv zu Wittingau.)

Magnifico et excellenti domino, D. Ulrico de Rosunberg etc. suo domino benefactori et praeceptori observandissimo.

Magnifice et excellens domine, domine ac benefactor et præceptor mi colendissime! Humillima commendatione præmissa, gratiam et pacem in domino sempiternam, cum omni officio obse- [illegible] defluxere dies [illegible] vestras literas mira qua- [illegible] quo factum sit, ut postquam Bohemiam hac ultima vice sum ingressus, nullæ vestræ literæ ad me delatæ fuerint. Quam ob rem M. V^{ram} plurimum obsecro et obtestor in domino, ut dignemini mihi per præsentium latorem significare, quid actum sit tam in diaeta Pragæ celebrata, quam in diaeta quæ vel celebrata est vel modo celebratur in Benessau. Multa mihi dicuntur, quæ ita obscura sunt, ut nesciam aliam quæstionem eligere, nisi quod unio facta inter catholicos ut aiunt et reliquos etc., non ex spiritu sancto, sed potius diabolico fuerit facta, cum sit susceptio defensionis suorum errorum et peccatorum. Illud vero magnopere dolendum est, quod præter M. V^{ram} cum magnificis filiis vestris, ac magnif. D. de Suamberg omnes alii qui catholicos se profitebantur, facti sint hæreticorum fautores et defensores, in sui nominis dedecus et infamiam. Rogo etiam D. V^{ram}, ut de diaeta Ratisponensi ad quam Bohemi sunt invitati, me certiorem faciatis, utrum acceptata fuerit, et qui barones debeant ad eam proficisci, et utrum Rokyezana velit ibidem comparere. Misi literas peramplas, quarum copiam puto habuistis a D. Wenceslao qui est in Pilsina, ad diaetam Pragensem contra Rokyczanum: sed quidam baro, qui magnum apud D. ducem et ceteros fideles nomen sibi vendicabat fidei catholicæ, quique illas præsentare pollicitus fuerat, sed ostendere nescio quo diabolico spiritu ductus recusavit. Quid autem sentitis de adventu novi imperatoris, non pigeat scribere. Quamquam illius coronationi duo socii mei, qui superioribus diebus e Roma profecti sunt, interfuerint; sed quia nimis tardarunt in veniendo, existimo jam quod D. imperator debuerit exisse Italiam, cum dicant ii socii mei, cito illum debere ad propria remeare, uti famabatur. Mitto M. V^{rae} copias quinque bullarum SS^{mi} D. N. papæ, quarum tres modo per hos socios mihi destinavit; alteram dum essem Egræ, aliam vero antea habueram generalem ad omnes hæreses. In illis autem quatuor perspicere poteritis, quam clare SS^{mus} D. N^{r} vocet eos hæreticos, et quot et quantas auctoritates mihi concessit pro Bohemorum salute, ita ut pro eorum infamia delenda melius eis fuisset in ista eorum diaeta Pragensi acceptare obedientiam S. Romanæ ecclesiæ pure et simpliciter, et non palliare eorum hæreses cum compactatis, cum ipsi amiserint omnia compactatorum jura, quando quidem numquam illa observaverint, quinimo totum contrarium fecerint. Non enim barones sed papa debet compactata declarare, ita ut illis nullo jure liceat instituere, „Volumus quod fiat aqua benedicta et quod fiat benedictio cineris“ et multa alia, quæ mihi destinata sunt, per eos ordinata Pragæ observanda; quæ quidem etsi quandam apparentiam bonitatis habere videantur, venenum tamen intercludunt et fallaciam, cum usurpaverint sibi auctoritatem papæ, quæ eis non concessa est. Rogo ut diligenter et accurate legere velitis easdem copias bullarum, ex quibus facile intelligere poteritis voluntatem SS[mi] D. N. papæ. Multa hic referuntur, videlicet quod Rokyczanus emerit sibi castrum, et quod compacta noluerit acceptare; item, quod ipse hæreticat Thaboritas, et illi eum e converso; item, quod barones nolint eum amplius habere in eorum consiliis, et quod libenter fugam ad suum castrum arriperet si posset; item, quod illi de Luna et de Sacz discordes sint cum aliis, nolentes observare compactata, et plura alia; quæ an vera sint, ignoro. De iis autem omnibus et de ceteris aliis vobis nulis exspecto certior fieri per præsentium baiulum ab Excell. V[m]. Reliquum est mi magnifice et præstantissime domine, ut gloriosam famam catholici nominis, quam tot et tantis sumtibus, laboribus, angustiis, periculis et vigiliis vobis ac toti vestræ posteritati splendidissime et cum summis apud deum meritis acquisivistis, nolitis quoque pacto omittere. Sunt qui sperant apud eos, vos debere eis adhærere; quod nullo pacto credere possum, cum sciam quantus sanguis effusus sit per vestros, ut cetera magnifica gesta sileam per M. V[ram], ut immaculatum et inviolatum nomen catholicæ veritatis vobis conservaretis. Catholici tamen dicunt, M. V[ram] libenter voluisse acceptare unionem cum eis scilicet Bohemis etc. si pure et simpliciter acceptare voluissent obedientiam sacrosanctæ Rom. ecclesiæ. Quæ quidem responsio ita me et ceteros lætos effecit, ut nesciam quid gratius in hujusmodi re potuisset afferri. In qua quidem firma et soda (sic) sententia et opinione sanctissima rogo et obsecro precibus quibus valeo, velitis firmare ancoram vestram, quam quidem nullus impetus ita magni venti evertere et evellere poterit, si in vestro laudabilissimo proposito persisteritis (sic). Neque eorum unio vos terreat, cum scriptum sit: Dominus dissipat consilia gentium, reprobat autem cogitationes populorum et reprobat consilia principum; consilium autem domini in æternum manet etc. Spero, imo certior sum, non necessarium fore, vos in hujusmodi re hortari oportere, ex quo alii exspectant animari et sublevari. Verus tamen amicus silere non potest, quæ in amici laudem, decus, splendorem et perpetuam gloriam accedant. Vos autem omnia sapientissimo et prudentissimo vestro consilio diligentissime considerabitis: ego vero insto cum verbo dei, quod Bohemi audire abhorrent, obturantes aures suas. Usque nunc hic mille et trecentos ad obedientiam et unitatem sacrosanctæ Rom. ecclesiæ recepi cum juramento. Reliqua quæ deus operatus est, non est meum scribere. Si quidem populis non fuisset prohibitus accessus ad nos, talem prædam assecuti fuissemus, qualis non facta fuit, postquam inceptæ fuerunt hæreses Ussitarum. Non tamen per dei gratiam tempus perdidimus. In omnibus benedictus deus, cujus causa agitur, quam ut defendat semper oro. Si quid autem vobis videtur per me fieri debeat, illud significare non gravemini; dignemini que copias ipsarum bullarum aliis communicare baronibus. Vellem quidem, ut si possibile foret in omni angulo Bohemiæ essent hujusmodi copiæ. Finem dicendi faciam, iterum atque iterum obsecrans M^am^ V^ram^, ut de omnibus supradictis dignemini me certiorem facere ad plenum. Valeat M. V. una cum generosis filiis vestris, quibus omnibus me plurimum atque plurimum commendo, una cum sociis meis. Ex Ponte, XVII^a^ Maji 1452.

V. M. D.

Inutilis servulus licet fidelis orator
Fr. Johs de Capistrano ord. M^r.^
manu propria me subscripsi.

31.

1452, Mai 24.

Antwort auf das vorhergehende Schreiben.

Ulricus de Rosenberg fratri Johanni de Capistrano.

Filius meus erat in Theotunia, ex post vero in Bohemia in dieta Benessaw. — Ibi constitutus cum quibusdam baronibus partis adversæ nullatenus suscepit pacem ipsorum et unionem — etiam non multum exacerbavit illos, ne ante tempus illos irritaret, sed tempore medio videl. usque ad assumptionem virg. gloriosae data est deliberandi dilatio. Quo in tempore intendimus cum illis qui adhuc nobiscum remanserunt amicis licet paucis Plznæ hinc ad quinque ebdomadas celebrare dietam — eosque — in proposito salutari roborare — D. Wenceslaus administrator de Plzna apud nos his diebus deguit — De dieta Ratisponensi et qui adesse debebunt domini de nostris Bohemis sic informatus sum quod D. Alscho de Sternbergk et D. Joh. de Smiricz mittentur a parte adversa; Rokyczana vero nulla via intendit exire locum et nidum apostematum. It. dictus etiam D. Wenceslaus doctor in eadem dieta constituetur Ratisponensi singulaque clarius explicabit V. P. — De Rokyczana quid agat aliud nescio quam ipsum seminare nec cessare zizaniam — castrum vero quod emere voluit, nondum emit, quia quantum valui hoc impedivi; neque forte emturus est, cum jam dicatur cum D. Girzikone discors esse, quamquam et hæc eorum discordia ficta esse videtur. — Etiam recepi a filio meo Jodoco, quod civitates aliquæ nolunt assentire ad factam unionem in dieta Pragensi, quia tributis subjici nonnisi regi intendunt etc.

(Forma concepta in arch. Trebon.
Copia in arch. Dresd.)

32.

1452, 7. Junii (Brüx).

Johann von Capistran an Herrn Ulrich von Rosenberg. Meldet seine bevorstehende Abreise zum Tage von Regensburg.

(Orig. im Archiv zu Wittingau.)

Magnifico et excellenti domino, D. Uldrico de Rosis, suo singularissimo atque fidelissimo protectori fideliter præsententur.

Magnifice et excellens domine! Humili et devota commendatione præmissa, gratiam salutarem et pacem in domino sempiternam. Ordinaveram transmittere M. V. multa nobis nuper occurrentia ex literis vestrorum Pragensium Bohemorum et confoederatorum cum eisdem: sed celeritate itineris occupatus hoc solum volui M. V. notum facere, quod heri sero a R^me D. legato et ab illustrissimo domino D. Alberto duce Bavariæ et comite Rheni, ut in diaeta Ratisbonensi, dominica post festum Viti et Modesti, si dei honorem et sanctæ matris ecclesiæ debitam obedientiam diligo, interesse non desinam. Quod mihi pro quadam admiratione suscipio, tamquam si reputent meam ibi præsentiam opportunam. Festino igitur gressus ad eam, et vestram spero adesse præsentiam, vel filii vestri D. Henrici cum D. vener. decretorum doctore vestro Wenceslao; quem etiam mei nomine advisetis, ut nomina absolutorum ex mea commissione per D. plebanum vel per eundem D. Wenceslaum secum deferat. Confido etenim, quod ibidem domino concedente nostram conscientiam pro fidei veritate et sacrosanctæ Romanæ ecclesiæ obedientia debita sufficientissime declarabimus; veniat, aut non, perfidissimus Rochiczanus, quem ad hunc locum diaetæ strictissime advocari. Nuntii festinantia silentio prætereo, que fratri Nicolao de Grecz-reginæ vicario ministri Bohemiæ V^re^ Magn. intimanda commisi. Valeat V. M. feliciter ad gaudia sempiterna. Ex Ponte regni Bohemiæ, 1452, die 7 Junii, festinanter.

V. M. D. Inutilis servulus et orator
Fr. Johs de Capistrano ord. M^or^
manu propria me ss.

33.

1452, 26. Junii (Regensburg).

Doctor Wenceslaus von Kruman an Herrn Ulrich von Rosenberg. Nachricht von den Verhandlungen auf dem Regensburger Tage.

(Orig. im Archiv zu Wittingau.)

Magnifico et excellenti domino, D. Ulrico de Rosenberg, suo domino et alumno ac præceptori gratiosissimo.

Sui ipsius ad beneplacita et vota oblationem cum omni genere obsequendi. Magnifice et excellens domine, domine mi gratiosissime! Etsi amplissimis uti deberem verbis, cogit tamen negotiorum occupatio ac sollicitudo stilum occurtare. Nosse dignetur V^re^ Magn., quod ad hanc diaetam sanus et securus accessi, per conductum dominorum Pilznensium. Hic tractata sunt omnimode alia, quam existimabamus. Bohemorum legati per fratrem Johannem mirabiliter sunt confusi, specialiter Sternberg; et tamen nescio, quem alteri in isto præferre; uterque suam partem et tuentiam habuit. Dominus legatus etiam rigide processit cum illis, quamvis interdum mel commiscens cum rigiditate. In fine tamen post multos hincinde tractatus et mediationes concordaverunt de his, quæ V^re^ Magn. transmitto hic inserta. Mediatores autem fuerunt dux Ludovicus Bavariæ et marchio Albertus Brandeburgensis; qui marchio ipsis Bohemis se multum affectum ostendit et pro illis hospitio exsolvit expensas. Scripta sua Bohemi contra Capistranum negaverunt omnia, et quod ipsi non scirent de similibus, et alia multa excusabilia. Inter alia etiam quæ tractabantur, videlicet de diaeta futura et quæ ibi tractanda forent, quia D. legatus noluit assentire ad diaetam nisi ipse sciret, de quibus ibi concludendum foret. Obtulit autem eis materiam tractandam, videlicet quod ipsi exhibeant et præbeant ac promittant obedientiam sedi apostolicæ realiter et cum effectu, non verbo sed cum effectu ita ut non alias fecerunt, sed alio modo debeant agere, quia ipse nollet in verbis cum illis pactitare; quia notum foret quod talia et talia promiserunt, et tamen illa non servaverunt; et ibi multa enarravit, quæ detestanda fecerunt. Deinde et ultimo promiserunt, quia volunt facere omnia, quae mandabit sua paternitas aut alter legatus cum pulcris verbis etc. Et sic terminaverunt de istis ut præmisi, quæ hic transmitto. Hoc etiam dignetur nosse V^ra^ Magn. quod D. cardinalis cognoscit ipsos optime in omnibus factis eorum, et vult unum post eos Pragam de suis transmittere, ut videat si se sic res habent, et ista eis præsentet facienda, quæ in concordatis ponuntur. Et iste pausabit etiam circa filium Dom. V^ræ^ Plznæ, cui etiam latius de omnibus actis scribo, ut magis se illac sciret informare. V^ræ^ etiam Magn. scripsissem latius, sed quia istis diebus descendere proposui ad V^ram^ Magn. ibi informaturus et perorsurus officium legationis meæ; quia rationibus pluribus magis expediens est, ut vadam viam Pataviensem quam aliam. Sternberg etiam quæsivit omnibus quibus potuit modis favorem Capistrani, nec invenit; et quæ de V^ra^ dixit Magn. cum venero dicam et singula patefaciam; et ideo ad præsentiam V^ræ^ Magn. potius quam alibi declinabo. O deus, quam occulta sunt corda hominum! D. legatus multum est affectus M. V^ræ^. De D. Ssuamberg cum audissem, die uno magis exspectabo, quam alias fecissem. Bohemi hodie recedunt, quia festinant venire ad diaetam Plznensem; et ego cum istis factis ad D. Henricum unum ex famulis direxi, scribens sibi de factis hic et dispositis quidquid erat. Bohemi male sunt contenti, quia male honorati et a legato et a Capistrano, quia nullus sermo fuit, quin bene illos tetigisset; et quam magistraliter expediti sunt, credo quod grate audiet M. V^ra^. Cum duce Ludovico non sum locutus, quia fuit mediator cum marchione Brandeburgensi, et semper illos simul inveni; nolui ergo coram illo explere injuncta. De ulterioribus clarius præsentialiter informabo. De imperatore nihil hic audimus; aliqua a cardinali audivi ita in collatione mutuo, quæ scribere non convenit. Hæc pauca sufficiant. V^ram^ M. Dom^nem^ obsecro, ne imputet de inculto sermone, quia tertia hora noctis scripsi, per totam diem nunquam tempus vacabat; semper enim pauper homo ibam explorando quidquid ageretur per omnes angulos ubi quid commodi persensi. Me V^re^ Magn. commendo, quam altissimus summis dignetur prosequi beneficiis.

Cum summa diligentia Bohemi instabant, ut intraret cardinalis regnum; nullo pacto voluit. Finem hujus rei non habuimus usque hodie, et ideo, ita scribere distuli et festinavi.

Ex Ratisbona etc. etc. vj^a^ Junii.

Hoc est in summa, quod hic ad nullam devenimus nostram intentionem, quamquam credunt singuli, quod isti facient obedientiam taliter ut polliciti sunt. Tunc bene fieret, si facerent.

V^re^ Magn. licet inutilis, fidelis tamen servulus et orator Wenceslaus decretorum doctor.

34.

1452, 26. Juni (Regensburg).

Nachricht über die auf dem Tage zu Regensburg gefassten Beschlüsse.

(Orig. Zettel im Archiv zu Wittingau.)

„Conclusio diaetæ Ratisbonensis oblata per Bohemos, respondentes D. cardinali, sed ex voluntate D. cardinalis per me correcta."

Quia in præsenti diaeta Ratisbonensi R^mus^ in Christo pater, D. Nicolaus cardinalis S. Petri ad vincula, apost. sedis legatus, super materia hic proposita se obtulit ad tractandum in diaeta indicenda ad oppidum Egræ, et ambasiatores et oratores Bohemorum, qui cum magno desiderio institerunt, ut tractatus hujusmodi inter metas regni Bohemiæ haberetur: domini mediatores, dux Ludovicus Bavariæ et marchio Albertus Brandeburgensis ad hoc medium partes utrinque conduxerunt, videlicet quod infra hinc et festum exaltationis s. crucis proxime venturum præfatus D. legatus apud SS^mum^ D. N^rum^ papam diligentiam adhibere debet, ut sanct. sua sibi aut alteri ad hoc idoneo facultatem tribuat et commissionem faciat ad dictum regnum intrandi et ibidem in præsentia incolarum tractandi ac omnia faciendi, quæ pro salute animarum atque bono pacis necessaria fuerint et opportuna. Et siquidem S. D. N^r^ id ipsum ut præmittitur concesserit et annuerit, hoc memoratus D. legatus in termino supraposito ambasiatoribus Bohemorum aut cohærentibus eorundem intimabit, et litteras mittet huc ad rev. patrem D. episcopum Ratisbonensem, ipsis ulterius dirigendas.

Pariformiter ambasiatores supradicti apud suos complices et cohærentes et de ipsorum parte existentes diligentiam facere debebunt, quod et ipsi pro bono reipublicæ Christianæ ad diaetam indicendam in festo S. Galli proxime venturi ad oppidum Egræ venire, aut suos cum sufficienti mandato et instructos mittere velint ad tractandum et concludendum super propositis in diæta Ratisbonensi. Et quidquid super hoc conclusum aut obtentum fuerit, per literas suas aut suorum cohærentium intra præfatum terminum festi exaltat. s. crucis ad manus D. episcopi Ratisbonensis præsentandas ipsi D. legato intimabunt.

Item, infra terminum jam expressum præfati ambasiatores et cohærentes ipsorum in regno Bohemiæ dabunt salvum conductum in forma meliori pro necessitate D. legati et aliorum qui secum venturi sunt, sive principes ecclesiastici vel seculares, aut alii cujuscunque status fuerint; et hunc nuntiis jam dicti D. legati, quos propterea ad regnum destinabit, fideliter præsentabunt. Similiter expedientur hic in partibus Almaniæ salvi conductus necessàrii pro ambasiatoribus dictorum de Bohemia ad diaetam indicendam ad festum S. Galli in oppido Egræ; ut omnia deo adjuvante ad salutarem ac optatum finem feliciter atque diligenter dirigantur.

P. S. „Dignemini hanc concordiam intelligere: quia D. cardinalis fuit valde instanter petitus, ut intraret Bohemiam, sed denegavit, dicens habere in mandatis a sede apost. ut non intraret Bohemiam, nisi prius reciperent Bohemi ecclesiasticam unitatem in omnibus simpliciter. Et ideo ipse ad preces illorum debet mittere ad sedem apost. pro venia; sed primo præmittet unum ad Pragam, qui videat voluntates eorum; et illi habili primo ad curiam nuntios destinabit. Et ad festum Bartholomæi ipsi debent diaetam habere in Praga; et D. cardinalis illac transmittet pro salvis conductibus diaetae Egrensis suos speciales nuntios, si et in quantum ipsi prius consenserint ad ipsam diaetam; quod tamen polliciti sunt animo perfido.“

35.

1452, Jul. 7.

„Myksche Panczer von Smoyn, czum Byrkinstein gesessen,“ und neben ihm die von Leutmeritz und Črný Petřik und Ernst nehmen mit Herzog Friedrich von Sachsen und mit dem Bischof zu Meissen einen Frieden auf vier Wochen auf (bis Sonnabend nach

S. Pyterstag ad vincula) und versprechen indessen zu Tagen zu kommen und sich erkennen zu lassen. Dat. Freytag post octavam Petri et Pauli Apostolorum 1452.

Orig. im k. sächs. Staatsarchive.

36.

1452 (Sept.).

Herzog Friedrich von Sachsen an seine bei Kaiser Friedrich beglaubigten Räthe.

PS. (s. d.) Er besorgte, Jiřik wolle beim Kaiser über ihn Klage führen, und gebot mit allem Fleisse bei K. Ladislaw's Freunden es zu bestellen, „dass der Friede zcwischen dem Girziken vnd vns vf Martini nehstkunffig vszgeende furder bestehe vnd blibe biss zu voller Regierunge vnd Zukunft — K. Laszlas in das Land zu Behmen".

Arch. Dresd. IV, 243.

37.

1452, Sept. 13 (Wien).

Zeitung aus Österreich.

(Aus des Barthol. Scultetus annal. Gorlic. III, 9.)

„Anonymus de novitatibus".

Hochgeborner fürste, meynen willigen vnterthenigen dinst etc.

Von wegen der Österreicher, wy sich dy mit den Hungern vorbunden haben vnd mit etlichen von Behmen, als mit dem von Rosinberg, darzu mit dem grauen von Zily dem jungen vnd alden, weder keyser Frederichen von könig Laszlaws wegen, in meynunge, das sy jn mit allerley hanthtat von seynen keyserlichen G. fourdern welden, das her den y in seine veterliche lande setzin solde etc. Diese hatten in versammlung vor 14 tagen im felde gelegin vor einem slosse Orth genant in Osterreich, keyser Friderichs erbe, vnd darvor nahend 8 tage gelegen, das sy denn gewonnen haben, vnd jr mehr denn 150 doruff gefangin etc. Dornoch am nesten Sontage VIII vorgangin sint sie mit macht mit 16000 man vor die Neustat gerückt, vnd habin dorinne keyser Friderichen mit sampt konig Laslaw begriffin, vnd habin ernstlichen jren konig vnd h. gefodert mit nohme vnd morden vnd habin zwir aus den grossin buchsin geschossen in die stat, vnd jn sost ernstlichen angesprochen, vmb eren h. konig Laslaw. Do in solchem vmbgeben ist der ertzbischoff von Saltzburg, der bischoff von Reginsburg[1]), der bischoff von Freisingen, der marggraff von Baden, der des keysers schwester hatte, herzog Ludwigs von Beyern, marggraff Albrechts von Francken rethe, die allesampt dozwischen gethedingt haben, von dem obgenannten Sontag bisz an den negsten Freitag vorgangin, also nemlichen: Das keyser Friderich konig Laslaw graue Vlrichen von Zily geantwert hat am negsten Montag vergangen in der neunden stunden des tages. Der den also heute alher kein Wyen mit sampt konig Laslaw mit dem gantzen heer kommen ist, vnd en alle geistlikeit in gantz Wien, alle studenten mit grossen frewdin in einer procession entphangen habin, vnd sinth jm ein gutt theil vor die stad vff das allirköstlichste mit heiligthum entkeigen gegangen item die jungfrawen in eren process. besunder, bürgerinne vnd bürger itzliche besunder, die kinder besunder etc. (sic). Ist es in allen articuln also bliben, das konig Lasla allhie zu Wien bleiben sal biss uff Mertini nestkommende, vnd in dess sollin die obgenanten herren dorzwischen tedingen, ob man sy in suneweise güttlich vorrichten möchte etc. (sic). Die Vngern haben zu diesem gescheffte nichts gethan etc. (sic).

38.

1452, Sept. 29 (Prag).

Antwort der Administratoren des Prager utraquistischen Consistoriums auf das von der griechischen Kirche am 18. Januar 1452 an sie gerichtete Schreiben.

(Aus einer Handschrift der fürstl. Lobkowitz'schen Bibliothek, mitgetheilt von Prof. Const. Höfler.)

Literae cleri ex Bohemia ad Graecam ecclesiam. Datae Pragae 29. Septemb. 1452.

Illustrissimo et clarissimo principi et domino Constantino Palaeologo Caesari Graeciae semper florentissimo et reverendissimo in Christo patri domino et sacerdoti Gennadio, ecclesiae Graecae summo patriarchae et metropolitano doctorique publico Constantinopolis adeoque universae ecclesiae Graecae debitam reverentiam et pietatem cum obedientia humili deferunt administratores in spiritualibus consistorii archiepiscopatus Pragensis sede vacante cum universo clero illis subjecto.

[1]) Ms. Rosinberg.

Agnoscimus praestantissimum esse vitae humanae artificium et magisterium imitari opera et facta primitivae ecclesiae. Deus siquidem qui jussit lumen e tenebris prodire atque elucere, accendit in cordibus nostris fidem evangelii domini et servatoris nostri Jesu Christi, ut imitemur actiones primitivae ecclesiae et populo fideli administraremus venerabile sacramentum corporis et sanguinis domini sub utraque specie, quae fides cum ardeat in nobis, ducit nos in agnitionem et amorem dei, qui ex abysso suae misericordiae sine fine efficit in nobis, ut possimus re praestare quae praecipit. Quo circa hoc lumen in universa nostra regione fulget adeo, ut simonia cleri, avaritia, fastus et superbia et innovatio antechristi quotidie notior fiat et palam ceu abominatio aperte taxetur. Vae autem ubi proh dolor regnat ille homo peccati adversarius, qui non solum extollit sese supra omne quod est deus, sed adorari quoque vult in loco sancto templi sedens et sese ostentans tanquam esset deus. Ab eo scimus aspeximus comburi amicos et fratres omnisque generis crudelissima morte affici, innumerabilesque nos invenerunt, ut scriptura dicit anxietates. Onus enim fluctuosi maris defluxit in nos. Is autem qui metas ponit omnium rerum aeternus salvator custodivit et defendit nos, eductoque gladio suo et intento multoties agmina hostium et copias externarum gentium bellicosissimosque cataphractos decertando pro nobis a nostra patria propulit: quapropter assidue gratias illi agimus, quod post lacrimas nos affecit laetitia. Nam post maerorem et tristitiam nunquam desinit suos consolari. Porro inter cetera plurima miracula divinae consolationis admiramur et amplectimus summa cordis laetitia benevolentiam et dilectionem vestram erga nos, quod nec opinantes nos inviseritis. Nam consolati estis nos literis vestris plenis amore atque favore incredibili in *Constantinum Magistrum* et doctorem in Christo Jesu dilectum fidelem amicum et coadjutorem et legatum nostrum. Sint itaque gratiae aeterno deo pro tam ineffabili dono illius, quia gratia tanti muneris citra nostrum laborem a finibus terrae ad nos perlata est. Cumque reverendus idem Constantinus sacerdos, qui sua sponte nos convenerat, ad vos rediturus sit, studiose atque humili animo petimus ab eo, ut invisurus vestram dignitatem post tot intervalla itineris molesti communicet vobis ea, quae *in arcanorum cordis ejus sinum contulimus* et conferri deinceps vobiscum volumus. Id autem fecimus excellenter confisi ejus cum fidei tum virtuti. Quare quantopere possumus ex animo vos oratos volumus, ut viscera misericordiae et dilectionis vestrae erga nos re ipsa commoveatis amoremque vestrum in nos effundatis. Id quod vos pro laude et gloria et emolumento catholicae fidei christianae re declaraturos esse non dubitamus.

(Eine böhmische Übersetzung dieses Schreibens steht in einer Handschrift der Kreuzherren-Bibliothek in Prag, XXII. A. 1, pag. 203.)

39.

1452, Oct. 4 (Wien).

König Ladislaw ladet die Prager Städte ein, zu dem bevorstehenden St. Martinstage nach Wien ihre Abgeordneten zu senden.

(Aus der Handschrift des Prager Domcapitels K. XXXIV, Seite 203.)

Ladislaus dei gratia Hungariæ, Bohemiæ, Dalmatiæ, Croatiæ etc. rex, dux Austriæ marchioque Moraviæ etc. prudentibus ac circumspectis magistris civium nec non consulibus totisque communitatibus antiquæ, novæ parvæque civitatum nostrarum. Prudentes ac circumspecti, fideles nobis grate sincereque dilecti! Quemadmodum gratia dirigente divina cum illustris ac affinis nostri carissimi Ulrici Ciliæ etc. comitis, nonnullorum terrigenarum nostrorum fidelium auxilio, in solium hujus ducatus Austriæ paternum, ad hanc inclitam civitatem nostram Wiennensem feliciter sumus introducti, ubi inter cetera conclusum atque extat decretum, ut circa festum beati Martini episcopi proxime venturum hic Wiennæ diæta celebretur, utque principes, nostri videlicet affines, imo tam Ungariæ, Bohemiæ regnorum nec non ducatus Austriæ et marchionatus Moraviæ nostrorum terrigenæ ad eandem adveniant, attentius scriberemus, ad quam quidem diætam etiam dominus et patruus noster Romanorum imperator venire aut certos suos ambasiatores destinare debeat: requirimus igitur vos nichilominus, seriose præcipientes, quatenus aliquos de consiliis nec non de communitatibus maturi consilii viros, concives vestros, plenæ potestatis vestra auctoritate fulcitos, vestri e medio eligentes, ad ipsam diætam moris omnibus dirigere (sic), terrigenis nostris prænotatis diligentem curam et operam, uti vestrum omnium requirit debitum, adhibeant, ut solia regnorum, ducatus dominiorumque nostrorum ad paterna, ad saluberrimum subjectorum nostrorum totiusque rei publicæ regimen ceteraque majestatem nostram et ipsos subditos nostros jure concernentia plenimode ac pacifice dirigi, pervenire atque intendere valeamus, gratum obsequium vobis posterisque vestris largiflua gratia nostra dante deo successu temporum memorandum nobis in eo ostensuri, secus nos non facturi (sic). Datum Wiennæ die S. Francisci confessoris anno etc. Liii (sic) coronationis vero nostræ regni Ungariæ anno XIII.

40.

1452, Nov. 25.

Klagbriefe über erfolgte Friedensbrüche in der Oberlausitz.

(Aus Scultetus Ms. III, 10.)

Wentzsch burgraff von Donen zum Grefensteyn gesessen: dem edlen vnd wolgebornen h. h. Girsick von der Cunstat vnd Podiebrad, obersten vorweser der cronen zu Behmen, mynem g. h. vnd günstigen guten forderer.

Ich clage E. G. das mir solcher frede den mir E. G. befohlen vnd geheissin hat zuhalden, mit den sechs landen vnd steten, nicht gehalden wird, vnd zuvoruss von der Zittaw, die dann myne arme lüte man vnd frawen rewblichen schinden, vnd nemen was sie bey den finden uff den strassen, vff jren brogkin vnd vor den toren vor der stat Zittaw, vnd haben mir auch in dem freden die meynen gefangen, gestöcket vnd geschatzet, vnd weren mir vnd meynen lüten kouffens vnd verkouffens etc. (sic). Vnd er Albrecht Birgke von dem Tholinstein, der hat syne helffer bie den von der Zittaw, darum ich nicht anders verstehe dann das is sein getrib sey etc. (sic) sint der Zyt ich von uwern g. von Prage abegescheiden bin etc. (sic). Vnd ich bitte uwer g. mir in den sachen beroten vnd beholffen zu sein etc. (sic). Gegeben am tage sente Katherinen 1452.

1452, Dec. 4 (Melnik).

Girsigk von Kunstad vnd Podiebrad ein vorweser der Behmischen cronen: den edeln gestrengen namhafftigen vorsichtigen lantmannen vnd den sechs steten Budissin, Gorlitz, Zittaw, Luban, Lobaw vnd Camentz vnsern lieben fründen.

Is haben vor mich brocht h. Wentzsch von Grefinstein vnd er Wentzlaw von Biberstein, wie jr en den frede nicht hildet, den er Hanns von Colditz zwischen uch gemacht hat, das jr jr lüte in uwer stete zu margkte nicht lasset zyhin etc. (sic). Geben zu Melnig den Montag nach (*corr.* an) sente Barbarentag 1452.

41.

1453, Apr. sq.

Auszüge aus Briefen des Äneas Sylvius vom Jahre 1453.

(Aus der Original-Handschrift der kaiserlichen Hofbibliothek in Wien Nr. 3389.)

10. April. Nicolao (de Cusa) cardinali S. Petri: — Bohemi adversus Saxones bellum ingens apparant; sunt qui jam congressos eos conflictosque dicant, rumor tamen incertus est. In Bohemia multi sunt, qui regnum nobile oblatum regi Ladislao sine pecunia vituperant, resque novas moliuntur. Hæretici apud eos plurimum possunt. Civitates ut ajunt omnes præter duas ad hæreticos defecerunt, neque tributum solvere volunt, quod jam regis nomine petebatur, nisi rex coronetur et nobiles suum regi debitum jus reddant; res erit non plana, ut existimatum est. Rex Franciæ exhortatus est regem Ladislaum, una secum ad petitionem concilii concurrat: ad respondendum ei missus est Balthasar doctor tuæ dignationi non incognitus.

Eod. die, Petro de Noxeto: — Pax nondum firmata est; ad festum Georgii ratificatio exspectatur. In Bohemia novæ res parantur, neque Ladislao regi quod promissum est futurum stabile creditur. Hungari quoque non tantum faciunt, quantum spondent. Gischra receptus in gratiam regis, militiæque præfectus, aliquantum offendere Johannem Vaiuodam existimatur, cujus potestas in regno regis voluntati præfertur.

17. April, aus Neustadt: Nicolao pp. V. — Res Bohemiæ nonnihil mutationis habent. In festo divi Georgii ex more gentis conventus indictus est Pragæ. Sunt qui mutare conclusiones Viennæ factas vellent; quidam eas manutenere student.

Eod. d. an Cardinal Cusa: Conventus jam Pragæ haberi debet, ut de rege recipiendo concludatur. — Mihi non est exploratum, quid sit reipublicæ christianæ melius, regem admitti per Bohemos, ut est condictum, an excludi.

28. Apr. aus Neustadt: Johanni (Carvaial) cardinali S. Angeli: — Rex Ladislaus missis ad Cæsarem legatis prorogationem termini ad ratificandum petiit usque ad festum S. Joh. Bapt. proximum, idque concessum est. — Bohemi sunt in novo tractatu cum rege Ladislao: ad quos missi sunt in Moraviam comes Ciliæ et Ulricus Azingher.

D. eod. Nicolao pp. V. — Nescio quo pacto res Bohemicæ terminari poterunt. Dominus de Rosis Georgio est adversus, qui unum allicit, alterum avertit. Ibi quoque res fidei multas difficultates habet. Non puto, quod tractatum est, locum habere de transitu regis in Bohemiam ad festum S. Johannis. Sed stulte ago, qui futura prædicere audeo.

D. eod. Nicolao (de Cusa) cardinali: — Bohemi cum rege Ladislao conventum habent in Moravia, ad quem missi sunt comes Ciliæ et Azingher. Dicuntur Bohemi novas res quærere. Comes Ciliæ, ut docti rerum aiunt, quærit Georgiconem in regno Bohemiæ gubernatorem confirmare, ut sic tres viri tria magna dominia gubernent, Johannes Hungariam, Georgius Bohemiam, comes ipse Austriam.

5. Mai, aus Neustadt, Johanni Campisio: — Inter Bohemos et regem Ladislaum conturbatæ aliquantulum res fuerunt. Nunc compositæ sunt. Georgius regni Boh. gubernator et aliquot alii barones ad regem venerunt, triduoque Viennæ morati et honorati admodum, bona mente recesserunt regemque brevi in Bohemiam iturum coronamque recepturum aiunt.

24. Mai, ex Pruk, Nicolao (de Cusa): — Bohemi nunc conventum Pragæ habent. Cupiunt regem cito ad coronationem proficisci: Australes excussi auro dilationem petunt ad nativitatem dominicam. Nescio quid sequetur. Venit nudius tertius unus ex Praga, qui ait multa verba facta esse de restitutione bonorum ecclesiasticorum, sed nullum esse magis adversum quam D. de Rosis. Ego nulli ejus rei mentem bonam esse opinor: gravis res est et odiosa omnibus restitutio.

42.

1453, Mai 2.

PS. Jorge von Bebemburg an Herzog Friedrich v. S.

Er räth dringend Sletten, wenn es gewonnen ist, in K. Lasslaws Hände zu geben, damit der König nicht zum Kriege Erlaubniss gebe. Die Böhmen seien von Wien am Mittwoch nächst nach Philippi u. Jacobi um Vesperzeit (2. Mai) weggeritten etc.

(Dresd. Arch. IV, 226.)

43.

1453, Mai 12 fg.

Sächsischer Bote in Prag meldet seinem Herrn, Herr Georg von Podiebrad habe zugesagt, den zwischen Sachsen und Nicolae von Lobkowitz geschlossenen Frieden auch zu halten und auch die von Plankstein, den Panzer etc. dazu anzuhalten, bis K. Ladislaw's Räthe kommen. D. *Prag am Sonnabend nach dem Auffahrttage 1453.*

A tergo: „Gersigk, Blankenstein, Panczer, alle in friden bis uf Mit. in pfingstheiligen tagen."

(Orig. Dresd. III, 70.)

Herzog Friedrich an den Rath zu Friberg:

„Als zwischen uns vnd den Behmen — eyn fride beteydingt ist uff Mittewochen noch Bonifacii schirsten uszgeende," — sind wir gewarnt worden etc. *D.* Grymme Sonntag Trinitatis 1453 (Mai 27).

(Orig. ibid. III, 71*.)

Heinrich von Gera an Georg von Podiebrad:

Da der Vorschlag eines einjährigen Friedens nicht durchgegangen, so trägt Herzog Friedrich auf einen an, der bis zur Krönung des Königs in Böhmen dauern soll. Willigt Georg ein, so möchte er Dinstag nach Bonifacii seinen Friedbrief bei Ješek von Kolditz in Bilin hinterlegen lassen. *D.* Meissen, Freitag nach octava corp. Chr. 1453 (Jun. 8).

(Concept. ibid. III, 72.)

44.

1453, Jun. 7 (Grecz).

Äneas Sylvius an Cardinal Johann Carvajal: über die Vorgänge in Böhmen.

(Aus der Wiener Handschrift 3389, fol. 116.)

Patri optimo et colendissimo D. Johanni cardinali S. Angeli Aeneas episcopus Senensis s. p. dicit.

Scriptum a me est his diebus et sanct^mo^ domino nostro et tuæ dignationi semel et iterum, regem Ladislaum ad ingressum Bohemiæ dilationes quærere: id nunc quomodo successerit, paucis absolvam. Conventus in Praga totius regni habitus est. Ad eum legati Ladislai venientes in audientia publica dixerunt regem libenter ut condictum esset velle ad coronationem proficisci: sed quia nondum pax firmata esset cum Cæsare, necessarium sibi videri transitum ejus differri usque ad nativitatis dominicæ festivitatem; idque petebant regni proceres æquo animo ferre. Deinde secretam audientiam coram baronibus habuerunt, in qua magnopere rogarunt regi dilationem dari, cui non esset argentum ad subeundos viarum sumptus, neque decorum videri tantum regem non magnifice regnum ingredi. Bohemi ad ea dixerunt, conventa Viennæ servanda esse, regnum non posse diutius sui regis absentiam ferre; si non posset rex maximum apparatum habere, mediocrem sumeret. Atque ita legatos dimisere, ut qui nullam vellent coronationis prorogationem concedere. Inter se tamen concluserunt, si rursus dilatio peteretur, XX aut XXX dierum inducias non esse negandas. Sic res illæ pendent. Gubernator Bohemiæ navem quo vult impellit, regnum ex arbitrio ducit, pacem tenet, jus reddit, omnibus terrori est. Inter alia, quæ Bohemi ex rege petunt, hic articulus est de beneficiis ecclesiasticis regni Bohemiæ, ne quam Romanus pontifex partem habeat. Id documenti causa refero, quia mala mens, malus animus illorum est. Noster Procopius ad coronationem sui regis proficisci vult, et forsitan illic remanebit, quia gubernatori carus est et aliis baronibus acceptus, neque inutilis erit apostolicæ sedi illic manens. Nos hic sub exspectatione conclusionis pacis sumus. Cum Pataviensi electo tractatum habemus, forsitan concordia fiet; eum mag. Vlricus Sonenborgher et magister cameræ ducunt; ego utrique parti quæ bona existimo nitor suadere. Alia non occurrunt. Cupio s. dni. nri. pedibus commendari. Ex Grezia, die VIJ Junij 1453.

45.

1453, Jun. 13 (Missen).

Herzog Friedrich von Sachsen geht mit Georg von Podiebrad und den böhmischen Herren einen Frieden ein bis zur Krönung K. Ladislaw's in Böhmen.

(Orig. im sächs. Staatsarchiv in Dresden.)

Wir Friedrich von gotes gnaden, herzog zu Sachsen des heiligen Romischen richs ertzmarschalk, lantgraff in Doringen vnd marggraue zu Missen bekennen vnd tun kunt offentlich mit disem brief fur vns vnd alle die vnsern, das wir mit dem wolgebornen hern Jorsigken von Constat herren zu Bodiebrad vnd andern

Behmischen herrn die vnser vihend sind eines rechten unczerbrochen kristenlichen frides yngangen sind, vnd gebin des yn von dato diss briffs aneczubeben vnd gantz vss zuweren biss vff vnsers gnedigen herrn kunig Lasslawes kronung zu Behem. wir geloben vnd gereden auch solichen frid fur vns vnd alle die vnsern stete veste vnd vnzerbrochenlich ane alles geuerde zuhalden by vnsern furstlichen truwen vnd wirden. Des zu warer vrkond haben wir genanter herczog Fridrich vnser insigel wissentlich lassen hengen an diesen brief. Geben zu Missen am Mittwoch vor Viti, nach Cristi geburt vierzehnhundert vnd im dry und fumffczigsten Jare.

(L. S.)

46.

1453, Jun. 18 (Pragæ).

Georg von Podiebrad an Markgraf Friedrich von Brandenburg: über die beabsichtigte Auslösung der Vogtei der Niederlausitz.

(Orig. im königl. geh. Cabinetsarchiv in Berlin.)

Illustri et sublimi principi ac domino, D. Friderico seniori sacri imperii archicamerario, marchioni Brandenburgensi et purgravio Norembergensi etc. domino favoroso: Georgius de Cunstat et de Podiebrad, regni Bohemiæ gubernator et consilium regni prænotati, obsequiosa præmissa voluntate cum justitia utrinque adipiscenda.

Illustris et sublimis princeps, domineque favorose! Commisimus nomine ser^mi^ principis et domini D. Ladislai Hung. et Boh. regis, domini nostri gratiosi, regni ejusdem ac nostri ex parte infra scripta disponenda generosis viris D. Henrico dicto Berka de Duba, D. Wenceslao de Bibrssteyn et D. Appel Vicitum, ut ipsi a vestra celsitudine advocatiam marchionatus Lusatiæ juxta proscriptionem vestram exsolvant, ipsumque marchionatum regno Bohemiæ viceversa incorporent. Quapropter v^ram^ illustralitatem deprecamur, quatenus recepta summa vestræ pecuniæ, causa justitiæ complementi prænotatam advocatiam marchionatumque universum cum pertinentiis ad manus præfatorum dominorum ex parte prædicti ser^mi^ domini nostri regis ac Bohemiæ regni dignemini effective resignare, proscriptionibus vestris satisfacientes. Reddetis enim unicuique quod suum est, et a præfato domino nostro rege gratitudinem per nosque servitium benivolum recepturi. Dat. in castro Pragensi, sub sigillo inclyti regni Bohemiæ secunda feria post festum S. Viti, annorum domini millesimo quadringentesimo quinquagesimo tertio.

(Sigillum appressum læsum.)

47.

1453, Jun. 18 (Pragæ).

Georg von Podiebrad, als Gubernator, an die brandenburgischen Beamten in der Niederlausitz: über dasselbe.

(Orig. ebendaselbst.)

Georgius de Cunstat et de Podiebrad regni Bohemiæ gubernator et consilium regni prænotati: nobilibus viris illustris et sublimis principis D. Friderici senioris imperii sacri archicamerarii marchionis Brandemburgensis et purgravii Nurembergensis in marchionatu Lusatiæ officialibus: salutem cum justitiæ complemento adipiscendo.

Nobiles domini et amici benivoli! Commisimus nomine serenissimi principis et domini D. Ladislai Hung. et Boh. regis, domini nostri gratiosi, regni ejusdem ac nostri ex parte infrascripta disponenda generosis viris D. Henrico dicto Berka de Duba, D. Wenceslao de Bibrstein et D. Appel Vicitum, ut ipsi a præfato domino marchione domino vestro, vel a vobis vice ipsius celsitudinis advocatiam marchionatus Lusatiæ exsolvant, ipsumque marchionatum regno Bohemiæ viceversa incorporent. Igitur monemus vos præsentibus, quatenus recepta summa pecuniæ juxta proscriptionem prænotati marchionis domini vestri, prænotatam advocatiam marchionatumque universum cum pertinentiis ad manus præfatorum dominorum prædicti ser^mi domini nostri regis ac Bohemiæ regni ex parte velitis effective resignare, proscriptionibus præfati domini vestri satisfacientes. Datum in castro Pragensi, sub sigillo inclyti regni Bohemiæ, secunda feria post festum S. Viti, anno dom. millesimo quadringentesimo quinquagesimo tertio.

(Sigillum appressum integrum.)

48.

1453, Jun. 18 (Pragæ).

Georg von Podiebrad, als Gubernator, an die Stände der Niederlausitz: über dasselbe.

(Orig. ebendaselbst.)

Georgius de Cunstat et de Podiebrad, regni Bohemiæ gubernator et consilium regni prænotati: venerabilibus in Christo patribus, generosis, nobilibus, strenuis, famosis, prudentibus providisque prælatis, baronibus, proceribus, militibus, terrigenis marchionatus Lusatiæ universis, amicisque sinceriter amorosis, salutem et prosperos patriæ successus adipiscendos.

Venerabiles in Christo patres, generosi, nobiles, strenui, famosi, prudentes ac providi domini et amici sinceriter amorosi! Mittimus in medium vestri generosos viros D. Henricum Berkam de Duba, D. Wenceslaum de Bibrssteyn et D. Appel Vicitum, præsentium exhibitores, postulantes quatenus nomine ser^mi principis et domini D. Ladislai Hung. Boh. etc. regis, domini nostri gratiosi, et ejusdem regni ac nostri ex parte in dicendis et referendis eisdem pro hac vice velitis fidem adhibere creditivam, tamquam cum vestris paternitatibus et amicitiis propriis loqueremur in personis. Dat. in castro Pragensi, sub sigillo inclyti regni Bohemiæ, secunda feria post festum S. Viti, annorum domini millesimo quadringentesimo quinquagesimo tertio.

(Sigillum chartæ patenti appressum læsum.)

49.

1453, Jun. 29.

Herzog Friedrich von Sachsen an s. „Voit zu Friberg“:

Er erfahre, „wie er Girzik mit sinen helffern sich besampne vnd wil vmb sent Margarethentag Brüx berynnen vnd furder uber walt zcihen, vns vnser lande beschedigen“, — ordnet desshalb Kriegsbereitschaft an. *D.* zu Aldemburg am Fritage Petri & Pauli 1453.

(Orig. arch. Dresd. III, 78.)

50.

1453, Jun. 30 (Wienn).

König Ladislaw an den Markgrafen Albrecht von Brandenburg. Bittet ihn, im Kriege der Böhmen und Sachsen sich mit seiner Hilfe auf keinen Theil zu legen, sondern lieber den Frieden zu vermitteln.

(Orig. im Archiv zu Bamberg.)

Lasslaw von gots gnaden, zu Hungern, zu Behem, Dalmatien, Croatien etc. kunig, hertzog zu Österreich vnd marggraf zu Merhern etc. Hochgeborner fürst lieber öhem, von der vehde wegen, die ist zwischen dem hochgeborn fürsten hern Fridrichen hertzog zu Sachsen etc., unserm lieben swager, an aim, vnd den edeln vnsern lieben getrewn Jörziken von Kunstat, vnd von Bodibrat vnserm gubernator, vnd den lantherren vnsers kunigreichs zu Behem, an dem andern tail, begern vnd biten wir ewr frewntschafft, mit vleiss, ob sie mit krieg in einander greiffen wurden, daz ir ew dann, mit ewrer hilff auf chainen tail legen, sunder zu der gutikait, raten helffen vnd versuchen wellet, damit sy in der gutikait, verricht vndueraynet werden, vnd ew als ein guter mitter darinn beweisen, durch vnsern willen, damit sy nicht zu krieg komen, vnd baidenthalben grosser vnrat, vnderstanden werde, daran ertzaigt ir vns dankchnem wolgeuallen, vnd wir wellen das frewntlich vmb ew beschulden. Geben zu Wienn an Sambstag nach sand Peter vnd sand Pauls tag. Anno dominj etc. liij. Vnserer krönung vnsers reichs des Hungrischen etc. im virtzehenden jare.

51.

1453, Jul. 10 (Grez).

Äneas Sylvius an Cardinal Carvajal: über die Vorgänge in den Ländern K. Ladislaw's, zumal in Böhmen.

(Aus der Wiener Handschrift 3389, fol. 122.)

— Scripsisti exspectare te pacem S. Georgii: at ego jam diu scripsi, res esse mutatas. Dilatio recepta fuit ad festum S. Joh^is Bapt., sed neque tunc consummata res est. Neque pacem, neque bellum habemus. Australes pacis cupidi sunt, Hungari contra. Sed his quoque datum est quod agent. Axamit Bohemos cum quinque ut ajunt millibus latronum Hungariam ingressus aliqua castra cepit, munitiones ædificavit, spolia multa abduxit, conflixitque resistentes Hungaros. Ejus causa indixit rex Ladislaus exercitum, famamque fecit, velle se ire adversus hostes: at Australes noluerunt, ut erant justi, exercitum cogere. Misit tamen rex mille de suis Australibus in Hungariam. Ipse cum sua curia jam intrare debet Moraviam; deinde ad festum Michaelis ait se velle ire Pragam, coronamque accipere; quod Bohemis tardum videtur, maxime catholicis, quibus Georgiconis imperium grave est. Dominus de Rosis jam ægre fert præferri sibi Georgium; putabat enim, quia in campo contra Novam Civitatem fuit, totam sibi Bohemiam committi debere. Sed Ladislaus ab eo regnum recipere vult, qui potest dare. Itaque Georgius omnia potest; nunc Minores ex Praga depulsi sunt, ut sperent catholici sub novo rege novas invenire mutationes. Pruteni de Ordine hic sunt, agitaturi judicium cum adversariis de liga; sed alia pars abest, nam legati venientes in Moravia cum multis bonis capti sunt neque adhuc dimissi, quamvis rex Ladislaus, sub cujus fide miseri decepti sunt, ad eorum liberationem vehementer intendat. — Ex Grez, die X Julii 1453.

52.

1453, 24. Jul. (Brünn).

K. Ladislaw's Vollmachtsbrief für seine Räthe, Johann Bischof zu Ollmütz, Otto Pfalzgrafen bei Rhein (seinen Oheim), Heinrich v. Rosenberg, Reinprecht v. Walsee, Heinrich v. der Leippen („unsers Königreichs zu Böhmen Oberst-Marschall"), Giřik v. Krawař und Stražnicz, Ulrich Eizinger von Eizingen, Reinprecht von Ebersdorf, Stephan Aloch (österr. Kanzler), Steph. v. Warda Lehrer geistlicher Rechte, Sigmund Eizinger v. Eizingen Forstmeister in Österreich, Wolfgang Hinderholzer und Oswald Reicholf, um an dem Tage zu Breslau (von morgen über vierzehn Tage), mit dem Kön. von Polen oder seinen Bevollmächtigten über die Heirath zwischen demselben König und Ladislaw's Schwester Elisabeth zu teidingen und zu beschliessen. *D.* zu Brünn an S. Jacobs Abend, im J. 1453, des ungr. Reichs im XIV^ten^.

(Orig. pergam. cum app. sigillo in arch. Trebon.)

53.

1453, Aug. 2—15.

„Friedebrüche geschehen an dem „Gotishuse" zum „Grunenhain" von ettlichin aus der Kronen zu Behmen."

Peter von Sternberg die Zeit als er Petschaw inne hatte, überfiel er die Sleten mit ihrer Zugehörung, fing und mordete da unsere arme Leute etc.

Kagerer — als Herzog Fridrich gegen den Giřik lag vor Czwikaw u. auf beiden parteien betedigt ward —

Cudi Nicolae — unser arme lute vmb Kadan gelegen —

(Arch. Dresd. L. 177.)

Nicolaus Abt zum Grünenhain sendet, wie Herzog Friedrich es verlangte, obige „Friedebrüche" gen Topplicz. *D.* in die Laurentii 1453.

(Orig. Dresd. III. 76.)

Mittwoch Assumptionis Mariæ 1453 ist zu Teplitz von Zbynek Hase von Hasenburg, Jakob von Wřesowic Hauptmann des Saatzer Kreises, Heinrich Herrn zu Gera, Hilbrant von Einsiedel und Heinrich von Bünau ein Friede verabredet worden.

(Concept. Dresd. I, 196ᵇ.)

54.

1453, Sept.

Herzog Friedrich von Sachsen sendet an die böhmischen, damals in Prag versammelten Stände ein Schreiben, und ein anderes an die Herren Haas und Jacoff allein, und befiehlt mit Fleiss zu erkundschaften, ob die Böhmen einen Krieg gegen Sachsen im Sinne haben oder nicht, wer K. Ladislaw's Räthe seien etc.

(Orig. arch. Dresd. V, 122.)

55.

1453, 11. October (Neustadt).

Äneas Sylvius an Herrn Ulrich von Rosenberg: Nachrichten vom kaiserl. Hofe und aus Italien, über Vorbereitungen zum Kreuzzug gegen die Türken etc.

(Original, eigenhändige Schrift, im Archive zu Wittingau.)

Magnifico et potenti domino Ulrico de Rosis majori meo honorando.

Magnifice et generose domine honorande. Leto et jocundo animo vestras literas accepi, per quas intellexi nondum mente vestra nomen excidisse meum! facio maximi in tanti viri me esse memoria, quem veneror et obseruo unice: Quod de me scire cupitis breuiter absoluam: Sum modo apud Cesarem ut soleo inter consiliarios minimus et inutilis: Circa festum diui Martini est animus domum petere, quoniam meorum necessariorum literis vocor: Visitabo et Romanum pontificem, si deus vitam facultatemque dabit. Ibi si quid est a me gerendum, quod vestre rei conducat: scitis habere me hominem cui imperare possitis: nescio an breui huc reuertar: quoniam etas mea quietem poscit et fessum corpus labores recusat: amici quoque domi me uolunt. De rebus Turchorum hec scribere possum: Nemo est, qui curam eius rei gerat nisi Romanus pontifex. Is operam dat inprimis ut Italia pacem habeat, misit legatos ad partes dissidentes, sancti Angeli et Firmanum cardinales: modo utriusque partis legati Rome conueniunt. Ibi spes est! aut pax concludetur, aut inducie ad plures annos ducentur! Deputauit autem Romanus pontifex tres cardinales, qui modos excogitent per quos retundi Turchorum violentia possit; tres alios elegit, qui modos execucionis admoueant. Exinde mandatum est cardinalibus, uti decimam partem reddituum suorum ad hanc rem contribuant: creditur et decima imponenda super omni clero. Ipse autem Romanus pontifex omnes camere redditus ac prouentus et insuper decimam partem patrimonii sancti Petri in hoc opus segregarit intenditque legatos et ad Cæsarem et ad reliquos orbis principes transmittere instare hortari monereque ut pro Christi honore insurgant estque animus eius ad hoc ipsum ferventissimus! quemadmodum michi ex urbe dietim scribitur. Nescio an eius feruorem ceteri principes sequentur. Imperator quidem bono in eam rem animo est. Vos qui modo in coronacione regis vestri apud Pragam cum multis principibus convenietis, rem christianam agetis et nobilitate vestra dignam, si et regem et principes vestros hortabimini, ut in tanto negocio fidei negligenciam et socordiam omnem deponant, hec habui que de apparatu contra Turchos instituendo referre possum. Commendo me vestre magnificencie, cui rem gerere gratam cupio, ubique terrarum aut gentium fuerim.

Ex Nouaciuitate, die XI. Octobris 1453.

Vester Eneas Episcopus Senensis.

56.

1453, Oct. (s. d.)

Petition der Prager Universität an K. Ladislaw nach dessen Krönung in Böhmen.

(Ms. biblioth. capituli Prag. K. XXXIV, fol. 209.)

In adventu novi regis universitas offert majestati suæ hoc dictamen, cum articulis in eo expressis.

Serenissime princeps! Devoti vestri filii, universitas studii Pragensis petitiones infrascriptas, invictissimis principibus Sigismundo imperatore (sic) avo et Alberto regi Romanorum, genitori Majestatis Vestræ, divæ memoriæ, humiliter exhibitas, etiam Vestræ regiæ Celsitudini nunc exhibent, studiosius supplicando, quatenus hujusmodi petitiones ex innata clementia vobis magnanimiter dignemini exaudire, una cum consilio vestro super hiis conferendo, ut, sicut ipsa universitas studii Pragensis de coronatione vestra in regem Bohemorum ex affectu lætatur, sic et promotionis profectu consoletur: Primo, ut videatur propter bonum pacis et unitatis, quod ab omnibus suppositis universitatis compactata cum sacrosancto concilio Basiliensi in spiritu sancto legitime congregato universalem ecclesiam repræsentante facta firmiter observentur. Item secundo, ut villæ et census ablatæ collegii viceversa restituantur, quia sic deo et regia majestate disponente poterit augeri legentium et studentium numerus copiosus. Item tertio, quatenus disponatur, ut magistri et scolares in studio Pragensi præfato libere gaudeant privilegiis et libertatibus, quibus alia gaudent studia, ne, quod absit, universitas prædicta injuriis et violentiis oppressa ruinæ periculo dissolvatur. Datum etc.

57.

1453, Nov. 15—26.

Tagebuch der Görlitzer Abgeordneten über ihre Verhandlungen am königlichen Hofe in Prag.

(Scultetus, III, 20.)

Am Dornstage vor Elizabeth (15. Nov.) sein land vnd stete kein Praga kommen, vnd am Freitage donoch (16. Nov.) frühe an vnsern gnedigisten herrn den könig mit gehorsamer irbittunge.

It. donoch reith herr Girsick uff den Karlstein vnd fürte mit jm die Behmische cron vnd besatzte den.

It. am Freitage vor Katherine (23. Nov.) alsherr Girsick wieder quam, wart mann vnd stete bescheiden jre gebrechen zuvorhören, das denn also geschach, vnd schrifftlichen geantwort worden.

It. doselbst bathen die manne gemeynlichen vnd alle, sie hetten gebrechen wider die stete, das man sie och vorhören wolde. Vnd irczalten etzliche stücke in der gemeyn, nemelichin von dem leiden des dritten vnd virden phennigen, vnd das die stete von den gütern zu landen mit jnen nichten teden, das doch vor alders geschen were.

It. do sageten die manne des landes zu Görlitz, sie hetten besunder gebrechen kein der stat, vnd vorzalten ein stücke, als vom leiden der bürgergüter vff dem lande etc. (sic) vnd die andern gaben sie beschreben, vnd begerten eynes richters der sie dorus entschide.

Dortzu von der stat geantwort wart, das sie sulcher vorelagunge gar vnbesorgit gewest weren, sunder kortz vir tage vor dem zoge weren die mann zur stat kommen, vnd hetten die sachen mit jn gehandelt. Vnd als sich die stat mit den mannen der sachin nicht hette mögen vertragen, begerten sie der schrifft vnd bequeme zyt, sich doruff zu beraten. Das jn denn vorsaget were, vnd begereten dorumb noch eine abeschrifft jrer gebrechen, dorzu der frist vnd ander mancherley wort die sich dorwider verliffen.

Alss wurden die sachen uffgeschlagen biss uff den Sunnabind (24. Nov.) donoch vnd zur 20. stund zu handlunge bescheiden, denn solde ouch antwort uff die gebrechen geben werden.

It. am Sunnabend (24. Nov.) quomen mann vnd stete vor vnsern gnedigisten herrn den konig, vnd wurden zu der huldunge irfodert. Do wart siner kön. G. gesagt, mann vnd stete weren dozu willig vnd gereid, also das seine gnaden mann vnd stete jre priuilegia, freiheit, altherkommen, gnaden vnd recht (als denn seiner G. vorfaren keiser vnd könige gnedeclichen gethon vnd sulch gutt gedechtniss gelossen hetten) ouch confirmiren, bessern vnd bestetigen geruchte. Das denn seine G. also zuthun zusagete. Alss haben mann vnd stete seiner G. huldung gethon in sulchen worten:

Wir sweren zu got vnser liebin frawen vnd allen gottes heiligen, dem durchluchtigisten fürsten vnd herrn, herrn Laszlaw konige zu Behemen vnd seinen liplichen erben mannes geschlecht, vnd ab die nichten weren, der crone vnd dem konigreich zu Beheim, hinfür getraw, gewertig vnd gehorsam zu sein, jren frommen zu betrachten vnd jren schaden zu wenden, vnd jn helffen vnd beystehen widder allermenniglich, nymanden vszgenommen, noch allim vnserm vormögin, getrewlich vnd vngeferlich. Des bitten wir vns got zu helffin vnd alle gotis heiligen.

It. liss seine G. noch der huldunge sagin, ob seine G. in die land vnd stete queme vnd von allin gemeynden huldunge fürderte, das man das seiner G. zuthun nichten wegerte, durch dise huldunge hie geschehen. Doruff seiner G. zugesagit wurde, wurde seine G. in lande vnd stete kommen vnd gemeyne huldungen fordern, sulden mann vnd stete keinen behelff dorynnen nicht nehmen, sunder gerne vnd gemeynlichin thun.

It. als die huldunge also geton wart, dy manne vor vnd die stete ouch donoch, wart gesagit, das seine kön. G. vns in allen vnsern sachin vnd gebrechen von des von Bebirstein, herrn Wentzss, Pantzers vnd Gamerrethen wegen sulde gerathen werden, das vns wandel sulde geschen, vnd der gubernator wolde sich der sachen irfahren.

Sunder die gebrechen, die die ritterschafft widder die stete hetten, vnd die stete mit jrer antwort nicht gereid weren, so sulden ansehen (sic) bisz das beide teil zu lande quemen, denn so wolde seine G. seine botschafft dorzu senden, dorynnen helffin vnd rathen, das sulche gebrechen in fruntlickeit hingelegit möchten werden. Vnd ob das nichten sein vnd bericht werden könde, so wolde seine G. beden teilen eynen rechttag legen, vnd als vil als bilch ist ghen lossin, vnd das beide teil is fridelichen mit worten vnd wercken halden sulden.

It. am Montage nach Katharine (26. Nov.) worden man vnd stete vor seine G. erfordert uff herrn Wentzsch, des von Bebirstein vnd Gamereten vorclagin, die nu antworten wolden. Also sagete der von Bebirstein, is langete jm ere vnd gelimpb an, die muste her noch seiner herrn vnd fründe rath, die her von jm nichten hette vorantworten, vnd begerte der frist, das her sie dorzu brengin mochte. Vnd redete faste vnvernünfftlichen, das den gubernatorem verdross, vnd liss jn dorumb ernstlichen mit worten anreden, vnd das her is furder liesse. Doruff wart eine frist gemacht biss uff Pauli conversionis, denn sulden beide part gestehen, vnd musten das globen bey trawen vnd ehren zu dem tage zu kommen, vnd binnen des fridlich halden. Doch wart dobey gesagit, mochtet jr euch aber in des früntlichen selbis vortragen, hettet jr wol macht.

Item wart doselbist der Gamereth mit den von der Zittaw ouch zugestehen den negsten tag nach Pauli conversionis bey 500 sch. gr. vorbürgit.

58.

1453, Dec. 2 (Prag).

K. Ladislaw verschreibt Herrn Heinrich von Rosenberg die Stadt Budweis auf Lebenszeit.

(Gleichzeitige Abschrift in den Stadtbüchern von Budweis.)

Wir Lasslaw von gots gnaden etc. bekennen offenbar mit diesem brieff, das wir angesehen haben die vleissigen vnd merklichen dienst, dy vns der edl Hainrich von Rosenberg, vnser lieber getrewr, gethan hat mit manigveltiger darlegung vnd sunder das wir geruelich in vnser konigreich vnd land komen vnd in kuniglicher war erschinen sein; nu sein wir von kuniglicher angeborner gutikeit multiklich genaigt, danen, die vns an vnderlasse dienen, gern vnd willig sein gnad czu beweysen; vnd haben darumb mit wolbedachten müth vnd rechter wissen vnser edeln vnd lieben getrewn, unser rett, demselben Hainrichen sein lebtag gegeben vnd verlihen vnser konigliche stat Budweis mit aller gerechtigkeit, nucz, rent vnd czugehorungen, als wir vnd unser vorfodr, kunig zu Behem, die ingehabt haben, nichts ausgenomen, geben vnd leihen im die von kuniglicher Behmischer macht, in krafft dicz brieffs. Allain behalten wir vns, vnsern erben vnd nachkomenden kunigen zu Behem alle lehen, geistlich vnd weltlich; in dieselben lehen sol der genante von Rosenberg kain ingriff thun. Es soll auch diselb stat Budweis uns, vnsere erben vnd nachkomenden kunigen zu Behem oder vnsern amtlewten, die dorczue von vnsern wegen geschikt oder gesendt wurden, offen sein czu allen vnsern notturfften wider allermaniklich, nyemands ausgenomen, doch auff vnser kostung an geverde. Auch der obgenante von Rosenberk sol dieselben stat und inwoner ober ir gewondlich zins, rent und gult nicht besweren.

Es sol auch nach abgang des obgemelten Hainrichs von Rosenberk die vorgenante stat Budweis wider an vns vnd vnser nachkomend, kunig zu Behem, komen an ale irrung, als er sich vnd sein brüder gegen vns verschriben haben. Diser vnser brieff sol auch nach des obgenanten Hainrichs von Rosenberk abgang krafftloss, tod vnd absein: mit urkund des brieffs besigelt mit unserm kuniglichen anhangenden insiegel. Geben zu Prag am Suntag nach sand Andres tag des heiligen czwelffboten tag, nach Christi geburd tausent vier hundert vnd in LIII° jar, vnser reich des Hungrischen etc. im XIIII, des Behmischen im ersten jaren.

59.

1453, Dec. 13.

Erster Bericht der Abgeordneten Herzog Wilhelm's von Sachsen über ihre Verrichtungen zu Prag.

(Orig. 8023, f. 61.)

Donnerstag (nach Concept. Mariæ) kamen sie in Prag an, H. Georg war nicht anwesend. Freitag früh verhandelten sie mit Ulrich Eizinger, den sie sehr günstig fanden. Anwesend waren in

Prag bei K. Ladislaw: Herzog Otto der Junge, Bischof von Passau, Bischof von Waradin, Aleš von Sternberg, Zdenko von Sternberg, der von Kolditz, „Toboszky", Iskra, Hasz, alte Jacubko, Calta, Jindř. von Kolowrat u. a. m.

1453, Dec. 23.

Prag, 1453 dd. am Sonntage nach Thomæ apostoli.

(Orig. Dresd. Loc. 8023, 1.)

„Relation der fürstl. sächs. Abgeordneten an Herzog Wilhelm, 1. wegen Ehegeldes seiner Gemahlin und der desfallsigen Verschreibung auf Lucemburg; 2. der Böhmenschulden und derselben Injurien deshalb; 3. Übelhaltung H. Wilhelm's Gemahlin, so dem Herzog imputirt worden, und 4. die böhmische Einigung.

Herzog Wilhelm hatte dem Könige schon in Wien von dem Ehegelde und der Verschreibung auf Lutzemburg gesprochen, war aber gewiesen worden, nach der Krönung in Prag darüber zu verhandeln. — „Dann der Girzik liess den kanzler offenbarlich sagen, dem könige wäre fürkommen, dass E. Gn. unser gned. frawen vast vnzimlich vnd vnerlich hielt, dorin der konig gross verdriessen hett" — mit harten worten uf behemisch dargelegt, in gegenwart des königs (am Mittwoch nächstverg.).

60.

1454, Januar 1 (Prag).

K. Ladislaw an Herrn Heinrich Reuss von Plauen: er werde seine Räthe nach Preussen senden zur Beilegung des dortigen Streites zwischen dem Orden und dem Lande.

(Aus dem Königsberger Archive.)

Ersamer besunderlieber. Als du dem edeln vnserm lieben getrewn Ulrichen Eytzinger von Eytzingen vnserm rat, von erhebung ettlicher tzwitrecht so sich twischen dem wirdigen orden zu Prewssen vnd der manschafft vnd steten daselbs an dem andern tail begeben vnd auferstanden ist, vnd auch darnach vor dem allerdurchleuchtigisten fursten vnserm herren vnd vettern dem Romischen kayser durch der kurfürsten ret vnd annder ein rechtspruch geschehen sey, dem benanten Eytzinger zu drin maln geschriben hast, der hat das pracht an den edeln vnsern lieben getrewn Girsiken von der Kunstat vnd von Bodiebrad vnsern gubernator vnd hofmaister vnsers kunigreichs zu Behem, nu haben sy paid mit grossen vleyss mit vns daraus geredt, also haben wir betracht vnd furgenomen daz vnser foruordern kayser kunig vnd die fursten von Osterreich dem bemelten orden vnd den landen zu Prewssen hoch vnd wolgewant sind gewesen, der fusspar wir auch nachfolgen, was dem orden vnd den lannden zu nuez vnd gut komen mocht, daz wir darczu genaigt sein, vnd guten willen darczu haben, dem auch also nachzugeen, wann wir ye nicht gern sehen, daz paid obgenant partey verrer in krieg vnd widerwertikeit geneinander komen solten, darumb haben wir mit der benanten vnsers gubernators auch des Eytzingers vnd ander vnser ret rat furgenomen, daz wir vnser treflich ret vnd poten gar in kurtz von der tzwitrecht vnd sachen wegen zu paiden tailn hinein gen Prewssen maynen zuschiken, vnd mit gantzen vleyss zuuersuchen, damit wir paid obgenant tail mit der hilff gotz in aynigung maynen zu bringen. Darumb begern wir an dich mit ganczem ernst, daz du dein namhaftige potschafft furderlich zu dem hochmaister vnd dem orden zu Prewssen tust, vnd solchen unsern guten willen auf dein schreiben, so du dem vorgenannten Eytzinger getan hast, vorkundest, sunder darumb ob yn yemand zu krieg oder widerwertikeit in den sachen riet, oder daran weiset, daz sy des ratz nicht volgen doch sunder als lang, das vnser ret vnd potschafft zu paiden tailn hinein gen Prewssen komen, wann wir dem anndern tajl desgleichen auch darumb schreiben. Geben zu Prag an dem newen jarstag anno domini etc. quinquagesimo quarto vnser reich des Hungrischen etc. im viertzehenden, des Behemischen im ersten jarn.

Ad mandatum domini regis Procopius de Rabenstein cancel.

Dem ersamen Heinrichen Rewssen von Plawen, cometewr zu Elwing, vnserm besunder lieben.

61.

1454, Januar 10 (Pragæ).

K. Ladislaw verleiht den Herren Aleš und Zdeněk von Sternberg sein königl. Heimfallsrecht auf die Hälfte von Stadt und Schloss Kottbus nebst Zugehör, zugleich mit dem Auslösungsrechte der zweiten Hälfte.

(Handschrift des Prager Capitels K. XXXIV. fol. 208.)

Ladislaus dei gratia Ungariæ, Bohemiæ, Dalmatiæ, Croatiæ etc. rex, Austriæ dux et Morawiæ marchio, notum facimus universis, quod, quamvis regalis sublimitas nostra dona sua omnibus conferre lætetur, illis tamen impendit jocundius, quos vetustate prolis clara nobilitas exornavit, extollunt amplæ virtutes, et quorum probata ac inconcussa fides et grata servitia regia largitate dignos efficiunt; et idcirco advertentes constantem fidem antiquorum nobilium Alssonis et Zdenkonis de Ssternberk, dilectorum fidelium nostrorum, qui semper coronæ hujus regni nostri indefesse servitia magna et accepta fecerunt, volentesque eos nostræ renumerationis gratitudinem sentire, non improvide nec per errorem, sed cum matura animi deliberatione et sano consilio nostrorum processorum (sic), nobilium et fidelium aliorum, de certa nostra scientia, auctoritate regia Bohemiæ præfatis Alssoni et Zdenkoni damus in solidum et donamus omne jus, quod ad nos nostramque hujus regni coronam devolvetur per mortem nobilis Leutherii de Cotbus in et super media civitate et castro Cotbus posita in marchionatu nostro Lusaciæ cum teratorio (sic), castris, munitionibus, wasallis, wasallagiis, juribus, molendinis, piscinis, piscationibus, venationibus, jure patronatus ecclesiarum et juribus ac pertinentiis universis, quocumque nomine nuncupentur, et cum honoribus et obsequiis omnibus nobis nostræque hujus regni coronæ exibendis, quemadmodum a dicto Leutero et suis antecessoribus supradicta omnia tenta et possessa sunt. Damus etiam, donamus ac concedimus eisdem Alssoni et Zdenkoni et eorum heredibus pure et sine aliqua conditione vel die omne jus, quod nobis competit, redimendi aliam medietatem dictæ civitatis et castri cum terratorio (sic), castris, munitionibus et pertinentiis suis, prout supra in alia medietate expressimus, ab illustri principe Friderico marchione Brandeburgensi, sacri imperii archicamerario, consanquineo nostro dilecto, cui nobilis Rinaldus de Cotbus vendidit et possessionem tradidit salvo nostræ majestatis prædicto jure redimendi, quod dictis Alssoni et Zdenkoni eorumque heredibus cedimus, eosque in locum nostrum quoad hoc substituimus, et in rem suam procuratores facimus, ac nolumus circa prædictam redemtionem refragationem aliquam aut impedimentum aliquo modo fieri. Volumus tamen prædictos Alssonem et Zdenkonem eorumque heredes, postquam dictam civitatis et castri medietatem redemisse contigerit, eam a nostra majestate tenere hiisdem oneribus et honeribus (sic) in pheudum, quemadmodum dictus Rynaldus a nostris antecessoribus tenuit et possedit. Mandamus igitur vasallis, civibus et incolis ac universis habitatoribus cujuscunque status existant, dictæ civitatis Cutbus, castrorum, munitionum, villarum, territorii ac cunctarum pertinentiarum ipsius, quatenus in eventum suprascriptorum casuum prædictis Alssoni et Zdenkoni eorumque heredibus honorem habeant, subveniant ac omnino obediant, prout promtius et melius prædictis Reynaldo et Leuterio honorem habere, subvenire ac obedire consueverunt, sub poena indignationis nostræ et in eventum alterius cujusvis ex prædictis casibus. Item mandamus vasallis, civibus, incolis ac universis habitatoribus, cujuscunque status existant, ejus partis, quam ad prædictos Alssonem et Zdenkonem eorumque heredes devenire contingeret, ut honorem, subventionem, obedientiamque, sicut supra scriptum est, exhibeant, si nostram indignationem cupiunt evitare, præsentium sub appensione sigilli nostri regalis testimonio literarum. Datum Pragæ die decima mensis Januarii anno domini Mccccliiii regnorum nostrorum anno Ungariæ etc. quarto decimo, Bohemiæ vero primo.

62.

1454, Januar 17.

Herzogin Anna von Sachsen an ihren Bruder K. Ladislaw.

Versichert ihn, dass sie sich wohl befinde und von ihrem Gemahl vollkommen gut behandelt werde; das, was man dagegen aufbringe, sei eine von den Vizthumen aufgebrachte Unwahrheit und Lüge. *D.* zum Eckersberg am Donnerstage Antonii 1454.

(Copia. Dresd. geh. Arch. 8023, 51.)

63.

1454, Januar 22 (Nova civit.).

Æneas Sylvius an Herrn Georg von Podiebrad: empfiehlt ihm den Astronom Johann Nihili, und beschwört ihn, die Böhmen zum Gehorsam der römischen Kirche zurückzuführen.

(Aus der Wiener Handschrift 3389, fol. 93.)

Georgiconi gubernatori Bohemiæ.

Magnifice et generose baro, domine honorande! Dominum Johannem Nihili, astronomum insignem et modestum sacerdotem, non dubito vestræ magnificentiæ saltem fama notum esse; qui non solum divo Caesari nostro Federico ejusque magnatibus est acceptus, sed et sanct^{mo} d. n. papæ sacroque cardinalium coetui carissimus habetur et dilectissimus; sic enim sua modestia et doctrina præcellens meretur.

Is ex regno Bohemiæ natus, nunc domum revertitur, suum patrimonium et antecessorum suorum jura recuperaturus, neque spem in alio quam in vestra magnificentia majorem habet. Ego etsi non dubito suam virtutem vestrum sibi vendicare favorem, pro jure tamen amicitiæ, quo sibi sum junctus, et cupio et opto magnopere suam spem minime frustratum iri; et si quid meæ preces (Ms. autograph. „p̃ceps" [sic]) in conspectu vestro possunt, eas pro viro mihi amicissimo, quoad possum, et ardentes et efficaces præbeo; ut qui personæ meæ præstitum credam, quicquid sibi vestra magnif. vel consilii vel favoris accomodaverit, quamvis nullum me dubium habet, quin benigne apud suos recipiatur, quem exteri libenter viderunt et honorarunt. Hæc cum fiducia de homine amantissimo et honore digno conscripsi. Nunc aliud adjiciam, quod non existimo prætermittendum. Intrasse Bohemiam inclytum regem Ladislaum, coronatum esse, obedientiam et fidelitatem omnium regnicolarum suscepisse, pacem in regno reformasse, salubre regimen ordinasse, qui audiunt, omnes admirantur et laudant, tantoque res major et stupore dignior existimatur, quanto ab initio incredibilior videbatur. Sed tanti boni et nomen et laudem nemo est qui vestræ magnif. non attribuat. Vestrum est hoc præconium et in familia vestra æternum decus, quia regnum Bohemiæ lacerum et quassatum vestra prudentia reformaverit. Unum tamen adhuc restat vestra virtute consilioque dirigendum. Nondum quietem spiritualia negotia tenent; nondum clerus vester ecclesiæ Romanæ consentit; viget adhuc rubigo quædam in mentibus hominum, neque pontificem habetis. Omnes Bohemi vestra ope ad veri sui regis obedientiam rediere: curandum et modo est, spiritualem patrem et dominum cuncti audiant Romanum pontificem, neque plus velint sapere quam ceteri Christiani; jungant jam se denique apostolicæ sedi, quæ magistra est omnium gentium et omnes ad se recurrentes benigne audit. Sed nescio quis hoc perficere possit, nisi vestra singularis et oculatissima circumspectio, quæ ut temporalia optime direxit, sic et spiritualia perfecte posse disponere non dubitatur. Quippe magna est vestri nominis fama et apud sanct^{mum} d. n. papam et universos cardinales. Cuncti de vestra probitate bene sentiunt et optime sperant; reges quoque inter Christianos opinatissimi, apud quos vestra laus celeberrima est, jam venisse diem existimant, quo regnum illud Bohemiæ præclarissimum cum ceteris Christianis et copuletur et uniatur; neque id alterius consilio aut studio fieri posse quam vestro dijudicant. Velit igitur vestra præstabilitas spem hanc implere titulosque illos mereri gloriosissimos, quia per vos regnum Bohemiæ non solum in temporalibus, sed etiam in spiritualibus hoc tempore sit reformatum. Hoc erit illustre nomen vestrum cunctis seculis memorandum; hæc res vobis coelum aperiet et inter clarissima sidera dabit locum, omnisque vestra posteritas hinc maxima reputabitur, et nati natorum, et qui nascentur ab illis, ex vestris operibus fructum sentient; eoque vestrum erit splendidius opus, quo nostra ætate magis necessarium cernitur. Etsi enim omni tempore detestanda sunt inter Christianos scismata, nunc potissimum divisiones sunt fugiendæ et abominandæ, quando potentissimi vivificæ crucis inimici terra marique bellum adversus nos instruunt Turchi, nec contenti subegisse Constantinopolim, totum sibi subjiciendum auctumant occidentem, summoque conatu nituntur, ut legem Christi evangeliumque subvertant. Quodsi nos uniti essemus, facile superbiam gentis retunderemus illius. Atque ob hanc causam persuasi mihi, non esse inutile pauca hæc vestræ magnif. scribere; quæ precor tamquam ex homine vestræ virtuti deditissimo velitis accipere et boni consulere. Datum in Nova civitate die XXII Januarii 1454.

64.

1454, Januar 25 (Prag).

Nachrichten aus Prag an die Görlitzer.

Gregor Selige u. Joh. Bereit Stadtschreiber ad sen. Gorlic.

— Wir sind wohl heruff kein Prage kommen und als hüte vnsern g. h. den konig und S. Gn. rethe besucht — und dem gubernatori gemelt, das wir — des tages warten. — Ward uns zugesagt, so schire der gubernator von dem tage (zu Laun) wider qweme — werden die sachen vorgenommen werden. — „Vnd morgen sich irheben werden kein Lunaw zu reithen.“ *D.* zu Praga am Fritage Pauli convers.

(Scultetus, III, 28ᵇ.)

— Febr. 4 (Prag).

— Zeitung. Das herr Girsick, her Vlrich Eyczinger mit andern vnsers h. des koniges rethen noch zu Lunaw legin. Vnd die herzogen von Sachsen zu Brixes: vnd was man da tedinget, mogin wir eigentlichin nichten wissen, wenn das man wenig trosts hat, das die sachen zu ende getedinget werden.

Mussen also hie legin, des morgens lange sloffin, früe essen, dem könige zur kirchen, zum stechin vnd tentzin tegelichin fulgin, also das nymand endis gehaben mag etc. (sic).

It. wisst das vnser gnedigister herr der konig den von Rosinberg, herrn Zdencken von Sternberg mit andern S. G. mercklichen rettin von Behemen, Vngern, Osterreich etc. mit der königin dem frowelein, die sie jm kein Teschin dem könige von Polan antworten sullen, gesand hat: darumb auch der Tag nu vff Dorothee bisz allir mannefast (sic) erlegit ist etc. *D.* zu Prage am Montage nach Purificat. etc.

(Scultetus ib. 28ᵃ.)

65.

1454, Januar 28 (Laun).

Aus den Verhandlungen des Tages zu Laun.

Kaspar Bischof zu Meissen und andere sächsische Räthe „itzunt zu Luna" an die Herzoge Friedrich und Wilhelm von Sachsen.

„Als wir vf hute her gein Luna komen sind, haben wir vns zu herrn Girziken u. a. behm. Herren — in ire herberge gefugt. Do hat her Girzik durch sich vf bemisch vnd durch den von Donyn vf duczsch den anefangk gemacht" — ob sie Vollmacht mitbringen, ob sie alte Verschreibungen halten wollen etc. Die Sachsen hielten dem Könige „etzliche sloss stete vnd guter vor mit gewalt," er begehre daher, „das uw. gn. der aller dem konige wider abtreten vnd auch verschreibunge tun wolten, ym selbs, den Viczthumen, den von Eger vnd andern die dem kunige zu versprechen stünden, die spruche zu ueh hetten; doruff haben wir dise nacht ein bedencken genomen etc." (Bitten um schleunige Instruction.) *D.* zu Lun, am Montage nach Pauli conversionis 1454.

(Orig. arch. Dresd. III, 78.)

1454, Januar 29 (Laun).

Aus den Verhandlungen des Tages zu Laun.

Dienstag nach Pauli conversionis gaben auf dem Tage zu Laun die sächsischen Räthe Antwort.

(Orig. arch. secr. Dresd. Loc. 8023, 2.)

Die Böhmen producirten an dem Tage folgende Briefe:

1) dat. Prag, 1289, Friedrich Markgraf v. Meissen; 2) d. 1348 Verbindung Markgr. Friedrich's u. s. Söhne Friedr., Balt., Ludw. u. Wilh. mit Kaiser Karl IV. u. K. Wenzel (sic); 3) d. Pirren, 1372 von Friedr., Balthasar u. Ludwig M. zu Meiss. an Karl IV. u. K. Wenzel, sie an ihren Schlössern im Lande zu Missen, Vogtland, Osterland, Franken u. a. nicht zu irren; 4) d. 1362 von Grafen Heinrich u. Gunther von Schwarzburg üb. Salveld, Rudolstadt etc.; 5) d. 1354 Heinrich Voit zu Gera über Sparrenberg als böhm. Lehn; 6) d. 1358 Heinrich Voit zu Gera Quittung über Schulden einst K. Johanns v. Böhm.

Antwort dagegen ertheilt am Mittwoch.

Donnerstag Rede H. Giřiks durch den von Donin.

Freitag wieder Antwort der Sachsen.

„Unser Herzog Wilhelms Handel zu Lawn“. Am Sonnabend purif. Mariæ kam Abends H. Giřik zum Herzog etc.

(Sehr umständliche, langweilige und unleserliche Reden.)

Wegen der Schulden Herzog Wilhelm's waren in Prag Schmähschriften auf ihn veröffentlicht worden, worüber er Beschwerde führte. Wegen der Vizthume wollte er keinen Vergleich eingehen; wohl aber wollte er Hrn. Giřik's Forderungen an seinen Bruder Friedrich befriedigen, was aber Georg nicht gerne von der Hauptverhandlung der Krone trennen lassen wollte.

1454, Febr. 3 (Laun).

Aus den Verhandlungen auf dem Tage zu Laun.

Herzog Wilhelm von Sachsen an seinen Bruder H. Friedrich.

— „Wir fugen ew. liebe wissen, das vns her Girzik mit andern Behemischen herren gestern entgegen geritten ist und vns empfangen hat“ — Er habe freundliche Worte an ihn gerichtet, doch lasse Wilhelm sich von seinem Bruder nicht trennen. Endlich hätten sie beschlossen, die alten Briefe ruhen zu lassen und gütlich zu verhandeln, beiden Theilen an ihren Rechten unschädlich etc. *D.* zu Lawn, vf Sontag Blasii 1454.

(Orig. arch. Dresd. III, 79.)

Da man sich zu Laun nicht einigen konnte, wollte Sachsen den Streit an die Entscheidung des Kaisers, oder Erzherzog Albrecht's, oder Ludwig's von Baiern, oder Johann's und Albrecht's von Brandenburg, oder der Kurfürsten setzen, was jedoch alles von den Böhmen verworfen wurde. Die Sachsen wandten sich nun an die schlesischen Fürsten etc. um Fürsprache bei K. Laslaw etc.

(Ibid. III, 84.)

Der Launer Tag zerschlug sich vorzüglich daran, dass die Sachsen keine hinlängliche Vollmacht gehabt haben sollen.

(Ibid. III, 90.)

66.

1454, Febr.

Herzog Friedrich von Sachsen ersucht um Fürsprache bei K. Ladislaw in seinem Streite mit Böhmen.

Erzählt den Verlauf der Verhandlungen. Sein Bruder Herzog Wilhelm habe bereits vor einem Jahre in Wien Erbietungen gemacht, doch habe man die Sache wollen anstehen lassen bis zu des Königs böhmischer Krönung. Nach dieser Krönung hätten beide herzogliche Brüder durch ihre Räthe in Prag den König erinnern lassen. Darauf wollte K. Ladislaw, dass beide Brüder persönlich nach Brüx kommen und ihre Räthe auf den Tag Pauli conversionis nach Laun schicken zu gütlicher Verhandlung. Dies geschah. Zu Laun haben die böhmischen Räthe von des Königs wegen „uns etweuil sloss und stete angesprochen, die wir ynne haben vnd der crone vorhalten solten wider recht, vnd haben darzu etliche briue furgeczogen". Antwort: die Briefe seien „einstheils ertödtet," man besitze die Schlösser von Alters her durch erblich Kauf, Pfandschaft und andere redliche Wege. Sie trugen auf Erneuerung der alten Erbeinungen an, was Jiřik und Andere nicht annahmen. Jiřik liess bitten, H. Wilhelm möge selbst nach Laun kommen. Auch das geschah. Die Anträge auf Schiedsprüche des Kaisers, oder Erzh. Albrecht's, oder Ludwig's von

Baiern etc. seien verworfen worden. Man habe seinen Räthen vorgehalten, K. Ladislaw habe müssen schwören, die Freiheiten der Krone zu erhalten; diese verlangten, „dass er keyner siner sachen zu ustrage für nymandes vszwendig der cronen warten solle". Nun, er sei Kurfürst, und der König werde ihm nicht Kläger und Richter zugleich sein wollen.

(Copia arch. Dresd. IV, 247.)

67.

1454, Mart. 19 (Prag).

Görlitzer Abgeordnete an den Rath ihrer Stadt: Nachricht über ihre Werbung in Prag.

(Scultetus, III, 28.)

Gregor Selige, Johannes Bereit, Bürger vnd Statschreiber zu Gorlitz, itzund zu Prage, ad senatum Gorlicensem.

Wir thun uch wissin, das wir von den g. gotis wol heruff gein Prage kommen sein, vnd gestern vor vnsers gnedigsten herrn des koniges rethe die von der Zittaw mit h. Gamereth zu tedingen kommen sein, vnd doruff schriffte vor sie an beiden teilin gelegit etc. (sic). So ist is zwischen h. Wentz dem von Bebirstein an eynem vnd den stetin Budissin, Görlitz etc. am andern teile also blebin, welch teil das ander in schuld meynt zu haben, sol jm seine schuld innewendig drien wochin schrifftlichen senden, seyne antwort doruff auch schrifftlichen donoch in drien wochin setzin, vnd denn schuld vnd antwort 14 tage noch Ostern vor die rethe legin. Denn wellin sie aber thun was do recht ist.

It. wisset das alss hüte in der 14. stunde vnser gnedigster herr der konig, herren, mann vnd stete gemeynlichen uff das rathuss nebin S. G. vorbottet, dorzu wir von stetin Budissin Gorlitz etc. auch besand worden, als haben sie zum irsten herrn Girsick uff drey jar zu eynem gubernator irweld, vnd in keginwertikeit vnsers gn. h. gemeynlichen gebeten, das williclichen uff sich zu nemen: doruff sie jm eynen gehorsam zusagten. Item donoch worden sie vndereynander lange redende von den compactaten etc. (sic). Geschrebin zu Prage am Dinstage vor Oculi 1454.

68.

1454, Mart. 25 (Wohlau).

Die Herzoge von Öls an K. Ladislaw.

In dem Streite um die böhmisch-sächsischen Grenzschlösser etc. machte Sachsen geltend, — dass dieselben vor langer Zeit an deren Vorfahren durch Kauf, Pfandschaft und andere redliche Wege gekommen sind, — und drei Schlösser, nämlich Hoyrswerd habe Friedrich mit Sturm, Senftenberg mit Kauf und den Hoenstein mit Wechsel an sich gebracht, wozu er durch Kriege und Räuberei genöthigt worden sei. — Auf dem Tage zu Laun seien alle Wege der Billigkeit verschmäht und verworfen worden etc. So schilderten die Sache die Herzoge von Öls in einem Schreiben an K. Ladislaw, dat. zu Wolaw am tag Annunt. Mariæ 1454.

(Copia auth. Dresd. III, 84.)

69.

1454, Apr. 6 fgg.

Den böhmisch-sächsischen Streit betreffend.

Herzog Ludwig von Baiern schreibt den Herzogen Friedrich und Wilhelm von Sachsen, seine Räthe, die er in Prag bei K. Ladislaw habe, hätten es erlangt, dass wegen der Irrungen zwischen Sachsen und Böhmen ein Tag nach Regensburg auf den achten Tag nach Georgi (30. Apr.) angesetzt sei, den er aber wegen Verspätung auf Samstag nach dem heil. Auffarttag (1. Juni) zu beschicken ersucht etc. *D.* Landshut, Samstag vor Judica (6. Apr.) 1454.

(Copia Dresd. III, 85.)

Antwort der sächsischen Herzoge darauf, dat. zu Missen am Sonnabend nach Judica (13. Apr.) 1454, wo sie den Tag zu Regensburg zu beschicken versprechen.

(Copia ibid. III, 86.)

K. Ladislaw an Ludwig von Baiern: willigt ein in die Verschiebung des Regensburger Tages auf Samstag nach dem Auffarttag (1. Juni) und in die Verlängerung des Friedens mit Sachsen bis auf S. Johannstag zu Sonnewenden. *D.* Prag, Mittwoch nach S. Marxntag, r. n. 14 & 1.

(Copia auth. III, 95.)

Herzog Friedrich's Machtbrief an seine Räthe zum Tage in Regensburg, dat. Rochlitz, am Dornstag nach Cantate (23. Mai) 1454.

(Concept, III, 98.)

70.

(s. a.) cc. 1454, Mai 1 (Pilsen).

Wilhelm von Schönburg, Landcomthur, an den Hochmeister Ludwig von Erlichshausen: über den Zustand der deutschen Ordensbesitzungen in Böhmen und Mähren.

(Orig. im Königsberger Archiv.)

Meyn vndertenygen willigen gehorsam erwirdiger homeyster ich losse ewer gnode wissin wy is stet eyn der baleye czu Behmen vnd zcu Merhern, Kometaw das hauss vnd dy czugehorunge das hath gekoft Czaltha for funftawzent bemesse ssok ich weys das ewer werdige gnode vnd ewer werdiger orden folworth nicht dorczu gegebin habin, wir habin nicht mee wen dy pharre zcu Kommetawe dor uffe mögen nicht mee wen czwene bruder ader dreye seyn, ich losse ewer gnade wissin das czu Trogawicz vnser homeyster leit meyster Hermen von Salcza dyselbige kyrche ist forstereth eynnen grunth dasselbige guth steht forscrebin vor fertawzent bemesse ssok eynem ryttir her Yetrzych Klumetzky der helth das iczczunth ynne, vnd der deme das vorscrebin ist, der ist von den synnen kommen vnd weiss von seynen synnen nicht, vnd das hath vorscrebin kezer Zigmund, eyn dem lande zcu Merhern eyn sloss vnd eyne stat das ist genanth Nawsterlicz das ist vorscrebin vor dreytawzenth bemesse ssok her Yone von Czernochors vnd eyn stetelen das heisst Militin vnd des ordens hof mit der zugehorunge vor acht hunderth bemesse ssok das leit nicht ferre von der Konnygenne Grecz vnd ander vnser gutter vorscrebin seyn, och zo losse ich ewer gnode wissin was ich noch von hewssern habe vnsses ordens zcu Behmen, Pilzen Kometawen Belen das hat vns vnser gnediger konnyg zcugesait mir vnd vnssem orden das deweze hauss zcu dem nawen hausse do herr Menhartzs sone siczczyn dy vnses ordens styfter seyn vnd ist iczczunt der beste hof vnd dy czugehorunge dy vnser orden mag gehabin iczczunt eyn dem lande zcu Behmen, noch die nochgescrebenen pharren vnd hefe dy dy Wiklefe ynnen habin, item zcu santte Benedicte zcu Proge do ist dy kyrche eynnen grunth gebrochin, desselbigengeleychin zcu Konnygenne Gretz vnd och Aussig das stet noch vnd Konnygsteen vnd Locksiez vnd Biczlowicz vnd Kellin Czasslaw Dewczen Brod Polna eyn dem lande czu Merhern Kremmenaw Vich item zo habe ich dy kunthereye zcu Troppe zcu Jegerdorf dy habin dy amechsleythe dy hewaser eyn grose schulde brocht vnd habin ecker vnd wesin dorvon vorkoft vnd och dy czynser eyn den steten vnd habin kene furchte nicht gehat vnd seyn gewest eres egens willen, Ostrodes das kumtor amecht dy pharre zcu Austerlecz Czernowicz Debeleyn, Rutwicz, Opawicz dy noch gescrebene pharren dy habe ich vnder meyn gehorssam, och gnediger meyster ich habe sulchen getrawen zcu vnsserm gnedigen herrn dem konnynge wenn eyn eyntracht wurde mit dem globin, das her vnsser pharren vnd vnssere hofe vnd dy czugehorunge vnsserm orden seyne konnygliche gnode holflich dorczu wirt das sulche gutir zcu vnsserm orden weder kommen dy do obene berorth sein, gnediger homeyster, Kometaw Austerlecz Trogawicz Mylitin vnsser orden ist leyder swach das wir sulche guttir sullen weder lossen, gnediger homeyster, was ich weis dorynne zcu helfin vnd zcu rathin das wil ich mit ganczem willin gerne thun. Gegeben zcu Pilzen Philippi et Jacobi.

Bruder Wilhelm von Schonburgk
deweczes ordens lantkentor zcu Behmen
vnd zcu Merhern.

Dem hochwerdigen Herrn Herrn Ludwyk von Erlingeshaussen, Homeyster zcu Preussen, meynem gnedigen Herrn vnd obersten.

71.

1454, Mai 10 (Brünn).

Artikel eines mährischen Landtagsschlusses.

(Aus dem Znaimer Stadtbuche Codex Nr. 4 Statuta Mechanicorum.)

Hie ist vermerkht die aynikeit der herren prelaten landtlewt vnd der stet hie in Merhern die gescheben ist zu Brünn des Freitags nach sant Stanislawtag Anno domini 1454.

In dem nomen gotes amen. Nach Kristi gepurd tawsent vierhundert vnd darnach in dem virden vnd fünfizigisten iar am Freitag nach sant Stanislawtag an ainem gemayn zusam reiten ist geschehen ain willkürung von gutem willen an recht mit herren bischoff herren prelaten rittern vnd edeln landlewten vnd steten durch ain gemayn auez des landes Merhern, das geben wurd von dem ganzen land ain solliche gab das yczlicher wer nucz und czins hat im land es sey weltlicher oder geistlicher der geb halben teil seines rechten ierlichs czinses vollkummichlich vnd gancz vnder der nachgeschribner puz.

Item erbling oder die welich von alder nicht sint wladekhen die da habent ir frey gesez wie das sey oder höff die schollen ain mr. von ainem leben geben.

It. welich man hoff bestanden hiet geistlicher oder weltlicher von den schol man halben teil geben was man von den ain ior gibt.

It. von kreczem die alweg sint frey gewessen von den grosseren die da prewen von der yczlicher schol main ain halbe mr. geben vnd die chleinern kreczem die frey sint schöllen zu einem fierdung geben.

Item wer ain freie mullen hat der schol von yczlichem rad ain halbe mr. geben auf grossem wasser aber von ainer müll mit rinnen die frei ist die geb ain vierdung vnd wellich mullen sint auf purkrecht die schollen halben tail geben was sy ain ior geben.

It. wellich brieff auf gelt haben vnd nemment davon czins es sey der kamer oder sacz die schöllen halben teil des ierlichen czins geben. Wär aber ymancz der an brieff gelt auf czins auzleicht oder auf ain sacz der sol auch halben tail des iarlichs czins geben.

72.

1454, Mai 13 (Neustadt).

Kaiser Friedrich an König Ladislaw: Zeugniss und Fürsprache zu Gunsten der Stadt Budweis.

(Aus einem Stadtbuche von Budweis.)

Wir Friedrich von gots gnaden Romischer kayser etc. embieten vnserm lieben vettern kunig Lasslawen etc. vnsern grus vnd frewndtschafft beuor. Die erbern, weisen, vnser besunder lieben, der burgermeister, rat vnd die burger gemeinklich zum Budweiss haben vns zu erkennen geben, wie ewr frewndtschafft sy anndern bevohlen hab etc., das sy sych zumal beswert bedunken. Nun mögen wir ewr lieb wol wissen lassen, daz dieselben vom Budweiss alczeit als getrew from leut gen vns von ewern wegen vnd auch sich ewer treulich vnd aufrichtiklich in ewr gehorsam gehalten haben, darumb das pillich widerumb gen in gnediklich vnd zu gut erkannt wirdet, begeren wir

6*

darauff ewr frewntschafft mit sunderem vleis bittend, das ir ew. die obgenanten vom Budweiss gunstlich empfolhen sein lasset, vnd die bey ew an enndrung gutlich haltet, damit sy irs getrewn vnd guten willen geniessen. Daran tut ir vns sundre frewntschaft vnd gevallen, vnd wir wellen das auch gern frewntlich umb ew beschulden.

Geben zu der Newnstat an Montag nach Pangracii, anno etc. LIIII vnseres Kaysertumbs im dritten jar.

73.

1454, Jun. 27 (Rosla).

Herzog Wilhelm von Sachsen an seinen Bruder Friedrich von Sachsen.

Da auf dem vergangenen Tage zu Regensburg Dr. Gregor Heimburg von K. Ladislaw's wegen auf der Böhmen Seite das Wort geführt, so wandte sich Herzog Wilhelm an den Rath zu Nürnberg mit dem Ersuchen, ihn davon abzubringen. Von Nürnberg kam nun nach Jena zum Herzoge Jobst Teczel und erzählte, K. Ladislaw habe den Nürnberger Rath um einen Juristen zum Tage in Mainz zwischen Böhmen und dem Herzoge von Burgund gebeten, desgleichen habe auch der Letztere gethan; desshalb sei vom Rathe dem Könige Dr. Heimburg, dem Burgunder er Jobst Teczel willfahrt worden. Was zu Mainz geschehen, sei bekannt ohnehin. Er glaube, die Nürnberger sähen Heimburg's längeres Bleiben bei K. Ladislaw nicht gerne und würden ihn zurückrufen. Markgraf Albrecht von Brandenburg sei zum Herzoge von Burgund nach Stuttgart geritten, um einen Vertrag mit ihm zu vermitteln, und werde wohl am Tag zu Hofe nicht erscheinen können. *D.* zu Rosla, Donnerstag nach Joh[is] Baptiste 1454.

(Orig. arch. Dresd. III, 100.)

74.

1454, 28. Juli (Prag).

K. Ladislaw an den Kurfürsten Jakob von Trier: Glaubbrief für seinen Gesandten nach Frankreich, Bořita von Martinic.

(Alte Abschrift im Archiv zu Smečna.)

Lasslaw von gots gnaden zu Hungarn, zu Behem, Dalmacien, Croatien etc. kunig, hertzog zu Osterreich und marggraue zu Merhn etc.

Erwirdiger in got vatter, lieber frewnt!

Wir senden ytzund den edlen Borzitan von Martinitz vnsern hofmarschalk und lieben getrewen zu dem durchleuchtigsten herrn

Karolo kunig zu Frankreich etc. vnserm lieben vatter in vnsern merklichen geschefften. Darumb so begern wir von euch mit allem vleys ob derselb Borzitan euch umb gleit oder annder furdrung anruffen wurd, daz ir im umb vnser willen furderlich seyt; auch was also der vorgenannt Borzitan ditzmals von vnser wegen an euch werben wirt, ir wollet im das gentzlich gelauben. Daran beweist ir uns sunder gut geuallen. Geben zu Prag an Suntag nach sand Jacobs tag des heiligen tzwelfpotn. Anno domini etc. LIIIJ°, vnser reich des Hungrischen etc. im fuufczehenden, des Behemischen im ersten iaren.

Ad mandatum domini regis domino Procopio canc. refn.

Dem erwirdigen in gott vatter Jacoben ertzbischoven zu Trier des heiligen Romischen reichs durch Gallien vnd das kunigreich zu Arlat ertzcantzler vnserm lieben frewnt.

75.

1454, Jul. 30 (Prag).

K. Ladislaw an die Brüder Balthasar und Rudolf, Herzoge von Sagan: Verbot jeder Feindseligkeit gegen Polen.

(Aus dem Archive zu Königsberg.)

Hochgeborne fursten, lieben oheimen. Wir haben vernomen, wie ir uch mit etlichem gereisigem geczeug gen Breslow vermeinet zu fügen, wider vnsern lieben swager den kunig von Polan etc. Schaffen wir mit uch, das ir wider vnsern lieben swager nicht ziehet wann es nicht geburlich were nach dem wir dem obgenanten vnserm lieben swager gewant sein, daz wir ymandes vsz vnsern landen gestatten wider in zuziehen, wir wollen auch daz ir deszglich ewer ritterschafft, vnd allen andern ewern vndertanen nicht gestattet zuziehen, daran tut ir vnser ernstlich meynung. Geben zu Prag am Dinstag nach Sanct Jacobs tag, vnser reich des Hungrischen etc. im funffczehenden, vnd des Behmischen im ersten jarn.

Ad mandatum domini regis.

Den hochgebornen Balthasarn vnd Rudolffen gebrudern herczogen in der Slesie vnd zum Sagan, vnsern lieben oheimen vnd fursten.

76.

1454, Sept. 2 (Bilin).

Fehdebrief von Hanns und Ješek von Kolditz auf Bilin gegen Herzog Friedrich von Sachsen.

(Orig. im Archive zu Dresden.)

Hochgeborner furste genediger herre. Nachdeme denne iczind dy sachin cwischin vnsernn genedigestin hern, dem konige vnde ewern gnoden gewand seyn, wurde sache, das ir mit enander zu krige vnd feden quemet so seyn wir vnseren genedigestin herren dem konige als vnseren erbherren also gewand das wir ewern gnaden sulche alde vorschreybunge vnd gutlichkeit abesagen mussen dij wir mit vnsern slossen vnd stetin Belen vnd Grupen mit ewern gnoden haben vnd sagen ewern gnoden dy abe vnd zyhen vns des in vnsirs genedigstin hern des konigis fede vnd frede. Gegebin vndir vnsir inngesegil am ersten Montag nach Egidy Anno etc. liiij ior.

Hannus vnd Jeschke gefettern von Coldies
zcu Belin gesessin.

77.

1454, Oct. 25 (Prag).

Girsik etc. gubernator etc. ad senat. Gorlic. (über Hoierswerde).

H. Friderich herzog von Sachsen — sol vns das slosz Heyrschwerde nach beteidigunge vnd spruch gescheen wider abetreten vnd eingeben auff den nehsten Sonnabend vor allerheiligen tag etc. das also von vnser wegen einzunehmen wir befohlen vnd gesand haben den edlen h. Wentzlaw von Biberstein h. zu Fridlant vnd dem erberen vnd vesten Jan von Vderitz dem eldern, denselben Vderitz wir zu einem amptman von vnser vnd der weisen wegen dahin auf das slosz bestellt. Euch dabei mit allem vleis piten, desselben slosses vnderwindunge etc. (sic) wolt gerathen vnd beholffen sein in seiner notturfft etc. Dat. zu Prag am Freitag nach Severini.

(Scultetus, III, 21*.)

78.

1454, Oct. 28 und Nov. 11 (Prag).

Aufträge von Jobst von Einsiedel und Georg von Podiebrad an die Görlitzer, bezüglich der bevorstehenden Ankunft des Königs in ihrer Stadt.

(Scultetus, III, 29, 31.)

Jobst von Eynsiedel. Dem erbarn weisen Johanni Bereyt, stadschreiber zu Gorlits, meim guten freunde.

Als jr mir von des zuges wegen meins allirgn. h. des koniges vnd meins h. des gubernators in die Slesy zu thun, wie starck, wenn sich sein Gn. erheben werden etc. (sic) lasse ich euch wissen, das ich nicht anders weis, dann das sich S. G. den sechsten tag nach Martini von Prag aus erheben wirt etc. (sic). Als mir nicht zweifelt, ewre herren, nach dem jn das gesagt ist worden, das S. kön. G. zu jn kommen welle, notdurfft zu finden bestellen werden, mit herwergen vnd der hewser rewmung, zu stallungen etc. (sic). Seiner gnad vnd S. G. hoffgesind eine sunderliche kuchen zu bestellen auff 1000 person, mein h. dem gubernator eine sunderliche kuchen auff sein hoffgesinde auff 300 person, vnd auff 2000 pferden alle herwerge zu bestellen, ane dy geste die zu vnd abreythen werden etc. Darnach habt euch zu richten etc. Dat. in Praga, Simonis et Jude.

Girsik von Kunstat etc. gubernator etc. ad senatum Gorlic.

Als jr vns geschriben, von des zuges vnd kommens, so vnser allergenedigster h. der könig zu euch in seine stat, vnd in ander seiner G. stete in der Slesien vormeint zukommen, ein wissenschafft zu erfaren, haben wir vornommen etc. (sic) herberge zu geben vnd sorgfeldig seit. Die weil jr nicht wist mit bestellung von den amptleuten nach gewonheit S. G. vater, bestellet mit fürreiten etc. (sic). Also ist, vnd sol seiner G. amptleut auch sein für pein zeiten wol pei euch sein sollen, die da wissen auff wie vil, wenne vnd wie sie dy herwergen ausgeben sollen. Als wir vermeinen durch ewer fürsichtikeit nu bestallt sey herwerge der hewser, auch darinnen gerewmpt, mit stallung bewart, vnd S. G. auff 2000 pferden haben wird. Dapei jr wol so pei zeiten S. G. zukunfft jnnen wert, wenn vnd auff welchen tag er zu euch kommen wirdt etc. Dat. zu Prag am Montage Martini.

79.

1455, Mai 4 (Prag).

Zeitung.

Johannes Bereit ad senatum Gorlicensem.

Ich thu uch wissen, das ich heute data disz brieffis alher kegin Prage wol komen bin, vnd mich ob got wil morgin vff den weg kein Wyen wil irhebin. Zeitunge: das vnser gnedigster h. konig uff Phingsten alher kumen sol, doruff sich die von Prage ouch schicken, wol düncket den wirt, syne G. möge kawme also kortz komen etc. Ir habt von Hanns Hoffman, der mir am wege zuqwam wol vorstanden, wie unsir heiligstir vatir Nicolaus der pabest gestorbin ist etc. Geben zu Prag am Suntage nach crucis inventionis.

(Scultetus, III, 48ᵃ.)

80.

1455, Jul. 18 (Landshut).

Herzog Ludwig von Baiern an Herzog Friedrich von Sachsen: setzt als bestellter Schiedsrichter zwischen den Böhmen und Sachsen einen Tag nach Nürnberg an.

(Orig. im Archive zu Dresden.)

Vnscser fruntlich dinste vnd was wir liebs vnd guts vermogen zuuor hochgeborner furste lieber sweher. Vns ist auf hewt dato diss briues von dem allerdurchleuchtigisten fursten vnd hern hern Fridrichen Romischen kayser zw allen zeiten merer des reichs hertzogen zw Osterreich zw Steyr etc. vnd grauen zw Tirol vnserem gnedigisten herren ein commission zukomen der irrung halben so dann zwischen ewr lieb an einem auch den edeln vnsern besunder lieben Girsiken von Bodebrat herrn zcu Constat gubernator Alschen hern zw Sternberg obristen camrer Gundersichen hern zw Rosennberg Zdennko hern zw Sternberg obristen burggrauen zw Prage auch andern amptleuten vnd inwonern des konigkreichs zw Behmen am anderen tail, der copj wir ewrer liebe hiejnnen verslossen schicken so ir wol vernemen werdet vnd lassen ew darauf wissen das wir vns solicher commission vnserem benanten gnedigistem herrn dem kayser auch ewrer liebe vnd der anndern parthey zu eren vnd geuallen angenomen haben vnd nemen vns der auch an wissentlichen jn craft diss briefes setzen vnd bescheiden euch auch darauf nach lautt derselben commission gegen den bemelten ewern widerpartheyern ainen tag für vns auch die wir jn solichem tage zw vns ziehen vnd gebrauchen werden gein Nurinberg auf an Suntag zu nacht nach der heyligen dreyer konigtage schiristen zukomen oder die ewern mit vollem gewallt zu schicken vnd furder dem tage aufczuwarten wir haben auch der anndern benantten parthien desgleichs solichen tag auch verchundet. Wir bieten auch den tag gern furgenomen vnd gesetzt so mag ewr lieb als vns nicht zweyuelt wol wissenlich sein wie die irrung zwischen der durchleuchtigen vnd hochgebornen fursten vnser lieben hern vettern vnd oheyme konig Lassla an einem auch dem herzogen von Burgundj am andern tail antreffend das lannd Lutzelburg etc. auf vns beteydingt worden sein zu einem austrag des wir vns dann beden tailen auch zu eren vnd geuallen vnd vmb merers vbels zw vnderkomen angenomen vnd des tag auf Remigy schiristen gein Speyr beschiden haben desshalben vnd auch annder merklicher tage vnd mer vnserer furgenomer geschaft halben domit wir beladen sein wir solichen tag nit er setzen vnd beschaiden haben mugen. Datum Lanndshut am Freytag nach diuision. apostolor. anno domini etc. L^{mo} quinto.

Ludwig von gottes genaden pfallzgraue bey Rein
hertzoge jn Niedern und Obern Baiern etc.

Dem hochgebornen fursten vnnserm lieben sweher hern Friderichen hertzogen zu Sachsen des heyligen Romischen reichs ertzmarschalich lanndgraue in Doringen vnd marggrauen zw Meyssen.

81.

1455, Jul. 27 (Prag).

Georg von Podiebrad an den Kaiser.

Meldet, der Erzbischof von Trier und der päpstliche Legat Bischof von Pappie, it. Räthe der Herzoge von Bayern, hätten zwischen Böhmen und Sachsen einen Frieden bis zu Bartholomäi (1455) verabredet und inzwischen solle auf Laurentiitag zu Lawn und Brüx ein Tag gehalten werden. Was weiter geschehen werde, wolle er dem Kaiser seiner Zeit mittheilen. *D.* Prag am Sonntag nach S. Jacobstag (1455).

(Copia arch. Dresd. IV, 15, 43.)

82.

1455, Aug. 11 (Prag).

Fehdeansage vom Gubernator Georg von Podiebrad an die Aufständischen in der Stadt Liegnitz.

(Scultetus, III, 50.)

Wir Girzig von Cunstat, hirre zu Podiebrad, gubernator vnd obirster hoffmeister des konigreichs zu Behmen: wisset bürgermeister, rathmanne, eldisten, scheppen, gesworne vnd gantze gemeine der stat Legnitz, das wir von solichen bösen tad vnd vntrew wegen, die jr obir ewer erbhauldunge, glübden vnd eyden, an vnserm allirgn. h. dem konige vnd der cron Behemen gethan habt, der nicht gehalden, abfellig werdet vnd worden seit, den edlen wolgebornen h. h. Protzko von Cunstat, obirsten cammerer der landtafel zu Olomuntz vnsern lieben vettern, vnsers allirgn. herrn des koniges gesatzten amptman, von euch williglich offgenommen, gesmehet vnd den denne awszgetrebin, syner kön. G. dinere, amptlewte vnd gesatzten rath eins teils ermordt, geköpfft, gefangen, geschatzt, berawbt, auszgetrebin jr weib vnd kinder, darzu jr hab vnd gut genommen, vnd dess ewir obiltat mit recht vnd ortil vberwunden seit. Vnd dorumme wir obgenanter h. Girzig als ein gubernator vnsers allergn. h. des koniges vnd der cron zu Behemen, mit allen vnsern fründen vnd helffern vnd helffershelffern ewir vnd allir der ewrn, vnd aller der die euch ewer obiltat zulegen vnd helffen werdin, offin find sein wollen. Vnd was euch also in der fehde vnd stroffe geschitt, in welchir weise das kein euch vorgenommen wirt, vnd ewrn helffern, darumme wellen wir euch von eren vnd glimpffs wegin nichts pflichtig sein. Vnd dess vnsir ere kein euch mit disem briffe vnd ken allen den gnanten erwarlich vnd wol bewart haben. Auszgeslossen der fromen, die noch drinnen in der stat zu Legnitz sein, die jr glübd vnd eyd haldin, vnd in wercken ein genüge thun wöllin, vnd die sich mit namen melden werdin, der find werden wir nicht. Datum zu Prage am Montage nach sand Lorentztag anno 1455.

83.

1455, Sept. 12 (Brüx).

Georg von Podiebrad gibt einen Sicherheitsbrief für die Räthe Herzog Friedrich's von Sachsen, die bis Freitag zwischen Brüx und

Riesenburg im Felde oder wo immer zu ihm kommen werden, um zu teidingen. Dat. zu Brüx am Sonnabend vor Exaltat. S. Crucis ann. etc. quinquagesimo quinto.

(Orig. arch. Dresd. IV, 37.)

Die Herzoge Friedrich und Wilhelm von Sachsen an ihre Räthe, die mit dem Gubernator teidingen (bei Riesenburg).

Herzog Wilhelm will nicht persönlich dazu kommen, ausser etwa nach Eger oder Wonsidel; möge Herr Georg gen Borschenstein oder Sayda kommen, auch in Brüx wollen wir ihn aufnehmen, wenn er kömmt. *D.* Friberg, Freitag nach Lamperti 1455 (19. Sept.).

(Copia ibid. IV, 41.)

Georg von Podiebrad hat die Stadt Brüx am Montag Nativ. Mariæ (8. Sept.) mit Gewalt eingenommen.

(Ibid. IV, 42.)

(Am Montag nach Laurentii zuvor war die Stadt (durch Pulver) ausgebrannt; daraus nahm Georg Veranlassung zum Versuch der Einnahme, die auch gelang.)

Georg von Podiebrad bestätigt die vom Edlen Mathes Schlik zwischen Böhmen und Sachsen vermittelte Friedensabrede. *D.* zu Brüx, 21. Sept. 1455.

(Orig. ibid. IV, 45.)

Herzog Friedrich desgl. (21. Sept.)

(Ibid. IV, 46.)

84.

1455, Sept. 19.

— „Heute Freitag vor S. Matheustag" 1455, — ich Mathes Slick von Laszan herre zcur Wisskirchen burgraue zcu Eger vnd Elbogen — zwischen etc. eine christliche Vorrede beteidingt habe, welche Partei in solcher Vorrede nicht länger bleiben wollte, solle es der andern 14 Tage vorher nach Pirna oder nach Brüx an die Bürgermeister schriftlich wissen lassen. Schloss und Stadt Brüx bleibe in statu quo, bis Herzog Wilhelm mit dem Gubernator persönlich zusammenkomme etc.

(Cop. arch. Dresd. VI, 178.)

85.

1455, Sept. 24 (Brüx).

Georg von Podiebrad an Herzog Wilhelm von Sachsen.

Er könne nicht nach Eger, Hof oder Wunsiedel sich persönlich verfügen, da jetzt auf S. Wenceslai die böhmischen Stände in Prag zusammenkommen und er dahin gehen müsse. Doch wolle er durch Boten weiter zum Frieden handeln lassen etc. Dat. zu Brüx, Mittwoch nach Mauritii 1455.

(Copia arch. Dresd. IV, 47.)

Derselbe an Herzog Ludwig von Baiern.

Meldet, Matheus Schlik habe „eine christliche vorrede vor auff zu sagen XIV tag" beteidingt; Herzog Wilhelm und der Gubernator Georg sollten Schiedsrichter sein und zu Eger, Hof oder Wunsiedel desshalb zusammenkommen etc. *D.* Brüx, 24. Sept.

(Copia arch. Dresd. IV, 49.)

86.

1455, Oct. 3 (Prag).

Georg von Podiebrad, Gubernator, an Herzog Friedrich von Sachsen etc.

Antwortet, dass, wenn der Trebiss (von Treben) und Kaufung in der Krone Böhmen ihre Wohnung haben wollen, ihnen nicht gestattet sein werde, Sr. Gnaden daraus Schaden zuzufügen. *D.* zu Praug (sic), Freitag nach S. Michelstag 1455.

(Orig. arch. Dresd. I, 198.)

87.

1455, Oct.

Herzog Ludwig's von Baiern Verhandlungen zwischen den Räthen K. Ladislaw's und des Herzogs Philipp von Burgund über das Herzogthum Lützelburg, die Grafschaft Chiny und die Vogtei zu Elsas.

Da er zu dem Tage Remigii nach Speier bereits unterwegs gewesen (zu Gepping) habe er müssen wegen wichtiger Vorfälle wieder umkehren und habe die Räthe beider Partheien auf Sonntag nach Galli nach Ingolstadt gerufen. Die böhmischen kamen dann auch wirklich, die burgundischen blieben aber aus. Der Herzog verlangte nun, dass der Tag nach Landshut auf nächsten Sonntag

Reminiscere verlegt werde, und schrieb darüber an K. Ladislaw und an den von Burgund. *D.* Ingolstat, Mittwoch nach der XI^{m} Maidtag 1455.

(Concept im Neuburg. Copialb. XXXVIII, 270 fg. — It. weitere Schriftstücke darüber ibid. — seq. fol. 281.)

88.

1455, Oct. 27.

Georg von Podiebrad an Herzog Wilhelm von Sachsen.

Vom Herzoge dazu aufgefordert, nennt nunmehr Herr Georg den Tag auf S. Katharina und die Stadt Eger, wohin er persönlich kommen will und auch ihn zu kommen bittet, um die Verhandlung mit voller Macht zu pflegen, und auch in den Sachen Apels und Zalta's wo möglich zu vermitteln. *D.* Prag, Montag vor Simonis und Judæ 1455.

(Copia arch. Dresd. IV, 73.)

Herzog Wilhelm antwortet (dat. zu Lipczk, Montag infra octavam S. Martini, 17. Nov.), er habe mit seinem Bruder nicht früher als gestern sprechen können, durch Krankheit gehindert. Nun sei der Termin S. Katharina schon zu kurz, er wünscht dessen Aufschiebung nach Eger auf Mittwoch nach drei Königen (1456).

(Copia ibid. IV, 75.)

89.

1455, Oct. 31 (Pragæ).

Jacobus Muzbor (sic) capellanus — D. Gregorio Selig proconsuli Gorlic.

— Novitates: quod hic a XXII die Octobris hucusque ex mandato domini mei gratiosi Henrici de Rosis permansi et cras auxiliante deo ad dominum nostrum gratiosum Vlricum de Rosis iter arripiam etc. Noveritis, quod D. nr. R. Ladislaus est de Przemo (sic) in Wyennam reuersus. De Wyenna plura dominacioni vestrae significabo etc. *D.* Pragæ die Veneris ultima Octobris.

(Scultetus, III, f. 45^{b}.)

1455, Nov. 28 (Viennæ).

Jac. Metzkor (sic) — senatui Gorlicensi.

— Die sabbati proxime præterito pater rev. D. Joannes tit. S. Angeli cardinalis D. N. S. papæ a latere legatus cum maxima solennitate et honore per ser[mum] principem D. Ladislaum regem Hung. et Boh. receptus Wiennam intravit. Et deinde die lunæ proxime sequenti relationem ser[mo] princ. prædicto regi nostro fecit. Et heri per quendam egregium doct. dominum Gregorium de Nurenberg pro parte ser[mi] princ. D. nri R. Ladislai optimum responsum habuit, de quo multum contentus fuit. Et sic conclusum est de dieta Hungariæ in Buda in proximo celebranda. Glor[mus] et invict[mus] princ. D. Fridericus Rom. imperator crucem recepit et contra nequissimum Turcum personaliter ire promisit. Georgius Podobrath sibi cum 5000 equestrium et peditum transit in subsidium. Spero in brevi cum literis D. legati versus Romam iter arripiam etc. *D.* cursorie Viennæ die antepenultima Novembris (s. a.)

(Scultetus, III, f. 9[b].)

90.

1455, Nov. 14.

Kaiser Friedrich an Herzog Friedrich von Sachsen.

Er hatte durch den Abt von St. Emmeram zu Regensburg sowohl die Böhmen als die Sachsen in deren Streit vorladen lassen — bedauert, was in Brüx geschehen, hatte auch zu Jiřik den Georg Kainacher geschickt und durch ihn erfahren, dass der Gubernator zu gütlichem Vergleich geneigt sei. *D.* zu Gretz, Freitag nach S. Martinstag 1455. r. a. 16 & 4.

(Orig. arch. Dresd. IV, 74.)

91.

1455, Dec. 27 (Prag).

Der böhmische Gubernator an den Rath zu Görlitz.

— Lieben frewnde! Als jr vns geschriben, vnd vnsern gnedigsten herrn des konigs brief abschrifft mitgeschickt habt, die von Breslaw den zoll anlangende, haben wir etc. (sic). Vnd so vnser reiten also hinab zu vnserm gnedigisten herrn dem könig sein würd, ewch auch den von Breszlaw zuuerkünden nach seiner G. geheiss vnvergeszlich sein wollen. Datum zu Prag am Sonnabend Sant Johannis Evangel. (1456).

(Scultetus, III. 46[b].)

92.

1455 (fin.).

Bericht eines sächsischen Gesandten über seine Verrichtungen am Hofe K. Ladislaw's (in Wien).

Der König war kurz vorher von Pressburg zurückgekehrt, bereitete sich aber wieder vor, nach Ungarn zum 6. Januar oder 2. Februar zu ziehen. Die Ungarn hatten ihm unterthänige Erbietung gethan; es beunruhigte ihn aber der König von Arragon, der sich auch einen König von Ungarn schrieb. Von dem Tage, den der Kaiser nach Nürnberg auf dreier König Tag zwischen Böhmen und Sachsen angesetzt, wisse der König nichts und der Gubernator dürfe ohne des Königs Wissen und Wollen auch keinen Tag aufnehmen. (Es scheint kurz vorher Krieg zwischen Böhmen und Sachsen geführt worden zu sein.) Graf von Cilly habe der Böhmen Anschläge gegen Sachsen zu hindern gesucht, desshalb sei ihm der Gubernator Feind worden. K. Ladislaw schenkte dem sächsischen Gesandten u. a. eine Sau, die er selbst gefangen hatte.

(Orig. arch. Dresd. IV, 261.)

93.

1456, Febr. (s. d.)

„Zeytungen."

Item mein herr von Rosenberg hot mich wissen lossen, das meyn herr der könig kein Vngern zewet, vnd em wollen lossen fulgen alle seine rente, die eynem konige von rechts wegen folgen sollen etc.

It. das der Grafe von Czili vnd der Eytzinger gantz entscheiden etc. (sic).

It. die zwitracht zwischen meinem h. konige vnd dem keyser steht mechtiglichen uff zum Zdencken von Sternberg.

It. mein herr von Rosenberg vnd etzliche herren me zihen mit meinem h. konige kein Vngern. Vnd ob euch icht würde anlangende sein, mein herr hinder jm bestallt, so is not, seinem Vater vnd seinem (Bruder) zuwissen thun.

Och hat sich meyn h. der konig an der Methewoche dirhaben kein Preszburgk. Der bischoff von Gran vnd ander vngrische herren habin jm globit, das her wedder heraus zihen mag, wenn er wil etc. (sic).

(Scultetus, III, 57*.)

94.

1456, Febr. 22 und 24 (Weisswasser und Prag).

Der Stadtschreiber von Görlitz gibt seinem Rathe Nachrichten aus Böhmen und aus Ungarn.

(Scultetus, III, 58.)

Johannes Bereit ad senat. Gorlic.

Vff hüte, als ich umb vesperzeit kegin dem Weissenwasser komen bin, ist kurtz vor mir der heuptman von Budissin ouch doselbist einkomen von vnserm G. H. dem konige, von Crumnaw vnd von Prage. Der hat mir vnd andern viel zeitunge gesagt: das vnsir allirgn. h. konig zu Offin vnd gesund sey, vnd S. G. möge von dannen, wenn vnd wohin er wil, von den Vngern ungehindert zihen, vnd worde gewiszlichen uff Johannis zu Behemen seyn, ader yo zu Wien, vnd die hh. von Rosenberg werden sich allirst in den heiligen Ostertagen irhebin in die lande zuzihen etc. Vnd das herr Procop Cantzeler uff dem wege sey kegin Prage zu reithen, die zwitracht zwischen dem h. gubernator vnd h. Zdencken von Sternberg hynzulegin. Deszwegin ich bekümmert meine sache zum ende zu bringen. Vnd werde auch des von Rosenberg's rethe zu Prage finden, nemlichen ern Rossa vnd Zdencken den hinckenden, mit den ich auch meine sache berathen wil, vnd leichte bis uff den Dornstag do zu Prage verharren etc. (sic). Item h. Johann Rabinstein, also her von Vngern kegin Prage kommen, ist gestorben etc. (sic). Vnd das ein mercklicher tag an den ungerischen gemercken von Behmen, Vngern vnd Osterreichern, mit wissen vnd willen des koniges uff Mitfasten schirstkünfftig sal gehalden werden. Vnd wie vnser h. der konig uff fasznacht kein Wyen solle komen sein, wenn die Vngern mit bethe vnd errettung willen zu harren uffgehalden hettin etc. (sic). Geschrebin zum Weissenwasser am Suntage Reminiscere in der ander stund der nacht.

Idem eisdem.

Ich thu uch wissin, das ich gestern allher kegin Prage kommen bin, vnd also balde den gubernatorem besucht etc. (sic) hat mich lossen vorstehen, wie eyn gemeyner herrentag nu uff Mittefasten von Hungern, Behemen vnd Deutzschen zu Trentschin sulle gehalden werden, vnd sich von hüti obir acht tage irhebin wil. Darumb yme gerathen däuchte, das ich auch also lange vorzoge vnd mitte dohin ritte, denn so wolde her in allin sachin seinen gantzin vliess thun etc. Sagen mir die von Osterreich kommen, das is vff der strassin vaste vnsicher sey, vnd werde uff diss mol kegin Crumenaw zu den herren von Rozinberg nichten können reithen.

Postscript. Wist das sich Herr Girsik gar günstlichen in allin sachin zu rathen irbotin hat, besunder von des zolles wegen mich gantz vortrost dobey zu baldin, vnd von der renthe wegen etc. satzte mir eynen weg vor, den dye vom Caden kegin meynen h. dem konige vorgenommen hetten: wenn sulche summa vszgehabin worde, das den iss seine Gn. rente in die cammer gegebin wordin. *D.* Prage, Dinstag nach Reminiscere.

95.

1456, Febr. 26 (Ofen).

K. Ladislaw's Beredzettel über den mit den sächsischen Räthen abgeschlossenen Waffenstillstand für Böhmen.

(Orig. im kön. Archive in Dresden.)

Vermerkht die abred so wir kunig Lasslaw mit der hochgebornen fursten vnserr lieben sweger hertzog Fridrichs vnd hertzog Wilhalms gebrudern hertzogen zu Sachssen reten an phintztag nach sant Mathiastag zu Ofen getan haben Anno domini etc. quinquagesimo sexto.

Von ersten daz tzwischen vnser cron zu Behem vnd der inwoner doselbs ains vnd desselben hertzog Fridrichs herzogen zu Sachsen etc. seinen landen vnd lewten des andern teyls ein gutlicher anstand vnd ein gantzer kristenlicher vnd vngeuerlicher frid gehalten sol werden von datum des briefs vntz auf sand Jorgen tag nachkunftig vber ein gantz jar in solchen frid vnd gutlichen stand des benanten hertzog Willholm sein lannd vnd lewte auch getzogen sein sullen. Item daz datzwischen ain freuntlicher vnuerbundner tag gehalten sal werden zu Wienn auf sand Michelstag nachstkunftig zu demselben tag dann wir kunig Lasslaw desgleichen auch der bemelten von Sachsen einer selbs komen oder ob wir oder derselben fursten ainer vnser gescheffl halben in aigner person nicht dartzukomen mochten daz wir vnd sy alsdann vnser trefflich ret mit vollen gewalt desgleichen auch die Behemischen herren mit gantzen gewalt daselbehin komen oder schickehen sullen zuuersuchen solch spenn vnd mishelung tzwischen baiden partheien gutlich zuuersinen. Ob das aber nicht mocht furganck gewinnen daz dann bei demselben tag aus einer verreren anstalung vnd ein frid oder wie die sachen verrer steen sullen geredt vnd furgenomen werd.

Item so wollen wir auch baiden partheien zu dem benanten tag vnd wider von dann an ir gewarsam vnser sicherheit vnd gelait geben.

Item so sullen auch die gemeinen vnd offen strassen frey sein von baiden partheien vnd daz dieselben strassen von baiden teilen an den ennden da sich das geburet getreulich vnd vngeuerd geschutzt werden.

Item es sullen auch bed partheien keynerley angriff oder vnpillich handlung ainer dem anderen tun noch gestatten zu tun sunder es sol mit allen solchen spruchen vnd vordrungen gutlich ruen vnd an gesteen zu ausgang desselben gutlichen stands.

Item nachdem vnd vnser gubernator zu Behmen die stat Brux eingenomen vnd innhat zu vnseren handen sol tzwischen demselben gubernator vnd der stat Brux ains vnd den havbtlewten des gesloss Brux des anderen teils in unfreundschafft nichts gehandelt werden.

Vnd wir der obgenand kunig Lasslaw geben denselben der von Sachsen reten dise vnsere beredtzedel vnder vnserm aufgedruckten insigel.

(L. S.)

96.

1456, Mart. 11 (Prag).

Fehdeansage Georg's von Podiebrad an Herzog Friedrich von Sachsen.

(Original im k. Archive in Dresden.)

Wir Girzik von Cunstat herre zum Podiebrad gubernator vnd obrister hoffmeister des kunigreichs vnd der crone zu Pehmen: Irleuchter hochgeborner furste vnd her her Fridrich herczoge zu Sachsen des hieligen Romischen reichs erczmarschalck landgrauen in Duringen vnd marggrauen zu Meissen! Als zwischen ewern furstlichen gnaden ewern landen vnd leuten, geistlichen vnd weltlichen, das sloss Landswar uber der stat Pruxs ligende, vnd vnsere, von des wirdigen kunigreichs vnd der cron zcu Pehmen vnd darczu gehörende wegen, durch den edeln ern Mathesen Slick von Lassan hern zur Weisskirchen burggrauff zu Eger vnd Elbogen ein cristenliche forrede beredt vnd beteidigt ist worden vierczehen tage vorauff zu sagen, also vnd von manigfeldiger uberfarunge die den inwonern der cron vnd den zu der cron ken Pehmen gehorende von euch vnd den ewern mit name vff haldunge entwendunge irs gutes, eigenwillige mutwillige furnemunge von den inhaldern des sloss Landswar ydczund vnd vor gescheen, und was wir als darumb zu besserung vnd widerkerung geschriben vermant den verylten uberman tage zu legen geschriben vnd so er denn tage darumb gelegt hat verslagen worden vnd nicht nach gefolgt ist vnd sunst noch aussdruckenung der forrede nicht folge gescheen und darumb zuuermeiden das wir vnser vnd des kunigreichs vnd der wirdigen cron halben allenthalben an andere vrsachliche nachsage, vermerkt pleiben denn der aufrichtigkeit halben vnd darumb, so sagen wir ewere furstlichen gnaden sulche cristenliche beteidigte forrede nach lawt der beteidigung fur vnd des konigreichs vnd der wirdigen cron zu Pehmen wegen, auff, in und mit krafft ditz briefs vnd hinfur vmb alle gethanen sachen verlauffung vnd geschichten, wir vnd alle inwoner der cron vnd der dazu gehörende ewere vnd den eweren ernthalben nichtz pflichtig sein sundern die damit in krafft dicz brieffs yrberlich bewart haben. Datum zu Prag am Donerstag nach Letare anno domini etc. LVI°.

Vnssere vndertenige willige dinste ouwern furstlichen gnaden alle zeit bereitt, durchlauchter hochgeborner furste gnediger liber herre wir senden ouwere furstlichen gnaden des edlen herrn Gyrzigs von Cunstat gubernatoris des konigrichs zu Behemen briff, den er vns hute Sonabends zcu der ersten stunden nachmittage hat lassen antwerten in dem ouwer gnade wol mag vorstehn vnd uch dornach wissen zcu richten. Gegeben vnder vnsserm der stat secret am Sonabende für Judica.

Ouwer furstlichen gnaden arme lutbe Rothmanne
gesworne zcu Pirnne.

(Mit einem hinten aufgedrückten Siegel.)

97.

1456, März.

Beförderung des Herrn Jobst von Rosenberg zum Bischof von Breslau.

(Auszüge aus Originalurkunden des Wittingauer Archivs.)

Nicolaus papa V dominum Jodocum de Rosenberg, annum ætatis suæ circiter vicesimum agentem, ad præposituram ecclesiæ Pragensis, post obitum Georgii de Praga vacantem, nominat et promovet. *D.* Romæ ann. 1450, tertio Idus Januar. pontif. anno quarto.

Sigismundus archiepiscopus Salzeburgensis notum facit, se hodie D. Jodocum de Rosenberg, ordinis milit. S. Johannis Irlm. per Bohemiam, Poloniam etc. magistrum generalem, atque conventus ejusdem ordinis in pede montis civitatis Pragensis priorem specialem, in presbyterum et sacerdotem ordinasse. *D.* Salzeburge, 1453, die 26 Augusti.

Mortuo Wratislaviensi episcopo Petro († 6. Febr. 1456) canonici ejusdem ecclesiæ die 8 Martii D. Jodocum de Rosenberg in episcopum elegisse se fatentur, quæ electio eidem die 28 Martii in Krumloviensi arce rite nuntiata, ab eoque 29 Martii 1456 acceptata fuit. Orig. instrum. notariorum publicorum.

98.

1456, Apr. 7.

K. Ladislaw hat auf das Verlangen der Herzoge von Sachsen zu Ofen einen Frieden zwischen der Krone Böhmen und zwischen Sachsen geschlossen, der bis zu Georgi 1457 dauern sollte. Herzog Friedrich gab seinen Friedbrief darauf zu Lun am Sonnabend vor Tiburtii (7. April) 1456.

(Copia arch. Dresd. IV, 104.)

Georg von Podiebrad gab auch seinen Friedbrief (*D.* Lune, sabbato ante Tiburtii 1456) mit dem Zusatze, dass auch nach Ablauf des Friedens den Feindseligkeiten eine halbjährige Bewahrung vorausgehen solle.

(Copia das. IV, 103.)

Im Laufe des Jahres 1456 hatte Georg den Sachsen auch das Schloss zu Brüx „abgedrungen", — es ist ihm von den sächsischen Räthen „überantwortet worden".

99.

1456, 8. Apr.

König Ladislaw befiehlt allen Mannen, Städten und Gemeinden „der Fürstenthume Breslaw, Sweidnitz, Jawr, Newmarkt, Namslaw etc., dass alle diejenigen, welche königliche Schlösser, Güter, Renten etc. ohne rechtliche hinlängliche Ermächtigung an sich gebracht haben, dieselben unverzüglich an den Herrn Heinrich von Rosenberg, Hauptmann in Schlesien, zu des Königs Handen abtreten; so wie er auch demselben Hauptmann die Vollmacht gibt, alle königlichen Pfandschaften, Versatzungen und Verschreibungen wieder einzulösen. *D.* Ofen, Phinztag nach d. Sonnt. Quasimodogeniti, an. H. 16. B. 3.

(Orig. c. appr. sigill. in arch. Trebon.)

100.

1456, 10. Apr. (Budæ).

K. Ladislaw nimmt einige böhmische Barone in Sold zum Kriege gegen Kaiser Friedrich.

(Handschrift G. XIX des Prager Capitels, fol. 202.)

Ladislaus dei gratia Hungariæ, Bohemiæ etc. rex, dux Austriæ, marchioque Moraviæ etc. Magnifice et nobilis fidelis dilecte! Serenissimus imperator, dominus et patruelis noster, repudiatis æquis conditionibus concordiæ et pacis, quas sibi obtulimus, volens ultra damna, quæ nostris subditis intulit, etiam nunc alia majora inferre, fines regni nostri Hungariæ congregato exercitu ingredi hostiliter intendit; cui ut resistamus, tueamurque res nostras, in festo ascensionis personaliter ad campum exire intendimus, castraque metabimur. Desideramus itaque ut majestati nostræ in auxilium cum quadringentis equitibus et duobus millibus peditibus venias, equis, armis aliisque rebus bellorum usui opportunis bene munitus; conferasque te prope Wiennam ita mature, quod ibi in dominica ante penthecostes valeas inveniri, ubi alias gentes nostras jussimus congregari. Dabimus tibi a die, quo de domo tua recesseris, usque ad redditum in

Znoymam omni ebdomada unum florenum pro quolibet equite, et id aput te semper gratiose reminiscemur. Datum Budæ, die X^ma^ mensis Aprilis, regnorum nostrorum anno Hungariæ etc. sextodecimo, Bohemiæ vero tertio.

Ad mandatum domini regis in consilio.

101.

S. d. (vom Jahre 1456).

Papst Calixt III. an die vornehmsten böhmischen Barone: über die aus Böhmen nach Rom demnächst abzusendende Botschaft.

(Handschrift des Prager Domcapitels, D. VI.)

Calistus etc.

Dilecti etc. Attulit nobis literas vestras frater Lucas ordinis Præmonstrat. etc. per quas cum gaudio intelleximus devotionem vestram ad nos et apostolicam sedem, et promptitudinem in mittendis ad nos vestris oratoribus; quod gratissimum est nobis, qui uti desolationem illius regni semper deflevimus, sic unionem, integritatem et ejus ad veram religionem instaurationem optavimus. Cum enim illos ad nos venire contigerit, paterno ac benigno eos favore prosequemur, et in his, quæ regni aut vestro nomine procurarint commissos suscipiemus, quos quidem de singulis ad regni illius honorem omnemque utilitatem plene instructos adventare non dubitamus. Non aliter pro nunc nos in scribendo diffundimus; nec aliquem securitatis diffidentia retardet; semper namque ad hanc sedem et summos pontifices veniendi plena fuit cunctis libertas, nec minor, cum libuit, expedita redeundi facultas; imo nec umquam quantumcunque deviis clausit hæc apost. sedes suæ gremium pietatis et gratiæ. Hæc sane esset nostra lætitia, hæc foret nostra singularis gloria, errantibus, si qui forent, viam quam imitari debent ostendere et poenitentiam liberam absolutionemque impertiri, et demum eos apostolicis prosequi favoribus et congruis honoribus condonare. Ceterum quoniam nostro pectori tantum insidet in Turcos expedita provisio, quod ut ita dixerimus nocte dieque nil aliud animo revolvimus: hortamur vos et monemus, ut quos in Christo amplectimur, ad defensionem sui gloriosi nominis assurgatis.

Dilectis filiis nobilibus viris Georgio de Kunstat et Podiebrat gubernatori etc. Zedeneoni de Sternberg purgravio Pragensi supremo, ac Henrico de Lipy supremo maresealle regni Boemiæ.

102.

1456, Oct. 5 (Wien).

Der Rath der Stadt Wien an die Görlitzer. — Zeitungen.

(Scultetus, III, 61.)

Burgermeister, richter vnd rate der stat zu Wien ad sen. Gorl.

Als jr vns von des zuges wegen wider die pösshaftigen Türcken vnd dabei vmb zeitung geschriben habt, haben wir vornommen. Vnd lassen E. W. wissen, das vnsers heiligen vaters N. des bapst legaten vnd botschafft hie zu Wien gewesen sind, vnd das kreuz Kristi mit grossem ablass verkündet haben, vnd der cardinal sancti Angeli nu langst hinab gen Vngern ist gezogen, vnd der krewtzer zu sich wartend ist. Dorzu so sind aus dem land vnd von vnser stat, auch von den oberen steten, ein grosse mennig volckchs hinabgezogen vnd ligend zu Fudakh, das ist bei sechs meilen oberhalb Kriechischen Weissenburg, da das fechten mit dem Turkischen kayser ist geschehen vnd schentlich wider zurückgeflohen ist, damit die kristen das veld behalt, auch jr vil da ze todt geslagen, vnd den Türcken bey aindlef hauptpüchsen vnd acht mörser, viel haufnitz, terraspuchsen, hackenpüchsen vnd hanntpuchsen genommen habent, also das sie mit schanden haben flihen müssen.

Auch thun wir euch sunderlichen ze wissen, das vnser gnedigster h. künig Laslaw etc. an dem negsten Freytag von Ofen erhebt, vnd verrer hinab gen Vngern sich gefügt vnd sein anwelten vnd reten heraus geschriben, das sie die kreutzer, was der noch hie oben sein oder her kommen werden, fürderlich hienab zu seiner Gn. schicken sullen. Was aber sein Gn. mit jn mein zu handeln, ist vns nicht offenbar etc. Geben zu Wien an Pfintztag nach sand Michelstag, 1456.

103.

1456, Nov. 10 (Belgrad).

K. Ladislaw an die Breslauer: gibt Nachricht von des Grafen von Cilly Tode und von seinem Wohlbefinden.

(Handschrift Nr. 1092 der Leipziger Universitätsbibliothek.)

Ladislaus dei gratia Hungariæ, Bohemiæ etc. rex, Austriæ dux, marchioque Moraviæ etc.

Honorandi fideles dilecti! Instituimus contra Turcum, nostræ religionis ac nostrum præcipuum hostem, exercitum ducere, obque eam rem in Nandoralbam usque descendimus, quam octava die præsentis mensis cum omnibus qui nobiscum venerunt, incolumes applicuimus. Ubi die sequenti accessum nostrum rixa quadam inter illustrem olim Ulricum comitem Ciliæ etc. consanguineum nostrum dilectum, et magnificum Ladislaum de Hunyad fidelem nostrum dilectum exorta, Ulricus ipse vita functus est. Nos in finibus Turcorum existentes, cum hiemem advenisse conspicimus, et auxilia nobis promissa venire minime videamus, cruce signatos qui cum Maj. nostra erant licentiavimus, et superiores repetere partes in brevi intendimus. Hæc vobis significare voluimus, ut si qui vani rumores ad vos de Nre Serte venirent, quos sæpe maligni aut leves homines deferre consueverunt, certi sitis nos sospitem dignitatem et majestatem ut consuevimus et nostro culmini decens est, retinere. Quod vos læto animo audire non ambigimus; et ista ceteris nostris benivolis notificare poteritis. Dat. Nandoralbæ, die beati Martini, regnorum nostrorum Hungariæ etc. decimo septimo, Bohemiæ vero quarto.

Ad mandatum domini regis.

Honorabilibus magistro civium, consulibus et juratis communitatis Wratislaviensis fidelibus nostris dilectis.

104.

1456, Nov. 13 (Futak).

Konrad Hölzler an Herrn Rüdiger von Stahrenberg: Nachricht über den Tod des Grafen von Cilly u. s. w.

(Scultetus, III, 63.)

Cunrad Holtzler hubmaister in Osterreich, dem edeln h. h. Rüdiger von Storemberg, mynem gnedigen herrn, etc.

Ich lass euch wissen, das vnser gnedigster herr der künig, vnd weilent der von Cilj, dem Got gnade, an dem negstvorgangen Montag herkommen sein, do seint der junge gubernator, der von Waradein, der gross graff vnd vil ander vngarische herren sein königl. G. auff der Saw entgegen gefaren, vnd jn vnd denselben von Cili schön empfangen.

Vnd an dem Erichtag dornoch des morgens zwischen 7 vnd 8, als sein K. G. vnd der bemelte von Cili von der messe gegangen sind, do hat der jung gubernator, der Syle Mihal, der Canisi Laszlaw vnd etlich ander den vorgenanten von Cili zu en erfodert. Vnd do her zu jn kommen ist, do hat der jung gubernator zu jm gesprochen, her sey der, der allewege wider sein vater vnd jn gewesen sey, bey vnserm gnedigsten herrn dem konige in jren sachen geirret; vnd auch vmb jr ere, leib vnd gut gerne bracht hette, vnd von stund an sein messer gezuckt, vnd die andern angerufft, das sie auch zuckten, vnd jn angeende ermordt vnd dornach das houpt abgeslagen vnd das dem despoten zu schicken: das die andern hungerischen herrn die bey den sachen gewest sint, nicht haben gestaten wellin: vnd sie habin sust nymand kein leid gethan. Aber der von Cily hat den jungen gubernator in das houpt, in vir finger, vnd den Sile Mihel in den arm gewundt, vnd sust ist nymand mer wunt worden. Die rete, ich vnd ander, vnsers gnedigsten herrn des koniges hoffgesinde, sein in grossem trübsal vnd jrrunge gewesen, vnd meynten, is würde vber syne konigl. G. vnd vns allen auch geen etc. Alleine vber den von Cily die sache angefangen gewesen ist etc. Her ist dess manchmal wol gewarnet, das sie sulchs kegen jm vorgenommen vnd im willen zu thun haben, vnd von den hungerischen herren am mehrenteil widerraten, sich gen Weissenburg nicht zu fugen. Das her wider vnser vnd menniglicher rat gethan, vnd nicht hat folgen wöllen etc.

Es wirt sich vnser ofgenanter G. H. der künig vff den nehsten Montag von hynnen erheben. Vnd uff denselben tag wirt man auch den von Cily von hinnen gen Cily füren. Sein königl. G. wirt uff die nehstkünfftigen weihenachten wieder hinoff kein Ofen kommen. Sein kon. G. schreibet allen phlegern in des von Cily land, vnd wil sich aller slösser, herrschafft, gebiet, vnd aller nutz vnd renthen vnderwinden vnd innehmen etc. Geben zu Futtag am Sunabend nach sand Martinstag 1456.

105.

1457, 26. Jan. (Rom).

Bulla papæ Calisti ad *D. Henricum de Rosenberg*, qua se mirari declarat, quod Bohemi legationem dudum conceptam ad sed. apostolicam nondum miserint, monetque, ut studium suum in conventu Pragensi proxime celebrando adhibeat, quo legatio præfata a toto regno mittatur. *D.* Romæ, 1456. VII cal. Febr. p. a. II[do].

Orig. (avulsa bulla) in arch. Trebon.

106.

1457, [illegible]. Januar (Romæ).

Papst Calixt III. an Georg von Podiebrad: lobt ihn wegen der Beruhigung von Böhmen, und ermahnt, auch für die Einigung der Böhmen mit der Kirche thätig zu sein.

(Handschrift G. XIX des Prager Capitels, fol. 133.)

Calistus, episcopus, servus servorum dei: dilecto filio, nobili viro Georgio de Cunstat, gubernatori regni Bohemiæ, salutem et apostolicam benedictionem. Ad præcipuam tuæ virtutis laudem adscribitur, quod ex summa bellorum inquietudine inclytum istud regnum Bohemiæ ad summam quietem traduxeris; quod etsi donum dei putandum sit, qui auctor est cunctorum operum bonorum: tamen quia te ministro est factum, merito tibi congratulandum putavimus. Neque vero, dilecte fili, sine divino mysterio secutum hoc credas. Siquidem miserator deus nostræ reductioni semper studens id egisse videtur, ut cessantibus intestinis regni malis, liberius attendi ad veritatis intellectum possit. Quare cum alia nunc pax supersit danda etiam per te communitati Bohemiæ, quæ et verior est pax, et perhennem in se vitam continens, sine qua pax nulla probanda est: debes tota mente in hanc ipsam incumbere, ut videlicet sacrificium beneplacitum deo offeras, sempiternumque utriusque pacis meritum a te habeat regni memoria. Viguit jam multis annis, ut nosti, et in præsentiarum, quod non sine dolore meminimus, viget tota in Bohemia scissura fidei non parva, bohemico more indecora, animabusque, quæ illam nutriunt plurimum perniciosa: ad quam tollendam, uniendosque vinculo veritatis animos, exspectavimus usque in præsentem diem oratores vestros, cum quibus pie tractare de opportunis possemus; verum eorum dilacione ductum est in longum desiderium nostrum, aliter non valens implere quod cupit. Cum itaque relatum nobis sit, conventum quemdam regnicolarum propediem in civitate Pragæ congregari debere, in quo de hujusce rei deliberatione erit tractandum: nos scientes, quid quantum tua nobilitas apud omnium animos consilio et auctoritate ponderis habeat, nec de voluntate ambigentes, hortamur in domino generositatem tuam, teque per salutem regni prædicti, cujus debitor deo es maximus, rogamus, ut spiritum sani consilii sumens, studio tuo sic efficias, ut oratores prædicti tandem ad nos veniant et alia decernantur, per quæ concors idemptitas consequi valeat. Nos enim nil aliud quærimus, nisi ut grex dominicus in fide recta salvetur, regnumque Bohemiæ sanctam sedem apostolicam integre respiciat, nec extra universalem ecclesiam censeatur Quicumque autem venient, paterne a nobis accipientur, et cum caritate nobiscum erunt; velit modo tua nobilitas, quæ ipsi Bohemiæ pacem temporalem dedit, dare etiam spiritualem; ut tua potissimum opera tantum in fide bonum prædicetur secutum. Cujus certe boni in hoc seculo et in patria manente condignam mercedem accipies, qualem reservat deus sanctæ fidei catholicæ veris cultoribus. Per dilectum autem filium Winceslaum Schinch, canonicum Vradislaviensem, in decretis licentiatum, exhibitorem præsentium, qui hæc eadem ex nobis audivit, poteris ad præmissa commode respondere; quem tuæ nobilitati propterea commendamus. Datum Romæ apud sanctum Petrum, anno incarnationis dominicæ MCCCCLVI, pontificatus nostri anno secundo.

Coronatus.

107.

1457, 19. Febr. (Ofen).

König Ladislaw befiehlt dem Breslauer Stadtmagistrat, die eingebrachte königl. Steuer dem Herrn Johann von Rosenberg, schlesischen Landeshauptmann, einzuhändigen und die noch etwa nicht eingelieferte fleissig einzutreiben. *D.* Ofen, Samstag nach heil. Valentinstag, im Jahre des ungr. Reichs XVII, des böhm. im IV[ten].

(Orig. in arch. Trebon.)

108.

1457, Mart. 14 (Ofen).

K. Ladislaw gibt den Breslauern Nachricht von der Gefangennehmung und Hinrichtung Ladislaw Hunyadi's.

(Scultetus, III, 78.)

König Ladislaw an die Breslauer.

Wir lossen euch wissen, das wir Laszlawen grauen zu Bistritz, Matiasen seinen Bruder, Johansen Bischouen zu Wardein, den Kaniza Lassla, Roszgan Sebastian vnd etliche ander von mercklicher vrsache wegen, hewte, mit rathe vnd hülffe der grossmechtigen hh. vnser lieben getrewen Lasslawen von Gara, grossgrafen, Niclassen von Wylack, Johansen von Rozgon vnser weida in Sibenbürgen, Lasslawen von Palotz vnsers hoferichters, Pauln von Lyndaw vnsers hofemeisters, Rynolden vnd Aswalden von Rozgon Czekilgrefen, Janen Gyszkra vnd etlicher anderer hungerischen herren, in gefengnis genommen haben. Vnd vnser sachen stehen von den gnaden gotes wol, vnd wissen nymanden von hungerischen herren noch geistlichen, die wider vns sein. Wir seyn auch frisch vnd gesunt vnd ein freier regirender konig etc. Geben zu Ofen, am Montag nach sand Gregorientag, vnser reiche des hungarischen im 17 des behmischen im 4 jaren.

P. S. Auch thun wir euch ze wissen, das wir am Mittichen nach sand Gregorientag vmb completzeit, dem obgenanten Lasslawen von Bistritz, noch rathe der hungerischen herren, vmb sein vorschulden haben enthaupten lassen.

109.

1457, Mart. 17 (Ofen).

Johann Jiskra an dieselben über dasselbe.

(Scultetus, III, 73.)

Jan Gisskra von Brandis, grafe zu Sarus, ad senat. Vratislav.

Geruchet zu wissen, das vnser allirgn. h. konig etc. von gotes gnaden gesunt, loss vnd freye. Vnd nach schickunge des allemechtigen gotes, dem alle ding vnuorborgin sint, hat is sich irfolget am Montag nach Reminiscere nehst vergangen, das vnser gnedigster h. konig hat fohen lossen des gubernatoris söne Lasslawen den alden, vnd den jungen Mathiam, Kana Lasslawen, Sebastian von Rozogon, Paul Moderoren vnd vil andere, die swerlich sitzen, die am tode graff Vlrichs von Cily seliger schuldig sint. Vnd am Dinstage dornach ward Waydan Lasslaw des gubernators son sein houpt abgeslagen zu Ofen in der ersten vorbürge. Was dieselben güter gehabt haben, an allerley habe, hat die kon. M[t] awszgeteylet den jenen, die is begert sint, mildiglichen gegeben. Adir wiewol sulche güter vns angeboten sein gewest, so haben wir keins wolt nehmen. Lieben herren, hette vnsers h. gnade alleyne gesewmet eyne stunde, so wer sein G. brocht in den todt, wir zuvoraus etc. (sic). Vngehorte sache ist es, dy sy an vnsern G. h. zutun vorgenommen hatten, das ewer dieser Nickil wol von vns undirrichtet ist, auch mit seynen selbist ougen gesehen etc. Geben zu Ofen in die Gertrudis virginis 1457.

110.

1457, Mart. 24 (Deutschbrod).

Zeitungen aus Böhmen und Ungarn.

Johannes Bereith stadschreiber zu Gorlitz ad senat. Gorlic.

Ich thu uch zu wissen, das sich der gubernator h. Girzigk am nehstvorgangnen Dinstag von Prage mit eynem trefflichen vnd gar rüstigem hoffegesinde uff den tag zu zihen jrhoben hat, vnd vnderwegis botschafft von vnserm g. h. konig kommen ist, wy sine gnode des gubernatoris beide söne gefangin hette etc. Hute als wir kegin Deutschem Brode alher kommen sein, ist der Weitmoller, den der gubernator an vnsern gnedigsten h. könig in botschafft geschicket hat, gar eilende reithende auch alher kegin Brode komen etc. Hat mich S. G. durch synen dyner einen sagin lassin, noch dem jm botschafft kommen wer, das vnser allergn. h. konig, als her zu Ofen im felde vszgeritten, vnd des gubernatoris beide söne vsz dem bade zum obindessen zu tische gegangin weren, hette sine kön. G. sie mit dem bischofe von Wardien, vngerischen cantzler vnd etzlichen herren mehr fahen vnd in hart gefengnisse setzin lossin am Montage nach Reminiscere. Vnd das der eldiste des gubernatoris son h. Laszlaw mit einem vngarischen h. gestern acht tage gericht vnd enthoupt, vnd der bischoff von Wardien dem bischoff von Gran zu ewigem gefengnis geantwurt were, vnd das etzliche vngerische hh. mehr, dorzu der ander bruder h. Matiasch in hart gefengnisse noch sessin etc. Geschreben zum Deutschem Brot am Dornstage vnsir lieben frawen obind Annuntiationis.

(Scultetus, III, 73ᵇ.)

1457, Mart. 31 (Mähr. Krumau).

Derselbe an dieselben.

Geruchet wissin, das meyn h. gubernator mit faste herrn vnd ritterschafft vff Montag nehist vorgangen kegin Auspitz in Merhern, an der vngerischen grenitz, auch der von Walse, der von Lichtenstein, h. Vlrich Eyziger etc. von Osterreich mit 400 pherden, noch schriffte des kuniges fürder kegin Galitz uff den gelegeten tag zu reithen, kommen sein, dorzu dann seine kon. G. ouch seine rethe geschicket sulde haben, haben sie doselbst S. G. rethe biss vff hute geharret. Vnd als S. kon. G. keynerley botschafft thate, ist der tag aber abegegangen etc. also das die hh. uff heute widder zurücke heym reithen etc. Bin ich doruff bljben, das ich wider zurücke uff Wien vnd also fürder kegin Vngern zum könige mit fürderung des gubernators reithen wil etc. Vnd als ich euch vorgeschrieben habe, wie sichs mit dem gubernator zu Hungern irgangin hat, ist also, denn das her alleine enthaupt ist, der bischoff von Wardyn deme von Gran geantwort, vnd die andern noch gefangin sitzen, dorumb sich grosse fehde im land zu Hungern macht etc. Got stehe vnserm g. h. konige bey, das ist noth etc. Geschrebin zu Crumenaw in Merhern am Dornstage nach Lætare.

(Scultetus, III, 69[b].)

1457, Apr. 8 (Ofen).

Derselbe an dieselben.

Ich thu uch wissin, das ich also gestern vmb 23. alher kegin Ofen kommen bin vnd heute früe bey vnserm allergned. h. konige gewest, vnd seine kon. G. gesund ist, vnd das mich S. G. gar gnedictichen uffgenomen vnd vorhöret hat etc. Das der junge gubernator mit andern gefangen noch sitzin, vnd das gar wenig lute von hh. vnd ritterschafft im hofe sein, vnd das der gemeine tag vff Georgij vor sich gehet. Iss ist ouch noch bey S. G. herr Johan Gissgrae, den sine G. von ym nicht lassen wil, mit etzlichen vngerischen hh. die ouch syne kon. G. in vliessiger hute haldin etc. Geben am Freytage vor Palmarum.

(Scultetus, III, 70[a].)

111.

1457, Apr. 1 (Kemnitz).

Nach der Fehde, welche Niklas von Lobkowitz auf Hassenstein mit Herzog Friedrich von Sachsen „von der Slete wegen“ geführt, und wo dessen Hauptleute am 23. April 1456 sich „uff dem slosse zur Sleten“ gefangen gegeben, nachdem Vit von Schönburg Herr zu Waldenburg und die Ritter Nickel von Schönburg und Caspar Rechenburg die Bedingungen der Übergabe vermittelt hatten, — kam es zu langwierigen Verhandlungen, in deren Folge Herr Niklas von Lobkowitz schliesslich auf einen Ausspruch des Herzogs selbst compromittirte; Mittler war dabei Herr Beneš von Kolowrat. Herzog Friedrich hat nun, „wie wol vns swer gewest ist, solchen vszspruch, noch dem er vns selbst belanget, vff vns zu nemen", zu Kemnitz am Freitag nach Lætare (1. April 1457) durch seinen Ausspruch alle bisherigen Irrungen und beiderseitigen Ansprüche beseitigt und sich zur Zahlung einer Geldschuld von 600 Schock Groschen binnen drei Jahren verpflichtet. Weiter hat er wegen der Ansprüche, welche Herr Heinrich Reuss von Plauen Herr zu Greutz der Jüngere, und Herr Niklas von Lobkowitz zu einander haben, ihnen einen gütlichen Tag nach Wolkenstein, vierzehn Tage nach Ostern, gesetzt, wo Herr Mattis von Lazan, Herr zu Weisskirchen und Burggraf zu Eger und Elbogen, ihnen Obmann sein soll.

Montag für Pfingsten (30. Mai 1457) wurden zu Wolkenstein Briefe beider Parteien zur Bestätigung obigen Übereinkommens ausgewechselt.

Am Montage nach Exaudi (11. Juli) gab Herzog Friedrich von Sachsen Herrn Niklas von Lobkowitz einen Schuldbrief auf 600 Schock Groschen.

(Original-Acten im kön. Archive zu Dresden.)

112.

1457, 20. Jun. (Wien).

R. Ladislaus intercedit apud collegium cardinalium pro D. Jodoco electo Wratislaviensi, ut operam adhibere velint apud S. D. papam, ut idem electus respectu inopiæ et afflictionis ecclesiæ Wratislaviensis, a debita solutione annatæ liber declaretur. *D.* Viennæ, 20 Junii, A. R. 18 & 4.

(Originale, subscriptum propria manu regis Ladislai atque Procop. de Rabenstein cancell. in archivo Trebonensi.)

113.

1457, Jun. 24 (Prag).

Heinrich Burggraf zu Meissen und Herr zu Plauen klagte den auf den Quatembertagen zu Landgericht in Prag versammelten Herren, wie er als Inwohner und Lehenmann der Krone den Herzog von

Sachsen als Besitzer von Voitsperk, Olsnitz und andern Gütern, auf die er Ansprüche habe, durch den Hofrichter der böhmischen Hoftafel Jan von Hasenburg und Kosti habe vorladen lassen; der Herzog habe geantwortet, er als Kurfürst könne nur vom Kaiser zu Gerichte geladen werden. Diese Ansicht widerlegen nun die böhmischen Herren, indem es sich da nicht um Reichsgüter, sondern um böhmische Krongüter handle, deren oberster Richter der König von Böhmen sei; die goldene Bulle Karl's IV. habe diese Freiheit der böhmischen Krone nicht aufgehoben, sondern bestätigt, dass die Angelegenheiten Böhmens nicht im Reiche gerichtet werden sollen. Er möge die gemachten Gefangenen frei lassen, da man sich mit ihm nicht im Kriege befinde, und dem Rechte Folge leisten etc., was man auch von ihm hofft und erwartet. *D.* Prag, unter dem Kronsiegel, Freitag S. Joh^is Bapt. tag 1457.

Unterschrieben: Jiřik v. Kunstat etc. Jindř. zu Michelsperk, ob. Kämm. d. Landtafel etc., Mikulas Hasz v. Has, ob. Richter, Sbinko Hasz zu Has, ob. Kammermeister, Jan v. Has u. v. Kosti, ob. Hofrichter, Jindř. v. Platz, Jindř. v. d. Dauben zu d. Leippen, Jan Zajimač v. Kunstat, Jan v. Wartenberg zu Teczn, Wilh. v. Risenberg zu Raab, Jan v. Swamberg, Bohusl. v. Seeberg zu d. Plan, Jan von Kolowrat zu Bezdružic, Jetřich v. Janowitz zu Chlumec, Bohusl. zu Schwamberg, Burian v. Gutenstain, Jindř. v. Kolowrat u. v. Libenstein, Arnost v. Leskowecz, ob. Lanntschreiber, Sobéslaw v. Miletinka, Zdeněk v. Postupitz Ritter u. Herre zu Brandys, Burian von der Lipy R. herre zum Lipnicz, Jan Czalta vom Steynperke Munzmeister R., Jan von Paczow R., Jakok v. Wřesowic R., Jan v. Lažan zu Bechynie, u. alle andern herren, ritter knecht lanndlewt vnd stete des konigreichs v. d. kron zu Pehmen yedczund zu Prag auff der Quatuortemper pey eynander gesampt.

(Orig. arch. Dresd. V, 126.)

Darauf antwortet der Herzog, jene Güter rührten nicht von der Krone Böhmen, sondern vom heil. Reiche zu Lehen her, wie er es beweisen könne: er werde darüber nächstens an K. Ladislaw eine merkliche Botschaft senden und hoffe, man werde sich bis dahin ruhig gegen ihn verhalten. D. zu Lipczk, Mittwoch nach Udalrici 1457.

(Concept. ibid. V, 127.)

114.

1457, Jul. 27 (Dresden).

Balthasar von Reddern, Voit zu Dresden, an Herzog Friedrich von Sachsen, dat. Dresden, Mittwoch nach Jacobi 1457.

(Orig. Dresd. 8033, f. 158.)

Berichtet von den Verhandlungen auf dem Landtage zu Prag, der vor fünf oder sechs Wochen stattfand. Jiřik habe wegen des Gerüchtes, als wäre auch er mit den Hunyadi's im Bunde gegen den von Cilly und den König selbst gewesen, sich verantwortet; die Stände hätten ihm geantwortet, dass sie den Verläumder, wenn er ermittelt würde, strafen wollten, „er sulde im lande so veste nicht beslost seyn, sie wulden ön erab gewinnen". Jiřik theilte auch seine mit K. Ladislaw darüber gewechselten Briefe mit; der König versicherte, von der Verläumdung nicht zu wissen, und dass er auch nicht daran glaube; er berief ihn wegen dringender Geschäfte zu sich, und die Stände riethen zu der Reise. Die Böhmen wollten sich auch mit Sachsen nicht richten, ausser es werden ihnen wenigstens drei Schlösser zurückerstattet, Riesenburg, Pirna und Hoenstein; über die sächsische Münzveränderung gab es auch Anstände etc.

115.

1457, Aug. 5 (Wien).

R. Ladislaus confirmat Budvicensibus omnia jura et libertates ab antecessoribus suis eis concessa, statuitque in specie, ne civitas ipsa unquam a successoribus suis regibus Bohemiæ cuiquam alienari, pignori dari, inscribi vel obligari possit, etc. *D.* Viennæ, 5 Aug. 1457. a. r. 18 & 4.

Vidimus huius privilegii per Joh. de Crumlow, decret. Doct. Archidiac. Pragensem, etc. cum 5 sig. appr. *D.* Budwoys, fer. secunda ante S. Laurentii 1468.

(In arch. Budvicensi.)

116.

1457, Sept. 22 [?] (Jaurini).

Die zu Raab versammelten ungarischen Stände an die Abgesandten nach Frankreich: sie sollten sich in keine Verbindung zum Nachtheile Ungarns einlassen.

(Handschrift G. XIX des Prager Capitels fol. 180.)

Reverendissimi et reverendi patres ac magnifici viri, fratres carissimi! Misimus plenum mandatum V^{ræ} f^{tu} nomine hujus regni in personam vestram ad conveniendum cum christianissimo rege Franciæ, et ad alia facienda, quæ pro contractu inter serenissimum dominum nostrum regem et illustrissimam virginem, filiam ejusdem regis Franciæ, fiendo necessaria videbuntur. Verum id misimus sine illa solemnitate, quæ ad id requiritur, absque scilicet congregatione regnicolarum et requisitione, quæ in talibus observari consuevit: quapropter f. v. rogamus, requirimus et hortamur, ut cum hujusmodi mandato eo moderamine uti velitis, ut nobis et vobis superinde ex parte aliorum fratrum nostrorum imputari aliquid non possit; et præsertim summa diligentia caveatis, quod obligatio ad onus regnicolarum, praeterqum ad proventus regios, nulla fiat. Scribimus ista, non ut de vobis in aliquo diffidamus, aut credimus (sic), ad ista respectum vos non debere habere, sed ut commonefaciamus, res nostras publicas vobis tenacius esse imprimendas. Datum Jaurini, in congregatione nostra, secundo die festi beati Mathæi (vocem „Matthæi" a scriba omissam, Pessina calamo suo supplevit) apostoli et evangelistæ, anno domini MCCCCLVII.

Dyonisius cardinalis archiepiscopus Strigoniensis.
Augustinus, episcopus Jauriensis.
Thomas de Debrenthe, episcopus Zagrabiensis.
Ladislaus de Gara, regni Hungariæ Palatinus.
Nicolaus de Wilak, Waywoda Transsylvanus.
Johannes de Rozgon similiter Waywoda Transsylvanus.
Michael Orzaag de Guth, magister curiæ regiæ.
Benedictus de Thuroz, thesaurarius regni.

117.

1457, Sept. 30 (Prag).

Wentzlaw von Warnszdorf heuptman zu Budissin — an Zasla von Geristorf, heuptman zu Gorlitz.

Ich thu euch zu wissen, das vnser g. h. der könig an dem tage sent Michel kein Prag eynkomen, vnd gar wirdiglich empfangen. Vnd denselben tag sein meine herren von Rosenberg auch einkommen, der alde vnd der junge h. Jan etc. (sic). Der von Sternberg vnd ander herren, werden inwendig acht tagen ken franckreich reiten noch der königynne. Adir ewer vnd mein h. herr Jon wirt nicht mitte, vnd ob got wil, gar kurtz zu euch in die lant kommen etc.

Auch wisset, das h. Fredrich von Donen in diser wochen tod ist. Geben zu Prag am Freitag noch sent Michel, 1457.

(Scultetus, III, 71*.)

118.

1457, Nov. 9 (Breslau).

Bischof Jodocus von Rosenberg an Časlaw von Gersdorf.

Wir lossin uch wissin, das vns alle vnser sachen von Rome wol auszgericht etc. (sic) vnd doruff itzund die besitzunge vnser kirchin ingenommen haben, vorbass auch geschicket seyn land sloss vnd stete ynzunemen vnde die houldunge zu enpfon. So wir denn das fest vnser cronunge uff den dritten Sontag in dem aduent nehstkommende allhy zu Breszlaw zu habin, noch vorrote vnsers capitels auszgesatzt habin. Ist vnser fleissige beger vnd enpfelunge, jr wellit in macht dieser vnsir schrifft, dy gestrengin, namhafftigen, woltüchtigen, vnsere besunder liebin, ritterschafft vnd manschafft des landes zu Gorlitz, dy vns nehst zu eren keigen Gorlitz vnde fürbas keigen Breslaw geleitit haben, sonderlich ewir fettern die Geristorffir, Heintze Kotwitz, vnde mit namen dy erbarn, weisen rathmanne der steteGorlitz, Zittaw, Lauban personlichin adir schrifflichen besuchen, fleissiglichin betin, das sie sich zu solcher vnser cronunge uff den benanten tag fügin, vnde vns damitte dy ere jrzeigin wollin etc. Gegeben zu Breslaw an der Mitwoch nest vor Martini, 1457.

(Scultetus, III, 74*.)

119.

1457, Nov. 21 (Romæ).

Papst Calixt III. an K. Ladislaw: empfiehlt ihm den zum Bischof von Olmütz ernannten Protas von Boskowic.

(Handschrift G. XIX des Prager Capitels fol. 193.)

Calistus episcopus, servus servorum dei, carissimo in Christo filio, regi Bohemiæ illustri, salutem et apostolicam benedictionem. Gratiæ divinæ præmium et humanæ laudis præconium acquiritur, si per sæculares principes prælatis, præsertim cathedralium ecclesiarum regimini præsidentibus opportuni favoris præsidium et honor debitus impediatur (sic). Hodie si quidem ecclesiæ Olomucensi tunc per obitum bonæ memoriæ Boussii, episcopi Olomucensis extra Romanam

8*

curiam defuncti pastoris solatio destitutæ, de persona dilecti filii Prothasii, electi Olomucensis, tunc praepositi ecclesiæ Brunnensis, Olomucensis diocesis, nobis et fratribus nostris ob suorum exigentiam meritorum accepta, de ipsorum fratrum consilio duximus auctoritate apostolica providendum, præficiendo ipsum eidem ecclesiæ Olomucensi ut episcopum et pastorem, prout in nostris inde confectis literis plenius continetur. Cum itaque, fili carissime, sit virtutis opus, dei ministros benigno favore prosequi, et eos verbis et operibus pro regis æterni gloria venerari, serenitatem tuam rogamus et hortamur attente, quatinus eundem electum, et præfatam ecclesiam Olomucensem suæ curæ commissam, habens pro nostra et apostolicæ sedis reverentia propensius commendatos, ipsos benigni favoris auxilio prosequaris, ita quod idem electus tuæ celsitudinis cultus præsidio in commisso sibi curæ pastoralis officio possit deo propitio prosperari, ac tibi exinde a deo perhennis vitæ præmium et a nobis condigna proveniat actio gratiarum. Datum Romæ apud sanctum Petrum anno incarnationis dominicæ MCCCCLVII undecimo Calend. Decembris, pontificatus nostri anno tertio.

L. de Narnia.

120.

1457, Dec. 12 (Wien?).

Dr. Heinr. Leubing, Domprobst zu Naumburg, an Herzog Wilhelm von Sachsen, dat. Montag nach Concept. Mariae s. a.

(Orig. geh. Dresd. Arch. 10529, I, 148.)

— Es ist eine gemeine rede hie, das der Hunyad Mattia, der gefangen gelegen hat zu Wienne, den andern tag, als der kunig verschiden ist, von dem Jorzig zu Prag zeirlich ingefurt wurden sey, vnd ime sein tochter zu der ee gegeben habe. It. man redt, der kunig sey anders danne naturlich verschiden. It. als die Pehmen meins gn. h. des pfalczgrauen gein Amberg fiand wurden sein, ist gestern warlach potschafft daher kumen wie derselb mein herre der pfalzgraf pey Metz die pehmisch potschafft gein Frankreich geschicket alle nydergelegt vnd gefangen habe, darunter auch der erzbischof Collocensis, aber den pischoff von Passau hat er lassen reyten. — Er räth schliesslich, auch an Österreich Erbansprüche zu erheben und darüber zunächst an die Wiener zu schreiben, damit sie nicht eilen „sich zu beherren" etc.

121.

1457, Dec. 16 (Torgau).

Kurfürst Friedrich von Sachsen an seinen Bruder Herzog Wilhelm: über Zeitungen aus Böhmen.

(Orig. im kön. Archiv zu Dresden, loc. 10519.)

Dem hochgebornen fursten herrn Wilhelmen herzogen zu Sachsen etc.

Bruderliche liebe mit ganzen truwen alleczyt zuuor, hochgeborner furste lieber bruder! Also ir vns schribet uch zu uerstehen zu geben ob wir ich nüwe czytung hetten erfaren. Also hed in Lanmanszwiese an vns gelanget, wie die herren der cron zu Behemen vnd inwoner vormeynen eynen andern konig zcu erwelen vnd zcu kiesen, der sind vier verhanden, nemlich vnsern gnedigsten herren den keyser, den konig von Polan, hertzogen Albrechten von Osterrich ader marcgrafen Albrechten von Brandemburg also die rede gehit. Solchs haben wir uwer liebe nicht wollen verhalden noch verswigen, so sind vns disze ingeslossen brieue zcukomen, die uw. l. wol wirdet vernemen, uwer liebe fruntlich bittende, hetten an uw. l. nuwe zcytunge gelanget, ir wollit vns die bie diszem geinwertigen zcu erkennen geben, das wollen wir vmb uw. l. gerne vordienen. Geben zu Turgaw am Fritage noch Lucie anno dñi etc. L septimo.

Friderich von gots gnaden herzog zu Sachsen etc.
kurfurste etc.

122.

1457, Dec. 19 (Prag).

Drohbrief Georg's von Podiebrad an die Stadt Liegnitz.

(Copie im kön. Archiv in Dresden.)

Girzik von Cunstadt herre zcu Podiebrad des konigreichs vnd der cron zcu Behem gubernator vnd der rat auch andere herren adel ritterschafft vnd die von steten iczund vff der sammenunge hie zcu Prage mit enander gesammelt des obgnanten konigreiches zcu Behmen: Euch burgermeister scheppin vnd der ganczen gemeyn der stat Legnicz thuen wir zcu wissin wie das vns nicht czweifelt euch sie wol indechtig vnd wissentlich wie ir noch tode herczog Ludwigis ewers herrn seligis vnd bey czeitin vnd lebetagen keiser Sigimunden auch seligin an die wirdige cron zcu Beheim rechtlich vorfallen vnd komen ist der selbige keiser Sigmund ewch die selbige czeit frawen Elisabeth seligis des vorgenanten herczog Ludwigs witwen befolin hat ir gehorsam vnd gewertig zcu seyn zcu iren lebetagen vnd nicht ferrer vnd noch irem tode euch an nymanden zcu halden wenne an eynen konig zcu Beheim vnd an die cron zcu Beheim danach denne konig Albrecht auch seligis des auch in solicher masse vnd also mit euch geschafft hat. Abir donach der allergenedigister k. Frederich der Romische das auch in sulchir mase vnd also mit euch geschafft habin durch seyne sendebotin von wegin konig Lasslawes seynes vetters, den er danne die selbige czeit in seynen handen hette als eyn rechtir girhabe vnd noch sulchin obinberurten sachin, do die vorgenante frawe Elisabeth todes halbin abeginck wurdet ir irmanet von dem vorgenanten k. Frederich vnd von der cron zcu Beheim euch furbas zcu haldin an konig Lasslawen selig vnd an die crone zcu Beheim, das ir denne dieselbige czeit gar getrewlich vnd gehorsamlich also getan habt noch lawte vnd innhaldunge der erbhwldunge die ir denne dieselbige czeit getan vnd gesworn habt konig Laslawen vnd der cron zu Beheim an allen vnderscheit also ir das denne von rechte schuldig vnd pflichtig zcu thun wart, vff sulche ewer erbhauldunge vnd off das recht das die cron zcu Beheim zcu euch hat vnd sust nymandis andirs vormanen wir euch mit diesim brieffe offz hochste vnd ernstlich gebietende, das ir euch noch also getrewlich vnd gehorsamlich wullet haldin vnd stehen bey der offt genanten cron vnd sust an noch bey nymand andirs vnd vmb den gehorsamen bey euch gestehen dorynne sich etliche also habin irfunden lassen, das an der cron wedir in gnadin zcu suchin vnd do zcukomen, vnd die herczogynne vnd iren son die ir iczund bey euch haldet von euch weiset vnd nicht lenger bey euch haldet noch leidet wedir die crone vnd wedir recht vnd die selbige herzogynne mit irem sone adir sust andere fursten euch wurden anlangen vmb hauldunge inn zcu thuen etc. das sullet ir in keyner weise nicht thun noch euch vorleitin lassen sunder euch an alle wedirrede vnd mackel haldin an die crone zcu Beheim in masen obin bedewtit so denne dy crone ir recht zcu euch keynem fursten noch furstynne gebin noch entrewmen wil sunder das selbir behaldin. Wir habin auch andern furstenthum vnd steten zcu der cron zcu Beheim gehorende iczund geschrebin vnd sie vormanet ab ymand sie von der crone czyhen wolde das sie sich doran nicht sullen keren noch das nichten thun sunder sich haldin vnd bleibin stehin bey der cron wulde sie denne ymandis mit gewalt vnd macht drengen so sullen sie in iren gerechtikeitin nicht vorlassin werdin sunder zcu vns vnd der cronen zcuflucht habin in iren sachin vnd notdorfften also wollen wir is auch keyn euch haldin vnd thun. Vnd besundir vormanen wir euch ir wolt vnd solt ewir merckliche botschafft mit macht off die gemeyne sampnung vnd tag der ganczen cron zcu Beheim die wir zcu Prage off die neste zcukonfftige quatuor tempora in der fasten habin vnd halden sullen schicken vnd senden vnd daselbist wedir zcu gnadin komen. Wurdit ir denne abir sulchir vnsir schreibunge vnd meynunge nicht nochkomen vnd thun vnd is anders vornemen vnd euch ferrer vngehorsamlich irczeigen vnd irfinden lassen so wullen wir dach gedencken das wir euch zcu eym sulchin brengin vnd der cron zcu Beheim gehorsam machin also andere vnd ist ir denne off die obgenante sampnung schicken vnd senden wollet off dieselbige czeit vnd darczu geleite bedorffin das welle wir euch auch schaffin vnd gebin, damit ir sicher uff denselbigen tag komen moget. Danach wisset euch zcu haldin. Gebin zcu Prage off der gemeyne sampnunge am Mantage vor sand Thome vnder dem ingesigel der wirdigen cron vnd des konigreichs zcu Beheim anno dñi etc. quinquagesimo septimo.

(A tergo nota: „Hr. Girzika vnd der sampnung zu Prage drauweschrifft an die von Legenits gescheen.“)

123.

1457, Dec. 21 (Grimma).

Kurfürst Friedrich von Sachsen an seinen Bruder Herzog Wilhelm: dass die Schlesier geneigt sind, ihn als ihren Erbherrn anzuerkennen.

(Orig. im kön. Archiv in Dresden, loc. 10529.)

Dem hochgebornen fursten herrn Wilhelmen herzoge zu Sachsen etc.

Bruderliche liebe mit ganzen truwen alleczyt zcuuor, hochgeb. furste lieber bruder! Wir bitten uw. liebe fruntlich wissen, das herzog Hans von Sagan nehistmals zu Dresden bie dem artzte gelegen ist vnd had wider etzliche die vnsern doselbs gesprochen, wie sich yn der Slezien alle herren ritter knechte mann vnd stete gemeynlich zusampne verbund vnd vereynet haben vff die meynung das sie sich zu uwer liebe meynen zcu slahen vnd vor eynen erbherren des landes vffzunemen vnd wissen keynen herren sust der besser rechte zcu dem lande habe dann uw. l. von deszwegen, das sie uwer gemaheln vnser lieben swester gehult vnd gesworn haben. Solchs had an vns warhafftig gelanget, vnd haben des uwer liebe nicht wollen verswigen. Were nu uw. liebe in deme ichts zcu synne, vnd besteltet uwer botschafft an den ort das stehit zcu uw. liebe, vnd womidte wir uw. l. in deme ader anderm zcu dinste vnd wolgefallen werden mogen thun wir gerne. Geben zcu Grymme am Mitwochen Thome apostoli anno dñi etc. L septimo.

Friderich von gots gnaden herzog zcu Sachsen etc.
kurfurst etc.

124.

1457, Dec. 29.

Georg von Podiebrad an Herzog Wilhelm von Sachsen: über K. Ladislaw's Tod und über des Herzogs Ansprüche zur Nachfolge in Böhmen.

(Copie im kön. Archiv in Dresden, loc. 10529, III, 138.)

Hochgeborner furst vnd gunstiger herre! Vnnser dinst mit gutem willen beuor. Als ir vns ytzund geschriben habt von des allerdurchluchtigisten fursten vnd herren herrn Laszlaen zu Hungern Behemen etc. konig vnnsers allergnedigisten lieben herrn seliger gedechtnus todes wegen, das habin wir wol vernomen. Der selb tod vnd abgangk vnnsers egenannten gn. herrn so nu von vorhenknuss des almechtigen gotes gescheen, ist vns ein gross betrubnuss vnd getrauws laid, als es wol pillich ist nicht allain von vnnser vnd ander seiner gnaden vndirtanen sundern aller cristenheit wegen der danne allen durch seyner kunigl. gnaden leben vil guts hett daraus mugen entsteen. Oder sintemal das nū nicht mag anders gesin, der almechtige got geruch seynen gnaden gnedig vnd barmherzig seyn vnd in das puch des ewigen leben schribe, als wir auch nach solchir vernufft vnd guter gebissen dorinn sein k. gn. gewesen ist vnczt in sein leczt ende dorann nicht czwifeln, sundern grosze hoffenunge habin das sein selige sele in der schar der heyligen engeln ir frauwdelich lan entpfangen had, wanne sein gnad nicht allain menschlichen ader auch engelisches lebin gefurdt had. Vnd als danne verrer uwer schrifft beruren, wie die irluchte vnd hochgebornne furstynne vnd fraw, frauw Anna siner konigl. gnaden eldeste swester, vnd yr von irer gnaden wegen ettliche gerechtikeit zcu sinen nachgelassen konigrichen, furstentumben vnd landen maynet zcu habin, vnd ab ichts furgenomen wurde das ein solchs wider sulche gerechtikeid nicht were, das habin wir auch wol verstanden so thun wir uw. gn. zcu wiessen wie vns ain sulchs nicht allain berurt vnd antriefft, sunder das gancze konigreich zu Behemen, adir das die herren vnd ritterschafft yeczt nicht by enander sind, vnd wir selbs nicht mogen genczliche antwurt thun vnd geben an ire wissen, sunder vff die nehiste quatemer in der schirsstkunfftigen fasten alle her gein Prag kumen sullen, da hin ir uwer potschafft auch schicken vnd senden mogit, vnd die selbe sach anbringen lassen so wellen wir auch in allen uwer schrifft furhalden vnd vorkunden, was do danne aintrechtiglich furgenomen wirdet vnd uw. gn. geantwert, darnach werdit ir euch wissen zcu richten, vnd was wir euch mit pillichkait mochten zcu dinst vnd willen sein, darczu sein wir willig. Gebin am Dornstage nach Johannis evangeliste anno etc. LVIIJ°.

Girzick von Constad herre zcu Podiebrad des konigrichs zcu Behmen gubernator.

Dem irluchten vnd hochgebornen fursten vnd hern hern Wilhelm herzogen zcu Sachsen lantgrauen in Doringen vnd margrauen zcu Missen vnnserm gunstigen herrn.

(Cedula.) Auch thun wir uw. gn. zcu wissen, das vns furgebracht ist worden vnd angelangt hat das ir ettlichen fursten vnd steten in der Slesie geschriben habt, sulche gerechtikeid als vns furhaldende, begerinde von in das sy sich wolden dorinn bewiesen etc. Mugt ir wol vorstehen das sy von alder herkomen zcu der cron zcu Behemen von recht gehoren vnd sich rechtferticklich by der cron alleczyt gehalden habin, so vorsteen wir nach nicht anders sunder sy werden sich in den sachen verrer aufrichticlich vnd nach der pillichkaid halden vnd das alles thun, das sy mit eren vnd gelymph thun sollen. Dorumb so beduncket vns das sulche uwer furhaldunge vnd schriebunge in gethan nicht not thut, nach dem sy wol wissen wie sie sich vnd wohin von recht halden sullen.

125.

1458, Januar 9 (Turonis).

K. Karl VII. von Frankreich an die böhmischen Stände: erklärt, auch nach K. Ladislaw's Tode, sein Wohlwollen gegen Böhmen, nimmt deshalb das Land zu Luxemburg in seinen Schutz und beglaubigt seinen Gesandten Dietrich von Lenoncourt.

(Handschrift G. XIX des Prager Capitels, fol. 184.)

Karolus dei gratia Francorum rex. Carissimi ac speciales amici! Credimus vos satis nosse prælatos aliquos ac dominos, nobiles et alios regnorum Hungariæ et Bohemiæ, nec non ducatuum Austriæ et Lucembergi oratores et nuntios pro parte serenissimi quondam principis filii et consanguinei nostri carissimi Ladislai dum ageret in humanis eorundem regnorum regis, atque ducatuum ducis, nuper ad nos destinatos extitisse, præsertim super tractatu matrimoniali regis ipsius et filiæ nostræ carissimæ Magdalenæ; ad quod quidem peragendum conjugium concluseramus efficaciter operam dare, quemadmodum eisdem oratoribus plenius dici et notificari feceramus, et hoc signanter propter amorem eximium, quem erga eundem filium et consanguineum gerebamus. Etiam et amicitias permaximas atque confoederationes antiquas, quas inter Hungariæ et Bohemiæ reges ac nostros antecessores Francorum reges initas et actenus conservatas fuisse, nemo Christianus ignorat. Cujus quidem conjugii medio, non parva spes nobis inerat ad fidem tutandam et ecclesiam dei a temporum sorte tristissima multipliciter afflictam potentius relevandam, atque suis in pressuris, ut decet catholicos reges consolandam. Sed ut res mortalium fluxæ quidem et fragiles habere se interdum solent, eodem filio et consanguineo ab hac luce subtracto, matrimonium illud adimpleri nequivit. At quantam inde displicentiam habuerimus, non facile dixerimus. Utrum super affectu sincero, quem ad illius conjugii votivum implementum, nec non super amicitia permagna, quam priscis temporibus ex ipsorum oratorum relatu erga eosdem processores nosque vos gerere intelleximus, vobis plurimum regratiamur, sciturі non minorem affectum erga vos, et regnorum ac ducatuum prædictorum subditos, nos habere. Et id ipsum erga coronam Bohemiæ, ex qua nos ex uno latere originem contraxisse, manifestum est, ostendentes, terras, villas oppida et dominia Lucemburgi, quæ tempore sui decessus habebat et possidebat is ille filius atque consanguineus in et sub protectione et gardia nostra posuimus atque suscepimus ab eisdem oratoribus rogati atque requisiti, veluti hæc omnia dilecto ac fideli Cambellano ac Baillino nostro de Vitriaco Theoderico Delenoncourt latius remonstrare patefacereque injunximus. Cui quidem super his credentiæ plenam fidem adhibere velitis. Datum Turonis nona die Januarii.

Carolus. Daniel.

126.

1458, 9. Januar (Turonis).

K. Karl VII. von Frankreich an Georg von Podiebrad: dankt für die freundlichen Erbietungen, nimmt Luxemburg in seinen Schutz und beglaubigt denselben Gesandten.

(Dieselbe Handschrift, fol. 184.)

Carolus dei gratia Francorum rex. Carissime ac specialis amice! Per Fridericum quondam dominum de Donin militem et Adam de Dalstein etiam militem dominum de Maisaubourg, qui si quidem anno exacto ad præsentiam nostram Lugdunium profecti sunt pro parte serenissimi quondam principis Ladislai, filii et consanguinei nostri carissimi, dum ageret in humanis regnorum Hungariæ et Bohemiæ regis atque ducatuum Austriæ et Lucemburgi ducis intelleximus affectum eximium, quem erga nos habebatis nec non et oblationes ingentes vestra parte per eosdem oratores nobis factas. Quo quidem pergratum nobis extitit et plurimum vobis inde regratiamur, sciturus nos in hiis, quæ personæ vestræ decus et commodum concernere acciperemus quam maxime vobis favere. Tum consideratione ingentium obsequiorum per vos præfato filio et consanguineo fideliter præstitorum, quam etiam intuitu confoederationum antiquarum inter Hungariæ ac Boemiæ et Francorum reges initarum et conservatarum; et hæc ipsa operum evidentia ostendere volentes, terras, villas oppida et dominia Lucemburgi, quæ tempore sui decessus habebat et possidebat is ille filius atque consanguineus in et sub protectione et gardia nostra posuimus atque suscepimus ab eisdem oratoribus rogati atque requisiti, veluti hæc omnia dilecto ac fideli Cambellano ac Baillino nostro de Vitriaco Theoderico de Lenoncourt vobis latius remonstrare patefacereque injunximus. Cui quidem super his credentiæ plenam fidem adhibere velitis. Datum Turonis nona die Januarii.

Karolus. Daniel.

127.

1458, Januar, Februar.

Herzog Wilhelm's von Sachsen Briefe an Georg von Podiebrad etc. nach Böhmen.

1) Dat. Saltza vff Montag nach Lucie 1457 [19. December]. (Beantwortet am Donnerstag nach Joh[is] evang. s. Num. 124.)

2) Dat. zu Coburg vff Montag nach Epiphanie dñi 1458 [9. Januar].

3) Dat. zu Wymar vff Sonntag Agathe virg. 1458 [5. Febr.], wo es heisst: Als wir am nehsten vf eym tage zu Bamberg gewest waren habin wir uch von Coburg usz ein schrifft getan — domit hat vnser euch nicht inheimisch funden — darum wiederholt er das Ersuchen um Geleitsbriefe für seine Sendboten etc. (Jiřík antwortet Prag am Sonntag Invocavit [19. Febr.]).

(Geleitsbriefe werden eod. dato ausgestellt.)

4) Dat. Wymar vff Sonnabint post octavam Epiphanie dñi [14. Januar] schreibt er an Zdenko von Sternberg, Joh. v. Rosenberg, Prokop v. Rabenstein, Bohuslaw v. Seeberg zur Plan, Hasen v. Hasenb. dem jungern ob. hofrichter, Hasen v. Hasenb. dem eldern, Niklas v. Lobkowitz, Jacob v. Wřesowitz, den steten Satz, Lawn, Slan, Kadan, Eger, Pilsen.

(Darauf kam nur von Ulrich von Rosenberg Antwort! s. Num. 128.)

5) Dat. Fritag vor Invocavit [17. Febr.] fertigte der Herzog seine Räthe von Weimar aus mit Briefen an die Stände überhaupt und an Herrn Georg insbesondere.

128.

1458, Febr. 1 (Maidstein).

Ulrich von Rosenberg an Herzog Wilhelm von Sachsen: ausweichende Antwort in Betreff seiner Wahl in Böhmen.

(Copie im königl. Archive in Dresden, loc. 10329, III, 136.)

Durchluchter hochgeborner furst, gnediger lieber herre! Mein dinst sein uw. gnaden alczyt voran willig. Gnediger lieber herre! Als mir uwer gnade schribt von wegen der gerechtikeid der durchluchten furstynne vnd frauwen frauwen Annan etc. meiner gnedigen frauwen vnd uw. gn. gemahil, vnd uw. gn. etc. (sic) als uw. gn.

brieff vollicklicher vnd klerlicher auszwieszt, hab ich vernomen. Lasz ich uw. gn. wieszen, das wir hie im landt nach nichts horen nach vornemen mugen wie es den hern die gein Ffranckrich geschicket sein worden, gee, vnd wo sy sind, dorumb besorg ich das die sach an sie die wil sy nicht koment vorhannt genomen vnd gehandelt mocht werden. Kumbt es aber darczu, was ich, oder ob ich nicht were, mein son, ader etlich vnnszer frundt oder rete die von vnnszernwegen da weren mugen uw. gn. haws vnd gerechtikait gedienen, so ver wir mit eren mögen das nicht wider die altherkomen gewonhait des landes vnd die gerechtikait were bin ich willig vnd tete das gerne als ich danne ye gern gethann habe uw. gn. vorfordern, uw. gn. vater vnd auch uw. gnaden. Gebin zcu Maidsstein, am Mettig vor vnnszer trauwen tag der Liechtmesse aunorum domini etc. L octavo.

Vlrich von Rosenbergk.

Dem durchluchten hochgebornnen fursten vnd herren herrn Wilhelm herczog zcu Sachsen lantgraue in Doringen vnd margraue zcu Missen etc. mynem gnedigen lieben herrn.

129.

1458, Febr. 4 (Prag).

Zeitung aus Prag.

Jacob Virling. Deme irsame Andres Kanitz zu Görlitz kome der brife.

Ich thu euch zu wissen, das man sagit allhie, das der Rockyzan hot gepredigit, wy das der doctor uff dem hawse habe keyn Rome falsche briue gesant, vnd dy brife sint genommen, vnd haben den doctor gefangen. Vnd sint obir 300 mensche vff dem hawse gewest am tage Purification, vnd haben gewartet wenn der könig vffstünde etc. (sic). Die kauffleute sagen das Jersick in Meren sey, sy sint in 5 tagen bey jm gewest etc. Datum zu Proge am Sonnabend nach Purification. (1458).

(Scultetus, III, 81ᵇ—82ᵃ.)

130.

1458, Febr. 11 (Freiberg).

Hans Monhoubt an Herzog Wilhelm von Sachsen.

— „Newe zeitung wegen des landes zu Behem das der Gersigka hat lassen vorbitten dy swarcze fremde muncz als nemelichen des kaisers vnd herzog Ludeweigks muncz vnd dy an den pranger geslagen vnd darbey vorpotten hat den koufleutten aus dem lande zu zihen innwendig XIIIJ tage also das keiner mer thar dynne legen wenn XIIIJ tage vorkoufft er in des sein gut nicht so muss er das lassen legen was zu einem jarmargk vncz vf den andern vnd das nach ein fardt vorczollen vnd vorrechten" — (dann Nachrichten aus Österreich und Ungarn). *D.* Sonnabend vor Vastnacht 1458.

(Orig. arch. Dresd.)

131.

1458, Febr. (s. d.).

Zeitung aus Prag.

(Cedula.) Newtzeitikeit weis ich anders nicht, wenne das die Behemschen herren von Franngreich widder anheym vnd etlich des konigs von Frangreich rete mit yn komen seind, auf was meynunge weisz ich nicht.

It. die gemeyne rede gehet, wie die Behemen schreien vnd ruffen, das man kein Dewtzschen sundern eyn der ires geczünges sei zu eynem konig aufnemen sulle.

It. meyn gnediger herre H. W. (sic) had noch vil guter gonner.

It. von Hungern saget man, wie der keyser von der gemeyne zu eym konige, weyde Nicolasch, von den herrn, vnd der junge gubernator, der gefangen was, von den Walachyen gekoren sullen, aber wie es dorumb gelegen ist, des weis ich der warheit nicht.

It. ich vernym, wie des keysers rete auf die Quatember auch gen Prage komen werden, dorumb geruche meyns herrn gnade nicht zu feyrenn.

(Orig. arch. Dresd. 10529 1, 19.)

132.

1458, Febr. 17 (Eckersberg).

„Wir Anna v. g. gn. geborne kunigin zu Hungern, zu Behemen Dalm. Croac. etc. herzogin zu Osterr. u. zu Luczemburg, marggrafin zu Merhern etc. eelich gemahel des hochgeb. f. herrn Wilhelms h. z. Sachs. etc. entbieten" etc.

Ein Schreiben an die Stände von Böhmen, sie als Erbin ihres Thrones aufzunehmen etc. (zugleich Vollmacht für ihren Gemahl). Dat. Eckersperg, Fritag nach d. Aschermittwochen 1458.

(Concept arch. Dresd. 10529, III, 49.)

133.

1458, Febr. 19 (Prag).

Georg von Podiebrad an Herzog Wilhelm von Sachsen: sendet den verlangten Geleitsbrief für dessen Räthe nach Prag.

(Orig. im kön. Archive in Dresden, 10529, I, 51.)

Dem hochgebornen fursten vnd herren herren Wilhelm herczogen zu Sachsen lantgrauen in Doringen vnd marggrafen zu Meissen.

Hochgeborner furst! Vnnser willig dinst mit guten willen zuuoram. Als ir vns geschriben vnd eyn abschrifft eyns brieffs wie ir vns fur geschriben habt, damit ein innerunge gethan, gleit anlangende, haben wir vornomen. Lassen wir euch wissen, daz wir yedczund eczlicher czeit zu Prag nicht sunder an der grenicz zu Vngeren gewesen seyn als gestern here komen da vns denn nach ewer vorinnerunge der abschrifft der brieff von vnseren amtlewten geantwort worden ist vnd nach sulcher ewer beger schicken wir euch von vnser vnd der anderen herren briefleich gleit vnd wollen euch eyn erberen den eweren geren vnter augen schicken ken Risenwerk der die eweren daselbst auffnemen vnd also nach ewer beger here furen sol uorten vns zuuorsteen geben schrifftlichen auff welche czeit die eweren zu Risenwerk sein werden daz wir wissen denselbigen dahyn zu schicken vnd warin wir euch mit guten geneigten willen zu wolgefallen mochten seyn weren wir gut willig. Datum zu Prag am Suntag Inuocauit vnter vnserem ingesigl annorm etc. LVIIJ°.

Girzik von Cunstat herr zum Podiebrad des wirdigen kunigreichs vnd der cron zu Pehmen gubernator.

134.

1458, 22. Febr. (Romæ).

Papst Calixt III. an Georg von Podiebrad: wünscht sich und ihm Glück zu dem Entschlusse, eine Botschaft nach Rom zu senden, und sichert ihr den besten Empfang zu.

(Handschrift G. XIX des Prager Capitels, fol. 134.)

Calistus episcopus, servus servorum dei: dilecto filio, nobili viro Georgio, gubernatori regni Bohemiæ, salutem et apostolicam benedictionem. Fuit apud nos nuper dilectus filius Lucas Haladek, ordinis Præmonstratensium, orator dudum claræ memoriæ Ladislai, serenissimi regis Hungariæ, ex quo cum maxima consolatione intelleximus id, quod jam diu ineffabiliter exoptavimus: principes scilicet, barones et alios dicti regni potentatus omnino adhibuisse animum ad nos sanctamque sedem apostolicam, cupereque in nostra et dictæ sedis fide et obedientia vivere. Laudamus quidem et benedicimus hoc sanctum et optimum propositum, quo nihil præclarius aut excellentius desiderari aut inveniri potest. Nobis vero propter diuturnam cupiditatem, quam habuimus de hujusmodi istius regni reductione ad obedientiam et fidem nostram ac sanctæ Romanæ ecclesiæ, nihil omnino jucundius nunciari potuisset. Graviter enim et cum summo dolore semper tulimus, quod regnum illud potens et admirandum hiis tenebris et erroribus implicatum teneretur. Nunc vero immortali deo gratias agimus, qui cordibus dictorum principum atque baronum et aliorum tam salubriter inspiravit; hortamur itaque nobilitatem tuam, ut eos in tam laudabili sententia confirmare studeas, desque operam, ut sine ulteriori dilatione oratores dicti regni, et signanter dilectus filius Johannes de Rokyczano ad nos veniant, cum quibus, ut decet, omnia, quæ ad laudem dei, decorem illius regni et salutem animarum pertinebunt, opportune tractare et perficere cupimus, et adjuvante domino concludemus. Nec ullus metus detineat dictos oratores; nam tutissime venire possunt, nec solum nihil impedimenti recepturi sunt, sed in cunctis bene et honorifice tractabuntur; ad quos etiam plenum salvum conductum ad uberiorem cautelam duximus destinandum. Datum Romæ apud sanctum Petrum anno incarnationis dominicæ MCCCCLVIII octavo Calend. Martii, pontificatus nostri anno tertio.

S. de Spada.

135.

1458, Febr. 24 (Prag).

Freitag nach Invocavit sandte Herr Georg etc. Jüngel Thossen und Zdislawen den Räthen und Sendboten Herzog Wilhelm's von Sachsen entgegen, „die geordent sein vff die sampnunge zu Prage zu ryten,“ um sie sicher nach Prag zu geleiten. Dat. Prag etc.

(Orig. arch. Dresd.)

136.

1458, Febr. 26 (Freiberg).

„Zeitung — so mir mein knecht von Wien geschriben."

— „Wist das der Mattigetsch von dem pofel in Vngern gencz zu eynem konig erwelt ist vnd seyner mutter bruder der Weidaphi Lasslaw ist itzundt mit grossem volgke kein Offen komen wer da yn nicht wil zu einen konige haben den wil er mit macht darczu pringen, als man aber horet so slahen sich dy herrn von im vnd wullen yn nicht haben deshalben das er der gepurdt nichten ist. It. wist das alle koufflewtte in eyner stunde haben mussen von Prage weg reytten." *D.* am Sonntag Reminiscere 1458.

Hans Monhoubt wechsler zu Fribergk.

(Orig. arch. Dresd.)

137.

1458, Mart. 1 (Prag).

Bericht der Räthe Herzog Wilhelm's von Sachsen: von ihren Verhandlungen in Prag.

(Orig. des kön. sächs. Archivs in Dresden, loc. 10529, I, 59.)

— Gnediger lieber herre! Gestern Dinstag am mittage sind wir hie zu Prage inkomen vnd haben alsbalde mit Jungel Thossen der vns her gleitet hat, vnnser botschafft zu herrn Girziken dem gubernator geschickt werbinde wir sein von uw. gn. mit ettlicher muntlicher werbunge an sin gnade zu brengen gefertigt bittende vns den abind adir hut fru adir wann vnd welch zeyd das an sinen mueszen ym ebin vnd fugsam sey bie sin gnade allein alleyne zu bescheiden vnd zukomen laszen, so solt es vns zu spate adir zu fru nicht sein. Daruff ist vns von ym zu antwort worden vnd zuentboten, er wulle darob vnd doran sin, das wir hewt so die herren wider zusampne quemen vnnser werbunge verhoret werden solten, des haben wir vns gehalten, darnach mit notdorfftiger bereytunge darczu geschickt vnd hut vff sollich verhorunge bisz zu hochem mittage gewarttet, vnd vndir des ane vndirlas mit erinnerunge zu herrn Girzik als er mit den andern herren vff das rathus quam bestalt. Wart vns von ym entboten, wir solten vns in vnser herbirge enthalten, vnd siner botschafft die er vns schicken wulle harren, was wir dann vor die sampnunge vffinberlich zu brengen haben, das sullen wir thun. so wulle er vns vnnser werbunge die wir an yn alleyn zuthunde hetten, darnach so erst er moge auch bescheiden vnd mit muessen verhoren. Nu hud im mittage sind wir nach herrn Girziks beischunge von sinen vnd der andern herren wegin zu vns bestalt im namen gots vff das rathus fur die herren vnd gemeyn versampnunge gangen vnd vnnser werbunge nach lawt der hier ingeslossen verzeichniss ordenlich vnd gnugsam verhoret worden vnd ist von den herren ritterschafften vnd steten zu sollicher verhorunge trefflich in eyner guten mennige nemlich die grosze stube vff dem rathus glich voll redlichs vszgelesens ansichtigs folcks geschickt vnd geinwertig gewest, als wir der einteils vnd die namhafftigisten, alsuil vns der hat benennet mogen werden, hierinne verzeichind senden. Noch sollicher vnnser gethanen werbunge sind wir wider in vnnser herbirge gegangen, haben gessen vnd zu stund nach essens Jungel Thossen der vns von herrn Girzick zugeschickt ist vff vns zu warten ab vns von ymands bedranck ader widerwertickeid begeginte vns des rath zu schaffen zu demselben herrn Girzik geschickt vnd gebeten, vns zu der werbunge die wir an yn allein zu thunde hetten zubescheiden, wann das an siner zcyd vn muessen bequemlich gesein moge, so weren wir willig vnd bereyt bie sin gnade zukomen. Daruff hat er vns entboten er sey itzund ettwas in unmuessen, vnd alsbalde er des muessig werde so wulle er vns noch hiend adir morgen entbieten bie yn zukomen vnd danne gnugsam verhoren. Das wir also wartten vnd wulle vns getruwelich vlissigen die ander werbunge vfs beste zuthunde. . . . Abir ern Mathiesen Slick haben wir hie nicht funden, vnd konnen auch nicht erlernen, das er vff diese sampnunge komen werde. So ist auch der bischoff von Bresla nach von der stad zu Preszla adir vsz andern steten in der Slesie, nach vsz Lûsicz, adir von den prelaten, bischoue adir anders vsz Merhern nymands hie, dann alsuil uw. gn. in der verzeichniss findet, sundern die von Gorlitz vnd von Budissen begeginten vns vor Prage an vnsern gestrigen inryten dann als gestern vnd hud eyn geruchte gewest ist das daz gemeyn folck geruffen had, herrn Girzik adir sust eynen andern Behemischen herrn vnd sust keynen Dutzschen adir andern zu konige zu webeln nach vffzunemen, als die von Gorlitz vnd von Budiszen das vernamen sind sie von dannen geryten als wir versteben in groszem verdriesze vnd myszfallen, dann Jungel Thosse, der vns gleytet vnd vor reyt, fragte die von Gorlitz vnd von Budiszen, was die herren machten hatten sie geantwortet, das er furd hinin ryte so werde ers wol vernemen, dann sie machen das es got erbarmen mocht etc. (sic). Darusz ist zu mercken, so nymands trefflichs vsz der Slesie vnd andern anstoszenden vnd zugehorigen landen hie gesampnet vnd der handil sollichermasse verlutet wirt das sie vnd villicht ander mer wenig wolgefallens in den dingen gehaben mogen. Gnediger herre! es wirdet durch das gemeyne folck gar mancherley hin vnd wider geredt, das nicht alles zu schriben vnd auch den mererteil nichts gegrundet adir vffzunemen ist. Sundern der konig von Franckrich hat hie ettlich die sinen nemlich eynen sinen houbtmann mit andern die sein gestern als wir inryten fur der sampnunge gewest, vnd haben yre werbunge getan vndir andern wie der konig von Franckrich zcwene sone habe, der eyner Karll genand von eylff jaren ald vnd der eldst sey, den er yn zu eym konige geben, damitt alle lande lute vnd zugehorunge adir was von der cronen zu Behemen verpfendet sey gentzlich wider darczu kewffen entledigen vnd brengen, denselben sinen son auch mit sollichem schatze herusz schicken vnd alsouil bie der cronen thun wulle, das yederman verstehen vnd erkennen sulle, das er gnug gethan habe, doch das derselbe sin son nicht ehir dann bie funffzehin jaren herusz komen vnd bynne des die crone durch eynen gubernator reigiret werden sulle etc. (sic). Dieselben Frankrischen rethe sind mit herrn Zdencken von Sternberg vnd andern Behemischen rethen die von konig Laszla seligen zum konige von Franckrich geschickt waren, heruszkomen, vnd nach sollichem yren gethanen gebothe, das sie mit vast wortten trefflich vnd hoch angeczogen haben, sind ettwie vast Beheimen dartzu geneygt, vnd had sie sollich geboth ader erbietunge der gaben gros bewegt, vnd was daruff eyn geruchte worden, diewile yn sollich ere angeboten vnd heymgetragen werde, die sey yn vbil zu uerslahen“ etc. — „Geschriben zu Prage am Mittwochen zu nacht nach Reminiscere anno dni etc. LVIIJ° vnder mynem grauen Sigmunds insigel.“

Dit sint die herren ritterschafft vnd stete vff dieser sampnunge geynwertig:

Her Girzik der gubernator,
„ Hase von Hasemburg,
„ Ihan von Rosemberg,
„ Zdenko von Sternberg.

9*

Her Ihan von Michelsperg,
„ Jindřich marschalg von Merhern,
Der von Ilburg her Wilhelm,
Her Geterzich von Chlomatzsch.
„ Ihan Hase der junger,
„ Sigematzsch von Cunstad,
„ Dubzky von Byrck (sic),
„ Ihan von Tetzschen,
„ Heinr. von Plawen,
„ Ihan von Swannberg,
„ Crussina von Comburg,
„ Gindrzich von Colowrath,
„ Albrecht von Colowrath,
„ Ihan von Colowrath,
„ Albrecht von Colowrath der ander,
„ Hanns von Colditz,
„ Burian vom Gutenstein,
„ Ratzko vom Risenberg,
„ Ihan von Szwyha,
„ Przibik von Klena,
„ Jacobko,
„ Benisch von Colowrath,
„ Burss von Riesenburg,
„ Tertzko,
„ Gindrzich Koska,
„ Albrecht Koska,
„ Pardus,
„ Ihan Sadla,
„ Gindrzich von Platz,
„ Ihan Czalta,
Der Wohirs Pechalitz landrichter in Saczer kreys,
Her Czetzko.

Sust ander herrn vnd von der ritterschafft auch von den steten des Behemischen getzüngs eyn trefflich gros mennige, als obgerurd ist, die vns als kurtzlich nicht alle mochten bezeichind werden.

(Orig. ibid. fol. 61.)

138.

1458, Mart. 2 (Prag).

Zweiter Bericht derselben Räthe: von der Wahl Herrn Jiřík's zum Könige von Böhmen.

(Orig. im k. sächs. Archive das. 10529, 1, 57.)

Dem durchluchten hochgebornnen fursten herrn Wilhelmen herczogen zu Sachsen etc. vnserm gnedigen liebenn herrenn.

Gnediger lieber herre! Was wir uwern gnaden hud geschriben haben, das had üwer gnade des vns nicht zcwieueltt wol verstanden. Als sind die sampnunge bie eynander gewest vff dem rathuse, vnd in der stunde zcwuschen achzcehin vnd nünzcehen, als wir uber tische sassen, had sich eyn gros gelewffte gemacht vnd darnach wartt man die grossen glocken vff dem rathuse vnd in etlichen vmbligenden kirchen mit allen glocken zusampne luten lassenn, da fragten wir was das were, daruff worden wir berichtet, man hett eynen nüwen konig zu Behemen, dartzu were her Girzick gekoren worden vnd alsbalde wir stunden vnd sahen zu dem groszen zulauffen des folckes so wart her Girzick vom rathuse in des Rockenczans kirchen gefurt in groszem gedrenge, vnd man trug ym fur das swertt, in derselben kirchen was er eyn gute lange wyle, diewile wir diese bottschafft fertigten, vnd konnen uwern gnaden nutzumal kurcze halben der zcyd nicht mer geschriben sundern wir wullen vns ab got wil nů zu uw. gn. fugen soerst wir mogen. Gar ylend geschriben am Donrstage in der nünczehenden stünde, anno etc. LVIIJ°.

Von uwern gnaden rethen vnd dienern etc.

(Cedula 1.) Darnach als dieser brief geschriben was, furte man den nuwe gekornen konig wider vsz der kirchen mit grossem Behemischen gesange der herren die fur ym vnd neben ym gingen. Dat. uts. (sic). It. der marschalg von Merhern trug ym das swert fur.

(Cedula 2.) Vns ist auch hud warhafftig zuuerstehen gegeben, sich begebe zu Hungern wider den nüwen vffgeruckten konig gros krieg vnd irrthum, vnd man meynd, es werde gros vbil darusz entstehen. Dat. uts. Nach dem allen had sich uwer gnade nach uwerm besten zurichten.

139.

1458, Mart. 5 (Friberg).

Dritter Bericht der Räthe Herzog Wilhelm's: über den Verlauf der Königswahl in Böhmen.

(Orig. ebendaselbst.)

— „Gnediger herre! Als die sampnunge am nechstuergangen Donrstage fru vff das rathus zusampne quam, vnd bisz zu hochem mittage bie eynander was, vermûtten wir vns nicht anders, dann das die briue zum Karllstein geholet vnd die nacht vor tage brachtt verhoret gelesen vnd von vnnser antwort gehandilt wurde, daruff wir vns mit dem essen enthilden vnd in bereitschafft saszen vff vnsern gehabten abscheid nach yrer heischunge zu stund vngesümpt furzukomen. Vndir des wart nach lawt vnser furdern schrift vsz allen gassen vnd allvmb eyn groszes zulauffen zum rathuse alslange das die grosze glocke im rathuse die man zu infûrunge eyns konigs pflegt zu lawten, auch alsbalde in des Rockzans vnd andern vmbligenden kirchen alle glocken angeczogen vnd gelutet worden, vnder des zcogen die Beheimen mit herrn Girzick yrem vffgeworffenen konige in grossem gedrenge vnd geprenge in des Rockzans kirchen, darinne als vns durch ettlich biestendere warhafftiglich gesagt wart, nach dem gesungen lobsange Te deum laudamus etc. durch den Rockzcan in geinwertickeid alles gesamptes folckes, eyn kurcz exhortatio vnd verkundigunge gescheen ist, vndir andern erreyszwortten, das sie got loben vnd dancksagen sullen, der yn nû eynen loblichen konig zu sterckunge vnd enthaldunge yres glaubens gegeben habe, desglichen sie vor nye mer gehabt hetten etc. (sic). Darnach vsz derselben Rockzcans kirchen wart der nuwe vffgeruckte ketzerisch konig in eyner stille ane pfiffer trometer adir ander spillute, sundern alleyn mit geschrey vnd gesenge sannct Wentzlaws leyson des gesampten folcks gefurt in sinen hoff."

(Da ihnen somit durch die That Antwort gegeben worden wäre, hätten sie an ihre Rückkehr denken müssen. Der französische Gesandte Hauptmann „Belys" habe zu ihnen geschickt, seine Gesandtschaft bei ihnen entschuldigt und um sichere Heimkehr durch ihres Herrn Lande angesucht etc. mit mannigfachen Versprechungen etc. Sie verwenden sich für dessen Wünsche. Dieselben würden etwa fünf Tage nach ihnen ihre Reise über Sayda machen etc.) Dat. zu Friberg am Sonntage Oculi zu nacht, 1458.

140.

1458, Mart. 5 (Prag).

Notification der Wahl Georg's von Podiebrad zum Könige von Böhmen: an die Stände der Oberlausitz.

(Scultetus, III, 82. 83.)

Johannes de Rosenberg capitaneus Slesiæ, Sdenko de Sternberg burggravius Pragensis, Hinricus de Lipa marschalcus regni, Henricus de Michelsberg camerarius regni, Sbinko de Hasinburg judex regni, Johannes de Kolditz, ceterique barones, nobiles et communitates regni Bohemiæ: nobilibus et prudentibus, universis vasallis, magistris civium et communitatibus Budissinensis et Gorlicensis ducatuum, amicis nobis dilectis.

Nobiles et prudentes amici dilecti! Dum die secunda præsentis mensis Martii simul essemus in civitate Pragensi ac continuaremus tractatus de eligendo nobis regem, deo sic disponente, placuit nobis omnibus secundum libertates et jura regni nostri unanimi, conformi et libera voluntate regem eligere magnificum dominum Georgium tunc gubernatorem, nunc serenissimum principem et regem nostrum gratiosissimum, quem felicibus auspiciis et pace adeo concordi electum [1]), ut nec dissensiones fuerint, ob insignem ejus violentiam (sic), summam prudentiam, excellentemque virtutem, juste et prospere regnaturum deo tribuente confidimus, eum etiam servato more majorum et consuetis hujus regni cerimoniis coronari infra breve tempus faciemus. Voluimus vobis hæc notificare ad vestram lætitiam et consolationem, ut sicut nobiscum de morte felicis memoriæ inclyti regis Ladislai fuistis tristes, sic de hac quieta et felici electione lætemur, et falsis rumoribus, si qui ad vos venirent, quod per vim, metum vel circumventionem electio facta esset, nullo modo credatur. Imo persistite in vera et constanti fidelitate erga ipsum serenissimum regem et coronam, ut consuevistis, vosque facturos pro vestra virtute speramus. Datum Pragæ die V mensis Martii 1458.

(Scultetus, III, 83[a, b].)

---

[1]) Ms. electione.

Jan von Rosenberg hauptman in der Slesien — an die Sechslande und Städte.

Ich lass euch wissen, das h. Girsick von Cunstat vnd Podiebrad gubernator etc. des kunigreiches zu Behmen erwelt ist vnd uffgeworffen ist mit gemeiner stymme des gantzen landes zu eim kunig des loblichen künigreichs zu Behmen. Wie sich dann das also gefüget hat, durch schickung gottes des almechtigen. Beger ich an euch mit sunderm fleis, vnd zweiffel daran nicht, ir werdet ye als gutte biderleuth nach dem sichs gebüret, an die cron halden vnd sich von derselben nicht wenden: so jr dann das von alders ye getan habet. Wann euch der erwelte vnd künfftige künig, auch jderman reich vnd arm versprochen hat bey jrem glawben, rechten, priuilegien, gnaden, freyheiten vnd allen gutten herkommen, gewonheiten, gnediglich zu halden. Geben zue Prag am Suntag Oculi mei in der vasten 1458.

(Scultetus, III, 82[b].)

141.

1458, Mart. 8 (Prag).

Erstes Schreiben K. Georg's an Herzog Friedrich von Sachsen: gegen die Eingriffe des westphälischen Gerichts nach Böhmen.

(Abschrift des kön. Archivs in Dresden, 10529, 1, 99.)

Jorg von gotes genaden konig zu Beheim, marggraff zu Merhern, herczog zu Luczemborg vnd Slesien vnd marggraf zu Lusicz etc.

Vns haben angelanngt die von Elbogen, vnser lieben getrewen, wie sie fur das gericht zu Westualen von Hannsen Eyben dem eldern von Olsznitz ewerm vndersessen wider die freyheit des konigreichs zu Beheim geladen werden. Also biten wir ewer liebe wolle dem ewern gebieten vnd die ewern darzu halden, das sie die vnnsern wider solch freihait nicht dringen. Sunder hat ymands wider die vnnsern icht zu sprechen, das sie das fur vns suchen. So sind wir der vnnsern wol mechtig vnd wollen eynem yeden rechts gnung helffen das er wider die vnnsern fremder recht nicht darff besuchen. Geben zu Prag am Mitwoch vor dem Suntag Lætare in der vasten.

Commissio propria D. regis.

Dem hochgebornen fursten herrn Fridrichen herczogen zu Sachsen des heil. Rom. reichs ertzmarschalk, lantgraue in Doringen vnd marggrafen zu Meyssen.

142.

1458, Mart. 11 (zu Weimar).

Herzog Wilhelm von Sachsen appellirt im Namen seiner Gemahlin Anna an den Papst Kalixt III., an den Kaiser und die Kurfürsten gegen das von der Prager Versammlung ihr zugefügte Unrecht, womit sie ihres Erbrechtes zur Krone Böhmen beraubt und „einer genannt Girzik von Constad" etc. zum König gewählt worden ist.

Die Gesandten des Herzogs hatten in jener „Versammlung" am Mittwoch nach Reminiscere (1. März) die Ansprüche ihrer Frau dargelegt; doch ehe zehn Tage darauf vergingen, kam ihm die Nachricht zu, dass jene Wahl stattgefunden etc.

(Orig. arch. secr. Dresd. 10529. I, 179.)

Nachdem die sächsischen Gesandten ihren Vortrag auf dem böhmischen Landtage geschlossen, liess man sie in ihre Herberge zurückkehren und der Gubernator sandte sogleich gen Karlstein seinen Kämmerer und den Jobst von Einsiedel, seinen Schreiber, mit mehr als 30 Pferden „nach Verschreibungen und Briefen" etc.

(Ibid. fol. 177.)

143.

1458, Mart. 14 (Leipzig).

Fridericus dux Saxoniæ Marino de Fregeno nuntio et collectori apostolico.

Queritur in Bohemia electum esse in regem illum, „qui in exstirpationem fidei catholicæ non ab hodie sed per plurimorum annorum curricula versatus est," — „si tacite rem transieritis, procul dubio adhærentiam majorem accepto diademate consequetur" — „factum illud S. D. n^ro^ papæ velitis significare" — „ut in assecutione coronæ impedimentum sibi occurrat" — „et maxime D. Wratislaviensi et Waradino episcopis, ne capiti suo coronam regni Boh. imponerent" etc. Dat. Lipczk, fer. tertia post Lætare 1458.

(Concept. arch. Dresd. IV, 114.)

Respondet Marinus de Fregeno, quamquam cardinalis S. Angeli legatus de latere S. S[tis] per Germaniam, cum propius adsit, suæ sanct[ti] factum notificaverit, se tamen nihilominus etiam idem facere velle. *D.* Lypczk, 23 Mart. s. a.

(Orig. ibid. IV, 115.)

Idem scribit papæ — „cum prætactus electus pro coronatione ad V^{ram} sanct. direxisse dicatur, partes et principes prætacti — formidant vehementer etc. *D.* Ex Cswikavia, die 7 Aprilis.

(Copia ib. IV, 116.)

144.

1458, 15. Mart. (Budæ).

K. Mathias von Ungarn an K. Georg von Böhmen: freut sich seiner Erhebung, klagt über den Wojwoden Niklas Ujlaki und verspricht, einen Bischof zur Krönung nach Böhmen zu senden.

(Prager Capitular-Handschrift G. XIX, fol. 181.)

Mathias dei gratia etc. serenissimo principi domino Georgio inclyti regni Bohemiæ regi, fratri immo tamquam patri nobis carissimo, salutem et prosperos ad vota successus. Serenissime princeps! Postquam rerum successus secundarum vestræ fraternitati advenisse, ipsamque vestram fraternitatem in regem Bohemiæ electam intelleximus, ea plane expleti fuimus lætitia, ut illum Romanæ felicitatis diem, quo primum Marcelli proelio Nolana apud moenia Hannibalis agmina conciderunt, gaudii suavitate superasse contenderemus. Id vestræ fraternitati, ut felix, ut faustum et ut saluti sempiternæque laudi sit, maximopere exoptamus. Cernimus profecto, in vestræ fraternitatis electione, quod virtutem ipsam (ut sæpe alias) fortuna quoque comitata est; jamque deo proposito (sic) virtuteque comite mutuis invicem, prouti ex conjuncto vinculo tenemur, collatis auxiliis, amborum nostrorum regna, incrementa susceptura sunt quam auctissima Christianoque orbi exinde speramus commoda accrescere, quam cumulatissima (hæc hactenus). Ceterum, quod de Nicolao Waywoda Transsylvano de Wylak, vestra fraternitas nobis alias significarat; ut idem ex vestræ fraternitatis monitionibus edoctus, omnia illa facturus foret, quæ nobis idem grata cognovisset. Nos ita suasionibus et documentis v. f. edocti, indubitatam fidem de eodem Nicolao Waywoda sperantes, expectabamus; sed aliter evenit, quam rati eramus. Nam idem per nos solennibus oratoribus vocatus, datis etiam eidem omnibus et singulis securitatibus, salvis etiam conductibus strictiori forma, quæ esse potest, omnibus reliquis adminiculis cumulatis, insanabili quodam suo ingenio utitur, novas semper dilationum causas conquirendo, ad nos advenire destitit et differt de præsenti. Cum tamen nos omnia illa adimpleverimus, quæ parte ejusdem Nicolai Waywodæ, vestra fraternitas a nobis exoptabat, pacientissime et cum summa caritate eundem expectando. Verum jam cernimus, quod idem patientiam nostram contempnat, nec ad nos advenire curet, colludere nobis plane videtur. Igitur deinceps cum pro novitate regni nostri contra hujusmodi factiosos homines necessario providere habeamus, vestra fraternitas nobis imputare nolit, si casus aliquis eidem Nicolao Waywodæ advenerit, cum nos ad tutamen regni nostri necessitate quadam impellamur. Non dubitamus etiam, quin ipsa vestra fraternitas, postquam eundem Nicolaum Waywodam et ipsius vestræ fraternitatis suasionibus nostrisque mandatis, renitentem videat, contra eundem Nicolaum et quoslibet alios nobis contrariantes consilio favore et auxilio aderit effectivo. Omnium extremo id, quod vestra fraternitas a nobis exoptavit, ut videlicet unum episcoporum nostrorum ad felicem vestræ fraternitatis coronationem affuturam transmitteremus, id ipsum toto desiderio solidaque voluntate facturi sumus. Et in hoc ipso, sicuti in reliquis rebus, tamquam patri per omnia complacere ipsi vestræ fraternitati curabimus. Optamus denique ut tempus suæ coronationis vestra fraternitas suis in literis velit nobis denotare. Vestram fraternitatem longæva valere optamus in tempora, præsentes enim sigillo nostro annulari fecimus communiri. Datum Budæ, feria quarta proxima post festum beati Gregorii papæ anno etc. LVIII.

Ad mandatum proprium domini regis. Albertus electus Nitriensis vicecan.

145.

1458, Mart. 19.

H. Friedrich von Sachsen an M. Albrecht von Brandenburg.

Sendet ihm das Schreiben „Jiřika“ (dat. 8. Mart.), das er unbeantwortet gelassen habe; er fürchte, derselbe werde eilen, der Wahl die Krönung folgen zu lassen. Welchen Titel solle er ihm geben und wie solle er sich gegen ihn setzen? Darum bittet er um Rath. Er meint, es wäre Angelegenheit aller Fürsten, dessen Krönung zu hindern. *D.* zu Meissen, am Sonntag Judica 1458.

Albrecht antwortet darauf (dat. Onolzpach Mittwoch nach Palmarum [29. Mart.]), da Herzog Wilhelm ihm gemeldet, dass der Tag von Bamberg widerboten sei, und gebeten, seine Räthe nach Breslau zu schicken, dass er so thue und in's Einverständniss mit Allen treten wolle.

Weiter am heil. Osterabend [1. April] schreibt Albrecht an Herzog Wilhelm, er schicke seine Räthe auf den Tag nach Breslau, dass sie Sonntags Quasimodo geniti [9. Apr.] „zum Hayn“ seien etc.
(Orig. ibid.)

146.

1458, 20. Mart. (Budæ).

Cardinal Johann Carvajal an K. Georg: Glückwunsch zu seiner Erhebung und Bitte, auf den Schutz der Christenheit gegen die Türken bedacht zu sein.

(Prager Capitular-Handschrift G. XIX, fol. 158.)

Joannes cardinalis S. Angeli, ap. sedis legatus, Georgio regi Boh.

Serenissimo principi domino, domino Georgio, dei gratia regi Bohemiæ etc. Serenissime rex et mi domine singularissime! Post humilem commendationem. Intelleximus ex literis baronum vestri inclyti regni Bohemiæ, vestram serenitatem electionis ipsorum baronum ministerio ad regale culmen regni ipsius esse evectam; pro quo congratulantes baronibus ipsis magnificis et toti regno vestro, attentissima prece divinam pietatem precamur, ut vos in viam suam faciat ambulare, ut sicut in principio vestræ electionis lætatum est regnum ipsum, ita successu temporis beatum se reputet et prædicetur, quod deus vestræ dignationi regnum ipsum regendum commisit; nos vero plurimum lætati sumus, sperantes, quod divino spiritu inflammata vestra majestas reddet honorem pro beneficiis vestræ serenitati collatis. Quæ pro unitate religionis et auxilio contra Turcum sæpe rogavimus ipsam vestram celsitudinem procurare, ipsa, ad quam summa rerum delata est in ipso regno, per se faciet. Istud est, in quo magis potestis placere deo, ista erit retributio, tanto munere digna, hoc vestrum stabiliet regnum et firmabit. Si ita fecerit vestra sublimitas, sperare debetis, quod per magnam dierum longitudinem gubernacula regni tenebitis, et postea ad meliora vocatus filiis vestris in pace relinquetis. Qui in confinibus Turcorum habitant, qui in sua curia fuerunt, scribunt, ipsum Turcum omnia parare ad invadendum istud regnum Hungariæ et totam Christianitatem ista æstate proxima. Omnipotens deus noster vestram majestatem conservare dignetur. Ex Buda XX Martii, anno etc. LVIII.

E. V. M. Servus Jo. cardinalis S. Angeli, apostolicæ sedis legatus.

147.

1458, 20. Mart. (Romæ).

Der römische Pfarrer Wenzel an Herrn Georg, Gubernator von Böhmen: lobt den Eifer des Mönchs Lucas Hladek und empfiehlt die Einigung mit der römischen Kirche.

(Dieselbe Handschrift G. XIX. fol. 200.)

Egregio, nobili excelsoque viro, domino Georgio, gubernatori regni Bohemiæ, multa cum laude et honore fulgenti, Wenceslaus presbyter, orationum suarum precamina, quamvis indigna, indefessa tamen, præoptat, et cum omni felici successu regni Bohemia, patriæ quoque nostræ nec non paterna natione (sic). Ex relatu enim multorum fide dignorum percepi, qualiter multum laudabiliter et magna cum tranquillitate ac pace regnum Bohemiæ per vos disponitur, regitur et gubernatur; quod summa cum lætitia et gaudio gratulando et exultando audivi, et quam maxime ex relatione carissimi et fidelissimi fratris nostri Lucæ, qui ob zelum et amorem, quem nostræ patriæ gerit, Bohemicæque nationi murum se ipsum posuit, clypeumque ac scutum defensionis, contra quam plurimos Alamanos, infamare ac denigrare nitentibus famam Bohemorum, affirmantibus, eos esse reos in morte regis, quibus omnibus frater Lucas solus restitit et contradixit coram summo pontifice, sanctissimo domino nostro papa Calisto, constanter et viriliter se opponens et obligans ad poenam talionis, in carcerem ire paratus, aut mortem aut quamcumque poenam suscipere se obligans, si hoc veraciter et non fallaciter probaretur. Qua de causa serenitati vestræ sit recommendatus et commissus, utpote tanquam fidelis nuntius, patriæque nostræ zelator et amator. Insuper noverit vestra serenitas, quod ego presbyter Wenceslaus XLVI annis extra patriam propriam sum jam absens, et mansi Romæ XLIIII annis jam completis, et hoc propter multa disturbia regni nostri et quam maxime propter multa, quæ fidem tangunt; non enim discordare debemus a ritu Romanæ ecclesiæ, cujus primus vicarius Christi fuit Petrus cum consorte suo sancto Paulo. Qua propter celsitudini vestræ, cujus gesta magnifica per mundi climata resonant universa, preces porrigo reverenter, quatenus prudentia vestra summo cum desiderio incessanter ad hoc anhelet, ut in his, quæ fidem immaculatam et catholicam summe tangunt, cum Romana ecclesia unire vos velitis. Quod si feceritis, apud deum meritum non modicum acquiretis, et a mundi hominibus gloriam et honorem. Datum Romæ anno domini MCCCCLVIII die XX mensis Martii.

Wenceslaus presbyter, rector ecclesiæ sancti Pauli in urbe de regione regulæ.

148.

1458, 27. Mart. (Budæ).

K. Matthias von Ungarn an K. Georg von Böhmen: Klage über den Vertragsbruch von Seite Jiskra's.

(Dieselbe Handschrift G. XIX, fol. 181.)

Mathias dei gratia etc. Serenissimo principi, domino Georgio, eadem gratia etc. salutem et prosperos ad vota successus. Serenissime princeps! Credimus vos non immemores esse dispositionis illius, quam dum vobiscum in Strasniz constitueremur, inter nos et Johannem Giskram de Brandis serenitas vestra firmaverat, quamque pro rato habentes hactenus nos inmutabiliter pro nostra sincera fide tenuimus. Credebamus etiam et per eum hujusmodi firmatæ inter nos dispositioni nullo pacto in contrarium iri, imo sperabamus, eum auctoritati vestræ serenitatis delaturum: sed tamen dolositate illius hominis longe aliter, quam ambo rati eramus, evenit. Nam idem Johannes Giskra dolum, quem in corde habebat, quibusque artibus hucusque usus est, celare non valens, rejecta ipsa compositione serenitatis vestræ, hostiliter nobiscum et cum regno nostro agere omnino conatur et intendit. Scribit enim ad nos literas suas diffidatorias, quarum copias vestræ serenitati notas esse volentes, præsentibus inclusas mittimus, in quibus scribit, quod nos in executione prætactæ dispositionis non fecerimus ea, quæ promisimus; in qua re et nos scimus, et vestra serenitas intelligit, eum vera non allegare, quoniam nec terminus dispositionis illius advenit, nec ipse, ut per nuncium suum promiserat, consiliarios suos pro inchoandis tractatibus ad nos misit. Ut igitur serenitas vestra intelligat, a modo et nos contra eundem et ejus sequaces iniquos, ab eo impulsi, deo duce, virtuteque comite, et vestræ fraternitatis auxilio, regnum nostrum et tueri velle et defendere: quam ob rem rogamus serenitatem vestram, quatenus adesse nobis velit consilio et auxilio, adversus iniquitatem dicti Johannis Giskra, utque imputare nobis nolit, si quid auxilio dei contra eundem pro nostra et nostrorum justa defensione agere poterimus.

In qua re de vestræ serenitatis consilio et intentione, tanquam a patre nostro, responsum expectamus. Datum Budæ, vicesima septima die mensis Martii, anno domini MCCCCLVIII.

Ad mandatum domini regis:
Albertus electus Nitriensis vicecancellarius.

149.

1458, Mart. 27 (Brunnæ).

Bischof Protas von Olmütz an Bischof Jobst von Breslau: klagt über seine Lage und ersucht um Rath.

(Abschrift im kön. Sächs. Archiv in Dresden, 10529, 1, 81.)

Rev^mo in Chr. patri ac domino D. Jodoco dei et apost. sedis gratia episcopo Wratislaviensi dignissimo fratrique nostro carissimo
Prothasius dei gratia electus et confirmatus Olomucensis.

Rev^me in Chr. pater ac frater noster car^me! Superioribus diebus deo duce sospites ex Italia has nostras partes ob mortem ser^mi dominique gratiosissimi nostri divæ memoriæ regis Ladislai turbulentissimas venimus. Quæ quidem res quantum nos tædio animique molestia afficiat, satis Pat. V^ræ patere arbitramur. Nam novi forensibus causis sumus et hujus patriæ nostræ ut ita loquamur penitus expertes. Itaque vestra valitudine nobis declarata rogamus ut juxta vestrum erga personam nostram semper benignissimum morem placeat nos eorum quæ in illa jam ut percepimus Legnicz celebrata dieta decreta nec non aliorum quæ rev^mæ Pat. V^ræ scribenda viderentur vestris certiores reddere literis. Quoniam et nos hic Brunnæ propediem dietam inituri sumus. Quibus habitis eo facilius quid nobis incumbit negotii expedire poterimus Pat^tique V^ræ Rev^mæ nostris declarabimus literis. Dat. Brunnæ vigesima septima Martii anno etc. lviij°.

150.

1458, Mart. 29 (Budæ).

K. Matthias von Ungarn an K. Georg von Böhmen: erneuerte Klage über Jiskra und Bitte um Zusendung einer auserlesenen Schaar von 500 Reisigen.

(Prager Capitular-Handschrift G. XIX, fol. 180.)

Mathias dei gratia etc. Serenissimo principi, domino Georgio, eadem gratia etc. salutem et prosperos ad vota successus. Serenissime princeps! Novissime scripsimus serenitati vestræ per alias literas, quemadmodum contra dispositionem serenitatis vestræ, quam, cum in Strasnica constitueremur, eadem vestra serenitas inter nos et Johannem Giskram de Brandis, pro qua tractanda illac nuntios suos miserat, firmaverat, idem Johannes Giskra inique nobis(cum) et cum regno nostro, cumulatis sibi pluribus, quibus potuit, latronibus, agere conetur. Audivimus etiam posterius, quod et rex Poloniæ, falsa quadam opinione jus ad ipsum regnum nostrum Hungariæ prætendens, similiter contra nos hostiliter incedere vellet. Quorum quidem regis Poloniæ et Johannes Giskræ conatibus, post deum, magis opera, consilio et auxilio vestræ serenitatis (nam ejus tutamen ex debita foederis unione, inter nos et serenitatem vestram habita expectamus) credimus obviam iri posse. Ad quod faciendum, licet sufficientes stipendarios habuerimus, eos tamen occurente quadam suspicione, sed et alia certa ratione, dimisimus. Nunc vero indigemus certis fidelibus armigeris, quibus nostrum honorem et res ipsas confidere valeremus, quos a vestra serenitate, tanquam a patre nostro habere peroptamus. Quare rogamus serenitatem vestram multum affectuose, quatenus eadem vestra serenitas ad nostras expensas, juxta limitationem ejusdem serenitatis vestræ, quingentos equites, viros electos, ad pugnam aptos et bene armatos ac fideles disponere, et eos quanto citius poterit, mittere nobis velit; quibus talem belliductorem præficiat, ut ejus directione valeat res nostra, ad nostrum commodum et vestræ serenitatis honorem dirigi. Nam ipsis armigeris de stipendio et damno, juxta limitationem vestræ serenitatis, respondere volumus. Parati nos quoque ad omnia vota ejusdem vestræ serenitatis ex debito præfato. Datum Budæ, vigesimo nono die mensis Martii, anno domini MCCCCLVIII.

Ad mandatum domini regis Albertus electus Nitriensis vicecancellarius.

151.

1458, 3. April (Romæ).

Der römische Pfarrer Johann Lichtenfelser an den Gubernator Georg: Lob und Empfehlung des böhmischen Mönchs Lucas Bladek, Nachricht von der guten Gesinnung des Papstes Calixt und seines Beichtvaters Cosmas von Monteserrato gegen die Böhmen u. dgl.

(Prager Capitular-Handschrift, G. XIX, fol. 202.)

Generoso ac inclytissimo principi et domino, domino Georgio, gubernatori inclyti regni Bohemiæ. Excellentissime et gratiosissime domine! Obedientiam tam devotam quam debitam cum recomendatione et subjectione præmissa. Noverit vestra magnificentia, quod nuper piæ memoriæ serenissimi Bohemiæ, Hungariæ, Dalmatiæ etc. regis, domini Ladislai et præsertim vestræ magnificentiæ nuntius secretus, magister Lucas Haladeck, ordinis Præmonstratensium, benignam a domino nostro sanctissimo in mei præsentia audientiam et plurium dominorum sacri palatii officialium obtinuit, et in omnibus suis propositionibus de honore et vestri inclyti regni magnificentia pluribus vicibus cum scriptis et supplicationibus contra diffamatores occultos prædicti regni Bohemiæ in singulis clausulis victoriam (sic) credentialem cum præfato sanctissimo domino nostro habuit et coram sua sanctitate retulit, videlicet si aliquis prælatorum, aut minimus cortisanus, de morte præfati regis Bohemiæ diceret et experientiam et purissimam veritatem scire desideraret, et de cetero talia contra honorem prædicti regni referret, ex tunc omni hora et omni tempore supra dictus Lucas Haladeck sub poenis incarcerationis et durissimæ mortis in contrarium cum bonis protestationibus paratus esset et approbare vellet contra quoscumque. De quibus poenis et relationibus maximum beneplacitum habuit et totaliter in omnibus eidem Lucæ credidit, et ex ore et seriosissime sanctissimus dominus noster præfatus coram omnibus ibidem existentibus respondit: „Vobis credimus et ubique honorem vestri inclyti regni defendere volumus"; et de prædictis silentium imposuit, et salvum conductum pro magistro Johanne de Rokyczano decrevit, atque expresse tenere, etiam cum summa diligentia servare promisit similiter pro omnibus oratoribus prædicti regni Bohemiæ, ut plenius in literis apostolicis continetur. Etiam sæpissime reverendissimus dominus Cosmas de Monteferrato eidem magistro Lucæ audientiam dedit, et in die Paschæ secreto modo in bibliotheca ipsius Cosmæ, confessoris domini nostri sanctissimi, per longi temporis spatium eidem Lucæ de honore et magnificentia vestri inclyti regni Bohemiæ et vestræ excellentiæ sancto proposito atque de futuris maximis honoribus (præsens steti, eaque omnia audivi) allocutus fuit; et in fine ei benedictam rosam ostendebat, pariterque de gladio benedicto et deaurato eidem Lucæ locutus erat, ut post vestræ magnificentiæ obedientiam regalem et deauratum de sa nctissimo domi no nostro gladium benedictum promisit, ac omni tempore cum præfato domino nostro pro honore et utilitate vestræ majestatis et magnificentiæ et inclyti regni Bohemiæ laborare intendat.

Et gratiosissime domine! et secreto modo mittam vestræ magnificentiæ unam antiquam bullam, et supplico vestræ excellentiæ, quatenus infra duos menses cum dimidio vestra excellentia econverso secreto modo mihi transmittere et sine læsione velit et absque dilatione, quia dicta bulla pertinet ad sacrum palatium papæ; quia amarissime compacior animabus et hominibus vestri inclyti regni Bohemiæ. Etiam sanctissimus dominus noster sæpe effundebat lacrymas et preces pro salute et reductione Bohemorum. Deus omnipotens dirigat gressus vestros in viam salutis et obedientiæ! Etiam mittam opinionem et fidem aliquorum Bohemorum, videlicet duodecim argumenta et responsiones desuper, quæ ego studui et alias felicis recordationis scripsi pro domino meo Nicolao papa V, quia majorem partem ipse papa Nicolaus fecit, quia fui familiaris suus continuus commensalis per VI annos. Et recommendo me vestræ magnificentiæ, et interim, quoad vixero, omni tempore fideliter pro honore et utilitate vestræ excellentiæ et vestro inclyto regno Bohemiæ laborare et sollicitare intendo; ut lator præsentium vidit et audivit et percepit, quæ feci. Altissimus vestram personam in bono sancto proposito et cum laudabili desiderio obedientiæ conservet longævæ cum salutis incremento. Datum Romæ in palatio apostolico, III die Aprilis, anno domini etc. LVIII.

E. V. Magnificentiæ

devotus et humilis orator Johannes Luminispetraser, vulgariter Lichtenfelser, rector venerabilis basilicæ beatæ Mariæ agri dei in sacra urbe Romana, familiaris continuus commensalis sanctissimi domini nostri papæ, etiam servulus humillimus.

152.

1458, April 10 (Wien).

Die Erzherzoge Albrecht und Sigmund an die mährischen Städte: über ihre Ansprüche zur Nachfolge in Böhmen.

(Aus dem Znaimer Stadtbuche Cod. Nr. 41, pag. 87, mitgetheilt von Hrn. Chytil.)

Von gotes genaden Albrecht erczhercog vnd Sigmund herczog ze Osterreich.

Ersamen weisen getrewen lieben. Als wir euch geschrieben haben zu Brün beyenander zu harren auff vnser potschafft vnd ir nu ewch deselben gewillig habt, vernemet ir wol in welcher masse wir hie pey den vier standen der maregraffschafft ze Merhern darynn ir auch begriffen seit schreiben vber das auf gancz getrawen so wir zw euch vnd ewren freundten den steten in sunderheyt haben nach dem vnd wir ewr getrew willicheit gancze naygung vnd begir so ir zw vns traget merkhen walten wir dennoch nicht lassen euch vnsere begerung vnd gnadigen willen sunder derpey zu urkunden vnd begeren an euch die stet mit allen vleis das ir nicht noch der Bemischen wegerung euch zusaget noch verfuren lasset angesehen das selbig nicht redleich begerung sein, so seyt ir das auch nicht schuldig denn wir zwaiffeln nicht ir als frum vnd getrewe lantlewt vnd inwoner der margkraffschafft zu Marhern wisset wal durch erinnerung ewer vordern wie sich weillend kaiser Karl von Behem auch andere seine erben vnd das kunigreich zu Behem myt Merhern vnd andere zugehorunden landen an einner vnd vnser vordern fursten des haus Osterreich mit den fürstentum Osterreich auf die andern seitten gen einander verschriben haben welches er ledig bürdt das dasselb dem andern tail an irung schal haym geuallen so mug ir auch wissen wie nachmals weillend kaiser Sigmund kunig ze Hungern vnd ze Beheim etc. weillend vnserm lieben herren vnd vettern kunig Albrechten loblicher gedachtnyss die egemelten margraffschafft Marhern zu hairattgutt zw ewigen erb zu dem furstenthumb Osterreich gegeben hat aws dem allen ir wal mercht vnd vorsteet das selicher anual an vns erbleich komen ist dem wir auch nach geen wellen den zu vnseren handen zu bringen dauon wir euch ernnstleich ermanen das ir auf selich redleich vrsach vnd vnser gerechtigkeit vns gewartet vnd sunst nymandts anders vnd an Mantag nach des heiligen crewcztag erfindung schirest ewer potschafft zu vns her schickett mit den wir alsdann eygentleich von den vnd allen sachen reden wellen in der masse das ir gantzen trost von vns haben auch euch des zu vns fur sich vorlassen schellet. Ob euch aber unfugsam wird sellich ewer potschafft, als vorsteet her zu senden des wir vns des nicht vorseen so wil vns gevallen das ir euch dornach wenn es euch fugleich bedunkht eines tags gen Brunn von gemeiner landschafft mit einander veraynet vnd vns den zeitleichen vorkundet so wellen wir vnser mercklich potschafft dahin zu ewch fertigen in der masse als vor gemelt ist. Wir hitten auch dye vnsern gar treffleich ycz gern zw euch gesand so warden wir daran vorhindert durch mehr dan eyn mergleiche vrsach darzuo sein die treflichesten vnser raat yecz zu Newenstatt pey vnserm herren dem kaiser die wir ze selcher

10*

potschafft hietten gebrauchen mügen ewer verschrybne antbartt pei dem poten. Geben ze Wien am Mantag nach Quasimodo geniti anno etc. LVIII.

Dem ersamen weisen vnsern getrewen lieben dem burgermeister raat vnd gemein zv Brünn vnd allen andern der stett in Marhern sendtboten die yecz daselbs zu Brünn pey einander sein.

153.

1458, Apr. 11.

Wilh. dux Saxoniæ papæ etc.

— „Gyrsicus, homo scismaticus et fidei reprobatæ, præfatum Madiasck carcere quo tenebatur liberatum filiæ suæ matrimonio copulavit atque in regem Hungariæ de facto dumtaxat erigi fecit et procuravit“ etc.

(Concept. arch. Dresd. 10529, III, 53 it. 58.)

Id. germanice, Apr. 11 etc.

(Ibid. fol. 56, 57.)

Ibid. forma literarum a principibus ad papam pro eodem duce Wilhelmo in eadem materia scribendarum.

(F. 54.)

154.

1458, Apr. 19 (Breslau).

Sächsische Räthe an Herzog Wilhelm (vom Tage zu Breslau).

Berichten u. a. die böhmischen Boten hätten sich berühmt, mit einem Schreiben des Bischofs von Würzburg an Jiřik, wie er ihn als wirklichen König gerne anerkenne, mit ihm die alten Erbeinungen zwischen Böhmen und Würzburg zu erneuern wünsche und desshalb bitte, es möchten zum nächsten S. Georgentag nach Eger böhmische Räthe geschickt werden, wo dieses verhandelt und zu Stande gebracht werden könnte. Dieses Schreiben wurde den Schlesiern in Breslau vorgelesen.

(Orig.-Bericht im Dresd. Arch. 10529, I, 11.)

155.

1458, Apr. 27 (Breslau).

Zeitungen: von dem Fürstentage in Breslau und den Ereignissen in Schlesien, Österreich, Mähren u. dgl.

(Scultetus, III, 82, 83.)

Wenzeslaus Schiagk ad senatum quendam (sic).

— Gerucht zu wissin, das vff disim gemeinen fürstin tage hy zu Breslaw gewest seyn in eygenen personen, der houchwirdige mein g. h. her Jodocus bischoff zu Breslaw, vnd die houchgeborne fürstin Heinrich von Grossinglogaw, Crossin etc. Conrad der weisse von Wolaw Warntberg etc. Balthasar vnd Johannes gebrüder von Sagan etc. Bolke zu Oppul vnd obirst in Glogaw etc. mit Conrado dem schwartzin zur Olsin, Kozil etc. herzogin in Slesien, vor sich vnd in macht allir obirfürstin. Dorzu die rethe herzuge Wlodkin vnd her Otto Parchewitz mit Nickel Konigshayn, in macht der herzogin zu Legnitz. Vnd mit jren g. die ritterschafft, manschafft vnd stete der fürstinthumb Breslaw, Swinitz, Jawer etc. Legnitz, Goltpergk, Buntzlaw, Newmargkt, Namszlaw etc.

Vnd habin aldo die bothschafft von wegin der herschafft zu Sachsin, vnd von Brandenburgk, nemlich den graffin von Swartzborg, den graffen von Gleichen, vnde den graffen von Quernford, mit dem bischoffe von Lewbauss vnd andern jrer g. rittern vnd rethen etc. gehört. Desgleichen die botschafft von Behmen, nemlich h. Sdencken von Sternberg, h. Henrich von der Dube zur Lippe gesessin, vnd h. Procop Rabenstein, den Sparnecker vnd Hanns von Warnszdorff houptman zu Glatz etc. Vnd jr werdet deszgleichen ein ansprochs briff sehen, der sunderlich an die sechs land vnd stete gelangen wirdt etc.

Der bothe der sulche briffe brocht hat, sagit zur newen zeitunge, das herzog Albrecht vnd die von Wien dem Wladywancke seine Possatkin mit macht angewonnen, vnd wol mer wenn 500 diebe doroff gefangen haben. Der itzund mer wen 300 vor allen toren zu Wien gehangen vnd dirseufft sein: das her gesehen etc. (sic).

Ouch sein dem newen konige zu Vngern widersessig, der grosse graffe, vnd der Mikolasch Waywoda, vnd als man sagt der ertzbischoff von Gran. Der Giskra hot ouch vil leuthe wider den konig zu Vngern, vnd haldit is mit dem konige von Polan etc.

Die herren zu Merhern haben h. Girsick als einen könig zu Behemen auffgenommen vnd en zu marggraffen in Merhern jrwelit: auszgenommen die vom Czarnstein vnd die vom Fettam. Abir wie is der new bischoff zu Olmuntz halden wirt, der denn ein geborner h. ist, genant her Prothasius von Czirnahora vnd sein vater vnd fettern von Czirnahora etc. Wenn derselbe bischoff ist noch nicht gecronit, vnd wil zu der kronunge des koniges personlich zihen, des wirt man wol gewar.

Sunder die erbarn stete zu Olmuntz, Brünne, Iglaw, Cznaym, Newstat vnd Radisch, dy haldin is noch sulcher weise, also is die Slesie heldet. Vnd haben jre botschafft alhy gehort (sic), die denn sulche vorbindunge vnd zeitunge in diser stund von mer entphöen sollin etc. (sic). Ich weis anders nicht, si werdin sich mit dissin landen vorbinden.

Ouch haben die obgenanten nedirforstin, manschafft vnd stete ein anslagk gemacht, vnd werden habin 1000 vnd siebendhalb 100 reysige pfert. Vnd so is noth thut, so sal man mit der macht folgin, jderman als her gesessin ist. Vnd herzog Heinrich ist jr hoptman. So haben hertzoge Bolke vnd hertzoge Cunrad obgenant, in macht der obirfürsten eine abschrifft der verbindunge genommen, vnd wellen ouch eynen houptman vnder en offwerffin, vnd ein anslag machin etc.

Hirumb haben jr g. eintrechticlich befolin, alle sachen zu schreiben, vnd begehren, jr wollet mit en in sulche verbyndunge treten.

Ouch sollet jr wissen, das h. Girsick meynem h. dem bischoffe ein Zelder gesanth, vnd dobey manchfeldig gebethen hot, bey der kronunge zu sein. Aber seine g. hot sich dorinne gar cristenlich vnd erbarnlich entschuldiget, vnd wil das nicht thun etc. Geschriben ylende zu Breslaw am Dornstage Georgii 1458.

P. S. Item wisset, das in diser stund der bischoff von Olmuntz zu meinem g. h. geschicket hot, vnd ich weiss anders nicht, wiewol her kegin Prage zewt, her werde sich cristinlich halden.

156.

1458, Mai 9 (Prag).

Anonymer Bericht an den Markgrafen Albrecht von Brandenburg über die Ereignisse bei der Krönung in Böhmen.

(Abschrift im kön. geh. Cabinetsarchive in Berlin.)

Mein vnderthenigen willigen dinst zcuuor, gnediger lieber herre! Ich thu euwern gnadin zcu wissin, wie das man her Yersyken kunnyng zcu Pehem des nochsten suntags noch santh Jorgen tage gekronet hat; dapey dan alle herren vnd ritterschafft gemeyniglich gewesen sein; und ym her Stenko von Sternbergk dy krone vorgetragen hat, vnd der von Rosenbergk das czepter, vnd der von Michelspergk den apphel; vnd darzcu haben yn gefürt czwene pyschoffe czwisschen yn, nemlich der von Rabe vnd von Waczen, dy ôm der kunyngk von Vngern her Mathias geschigkt hat. Vnd die selbigen czwene habin yn gekronet vnd gesalbet, vnd die künyginne darzcu. Ouch so thu ich euw. gnadin zcu wissin, das yn dy pyschoffe nicht kronen wolthin, her müst yn gelobin vnd sweren, das her der Romischin kirchin vnderthenigk wellet sein vnd auff vnsern gelauben trethin; darauff hat her yn eyn antwort gegebin, her welle potschaft zcu vnserm hyligen vater dem pabst schigkin, vnd was ym vnser heyliger vater pyet vnd reth, das wil her thûn. Darauff hat her czwene hyn geschigkt yn den Romischen hoff; auch habe ich heymlich vernomen, wie her dannoch von der compactat wegen auch hyn geschigkt hat vnd begert von vnserm heyligin vater die zcu bestetigen. Vnd darauff habin yn dye pysschoffe gekronet, vnd hat sich yn der fünffczendin stundin vor mittags lassin kronen, vnd dy herren habin ym mussen dye crone auffsetczen; auch hat her gewarth wol anderthalb stundin auff dy czeyt, das her sich nicht crônen wollet lassen, bisz das dye stunde queme; vnd dye herren habin die crone mussen vor ym haltin, vnd dy pysschoffe habin mit dem heyligin ambt mussin wartin. Auch gn. herre! thu ich euw. gn. zcu wissin, wy das sich dye Merherisschen stete widder den kunyngk gesaczt habin, nemlichen Vlmentz, Brûnne, Czenaym vnd dy Ygla, vnd herczoge Albrecht von Ousterreich hat etlich folk darynne geleyt; vnd furcht, das vnserm herren dem kunynge nicht gantcz nach seynem willin wirt geen. Auch so hore ich offt vber dem tyssche drauwen, das sye maynen alle deutze furstin zcu czwingin, vnd nemlichin den von Sachsen, vnd maynen darczu das lanth zcu Lusitcz vnd dy Margk auch zcu habin, vnd alles das zcu der cronen zcu Pehem zcugehoret. Vnd verstee nicht anders wenn das wir yn eyner kurtze yns felt czien werden, so nembt vnserr war. Auch gn. herre thu ich euch zcu wissin, das der Nicloss Wayde vnd der Rosianusz auch myt dein pisschoffin zcu Praghe seyn gewesin. Auch genediger herre! duu man dye kunyginne des Montags gekrönet hat, du ist der kunygk vnd sye zcu sant Wenczlaw auff dem berghe yn dem sael bye eynander gesessin, vnd der von Rosenbergk hat yn das czepter vor gehaltin, vnd der von Michelsbergk den apphel; vnd alle ritterschafft vnd vil jungfrauwin vnd frauwin seyn vor in gestandin vnd habin getanczt vnd ym jubilo gelebt, vnd habin vns lassin dungkin, das alle welt vnserr sey gewesen; vnd ich fürcht, das der schue schire darauff wirt slaghen etc. etc. Gegebin zcu Prage am Mittwochin nach vnsers herren hymmelfarth etc.

157.

1458, Mai 17 (Rom).

Calixt III. an Herzog Wilhelm von Sachsen.

Er lobt es, dass Herzog Wilhelm seine Zuflucht zum Papste genommen, bittet wegen der Türkengefahr die Sache nicht zu den Waffen kommen zu lassen, sondern auf dem Rechtswege auszutragen, und verspricht Gerechtigkeit. Dat. Rom, 1458, XVII. Mai.

(In gleichem Sinne viele Cardinäle, dat. 22. Mai.)

(Copia arch. Dresd. 10529, III, 64 fg.)

158.

1458, Mai 18.

Albrecht Markgraf von Brandenburg an Herzog Wilhelm von Sachsen.

Er räth ihm, wie er sich zu benehmen habe. Dr. Peter Knorrens' Ansicht billigt er, nur räth er, sich zu beeilen, damit Jiřik nicht die Meinung gewinne, als gebe er (Wilh.) seine Rechte auf. Unter andern solle er bei seinem Bruder dem Kurfürsten von Sachsen und bei Friedrich von Brandenburg vorsorgen, dass Jiřik nicht in's Kurfürsten-Collegium aufgenommen werde. Durch Ansprüche auf

Österreich sollte er es mit dem Kaiser nicht verderben. Dat. zu Cadolzburg, Donnerstag nach Exaudi 1458.

(Orig. arch. secr. Dresd. 10529, I, 126.)

159.

1458, 20. Mai (Kremsier).

Die ungrischen Bischöfe und Magnaten ersuchen den Landeshauptmann von Mähren (Johann Towačowsky von Cimburg) um weiteres sicheres Geleite zur Rückkehr nach Ungarn.

(Prager Capitular-Handschrift G. XIX, fol. 190.)

Magnifice vir, frater et amice noster honorande! Ejusdem vestræ magnificentiæ bene notum existit, quales labores sustinuerimus, fatigas et viarum discrimina, ut mandato domini nostri regis Hungariæ etc. honor debitus coronationi domini Georgii regis Bohemiæ etc. impenderetur. Affuistis quidem; laus deo, omnia perfecta sunt, quæ per nos impleri debebant. Venimus deo auxiliante salvi usque in locum hunc; jam turbamur ex rumoribus diversis. Et quia serenitas domini regis Bohemiæ securitatem plenam redeundi ad propria nobis pollicita est, assecurando, ut magn. vestra tamquam capitaneus Moraviæ, optime nobis de securitate salve redeundi provideat; et si forte, ut non credebat, opus esset, magnificentia vestra etiam auctoritate vestri capitaneatus salvæ nostræ conductioni et reditui assurgere faceretis tot et tantos, qui sufficere possent nostræ securitati. Unde m. domine, hac spe indubitata gressus nostros direximus hucusque, tenentes indubie, ut magn. vestra pro honore utriusque regis, Hungariæ scilicet et Bohemiæ, agat et faciat, quæ noverit expedire nostræ securitati et tutelæ. Nihilominus confidimus, ut, etiam si tanto regis vestri honori impendendo non venissemus, denique pro humanitate vestra, nostras personas considerando omnem caritatem faceretis securitatis redeundi, ut speramus. Et proinde vobis et vestris favoris, benevolentiæ et complacentiæ vicissitudinem suo tempore libenter volumus exhibere. Et quidquid in hiis faciendum decreveritis, nos ad hunc (sic) oppidum Kremeris velitis reddere certiores. Datum in oppido Kremeris, sabbato ante festum Penthecostes, anno domini MCCCCLVIII.

Augustinus Jauriensis, Vincentius Waciensis ecclesiarum episcopi, Nicolaus de Wylak, Waywoda Transsylvanus, et Oswaldus de Rozgon Comes Syculorum etc.

160.

1458, Jun. 10 (Wien).

Erzherzog Albrecht an den schlesischen Bund, auf den Tag zu Liegnitz.

(Scultetus, III, 83b fg.)

— Ewer früntschafft, liebe, weiszheit vnd trew schreiben, vns von der sammenunge so jr itzunder zu Legnitz etc. getan, haben wir vornommen. Vnd als jr vns dorinne ewr antwort (so jr euch dovor uff dem tage zu Breslow, uff vnser ersuchunge, die wir an euch von der gerechtikeit wegen des stammes von Osterreich zu der cron zu Behem gethan haben, vns vorkundiget habet) solche ewr antwort wir auch vernommen, vnd in der besammenunge vnser landschafft, so itzund allhie ist, auch haben vorlesen lassen: die dann mit sampt vns dorinne ein gantz begirlich gefallen haben: das jr in sulchen anfechtungen vnd sweren laufften nicht vorgesset ewre pfliechte zu dem almechtigen gote, der h. cristenlichen kirchen ordenunge, vnd auch der rechten erben der wirdigen cron zu Behem. Das wir dann vmb euch früntlich beschulden etc. (sic).

Vnd fugen euch zu wissen, das wir der hochgebornen vnser lieben sweger beider herzogen zu Sachsen, landgraffen in Doringen etc. botschafft wartende sein, die sulcher sachen halben zu vns kommen wirdt. Als dann wir mit sampt jn vorstendnis vnd einigunge solcher sachen vnd lauff halben einzugeen vormeinen, vnd dann euch zu verkündigen. Dadurch als wir hoffen, trost vnd hülff in ewrem erbarn fürnemen emphahen sullet etc. (sic). Geben zu Wien am Sambstag vor sand Veitstag.

D. archidux in consilio.

(Auch wisset ersamen herren, das die fürsten, herren, manschafft vnd stete in Slesie, die im bunde sein, gantz vnbeweglich eins wurden sein, den Girsik, der sich konig in Behem nennet, ewiglichen nymmer in keinir weise vffnemen wellen, noch mit jm in frede odir in beteidigunge sein wellen, sunder sich ken jm wehren etc. auch hülff vnd rath suchen von cristenlichen herren vnd fürsten wo sie mögen, ap her die lande welle bekriegen. Vnd dornoch werdet jr euch wissen zu richten.)

(An die Görlitzer vom Tage zu Liegnitz neben obigem Briefe zugekommen.)

161.

1458, Jun. 25.

Die Herren von Sachsen und von Brandenburg schickten ihre Räthe wegen K. Georg's an den Erzbischof von Mainz nach Bischofsheim an der Tauber, wo er ihnen Sonntag nach Joh. Bapt. 1458 die Antwort gab: der Bischof von Würzburg habe zweimal seine Räthe zu ihm geschickt „von solher buntnisse wegen mit dem Girszig: aber er habe eyn gros missefallen vnd vnwillen dorynne gehabt, vnd sunderlich in dem, das er ym als eym konige zu Behem geschriben habe, und sye in herten worten mit sinen reten dorumb gewest.“ Er halte Giřik nicht für einen Christen, habe ihm nicht geschrieben und werde es auch nicht thun.

(Copia arch. Dresd. IV, 117.)

162.

1458, 28. Jun. (Liegnitz).

Schreiben der sächsischen Prälaten, Herzoge, Herren, Ritter und Städte, die auf dem Landtage zu Liegnitz versammelt waren, an den H. Jann von Rosenberg.

Sie hatten schon auf dem Breslauer Landtage nach Ostern den Herren Zdenick von Sternberg, Heinrich von Dube und Prokop von Rabstein ihre Erklärung gegeben, und wiederholen dieselbe jetzt: dass sie bei der Krone Böhmen standhaft und aufrichtig bleiben und festhalten wollen; aber wegen mannigfacher Ansprüche, die an sie bald von den Fürsten von Österreich, bald von den von Thüringen, bald wieder von den böhmischen Herren gestellt werden, einträchtig darauf bleiben wollen, „nymands vor eynen konig vnd erbherren zu dirkennen noch uffzunemen, bis solange das es dirkant werde an geburlichen steten, wen wir billich mit gote, eren, gleich vnd recht, als eynen cristenlichen herren vnd konig in Behmen uffnemen sullen.“ Diese Antwort haben sie auch den österreichischen und den sächsischen Fürsten gegeben, und dabei wollen sie verbleiben und sich gegen Jedermann schützen, der sie etwa darüber bekriegen wollte. *D.* zu Liegnitz, Mittwoch, am Abend Petri und Pauli 1458.

Orig. c. appr. IX. sigill. in arch. Trebon. Bei Scultetus (unvollständig) III, 84[ab].

163.

1458, Jun. 30 (Znaim).

Der Stadtrath von Znaim an König Georg von Böhmen: Nachrichten über die Vorgänge in Wien.

(Aus dem Znaimer Copialbuche Nr. 41, pag. 92, mitgetheilt von J. Chytil.)

Allerdurchlewchtigster kunig vnd vnser gnediger liber herr. Vnsern vntertenigen dinst mit williger gehorsamicheit zuwor alleczeit geruch e. k. g. ze wissen das wir die vnsern nach e. k. g. beuellung ze Wien gehabt die an vns gepracht haben, wie die von Wien rat vnd gemayn allen dreyen fursten an den nagsten vergangen Mitichen gesworen habent vnd die soldner des herczog Albrecht mit gewalt das tor bei der purkh aufgeprochen habent vnd in die stat choment seint zu rossen vnd zu fussen vnd an den nagsten vergangen Phincztag des keisers g. mit-sampt der keisserin von Wien in die New stat geczogen sint vnd mügen nicht wissen, ob sein g. in guten oder in vmaillen suder gezogen ist, wenn herczog Albrecht noch die soldner bei ainander hat vnd geren noch mehr aufnemmen wolt das habent si also an vns geprat damit lasst vns e. k. g. als ewer getrewn vndertenig bevolhen sein. Dat. in commemoratione S. Pauli 1458.

Dem allerdurchlewchtigisten fursten vnd herren herren Jorgen zu Behem kunigen vnd markgraffen ze Merhern vnserm gnedigen liben herren.

164.

1458, Jul. 6 (Brunnæ).

König Georg an den Oberstkämmerer Heinrich von Michalowič: sendet ihm Nachrichten über seine Erfolge in Mähren und Abschriften der nach Österreich gesandten Fehdebriefe.

(Scultetus, III, 88.)

Gorge von gotes gnaden könig zu Behem etc. Dem edeln Henrichen von Michelsberg, obristen cammerer unsers königreichs zu Behem, vnserm lieben getrewen. Wir schicken hie aine abgeschrifft, durch welche wir den fursten von Osterreich abgesaget haben, durch zimlicher sachen willen, als das darusz vernemen wirst. Vnd nu uff jre scheden vnser volck zu pferden vnd zu fussen auszgeschecket haben. Auch prelaten, herren vnd landleute vnsers marggrafftums zu Merhern jm (sic) abgesagit haben. Wisse auch, das wir die stat Brunne ynne haben, vnd die Olomutz, Gretz vnd Vnitzaw also gestern vns gelobde getan haben. Vnd mit den von der Iglaw sollen wir in 3 tagen ein ende habin. Werden sie denn vns perung machen, sy werden ob got wyl mit jrem schaden kürczlich zu thun vns gerechtikeit gewiesen. Gegeben zu Brune vnder dem signet vnsers ringes fer. V post Procopii, regni nostri anno primo.

Commissio D. regis propria.

Georgius etc. Honorabilibus magistro civium, consulibus ac toti communitati civitatis Wiennensis.

Dedimus ad vos eo tempore, quo nemine alio civitatem vestram regente, eam vosmet ipsi regebatis: sed tanta fuit in vobis elatio, ut nobis parvi pensis, aspernantes nos, in contemptum nostrum, nullum responsum dare volueritis. Agemus taliter vobiscum, quod discetis et deinceps edocti eritis, quando reges Bohemiæ vobis scribent, eis respondere libenter. Datum etc.

Georgius etc. Illustribus principibus, D. Alberto et D. Sigismundo ducibus Austriæ Stiriæ etc.

Captivavistis absque jure, et captum injuste tenetis nobilem Vlricum Eynzyger, nobis sincere dilectum, marchionatus nostri Moraviæ incolam, et juxta privilegia sua nostræ protectioni commissum, eique volenti ac offerenti se paratum stare juri, jus et justitiam denegastis. Imo advocatus suus sive prolocutor, volens ejus innocentiam allegare et justitiam palam facere, causamque eiusdem coram Cæsarea celsitudine et conventu totius Austriæ agere, a vobis duce Sigismundo minis et metu nos contemnendo territus, loqui prohibitus est. Dedistis etiam operam quantum valuistis, prælatos, principes, barones, nobiles, civitates et alios subditos nostros marchionatus nostri Moraviæ ac ducatus Slesiæ, a juste debita nobis obedientia et subjectione avertere curastis. Quia dominia nostra tamquam ad vos pertinentia dissensionibus et rebellionibus perturbare, salvum conductum præterea, quem a vobis petivimus pro legatis nostris, quos ad vos mittere volebamus, dare noluistis etc. (sic). Cum igitur bujusmodi contra nos faciendo nolueritis nobiscum pacem habere, qui vobiscum pacifice et amice vivere cupiebamus, ob has causas nos admodum vobis hostes omnibusque dominiis, subditis vestris hominibus et quibuslibet rebus scitote, ac de nostra hostili intentione et voluntate, ne vobis incognita sit, literis nostris estote certiorati et præmoniti. Datum Brunæ, die secunda Julii, anno regni nostri primo.

165.

1458, Jul. 14 (Olomuč).

König Georg an den Bischof Jobst von Breslau: ladet ihn ein, nach Glatz zu kommen.

(Scultetus, III, 86.)

Georgius dei gratia Bohemiæ rex et marchio Moraviæ etc. venerabili Jodoco episcopo Vratislaviensi, principi devoto nostro dilecto.

Venerabilis devote dilecte! Pacata jam in omni loco Moravia, rebusque ejus provinciæ bene compositis, ad Glatz proficisci intendimus, ibi in die S. Mariæ Magdalenæ omnino pervenire disposuimus; veniemus quoque ibi pacifice, nolentes in præsentiarum alicui damnum inferre nec afferre. Desideramus, ut ibidem te ad nos conferas, sisque ibi dominica ante festum S. Jacobi, quæ erit XXIII die præsentis mensis. Venient etiam ad nos, non dubitamus, illustris dux Bolko et alii duces Slesiæ principes fideles nostri dilecti. Tractabimus quoque tecum et cum eis de rebus Slesiæ recte et commode disponendis. Datum Olomuc. XIIIJ Julii, regni nostri anno primo.

Commissio propria D. regis.

166.

1458, Aug. 15 (s. l.).

Ein Ungenannter an den Stadtrath von Breslau: Nachrichten aus Österreich, Ungarn u. s. w.

(Scultetus, III, 88.)

N. T. ad senatum Wratislaviensem.

Liebin herren etc. Ewer schreiben mir getan habe ich vornommen, vnd habe das horin lossen lesin vnsern allergn. h. den keyser, ouch meinen g. h. herzug Albrecht. Seine keys. g. had ein hochs gefallen an der stad Breslaw, ouch an den, die noch bey euch stehen. Vnd had ein missefallen an den die von euch getretin sind. Vnd hod mir befolin euch zu schreiben, das jr euch halt als des seyne keys. g. ein vortrawen zu euch hod, vnd wil das in g. kein euch dirkennen. Is sind ouch der von Sachsin boten alhie etc. Herzog Albrecht der ist zu felde gezogen am freytage vor data etc. So werden wir hie von der stad zihen als off den freytag noch data etc. Dy Behem vnd Entzyger haben als off 5000 man böse vnd gut. Die fürsten seyn geeynet, der keyser vnd der herzog, adir wy weis ich nicht. Das felt wirt mit des keysers wissen vnd willen gemacht. Die vngerischen hh. sint zwetrechtig mit dem könige, vnd der seint 12. die miteinander stehin, vnd ist der Soladimihol, der alde groszgraff, der Nicolasch Waida, der Rienolt etc. Der konig von Behem schreibt dem konig von Vngern vmb hülffe, die her jm sol schicken 6000 man. Im wirt an dem ende keyn hülffe kommen mogen etc.

So jr mir schreiben werdit, so schreibet mir meyn namen nicht, sunder also N. Tr. etc. Geben an vnser frawen tag Assumptionis.

167.

1458, Sept. 1 (in Nova civitate).

Verhandlungen zwischen Kaiser Friedrich und K. Matthias von Ungarn über die Ansprüche des Ersteren.

(Ms. des Prager Domcapitels, G. XIX, fol. 188.)

Responsum legatis Matthiæ regis Hung. ab imperatore Friderico in Nova civitate datum.

Gloriosissimus dominus noster, Romanorum imperator, Symonem magnum, Petrum magistrum, et Honuskonem per electum in regno Hungariæ dominum Mathiam etc. ad ejus cæsaream majestatem ad causam coronæ nec non castrorum (in) metis regni Hungariæ nuncios missos in forma, ut sequitur, suo imperiali responso in scriptis sub secreto cæsareo remisit expeditos.

Inprimis, licet plures temporibus præteritis tractatus habiti sint occasione coronæ prædictæ et castrorum etc. nulla tamen efficax saltem conclusio et finalis hucusque facta est, sed interruptiones (sic) variæque novitates contra suam majestatem a nonnullis ex regno, qui nuntiis prædictis nominati fuere, nec non suspensiones responsorum plus debito attemptatæ et factæ dinoscuntur. Et quamquam sua sublimitas cæsarea non solum castrum et castra, sed et dominia ampla et terras pretiosas pro corona obtinere posset, si illam ad aliorum manus tradere vellet, qui instantia magna pro ea fortiter instant, justitiam requirentes et cautiones opportunas se ad rem ipsam facturos offerentes: nihilominus pro honore, gloria et decore regni, exaltationeque status dicti electi, ac ejus amore, residet sua majestas in hoc proposito, finali videlicet, quod dum castra Vorchtenstan, Ferreæ civitatis, Kobelsdorff et Harrenstain cum Sopronio, suæ majestati quiete remanebunt, quoad vixerit, qua decedente facultas sit ex parte regni ab heredibus imperialis majestatis pro summa quinquaginta millium florenorum reluendi, assecuratione opportuna super hoc facta; quodque in uberiorem recompensam assignationis coronæ, et aliqualem recognitionem illatorum damnorum suæ majestati et subditis terrarum suarum, ultro levare habebit et levaverit summam quadraginta millium florenorum seu quinquaginta millium florenorum, Sopronio de manibus imperatoriæ majestatis regno libere dimisso; in quo idem electus optionem habere debet. Ex tunc intendit sua cæsarea celsitudo electo ac regno non solum dictam, sed et aliam coronam, suæ majestati pro notabili summa florenorum per quondam Elizabeth reginam obligatam, unacum castris Güuus et Rechnicz absque alia solutione pecuniarum effectualiter tradere et assignare.

Proviso, quod in tractatibus hujusmodi electus ipse, materque ejus, ac archiepiscopi, episcopi, prælati, comites, barones, proceres et nobiles, regnicolæque regni potiores consentiant, ratificent, et suam imperatoriam majestatem assecurent, quod firma remaneant atque impleantur concordata. Et quod ipsi omnes cum regni potentia contra et adversus quoscumque impetitores, cujuscumque status fuerint, seu conditionis, suam cæsaream majestatem indempnem conservent, sibique auxilium, favores et subsidia adversus omnes et singulos pro sua requisitione efficaciter præstent et faciant totiens, quotiens fuerit opportunum. Quodque omnino provideatur de ordine et modo ac cautionibus necessariis, ut in antea dominus noster imperator et rex pro tempore, ac terræ suæ majestatis et regni Hungariæ, in solida pace utrinque constituantur et teneantur.

Item voluit et vult sacra imperatoria majestas super hiis, ut præmittitur, sibi finaliter per electum responderi infra hinc et diem octavam mensis Octobris proxime futuri. Quod si factum non fuerit, intendit in antea eadem sua majestas obligationum suarum, ut promittitur, vigore penitus nulli esse obligata.

Acta etc. in Nova civitate die prima mensis Septembris, anno domini etc. LVIII.

Item: inprimis inscribantur imperatori Romanorum castra Fforstostain, Kaboldorff, Hornostain et Ewdemburg ad vitam suam pro quinquaginta millibus florenorum auri.

Item addantur circa hoc sibi florenorum XXV millia, qui faciunt in toto florenorum LXXV millia, pro quibus scilicet XXV millibus florenorum auri inscribantur eidem castra Ginus et Rechnic pro pignore.

Item, quod idem dominus imperator Romanorum in hac inscriptione ambas coronas ac reliquias sanctorum et Ferream civitatem absque omni alia solutione reddere teneatur.

Item si imperator nollet Ferream civitatem remittere, sed eandem vellet tenere ad vitam suam simul cum aliis supra dictis castris: ex tunc dimittatur sibi, ita quod loco ejus remittat Eudemburg simul cum coronis et reliquiis sanctorum absque omni solutione.

Item si imperator Romanorum castra Güns et Rechnicz nollet recipere pro XXV millibus florenorum auri pro pignore, sed vellet etiam circa hæc tenere Eudemburg: ex tunc dimittatur sibi pro eisdem infra tempus redemptionis.

Item si imperator nollet contentari in summa LXXV millium florenorum auri, sed vellet habere LXXX millia, quorum L millia ad quatuor castra supradicta, et reliqua XXX millia ad Guens, Rechnicz et Eudemburg pro pignore: dimittantur et dentur sibi.

Item si imperator voluerit remittere Sopronium sive Eudemburg, et pro præsenti voluerit habere in paratis XII millia vel XV millia florenorum, castraque Guens et Rechnicz tenere pro XV millibus, qui simul computati faciunt florenorum XXX millia: dentur et assignentur sibi.

Item si imperator castra Fortostayn, Hornostayn, Ferream civitatem, Eudemburg, Kaboldosdorff, Gunus et Rechnicz ad vitam tenere voluerit pro LXXV millibus vel LXXX millibus florenorum et post mortem suam redimenda pro L vel LX millibus florenorum, dentur sibi.

Item, si imperator castra Fortostayn, Hornostayn, Ferream civitatem et Kaboldorff voluerit ad vitam tenere pro L millibus florenorum, et pro præsenti voluerit habere in paratis XXXII millia florenorum auri, castraque Guemis, Rechnicz et Eudemburg simul cum coronis et reliquiis sanctorum, dentur sibi.

168.

1458, 9. Sept. (Stokeraw).

Schreiben der böhmischen Stände an die Schlesier und Lausitzer über K. Georg's Anerkennung und über dessen Verhandlungen mit dem Kaiser.

(Aus Eschenloer's latein. Autograph., Bibl. Rhediger in Breslau, und Scultetus, III, 84.)

Zdenko de Sternberg, burgravius Pragensis, Heinricus de Michelsberg, regni Bohemiæ camerarius, Heinricus de Lippa, marescalcus regni Bohemiæ, Bohuslaus de Swamberg, Leo de Rosental, Heinricus de Kolowrat, Johannes de Cimburg, Karolus de Wlassim, Wilhelmus de Risenberg alias de Rabie, Johannes de Pernstein, Johannes de Wartemberg, Wilhelmus Krussina de Lichtenburg, Jesko de Bozkowicz, Hanusius de Kolowrat, Theodoricus de Janowicz, Jenczo de Janowicz, Burianus de Gutenstein, Beness de Kolowrat, Johannes de Waldstein, Johannes Stiepanowetz de Wrtba, Zdenko Kostka de Postupicz, magister monetæ montium Kutnæ, Johannes Czalta de Kamennahora, Sobieslaus de Pardubicz, Johannes Pardus de Wratkow, Borzita de Martinicz, Heinricus de Rostok: honorabilibus et prudentibus magistris civium, consulatui et communitatibus Wratislaviensis, Swidnicensis, Jaworensis et Legnicensis (it. Budissinensis, Gorlicensis etc.) civitatum, amicis nostris carissimis.

Honorabiles et prudentes amici nobis dilecti! Scripsimus vobis hortatique sumus, cum primum ser[mum] regem nostrum ad regium culmen electio nostra deo providente evexit, ut velletis majestati suæ ut decet subjectos fideles bona voluntate parere, ut id faciatis nec ulteriores addatis dilationes; iterum nunc vos valde hortamur ac rogamus. Etiam ser[mus] rex noster cum gloriosissimo Romanorum imperatore conventum et concordiam deo adjutore habebit, qui XVI die mensis hujus prope Korneumburgam personaliter omnino convenient. Diligimus enim vos ut caros consubditos nostros, et a vobis omne incommodum omnemque molestiam abesse cupimus. Et si hoc, quod caritate sincera, quam erga vos gerimus, vobis suademus, facere distuleritis, dubitamus, ne ex ea re vobis damna non parva proveniant, quæ nos non libenter videremus, imo tædio nos magno afficerent. Datum in campo prope Stockeraw in Austria, die nona mensis Septembris, anno etc. LVIII.

169.

1458, Oct. 13 (Wien).

Kaiser Friedrich an Herzog Wilhelm von Sachsen.

Die seit lange von den sächsischen Räthen sollicirte Antwort über Wilhelm's Erbansprüche in Böhmen, Österreich und Ungarn wird gegeben und der Aufschub durch die Zeitläufte entschuldigt. Jetzt nach dem Abzuge der Böhmen wolle der Kaiser mit seinen Miterben sich besprechen und ihm dann Antwort geben, die billig werden solle. Auch des Heirathsgutes der Gemahlin Wilhelm's geschieht Erwähnung und der Kaiser scheint die Forderung zuzulassen. *D.* Wien, Freitag an S. Colomanstag 1458.

(Orig. arch. Dresd. 10529, III, 39.)

Im August, während die Böhmen in Österreich lagen, verhandelten die sächs. Räthe sowohl mit dem Kaiser als mit Herzog Albrecht von Österreich weitläufig, ohne eine bestimmte Zusage von ihnen erlangen zu können. (Gregor Heimburg war unter H. Albrecht's Räthen.)

(Ibid. 10529, II, 58—63.)

170.

1458, Oct. 20.

Antwort der böhmischen Herren auf die Botschaft der etc. von Schlesien, gegeben zu Prag am Freitag nach S. Lucastag 1458.

(Copia arch. secr. Dresd. loc. 10529, I, 219.)

Auf das den Schlesiern von Österreich aus gegebene Schreiben hatten diese durch eine Botschaft geantwortet, dass sie neutral zu bleiben beschlossen, bis es erkannt würde an gebührlichen Stätten etc.

Darauf bitten und ermahnen die böhmischen Herren, den König anzuerkennen, Ansprüche desshalb, wenn sie kämen, an die böhmischen Herren als das Haupt zu weisen, welche „aus dem Rechte nicht weichen“ wollten und sie zu vertreten bereit seien; der Papst werde ihnen gewiss nicht befehlen, sich ihrer Pflicht zu entziehen. Man werde eine Theilung der Krone in keinem Falle zulassen etc.

171.

1458, Nov. 14 (Iglau).

Denkschrift über die Empörung und Unterwerfung der Stadt Iglau.

(Aus den dortigen Stadtbüchern.)

Notata historica de reclamatione Georgii, regis Boemie, per Iglavienses facta de obsidione civitatis, et de concordia assumta 1458.

Anno millesimo CCCC° quinquagesimo octauo post interitum gloriosissimi regis Ladislaij, domini nostri graciosissimi, quidam ex senioribus ciuitatis nostre Iglauie legibus et prudencia imbuti fidem, pacem et ivnonem, quibus ipsa ciuitas pollicia semper recta fertur ab

11*

antiquo scintillasse, conseruare, approbare, extollereque cupientesque omni laborabant diligencia ad hoc, ut respublica bene ageretur. Quidam autem inpremeditato fine cudebant contraria. Orta est inde diuisio democracia regnante. Quid sequebatur? Communitas extollit cornua, preuaricatur legem, opprimit senatum, paretque mandatis vilium, suorum sapientum spreta relatione. Quis finis verificatur? Heu prenosticacio seniorum! nam vallatur ciuitas, incendia suburbiorum, desolacio villarum, suffossio piscinarum, pluraque incomoda inferuntur. Et licet repugnabant strenue, sed sine comodo. In fine tamen seniorum proinde consulencium adimpletur presagium. Quia regem, quem, sua possidendo intacta vnici in toto regno Boemie et Morauie marchionatu reclamabant, opibus, amicis et sociis perditis dominum pronunciant et assumunt. Huius rei gesta origo, medium et finis in libris nostre ciuitatis pro memoriali euiterno futuroque malo euitando sunt stilo plano et veraciter consignata. Concordia assumta ipso anno feria quarta post Martini. Constituti sunt noui jurati per nobilem d. Benessium succamerarium Morauie Andreas Ebrhartl, Jacobus Smuker, Michalco Goschebrl, Hanns Geschl, Procopius Hierl, Pertlinus Püczel, Johannes de Praga et ceteri.

In libro civitatis (dicto Grundbuch) ab anno 1409—1472 in curia Iglaviensi ad annum eundem manu coæva scriptoris seu notarii ejusdem civitatis notatum reperit et descripsit A. Boczek, statuum marchionatus Moraviæ archivarius anno 1843.

172.

1458, 6. Dec.

Antwort der schlesischen Herzoge, Prälaten, Mannen und Städte an die böhmischen Herren.

Die böhmischen Herren hatten dem schlesischen Sendboten zu Prag einen offenen Brief gegeben, worin sie die Schlesier ermahnen, sich der böhmischen Krone gehorsam zu erweisen und darüber eine endliche Antwort bis auf diesen S. Lucientag zu geben, widrigenfalls sie zu ernsten Massregeln schreiten würden, etc. Diese wiederholen darüber ihre am ersten Fürstentage nächst nach Ostern zu Breslau gegebene, seitdem oft erneuerte Erklärung, und protestiren gegen die Anwendung aller gewaltsamen Mittel, widrigenfalls sie sich ebenfalls um Rath und Hilfe umsehen würden. *D.* „zu Lobin. am tage S. Nicolai“, a. 1458.

(Copia coaeva, in arch. Trebon.)

173.

1459, Januar 20 (Romæ).

Pius II. zeigt K. Georg seine Abreise zum Congress von Mantua an und ermahnt ihn, ebendahin zu kommen.

(Ms. des Prager Domcapitels, G. XIX, fol. 134.)

Pius episcopus, servus servorum dei: carissimo in Christo filio, regi Bohemiæ illustri, salutem et apostolicam benedictionem. Hodie in dei et domini nostri Jesu Christi nomine almam urbem, apostolatus nostri sedem, relinquentes, ad civitatem Mantuanam, locum dietæ indictum, iter dirigimus, persoluturi fidelibus populis vim patientibus, quantum in nobis erit paternæ pietatis et misericordiæ debitum. Cum itaque tam ex Hungaria, quam ex locis orientalibus, novæ in dies Christianorum calamitates afferantur, nuperque certissimis nuntiis acceperimus, Turcos in tota Russia sibi jam receptum parasse, et supra Danubium loca complura munita cepisse, ex quibus in Hungariam expeditum transitum habent; quotidie insuper ad pestem nostram majoribus præsidiis surgere, et quod dolenter referimus, Peloponesum totam, quam Moream appellant, calamitosis excursionibus pervagatos, multa animarum millia in lacrymabilem servitutem abduxisse; videntes hiis tantis malis, et quæ in futurum majora timenda sunt, non nisi communi Christianorum suffragio posse obviari, atque ad hanc rem moram omnem esse supramodum damnosam: hortamur serenitatem tuam in domino, ut hæc pie considerans, paternam requisitionem, per alias nostras literas tuæ celsitudini factam, sicut catholicum principem decet, mature adimpleas, faciasque ad tempus præscriptum vox tua in reliquorum conventu deo et nobis non desit. Etenim cum fidei causa agatur, non uni aut alteri nationi, sed toti gregi dominico salutaris; cum nos etiam, qui Christi locum in terris tenemus, non ætatis, non valetudinis, non fratrum nostrorum sanctæ Romanæ ecclesiæ cardinalium, non curiæ nostræ, non subditorum incommoda attendentes, tibi et ceteris in obsequium dei obviam exeamus: tuo nimirum et illorum debito convenit, sanctæ sedis apostolicæ exemplum imitari, ne si in medio conatu soli relicti perficere cogitata nostra non possumus, gravius hoc animadvertat deus, et macula desertæ fidei principibus Christianis perpetuo relinquatur. De tua celsitudine, cujus zelum ad omne opus bonum perspectum habemus, cuncta devotionis officia exspectamus, atque ita contestamur, opere ipso complere contendas. Datum Romæ apud sanctum Petrum, anno incarnationis dominicæ MCCCCLIX tertio decimo Kalendas Februarii, pontificatus nostri anno primo.

A. de Urbino.

174.

1459, Januar 21 (Prag).

K. Georg an den Markgrafen Albrecht von Brandenburg: Creditiv für seine Gesandten zum Wunsidler Tage.

(Abschrift im königl. Archiv in Dresden loc. 10529, III, 2.)

Georgius dei gratia Bohemiæ rex, Moraviæ marchio, Lucemburgensis et Slesiæ dux ac Lusatiæ marchio, illustri principi duci Alberto marchioni Brandenburgensi et burggravio Nurembergensi, affini et amico nostro carissimo, salutem et prosperos ad vota successus.

Illustris princeps! Ad dietam in Wunsidel inter nos ab una et illustres principes duces Saxoniæ etc. parte ex altera coram vestra caritate tenendam mittimus nobiles et magnificos Swinkonem Leporem de Hasenburg judicem regni Bohemiæ, Henricum de Plawen burggravium Missnensem, Wilhelmum de Risenberg et strenuum militem Johannem Zalta de Kamennahora consiliarios nostros et fideles dilectos, cum hiis poteritis tamquam nos præsentes essemus causas et differentias inter nos et duces præfatos vertentes secundum exigentiam prosequi et tractare. Dat. Pragæ die XXJ mensis Januarii anno etc. LIX° regni nostri anno primo.

175.

1459, Febr. 9 (Olmütz).

Mährischer Landtagschluss.

(Aus dem Archive der Stadt Znaim, Cod. Nr. 41, pag. 106.)

In dem nomen gotes amen. Des jores von der gepurd des suns gots tawsent virhundert vnd in dem newen vnd funfczigisten jare des Freitags an sand Appoloniatag zu Ollomuncz. In dem gemayn zusamtreten ist geschehen ein verwilligung mit guten willen aber nicht von rechten mit herren bischoff herren hawbtman prelaten herren ritter landlewten edellewten vnd steten durch des gemayn nucz vnd pestes willen vnd sunderlich durch czymlich vnd ordenlich notdurfft vnd auzrichtung des lanndes in Merhern das geben wurd von dem ganzen land ein solliche gab das yczlicher der da gult vnd czins auf dem land hat er sey weltlich oder geistlich oder an brieffen, das der halben teil seiner ierlichen czins gab vnd die gancz vnd vollkunnüchlich vnder den pen niden geschriben des kunigs gnaden.

Item von erben oder von den die von alterscher nicht panossen sein die da ir frey gesass haben wie das sey oder hoff die schollen geben ein m̃r. von einem lehen.

Item welich hoff bestanden würden sie sein der geistlichen oder weltlichen davon scholl man geben halben tail was man ain jor davon gibt.

Item die mulner die da mulen haben frey die schollen geben von yczlichen rad $\frac{1}{2}$ m̃r. auf grossem wasser aber von ainer mull mit rinnen die frey ist soll geben 1 fierdung vnd wellich müllen sint im purkrecht die schollen halben teil geben was sie ain jar geben.

Item wer prieff hat auf phening vnd nemen davon czins sey von der camer oder verseczt die schollen geben halben ierlichen, wer aber ymancz der an brieff phening aüzlich auf czins oder auch phant der sol auch halben iarlichen czins geben, wolt ymancz das verlawgen vnd wolt neben der gemayn verwilligung das nicht geben dem soll chein recht nicht beholffen sein vmb die schuld.

Item die richter vnd vorster bestandler von yczlichen freyen lehen von erben schollen $\frac{1}{2}$ m̃r. vnd pey den pergen 1 fierdung.

Item die landlewt die manowe heissen vnd naprawnjken die da ir hoff habent in iren czinsen geben des halben teil was man ain jor davon gibt schollen sie auch geben.

Item von stetn des markgraffs von den lewten die von alter zu den stetn gehoren vnd losung geben ierlich gancz die sie zu iren hanten nemen die geben halben teil, es seyn dann eczlich stet oder purger die eczlich dorffer vnd guter haben oder wysmad die si gekawfft hieten die davon czins nemen davon sol geben werden halber teil des ierlichs czins.

Item vnd die obgeschrieben gab oder peren sol gerüfft werden zu hant in steten in markten das yczlicher sein lewten vnd vndertanen gepüt die gab berait zu haben vnd geben die anhebund den Sonntag zu mitterfasten ycz nagst zuchunffig also das yczlicher geb neben der verwilligung vncz auf sand Jörgentag, vnd das si das tragen zu den eynnemern die von z. künigs g. darzu geseczt sein vnd nachgeschriben sint in die abgeschrieben stet.

Item was zu Olomunczer kreiz gehort die schollen geben den eynnemern vnd tragen gen Olomuncz den herren Karlen von Blassyn vnd dem Jan Seliczkemu vnd die habent ferrer damit zu tun was in z. k. g. von rats wegen gepieten wirt.

Item was zu Bruner kreiz gehört die schollen geben vnd tragen den eynnemern zu Brun herren Wanko ven Bozkowicz vnd Jeronim von Pywyn vnd die habent ferrer damit zu tun was z. k. g. mit rat schaffen wirt.

Item was zu Znoymer Iglauer Jempniczer kreizen gehört die schollen geben vnd tragen den eynnemern gen Znoym herren Przibko Abpt zu Lukaw vnd herren Oswalt Ludmansdorfer hawbtman auf dem haws vnd die habent damit zu tun waz z. k. g. schaffen wirt mit rat.

Item was zu Radischer kreiz gehört die schollen geben vnd tragen gen Radisch vnd den eynnemern geben Mikolassen von Woyslawicz vnd von Wesel vnd dem Gindrsich Sbarziczkemu vnd die habent damit zu tun was z. k. g. schafft mit rat.

Vnd die herren in nemer die vngehorsamen zu der gab vnd die saumigen zu der gab schollen darzu bringen mit z. k. g. hilff vnd des lands vnd wer da nicht gab den innemern den schollen die innemer verpinten neben der gewonheit als von alter ist gewesen vnd wer dawider tet der sol mit leib und gut in z. k. g. sten.

Item das yczlicher herr vnd landman von seiner yczlicher herschafft sein amptman mit den registern schickhen soll zu den vorgeschriben innemern vnd von yeczlichen darff den richter vnd zwen schepfen vnd die schollen bei irem ayd sagen was si irem herren rechcz ierlichs czinses geben.

Item es ist auch verwilligt warden wer verschreibung auf sacz des markgraffen camer hat von kunigen oder markgraffen herren des lands oder von kunig Ladisslaw wirdiger gedachtnuss das die schollen die brieff weisen vor herren Wanko von Bozkowitz vnd vor herrn Mikolaschen Mylonskym vnd vor dem Ironimo von Pywyna in der stat zu Brünn anhebund zu mittervasten vntz auf sand Jorgentag, wurden aber eczlich verschreibung in der czeit nicht geweist oder geczeigt oder würden verlawgent die schollen hinfür chein krafft haben.

Item es ist verwilliget worden wer icht güter hält in dem markgrafftum ze Merhern die gehören zu markgraffes cammer vnd hat nicht verschreibung darauf es sein weltlich oder geistlich güter die all' schollen die abtreten z. k. g. in sein macht vnd wer das nicht tet wider den wirt sich z. k. g. mit macht halten als zu einem vngehorsamen vnd als zu einem der zu rütt ein gemayn ordenlich verwilligung.

Item das die landsrecht giengen daz arem vnd reich der recht genussen vnd das zu sand Johannstag negst chunfftig, vnd wer ymancz der das recht nicht leiden wolt oder sich dawider seczet wider die wellen vns halten mit der gewohnheit vnd verpussung als von alterher vnser vorvadern habent getan vnd der sol mit leib vnd mit gut sten in z. k. g.

Item als eczlich aus dem land greiffen in ander land an dem sint die herren peliben das cheiner in dem land oder auz dem land auf nymancz mit verderben oder mit gewalt sol greifen wolt aber ymancz vber das angreiffen im land oder aus dem land wider ein sollichen wellen wir vns halten als zu einem zerutter des frids vnnd gemayn pest.

Item es sei prelat herr oder landmann oder ymancz ander das er cheinen derselben welich auf den sold gen oder reyten auf den hewsern in steten oder in markten vnd in den dörffern nicht lassen ligen vnd sew nicht halten wird aber ymancz der das verhenget es wer prelat herr oder landman stat markt oder dorff vnd z. k. g. geschah schad oder dem land durch das ezwas, zu dem oder den wirt gesehen als zu den zerüttern des gemayn pestes also ob si chemen geriten oder gangen die auf dem sold reyten oder gen vnd weren ainem herren oder stat oder markt oder einem gesloz zugesagt oder sich zu sagen vnd hieten nicht ain herren, vnd weren irr oder verwarren die schollen aufgehalten werden vnd gefangen vnd so sich si ausweisen wurden das si recht vnd ordentlich lewt waren so scholl man sew lassen wurden si sich aber nicht ausweisen vnd entrichten so gescheeh recht in als auf sollich gebort, wolt aber yemancz das nicht thun zu dem soll vmb das gesehen werden als zu einem vngehorsamen mit sollicher puz als von alter ist gewesen.

Item wer ymancz der schaden tet oder in der hut stund vnd tet schaden nach dem oder nach den ymancz ein geschrei tet es sei prelat herr landmann ritter oder ein gemain mensch der oder die schollen geyagt werden von sloz zu gesloz von stat zu der stat von dorff zu dorff also daz sollich vnordentlicheit yo vnterstanden würden tet aber ymancz das nicht vnd das auf in erchand würd zu sollichen soll gesehen werden mit sollichen pen als von alter ist gewesen vnd oben geschriben.

Item die strassen schollen frey sein vnd die mewt schollen nicht erhocht werden, dann welich mewt rechtichlich sint von alter genomen warden die schollen also gen das sich die lewt also neren vnd bewagen mochten.

Item das new kreczem vnd pyr prewen nicht schollen sein vnd nyderlagung nurt da als von alter recht ist gewesen neben ordnung vnd gewonheit von alter her gehalten in dem lannd.

Item falsch müncz sol in dem land nicht gemacht werden noch sew mit kauff noch mit notdurfft furdern vnd wurd auf ymancz das sehen so sol das an im gestrafft werden als an einem felscher.

Item es soll nymandcz gestollenes vnd gerawbz ding chawffen wurd aber ymancz chawffn vnwissenlich vnd das in der worheit recht erchant wurd das er daz vnwissenlich hiet gechaufft das soll er widercherren dem des gewesen ist an phenning, wurd aber ymancz chawffen wissund gestollens oder gerawbcz gut der sol mit leib vnd mit gut sten in z. k. g. herren hawbtmans vnd der herren.

Item ein gesass oder vesten newlich geseczet oder die man durch vnordennlicheit willen zuprochen hat das die in dem land hie ze Merhern nymer gepawt wurden a. z. k. g. willen herren hawbtmanns vnd der herren, tat vber das ymanncz anders wider die obgeschrieben stukh oder wider eczlich aus in zu dem soll gesehn werden mit oben geschribner verpussung zu seinem leip vnd gut als zu einem vbelteter vnd vnrechten zestörer des gemayn pestes.

Item ob eczlicher herr landmann oder ymancz ander der mit vns in dem nicht sten wolt vnd dapei nicht beleiben vnd wolt vns darin nicht raten vnd helffen der nen sich vnd wir wellen das auf z. k. g. pringen vnd neben dem geschafft z. k. g. vns wider sew halten vnd tun.

176.

1459, Febr. 10 (Jezero).

Stephan Thomas K. von Bosnien an den Bischof (Johann Vitéz von Grosswardein): Nachrichten über die Türken und Bitte um baldige Hilfe aus Ungarn.

(Aus Ms. Sternb. p. 266, in der fürstl. Lobkowitz'schen Bibliothek in Prag.)

Rev^me^ in Christo pater et domine, domine singularissime! Post humilem recommendationem.

Omnis dispositio nostra cum ser^mo^ principe D. Matthia dei gratia rege Hungariæ etc. domino nostro gratiosissimo, vestræ dominationi exstat bene nota; præcipue in eo, quomodo nobis in recessu nostro Zegadino commisit [1]), ut illustrem Stephanum filium nostrum carissimum quotiens [2]) fieri poterit ad castrum Zendin sine aliqua mora mitteremus. Qui suis mandatis obedire cupientes, tam celeri cursu nostrum peregimus iter, ut a summo mane usque ad noctem omni die continuo equitavimus, uti [3]) hujus rei sunt testes egregii Henynagh et Benedictus Thurocii, qui nos usque ad Zauam conduxerunt. Rev^mus^ noster in Christo pater D. Stephanus archiepiscopus Colocensis et magnificus Johannes de Rozgon waywoda Transylvanensis nobiscum usque in Diako pervenerunt. Et scitote, quod a die qua Zegedino recessimus die tertia decima ad castrum nostrum Jayce pervenimus, videlicet feria quarta ante carnisprivium, quamvis inimici nostri Thurci nobis insidias astutissimas fecissent. Nam feria secunda proxima ante nostrum adventum maxima potentia exercitus Thurcorum, audiens nos venturos, in medium regni nostri, scil. sub castrum nostrum regale Bobauaz, in quo dictum filium nostrum dimiseramus, sicut vobis declaravimus, et sub aliud castrum Vranduk venerat; in quo exercitu tres sunt capitanei, weyuoda Ezebegh filius quondam Ysaak, secundus filius Parizbegh, tertius Lazunbegh, quartus Zenubegh, qui tenet castrum Bihor. Ubi et modo ipse exercitus Thurcorum existens et commorans, nobis diversa et omnimoda damna inferre non cessat, videlicet gentes nostras captivando, bona auferendo, domos comburendo, fructus et vineas secando, sicut alias facere non solebant. Nam ipsi Thurci etiam de tam fortissimis locis gentes nostras deduxerunt, quod numquam alias inde gentes deducere potuerunt. Et quamvis ipsi Thurci præfati filii nostri iter impedire machinantur, sicut et nostrum iter pridem impedire prætendebant, talem tamen industriam,

---

[1]) Ms. q͞ue nobis michi recessu etc. [2]) forte: quam ocius. [3]) Ms. vestri.

solertiam ac diligentiam adhibebimus, quod filius noster præfatus de ipso castro Bobouaz egrediatur per quædam loca fortia, et quod eum quam celerius fieri poterit ad castrum Zeudin mittamus, uti vobis sumus polliciti [1]). In quo nullomodo vestra dubitare debeat dominatio, quoniam nullatenus in promissis nostris ipsi regiæ majestati deficiemus. Hoc tamen V^{ram} Rev^{mam} dominationem ignorare nolumus, quomodo nobis [2]) ab amicis nostris relatum exstitit, qui hujus facti sunt conscii, quod postquam tempus mollificabitur et nives deficient, tota potentia magni Turchii ad destructionem regni nostri veniet indubitanter. Quare supplicamus humiliter et devote eidem dominationi, quatenus omnem vestram curam, diligentiam ac solertiam, uti nobis estis polliciti, adhibere dignemini et velitis, ut sacra majestas regia in præsenti periculo nostro nos non relinquat, sed suum gratiosissimum juvamen, uti promisit, nobis præstet. Nam si ipse D. rex, in quo post deum totam spem nostram gerimus, nos relinqueret, videremus totalem dissolutionem et destructionem regni nostri evidenter, quod non minus tamquam suum proprium Hungariæ regnum sua majestas defendere debet. Pro quibus omnibus superius dictis et ceteris V^{ram} domin. reddet certiorem nobilis Paulus Murhnygh fidelis noster, quem cum præsentibus mittimus ad V^{ram} dom. cui in cunctis fidem velitis adhibere credulam. Datum in castro nostro Jezero, die X Februarii, anno domini millesimo quadringentesimo quinquagesimo nono.

Rev^{mæ} devotus filius Stephanus Thomas
dei gratia rex Bosne.

177.

1459, Febr. 11 (s. l.).

Jacobus Schreyber vff dem Steyne ad senat. Gorlic.

Besunder lieber er bürgermeister, ich thu e. ersamk. zu wissen, wie das meynes herrn gnade nicht einheymisch ist etc. Geruchet zu wissen, das ich vornommen habe, wy das dy Vngern den gubernatorem nichten haben wöllen zu eynem konige: wenn die Vngern sullin habin gesproche: sie wellen noch viel lieber uffnemen den Girziken zu einem konige. Vnd der gubernator auch nichten wil nemen des Gyrziken tochter etc. (sic). Geruchet zu wissen, das der konig hat gesatzt ein vmgeldt in dem lande zu Behmen: so

[1]) Ms. vr̃i ũl sumus polliciti. [2]) Ms. vobis.

haben die herrn gesprochen, iss das sie sullin ym gelt gebin, so wellen sy ym adir mit ym zu felde nichten zyhen etc. Gebin am Sontage vor Valentini 1459.

(Scultetus, III, 93[b].)

178.

1459, Februar.

Verhandlungen zu Wunsidel.

Am Tage zu Bamberg wurde der Tag zu Wunsidel beschlossen.

Am Freitag purificat. begannen die Verhandlungen (die böhm. Räthe kamen aber erst Sonnabend Blasii dort an) und dauerten noch 12. Februar.

Von dort ritten die sächs. Räthe zum Kaiser und kamen zu Wiener-Neustadt an Donnerstag an S. Mathias Abend. Morgen darauf baten sie den Kaiser um Beistand für Herzog Wilhelm zur Erlangung der Krone von Ungarn und Böhmen, als Vormund der Erbin, seiner Gemahlin.

Montag vor Lætare waren dieselben bei Erzherzog Albrecht in Wien in derselben Sache. Derselbe erklärte sich in der Sache zu rathen incompetent.

Der Tag zu Wunsiedel wurde am 13. Februar ohne Beschluss geschlossen, doch hatte Markgraf Albrecht mit Herrn Hasen von Hasenburg ein mündliches Abkommen, das nicht bekannt gemacht wurde. Es ist viel von „heimlichen Wegen durch Hannsen Steinbach" die Rede, welcher seit dem Tage zu Bamberg zwischen König Georg und Albrecht von Brandenburg verhandelt zu haben scheint. In Bamberg hatten Albrecht und Wilhelm persönlich davon gesprochen. Doch hatten zu Wunsidel sowohl böhmische als sächsische Räthe ungenügende Vollmachten, die böhmischen bloss ad referendum.

(Aus einer Actensammlung im königl. Archive zu Dresden, sign. 10529, III, 1.)

1459, Febr. 14.

„Abeschiet vom tage zcu Wunzedil".

(„Præsentat. Torgaw per Joh. Metzsch fer. 4 post Invocavit L nono".)

It. die sach die jr wiszt anzubringen.

It. die erbeynung zu besliessen vnd zuuernewenn, domit kein tayl mit dem anndern zu vnwillen kome, doch hierinn vorbehalten die spruch die sie zueinander haben die sullen sie nicht mit der tat, sundern sie mogen die mit recht vor vns. gn. h. dem rom. keyser anden ob sie wollen.

It. zehen jar ein friede ydermann vnuergriffenlich vnd vnschedlich an seiner gerechtickait.

It. darauff zu tegen zukomen gen Eger, der erwelt zu Beheim personlich, als ein parthey vnd marggraue Albrecht personlich als ein teydingszman, vnd sol mit bringen rete, die vollen gewalt haben der herren von Sachsen vnd Branndburg, als der annderen parthey.

It. den tag sol ein parthey der anderen vor vier wochen verkunden.

It. zu werben an den erwelten zu Beheim, deszgleichen an die herren von Sachsen vnd Branndburg — auch das man auff dem tag von beyden taylen nicht alle heder in die houbtsach anziehe vnd einflecht, angesehen, das es lang die richtigung verhindert hat —

It. vnd das des von beyden taylen meinem gned. herrn marggraue Albrechten furderlich antwort gefalle.

(Orig. arch. Dresd. IV, 118.)

179.

1459, Febr. 20 (Ofen).

Cardinal Johann Carrajal an K. Georg: sendet ihm des Papstes Bulle (vom 20. Januar) und ermahnt ihn gleichfalls, nach Mantua zu kommen.

(Ms. Sternb. p. 381 in der fürstl. Lobkowitz'schen Bibliothek in Prag.)

Serenissime et potentissime rex, mi domine singularissime! Post humilem recommendationem. Mitto serenitati vestræ bullam sanctissimi domini nostri, quam eidem serenitati dirigit. Dignetur serenitas vestra considerare accessum istius sanctissimi domini nostri et causam accessus sui ad istam dietam. Si vestra serenitas in ista dieta defecerit, infertur magnum vulnus ecclesiæ, et Thurcus qui scit sanctissimum dominum nostrum ab urbe recedere, ut conveniat cum serenitate vestra et aliis principibus, irridebit christianam religionem quam contra figmentis quibusdam solitus est blasphemare, cum viderit ipsius religionis caput contemni, nec amplius christianorum vires formidabit, si hunc conventum frustratum intellexerit. Serenitas vestra, quæ hæc omnia melius intelligit, faciet ut decet principem christianum. Ego ad mandatum sanctissimi domini nostri accedam ad istam dietam; quod notificare volui vestræ serenitati, ne forte alia de causa putaret me ab Hungaria recedemus (sic). Et certe accessus vestræ serenitatis plurimum decoraret personam ejusdem vestræ serenitatis. Quam omnipotens deus noster conservare dignetur. Ex Buda XX Februarii, anno domini etc. LVIIII.

E. vestræ serenitatis servitor cardinalis Jo. S. Angeli apostolicæ sedis legatus.

180.

1459, Mart. 16 (Glatz).

Die böhmischen Stände an die Stände der Oberlausitz: fordern sie auf, am nächsten S. Georgentag in Prag zur Huldigung zu erscheinen.

(Scultetus, III, 95.)

Sdengko herr zu Sternberg oberster burggraff zu Prage, Gindrzich h. zu Platz oberster hoffmeister des konigreichs zu Behmen, Gindrzich herre zur Leippe erbmarschalk des ehegenanten konigreichs, Jan Sagimacz h. zu Cunstat, Jan von Wartinberg h. zu Tetschin, Ditterich von Janowitz h. zu Chlumetz, Bohuslaw h. zu Swanberg, vnd Gindrzich h. zu Colowrath: an die sechs land vnd stete.

Als jr vns geschriben habt, von der antwort wegin, die jr vnserm vnd uwerm allirgn. h. dem konige zu Behemen vff die itzt vergangenen mittefaste vnd gen Prage solt geben vnd geschickt habin etc. (sic). Vnd das jr hett verstanden, das die konigl. gn. mit hofe vff derselben zyt zu Prage nicht were gewest, vnd deszhalben jr vorzihen hett müssen etc. (sic).

Lieben fründe! Wie wol vnser vnd uwer allirgn. h. konig vf dieselbe zeit nicht ist zu Prage gewest, bedünckt vns doch, das jr zu synen kon. gn. solt haben geschickt, wo jr seyne kon. gn. hett mögen finden. Als deszgleichen die hertzoge usz der Slesie vnd ander frome lüthe getan haben, vnd by synen kon. gn. hie zu Glatz gewest sind, vnd sinen kon. gn. das gethan, was sie jm von recht schuldig vnd phlichtig waren zu thun.

Nu wie dem allem, so haben wir doch vmb des bestin uwers vnd uwer land willen mit grossem vliss syne kon. gn. vmb lengir frist gebetin. So hat syne kon. gn. vmb vnser bete willen uch ein tag bescheidin vff den nehst sent Jorgen tag, das jr zu synen kon. gn. zu Prage entlichen kommen sollit.

Dorumb lieben frűnd, so jrmanen wir uch deszglichen als vor, vnd rathen uch mit truwen, das jr etc. (sic) kommen wöllit, vnd do synen kon. gn. vnd der achtbaren cron zu Behemen entlich thun, was jr von recht schuldig vnd phlichtig seit zu thun etc. (sic). Geben zu Glatz am Fritag nach sant Gregoriustag 1459.

181.

1459, Apr. 11 (Senis).

Bericht Peter Wartemberg's an die von Breslau.

Wir sind am Sonntage Quasimodogeniti (1. Apr.) in Senis einkommen und Dinstag darauff vom Papste insgeheim verhört worden. Montag nach Misericordia d̃ni (9. Apr.) erhielten die Boten öffentliche Audienz. Der Papst lobte ausserordentlich ihre Beständigkeit und Ergebenheit. Es sei fast nur durch Zufall und Unachtsamkeit geschehen, dass Georg als einem Könige geschrieben worden wäre. Fünf Wochen vor uns sind des Giřiken Räthe, der Propst von Wyšehrad, Rabenstein's Bruder, mit einem Dr. Fantino selbzehnde in Rom gelegen; ihren Geleitsbrief corrigirte der Papst selbst in „oratores *regni* Bohemiæ" (nicht regis) um. Der Bischof von Breslau war noch am päpstlichen Hofe.

(Copia arch. Dresd. 10529, III, 53.)

1459, Apr. 19 (Siena).

N. N. (Peter Wartenberg) ad senatum Wratislaviensem.

Meyne ynnige gebete vnd flissige dinste zuvor etc.

Am Sonnobende vor dem Sontage Jubilate noch 24 am gantzen seyger hat vnser h. vater der pabst vns noch langem harren, eine gnedige antwort gegeben etc. Idoch so schribet seine H. den herren von Behem in einer geslossen bullen vnd vndir andern worten so fordert vnd vormanet, das sie Girsiken, den sie vor jren h. konig erkennen, vndirweisen vnd anhalden, das her in dem reich zu Behem vnd nemlich in Slesien keynes erhebe noch erwecke, domit der fride vnd eintracht der lande möchte gestört werden, sunder stille sey, bis das seyne helikeit, wie is vmb das irtumb ist, erkenne vnd entlichen vszspreche etc. Geben zu Senis eylende am Donnirstag noch Jubilate, 1459.

(Scultetus, III, 94ª.)

182.

1459, Apr. (Eger).

Der Tag zu Eger. (Bruchstück eines Berichtes über die von M. Albrecht von Brandenburg in Eger mit dem „Vffgeruckten“ von Böhmen gepflogenen Verhandlungen.)

(Dresd. geh. Archiv, loc. 8023, fol. 175—181.)

Dinstag früh (10. Apr.) seien Herzog Wilhelm's Räthe bei Markgraf Albrecht gewesen, der habe ihnen erzählt, wie Montag Abends (9. Apr.) Jobst von Einsiedel spät bei ihm gewesen und gemeint, wenn die Irrungen zwischen Böhmen und Sachsen an den Kaiser oder die Kurfürsten gestellt würden, so sei kein Ende dafür abzusehen. Auch über die Schlösser wurde gesprochen, über Einung etc. Markgraf Albrecht habe gesagt, man müsse von den bisherigen Friedensgrundlagen abgehen, wenn man zum Zwecke kommen wolle, sonst wäre seine Mühe eine unnütze etc.

Dinstag Nachmittag hat sich Markgraf Albrecht mit den sächsischen Räthen zum Könige in dessen Herberge zum Kaspar Jungherrn gefügt; Jobst von Einsiedel war Dolmetsch. Der König verlangte Brüx Stadt und Schloss, Riesenburg mit Doxau, Königstein, Lauwenstein, Senftenberg, Hoynstein etc. (sic): wenn die an Böhmen abgetreten würden, so sei er zu allen Bedingungen des Vertrags bereit, zur Einung etc. Albrecht hielt vor, Sachsen besitze alle die Schlösser aus viererlei Titeln: 1) Pfandschaft oder Kauf, 2) als Leben der Krone, 3) Ersatz für Kriegsdienste, die den Königen von Böhmen geleistet wurden, und 4) durch Eroberung zu einer Zeit, wo sie gestattet und geboten war. Er als Mittelsmann wolle das nicht zur Schwächung der Rechte der Krone, sondern nur zur Unterweisung vorgebracht haben. Auch wurden Ansprüche Friedrich's von Donin (j. †) und des von Plauen an Sachsen zur Sprache gebracht; ferner Čalta's Forderung an Sold (bis 50.000 fl.), der Vizthume Angelegenheit; endlich Herzog Wilhelm's Erbansprüche an die Krone. König Georg sagte, eine Tochter erbe nicht, so lange männliche Erben vorhanden seien, solche seien aber in Österreich, darum hätten ihre Ansprüche keine Geltung. Aber Böhmen habe eine freie Wahl, und sowohl Sigmund als Albrecht und König Ladislaw selbst seien durch Wahl Könige geworden. Sachsen nenne ihn (Georg) den „Vffgerückten“, Markgraf Albrecht selbst einen

Erwählten, und habe bisher vermieden, ihm zu schreiben, nur um ihn nicht König nennen zu müssen: er sei aber ein gewählter und gekrönter König etc. Herzog Wilhelm's Gemahlin sei auch von Böhmen mit 100.000 fl. Heirathsteuer abgewiesen worden, daher ihr keine weitere Forderung zustehe etc.

Inzwischen kam der Pfalzgraf persönlich in die Herberge des Königs, doch ohne mit Markgraf Albrecht zusammenzukommen. Er sprach laut, dass er Georg als rechten König von Böhmen anerkenne und mit ihm in Verträge zu treten Willens sei etc.

(Der Bericht ist unvollständig und ohne Datum.)

1459, Apr. 17 (Thiersteyn).

Herzog Wilhelm an seinen Bruder Herzog Friedrich von Sachsen, dat. Thierstein, Dinstag nach Jubilate 1459.

Markgraf Albrecht von Brandenburg sei heute zu ihm nach Thierstein gekommen mit dringender Bitte, er möge sich zum „Könige" nach Eger verfügen, da der Vertrag bereits dem Abschlusse nahe sei. Er werde daher morgen Mittwoch nach Eger einziehen und wünsche, dass sein Bruder ihm 150 Pferde dazu schicke. Dann (später) werde man auch um ihn (Friedrich) kommen, um ihn zum Könige „erelich vnd herrlich" zu bringen.

In einem zweiten Briefe an denselben schreibt derselbe, wie er in Eger eingezogen, wie ihm der König zuerst Herrn Heinrich von Platz, dann Zdenko von Sternberg mit Gefolge entgegengeschickt, dann selbst mit grosser Zahl entgegen geritten; beim Ansichtigwerden sei er, so wie auch Wilhelm und Albrecht von Brandenburg abgestiegen und haben einander herrlich bewillkommt. Gleich nach dem Einzuge „haben drie paar in siner gnaden vnd vnser geinwartigkeit gestochen", dann sind wir mit Sr. Gn. vor seine Herberge und dann in unsere Herberge gezogen. Die Eheberedung zwischen dem Sohne des Königs und unserer Tochter werde wohl Fortgang haben, er bitte seinen Bruder auch bei dessen Sohne Albrecht „daran zu sein", dass die Verbindung auch vor sich gehe. Er (Wilhelm) und Albrecht von Brandenburg hätten beschlossen, ihn (Friedrich) am nächsten Sonntag (22. Apr.) her nach Eger zu bringen; man werde dafür sorgen, dass es gar ehrenvoll vor sich gehe.

(Dresdner geh. Archiv loc. 8023, f. 183.)

1459, Apr. 25 (Eger).

1) Albrecht Markgraf von Brandenburg vermittelt zwischen Böhmen und Sachsen wegen der böhmischen Lehen in Thüringen, Meissen und Vogtland.
2) Derselbe stiftet die Heirath zwischen Albrecht und Sidonia.
3) Erbeinigung zwischen Sachsen und Böhmen.
4) Friedrich und Wilhelm verzichten auf böhmische Orte und Lehen.
5) Die Markgrafen von Brandenburg Friedrich, Johann, Albrecht und Friedrich verpflichten sich der Krone Böhmen zur Freundschaft und Vertheidigung.
6) Friedrich von Sachsen verpflichtet sich, der Prinzessin Sidonia die bedungenen 4000 fl. jährlich auf sächsische Städte und Schlösser anzuweisen.
7) Albrecht von Sachsen verspricht zu Martini 1459 in Eger sich Sidonia antrauen zu lassen.
8) Wilhelm von Sachsen verspricht zu Martini 1459 nach Eger seine Tochter Katharina zu bringen etc.

(Orig. arch. CR. Aul. Vindob.)

1459, Apr. 26 (Eger).

Ihan von Rosenberg, houptman in Slesien (an N.).

Liber getruwer! Wir lossen dich wissen, das vnser herr der konig allhy uff desim tage mit den fürsten sich gar früntlich vorricht hat. Vnd von ersten mit dem phaltzgraffen haben sie bestetiget vnd gefestent die irstin vorbintnis, die gemacht sein vor alden gezeiten, zwischen der cron von Behem vnd den phaltzgraffen etc. Vnd dornoch mit dem hertzogen von Sachsen hat sich sine gn. gütlichen vorricht, also, das sie etliche sloss der crone des koniges g. abetreten sullen, mit namen Ossek vnd etliche ander: die vbrigen sloss hat des alden herrn sohn zu lehen empfangen. Ouch haben sie sich mit einander gefrünt mit der ehe, das des alden herrn son sal nemen die dochter vnsers h. des koniges, vnd vnsers h. des koniges son herr Hincko sal nemen des jungen herzogen tochter etc. (sic). Dat. Egra, feria quinta post Marci anno 1459.

(Scultetus, III, 94*.)

1459, April (Eger).

In den Verhandlungen König Georg's mit dem Pfalzgrafen über Bei- oder Ausschliessung Herzog Ludwig's von der Einung wird auch des Meisters Marttein als pfalzgräflichen Rathes, der gegenwärtig war, gedacht.

König Georg beschwerte sich über Herzog Ludwig, dass er auf den Tagen zu Nürnberg und Bamberg „sich vast widerwarttig der krone zu Behaim gehallten solt haben" etc.

(Neub. Copialb. XXXI, 145, 146.)

Der Tag wurde nach Prag auf Freitag nach Frohnleichnamstag (25. Mai) vom Pfalzgrafen angesetzt.

183.

1459, Apr. 30 (Florentiæ).

Des königl. Procurators am päpstlichen Hofe, Fantinus de Valle, Bericht an K. Georg.

(Ms. des Prager Domcapitels, G. XIX, fol. 189.)

Fantinus de Valle, Tragurensis, Georgio regi Bohemiæ.

Serenissime rex et excellentissime domine, domine plurimum gratiose! Orationibus et obsequiis præmissis etc. Petrus Mattmberg (sic), canonicus Wratislaviensis, et Georgius de Wratislavia, legati et oratores ducum aliquorum, civitatis, et ut opinor cleri, plurima in consistorio secreto de conditionibus majestatis vestræ et subditorum ejusdem agere habuerunt, sed in hiis certe, ut accipio secreta quadam relatione, parum vel nihil proficere valuerunt. Quoniam maximus pontifex plus in prudentia serenitatis vestræ ac observatione promissorum confidit, quam in ceteris fere omnibus; ingenue vero sæpe numero coram reverendissimis patribus, dominis cardinalibus, magnanimitatem et strennuitatem commendare studet, tribuit quoque in hiis illud vestræ majestati, quod alicui ex prædecessoribus umquam tribuendum fuit. Tamen ne omnino præfati oratores Sleziæ absque scriptis contempti domum redirent, unum breve ad aliquos ex baronibus inclyti regni vestri Bohemiæ dedit rogando, ut obedientiam et unionem sedis apostolicæ vestræ majestati et pacem persuadere deberent; aliud ad Suinicenses, eorum primam linquam commendando, quæ est, quod potius jus habenti subessent; tertium ad duces et civitatem, quod ita in posterum in fide ac religione se conservare studeant, prout hactenus se conservarunt. Nihil publice locuti sunt, nec ad contradicendum secreto in consistorio locus patet; tamen nihil defuit, quin omnium vestræ majestatis laudabilium gestorum et summus pontifex et reverendissimi domini cardinales seorsum certiores efficerentur. Novitates autem hæ sunt: Rex Bosnæ papæ scripsit, viginti duo millia animarum sibi per Thurcum arrepta fore et dominium medium occupatum. Gallorum copiæ Januæ congregantur, fertur aut in ducem Mediolani, aut in regem Fernandum [1]) Siciliæ impetum facturæ, princeps tamen Tarrentinus eidem regi foedere pacis conjunctus est; Florentiæ sunt plures Italiæ domini, comes Galeacius, ducis Mediolanensis filius, Sigismundus Arimini dominus, Federicus Urbini dux, Hector Faventiæ dominus, Guidus Antonius, Immolæ dominus, et alii quam plurimi inferiores. Hi enim ad pacem firmandam per pontificem inter Sigismundum præfatum et Jacobum Pitsellinum ducem armorum convenerunt; fiunt concursiones, venationes ferarum diversi generis, ursi, leonum, duodecim equi luporum etc. et coreæ amplissimæ per Florentinos. Pontifex vero die primo vel tertio post ascensionem domini ex Florentia recedet. Valeat bene vestra sacra majestas et diu felix. Ex Florentia die lunæ, ultima Aprilis.

E. V. M. Fantinus de Valle, Tragurensis j. u. doctor, servulus etc.

184.

1459, Mai 9 (Satz).

K. Georg gibt einem Ungenannten Nachricht über den Erfolg des Tages zu Eger.

(Scultetus, III, 96.)

Jorge von g. gn. könig zu Behem, marggraue zu Merhern, herzog in der Slesien vnd Lutzenburg etc. marggrafe zu Lausitz.

Liber getrawer! Als wir dir vor enpoten haben, wy dy sache zu Eger mit den fursten, dy zu vns kommen sein, zu handeln fürgenommen ist worden. Also hat sich dy sache von den gnoden des almechtigen gotes zu eyme löblichen guten ende gefügit.

Von irsten, vnser fründ der phaltzgraffe vom Reyn vnd herzog in Beyern, Albrecht von Brandenburg, eine gantze richtunge mit vns

[1]) Cod. servandum.

vnd vnser crone zu Behem, vnd den hochgeborn fürsten, hertzog Fridrich vnd herzog Wylhelm, herzogen zu Sachsen, von solcher anspruche, forderunge, dy wir von etzlicher slosser vnd stete gehabt haben, also, das er vns alhie bey Prüxe vnd bey Eger, dy gesloss an dem walde gelegen alle abetreten vnd widergibt, vnd die andern dy er inne hat, als dy manne zu vns vnd vnser crone vor etzlicher zeit gehörent, hertzog Albrecht von Sachsen, hertzog Fridrichs sone der jünger, als eyn marggrafe zu Meyssen, von sein vnd aller seiner nachkommen, von vns zu lehen entphangen hot, vns glübden an eydes stat, dy lehen entphangen, vnd vmb Pyrna, das denn vnser vorfaren vnd vnser erbe gewest ist, für 20.000 gülden reynische abgekawft hot.

Vnd do pey der genante marggrafe Albrecht von Brandenburg vnser sweher eyne heyrath zwischen den obgenanten fürsten von Sachsen kynden vnd vnsern gemacht hot: also, das wir vnser tochter jungfraw Zdena hertzog Fridrichen von Sachsen son hertzog Albrechten elichen vertrewet haben, vnd der ebgenante herzog Albrecht bey eynem glübde eyde, der denn yn eigener person mit sampt seym vater hertzog Fridrichen vnd seym vettern herzog Wylhelm von Sachsen do gewest ist, vnd dyselbigen auch vns für versprochen haben zu nemen.

Vnd deszgleichen hertzog Wilhelm seyne ehliche tochter, frewlin Katherina Hincko vnserm sone gegeben hot, dorzu heymsteir vnd 20,000 gulden gegebin hot, vnd sich vor sich selbis vnd sein gemahel aller seiner gerechtikeit, ab her dy von seyn vnd seyner gemahel gehabt hat, mit eyme offen briue verzigen hot ewiclich, als an der crone, an Merhern, an den Slesien, vnd an allen den, des zu der crone gehört hot.

Dorzu so haben sich dy hertzogen von Sachsen, als hertzog Fridrich vnd herzog Wilhelm gebrüder, vnd herzog Ernst vnd herzog Albrecht Fridrichs sone mit vns vnd mit vnser crone ewiclichen verpunden haben, vns zu helffen wider allermenniglichen. Dessgleichen die marggrafen von Brandeburg alle vire, marggraff Friderich vnd aber marggraff Friderich in der Marcke, auch margraff Johannes vnd marggraue Albrecht erblich sich mit vns verbunden haben vnd verschriben. Auch sunderlich marggraff Albrecht vnd wir vns uff eyn newes mitteinander gefrünt haben. Also auch der bischoff von Mentz vnd der bischoff von Wirtzburg die erbeynung mit vns vernewen, dorzu wir dy vnsern geschickt haben. Vnd der bischoff von Tryer sich mit vns erblichen verpynden wil.

Also, das wir nu auszgenommen den von Köln, alle korfürsten mit vns verbunden sein.

Es haben auch vnser lieber schweher herzog Friderich, herzog Wilhelm vnd marggraff Albrecht von Brandenburg jre räthe itzund von Eger ausgesant uff den tag der vff Walpurgis zu Kottbus gehalden wirtt, jre räthe zu den dy vns in der Slesien vngehorsam seyn, in sulche früntschafft, dorynne wir mit en kommen seyn verkunden: vnd dy welden sy vnderweisen, das sy sich an vns als jren rechten hirren, als eyn konig von Behemen halden sullen etc. (sic). Wenn sy aber das nicht teten, das sy vns denn noch lawte der verpintniss helfen vnd rathen müsten etc.

Also gib das zu wissen an dy stete dy vns dann getrewe seyn vnd sich wissen donoch zu richten etc. Doch so wollen wir vnser potschafft kürtzlichen donyden haben, vnd den sachen dy wir gegen den vngehorsamen fürgenommen haben, mit gottes hülffe, ab sy nicht sich yn demut vnd gehorsam gebin wellen, thun müssen, vnd keyn verzug mit pete noch anderst, ob got wil, uffhalden wellen loszen etc. (sic).

Doch so hat herzog Albrecht vnser son die stat Pyrn neben andern slossen wy wol es gekaufft von vns worden ist, auch zu lehen empfangen vnd ewicglichen zu lehen tragen sol. Geben zcu Satz etc. an der Mitwochen noch Sigismundi, vnder vnserm eigem secret etc. (sic).

Ad mandatum d. regis proprium.

185.

1459, Mai 15 (Wymar).

Herzog Wilhelm von Sachsen an König Georg: Bericht und Fürsprache in der Angelegenheit der Schlesier und Lausitzer.

(Scultetus, III, 97.)

Durchleuchtigister könig vnd here: meyn vndertenigen vnd willigen dinst ewer k. g. allzeit zuvoran bereit. Gnediger here vnd schweher!

Nachdeme ich neste zu Eger in der verrichtunge durch euch meynes teyl keyn e. g. ingegangen: sünderlich vndir anderm handil, yn abetretunge vnd verrichtunge meyner forderunge am königreich zu Behem, der Slesien vnd andern zugehörungen landen, gehabit, ewer gn. wol wissentlich angezogen, vnd von denselben e. g. zugesagit, erlanget habe, dy fursten, landschafft vnd stete des bundes in der Slesie, so sy sich an e. g. halden worden, ires willens vnd zuneygunge keyn mir geton, nicht zu entgelden, sy auch dy eren alten eren wirden freyheiten vnd löblichem herkommen zu bleiben lassen etc. (sic). Habe ich noch meynem abescheiden zu Eger, dy meynen mit sampt meynes schwehers marggrafen Albrechte von Brandenburg rethen zu dem tage keyn Kotbus, der uff send Walpurgentag neste vergangen mit den obgemelten Slesyten, fürsten, ritterschafften vnd steten berampt was gefertigt, in meynunge yn obgerürten handil vnd abscheiden von e. g. erlangit zu irkennen zu geben. Vnd noch deme sichs mit dem beharren zu Eger etwas lange verzoch, hatte ich zu den Slesiern geschicket kein Kottbus, bittende sich zwene adir drey tage noch dem bemelten genanten tage do zu entbalden vff zukunfft meynes vorgenanten swehers von Brandenburg, vnd meyne rethe, das anbrengen der meynunge meynes abscheides zu vornemen, des sy nicht erharreten, sunder alzo von danne zogen etc. (sic). So bin ich sedir meyme abscheiden zu Eger mit meyme schweher von Brandenburg uff andern awszlendischen tagen gewest, vnd meyns gefertes hud erst wider zu lande vnd do her keyn Wymar kommen was etc. (sic). So habe ich doch die meynen itzt wider alsbalde geordent hynabe yn dy Slesie zu den fürsten, mannen vnd steten zu reyten vnd obgemelten meynen abescheid an sy zu brengen etc. (sic). Dorumb e. g. mit gantzem besunderm fleisse bitende, jr wellet dorzu das also zu volenden zwischen hie vnd sente Johannestage Sonnwend schirist frist gebin, vnd hynnen des, ob ewer g. eynichs ernsten vornemens were, guten geduldigen vfhalt tragen etc. (sic). Gebin zu Wymar am Pfingistage Dinstage, anno domini etc. LIX°.

186.

1459, Mai et Jun.

In Herzog Ludwig's von Baiern Solde waren böhmische Rottmeister:

Hanusko.	Marquart v. Drakowicz.
Peter Husgapeczki und Jan Swela.	(Marquart v. Zrakowicz.)

Stibor von Deschnicz und Bořiwoj.
Niklas Käppler von Sulewicz ges. zu Winterberg.
Jan von Purglein und Raczko von Rayenbicz.
Heinrich von Kolowrat herr zu Libenstein und Beneš von Kolowrat herr zu Maschau.
Hynko von Dobrobicz.
Bedřich „Winerczky".
Přibik Satan.
Dobrohost von Ramsberg ges. zu Teincz und Jindřich von Metelska, auch zu Teincz.

(Neuberg. Copialbuch XLI.)

It. Jahr 1461.

Jindřich Chotko von Woynung.
Jan Topawr von Topaw (Daupow).
Ješko von Milin.
Odolen von „Vhorotzaw".

Jahr 1462.

Herr Lew.
„ Zalta.
„ Teinz.
Taust 200 Trabanten.
Ctibor von Wolfstein etc.

187.

1459, Jul. 3 (Ovár).

Graf Sigmund von S. Georgen an die Unterthanen des Gutes Bacza: Aufforderung zur Abdingung.

(Ms. Prag. Domcap. O. XIX, 186.)

Sigismundus, comes de sancto Georgio et Bozin, nec non serenissimi principis et domini domini Friderici, dei gratia Romanorum imperatoris semper Augusti ac Hungariæ, Dalmatiæ, Croatiæ etc. regis, supremus capitaneus: vobis universis et singulis jobagionibus seu hospitibus, in possessione Bacza existentibus et commorantibus harum serie literarum firmiter committimus, aliud omnino habere nolentes, quatenus mox visis et habitis præsentibus, huc ad nos pro homagio disponentes et nobiscum concordantes venire sine omni renitentia debeatis, seu aliquot cum plena potestate ex concivibus vestris transmittatis; et secus in præmissis non ausuri. Alioquin scituri, quod nos ad id faciendum vos per vestra damna detentionesque vestrarum personarum ac per ablationes rerum et bonorum vestrorum, per ignemque et gladium arcius compellere et astringere volumus; secus igitur in quantum præmissa evitare desideratis, non facturi. Datum in Ovar, feria tertia post festum visitationis Mariæ, anno domini etc. LVIIII.

188.

1459, Jul. 16 (Breslau).

Zeitungen aus Breslau.

(Scultetus, III, 91.)

Dr. Johannes Stoseman an Johann Bereith, Stadtschreiber zu Görlitz.

Vor newe zeitunge uch lasse wissen, das der bobest den fürsten in Slesien vnd etlichen steten geschriben hot etc. (sic). Vff solche schriffte die von Breslow in meinunge sint, jr merckliche botschafft vff den tag zu Mantwa zu dem bobeste zu fertigen. Ouch euch lasse wissen, das Wolfel der houptman zu Gloatz mit seynen helffern, von des Girsicks wegen, den geistlichen, als thumhern, vicarien, mansionarien, altaristen, allen epten vnd begryben leuthen, auszgeslossen verslossen closter, find worden ist vnd entsaget hat. Der stat Breslow aber keine entsagunge gescheen ist etc. Sein entsage brieff berühret die geistlikeit allein, wenn sie durch jre prediger, schreyben, lehren vud anhalden dem Girsick hoen, smocheit, laster, vnachtsamkeit vnd vngehorsam zugefüget haben. Vff sulche entsagunge etliche zugryffe vnd beschedunge der geistlichen, als den tumhern an jren gütern itzund gescheen ist etc.

Is qwam vff gestern tage yn botschafft vnd warnunge, wy man den thum irfallen meynete. Dorumb dy tumhern als hüte soldener uffgenommen haben.

Die stad Breszlow bynnen 2 tagen etliche 100 rehsigen vnd in kortz eine grösser mennige meynen zu bekommen. Ydoch sy in meinunge sint, an die behmischen herren zu bestellen, nach dem sy harrende sint irkentnisse des bobestes zu Mantwa etc. (sic).

Am nehist vergangenen Freytage (13. Jul.) dy gemeynheid zu Breszlow besand ist, do gemeynlich mit dem rothe, dem kouffmanne vnd der gantzen gemeyne eyntrechticlichen beschlossen ist, dem Girsick zuwider stehyne vnd dem nicht gehorsam zu thun an irkenntnisse.

Der genante Wölffel houptman zu Gloatz Polckenhayn inne genommen hat: vnd ouch entsagunge herzog Frederich von Legenitz vnd den von Haynow gethoen hat. Der techand vom Bryge vnd thumherr zu Breszlow am Sonnabende (14. Jul.) von des genanten Wolfels helffern gefangen ist vnd wegk gefüret etc.

Die von Breszlow in meynunge sint 5 oder 600 pherde zu versolden etc.

Idoch man hoffet, das dy von Gorlitz disen sommer ane gedrengnis vnd grosse beschedigungen bleyben mögen: das got so füghe etc. Geschrebin ylende am Montage noch divisionis apostolorum 1459.

1459, Aug. 19 (s. l.).

Idem ad eundem (sic).

Ich lasse uch wissen, das der keyser dy von Breszlow mit schrifften angelanget vnd sy ernstlichen vormanet, den Girsigk sam eynen konig zu Behmen mit gehorsam zu irkennen vnd sich an yn sam jren hern zu halden.

Der schwartze herzog in geheym an dy von Breszlow gesunth, wye her hoffte in gütlich stehyn zwischen dem Girsigk vnd sie zu schaffen bisz uff Ostern etc. Dorynne dy gemeyne nicht hat wollen fülborten, vnd offentlichen geredet haben, das mit kätzern nicht frede noch gütlich stehin uffzunehmen ist etc. Geschriben ylende am Sontage noch assumptionis Marie 1459.

189.

1459, Jul. 20 (in Nova civitate).

Kaiser Friedrich an K. Georg: beschwert sich über die von Matthias von Ungarn während der eingeleiteten Unterhandlungen beabsichtigten Feindseligkeiten.

(Ms. Prag. Domcap. G. XIX, fol. 182.)

Fridericus divina favente clementia etc. serenissimo principi Georgio, Bohemiæ regi etc. suo affini et principi carissimo, salutem et prosperos ad vota successus. Serenissime princeps, affinis carissime! Cum infra dies paucos Brunnam venturi simus ad prosecutionem nuper concordatorum: accepimus heri, quomodo Mathias de Hunyad gentes armorum coadunari faciat, intentione nobis ac nostris damna nobis absentibus inferendi. Verum dudum poteramus ad devastationem regni multa facere, et hodie nobis facultas esset nocendi; pepercimus tamen regno, cujus rex sumus, et id bono vultu inhabitantium ingredi laudabiliter, dei et vestro auxilio, intendimus; cui amplius parcere potius, quam in id sævire vellemus. Sin autem per Mathiam et suas gentes damna nobis et nostris, incendiis et rapinis aut aliis viis facta, præsertim nobis absentibus, et tractatibus vestris pendentibus contingerent, ecce nos ad vindictam, licet invitos, et tuitionem terrarum nostrarum merito provocatos. Quæ res etiam, nostris, parum utilitatis ad amicabiles tractatus vestros conferret, et conventioni nostræ minus accomoda foret. Ob quam rem desideramus, quod vestra dilectio cum oratoribus Mathiæ vobiscum constitutis, alias pro rerum exigentia, ita negotia dirigat, atque disponi procuret, ne ipsa guerrarum via sanctæ pacis et amicabilis compositionis materia inficiatur. Utique non æquo possemus sustinere animo, si cessatio præmissis attentis, guerrarum, erga nos et nostros impræsentiarum non fieret. Datum in Nova civitate, die vicesima mensis Julii, anno domini etc. LVIIII imperii nostri octavo, regnorum nostrorum Romanorum vicesimo, Ungariæ etc. vero primo.

Commissio domini imperatoris in consilio.

190.

1459, Jul. 21 (Ingolstat).

Herzog Ludwig von Baiern an Markgraf Albrecht von Brandenburg.

— Als yetzo zu Nuremberg beredt vnd verlassen worden ist, dass Ihr bei — dem könig von Böhmen der irrung und ansprach halben, so sein zwischen sein und unser antreffend etlich gesloss und anders fleiss thun, dass dieselben irrung und ansprach angestellt werden sollte hie zwischen u. S. Martinstag schirsten vnd in der zeit deshalben zu einem gütlichen tag gen Eger zu kummen etc. (sic). Also wölle ew. liebe bedacht sein, solhem obgemeldten abscheiden furderlich nachzugehen. Vnd was üch darinne begegnet, lasset uns alsdenn furderlich verschriben uns danach zu richten wissen. Dat. Ingolstat am Sambstag nach Margrethe a. 1459.

(Neuburg. Copialbuch XXX, 56.)

Darauf antwortete Albrecht (dat. Onolzbach Dinstag nach Margret [24. Jul.]), er habe das dem Könige durch dessen Boten, die bei ihm waren, zu Nürnberg gemeldet und jetzt wieder geschrieben, hoffe auch, dass der König das nicht abschlagen werde.

(Ibid. f. 56b.)

Der Unterhändler zwischen König Georg und Herzog Ludwig wurde demnächst Herr Zalta.

(Ibidem.)

„It. der konig hat h. Ludwigen zugesagt zu Pilsen, wenn er es wolle, so werde er (der König) es dem markgrafen in die augen sagen, dass er ihm zuemboten hab vor und nach der bericht, ihm hilf und beistand wider herzog Ludwig zu thun und auf ihn zu ziehen.“

(Nota ibid. 57ᵃ.)

191.

1459, Jul. 29 (Budæ).

K. Matthias von Ungarn an K. Georg: Vollmacht seiner Gesandten zur Unterhandlung mit Kaiser Friedrich.

(Ms. Prag. Domcap. G. XIX, f. 184.)

Mathias dei gratia etc. Serenissimo principi, domino Georgio regi Bohemiæ etc. patri carissimo, salutem et prosperos ad vota successus. Intimantibus nobis fidelibus nostris, reverendo in Christo patre domino Johanne episcopo Waradiensi, et magnifico Oswaldo de Rozgon, magistro agazonum nostrorum, oratoribus nostris, intelleximus V. ser^{tem} inter nos et Fridericum, Romanorum imperatorem mediare et tractatui pacis operam dare velle. Serenissime princeps! Ea res nobis grata fuit et bene placet; ea in re præfatis oratoribus nostris plenum mandatum dedimus tractandi, disponendi et concludendi cum præfato imperatore, et ea omnia faciendi, quæ nos ipsi faceremus, si tractatibus hujuscemodi personaliter interesse possemus. Rogamus ergo S. V. diligenter, quatenus placeat eidem in tractatibus hujuscemodi mediare, eisdem operam dare, et ea facere, quæ nostro honori et statui ac comodo regni nostri conducere videbuntur eidem. Faciet S. V^{ra} in eo rem nobis gratam, et condignam honori suo. Datum Budæ, die dominico proximo post festum beati Jacobi apostoli. Anno domini MCCCCLVIIII.

Ad mandatum domini regis. Nicolaus Bodo præpositus Albensis, vicecancellarius.

192.

1459, Jul. 30 (Breslau).

Die Rathmänner der Stadt Breslau bitten die Herren Johann v. Rosenberg, Sdenko v. Sternberg, Heinrich v. Michelsberg, Heinrich von der Leippe, Sbynko v. Hasenburg, Jan v. Hasenburg, Bohuslaw v. Schwamberg, Procop v. Rabenstein u. a., sie möchten sich aller Gewaltthätigkeit gegen die Breslauer enthalten, da sie jetzt von dem Papste in dieser Sache mit sammt der Krone Böhmens nach Mantua vorgeladen worden sind und dem Ausspruch des Papstes sich fügen wollen. Sie betheuern ihre immer gleiche Anhänglichkeit zur Krone Böhmens und schützen in dem, was sie thun, die Besorgniss für ihren Glauben, ihre Ehre und Gerechtigkeit vor etc. etc. Geben am Montage vor Petri ad vincula, anno etc. LIX°.

Einschluss: Breve Pius' II. aus Mantua vom 9. Jun. 1459, worin er den Breslauern befiehlt, ihre Gesandten nach Mantua zur Schlichtung dieser Sache zu schicken. (Latein. Copie.)

(Orig. in arch. Trebon.)

193.

1459, Aug. 4 (Brünn).

Kaiser Friedrich verbindet sich, dem Könige Georg von Böhmen 8000 Ducaten zu zahlen, wenn er ihm durch freundschaftliche Unterhandlungen mit Mathias von Hunyad zur Herrschaft und zur Krönung in Ungarn verhilft.

(Orig. arch. S. Wencesl.)

Derselbe verspricht demselben 31.000 Ducaten (mit Einschluss der obigen 8000) zu leisten, wenn er nach fruchtlosen Unterhandlungen ihm zur Erwerbung des Königreichs Ungarn mit einem Heere behilflich sein wird. Dat. (ut supra).

(Orig. ibid.)

194.

1459, Sept. 18 (Taus).

„Die teyding zu Taust durch des konigs von Behaim und herzog Ludwigs von Bayrn räte geschehen." Dat. Erichtag nach Exaltat. cruc. 1459.

(Neuburg. Copialb. XXX, 41—43.)

Die böhmischen Räthe waren: Jan Zellta von Steinperg ges. zum Rabenstein, Ratzko von Janobitz ges. zu Risenberg, und Bernhart Vitzdom.

Die bairischen: Jorg Closner zu Hirszhorn, Hans von Degenberg d. jüng. zu Alten-Nusperg, Sebastian Pflug zu der Swarezenburg und Kristof Dorner, Kanzler.

Gütlicher Vertrag:

1) Freundliche Einung ihrer Herren; nach Art des zu Eger vom Pfalzgrafen Friedrich geschlossenen Vertrags soll zunächst am S. Gallitag zu Pilsen einer zwischen ihnen errichtet werden.

2) Was sie Sprüche und Forderungen zu einander gehabt, dieselben sollen auf ihrer beider Lebtage ruhen, und nach ihrem Tode deren Erben und Nachkommen wieder zustehen; darüber sollen auch zu Pilsen Briefe beiderseits ergehen.

3) Herzog Ludwig soll dem Könige 30 tausend Gulden rhein. leihen, welche dieser ihm auf die Schlösser Parkstein, Weiden etc. verschreiben wird.

4) Zu grösserer Sicherheit wird jeder an die Briefe die Namen seiner Räthe hinzusetzen etc.

195.

1459, Sept. 20 (Jauer).

Vertrag zwischen König Georg und der Herzogin Hedwig zu Liegnitz und deren Sohn Friedrich: über den Besitz des Landes und die dort gewesenen Unruhen.

It. ibid. ein Fascikel von 33 Missiven in der Liegnitzer Angelegenheit vom J. 1459 u. 1460.

(Orig. arch. CR. Aul.)

196.

1459, Sept. 29 (Pulkenheim).

K. Georg's Geleitsbrief für Herzog Ludwig und die, welche mit ihm nach Pilsen am Sonntag vor S. Gallentag (14. October) kommen werden.

(Neuburg. Copialb. XXX, 48[b].)

197.

1459, Oct. 12 sq.

Markgraf Albrecht an den Kaiser. Onolzpach, Freitag nach Dionysii (12. October 1459).

Der Kaiser forderte einen Bericht über den Tag von Nürnberg auf Exalt. crucis und was sich auf S. Michelstag mit Werde begeben etc. Montag wolle der Bischof von Eichstädt nach Mantua und habe die Briefe noch nicht. Herzog Ludwig werde selbst zum Kaiser kommen — wenn der Kaiser gütlich mit ihm verrichtet wird, so bittet Albrecht auch ihn in die Richtigung zu ziehen etc.

Derselbe an denselben. Onolzpach Freitag nach Galli (19. Oct.).

Ludwig sei nicht zum Kaiser geritten, wie er als Gerücht in seinem Lande habe gehen lassen, sondern er sei zum Könige von Böhmen nach Pilsen geritten. Der König hat Albrecht des Handels berichten lassen und vertröstet, dass nichts wider Sachsen, Brandenburg etc. beschlossen werden soll. Die Hochzeit zu Eger auf Martini gehe vor sich, Albrecht soll dahin kommen, er habe zugesagt. Die Räthe Ludwig's erheben sich, um den Papst der Dispensation halben (wegen der Richtigung zu Nürnberg) zu bearbeiten etc.

Derselbe an denselben. Das. St. Andreastag (30. Nov.) 1459.

— Ludwig habe ihn vor dem böhmischen Könige verklagt. Der König von Böhmen wolle auch dem Kaiser helfen, wenn er ihm schriebe. Der Kaiser möge es aber geheim halten etc.

(Mitgetheilt von Dr. Burkhard durch Prof. Droysen.)

198.

1459, Oct. 16 (Pilsen).

„Einung zwischen dem König von Böhmen und Herzog Ludwig von Bayern auf ihr Lebtage." Dat. zu Newenpilsen an Erichtag S. Gallentag 1459.

(Neuburg. Copialb. XXX, 44—46.)

Anwesend dabei: Joh. v. Rosenberg, Zdenko von Sternberg, Heinrich v. Platz Hofm., Zbynko Has v. H—, Prokop v. Rabstein, Jan v. Kunstat, Bohuslaw v. Schwamberg, Dietrich v. Janowitz, Jan u. Heinr. v. Kolowrat, Burian von Lipy, Jan Zallta von Steinberg u. Bernart Vitzdomb.

„Vom König der Beibrief, darin der Pfalzgraf verwilligt ist auszunehmen." Dat. ut supra.

(Ibid. f. 47.)

„Verschreibung, dass des Königs und Herzog Ludwig's Sprüche ihrer beider Lebtage ruhen sollen." Dat. ibid. Mittwoch nach S. Gallentag (17. Oct.) 1459.

(Ibid. f. 47b—48.)

Als Zeugen sind die Obigen alle angeführt etc. It. bairischer Seits: Wolfgang Graf zu Schaunberg, Ludwig Graf zu Öttingen, Johann von der Leiter Herr zu Pern u. Vicenz, Ulrich Herr zu Laber etc. etc.

„Schuldbrief um 30tausend Gulden Rhein. vom König zu Behaim auf etliche Gsloss verweiset." Dat. ibid. Freitag nach S. Gallentag (19. Oct.)

(Ibid. f. 48[b], 49.)

Die Schlösser werden genannt: Parkstein, Weyden, Herspruk, Lauff, Floss, Vohendräs, Hohenstein und Neidstein. Zeugen wie oben.

199.

1459, Oct. 16 (Pilsen).

Die böhmischen Räthe kamen in Pilsen in die Herberge Herzog Ludwig's und des Pfalzgrafen „zum Watzlu in einem Eckhaus am Markt", und meldeten von ihrem Könige, dass dem Spruche zu Taus nachgegangen werden solle, dankten dem Pfalzgrafen für dessen Mühe zur Herstellung der Freundschaft zwischen Böhmen und Baiern etc. Dann baten sie den Pfalzgrafen insbesondere (Sprecher war Prokop v. Rabstein), es dahin zu bringen, dass die alte Schuld der Böhmen an Baiern von 100.000 Gulden (dat. 1373 an S. Agapitstag zu Prag von K. Karl IV., K. Wenzel und einigen böhmischen Städten bekannt und verschrieben) für erloschen erklärt und nicht mehr gefordert werde; sie baten darum, ohne von ihrem Könige dazu beauftragt zu sein, aus eigenem Antriebe, um einen Anstoss des Friedens und der Freundschaft hinwegzuräumen. Der Pfalzgraf nahm sich Bedenkzeit und brachte die Sache an Herzog Ludwig. Dieser antwortete darauf, es freue ihn, dass die böhmischen Räthe den Frieden und die Freundschaft wünschten, er wolle dem Vertrag zu Taus ganz nachkommen und hoffe, seine und ihre Erben und Nachkommen würden sich an ihnen „ein Ebenbild nehmen und in aller Liebe, Freundschaft und guter Nachbarschaft sitzen". (Er verzichtete somit nicht ausdrücklich auf jene Schuldforderung, und seine Räthe schlossen daraus, dass sie anerkannt worden und in Rechtskraft getreten sei.)

Neuburg. Copialb. XXX, 32, 33 (cf. 49[a]).

200.

1459, Oct. 17 (Pilsen).

„*An Mitwoch nach Galli anno etc. LIX° geratslagt in des konigs herberg zu Pilsen, vnd hat der konig seiner rät acht darzu beschiden, vnd der pfalzgraue vnd herzog Ludwig ir yeder vier.*"

(Neuburg. Copialb. XXX, 50, 51.)

1) Von der Münze wegen. Zum Tage S. Martini zu Eger soll darüber gehandelt werden, „damit man wieder zu einer guten

beständigen münz komme", der Pfalzgraf und Herzog Ludwig sollen ihre Bevollmächtigten dahin senden, der König wird den Kaiser bitten, dessgleichen zu thun und auch an den Pfalzgrafen und Herzog Ludwig darüber zu schreiben.

2) Von der Kaufleute wegen, dass alle Neuung der Strassen und Zölle gen Beheim ab sein soll. (Man hatte die Kaufleute vorher oft mit 10, 20 oder 30 Schützen geleiten müssen, was sehr kostspielig war; bei dem jetzigen Frieden soll das Geleite wieder in den alten Gang gebracht werden.)

3) Die Herren sollen alle Beschädigungen aus ihrem Land in des Nachbars Lande verhindern. Die Kläger sollen die Ursacher bei deren Herren suchen und es soll ihnen zu Recht geholfen werden.

4) Über Fehden, die die Einwohner gegen einander hatten, soll auf einem besonderen Tag entschieden werden.

Mit dem Pfalzgrafen waren nach Pilsen gekommen: Bischof von Worms, Graf Hess von Leiningen, Landgraf von Leutemberg, Schenk Philipp von Erdbach etc.

201.

1459, Nov. 16 (Eger).

Verhandlungen auf dem Tage zu Eger, Freitag nach Martini 1459 u. fgg.

(Neuburg. Copialb. XII, 378–392.)

Dass. auf dem Tage zu Mantua.

(Ibid. fol. 394–397.)

„Zellta bracht vom könig von Beheim auf der rät anbringen zu Eger", præsent. Landshut am h. Weinachttag 1460 (sic).

(Ibid. fol. 403b, 404.)

Zu Pilsen hatte K. Georg dem Herzog Ludwig gesagt, Markgraf Albrecht habe sich ihm angeboten, gegen Ludwig ihm zu Hilfe zu ziehen nach der zu Nürnberg auf Kiliani geschehenen Richtung; der König erbot sich zu Eger, dies dem Markgrafen vor Zeugen offen zu sagen, und wollte nicht recht in die Vermittlung eingehen, da sie zu schwierig sei; doch sagte er endlich zu.

Dr. Martin Mayr war gegen eine solche Verhandlung. Dennoch fand sie Statt desselben Tages nach Tische vor dem König, dem Erzbischof von Magdeburg, Kurfürst Friedrich von Brandenburg, Herzog Otto von Baiern, den Herzogen Wilhelm und Albrecht von Sachsen, vielen Grafen, Herren etc. Für Herzog Ludwig führte das Wort Wilhelm Truchtlinger, auch waren Räthe vom Pfalzgrafen Friedrich gegenwärtig; anderseits sprach Markgraf Albrecht für sich selbst. — Alles sehr umständlich über den ganzen Stand der Streitsache im Jahre 1459. Der König sagte zuletzt, die Sache habe sich zu sehr in die Länge gezogen, ihre Fortsetzung würde die „Unfreundschaft" nur mehren, er wäre kein „Entscheider" der Sache und bat beide Parteien, davon abzustehen.

Eine Abschrift dieses Berichts von Eger sandte Herzog Ludwig an seine Räthe nach Mantua, damit sie darüber u. a. mit Dr. Gregor Heimburg sich berathen und sie dann an den Papst und die Cardinäle bringen möchten.

202.

1459, Nov. 17 (Wratislaviæ).

Bericht der päpstlichen Legaten an König Georg über ihre Verrichtungen in Breslau.

(Ms. Prag. Domcap. G. XIX, fol. 180.)

Illustrissime ac serenissime rex, et potentissime domine! Commendatione etc. Appulimus huc in die beati Martini, ubi pro bonitate civium istorum et summa eorum observantia ad sanctam sedem apostolicam, maximo cum honore recepti fuimus; die vero tertia in eorum senatu verba fecimus. Et quamquam nondum aperta nobis responsio data sit, causas tamen, propter quas hactenus vestræ majestati restiterunt, apperuerunt nobis, opportuit autem illas imprimis submovere. Fuimus super hoc heri per multas horas cum paucis et secretissimis viris, et ea diximus et altercati sumus, quæ ad honorem vestræ majestatis et gloriam cedunt. Nunc vero, quoniam ut videre videmur media pacis excogitant, putavimus plurimum conducere posse, si animi utrinque bello ac prædis novis non irritarentur. Contulimus cum domino Mathæo servitore majestatis vestræ, hortatique eum fuimus, saltem quindenalem treugam facere; convenimus eum pariter cum tribus deputatis hujus senatus, ut illos ipse et illi ipsum intelligerent, ut omnia simplici et puro animo inter eos fierent; concluserunt facere. Mathæus super his ad capitaneum vadit; est enim diligentissimus in his rebus ac discretissimus, cujus consilio placet nobis multa agere, quoniam videmus eum vestræ serenitati fidelissimum et

13*

rebus pro suo ingenio atque prudentia utilem. Commendamus nos vestræ majestati, quam altissimus conservet feliciter. Ex Wratislavia, XVII Novembris, anno domini MCCCCLVIIII.

Hieronymus archiepiscopus Cretensis, Franciscus de Toleto sacræ theologiæ magister et archidiaconus de Astigia, sanctissimi domini nostri papæ oratores.

203.

1459, Nov. 20 (Eger).

König Georg von Böhmen und die Herzoge von Baiern Albrecht, Johann und Sigmund verbinden sich unter einander zu ewiger Freundschaft, so dass sämmtliche zwischen ihnen und ihren Unterthanen künftig sich ergebenden Streitigkeiten durch freundschaftlichen Austrag allein gehoben werden sollen.

(Orig. arch. S. Wenceal.)

204.

1459, Dec. 21.

„Martin Mair, kaiserlichen rechten licenciat“ bekennt, dass Herzog Ludwig von Baiern ihn auf sein „ains leibs lebtag“ zu seiner Gnaden, auch seiner Erben und Nachkommen Rath und Diener aufgenommen hat, und gelobt ihm fortan treu zu dienen etc. „auch ausserhalb irer gnaden sust nyemand mit meinen dinsten verpflicht sein“, dann dem — Jorgen kunig zu Behem — Fridrich pfalzgrafen bei Rein kurfürsten etc. — und dem Bürgermeister und Rath von Nürnberg, — doch so, dass er niemals den letzteren diene zu Schaden Herzog Ludwig's. Dafür erhält er jährlich 400 Gulden rhein. an Besoldung, ausserdem Vergütungen etc., soll zu Landshut mit seiner Frau Katharina wohnhaft sein etc. *D.* Freitag S. Thomastag 1459.

(Neuburg. Copialb. XLI, 386—389.)

205.

1460, Januar 8 (Mantuæ).

Pius II. an K. Georg: fordert ihn auf, an dem Reichstage Theil zu nehmen, welcher in Folge der Mantuaner Beschlüsse nächstens in Nürnberg abgehalten werden soll.

(Ms. Prag. Domcap. G. XIX, f. 194.)

Pius episcopus, servus servorum dei: carissimo in Christo filio Georgio, Bohemiæ regi illustri, salutem et apostolicam benedictionem.

Scripsimus proximis diebus ad celsitudinem tuam, quemadmodum in conventu Mantuano unacum oratoribus regum et principum christianorum conclusimus, validum exercitum quanto citius congregandum fore contra Thurcum, et ad ejus conclusionis executionem duas diætas in Alamania, unam videlicet in oppido Nuremburgensi, alteram in curia imperiali ordinavimus, et ad eas reges nonnullos et principes ac potentatus Alamaniæ convocavimus. Et quamvis non dubitemus, celsitudinem tuam pro sua erga nos et fidem christianam devotione, esse satis promptam et animatam in exequendo, quæ requisivimus, et quæ honorem dei, augmentum et defensionem fidei, ac gloriam nominis tui concernunt: volumus tamen continue serenitatem tuam exhortari, ut ad eas diætas, et præsertim ad Nurmbergensem accedere velis, quoniam confidimus, auctoritatem tuam in illis plurimum præsidii et consilii allaturam; si tamen, quod nollemus, impedimenti aliquid legitimi accideret, quominus personaliter illuc accedere posses, nullo saltem modo desit, quin oratores præstantes cum pleno mandato illuc transmittas, et ad omnia te promptum reddas, quæ ad catholicum regem pertinere noscuntur, ultra enim præmium vitæ æternæ, quod a deo sperare debes, cedet ad nominis tui commendationem. Datum Mantuæ anno incarnationis dominicæ MCCCCLVIIII (sic), sexto Idus Januarii, pontificatus nostri anno secundo.

P. de Luca.

206.

1460, Jannar 10 (Prag).

K. Georg's Schuldbrief an Herzog Ludwig von Baiern über 15.000 ungarische Ducatengulden, die er ihm baar geliehen und die er bis 2. Febr. 1462 zurückzuzahlen sich verpflichtet. Dat. Prag, Donnerstag nach heil. 3 Königtag 1460 r. a. 2.

(Neuburg. Copialb. XXX, 37.)

Zu Pfand und Sicherheit übergab der König dem Herzoge durch Jan Zalta ein kostbares Halsband, mit seinem Secret und dem des Zalta versiegelt. Dat. ut supra.

(Ibid. f. 38.)

Am Sonntag Oculi (16. Mart.) 1460 quittirte Herzog Ludwig über empfangene 5000 Ducaten auf Abschlag obiger Schuld.

(Ibid. f. 39.)

207.

1460, Januar 17 (Mediolani).

Galeaz Maria Sforcia, primogenitus ducis Mediolani, Georgio regi Boh.: Ergebenheits-Bezeugungen.

(Ms. Prag. Domcap. G. XIX. fol. 203.)

Serenissime princeps et excellentissime domine, pater et domine mi praecolendissime! Retulit mihi clarissimus atque ornatissimus majestatis vestræ ad illustrissimum dominum parentem meum orator, dominus Martinus Meyer, illam me mirifico studio singularique benivolentia prosequi. Quod cum considero nullo erga ipsam merito meo evenisse, quantopere eidem debeam, quamque ingens sua sit humanitas, facile perspicio. Nec absit; nam quis est, qui tanto principi, quem se vehementissime amare acceperit, nec aliquo tamen in majestatem suam officio, non omnia ipsi difficillima etiam debeat, facilitatemque summis laudibus non extollat. Ego profecto majestati vestræ postea quam et excellentissimas ejus omni in genere virtutes et clarissima vitæ suæ ornamenta, quæ jam dudum ad me fama detulit, intellexi, mirum in modum semper sum affectus; sed cum et his tantum in me benivolentiæ, quod tamen antea R. d. P. episcopus Olomucensis suis literis declaravit, additum video, tanto sum in illam amore incensus, ut si facultates, amicos, vitam denique ipsam, serenissima pro majestate vestra exposuerim, nullam tamen mei in se officii partem videar assecutus. Cum hæc ita sint, non obscure majestas vestra (quam rogo reliquis, quæ meo nomine prædictus dominus Martinus sibi dixerit, non secus ac mihi ipsi fidem impartiri velit) cognoscere potest, me rebusque meis omnibus sua pro voluntate uti posse. Quod ut efficiat, illam quibus possum precibus oro atque obsecro: semper enim me sibi obsequentissimum filium et servum inveniet. Datum Mediolani, die XVII. Januarii, MCCCCLX.

E. serenissimæ majestatis vestræ devotissimus filius et servus Galeaz Maria Sforcia vicecomes ducalis primogenitus comes.

Johannes Lucas.

208.

1460, Januar 18 (Mediolani).

Dr. Ghirardus de Collis, Mediolan. ducalis aulicus, Georgio regi Boh.: Ergebenheits-Betheuerungen.

(Ms. Prag. Domcap. G. XIX, fol 203.)

Mirabitur fortasse serenissima vestra regia majestas, quod cum nihil mihi rei aut familiaritatis cum vestra sit celsitudine, ad eam scribere ausus fuerim; sed tanta est mihi apud excellentissimam majestatem vestram et fides et devotio, ut non ambigar, quæ dixero, omnia vestræ celsitudini fore gratissima. Fuit ad hunc (sic) invictissimum ducem meum in præsentiarum spectatus et clarissimus doctor d. Martinus Meyer, orator vestræ eminentissimæ majestatis, qui adeo ornate, adeo eleganter causam vestræ gloriosissimæ majestatis peroravit, ut auditores omnes in summum stuporem adduxerit ita, ut si antea illustrissimus princeps meus vestræ afficiebatur majestati illique obsequi summe affectaverat; nunc eidem majestati vestræ ditissimus (sic) et devotissimus existat, prout seriosius ex eodem domino Martino intelliget vestra serenitas. Ego quoque cum sim, atque semper cupiam vestræ sacratissimæ majestatis obsequentissimus servulus, nullam omisi operam neque diligentiam præstare, quam putaverim expeditioni suæ conducturam. Et si quid in posterum evenerit, quod pro vestra celsitudine efficere atque eidem obsequi valeam, erunt semper mihi mandata et majestatis vestræ literæ pro imperio; mihi jussa capescere fas est. Ego me et mea omnia vestræ gloriosissimæ majestati et dedo et devoveo. XVIII. Januarii 1460°.

Ejusdem vestræ serenissimæ majestati devotissimus servulus Ghirardus de Collis, juris utriusque doctor, ducalis aulicus.

209.

1460, Januar 19 (Mediolani).

Franz Sforzia, Herzog von Mailand, an K. Georg: Antwort auf die Werbung D. Martin Mayr's.

(Ms. Prag. Cap. G. XIX, f. 203.)

Serenissime princeps et excellentissime domine honorandissime! Recepimus literas majestatis vestræ summa cum lætitia et jocundo animo et cum illa mentis amplitudine, quam exigit noster amor et in maj. vestram nostri sinceri cordis affectus, in Sweidnicz die sexta mensis Septembris datas, quas legimus et plene intelleximus. Quibus vero inter cetera, post ea, quæ ad literas nostras jam pridem majestati vestræ scriptas respondendo scribit, ultro se offerre nobis, et omnem vim animi, rerumque suarum facultatem, ac denique omnia sibi possibilia. Ad quas serenissime princeps respondentes, dicimus nobis summo gaudio esse, tanti ac talis regis beneficio et amore uti posse. Ideoque lætamur et plurimum gaudemus, pro hiis enim, quas possumus, majestati vestræ gratias habemus; nihilominus vices nostras, omnemque nostram facultatem eidem libenti animo referentes. Postea vero alias binas majestatis vestræ literas credentiales nobis pariter obtulit, magnificus et eximius doctor dominus Martinus Meyer ejusdem consiliarius et orator, quas pari vice legimus, et illum quidem hilari fronte vidimus. Qui post habitam publice cultam et ornatissimam orationem vivæ vocis oraculo nobis multa eleganter exposuit vestræ regalis celsitudinis nomine, ad quæ omnia modo simili, viva voce respondimus, prout idem vestræ majestati recensebit. Rogamus ergo majestatem vestram, velit ipsius relatibus ceu nostris propriis fidem credulam impertiri, ad cujus beneplacita semper parati sumus. Datum Mediolani, die XIX. Januarii anno domini MCCCCLX.

Franciscus Sforcia, vicecomes, dux Mediolani etc. Papiæ Angleriæque comes ac Cremonæ dominus.
Cichus.

210.

1460, Febr. 2 (Trinchinii).

Die Gesandten des Königs von Ungarn zum Olmützer Tage bitten K. Georg um ein sicheres Geleite wegen Matthäus von Sternberg und Bernard von Cimburg.

(Ms. Prag. Domcap. G. XIX, fol. 189.)

Serenissime princeps et domine, domine nobis plurimum gratiose! Missi ad vestram majestatem a serenissimo principe et domino domino Matthia, dei gratia rege Hungariæ, Dalmatiæ, Croatiæ etc. domino nostro naturali et gratiosissimo, cum eademque vestra majestate tractaturi, omnes viæ labores usque ad hunc locum superavimus. Est autem hic e regione Mathus de Czimburg [1]), cum quibusdam aliis

[1]) „Forte de Sternberg dominus in Lukow, de quo alibi, in simili, frequens est mentio“ -- (Pessina in margine).

suis complicibus, qui præfato regi Hungariæ, domino nostro gratiosissimo, ac toti regno Hungariæ bellum indixit, et ut audimus, auxilio Bernardi de Brumow utitur; unde, etsi vestræ majestatis salvum conductum habeamus, tamen, quia illud intra metas regni sui sonat, periculum nobis ab eodem Mathus et aliis auxiliatoribus suis, per viam usque ad confinia regni vestræ majestatis imminet, nosque legatione magis, quam armis fulti, facile ab ipso Mathus et ipsius adhærentibus impediri possemus. Qua ex causa vestram majestatem suppliciter oramus, quatenus ipsi Mathus et adhærentibus suis, qui omnes subditi sunt vestræ majestatis et regno ejusdem, ipsa vestra majestas ea ratione mandare dignetur, quatenus salvi usque ad vestram majestatem advenire valeamus. Super hiis rebus gratiosum a vestra majestate responsum præstolamur. Datum in Trinchinio, in festo purificationis Mariæ, gloriosæ virginis, anno domini MCCCCLX.

Ejusdem vestræ majestatis servitores Albertus, episcopus ecclesiæ Wesprimiensis et Johannes de Rozgon, tavernicorum regalium magister.

211.

1460 (m. Febr.).

Dr. Martin Mayr an K. Georg: erstattet Bericht über seine Verhandlungen am Hofe von Mailand und gibt Rathschläge, was auf dem bevorstehenden Nürnberger Reichstag einzuleiten wäre, um die Administration des deutschen Reichs in des Königs Hände zu bringen.

(Ms. Prag. Domcap. G. XIX, fol. 149—158.)

Serenissime et excellentissime princeps et domine, domine mi gratiosissime! Vestra regalis celsitudo dederat mihi pridem in Egra tres credentiales literas, duas ad illustrissimum principem et dominum, dominum N. ducem Mediolani, et unam ad suam conthoralem, dominum et dominam gratiosissimos, cum nonnullis commissionibus et mandatis, foedus inter vos utrinque percutiendum et etiam investituram ducatus Mediolani concernentibus. Itaque tum pro debito obedientiæ, tum denique pro ea vera et servili affectione, qua vestræ majestati tanquam obsequentissimus et indefessus servulus inservire et parere nitor et desidero, dictam legationem et commissionem mihi factam ordine subscripto adimplevi.

Imprimis etenim supradictam generalem credentiam duci præsentavi, et in vim ejusdem in publico et palam in conspectu et præsentia suorum consiliariorum et curialium subscriptam orationem feci.

Oratio prima in publico facta.

Illustrissime princeps et domine, domine mi colendissime! Qui vestræ ducalis dignitatis eminentissimam excellentiam alloqui audent, magnitudinem ejus penitus ignorant; cum vestri celeberrimi nominis splendor atque gloria non solum totum Bohemiæ regnum, non solum ceteras sacri Romani imperii partes, sed et reliquum totius orbis terræ pene impleat. Qui vero ab hac re deterrentur, profecto humanitatis et mansuetudinis vestræ notitiam non habent. Verum excusant (sic) me jussio et mandatum serenissimi et invictissimi principis et domini, domini Georgii, regis Bohemiæ, domini mei gratiosissimi, atque fides, qua nomine suæ celsitudinis ad vestram eminentissimam dominationem ducor. Quibus fretus, cum primum de vestris præclarissimis virtutibus, deinde de ea vera et pura caritate et amicitia, quibus majestas regalis vos prosequitur, disserendum sit, ideoque mihi non tam copia quam modus in dicendo quærendus est. Nam cum me ad singulares dotes animi vestri refero, nihil in vobis invenio, quod non dignum tanto principe, quod non dignum tanto potentatu, quod non dignum regia amicitia existimetur. Et ob id rei regalis serenitas arbitratur, has quatuor res vobis inesse: scientiam rei militaris, fidem, felicitatem et justitiam. Sed quis unquam hoc nostro seculo per Italiam in re militari vobis scientior fuit aut esse debuit, qui in pueritia summorum imperatorum miles fuistis, quique de post facto castra contra hostes posuistis, acies instruxistis et adeo cum hostibus collatis signis sæpius manus conseruistis, ut vestra animi fortitudine et singulari prudentia semper victoriam assecutus estis, atque vos ipsum in talis modi rebus ita et taliter exercitastis, ut nulla res comperiatur in usu militari posita, quæ tanti principis scientiam effugere possit; nam vestræ excellentiæ in negotiis nullus labor, in periculis nulla fortitudo, in agendis nulla industria, in conficiendis nulla celeritas, in providendo nullum consilium defecit. Testes sunt hii, cum quibus præclarissima certamina fecistis; testes sunt ducatus et dominia vestra potentissima, quæ tam brevi tempore ditioni vestræ subjugastis; testes sunt cetera egregia vestra gesta, sempiterna memoria dignissima. Quæ omnia tanta sunt et tam magna, ut in reliquis imperatoribus, quos nostro ævo per Italiam vel vidimus, vel audivimus, non fuere. Fides vero vestra tanta apud socios habetur, ut eam etiam hostes vestri sanctissimam judicarunt (sic), nec quis umquam vobis fidelior fuit aut esse debuit, cum eos semper socios amicosque elegeritis, quos in exercitio rei militaris strenuissimos et in consiliis sapientissimos et prudentissimos homines esse putastis, neque vestræ fidei tot et tanti ducatus et dominia vobis sese subjugassent, nisi vos accepissent, ut non solum nostræ ætatis homines, sed et eos, qui fuerunt, strenuitate, prudentia, fide, constantia atque summa animi magnitudine aliis majores (sic). Quid modo de felicitate vestra dicam, cui regalis celsitudo ad amplitudinem, ad gloriam et ad res gerendas quandam divinitus adjunctam fortunam existimat, adeo, ut res vestras domi, mari terraque cum tanta felicitate gessistis (sic), quod voluntatibus vestris non solum principes et cives assenserunt, subditi obtemperarunt, sed et hostes obediverunt, unde non modo principatus et dominia vestra tuta habetis, sed et socios vestros auctoritate imperii vestri salvos facere poteritis. De justitia vero vestra quid dicam? quum tanta cum modestia vos ipsum exhibuistis, ut etiam, quos juste dampnaretis, vestram mansuetudinem dilexerunt, neque tanta parcendi facilitas, neque tanta delinquendi pietas (sic), quin justitia vos unicuique parentem recognoverit et fautorem. Unde facilis ad vos aditus privatorum, liberæque quærimoniæ de aliorum injuriis esse dicuntur, adeo, ut qui alios dignitate excellitis, illis facilitate par esse videamini. Quanta nunc auctoritate, quanto ingenio, quanta humanitate, quanto consilio, quantave dicendi gravitate aliis præpolleatis, illa non solum ex aliorum cognitione, sed ipsa de per sese nota et intellecta sunt. Quare sapientissime princeps, cum regalis majestas vos talem et tantum virum existimat, qui omnia consilio regere, integritate tueri et virtute conficere valeat et possit, quique non solum majorum suorum opinione non utitur, sed etiam tantæ ducalis dignitatis initium et virtutis exemplum posteris suis existit: idcirco dum sua celsitudo supradicta omnia recolit, atque etiam memoriæ demandat, qua caritate, qua animi sinceritate, quave benevolentia prædecessores regis Bohemiæ et duces Mediolani sese tractarunt et amicitias et foedera pro tempore mutuo coierunt, eo tunc supradicta omnia, atque etiam illa singularis exhibitio, quam pridem literis vestris de mense Julii ad suam serenitatem datis fecistis, eandem suam serenitatem non immerito nec mediocriter movebant, ut vos amicitia et favore singularibus prosequeretur. Nec ab re est, quod vos etiam quocumque alio principe plus amet et diligat;

nam sua metuendissima dominatio propter suam integritatem, prudentiam, maturum consilium, solidum justitiæ cultum, atque in subeundis laboribus et arduis et gravissimis rebus summam animi magnitudinem et maximam rei militaris experientiam, ceteras quoque ipsius multipharias eximias virtutes, regnum, principatus et dominia ipsius nactus et assecutus est, et tantæ regalis dignitatis initium et virtutis exemplum est posteris suis, atque ut sic morum et conditionum vestrarum præ ceteris principibus imperii amicus existit. Qua propter summis affectibus desiderat, ut vestræ illustrissimæ dominationis sanitas corporea et status diutius conserventur et felicius exaltentur, utque principatus et dominia vestra maneant semper optata felicitate jocunda. Et ideo, quæ vobis sunt grata, sic efficere proposuit, ut in eo veluti domino et amico vestro carissimo cordialissimum recognoscentes affectum, mentem vestram affluentem desiderio ad quævis ipsius beneplacita ardentius convertatis. Utque supradicta limpidius cognoscatis, tunc demandavit mihi regia celsitudo nonnullas vias ad hoc aptas, quas in præsentia paucorum vestrorum fidelissimorum per me proponendas vestra colendissima dominatio examinet et discutiat, in actum dante domino deducendas, si eas cognoveritis et acceptaveritis profuturas.

Super quo dominus dux Mediolani per organum domini Thomæ de Aretino, militis et poëtæ laureati, consiliarii sui secretissimi, palam et ornatissime respondendo, primum orationem supradictam repetiit et plurimum commendavit. Inde non quas debuit, sed etiam quas potuit, vestræ regali majestati de benivolentia et cordis sinceritate, quibus ducem deamaret et diligeret, gratias retulit, atque virtutes, laudes et statum regiæ vestræ celsitudinis plurimum commendavit; proinde vires, curas, vigilias, corpus et facultates dicti domini ducis pro gloria, favore et commoditate vestræ regalis serenitatis expositurus eundem ducem promtissimum et paratissimum obtulit, et ultimo locum et diem audientiæ privatæ mihi statuit et assignavit.

In privata audientia præsentavi primum credentiam specialem memoratam domino duci in præsentia dicti domini Thomæ, domini Sichi cancellarii et domini Gerhardi utriusque juris doctoris, consiliariorum secretorum ejusdem ducis, quos tres ad se duxerat convocandos, et in vim jam dictæ credentiæ subscriptam orationem feci.

Illustrissime princeps et domine, domine mi colendissime! Ni virtus fidesque spectata serenissimo et metuendissimo domino, domino regi Bohemiæ, domino meo gratiosissimo forent, nequaquam opportuna res caderet, sed quia multis et magnis tempestatibus vestra ducalis excellentia fortis fidaque comperta extitit, ac verus amicus regiæ celsitudinis fore dinoscitur, eo placuit ista, quæ adversus statum personæ vestræ et conditionem principatuum et dominiorum vestrorum apud regalem majestatem et tractata et sollicitata sunt vobis fiducialiter detegere. Ecce quamquam per summum pontificem, id agatur, per quod fidei catholicæ adversus spurcissimum Turcum christiani nominis hostem publice succurratur, dicunt tamen sacri Romani imperii electores et ceteri ecclesiastici et seculares principes, quorum aliqui regali celsitudini affinitate, alii foedere et amicitia, nonnulli vero fidelitate et homagio sunt conjuncti, quod Teutonici nullo pacto cum exteris arma sument, quam diu domi alterutrum timeant. Sed quia, cum videamus ipsam Teutoniam undique quassatam, laceratam, et nulla in parte sibi cohærentem: nam hic civitates cum principibus lites immortales ducunt, hic princeps principi, civitas civitati bella movent, nec sit tam infimæ conditionis, qui vicinis ex arbitrio bella indicere non præsumat; et inde nullus angulus Theutoniæ quietus, quocumque pergamus, insidias, spolia et mortem timeamus; neque pax clero, neque nobilitati honor est. Et licet omnes Teutonici pacem optemus, bella odiamus et rapinas et spolia accusemus; modum tamen habendæ pacis non quærimus. Nusquam enim sine justitia pacem recipiemus; quietum regnum judicia reddunt; frustra leges condimus, judicia tenemus et sententias ferimus, nisi manus esset armata, quæ contumaciam coherceret subditorum. Sed quia cum illa non sit, idcirco tantum paremus, quantum volumus: unde lites immortales, cum se quisque regem dicit. Et ob id rei præfati principes suæ celsitudini affectuoso studio supplicarunt, quatenus sua majestas, tamquam præcipuus sacri Romani imperii princeps elector, in quem tota Teutonia oculos convertat, pro sua singulari prudentia et potentia, quibus omnipotens deus eum insignire voluit, ut esset, qui tempore necessario, quale nunc imminet, illam ad reformationem, reintegrationem et amplificationem sacri Romani imperii conferret, ex adverso assurgat, et omne remediorum genus aggrediatur, quo pax et justitia quodammodo nova plantatione in imperio succrescant et id ipsum imperium redintegretur et principatus et dominia ad ipsum devoluta, et maxime ducatus Mediolani, requirantur et adipiscantur. Et ut hæc ista cum bona commoditate conducantur, memorati principes offerunt potentatus et operas suas, atque alia congrua media consilio et suasione regiæ celsitudinis cum sua potentia expondturos, adjicientes, quod, quamvis lugubris sit hoc tempore fortuna imperii et nimis dolenda. suæ tamen majestati, si gloriæ cupidus existat, optanda sit hæc occasio, quæ eandem suam majestatem possit in altum vehere et clarissimum reddere, atque hoc decus reservare, ut defensor et auctor sacri Romani imperii existat. Verum licet ista magna sint et excelsa, et sibi nominique suo laudem et gloriam sempiternam afferre poterunt, ipse tamen potissime in hiis, quæ statum personæ et conditionem principatus vestri, ut superiori loco dixi, contingunt, animum suum usque in hæc tempora in suspenso et deliberatione continuit, ut ea per prius vestræ excellentiæ tamquam amico suo præcarissimo communicare et super inde mentem vestram reportare posset. Et quamquam de rebus istis exacto tempore plurimi tractatus sint habiti, primo per oratores vestros apud Romanorum imperatorem, demum per dominum Papiensem ex tunc legatum apostolicum, et tertio per ducem Albertum Austriæ, omnes regiæ celsitudini notissimi, res tamen nondum aliquem finem accepit. Et ideo, si quid in hac re per regalem serenitatem pro obtinenda investitura ducatus Mediolani effici desideraveritis, id ipsum audacter significetis. et ego nomine suæ celsitudinis cum vestra excellentia conferam de modis et viis, quibus mediantibus res ista cum bona commoditate poterit conduci. Nec est aliquis principum totius imperii, qui tantum in hoc facto vel promovendo vel turbando valeat, sicuti regalis majestas.

Ad quod dux Mediolani respondens, hanc oblationem tanquam sibi gratissimam acceptavit, et in hoc contentabatur, uti majestatis regiæ præsidio et auxilio præ ceteris etiam quibuscumque aliis sacri Romani imperii principibus (sic), et ut res ipsa pro desiderato intento conduceretur, supplicavit mihi, quatenus media ad hoc apta particulariter, specifice et scripto avisarem, ut ipse cum nonnullis suis secretissimis consiliariis deliberatione præhabita super singulis mentis meæ existentibus sese resolvere et me certo et determinato responso superinde fulcire posset.

Quo facto ad partem a nonnullis consiliariis domini ducis mecum sermo instituebatur: Anne placeret domino regi inter liberos suos et liberos domini ducis contrahi sponsalia? item, anne cum bona commoditate inter eum, qui præficeretur regno Ungariæ, et ducem Mediolani, sub congruis tamen capitulis, posset percuti foedus contra adversarios eorum? et in hoc nomine adversariorum intelligebantur Veneti. Tertio, si in vim istius conventus, qui dominica Invocavit affutura in facto succursus fidei observabitur Nurembergæ, aliqua reformatio sacri imperii ordinaretur, quod dominus dux in vim ejusdem aliquas facultates in nonnullis Italiæ partibus auctoritate superioris reciperet. Et ultimo videbatur illis, quod in indicium veræ amicitiæ per me ista omnia cum nonnullis capitulis foederis et intelligentiæ inter dominum regem et ducem Mediolani conficiendæ scripto appunctuarentur, et domino duci pro deliberatione habenda offerrentur. Et quamquam a vestra celsitudine dumtaxat super investitura ducatus Mediolani et super intelligentia inter vestram majestatem et ducem conficiendam commissionem accepissem, placuit tamen supradicta capitula avisare modo subscripto.

Primum intelligentiam inter majestatem vestram regiam et ducem conficiendam, et deinde modum pro obtinenda investitura ducatus; tertio, quod si placeret duci aliquid de sponsalibus contrahendis avisare, quod hoc posset; quarto, quod vestra regalis majestas contemplatione ducis, prout opinarer, satis contenta esset inter eum, qui regno Ungariæ præficeretur et dominum ducem cooperari, ut ipsi utrinque, sub congruis tamen capitulis, in foedere concurrerent; et ultimo, quod si in vim conventus, qui dominica Invocavit Nurembergæ observabitur, aliqua ordinatio pro pace in imperio instituenda fieret, vestra excellentia satis contenta esset, ut dominus dux aliquas facultates inde in certis partibus Italiæ sub nonnullis tamen modificationibus, de quibus inter vestram majestatem et ducem conveniretur, reportaret. Et hæc omnia in hunc finem dumtaxat feci, ut si vestra regalis majestas vel regno Ungariæ vel Romano imperio præficeretur, quod per supradicta capitula pecuniam et utilitatem a duce reportare atque acquirere possetis. Et ad super habundantem cautelam supradicta capitula non ad concludendum cum duce, sed ad referendum vestræ regali excellentiæ appunctuavi, ut vestra majestas ipsa omnia et singula, vel aliqua seu aliquod eorum, quæcumque placita fuerint vobis, acceptare, et id ipsum domino duci significare possetis.

Quibus peractis dominus dux voluit, ut credentiam a regia majestate vestra ad conthoralem suam datam præsentarem et me ipsum in commissione mihi ad eam facta absolverem, ut sua ducalis dominatio intermedio sese deliberare et scriptis me de mente sua certiorem reddere posset.

Itaque cum credentia apparui in conspectu ducissæ, et orationem subscriptam coram ea in præsentia plurimorum hominum feci.

Illustrissima princeps et domina, domina mi gratiosissima! Tanta est pietatis, modestiæ ac sanctissimæ et dignissimæ vestræ excellentiæ reverentia, ut neminem in dicendo adeo peritum judicem, qui satis atque satis non vereatur, cum ipsum coram vestra eminentissima dominatione perorare contingat; me vero non modo timor, sed etiam serenissimi et præpotentissimi principis et domini, domini Georgii Bohemiæ regis, domini mei gratiosissimi, quædam singularis subit admiratio, vestram colendissimam dominationem videre, quæ tam grandi mentis integritate, tanta continentia, tanta constantia tantisque aliis meritis floret, ut non solum per Italiam, sed et per reliquas christianitatis partes præ ceteris etiam dominabus genere et forma nobilibus atque clarissimis et fama felicibus summis præconiis laudes mereatur. Verum cum maximam vestræ excellentiæ clementiam intelligo atque cognosco, quæ non minus in vobis admiranda videtur, quam ducalis dignitas excolenda: ideoque jussu et mandato regali, primum de vestris eximiis et præclarissimis virtutibus, deinde de ea vera et pura caritate et amicitia, qua vos sua majestas prosequitur deserendum (sic) est; vos etiam a ducali et potentissima prosapia duxistis originem, et domina moribus, consiliis, eloquentia et corporeo robore insignis estis, adeo, ut maximum ducatum egregiis vestris suasionibus susceptum reformando et amplificando, unacum illustrissimo principe domino et marito vestro dilectissimo, pace et justitia decorastis, et ut sic liberis vestris vitæ commoditates summas, ducales dignitates, conjugia splendidissima et amplissimas hereditates quæsivistis, atque stratum iter ad prægrandia omnia fecistis, vos quoque in talis modi rebus ita exercitastis, ut licet satis splendida origine sitis, virtutibus tamen splendidior effecta estis, ex quibus omnibus quantum aucta gloria nominis vestri sit, tot et tantis cum domino et marito vestro principatibus et dominiis tam prudenter imperando facillimum est cognoscere. Quæ omnia dum regalis celsitudo tamquam sempiterna memoria dignissima animadvertit, atque etiam memoriæ demandat, quod eadem vestra eminentissima dominatio et sani capitis et inpræcipitans est domina atque matura semper deliberatione, non quod vult, sed quod decet et expedit, consultum habet:

ob id rei sua regalis majestas tum propter præmissa, tum etiam propter eam veram amicitiam, qua præfatum illustrissimum principem, dominum et maritum vestrum, puro corde prosequitur, vestram inclytissimam dominationem sincero affectu colit et veneratur, atque excellentiæ et magnificentiæ vestræ omnimodam amicitiam spondet et promittit, ejusque auctoritatem, fidem et animum vobis penitus dat et omnino tradit, ad laudem et gloriam excelsi dei et amplissimæ dominationis vestræ.

Qua oratione facta, domina ducissa dignitates, virtutes et quam plurima egregia gesta regiæ celsitudinis summis laudum præconiis colebat et glorificabat, et amicitiam et oblationem regalis serenitatis gratissimam habebat et recommendabat, atque in referenda gratia hoc repromittebat, ut se ipsam et deditissimam et obsequentissimam ad omnia beneplacita vestræ celsitudinis constitueret et offerret.

De post factum investituræ supradicti ducatus Mediolani eidem ducissæ in effectu, quo supra in oratione continetur, in præsentia dumtaxat domini Gerhardi doctoris et consiliarii supradicti exposui, super quo ipsa respondendo, primo benivolentiam et amicitiam, quibus vestra celsitudo dominum ducem et ipsam sincero affectu prosequeretur, gratissimam habuit, et factum ipsum plurimum commendavit, adjiciens, se superinde cum domino duce deliberaturam et pro posse id effecturam, ut pro desiderato meo intentu responsum reportarem.

Quibus habitis, de post dominus dux supradictis capitulis particulariter mihi responsum scripto dedit, sicut de verbo ad verbum inferius annotatur.

Tenor responsionis domini ducis:

Abunde intelleximus, magnifice vir et doctor præstantissime quæcumque nobis vivæ vocis oraculo ac litteris suis ornatissimis explicavit vestra magnificentia, de amore et studio, quibus nos prosequitur serenissimus princeps et excellentissimus dominus, dominus Georgius rex Bohemiæ etc. pater et major noster honorandissimus, ac benivolentia et sinceritate, quibus nos amat et diligit, ac etiam quæ et quanta pro obtentu investituræ hujus ducatus nostri Mediolani pollicetur se facturum, ut nil ad hoc deesse promittat, quod in sua fuerit potestate; nec non plene accepimus ea, quæ pariter vestra sublimis magnificentia dictis literis suis nobis commemorat, ut velimus aliquam intelligentiam cum sua majestate conficere ad hoc, ut desiderium nostrum cum bona commoditate plenum sortiri possit effectum. Ad quæ omnia respondentes, vir ornatissime! prout alias viva voce respondimus, dicimus, quod inprimis, non quas debemus, sed quas possumus, gratias eidem majestati suæ habemus, pro tanto amoris beneficio, quo erga nos utitur, pro quo plurimum et certe non immerito tenemur et debemus; nihilominus non repudiantes, immo vero acceptantes, prout et acceptamus, beneficium, quod pro obtentu dictæ investituræ nobis conferre obtulit. Ad cujus rei impetrationem et obtentum contentamur ejus majestatis suæ uti præsidio, et ita rogamus, quod sua regalis celsitudo dignetur eo favore et auxilio in ipsa re nos prosequi, prout nobis ipsis promittimus pro suo in nos amore se facturum, propterea dicentes, nobis gratissimum accedere, coire foedus amicitiæ cum præfata majestate, et veram intelligentiam conficere, subsequentibus capitulis, videlicet:

Franciscus Sforcia vicecomes, dux Mediolani etc. Papiæ Angliæque comes ac Cremonæ dominus. Notum facimus tenore præsentium universis et singulis, quod ratione sincerrimæ dilectionis et amicitiæ, qua ex affectu puro serenissimo principi, excellentissimo domino domino Georgio dei gratia Bohemiæ regi etc. patri et majori nostro honorandissimo afficimur, animo deliberato sponte et ex certa scientia in dei salvatoris nomine pro nobis, filiis et successoribus nostris et pro salute subditorum nobis ex utraque parte fidelium dilectorum cum præfato serenissimo domino rege amicitias et foedera præsentibus inimus et acceptamus tenoribus et capitulis infra scriptis.

Primo etenim promittimus sinceriter et spondemus in verbo et legalitate principis, loco præstiti sacramenti, quod ex nunc et in antea, quam diu in humanis fuerimus, verus et perfectus amicus supradicti serenissimi domini regis erimus et manebimus. Et ita promittimus pro nobis, et filiis et descentibus nostris.

Item, quod prælibati serenissimi domini regis, majoris nostri honorandissimi, statum proficuum et commodum procurabimus omnibus modis, viis et ingeniis licitis et honestis nobis possibilibus, quibus melius sciverimus et potuerimus, sicuti nobis ipsi optaremus in casu simili procurare absque dolo et fraude.

Item, quod illi, qui eidem domino regi inimicabuntur in partibus domini nostri scienter recepture (sic), vel aliquem favorem habere non debebunt nec poterunt, quin immo arrestabuntur, capientur et punientur, ut nostri publici et capitales inimici, et hæc omnia promittimus pro nobis et filiis et descendentibus nostris, ut supra.

Et hæc omnia facimus et sine præjudicio serenissimi et invictissimi Romanorum imperatoris et ligæ Italicæ.

Et consimiles literas versa vice faciat prælibatus serenissimus dominus Georgius, Bohemiæ rex etc.

Præterea vir clarissime, quia post tractatum eorum præfatus dominus rex obligat se facturum toto posse, ut a Romanorum imperatore impetret et obtineat pro nobis et filiis nostris natis et nascituris investituram ducatus hujus nostri etc. videtur vestra magnificentia commemorare, quod avisare velimus, cum ad hæc conficienda expensæ et pecuniæ requirantur, quot et quantas pecunias dare velimus, et quo in loco præsentari debeant literæ investituræ. Ad hæc respondendum pariter censemus, quod alias, si bene recolimus, per oratorem nostrum promitti fecimus pro expeditione dictæ investituræ usque ad summam ducatorum XL millium, cum additis de post quinque millibus. Cum vero imperialis majestas videretur non assentiri pro dictis pecuniarum quantitatibus, posthac fuimus requisiti, quod si placeret nobis dari facere ducatos sexaginta mille, reddentur nobis bullæ dictæ investituræ ab imperiali majestate, ab electoribus et ab imperiali cancellaria penitus liberæ et expeditæ. Ad quæ, quia nimium gravari videbamur, tunc assentiri noluimus; nunc vero, dum prælibatus dominus rex studium huic rei adhibeat, ita ut plenum sortiatur effectum, dicimus, quod contentabimur dare et solvere pro expeditione dictæ investituræ tunc et quando nobis tam ab imperatoria majestate et illustribus electoribus, quam ab imperiali cancellaria libera et expedita reddantur, ducatos usque ad quinquaginta millia.

Et si videatur majestati suæ, non aliter ea privilegia expediri posse, contentamur etiam et damus arbitrium prædictæ majestati, expendere et promittere posse usque ad sexaginta millia ducatorum.

Interea vero eadem vestra magnificentia videtur nobis requirere, quid per se referendum sit prælibatæ majestati in tractatu sponsalium contrahendorum inter natos prælibatæ regalis majestatis et nostros an scilicet velimus dare filiam nostram in uxorem filio domini regis, an vero ejus domini regis filiam accipere in uxorem filii nostri. Ad hoc sic respondemus: nos altissimi domini salvatoris nostri gratia ex illustrissima domina Blanca Maria consorte nostra præcordialissima habuimus, prout habemus, filios octo, videlicet Galeaz Mariam,

14*

primogenitum nostrum, Filippum Mariam, Sforciam Mariam, Lodovicum Mariam, Aschanium Mariam et Octavianum Marium, omnes mares, et dominas Ipolitam Mariam et Elizabeth Mariam natas. Horum autem filiorum nostrorum quatuor connubio juncti sunt: habet enim Galeax Maria in uxorem filiam illustrissimi domini marchionis Mantuæ, quam accepit usque in principio adepti dominii nostri; Ipolitæ vero filiæ nostræ datus est pro marito illustrissimus dominus Alfonsus, princeps Capuæ et dux Calabriæ, primogenitus serenissimi domini Ferdinandi, regis Siciliæ; Filippo Mariæ etiam nupsit filia illustrissimi domini ducis Sabaudiæ; Sforcia Maria filiam illustrissimam dominam Leonaram præfati domini regis Siciliæ accepit in uxorem. De quatuor autem filiis nostris aetate minoribus, qui connubiis soluti sunt, dicimus, quod semper proni erimus ad ea facienda, quæ ejus regiæ majestatis beneplacita et communem utilitatem et honorem concernant. Et de hiis omnibus, tam de sponsalibus prædictis, quam de dote et donatione propter nuptias, legatus noster superinde transmittendus veniet instructus et plene informatus.

Quo autem ad aliud capitulum, de intelligentia conficienda cum eo, qui præficietur regno Ungariæ, similiter et de obtinenda aliqua administratione per Italiam, regiæ majestati prælibatæ gratias agimus, et cum advenerit legatus noster supradictus, absolvet quæcumque ad eam intelligentiam et administrationem facientia.

Et super præmissis omnibus expectabimus responsum prælibatæ serenissimæ regiæ majestatis et vestrum, quo habito illico legatum nostrum transmittemus ad eandem regiam celsitudinem cum pleno arbitrio et mandato tractandi et concludendi omnia supradicta.

Serenissime domine rex! Quia in suprascripta responsione domini ducis inter alia continetur de sexaginta millibus ducatorum, quos ipse dux offert pro obtinenda investitura ducatus Mediolani, contra quod ego replicavi dicens, quod pro illa summa investitura ipsa nequaquam obtineri posset, allegans multas rationes me ipsum ad hoc moventes, quibus per ducem intellectis, ipse medio domini Thomæ de Aretino et cancellarii sui promisit se septuaginta millia ducatorum pro investitura daturum.

Deinde cum ampliorem summam ex tunc reportare non possem, locutus sum ad partem duci et suis secretissimis: Si aliquis princeps de consensu imperatoris imperio præficeretur, anne ipse dux ab eodem investituram ducatus sui pro dicta pecuniarum summa vel pro alia, de qua conveniretur, recipere vellet? Ad quod respondit, se contentum fore a vestra majestate, si imperio præficeremini, pro dicta pecunia investituram recepturum.

Itaque licentia obtenta et receptis litteris, quas pridem ad vestram majestatem dedi, discessi.

Et quamquam aliud non desideraverim, quam ut continuando iter in conspectu vestrae celsitudinis mox comparuissem et de singulis relationem plenariam fecissem, accidit tamen, ut adversa fortuna, videlicet mortalis infirmitas, quæ in oppido Nurmbergæ supervenit, me ipsum exacto tempore adeo pressit, ut nec personaliter, nec etiam litteris mentem meam vestræ majestati significare potuissem usque in haec tempora.

Verum serenissime rex! sunt multi, videlicet summus pontifex et quam plures alii, qui partes suas interponunt pro hac re, ut inde benevolentiam imperatoris et ducis atque commoditatem privatam reportent. Et ideo si suasio mea quidquam posset, suaderem, quod vestra majestas primo celeriter id apud imperatorem et electores sollicitaret, per quod administrationem et majoritatem in imperio sub modis et formis, quas vobis pridem in Egra detexi, quæreretis, et inde recepta pecunia, dictum ducem investiretis; spero etiam, quod res ipsa eo modo conducetur, per quem centum millia florenorum Rhenensium ad minus in numerata pecunia de dicta investitura reportabit. In eventu autem, in quem administrationem in imperio de præsenti habere et acquirere non possetis, videtur nihilominus consultum, quod vestra celsitudo rem istam apud imperatorem expediendam patrocinio suo suscipiat; nam sunt modi, per quos et imperator et vestra majestas de dicta investitura pecuniam reportabunt, quos ego, dum post dietam, quæ dominica Invocavit (2. Mart. 1460) in facto succursus fidei Nurmbergæ observabitur, ad vestram celsitudinem advenero, sicuti dante domino facere proposui, vestræ majestati particulariter exponam. Nec potero, deos testor, infirmitate gravatus, intermedio bene deambulare.

Præterea invictissime domine rex, sunt multa pro parte vestræ serenitatis consideranda, et in dieta, quæ Invocavit Nurmbergæ observabitur, nomine vestro subtiliter tractanda et sollicitanda; et ut majestas vestra illa particularius agnoscat, tunc sciendum est, quod inter alia in dicta dieta de tribus tractabitur: primum de decima clero et de tricesima omnium reddituum laicis per continuum triennium in toto imperio inponenda. Itaque vestræ majestatis interest, ut illa pecunia, quæ ut sic in regno, principatibus et dominiis vestris sublevabitur, vobis et nulli alteri cedat, atque ut vobis etiam aliqua pars (sic) dabitur de pecunia, quæ ut sic in reliquis imperii partibus sublevabitur. Et hæc omnia, tum apud cardinalem legatum de latere, tum etiam apud consiliarios imperiales et alios, quorum in hoc interest, cum bona commoditate et sub illis capitulis, quibus cautus eritis, ne decipiamini, ego unacum aliis vestris oratoribus ad dietam transmittendis conducam.

Secundum, quod in illa dieta agitabitur, est, ut eligatur supremus capitaneus totius exercitus imperialis; itaque, si vestra majestas voluerit esse capitaneus, dabimus ordinem, per quem eritis, et cum hoc magnam pecuniam de publico pro capitaneatu reportabitis. Quod si vestra celsitudo capitaneus esse noluerit, dabitur, quod is capitaneatui præficietur, qui vobis gratus et acceptus fuerit, quique in subscripto capitulo unacum principibus et aliis sibi adhærentibus partem vestram constituet; unde vos et gloriam et honorem et commoditatem reportabitis.

Tertium, quod in dicta dieta agitabitur, est, ut instituatur pax per totum imperium, et superinde conservator cum pleno mandato per imperatorem deputabitur. Itaque videretur consultum, quod labor vester in dicta dieta ad hoc tenderet, quod vos constitueremini conservator pacis per totum imperium: nam ut sic acquireretis et administrationem et majoritatem in imperio, et sic per indirectum præficeremini imperio, et inde gloriam, honorem et commoditatem etiam maximas pro vobis et liberis vestris reportaretis.

Et res ista bene poterit conduci: nam pridem de mense Decembris per papam et consiliarios imperiales atque aliorum principum imperii in Mantua receptum est, ut in conventu, qui dominica Invocavit Nurmbergæ observabitur, omnia capitula, quæ per prius in conventu Francfurdensi in facto succursus fidei sunt avisata, debeant concludi. Certum autem est, quod supradicta tria capitula inter alia in conventu Frankfurdensi sunt appunctuata et avisata; ideo ad satisfaciendum recessui in Mantua facto opportet ipsa jam Nurmbergæ necessario concludi. Sed quis est inter principes imperii, qui non partialis sit, cujus potentia tanta sit, quod possit pacem indicendam conservare, nisi vestra majestas? Et ideo, si vestræ serenitati placitum fuerit, ego cum aliis vestris oratoribus in dicta dieta clanculum et per indirectum sollicitabo, quod principes supplicabunt vobis, ut officium conservatoris pacis in imperio accipiatis et assumatis.

Ceterum expedit pro gloria et laude nominis vestri, quod in dicta dieta fiat una oratio in publico, per quam majestas vestra offerat se, tanquam christianissimum regem et præcipuum sacri Romani imperii electorem, omnia et singula, tam in facto succursus fidei, quam etiam pro pace et justitia in imperio plantandis, pro toto posse facturum et curaturum, quæ quoquomodo facere poteritis, atque in istis rebus id acturum, ut parte vestra nil deficiat, quominus res ista et taliter conducatur, ut ex futuris laboribus commoda sperata proveniant, habitura perpetuæ stabilitatis firmitatem. Et istam orationem, si vestræ majestati placuerit, ego primo latino sermone propter legatum apostolicum, deinde teutonico propter Almanos, cum meliori ornatu, quo potero, faciam.

Item habeo omnia avisamenta, quæ per prius in facto succursus fidei in dietis Ratisponensi, Frankofurdensi et Novæ civitatis, ubi vestra majestas gubernator aderat, publice et privatim concepta fuere inter imperatorem et electores atque etiam alios principes et communitates imperii. Et ideo, si vestra celsitudo voluerit, ut una cum aliis vestris oratoribus nomine vestro in dieta compaream, demandet, ut litteræ vestræ credentiales ad cardinalem legatum et alios transmittendæ etiam de persona mea loquantur; et ego libens et pro toto posse omnia efficiam, quæ ad laudem et gloriam nominis vestri cedunt.

Ceterum vestra majestas pridem in Egra mandavit mihi, ut registrum instituendorum redditaum in imperio vobis conficerem; quod libens faciam.

Præterea, ad parcendum expensis, si vestra majestas opera mea in dicta dieta Invocavit uti voluerit, videtur consultum, quod transmittatis dumtaxat unum baronem Bohemum, vel dominum de Gera, qui facta imperii et principum electorum satis agnoscit, et dominum Jodocum ad ipsam dietam.

Rursum tractatus iste, qui nomine majestatis vestræ per dominum Zeitha de Rabenstein cum domino duce Lodvico Bavariæ in facto sponsaliorum filiarum vestrarum et filii comitis Palatini et filii dicti ducis Lodvici habitus est, occasione cujus dieta dominica Lætare (23. Mart.) in Praga erit observanda, satis constat; et ideo si majestas vestra in re ista intermedio per me aliquid effici voluerit, ego ista tria capitula de quibus dominica Lætare agitabitur, pro desiderato vestro intentu tanquam ex me ipso conducam; adhibetur enim mihi plena fides a dictis principibus, propter quam ampliorem facultatem habebo rem istam conducendi.

Hæc omnia pro ea fide, qua vestræ majestati teneor, volui eidem vestræ majestati significare, offerens me tanquam servulum obsequentissimum semper et indefessum ad omnia mandata et beneplacita vestra paratissimum.

Et si vestra celsitudo opera mea in dicta dieta uti voluerit, in tempore significet.

212.

1460, Mart. 12 (Viennæ).

Kaiser Friedrich an König Georg: ladet ihn zum Reichstage nach Wien ein.

(Ms. Prag. Domcap. G. XIX. fol. 183.)

Fridericus divina favente clementia Romanorum imperator etc. serenissimo principi Georgio Bohemiæ regi etc. affini nostro carissimo, salutem et mutuæ caritatis continuum incrementum. Serenissime princeps, affinis carissime! Nuper sanctissimus in Christo pater et dominus, dominus Pius, divina providentia papa secundus, unacum imperialibus nostris et aliorum nostrorum sacri Romani imperii electorum ceterorumque principum et fidelium nuntiis et oratoribus in negotio mittendi adversus perfidos Turcos Christi fidelium exercitus in Mantuana diaeta inter cetera unam diaetam in imperiali nostra curia pro dominica Judica (30. Mart.) in passione præsentis quadragesimæ pro quibusdam in sancto hujusmodi proposito considerandis opportunitatibus observandam fore et tenendam deliberavit et decrevit; cujus prætextu nos pro hujusmodi diaetæ continuatione et observantia venerabiles ac illustres nostros et sacri Romani imperii electores et alios principes ceterosque fideles dilectos per cæsarea nostra scripta in diem et locum prætactos vocandos duximus, mandavimusque convocari. Caritatem igitur vestram pariformiter auctoritate nostra Romana cæsarea requirimus et hortamur, quatenus pro saluberrima hujusmodi propositi optata conclusione in diæta ac curia nostra imperiali prædictis personaliter vel saltem legitimo impedimento excusante per nuntios sive oratores solemnes pleno mandato ad inibi perficienda suffultos, prout regem decet, interesse non postponat, in hoc voluntatem et complacentiam nobis ultra debitum singulares ostensurus. Datum Viennæ, in die sancti Gregorii papæ, anno domini etc. LX. regnorum nostrorum Romani vicesimo, imperii octavo, Hungariæ vero secundo.

Ad mandatum domini imperatoris in consilio Ulricus Weltzli cancellarius.

213.

1460, Mart. 28 (Senis).

Pius II. an König Georg: er bedauert die erfolglosen Verhandlungen des Tages zu Olmütz und ladet ihn ein, sich mit Cardinal Bessarion in der Sache zu verständigen.

(Ms. Prag. Domcap. G. XIX, fol. 138.)

Pius papa II.

Carissime in Christo fili! salutem et apostolicam benedictionem. Accepimus literas tuæ serenitatis et plene intelleximus, quæ cum imperialibus et regiis oratoribus in Olomucensi dieta agi per te potuerunt. Commendamus imprimis salutare studium celsitudinis tuæ, quod hoc necessario tempore ad tollendas dissensiones fidelium deo et christianæ religioni non defuit. Dolemus deinde, secuta inter eos non esse, quæ a te quærebantur, et nobis erant in præcipua exspectatione ac voto; laudandus in omnibus est deus, et nihilominus majestati tuæ adnitendum, ut, quod in præsentiarum minus successit, alio tempore te operante felicius possit succedere. Nam si quisquam est, qui pacem vel treugas statuere inter illos suo interventu possit, est certe judicio nostro serenitas tua, quæ ad ingenium et rerum experientiam adjunctam habet summam auctoritatem. Quod autem ad commodius tractandum pacem longiores treugas auctoritate apostolica indici requiris, respondemus celsitudini tuæ, nos plurimum cupere, ut nulla opportunitas ad bene operandum rectæ intentioni tuæ deficiat; verumtamen oportere nos etiam ad ea respicere, quæ etsi ad unum exitum tendant, convenientiora tamen sunt apostolicæ sedi. Habemus in natione Germaniæ legatum nostrum de latere, cardinalem Nicenum, majestati tuæ propinquum, et ad publicam utilitatem summe intentum, ad hoc etiam agendum plena potestate suffultum; hunc igitur, cum pleniorem notitiam de omnibus, quæ istic fieri expedit, habere sit verisimile, indecens videretur in re hujusmodi silentio præteriri. Scribimus igitur suæ circumspectioni et nota facimus, quæ postulas. Mandamus etiam, ut ad serenitatem tuam accedat, vel mittat, et super hiis omnibus plene tecum communicet, non dubitantes, cum ambo publicæ quietis studiosissimi sitis, convenientiam optimam vos inter vos esse habituros, et illa etiam secutura, quæ majestatem tuam zelo tollendæ dissensionis affectare cognoscimus. Datum Senis sub annulo piscatoris, die XXVIII. Martii MCCCCLX, pontificatus nostri anno secundo.

Ja. de Piccolominibus.

214.

1460, Apr. 16 (Senis).

Franz von Toledo an König Georg: über die Freude, welche am römischen Hofe über des Königs Ergebenheit und Aussöhnung mit den Breslauern herrsche.

(Ms. Prag. Domcap. G. XIX, fol. 160.)

Serenissimo ac potentissimo principi et domino, domino Georgio, dei gratia Bohemiæ regi, marchionique Moraviæ etc. domino suo singularissimo.

Serenissime ac potentissime rex, domine singularissime! Post commendationem debitam. Appulimus huc duce deo sani atque incolumes omnes, et qua hora appulimus, vocati a sanctissimo domino nostro, ad pedes suæ beatitudinis concessimus. Excepit nos non aliter, quam majestas vestra nos excipi desideravit; nam et commendationes personarum nostrarum, quas per vestras literas recepit pontifex, intellexerunt etiam reverendissimi domini cardinales, et tam pontifex, quam ipsi et gratissime et jocundissime eas acceperunt. Multa a nobis de religione, de obedientia ad sanctam sedem apostolicam, deque ferventissimo zelo serenitatis vestræ adversum hostes fidei dicta sunt; multa quoque de maximis aliis virtutibus vestris pontifex in medium attulit, ita, ut pro gloria vestra non modo conducibilis, verum etiam necessaria mihi visa sit tarditas et resistentia Wratislavensium, cujus occasione nomen serenitatis vestræ mundo illustrius fieret. Ecce antequam nos huc accederemus, receptis pontifex literis serenitatis vestræ, quas simul cum nostris et cum instrumentorum copia per nuntium e Praga transmisimus, instrumenta illa ad finem usque coram cardinalibus in consistorio legi voluit, demum in consistorio generali, quando quidem tribus e quinque, quos cardinales fecerat, qui præsentes erant, insignia condonaret, sermonem de bello pro fide suscipiendo orsus, ad serenitatem vestram omnia verba convertit, miris eam laudibus attollens, cujus opera ac institutis factum sit, ut tandem oratores apostolici Pragam cum honore exire potuissent; obedientiam præterea vestram devotionemque ad sedem apostolicam, nec minus animum capiendi adversus Turchos arma commeminit. Instrumenta nostra ostendit, sed quum tarda esset admodum hora, legi ibidem non permisit; voluit tamen, fieret in camera apostolica liber de membranis, præter morem, sed ut diutius vestræ majestatis memoria perseveret, in cujus capite hæc gesta nostra inter serenitatem vestram, Wratislavienses que scribi voluit, et copia dari omnibus, qui eam desiderarent. Habuerunt autem multi; et reverendissimus quidem vicecancellarius, qui et cardinalis est, mox copiam ad serenissimum dominum regem Arragoniæ Siciliæque transmisit, et sanctissimus quoque dominus noster, mittens oratorem unum ad regem Portugaliæ, copiam rerum istarum illum habere voluit. Nemo, ut arbitror, principum est, qui citra Romam dominetur, qui jam ista non legerit. Placuit ita fieri sanctissimo domino nostro pro amplianda gloria serenitatis vestræ, tum etiam ut suo exemplo alios omnes ad ea, quæ sunt digna principibus, incitaret. Inter hæc autem et reverendissimus dominus archiepiscopus et ego præcones vestræ serenitatis sumus, et esse semper volumus, facturi omnia quæ quoquomodo sibi grata intelligemus. Sanctissimus dominus noster nil avidius exspectare videtur, quam oratores vestros, ut sit suæ sanctitati de gloria vestræ majestatis completa lætitia; cum venerint, fiet illis honor non certe mediocris. Conservet immortalis deus serenitatem vestram cum augumento gloriæ statusque in servitio suo. Ex Senis XVI. Aprilis anno etc. LX.

Serenitatis vestræ

servitor Franciscus de Toleto, archidiaconus d'Astigia indignus.

215.

1460, Apr. 23 (Budæ).

König Matthias' Glaub- und Vollmachtsbrief für seine Gesandten zur Unterhandlung am Prager Tage mit den kaiserlichen Bevollmächtigten.

(Ms. Prag. Domcap. G. XIX, fol. 187.)

Nos Mathias, dei gratia etc. Memoriæ commendamus tenore præsentium significantes quibus expedit universis, quod, quia serenissimus princeps dominus Georgius, dei gratia rex Bohemiæ et marchio Moraviæ etc. tanquam mediator inter nos et Fridericum Romanorum imperatorem, festum conversionis beati Pauli apostoli proxime præteritum, pro tenenda diæta in civitate sua Olomucensi oratoribus nostris et ipsius Friderici imperatoris deputaverat, atque in termino et loco hujusmodi comparentibus coram eo utriusque nostrum oratoribus, tandem certis de causis rationabilibus alium terminum, puta festum beatorum Philippi et Jacobi apostolorum proxime venturum, pro conservanda diæta ipsa eisdem oratoribus nostris et dicti Friderici imperatoris publicaverat seu indixerat. Igitur nos amatores pacis et concordiæ volentes satisfacere hiis, quæ pertinent ad veram amicitiam et commoda regnorum, misimus hos fideles oratores nostros, videlicet reverendum in Christo patrem dominum Eliam electum ecclesiæ Nitriensis, et egregium Mathiam Libak de Radowsic, castellanum castri nostri Orozlankew, de quorum fide, fidelitate et legalitate ac circumspectione confidimus, ad præfatam diætam in conspectum præfati domini Georgii regis, dantes et concedentes per præsentes eis simul et cuilibet eorum in solidum, plenum mandatum et omnem auctoritatem potestatemque nostram, conveniendi coram eodem domino Georgio rege mediatore cum oratoribus præfati Friderici imperatoris, ac in rebus illis, quas a nobis habent in commissis et illac deferent, cum plena informatione nostra tractandi, conferendi et concludendi, generaliter vero omnia alia et singula agendi, quæ nosmet ipsi propria in persona facere possemus, si personaliter interessemus, etiam si talia forent, quæ mandatum exigerent magis speciale, quam præsentibus est expressum; promittentes omnia ea, quæ præfati dominus Elias et Mathias Lybak oratores nostri simul vel alter eorum cum dictis oratoribus præfati Friderici imperatoris mediante dicto domino Georgio rege nomine nostro tractabunt, conferent, agent seu concludent, tractabitve, conferet, aget et concludet, rata habere atque grata, ac firmiter et inviolabiliter observare, harum literarum nostrarum vigore et testimonio mediante. Datum Budæ in festo beati Georgii martyris, anno domini MCCCCLX.

216.

1460, Apr. 26 (Ratisponæ).

Cardinal Bessarion an König Georg: bittet ihn, die Verhandlungen mit und über Ungarn entweder allein zu beschliessen oder aufzuschieben und zum Reichstage nach Wien zu kommen.

(Ms. Prag. Domcap. G. XIX, fol. 139.)

Serenissimo et excellentissimo principi domino Georgio, Bohemiæ etc. regi illustrissimo.

Serenissime princeps et excellentissime domine! Post commendationem. Die XX præsentis mensis, cum reversus fuissem ex dieta Wormaciensi Norimbergam, accepi literas sanctissimi domini nostri cum interclusa copia literarum majestatis vestræ, quas vestra majestas scripserat pro negotio concordiæ inter serenissimum dominum dominum imperatorem et excellentissimum dominum regem Ungariæ. Mandabat nobis eadem sanctitas, ut pro ea re vel personaliter veniremus ad majestatem vestram, vel aliquem ex nostris mitteremus. Nos subito habitis dictis literis recessimus ex Norimberga, et sumus in via ad serenissimum dominum imperatorem ut exploremus mentem ejus, et quantum per nos fieri poterit, placemus ad hanc rem componendam; postea subito vel veniemus, vel mittemus ad majestatem vestram. Ceterum quia nunc instat tempus dietæ in qua hæc res tractari debet apud majestatem vestram: supplicamus eidem, ut in casu, quo rem hanc perficere per se possit, velit id facere; nihil enim immortali deo gratius, nihil sanctissimo domino nostro et apostolicæ sedi acceptius, nihil nomini suo gloriosius efficere potest. Si vero, quod deus avertat, rem tam necessariam et sanctam concludere non poterit, dignetur majestas vestra dietam ipsam per aliquot dies differre et prorogare, nec ita cito dissolvere, quo usque scilicet nos intellecta mente serenissimi domini imperatoris possimus vel personaliter venire vel mittere. Interea vero supplicamus majestati vestræ humiliter, ut per hunc cursorem, quem de industria misimus ad vestram majestatem, dignetur nobis rescribere consilium suum, et significare nobis, quid videatur sibi per nos agi debere apud serenissimum dominum imperatorem; exspectabimus enim literas majestatis vestræ cum summo desiderio per hunc cursorem, cui commisimus, ut veniat ad nos Viennam. Et quia sumus tractaturi apud Viennam de negotiis fidei, et dictum fuit, majestatem vestram pro sua singulari devotione affuturam præsentialiter: hortamur tandem, et ei cum omni humilitate supplicamus, ut, si fieri potest, omnino velit ibi personaliter interesse; videmur enim esse certi, quod præsente S. M. V. non possunt res nisi bene et feliciter succedere. Tantam in summa prudentia et auctoritate et experientia rerum et magnanimitate et fide ac devotione ceterisque virtutibus vestræ majestatis spem habemus. Quodsi majestas vestra nullo modo personaliter accedere poterit, in eo casu supplicamus eidem, ut aliquos de suis viros auctoritatis et bene instructos ad nos mittat cum mandato, ut præter negotia fidei, in quibus nomine vestræ majestatis versari habebit, assistat etiam nobis in hac re concordiæ apud serenissimum dominum imperatorem. Intelligit vestra majestas, quid optemus, a qua, ut diximus, summo cum desiderio responsum exspectamus. Valeat vestra majestas feliciter. Datum Ratisponæ, die XXVI. Aprilis MCCCCLX.

Ejusdem vestræ majestatis servitor

B. episcopus Tusculanus cardinalis Nicenus, apostolicæ sedis legatus.

217.

1460, Apr. 27.

Zeugniss des Graner Domcapitels über die von Seite der kaiserlichen Partei während des Waffenstillstandes in Ungarn verübten Schäden.

(Ms. Prag. Domcap. G. XIX, fol. 185.)

Serenissimo principi, et domino, domino Georgio, regi Bohemiæ, domino eorum gratioso, capitulum ecclesiæ Strigoniensis, orationes in filio virginis gloriosæ. Vestra eadem noverit serenitas, nos literas inquisitore (sic) magnifici viri Michaelis Orzag de Guth, regni Hungariæ palatini nobis præceptore directas, honore quo decuit, recepisse in hæc verba: Amicis suis reverendis, capitulo ecclesiæ Strigoniensis, Michael Orzag de Guth, regni Hungariæ palatinus, amicitiam paratam cum honore. Noveritis, quod cum in præsentia serenissimi principis et domini, domini Georgii, regis Bohemiæ, super certis attemptatis et damnorum illationibus contra formam et vim treugarum per eundem dominum Georgium regem Bohemiæ inter serenissimos principes et dominos, dominum nostrum Mathiam regem Hungariæ ab una, et dominum Fridericum imperatorem Romanorum, ab alia partibus indictarum, contentiones et differentiæ ortæ fuissent, oratoribus serenissimi domini Mathiæ regis nostri allegantibus inter cetera, quod medio treugarum tempore Sigismundus et Johannes de Bozyn, Andreas Pankyrber, Perchtoldus Elderboh de Manijokerek, Iroffnikker, Johannes Enzesdorfar, familiares, fautores et adherentes memorati domini imperatoris, cum eorum complicibus et nonnullis aliis fautoribus et adhærentibus præfati imperatoris, de voluntate et adjutorio ejusdem imperatoris, plures irruptiones et incursus per hoc regnum Hungariæ et per agros, posessiones et bona subditorum familiarium et adhærentium præfati domini nostri Mathiæ regis fecissent, hujusmodique bona, agros et posessiones igne et gladio vastavissent, pecudes, pecora, aurum, argentum, vestes et universas alias res subditorum et adhærentium prænominati regis auferentes deduxissent et deportassent, ultra centum millium florenorum auri, damna eisdem subditis et fautoribus domini nostri Mathiæ regis inferentes, quodque dictus dominus Fridericus imperator ad hoc, ut prædicti sui familiares, fautores et adhærentes, infra tempus dictarum treugarum magis et facilius subditis memorati domini nostri regis nocere possent, et gentes ipsas, cum quibus dictos incursus et invasiones fecissent, fovere et exsolvere possent, cusionem monetarum suarum indulsisset et concessisset. Tunc idem dominus Georgius rex Bohemiæ, volens se de præmissis omnibus informare, diem festum beatorum Philippi et Jacobi apostolorum deputavit, quo utriusque partis oratores in sui præsentia comparerent, allegaturæ, per sese probationem oblaturæ: quare amicitiam vestram petimus diligenter, quatenus unum vel duos ex vobis fidedignos transmittatis, qui unacum Nicolao de Been, vel Johanne de Byklii homine nostro per nos ad hoc deputato simul procedentes, ab omnibus, quibus decens et opportunum fuerit, palam et occulte, ad fidem eorum deo debitam de omnibus præmissis, meram, plenam et omnimodam sciant, inquirant et experiantur veritatem, quam tandem memorato domino regi Bohemiæ conscientiose et fideliter rescribatis. Datum Budæ secundo die festi annunciationis sanctæ Mariæ virginis, anno domini MCCCCLX.

Nos igitur petitionibus ejusdem domini palatini satisfacere volentes, unacum prænominato Nicolao de Been, homine præfati domini palatini, duos ex nobis, videlicet venerabilem et honorabilem virum, dominum Nicolaum de Assonfalva præpositum, et magistrum

Mathiam de Farnad, concanonicos nostros fidedignos nostro pro testimonio, ad præmissam inquisitionem peragendam duximus transmittendum. Qui tandem ad nos reversi, nobis consona voce detulerunt eo modo, quod ipsi die dominico proximo post festum Adalberti episcopi et martyris pariter procedentes ab omnibus, quibus decens et opportunum fuisset, palam et occulte, ad fidem eorum deo debitam, de omnibus præmissis diligenter inquirendo, omnia præmissa et quævis præmissorum singula acta, facta et patrata fuisse rescivissent, prout tenor literarum præscripti domini palatini præscriptarum continet. Datum die inquisitionis prænotatæ, anno supradicto.

218.

1460 (März fg.).

Böhmische Söldner bei Herzog Ludwig im Kriege 1460.

(Nach der Rechnung im Neuburger Copialbuche, XXX, fol. 141 sq.)

Hinko Suchy und Jan Wolochowicz 37 Pferde und 214 Trabanten, eingetreten zu Passau am Eritag nach Reminiscere (11. Mart.).
Hindřich von Metelska. — Dobrohost Ramsperger von Teinz.
Přibik Schattaba 7 Wagen, 3 Gereisige und 395 Trabanten.
Niklas Käppler 23 Wagen, 269 Gereisige und 615 Trabanten.
Wenzlaw Pallenysky (Polleneczky) 5 Wagen, 34 Gereisige und 87 Trabanten.
Lienhart herre zu Guttenstein 6 Wagen, 54 gereis. Pf. und 95 Trabanten.
Raczko von Risenberg.
Jan Zelta 39 Wagen, 318 gereis. Pf. und 566 Trabanten.
(etc. etc.)

219.

1460, Mai 8 (Prag).

„Erbeinung zwischen dem könig von Behaim und herzog Ludwig," dat. Prag, Donnerstag nach Jubilate, 1460 r. a. 3.

(Neuburg. Copialb. XXX, 74ᵇ—81.)

„Ein sunderbrieue, wie bed herrn der könig und herzog Ludwig herzog Albrechten von Osterreich ausnemen," dat. Prag am Sunnabent vor Cantate (10. Mai) 1460 r. a. 3.

(Ibid. f. 81.)

Die Originale beider Verschreibungen befinden sich auch im k. k. geh. Archive in Wien. Ihr Inhalt ist eine ernste Verbindung zu gegenseitiger Hilfe, welche aus Böhmen nach Kamb, aus Baiern nach

Taus einen Monat nach geschehener Aufforderung zu leisten sei. Ausgenommen sind der Papst und der Kaiser in Kirchen- und Reichssachen; dann nimmt König Georg aus den Erzbischof und das Stift zu Mainz, Bischof und Stift von Würzburg, die Herzoge von Sachsen und die Markgrafen von Brandenburg, doch so, dass einer des andern „mächtig sei zu redlichen rechten" — und sollte über solch' rechtlich' Erbieten die Widerpartei dennoch eigenwillig beschädigen, so sollen wir einander helfen etc.

220.

1460, Mai 8 (Prag).

„Heirathbrief zwischen herzog Jörgen vnd des kunigs tochter Ludmilla", dat. Prag, Donnerstag nach Jubilate 1460 r. a. 3.

König Georg verlobt seine Tochter dem Sohne Herzog Ludwig's. Heirathgut 40.000 Ducaten, Widerlegung 40.000, und Morgengabe von Seite Ludwig's 15.000, im Ganzen 95.000 Ducaten, welche auf Reichenhall, Traunstein, Trossperg etc. versichert werden sollen. Die Braut soll vom Michaelstag 1460 über acht Jahre übergeben werden etc. Als Zeugen: Herzog Ernst von Troppau, Joh. v. Rosenberg, Heinrich v. Platz, Swinko Haz v. H—, Heinrich v. Michelsperg, Prokop und Johann v. Rabstein, Karl v. Wlašim, Jan Zajimač v. Kunstat und Jewissowic, Wilh. v. Risenberg u. v. Raben, Zdenko Kostka v. Post—, Burian v. Lipy, Jan Calta, Peter Kdulinec v. Ostromiř (unser Hofm.) — und von Ludwig's wegen: Heinrich Absperger, Dompropst zu Regensburg, Jorg Closner zu Hirshorn, Wilh. Fraunberger zu Haydemburg, Parcifal Aichperger zum Moss, M. Fridrich Maurkircher Dr., u. Kristof Dorner Kanzler. (Der Herzog selbst fügte sein Siegel bei.)

(Neuburg. Copialb. XXX, 66—71.)

221.

1460, Mai 23 (Brünn).

Mährische Landtagsverordnung über die Münze.

(Aus dem Znaimer Stadtbuche Cod. Nr. 41, pag. 120.)

Hie ist vermercht die aynicheit in der zusam reyten vnd in der sampnung zu Bruen beschriben von des fursten gnaden herczog

Victorin hawbtman des Sambstag nach gots aufarttag anno domini MCCCC° sexagesimo.

Item in steten vnd in merkhten die phenning die man nemen sol die sol man auf pretl slahen.

Item die pfenning die man nicht nemen wirt die schol man auch auf pretl slahen vnd das auf eczlichen steten als das noth wirt vnd auf das schölle noch geseczt werden in steten vnd in merkhten beschawer ob geschach vmb eczwe czwitracht das si das pewarreten.

Item die pfenning mit den schiltlen vnd alt halsar mit guten zusacz die schollen genommen werden, vnd ander des slags newer die schollen nicht genomen werden.

Item die pfening geczaigten der schollen geben werden vmb 1 gulden XXXII gr. vnd nicht mer.

Item mit den pfenningen die man nicht nemen sol, die schol man chein tag chein chawff noch markt haben sunder si mügen getragen werden zu wegkseln zu Olomuncz zu Brunn zu Znoym vnd da sol in darumb geben werden neben der gerechticheit vmb die pesser mer vnd vmb erger myner auch als ist am ersten peliben wellich pfenning schollen czersniten werden das daz noch behalten werd.

Item der phening der genomen sol werden der sol gen neben der newen muncz als ain pfenning vmb ain pfenning.

Item die phenning die man nemen wirt die herrn vnd ander die czins aufm land haben die schollen die nemen neben der newen munczz.

Item was ymancz eczwo vmb die phening die man nemen wirt oder vmb die new muncz chauffen wirt der mag der an werden es sey ein fremder oder des lands XXXII gr. für 1 gulden.

Item in steten vnd in merkten die chawff vnd in kremen oder ander ding das daz geordent werd also das vmb die pfening ein pilleicher chawff werd.

Item prelaten herren landleut schollen schaffen mit iren lewten das si in die stat vnd markht notdurfft furen vnd pilleichen hingaben als vmb pfenning verchaufft sol werden vnd ob ymancz die obgeschriben ding nicht halten wolt, der sol darumb gestrafft werden, neben dem als die herren peliben sint vnd schaffen werden.

222.

1460, Mai 25 (Viennæ).

Kaiser Friedrich an König Georg: der in Wien abzuhaltende Reichstag werde bis zum 1. September vertagt.

(Ms. Prag. Domcap. G. XIX, fol. 182.)

Fridericus divina favente clementia etc. serenissimo principi Georgio Bohemiæ regi etc. affini nostro carissimo, salutem et mutui amoris continuum incrementum. Serenissime princeps, affinis carissime! Expugnata alias per impium Turcum Constantinopolitana urbe, quemadmodum nostri culminis debitum exposcebat, pro orthodoxæ atque catholicæ fidei succursu tantæque cladis reparatione, varias ac in diversis sacri imperii locis, tum per nos et nostros, ac ipsius Romani imperii ecclesiasticos et sæculares principes, duces, barones, nobiles, communitates ceterosque nostros et ipsius imperii fideles, tum etiam per nostros et eorumdem nuntios, ac ad hanc rem missos oratores, diætas tenuimus et teneri mandavimus ac observari. Post quas, ut literis nostris ad caritatem vestram transmissis accepistis, cum in Mantuano nuper celebrato conventu per sanctissimum dominum nostrum dominum Pium, papam secundum, nostrosque et plurimorum principum, atque aliorum Christi fidelium nuntios et oratores, tunc ibidem existentes, inter cetera determinatum fuisset et conclusum, duas alias diætas, unam videlicet imperiali oppido nostro Nurrenberg, dominica Invocavit (2. Mart.), aliam vero dominica Judica (30. Mart.) in passione quadragesimæ proxime præteritæ, in curia nostra cæsarea, pro quibusdam in proposito mittendi contra supradictum Thurcum validi exercitus considerandis opportunitatibus debere celebrari; ingruentibus autem ex tunc nonnullis impedimentis, ipsam diætam secundam imperiali nostra curia, ut præmittitur, tenendam, instante reverendissimo domino cardinali Niceno, sanctæ sedis apostolicæ per Germaniam etc. de latere legato, amico nostro carissimo, in dominicam, qua in ecclesia dei pro missæ introitu canitur Cantate etc. (11. Mai) tunc proxime futuram, nunc vero novissime præteritam, duximus prorogandam et prorogavimus, caritatem vestram, quatenus in ipsa prorogata diæta per se aut per oratores ejus, et imperiali nostra curia, pro felici tractanda negotii defensionis catholicæ fidei prosecutione compareret, seriosius exhortando. Verum cum præfixa hujusmodi dies nuper advenisset, præfatus quoque dominus cardinalis legatus una nobiscum in imperiali nostra curia per nos ad hoc vocatorum præstolaretur

15*

adventum, quamvis caritas vestra per solemnes ejus oratores et nuntios comparuerit sufficienter, de quo eidem vestræ caritati grates agimus tum debitas tum et condignas, plures tamen ex vocatis hujusmodi, forsan gravibus nunc proch dolor in sacro Romano imperio imminentium litium turbinibus impediti, minime comparuerunt. Quapropter licet negotium ipsum inter eas, quas sustinemus, curas, veluti arduorum maximum, cordi nobis insit, saluberrimi tamen hujusmodi propositi prosecutioni, vocatorum hujusmodi plurimorum absentia operante, juxta nostrum desiderium in hujusmodi diæta tunc intendere non valuimus; visum ideo nobis erat, quin imo et prænominato domino legato, pro adimplendis in prædicto Mantuano conventu determinatis, jam inceptam diætam usque in Kalendas mensis Septembris proxime futuri continuandam fore et prorogandam, ut forsan nunc inevitabilibus impedimentis prohibiti temporis successu, et usque in diem Kalendarum hujusmodi, venire, ac catholicæ fidei, apostolicæ sedi et nobis in præmissis debita sua vota reddere posse non negligantur. Quo circa caritatem vestram iterum hortamur affectuque rogamus sincero, quatenus in Kalendis seu prima die mensis Septembris proxime futuri ac imperiali nostra curia per vos sive nuntios et oratores vestros (ad præmissa tantis, ut de tunc gerendis ejus vestræ celsitudinis aliam in hac re opportune faciendam relationem allegare non habeant, mandato et instructione suffultos) compareatis, una nobiscum ac sæpedicto domino cardinali et legato, ceterisque nostris et imperii fidelibus, altissimo cooperante in ipsa Mantuana conventione determinata feliciter conclusuri; nobis ultra debitum, ad quod in hoc tenemini, ad complacentiam gratissimam singularibus favoribus recognoscendam. Datum Wiennæ XXV. die mensis Maji, anno domini MCCCCLX, imperii nono, Hungariæ vero secundo.

Ad mandatum domini imperatoris in consilio: Ulricus Weltzli cancellarius.

223.

1460, Jun. 1 (Wien).

Cardinal Bessarion an König Georg: nachdrückliche Ermahnung, zum Reichstage nach Wien auf den 1. September zu kommen.

(Ms. Sternb. p. 401.)

Illustris princeps, post commendationem. Non dubitamus majestatem vestram intellexisse, quemadmodum ad hanc dietam, quæ pro re fidei a sanctissimo domino nostro in conventu Mantuano, deprecante inclita natione Germanica, indicta fuerat, ex omnibus, qui per sanctitatem suam et gloriosissimam cæsaream majestatem vocati fuerant, per se quidem nulli, per suos vero oratores quam paucissimi comparuere; et hi quidem non ita prompti, ut tantæ rei necessitas postulabat. Doluimus usque ad intimum cordis nostri, considerantes felicem Thurcum, si qua tamen potest esse in hominis (sic) teterrimo et sceleratissimo felicitas, dum nos tanta lentitudine utimur, dum tempus defferimus, dum præsidium et debitum totiens deo, et ejus vicario promissum retardamus, tres quaque manus suas extendetur (sic) quottidie immanius aggredi, premere, urgere christianos, in innocentissimos populos sanguinaria crudelitate debacchari, vastare urbes, dirripere ac prophanare templa dei, viros in servitutem redigere, matres familias, pueros ingenuos abripere ac inpurissimis militum suorum manibus contrectandos tradere, hanc vero inclitam nationem, in cujus potentia summa omnis spes reposita fuerat, unde omnes salutem sperabant, adeo frigescere, quasi nihil ad eam huiusmodi res pertineant, cum tamen formidandum sit, ne brevi tempore (o immortalis deus averte quæso et detestare hoc omen), a quibus nunc ceteri præsidia præstolantur, ipsi aliorum præsidio egeant. Doluimus inquam et dolemus usque ad intimum cordis nostri et tantam fidelis populi in tanta rerum necessitate socordiam satis mirari non possumus, cum præsertim a sanctissimo domino nostro summo pontifice et imperali celsitudine vocati et requisiti fuerint. Convenimus cum cæsarea majestate, et paucis his, qui aderant, sæpenumero et de necessitate rerum, de quibus agi debebat, locuti sumus. Ceterum cum propter absentiam aliorum nihil boni concludi posse intellexissemus, communi consensu dietam in Kal. Septembris proximi in imperiali curia celebrandam prorogavimus, melius esse judicantes, ut aliquando etsi tarde provideretur necessitati fidei christianæ, quam ut in maximum periculum et extremum paene discrimen respublica adduceretur. Qua propter illustritatem vestram omni quo possumus affectu, per viscera misericordiæ domini nostri Jesu Christi, per tremendum ejus judicium, per spem salutis nostræ, per magnitudinem denique animi vestri hortamur, rogamus atque obtestamur, et nomine apostolicæ sedis requirimus, ut quemadmodum generosum ac magnanimum principem, quemadmodum fidelem atque catholicum dominum decet, dimissis omnibus propriis curis atque negotiis, omni excusatione rejecta, huc personaliter eo quo diximus tempore etiam ante præstitutum diem veniatis. Non ego sum, qui vos voco, sed verus et indubitatus Jesu Christi vicarius, sed ipse Jesus Christus filius dei vivi, qui affligi videt ab hostibus suis populum suum, quem ipse dilexit usque ad mortem. Quod si forte ingens et insuperabilis aliqua necessitas adventum vestræ serenitatis impediret, mittat oratores suos graves et maximæ auctoritatis viros: qui merito personam serenitatis vestræ repræsentent, qui sint ad rem de qua agitur prompti, qui non modo ipsi hortatione non egeant, sed ceteros auctoritate et exemplo suo moneant, excitent, inflamment; sint primi, qui veniant, sint ultimi, qui recedant, habeantque a majestate vestra plenam facultatem ad concludendum et acceptandum quidquid in ipsa dieta decernetur, ita ut (sic) sit opus eam amplius consulere, nec aliquid replicare, sic res in infinitum procederetur (sic). Nihil facere serenitas vestra potest in omni vita sua dignius, nihil laudabilius, nihil immortali deo acceptius. Nos interea, quantum nobis divina clementia suggeret, cæsarea majestate favente conabimur hanc inclitam provinciam pacatam reddere. Quod si adversante hoste humani generis prohibebimur, in hac eadem dieta opere et consilio ceterorum nos eam rem compositoros non dubitamus; quod ubi tunc quoque negaretur, non tamen debebunt privatæ aliquæ causæ commune reipublicæ bonum et Christi negotium impedire. Valeat dominatio vestra ac per hunc nuntium aliquid rescribat. Datum Viennæ, die prima Junii, millesimo CCCCLX°.

E. vestræ majestatis

Bessarion episcopus Thusculanus, cardinalis Nicenus sanctissimæ apostolicæ sedis legatus.

224.

1460, Sept. 22 (Prag).

König Georg an den Kurfürsten Friedrich von Brandenburg: über die vertagte Ablösung der Niederlausitz.

(Orig. im königl. geh. Archive in Berlin.)

Jorg von gots gnaden konig zu Behemen vnd marcgraue zu Merhern etc. Hochgeborner furste, lieber swager! Als wir ewer liebe am leczten zuenpoten haben, vnser voygtie vnsers marcgrauenthumbs Lusicz auff Michaelis schirsten von euch zulösen: nu sind vns yczund sachen, doran vns macht gelegen ist, angestossen, derhalben wir sulche ablusunge diszmals zu thune verhindert werdden.

Aber wir wollen in kurcz dorczu gedengken, vnd euch schreiben lassen, wanne wir die ablosunge egenant thun, vnd an welchem ort wir das gelt schigken wollen, ewer liebe sich mit den briuen auch dobin zulegen dornoch wist zurichten. Geben zu Prag, am Montag S. Mauricientag, vnsers reichs im dritten jare.

Commissio propria d. regis.

Dem hochgebornnen fursten hern Friderichen marcgrauen zu Brandenburg, des heil. Romischen reichs erczkamrer, kurfurst vnd burgraue zu Nuremberg, vnserm lieben swager. (A tergo chartæ inscriptum.)

225.

1460, Sept. 23 (Prag).

Bericht der Görlitzer Abgeordneten an ihren Stadtrath: über ihre Verhandlungen in Prag.

(Scultetus, III, 103.)

Seiffrid Goszwin, Andreas Canitz, Barthol. Hirszberger vnd Johannes stadschreiber ad senat. Gorlic.

Wir thun uch wissin, das wir neben den steten Budissin, Luban vnd Camentz vnser gewerb an vnsern gnedigsten herrn den konig gestern brocht habin etc. Als ist der hochgeborne fürste, herzog Ludowig von Beyern ouch am Sontage nehst vorgangin, mehr denn mit 500 pherden alher kegin Prage kommen, vnd gestern frühe zu vnsern gnedigsten h. dem könige kommen, sich gar früntlichen kegin sinen konigl. g. als sinem herrn vnd sweher irbottin hat etc. desshalben vfgezogen etc. dorumb vnser kost vnd zerunge geringet vnd etzliche knechte vnd pherde uch heym schicken etc.

So hat ouch vnser g. h. herzog Friderich von Sachsin von der strossin wegen vnsern gnedigsten h. dem konige geschriben, vnd dy von Haynaw, Oschatz vnd Grymme jre bekentnis vorsigelt dobey gesant, des wir vns allis sehr tröstin etc. Sunder h. Johan vnser foyt ist noch nicht kommen. Wenn des sich vnser h. der cantzler zu vnser bethe gar günstlich in den sachen zu helffin irbewt.

Ouch haben wir vorstanden, das herzog Johannes noch dornach stehet, das der sachin ein vfschlag bis in die Slesie vnd an die fürsten doselbist geschen möchte. Das wir denn als vliszlichen wir mögin widern vnd nicht verfulgen wöllin. Sunder sine kön. g. an dem itzund gethanem spruch irjnnern etc.

Ouch lieben herren, von Cristoff Vthmans vnd der heimlichen gerichte wegin habin wir an den cantzler brocht vnd vmb rath gebetin. Hat vns gesaget, das vnser gnedigster h. konig von andern vil desshalbin ouch angelangit worde etc. Geschreben zu Prage am Dinstage noch Mauricij anno 1460.

226.

1460, Oct. 8.

„Einung zwischen dem König (Georg) und Herzog Ludwig“, dat. Prag, Mittwoch nach Francisci 1460, r. a. 3.

(Neuburg. Copialb. XXX, 72, 73, 82.)

1) Defensiv - Allianz, wenn einer von ihnen mit Heeresmacht überzogen wird. 2) Gemeinsame Appellation und Zusammenhalten, wenn einer mit geistlichen oder weltlichen Processen verfolgt werden sollte. 3) Bestätigung der zu Pilsen (16. Oct. 1459) und Prag (8. Mai 1460) geschlossenen Einungen, mit Ausnahme zweier Artikel, des von der Hilf mit Macht, und des von dem Ausnehmen des Kaisers, deren bindende Kraft erlischt, indem gegenwärtige Einung an ihre Stelle tritt. 4) Die Aufnahme anderer Reichsfürsten in diesen Bund soll ihnen freistehen. Als Zeugen werden die Räthe beiderseits namentlich angeführt.

227.

1460, Oct. 8 (s. l.).

König Georg von Böhmen und Herzog Ludwig von Baiern verbinden sich unter einander, zu besserem Schutze des Rechtes vnd der Gerechtigkeit im römischen Reiche bei den Kurfürsten dahin zu wirken, dass König Georg von ihnen zum römischen Könige erwählt und aufgenommen werde.

(Orig. arch. S. Wenceslai.)

„Fürnemen Römischer könig zu werden.“

Die Urkunde stimmt mit der bei Höfler K. B. pag. 66—67 (uncorrect) gedruckten überein, jedoch nur bis pag. 67 Zeile 11 von unten, wo nach den Worten „geloben sollen offenwaren“ folgt: „Vnd des zue urkund haben wir der konig vnd wir herzog Ludwig zwen brieue geleichlauttund machen vnd mit rechtem wissen mit vnnser beder anhangenden insigeln besigeln lassen der vnnser yeder ainen angenomen hat. Vnd das ist geschehen am Mitwoch nach Francisci nach Chr. vns. lieb. herrn geburt tausend vierh. v. im sechzigisten jaren."

(Neuburg. Copialb. XXX, 87, 88.)

228.

1460, Oct. 8 (Prag).

Offensiv - Allianz zwischen König Georg und Herzog Ludwig gegen Mathias von Ungarn, wegen Jiskra's. Dat. Prag, Mittwoch vor Dionysii 1460, r. a. 3.

(Neuburg. Copialb. XXX, 83, 84.)

Ibid. 85ᵇ — 86: Absagebrief der Diener Herzog Ludwig's an Matthias: Georg Graf zu Ortenberg, Joh. Graf zu Montfurt, Ludw. Gr. zu Ötting, Johanns v. d. Leiter herr zu Bern und Vincenz, und Kunrad zu Haydek; dat. Eritag vor Galli (14. Oct.) 1460.

229.

1460, Oct. 16 (s. l.).

Herzog Ludwig von Baiern sagt neben König Georg dem Könige Matthias von Ungarn wegen Jiskra's ab.

(Neuburger Copialbuch N. XXX. fol. 84, 85.)

„Vnnser herzog Ludwigs absag dem Mathiatsch getan."

Wir Ludwig von gotes gnaden pfallenntzgraue bey Rein herczog in nidern vnd obern Beirn etc. lassen ew herrn Mathias der sich könig zu Hungern nennet wissen: nachdem ir den edeln vns sunder lieben hern Ysgram vneruolget aller rechten mit macht vnd heres craft überczogen vnd beschediget, auch im ettliche gesloss angewonnen, da entgegen der durchluchtig könig vnnser lieber herr vnd sweher her Jörg könig zue Beheim etc. vmbkerung vnd abtrag derselben vnd auch seiner aigenen sach halb, vnd das ir von sölher beschedigung abstellen vnd aus dem velde ziehen solte euch ersucht hat das jr dann verachtet vnd in ewrm vnbillichen furnemen beharret habt, dorumb dann derselb vnnser lieber herr vnd sweher der könig zue Beheim ewr veinde worden ist, allso wellen wir mitsambt vnsern hellfern vnd hellfershelfern ewr vnderton vnd der ewrn veinde vnd des bemelten vnsers lieben herrn vnd swehers hellfer seyn vnd czieben vns des in fride vnd vnfride des benanten vnsers lieben herrn vnd swehers. Vnd ob ew ewrn vndertan vnd den ewrn einicherlay schade beschee wie sich das machte nichtz ausgenomen des wellen wir vnser furstlich ere hiemit bewart vnd ob wir icht mer bewarung bedörften hiemit auch getan haben in dem allerpesten forme. Zw vrkund mit vnnserm zuruck aufgedruckten insigl besigelt vnd geben an sand Gallentag anno dñi mill. quadringent. sexagesimo.

230.

1460, Nov. 25 (Kassoviæ).

König Matthias von Ungarn bekennt sich zu der mit Zdeněk Kostka von Postupic getroffenen Abrede, in Folge deren König Georg's Tochter ihm übergeben und die vorige Freundschaft beider Höfe wieder hergestellt werden soll.

(Ms. des Prager Domcapitels, G. XIX. fol. 186.)

Nos Mathias dei gratia etc. rex, significamus per præsentes, quod nos cum magnifico Zdenkone Kostka de Postupiz, misso et destinato ad nos per serenissimum principem dominum Georgium regem Bohemiæ etc. cum omnimoda facultate et pleno mandato ejusdem domini Georgii regis, ad tractandum, disponendum et concludendum nobiscum ac prælatis et baronibus nostris de et super articulis infrascriptis, in hujusmodi, quæ sequuntur, devenimus conclusiones: Inprimis dispositum est et conclusum, ut pro diæta inter nos et dictum dominum Georgium regem Bohemiæ tenenda, nos in festo beati Thomæ apostoli proxime venturo constituamur in Trinchino; prædictus vero dominus Georgius rex Bohemiæ constitui debebit in civitate Olomucensi. Et quia præfatus Zdenko Kostka virtute prædictæ plenæ facultatis sibi per ipsum dominum Georgium regem Bohemiæ datæ et concessæ nos certificavit, quod illa amicitia nuptiarum, pro qua principaliter prædicta diæta inter nos et dictum dominum Georgium regem tenebitur, concludetur effective, et ipse dominus Georgius rex filiam suam inclytam, Cunka alio nomine Catherina vocatam nobis matrimonialiter sine dubio copulabit; ideo et nos certificavimus eundem dominum Georgium, Bohemiæ regem, quod ad prædictam diætam tenendam ad prædictum terminum veniemus, et ibidem in eadem diæta prælati et barones amborum regnorum, videlicet Hungariæ et Bohemiæ, qui ad hoc per nos et dictum dominum Georgium regem eligerentur, disponere et licito modo finire debeant, ad quem diem ipsa filia domini Georgii regis Bohemiæ nobis restitui et ad hoc nostrum regnum Hungariæ extradari et ipsa tanquam regna (sic) Hungariæ honeste et honorifice teneri debeat, præsertim ad tempus, quousque ipsa filia domini Georgii regis Bohemiæ nobis copulabitur. Et etiam præfati prælati et barones dictorum regnorum ad hoc eligendi in eadem diæta debeant tractare et finire, quod prædicta filia dicti domini Georgii, regis Bohemiæ, antequam nobis copulabitur, et etiam postquam nobis fuerit copulata, juxta dispositionem et consuetudinem priorum reginarum Hungariæ licite servari et honorifice teneri debeat; debeant etiam in eadem diæta prælati et barones utriusque regni ad hoc eligendi amicabiliter tractare et finire, quod si nos, quod deus avertat, ab hoc sæculo migrare contingeret, et dicta filia regis Bohemiæ jam ad hoc regnum nostrum Hungariæ extradata esset et ante copulam viva remaneret, vel remaneret a nobis vidua post copulam, quomodo ipsa esset provisa, more aliarum reginarum Hungariæ in statu suo et ex parte dotalitii. Et quod in illa diæta prælati et barones utriusque regni et signanter fidelis noster spectabilis et magnificus Michael Ziilaghij, comes perpetuus Bistriciensis, frater noster, si interesse poterit, et fidelis noster reverendus in Christo pater dominus Johannes episcopus ecclesiæ Waradinensis, nisi eveniat eventus rationabilis pro quo interesse nequeat, et alii prælati et barones utriusque regni, qui ad hoc electi erunt, videre et amicabiliter rectificare debeant, hoc et id, quod factum est contra illam dispositionem, quæ alias facta est in Straznica inter nos et dictum dominum Georgium regem Bohemiæ, utrum sit contraventum a nobis vel ab ipso domino Georgio rege Bohemiæ. Item in præscripta diæta prælati et barones utriusque regni ad hæc eligendi disponere et finaliter concludere debeant, quod omnes suprascripti articuli inter nos et dictum dominum Georgium regem et utraque regna certitudinaliter observari et cum effectu teneri debeant. Et qualiter nos et dictus dominus Georgius rex contra quoslibet nostros et ipsius inimicos debeamus nos mutuo cum consilio et assistentia adjuvare unus alterum in nullo relinquendo et contra quoslibet inimicos nostros et regnorum nostrorum præsentes et futuros nos et regna nostra defendere et in bona amicitia et unione amicabiliter unus alterum adjuvando semper permanere debeamus et quod omnes isti præscripti articuli debeant tractari et concludi in eadem diæta. Et nos Mathias rex Hungariæ, qui supra, promittimus et præfatum dominum Georgium, regem Bohemiæ certificamus, quod omnia illa ..., quæ in articulis prædictis expressa sunt et continentur, firmiter ... observabimus. In cujus testimonium præsentes literas nostras secreti ... sigilli nostri, quo ut rex Hungariæ utimur, appressione fecimus communiri. Datum Cassoviæ in festo beatæ Catherinæ, virginis et martyris, anno domini MCCCCLX.

Commissio propria domini regis.

231.

1460, Nov. 29 (in Bytom).

Bekenntnissbrief der böhmischen Abgesandten zu dem auf dem Tage zu Beuthen ... mit den polnischen Bevollmächtigten geschlossenen freundlichen Vergleiche.

(Ms. Prag. Domcap. G. XIX. f. 194.)

Nos Zdeniek de Ssternberg, supremus burgravius Pragensis, Wilhelmus junior de Ryzemberg et de Rabie, et Johannes Giezinsky de Czimburg, nuntii et ambasiatores serenissimi principis et domini Georgii, dei gratia regis Bohemiæ, marchionatus Moraviæ et Slesiæ (sic) et comitis de Lucemburg: significamus tenore præsentium, quibus expedit universis, qualiter pro festo sanctæ Katherinæ et diebus frequentibus tenendo diætam in præsenti oppido Bythomiensi, cum nuntiis serenissimi principis et domini, domini Kazimiri dei gratia regis Poloniæ, magni ducis Litwaniæ, Russiæ, Prussiæque domini et hæredis, ad infrascriptos articulos devenimus, et ipsos recordavimus plena auctoritate et mandato ab utroque domino serenissimo rege sufficienti, in hunc qui sequitur modum:

Inprimis, quod serenissimus dominus noster rex Bohemiæ cum præfato domino Poloniæ rege in pura fraternitate, favore et amicitia, ab utraque parte remaneant et se mutue pertractent, nec unus contra alium cum regnis, principatibus, terris et dominiis suis ullo umquam tempore erga quascumque personas ecclesiasticas et mundanas, solo summo pontifice excepto, debebit esse auxilio, consilio per se vel per alium, publice vel occulte, et uterque regum tenebitur alterius et regnorum, principatuum et terrarum bonum et honestum procurare, juxta suum posse supremum, et juxta suam omnimodam potestatem fideliter et sine dolo. Item tenebitur serenissimus rex Bohemiæ providere et efficere, ne de regno Bohemiæ, principatibus et dominiis suis et quibuscumque dominiis sibi et regno suo subjectis, inferantur damna regno Poloniæ; similiter et dominus rex Poloniæ tenebitur efficere et providere, ne de regno suo et quibuscumque dominiis regno suo subjectis damna quæcumque regno Bohemiæ et terris sibi subjectis ac habitatoribus eorumdem inferantur. Quod si aliquo ex regno aliqua damna contingerent, sive inter reges, sive inter eorum subditos ecclesiasticos et sæculares, quod deus auferat (sic): ex tunc rex, ex cujus regno et terris hujusmodi contingent et sequentur damna, tenebitur effectualiter operam dare, et quoslibet inobedientes mulctare et punire, et ad id illos cogere, ut impendatur læsis et damna passis satisfactio sine dolo et fraude dilatione (sic). Item si continget, quod aliquis ex regno Bohemiæ haberet aliquam culpam et injuriam ad aliquas personas in regno Poloniæ, principatibus et terris in eisdem inhabitantes, talis tenebitur causam suam jure prosequi et eum, quem asserit reum, in jurisdictione et jure, ubi residet convenire, cui debet justitia ministrari sine dilatione; pari quoque modo in regno Poloniæ debet ministrari justitia subjectis et subditis regni Bohemiæ. Item debet proclamari in utroque regno, ut stratæ sint pacificæ et securæ, et ut homines utriusque regni possint justis stratis secure ire, solutis theoloneis et aliis daciis solitis et consuetis. Item moneta ubicumque in regnis utrisque falsa cuderetur, tenebuntur reges quilibet in regno et terris suis operam dare et efficere, ut nec cudatur falsa moneta, nec importetur, sine dolo. Item super reliquis causis et articulis, videlicet damnis quibuscumque, quæ inter regna, terras et dominia eisdem subjecta contigerunt, sive regno Bohemiæ ex regno Poloniæ et terris Slesiæ ac terris ipsis subjectis, regibus personaliter convenientibus debet fieri provisio, et tale dari ab utraque parte consilium, ut inter eorum principes, barones, milites, civitates et quoscumque subditos, quod justum est, subsequatur; conventio autem utriusque regis tam Bohemiæ quam Poloniæ conclusa est et debet fieri in majori Glogovia, a proximo die circumcisionis domini in altero circumcisionis die anno revoluto, eo signanter expresso, quod futura conventio regum, si eam celebrari, Glogoviensi expedita, ex quacumque necessitate contigerit, debet etiam celebrari in civitate apta in regno Poloniæ. Quod si aliquis ex regibus ad prædictam diætam Glogoviensem pro die circumcisionis domini post annum revolutum sine dolo venire non posset, tenebitur alterum duobus mensibus de suo impedimento avisare; et nihilominus ex post tenebuntur in eodem oppido Glogoviensi ambo reges pro die sanctorum Philippi et Jacobi personaliter convenire. Item pro omnibus castris et fortalitiis, pro quibus dominus rex Bohemiæ dominum regem Poloniæ inculpaverit, super hiis agatur justitia domino regi et regno Bohemiæ in primo regum personali conventu, juxta antiquas inscriptiones. Quod si rex Poloniæ habuerit justitiam aliquam ad castra et fortalitia prædicta, istud debet in eodem primo regum conventu circumspici, juxta justitiam finiri. Item omnes inscriptiones antiquæ, justæ et legitimæ inter reges et regna Bohemiæ et Poloniæ debent innovari, confirmari et teneri, hoc excepto, quod si in præfatis inscriptionibus contineretur aliquis articulus, qui Masoviæ duces contingeret, illum non tenebitur dominus rex Poloniæ confirmare. Item super dote, alias o posag in Polonico, et in Bohemico o wieno, serenissimæ principis dominæ Elisabeth, reginæ Poloniæ, super qua in præsenti diæta concordare non potuimus, decisio suspensa est, ad personalem regum conventum, ubi dante domino, finis huic rei justus et bonus juxta justitiam imponetur. In cujus rei testimonium sigilla nostra præsentibus sunt subappensa. Datum in Bythom, sabbato in vigilia sancti Andreæ apostoli, anno domini MCCCCLX.

232.

1460, Dec. 11 (Prag).

König Georg an Markgraf Albrecht von Brandenburg.

So die irrung zwischen dir etc. und Ludwig von Baiern durch Wilhelm von Sachsen etc. aufgehoben und etlich stuck auf uns gestellt sind, und desshalb einen tag gen Prag gesaczt haben, haben wir damals solcher stück nicht verfugen mogen, und setzen desshalb einen tag auf unser liebfrawentag nach Eger, wo wir euch in fruntlich aynigkeit zu bringen hoffen etc. Dat. Prag Donnerstag nach Concept. Mariæ unsers reichs im 3 jar.

Markgraf Albrecht an König Georg; dat. Onolzpach, Sonntag S. Thomas 1460 (21. Dec. 1460).

(Newe zeitung.) Ein gerüchte im reich, der pfalzgrave gee damit umb, das er gern Romischer konig were und wolle man imb nit gönnen, so wolle man einen nemen, den man muss haben, es sei jederman lieb oder leyd. Ist die sag, das sulchs offentlich zu Nürnberg auf dem tag da unser widerparthey bey einander sind gewesen, die weil wir bei ew. gn. zu Prag waren, gelautet sulle haben. Wir bitten ew.-gnad das alles unvermerckt zu halten.

Derselbe an die Herzoge (von Sachsen), dat. Dinstag vor Egidi (30. Aug.) 1460.

— wie uns der konig von Beheim uff S. Mertinstag ein tag geseczt hat — bitten wir ew. lieb ir wollet uns ew. rete uf den gemelten tag schicken, dass sie Montag allerheiligen zu Culmach bey uns sein.

(Mitgetheilt von Dr. Burkhardt.)

233.

1461, Januar.

In dem von Herzog Ludwig von Baiern mit der Stadt Nördlingen geschlossenen Vertrage sind des Ersteren Freunde im Reich angegeben: Georg König von Böhmen, Diether Erzbischof zu Mainz, alle Herren von Baiern, der Cardinal Bischof von Augsburg, der Herzog von Burgund, Herzog Albrecht von Österreich, die Bischöfe von Würzburg, Bamberg und Eichstädt, Ludwig Landgraf zu Hessen, Graf Eberhard von Wirtenberg.

(Neuburger Copialbuch. XXXVIII. 198.)

234.

1461, Febr. 18 (Eger).

König Georg von Böhmen und Erzherzog Albrecht von Österreich befestigen und erweitern den schon früher unter einander geschlossenen freundschaftlichen Bund.

(Orig. arch. S. Wenceslai.)

1461, Mai 9 (s. l.).

Albrecht Erzherzog von Österreich compromittirt auf König Georg von Böhmen wegen seiner Streitigkeiten mit Gamareth Fronauer.

(Orig. ibid.)

235.

1461, Febr. 20 (Eger).

Albrecht Erzherzog von Österreich etc. bekennt, da König Georg von Böhmen ihm zugesagt und sich verschrieben hat laut dessen Briefs (dat. Mittwoch vor Invocavit [18. Febr.]), ihm Österreich unter der Enns einbringen zu helfen, dass er, zu Ersatz seiner dabei zu erlegenden Kosten und Schäden, nach der Einantwortung dieses Landes oder eines Theiles desselben, dem Könige aus der Landsteuer desselben 50.000 ungr. Gulden zahlen wird. Dat. Eger, Freitag vor Invocavit 1461.

(Orig. im Archiv zu Öls in Schlesien.)

236.

1461, Febr. 22 (Brzescze).

König Kasimir von Polen ersucht König Georg, den bei ihm gefangen gehaltenen Ritter Ulrich Ćerwenka von Ledeč in Freiheit setzen zu lassen.

(Ms. Prag. Domcap. G. XIX, fol. 190.)

Kazimirus, dei gratia rex Poloniæ, magnus dux Lithwaniæ, Russiæ, Prussiæque dominus et hæres etc. serenissimo principi domino Georgio eadem gratia Bohemiæ regi etc. fratri nostro carissimo, salutem et fraternæ dilectionis firmitatem. Serenissime princeps! propter singularia fidei merita, quibus strenuus Ulricus Czyrwenka de Ledecz, fidelis noster dilectus, apud nos redoluit commendatus, consiliariis et oratoribus nostris ad vestræ fraternitatis vice nostri præsentiam, et tandem diætam Bythomiensem pridem missis, pro sua a captivitate, qua ut vulgatur dire detinetur, manumissione et relaxatione intervenimus et desideriose flagitavimus. Cujus Ulrici mancipationi compati haud desistentes, vestram fraternitatem rogamus, velit quatenus amore nostri prælibatum Ulricum Czyrwenka et suæ captivitatis consortes a dictis vinculis solvendo pristinæ restituere libertati, ut taliter gratia et favore vestris refecti, vota nostrorum desideriorum sentiant eis profuisse. Reputabimus id nobis ad gratam complacentiam tempore se offerente compensandam. Datum in Brzescze vicesima secunda mensis Februarii, anno domini MCCCCLXI.

Relatio reverendi patris domini Johannis de Brzescze, utriusque juris doctoris, electi ecclesiæ Cracoviæ, regni Poloniæ vicecancellarii.

237.

1461, März 7 (s. l.)

Bekenntnissbrief der Herren Schlick zu dem von König Georg zwischen ihnen und den Mannen von Ellbogen in Bezug auf die Leistung der Landessteuer getroffenen Vergleiche.

(Vidimirte Copie im Archive von Ellbogen.)

Wir hernach geschriben Mathes vnd Wenczlaw geuettern von Lasan genant die Slick, hern zur Weissenkirchen pfleger zu Eger etc. bekennen fur vns vnd vnnser bruder erben vnd erbnemer, so als vnnser lieber bruder vnd vater herr Caspar herr zur Weissenkirchen seliger gedechtnus von dem allerdurchleuchtigisten grosmechtigisten fursten vnd herrn, herrn Sigmunden, Romischen kaiser, zu Hungern, zu Behem, Dalmacien, Croacien etc. konig, loblicher gedechtnus vber das slos die erbern manne, lantschafft, stete, merckte vnd alle inwoner zum Elbogen ein verschreibung gehabt hat, die nu auf vns vererbet, vnd in derselben kaiserlichen verschreibung als ein konig zu Behem vns vnter andern verschribn ist der koniglich bern vnd stewer, solch verschreibung vnd dann von nachkomenden konigen zu Behem gnediclich bestett vnd confirmirt worden ist, auf solch vnnser verschreibung wir die obgenanten erbern manne lantschafft, stete, merkte vnd alle inwoner zu merer malen vor vnserm gnedigisten herrn dem konig zu Behem mit recht furgeladen vnd betaidigt, dargegen sie sich aber mit iren briefen vnd priuilegien, die in auch von einem konig biss auf den andern bestett worden sein, geschüczt vnd aufgehalden haben, in maynung, das sie der koniglichen bern vnd stewr nicht pflichtig, nach schuldig zu geben weren, dorauf vns dann von baiden tailen der aller durchleuchtigist grosmechtigist fürst vnd herr, herr Jorg konig zu Behem vnd marggraue zu Merhern etc., vnnser allergnedigister herre, mit recht zu entschaiden furgenomen hat; nachdem vnd wir die sach also baiderseit auf sein konigliche gnad gesatztt hetten, ader sein konigliche maiestat bedäucht die gütikeit pesser, von des wegen das der egenant kraisz nicht beswert würde, sunder seiner koniglichen gnaden mildikeit genossen empfünde, vnd in künfftigen zeiten desterpas zugenomen möcht, vnd dorumb mit wolbedachten mute, guten rate seiner koniglichen gnaden panerherrn vnd rete der cron zu Behem vnd rechter wissen vnd auch mit vnnser obgenanter baider tail guten willen, hat sein konigliche gnad zwischen vns in der gütlikeit gesprochen, gesaczt vnd geordnet: also das die obgenanten erbern manne, lantschafft, stete vnd inwoner dreyzehenhundert schok groschen geben, die dann zu nütz vnd fromen dem slos Elbogen angelegt werden sollen, dopey sie auch von sein koniglichen gnaden in der betaidigung sunderlich gefreiet vnd begnadt sein, also das sie aller koniglichen bern vnd stewr nu hinfur zu ewigen zeiten seiner koniglichen maiestat vnd seiner koniglichen gnaden nachkomenden konigen, noch vns, vnnsern erben vnd erbnemen zu geben nicht pflichtig sein, sunder dorumb vnangefodert bleiben sollen, doch so sol die vorgenant verschreibung kaiser Sigmunds seiner koniglichen gnaden vorfarn gancz crefftig vnd mechtig sein vnd bleiben, vnd wir egenanten Mathes, Wenczlav, vnnser bruder, alle vnnser erben vnd erbnemen sollen vnd mügen der in aller irer begreiffung, verpindung vnd maynung geprauchen von sein koniglichen gnaden, seiner koniglichen gnaden nachkomenden konigen zu Behem, vnd sust von allermeniclich doran vngehindert: nur allain des artikels den vorgenanten koniglichen bern vnd stewr belautende, des sollen wir nach nymants von vnnsern wegen hinfur mer nit geprauchen noch den furnemen in kainen wege, wann wir den mit disen vnnserm brief abgethan vnd vns des leüterlich bey guten waren treüen verzigen haben, alle arglist vnd geferd hierynn gentzlich auszgeslossen. Czu vrkund vnd warer bekentnus haben wir obgenanten Mathes vnd Wenczlav herrn zur Weissenkirchen fur vns, vnnsere brüdere, erben vnd erbnemen vnnser aigen insigele an disen brief tun hengen vnd dorzu gebeten die edelnn vnd vesten vnnsere lieben vettern Micheln vnd Cunraten Slick von Lasan vnd Casparn von Awrpach, dy zeit vnnsern lantrichter zum Elbogen, das sie ire insigel zu gezeücknüs in on schaden zu den vnnsern gehangen haben. Der geben ist nach Cristi gepurth vierzehenhundert vnd in dem eynvndsechczigisten jare, am Sunabent vor dem Suntag Oculi in der heiligen vasten.

238.

1461, Apr. 5 (Romæ).

Fantinus de Valle, königl. Procurator in Rom, an König Georg: Vorwürfe über die verzögerte Sendung der königl. Gesandtschaft nach Rom.

(Ms. Sternb p. 403.)

Serenissime rex, princeps et domine excellentissime. Orationibus praemissis et obsequiis, etc.

Antonius Gallicus, quem vestra majestas suis asserit literis fideliter negotia sua pertractare, venit, et mihi quidquam, praeter quasdam frivolas, imo verius inanes excusationes, retulit dilationem oratorum vestrorum contigisse. Dicit enim, vos dietis intentum negotia fidei postposuisse, et nunc nulla jam oblata excusatione oratores mittere. Quae verba nihil arguunt, nisi necessitatem jam vobis adesse in mittendis illis. Bene novit vestra majestas, quod ubi est necessitas, ibi non adest virtus. Ego autem spero vos virtutis sectatorem et religionis christianae cultorem, prout cuique principi catholico congruit. Clamabo indesinenter: mittite oratores, pacem dei et hominum suscipite, ornamenta inter christianos reges assumite; quod nisi feceritis et valde brevi dubito (sic), ignominiam contrahetis, quam non ita facili invidia virtutis aemula abolere poteritis. Solent enim hi patres saepius concionari de rebus vestris et diversa consilia capere, et tandem ut sentio in istas sententias deveniunt: Vos nihil sedi pollicitum fuisse apostolicae, quod tenueritis. Et heu proh dolor! ad qualem venit infamiam! Vera loquor, quia illis teneor; vestrae majestati si molesta sunt, ab illis penitus desistam. Si placent, cur non providetis? Vestro haec omnia relinquo arbitrio. Unum scio, quod mihi nihil creditur, et ubique de mendacio arguor. In rebus majestatis vestrae nihil proficio, licet pro differendis multis, quae in majestatem vestram venient ut existimo, magnum adhibeo studium. Sed jam Antonii in adventu nihil proficio, quoniam isti concipiunt majestatem vestram nihil boni agere velle, nisi dilationibus et exspectationibus tempus consumere.

Nova. Januam civitatem illustrem Italiae Gallici amiserunt; unus ex Romanis, qui factionem ducebat in urbe, suspensus est. Pontifex maximus a febribus jam convaluit, et hodie benedictionem dedit populo. Cardinalis Rutenus ex morbo apoplectico graviter laborat. Sigismundus Arrimini dominus agrum Picenum depopulatur. Gregorius

16*

Heimburg doctor pro haeretico damnatus est. Sigismundus Austriae pro sacrilego excommunicatus est. Sigismundus praefatus Arrimini et frater ejus Malatesta excommunicati sunt. Princeps Russani Marinus, unus ex potentissimis principibus regni Apuliae, excommunicatus est. Secta Vicleff cum fautoribus, receptatoribus etc. sive pontificali, sive regali, sive reginali praefulgeant dignitate, anathematisata est, et praefati ab omni honore ecclesiastico et seculari depositi sunt. Haec acta sunt in die coenae domini publice, dum piratae et deferentes ferrum, equos etc. ad infideles anathematisati sunt; quibus etiam praedicta ut infidelibus a Christi fidelibus ministrari sub poena anathematis inhibita sunt: dico, in secta Vicleff permanentibus, etc. Scripsi nonnulla doctori Hilario in factis meis tam solarii quam aliis. Supplico vestram majestatem, non pigeat mei contemplatione exaudire. Valete diu et feliciter. Ex Urbe, in die resurrectionis domini nostri Jesu Christi, anno domini MCCCCLXI°.

Ejusdem vestrae majestatis

humilis ac devotus servulus Fantinus de Valle etc.

239.

1461 (s. d.).

Instruction für die in der Angelegenheit der römischen Königswahl König Georg's an den Papst zu sendende geheime Botschaft.

(K. k. geh. Archiv Nr. 1379.)

— Fol. 28. v. „Als der kaiser und er zu Brünn bey einander gewesen sein, da hat sich der kaiser gern dem konig verpflicht vnd mit seiner aigen hannt verschribenn das er seinen kaiserlichen hofe well besetzen vnd auch denselben hofe vnd das reich regieren nach des konigs rate.“

„Also hab jm der konig darnach mermals zuenpotten vnd geraten wie er das reich solle regieren dardurch er frid vnd gehorsam im reich möcht erlanngen vnd all sach fürder despass vollziehen aber (f. 29ª) der kaiser hab sein verpflichtunge sein verschreibunge vnd auch des konigs rat ganntz veracht vnd der sachenn kainer nachkomen, alsdann lanndkundig vnd wissenlich sey.“

240.

1461, Mai 24 (Moguntiæ).

Acta quædam dietæ a. d. 1461 circa festum Pentecostes in Maguntia per ambasiatores principum electorum celebratæ.“

(Ms. Clm. [bibl. Monach.] 215, fol. 228[b] sq.)

„Oratores S[mi] D. N. papæ in dieta Maguntina post eorum propositionem fuerunt requisiti per D. Maguntinum et alios ibidem in dieta existentes, ut eorum propositionem et excusationem in scriptis eis darent, ut ipsi cum ceteris eorum coelectoribus melius singula intelligere possent singulisque providere. Quod et fecerunt et certa scripta quae tamen summarie posita sunt eis dederunt.“

„Primus punctus fuit de annatis vacantium ecclesiarum, quas prælati dicunt non esse debitas ecclesiæ Romanæ, nisi vel consuetudine vel pietate quadam ac humanitate prælatorum, quas etiam concilium Basiliense sustulit easque deinceps prohibuit: nunc autem plus solito atque nimium et supra veteres taxas et contra concordiam nationis cum sede apostolica exigerentur in magnum ecclesiarum præjudicium et gravamen.“

„Secundus punctus, quod sanct[mus] D. Nr. per constitutionem, quam Mantuæ edidit, prohibens ne quis ad futurum concilium audeat appellare, nimium gravaverit nationem Germanicam, eo quod sit ut ipsi aiunt contra decreta concilii Constantiensis et Basiliensis, quæ dudum per nationem istam acceptata sunt.“

„Tertius de querela et processu contra doctorem Heinburg.“

„Quartus de processu contra ducem Sigismundum.“

„Quintus de decimis dandis ad Turcos exterminandos.“

(Folgt eine umständliche Widerlegung jener Artikel im Sinne der Curie.)

241.

1461, Jun. 9.

Erzherzog Albrecht's Ausschreiben an die Reichsstädte wider seinen Bruder K. Friedrich, wegen der Irrung, die zwischen dem Kaiser und den Ständen von Nieder-Österreich bestand. Dat. am Eritag nach dem Fronleichnamstag 1461.

(Neuburg. Copialb. XII. 3—6.)

(Im Sommer 1460) hatte der Erzherzog sich dem Kaiser zum gütlichen Vermittler angeboten: „darinn vns — geantwort ward,

s. gn. het dem konig von Beheim vertraut vnd in die sachen vergönnet zu reden — Do wir nu solhs vernomen, fugten wir vns wider (von S. Pölten) anheim zu vnsern landen in guter hofnung — Vnd als nu solh vnwillen durch den gemellten konig von Beheim auch nit hingelegt wurden, ersucht vns vnser herr der kaiser meniguellticlich durch sein botschafft vnd sein selbs handtgeschrift persondlich zu s. k. gn. zu komen — in die Newstat — (vgl. Reichstags-Theatrum II, S. 62).

242.

1461, Jun. 13 (Ingolstat).

Herzog Ludwig von Baiern an den Kaiser: er könne in besondere Verhandlungen mit ihm nicht eingehen.

(Neuburger Copialbuch, N. XII, fol. 17.)

— Als ich ytzo auff begeren ewr kays. gn. mein räte bey ew gehabt, habe ich den abschide das elbs jn gegeben (dat. 18. Mai zu Gretz) vernomen vnd ist nicht mynuer dann das manicherlay in vergangen leuffen wider mich furgenomen worden ist — — Dann wie dem allen als ew. k. gn. begeret persondlich vnderrede mit mir zu pflegen oder durch erber potschafft tun zu lassen darauff thue ich ew. k. gn. zu wissen, das ich mit ettlichen meinen herren vnd frunden also gewont bin, ausserhalb der mir nicht wol fuglich ist vnderrede ze haben. Aber nachdem mir mein lieber herre vnd sweher der konig zu Beheim ytzo verkundet hat, das mit e. k. g. ain tag zu hallten auf Visitacionis Marie negstkunftig furgenomen sey gewunne nw solicher tag furgang so wil ich auch die meinen meiner maynung bericht gut willigclich dartzw schikhen. Geben zu Ingolstat am Sambstag vor Viti anno etc. LXprimo.

Nach einem gleichzeitigen Briefe das. (fol. verso) war Erzherzog Albrecht zu der Zeit auch in Ingolstadt. Man wollte die Sache an König Georg bringen.

Ibid. fol. 18—20. Kaiser Friedrich's Brief gegen Ludwig, dat. Gretz Montag nach Erasmus 1461.

It. fol. 21—23. Ludwig's „Aufsagbrief dem kaiser", dat. Landshut Pfinztag nach S. Margretentag 1461.

243.

1461, Jul. 20 (Prag).

König Georg und Herzog Ludwig verbinden sich gegenseitig, dass sie ohne einander keinen „Bericht" mit dem Kaiser aufnehmen wollen. *D.* Prag, Montag vor S. Mar. Magdal. 1461.

(Neuburg. Copialb. XII, 25.)

Ibid. fol. 127—133. Herzog Ludwig's Brief an den Herzog Friedrich von Sachsen (dat. auf Mitwoch Simonis & Jude apost. [28. Oct.] 1461) wo die Irrungen zwischen Albrecht von Brandenburg und ihm übersichtlich erzählt werden.

(It. ibid. fol. 222—227.)

It. Markgraf Albrecht's Antwort darauf, dat. Vffenheim am Donrstag nach Andree (3. Dec.) 1461.

(Fol. 228—234.)

It. Herzog Ludwig's Replik darauf, dat. Ingolstadt am Neujahrstag 1462.

(Fol. 235—240.)

244.

1461, Sept. 1 (Prag).

König Georg's von Böhmen „Bewahrungsbrief" gegen den Markgrafen Albrecht von Brandenburg, dat. Prag am S. Egidientag 1461. (r. a. IV.)

(Neuburg. Copialb. XII, 245, 246.)

Desselben Schreiben an Diether, Erzbischof von Mainz (dat. ut supra).

(Ibid. fol. 247—249.)

Desselben Schreiben an die Fürsten, Herren und Städte, d. u. s.

(Fol. 249ᵇ—252.)

245.

1461, Sept. 9 (bei Swabach).

Markgraf Albrecht von Brandenburg an König Georg von Böhmen.

Durchl. konig ew k. gn. ewr schreiben haben wir erhalten vnd versteen dabey ungnadigen willen von ew. gnaden, des wir ye nit verdinet hetten, nachdem wir der nit sein durch den ew. gn. noch der wurdigen cron kein abbruch nye gescheen ist, sunder uns alwegen aller dinstperkeit geflissen halten. Und als ew. k. gnad uns schreibt, wie wir der sechs steten in der Slesien brief zugesant haben, die wider ew. gnad und der cron freyheit sein sullen, des wissen wir ye nicht. Wol sein uns von k. may. brive zugefugt, die wir allenthalben in das reich nach bescheude s. m. ausgesandt haben, als der den d. kays. may. gern vil hilft wider h. Albrecht und Ludwig von Baiern. Wir haben nach kays. gn. empfehle, des wider die cron zu Beheim nicht ist, gehandelt, und darum bitten wir ew. k. gn. gar. untertenig mit besunderm vleiss, dass jr solich fordrung gnediglich erlassen und darin unser unschulde auch die billigkeit der sach zusampt unsern trewen dinsten und wie wir ew. k. gn. und ir uns gewont seit. Ob ew. gn. sulch vnser pillich bete nicht gemeynt seyn wolt, des wir doch nicht getrawen, so erbieten wir uns denselben ew. k. gn. unser herrn etc. kayser zuthunde curfursten und fursten (?). Datum im felde bei Swabach Mittwoch nach Nativ. Marie 1461.

(Mitgetheilt von Dr. Burkhardt.)

246.

1461, Sept. (s. d.)

Markgraf Albrecht von Brandenburg an den Kaiser (ohne Datum).

Allergnedigster herr! Der konig von Beheim, dem ich all mein tag getrewlich gedient habe, ist mein feyndt worden umb ursach, das ich ew brive han auszgesann in die Slesien und ew. gn. haubtmann sei und sol der cron vil abbruch getan haben. Ich bit ew. gn. mich nicht zu verlassen, allen ständen zu schreiben und dem pabst, das er mit dem bann gebiet. Abschrift, wie der könig von Beheim geschrieben, liegt bei, auch meine antwort und sein veintsbriff. Tut in allen sachen das beste und sehet an, das ich ew. gn. wegen im pad stehe bis uber die oren, und lasst mich nicht dahinten, ob jr in einig oder richtig ginget und versorgt mich. (Bitte um Hilfe.)

(Mitgetheilt von Dr. Burkhardt.)

247.

1461, Sept. 14 (Prag).

Johannes Hinderbach, Thumprobst zu Trient, an Markgraf Albrecht. Prag. exalt. crucis. (Orig.)

Ich thu zu wissen, dass ich nach bevehl des kaisers mit den behem. reten, die einen frid zwischen dem kaiser und seinem bruder getaidingt haben, hieher zu dem konig in botschaft komen bin (6. Sept. 1461). Nachdem in den sachen mit Ludwig kein endlicher beschluss hat mugen bescheen und wann die Baiern, die bei herzog Albrechten im veld gewesen sein von Ludwigs wegen haben in nichts anders verwilligen wollen, nur allein der kaiser sollt solche gewaltsam und hauptmannschaft, so er ew. gn. bevolhen und gegeben hat, ganz abtun und die vehde so zwischen ew beider gnaden wer also steen ze lassen, das aber s. k. gn. in keynem weg gemaint ist gewesen, sonder ee alle tayding abzuschlagen und ausszustossen, wan s. k. gnad meint ew. gn. in desen dingen nicht zu verlassen. Darumb derselb artikel ganz abgestellet und auf den konig hye ganz geschoben ist. Desshalb s. k. m. her zu dem konig geschickt und begern hat lassen sich in disen sachen auch zu seczen, damit der krieg niedergelegt werde etc. Es ist beslossen zwischen Ludwig und ew. gn. einen tag zu machen auf S. Gallentag.

(Mitgetheilt von Dr. Burkhardt.)

248.

1461, Sept. 21 (Feld bei Schwabach).

Markgraf Albrecht (Achilles) an den Kaiser.

Beschreibt die Stellung seiner Feinde und seine eigene.

Ich bitt ew. gn. dass jr die sach ernstlich — in die hant nemet und auch den reichstetten schreibet und jechlicher besunders und sie nicht zu einander hauffet, das eine auf die andern jr antwort verziehen und jne gebiettet als vor und noch hertiglich ermanet mit dem zusacze, das jr gegen in, wo sy des in einer bestimten zeit nitt tetten, mit recht procediren wollet, als zu den, die eine viloney an ew. gn. und dem reiche haben getan — Dann gn. herr kommen sie nicht in die hilff, nachdeme der last zu grosz auf mir leyt, so ist dem schimpff der boden auff und der konig von Beheim wirdet Romischer konig, es sei ewrm gnaden und uns allen lieb oder leyde. Darumb greiff ew. gn. recht an die stangen, das sie nicht prech, dann mein vermogen ist nit allwegen so viel leut zuverleyn und muss ein grosser hauff kostens sein, so man allwegen dauon neusst und tut nicht wider darzu. So aber die stette darein komen, die hetten kost und zeug, so hette ich leutt frund und gesellen, dass ich mich trostlich weren wolte. Und wird eyncherley furgenomen mit taiding, dann wollt Eystets, Wirttembergs h. Heinrichen von Bappenheim zu und mein nicht vergessen. Datum etc.

(Mitgetheilt von Dr. Burkhardt.)

249.

1461, Sept.

Neuburg. Copialbuch XII, 253—273: eine Sammlung von Briefen König Georg's und Verhandlungen mit dem Kaiser, der Kaiserin etc.

1) f. 252[b] sq. Prag, Pfinztag nach Nativit. Marie (10. Sept.): an Markgr. Albrechten, fordert von ihm (nach d. gold. Bulle) eine Poen von 500 Mark lötiges Goldes.

2) 253[a]. An die Städte die 28. Oct. zu Ulm versammelt sein werden: wiederholte Ermahnung, still zu sitzen und Albrechten nicht zu helfen. (s. d.)

250.

1461, Sept. 29 (Lewbn).

Kaiser Friedrich an König Georg.

(Neuburg. Copialb. XII, 267, 268.)

Er habe von der Absage und dem Kriege des Königs gegen Markgraf Albrechten vernommen. Derselbe sei sein Hauptmann im Reiche gegen Herzog Ludwig von Baiern. Darum ermahnt und gebietet er die Fehde abzustellen, und falls er besondere Gründe zur Feindschaft gegen ihn habe, dieselben vor den Kaiser zu gütlichem oder rechtlichem Austrag zu bringen.

It. ibid. fol. 268[b]—270, dat. ut supra, ein Schreiben des Kaisers an die böhmischen Stände in derselben Angelegenheit.

251.

1461, Sept. 30.

Markgraf Albrecht von Brandenburg an den Papst (deutsch), dat. Onolzpach Mittwoch nach Michaelis 1461.

(Neuburg. Copialb. XII, 303, 304.)

Klagt über seine Feinde im Reich überhaupt (u. zw. „König von Böhmen, die zwei Bischöfe, Herzog Ludwig von Baiern" etc.) und über die Bischöfe von Bamberg und Würzburg insbesondere und bittet, die letzteren durch Bannandrohung auf des Kaisers Seite zu bringen.

Es sei zu fürchten, dass durch solche Vorgänge „all oberkait baider haubt in geistlichen und weltlichen stand erlöschen würde" etc.

252.

1461, Oct. 5 (Neustat).

Kaiserin Eleonore an König Georg: bittet ihn, das Benehmen des Kaisers nicht übel zu nehmen und sich mit dem Markgrafen Albrecht wieder auszusöhnen.

(Neuberger Copialbuch N. XII, fol. 270.)

Wir Leonor von gotes gnaden Romische kayserin etc. Embieten dem durchluchtigen Jorgen konygen zu Behem etc. vnserm lieben swager vnd curfursten vnsern grus vnd fruntschaft zuuor. Als ewr liebe ytz vf solh botschaft vnd schreiben, so der allerdurchluchtigist fürst vnser lieber herr vnd gemahel der Römisch kayser etc. vnd wir zu ew nach solhem abschied so zu Wienn bescheen ist getan haben vnnserm vnd des reichs lieben getrüen Jobsten von Ainsidl ewerm secretari zu dem bemelten vnnserm lieben herrn vnd gemahel vnd vns von des zusamen komens wegen ewr beder geschicket habt, der dann von dem benannten vnserm l. h. v. gemahel abgefertigt ist, inmass als er ewr fruntschaft des vnderrichten wirdet, vnd nachdem solh zusamen komen auf die zeit alsdann von vns vnd des bemelten vnnsers gemahels vnd ewrn räten bescheen vnd furgenomen ist, füglich nicht gesein mag, als von dem benanten vns. h. v. gemahel dem benanten von Ainsidl fürgehallten sind, vnd er ew zu erkennen geben wirdet, dy vns dann zu guter mass auch wissen vnd an jn selbs allso gestalt vnd gelegen sind, als ewr fruntschafft dy wol versteen vnd vernemen wirdet vnd doch sein kayserl. maiestat in maynung ist sich kürczlich darzu zu schicken vnd sein trefliche botschaft von desselben zusamen komens vnd ander sachen halben ewr beder ere vnd bessts berürend antreffunde fürderlich zu ew zu schicken, begern vnd bitten wir ewr fruntschaft solhs im pesten vnd fruntlichisten zuuersteen vnd aufczunemen vnd dorin kain verdrissen noch belanngen zu haben, auch dozwischen nichtz anders furzunemen wann wir zuemal begirlich sein, auch darzu raten vnd hellfen wellen das solh zusamenkomen vnd gute fruntliche verstentnuss vnnd ainigkeit zwischen ewr furgenomen werd die fur ew vnd ewr baider lannd vnd lewt sein, auch zu fride vnd gemach des heyligen Romischen reichs diene. Sunder begern vnd bitten wir ewr fruntschaft, als wir nachst durch vnnsere botschaft an ew bitten vnd begern haben lassen, das jr ew die sachen der krieghalben gegen dem hochgeb. Albrechten markgrafen zu Brandburg vnnsern lieben swager geuatter vnd fursten nicht allso hertt vnd hoch furnemet, als wir vernemen, sunder dieselb vehde vnd feindschaft ganntz gen jme vmb vnnsern willen valln oder doch anstellen vnd ain fridlichen anstannd mit jm auf-nemen wellet vntz auf solh vnnsers gemahels vnd ewr zusamen-komen oder seiner rät schicken, vnd wider jn dozwischen kainerlay hillfe noch zuschub seinen veinden furbas nicht tut jnmass als das von desselben vnnsers h. v. gemahels wegen an ew als curfursten begeret wirdet, angesehen das er in disen dingen nicht anders dann ain getrüer gehorsamer furst sich gen dem benanten vnnserm gemahel bewisen vnd gehandelt hat vnd des vnbillich gen ewr lieb entgüllte, nachdem er sich auch volligen zu recht als wir vernemen erpewte vnd beweiset ew hierinn dem bemelten vnnsern gemahel vnd vns allso zu fruntschafft vnd geuallen, domit wir empfinden vns dorin angesehen haben, das wirdet der gemelt vnnser l. h. v. gemahel vnd wir in sunder fruntschaft vmb ew beschulden vnd erkennen, als wir dem benanten von Ainsidel solh vnser begern vnd meynung ewr lieb in disen dingen lautter zuuersteen vnd zuerkennen geben haben ewr fruntschaft zu sagen vnd zu vnderrichten. Geben zu der Newnstat am Montag nach Francisci anno dñi etc. LXJ° vnnsers kaysertumbs im zehenden jaren.

Commissio dñe imperatricis propria.

253.

1461, Oct. 8 (Ansbach).

Markgraf Albrecht an seinen Bruder den Kurfürsten von Brandenburg. dat. Onoltzpach, Dornstag nach Francisci 1461.

(Neuburg. Copialb. XII, 297—300.)

Es sei ihm in keiner Weise füglich, einen Frieden jetzt anzunehmen, wie er es dem Herzog Wilhelm von Sachsen auch schon erklärt habe. Er dürfe und wolle des Kaisers Hauptmannschaft nicht aufgeben; den nächsten Mittwoch werde zu Esslingen ihm von den Städten Hilfe zugesagt werden, er dürfe die Städte nicht durch

Unterhandlungen daran beirren. Er erwarte von dem von Wirtenberg und Anderen eine merkliche Zahl Volkes, — die Feinde werden des Winters halber nicht lang das Feld halten können, er wolle im Winter „sie hellig machen", im Sommer würden sie ihm zu stark werden. Übrigens habe er sich zu Recht erboten, so fern er einen unparteiischen Mann dazu finde etc.

254.

1461, Oct. 13 (Prag).

König Georg's Absagebrief an Markgraf Friedrich von Brandenburg, dat. Prag, Dinstag vor S. Gallentag, 1461, r. a. 4.

(Neuburg. Copialb. XII, 255, 256.)

1) Gegen die Einung zu Eger 1459 habe er Herzog Heinrich von Glogau angegriffen und beschädigt, ohne vorher das Recht gegen ihn zu suchen.

2) Im Streit um das Kotbuser Lehen mit Zdenko von Sternberg, da der König die Parteien ungeachtet vieler Mühe nicht habe in Güte vergleichen können, war es zu drei verschiedenen Rechtstagen nach einander gekommen. Zdenko erschien vor dem Lehengericht, Niemand aber von Seite des Markgrafen. M. Sigmund hat dann das Urtheil freventlich angefochten etc.

3) Herzog Balthasar von Sagan fand in der Lausitz Zuflucht gegen den König etc.

255.

1461, Oct. 15 (Prag).

König Georg an Kaiser Friedrich: Rechtfertigung seines Verfahrens gegen den Markgrafen Albrecht, u. a. m.

(Neuburg. Copialb. XII, 272.)

Allerdurchluchtigister furst her Fridrich Römischer kaiser! Wir haben vf hewt ainen brieue von ewr durchluchtigkeit ausgangen empfangen in dem ir vns schreibt vnd zu erst ancziehet wie ew markgraf Albrecht von Brandburg durch sein botschaft vnd schrift bericht habe der absage die wir im zugesandt vnd vnsers furnemens, das wir darauf getan haben, auf das tun wir ewr durchluchtigkait zu wissen, das wir vns gen demselben marggrauen nicht ewr gewaltsam vnd oberkait zuwider, sunder allain zu hanthabung vnnser vnd vnnsers königreichs vnd cron freyhait gerechtigkait vnd löblich herkomen darein vns dann derselb marggraue fräuenlich vnd vber das er vns nach lautt der eynung zwischen vns vnd im gemacht anders schuldig verpflicht vnd verschriben gewest ist getragen hat, vns gen im bewaret haben als dann vnnser offen bewarungsbrieue im zugesandt ausweiset vnd wir auch solhs ewr durchluchtigkait vormals durch ewr vnd vnnser räte eigentlich bericht haben in zuuersicht nach dem ir als Ro. kaiser vnd wir als oberster werntlicher curfurst von des heyl. reichs wegen vnd auch sunst aneinander gewont sein, vnd ir vns auch dj obgemelten vnnser vnd vnnserer crone vnd konigreichs freyhait gerechtigkait vnd löblich herkomen confirmirt ernewert vnd bestett haben, ir werdet an solhem des marggrauen vnbillichen furnemen ainen grossen misuallen haben. Dann als ir furtler schreibt, das ir wider den hochgeb. fursten vnnsern lieben sweher vnd fründe herczog Ludwigen von Bairn ewr haubtlewt gesaczt vnd ewr vnd des reichs banyr ausgeen lassen habet, hat vns derselb vnnser sweher dauon geschriben, sein vnschuld verantwurtt, vnd dabey gesaczt, wie er sich zu recht gen ew erboten hab, als wir vermainen ir wol vernomen habet. Dann wie dem allen, dy weil ir ewr räte nach Galli in kürtz zu vns schicken werdet, als ir vns dann bey vnnserm secretari vnnsern l. getr. Jobsten von Eynsideln ytz zuemboten habet, so wellen wir vnnser meynung auf das obgemelt ewr schreiben alsdenne denselben ewrn räten williglichen zuerkennen geben. Das wolten wir ew als der zu fride vnd ainigkeit geneigt ist vnd sich ye gern erbers willen nach zimlichait vleissen wollte in gut nit verhallten. Dat. zu Brag vf Pfinctztag vor Galli anno etc. LXprimo vnnsers reichs im vierden jaren.

„Dem kayser allso geschriben.“

„König zu Behem etc.“

256.

1461, Oct. 15.

König Georg's Antwort an Kaiserin Eleonore, dat. Prag, Pfinztag vor Galli. 1461.

(Neuburg. Copialb. XII, 272b—273.)

Er habe um des Kaisers und der Kaiserin willen am bisherigen Verzug Geduld gehabt und werde auf des Kaisers Räthe warten, in Hoffnung, die Kaiserin werde, wie sie versprach, rathen und helfen zu dem „was uns beiden zu ehre und gut komme“. Wegen des

Markgrafen Albrecht bezieht er sich auf die dem Kaiser gegebene Antwort, deren Abschrift er beifügt. Bei der Kürze des bevorstehenden Tages lasse sich ein besonderer Tag zu Verhandlungen mit dem Markgrafen nicht mehr bestimmen und die Sache werde an jenem Tage zur Sprache kommen. Er sei willig, sich der Kaiserin in Allem nach Möglichkeit gefällig zu erweisen.

257.

1461, Oct. 16.

König Georg an Herzog Friedrich von Sachsen, dat. an S. Gallentag, 1461, r. a. 4.

(Neuburg. Copialb. XII, 261—265.)

Erinnert und ermahnt ihn, dem Markgrafen Friedrich von Brandenburg, der des Königs Feind ist, in dem Kriege keinen Vorschub aus seinem Lande zu thun oder z[c] thun zu gestatten etc.

Im Eingange spricht der König, wie er gleich vom Beginn seiner Regierung an überall bemüht gewesen sei, Unruhen und Fehden zu beseitigen und mit allen benachbarten Mächten friedliche Verhältnisse herzustellen.

258.

1461, Oct. 17.

König Georg an den Grafen Ulrich zu Wirtenberg, dat. Samstag nach Galli 1461 r. a. 4.

(Neuburg. Copialb. XII, 257—260.)

Ermahnt ihn, als Lehensmann der Krone Böhmen den Markgrafen Albrecht und Friedrich von Brandenburg, mit denen der König im Kriege ist, keine Hilfe zu leisten, auch nicht unter dem Vorgeben eines kaiserlichen Befehls, da der König sich nicht im Kriege mit dem Kaiser befinde. Die Ursachen des Krieges mit den Markgrafen werden wiederholt hier mit angeführt.

259.

1461, Oct. 17 (Prag).

König Georg an die Reichsstädte: ladet sie ein, Abgeordnete zum Prager Tage zu schicken.

(Neuburg. Copialb. XII, 254.)

Jorg etc. Vnsern gunstlichen grus zuuor. Ersamen lieben besundern! Wir thun ew zu wissen, das vmb Allerheiligentag schirst vnser lieber herr vnd swager der kaiser vnd vnser l. swager vnd bruder erzherzog Albrecht zu Osterreich, auch vnnser l. sweher herzog Ludwig vnser frunde vnd als wir vns versehen die bischofe zu Babinberg vnd Würtzburg auch markgraf Albrecht von Brandburg alle jre rete mit vollem gewalt alher zu vns schicken werden in zuuersicht die sachen jrer spenn gütlich zu richten vnd hinzelegen. Vnd darumb so begern wir an ew bittend das jr auf den genanten Allerheiligentag ainen oder zwen ewr ratsfrunde auch albie bey vns habet mit den zu handeln auf wege damit die sach zwischen den genanten tailen obgemellter massen verfasset werde. Das wellen wir gen ew genediclich erkennen. Wir hetten euch auch zeitlicher geschriben, so ist vns solher tag in kurtz zu wissen getan desshalb wir das nicht eer thun mochten das wellet auch also gutlich vernemen. Geben zu Prag am Sambstag nach Galli anno LXJ vnsers reichs im vierdten jaren.

An die von Regenspurg, Augspurg, Nornberg, Vlm, Nordlingen.

260.

1461, Oct. 17 (Prag).

König Georg an die zu Ulm versammelten Reichsstädte

Wir haben euch vormals zcu Nordlingen geschriben, und auch zu Ulm bitten lassen, das jr in diesen kriegsleuften still sitzet. Nun habe er erfahren, dass Albrecht von Brandenburg sie um Hilfe angegangen habe; sie sollten still sitzen und sich in die Sache nicht mischen. Wann uns unser swager h. Ludwig gewand ist, das wir und er uns nit verlassen wollen. Die . . . würden ihre Räthe zu ihm senden, dass diese Sachen beigelegt würden.

1461, Oct. 19 (Prag).

Derselbe an die versammelten Reichsstädte zu Ulm.

So wir zu herzen nemen den genaigten guten willen und die begirde, die wir bisher zu euch getragen haben, so sin wir im ganzen getrawen, jr seyt wol genaigt unser und der unsern gerechtigkeit und unsers widertails ungepurlichkeit gen uns gutlich und mit vleiss zu vernemen. Und demnach bedunkt uns fuglich zu seyn, euch den handel zu entdecken, der sich zwischen uns und dem kurfürsten Fridrich von Brandenburg begeben hat. Es war 1459 zwischen ihm und uns eine eynung beslossen (gewöhnlicher Inhalt der Einigung folgt). Wider solich eynung und verschreibung hat er uns und den herzogen zu Slesien und Gr. Glogau grenitz und gemerk eingeworfen und zerstort, auch Heinrichen mit prandt vel schaden getan etc. Sollt' er Ansprüche gehabt haben, so hätte er sie im Wege des Rechts suchen müssen und nit mit der tat. Das Recht ist wider den Markgrafen gesprochen worden. Dieselb urtail dann maister Sigmund sein rat von seinen wegen freventlich angefochten und vernichtet hat, dadurch abermals die aynung verachtet ist, so wie das alt und löbl. herkomen unser cron. Es hat auch in unserm land Lavsitz, das er in pfandweis von uns ingehabt hat, und in seinen furstenthumen landen und gebietten unser ungehorsam und veinde gehauset und geheefet, nemlich h. Balthasarn von Sagan und ander, das doch auch die aynung verbeutt. Er sei schuldig, seine Krone vor derartigem Unrechte zu schützen und zur Nothwehr berechtigt — sie möchten dem Markgrafen daher keinen Beistand thun.

Antwort der von Ulm und ihrer Partei, nämlich Augsburg, Memingen, Kempten, Kaufbeuern, Hall, Dinkelsbühl, Giengen, Auln und Kutkirch an die Fürsten.

Sie seien arm und ihr Vermögen sei klein gegen so viele grosse Fürsten, daher seien sie der Hilfe selbst bedürftig; doch wenn andere Fürsten dem Kaiser helfen, so wollten sie es auch thun etc.

(Mitgetheilt von Dr. Burkhardt.)

261.

1461, Oct. (s. d.).

Nachrichten von dem in der Niederlausitz geführten Kriege.

(Aus Scultetus, III, 93, 113.)

Bartholomäus Hersberger, Johann Stadtschreiber etc. an Seiffrid Goszwin, Bürgermeister zu Gorlitz.

Merten Hiltman als her mite uff den tag kegin Luckaw geritten was, ist bey nachte von dannen geritten, vnd heute frühe zu vns kommen, vnd saget das der marggraffe mit 1200 pherden vor Luckaw selbist gewest sey, vnd ane ende von eynander von der abelosunge wegen gescheden sein. Vnd do das marggraffe erfahren habe, das die büchse uff dem wege were vnd achtunge doruff habin werde: haben wirs an h. Zdencken bracht, der hat vns abir vor die büchse vnd allin schaden gelobit, vnd dem houptmann zu Moscow geschrebin, sorge bey der buchsen zu haben, vnd vor das sloss rücken lossen, vnd helffen das sie fürder komme vnd uch vnder ougen schicke, so wolle her mit seyns selbst leibe kegin Muszko kommen vnd die sicher zum here breugin. Dorumb wellet ewer ding in achtunge habin, wenn wir vmb uch gross bekümmert sein.

1461, October 30 (s. l.)

Dieselben an denselben.

— Als wir uch denn hute Herman Kellirshals vnder ougen geschickt, vnd habin sagin lassin, die büchse mit ander zugehörunge widerumb zurücke kegin Görlitz schicken solden, ist itzunder in desir stunde h. Zdencko von Sternberg zu vns selbist kommen vnd vliszlichen begeret, desin bothen hinoch zu schicken, das jr die büchse mit allem gezeuge alleher vor Cottebusz in das heer volführet vnd mit uch brenget etc. Wollet vns mit zwey bothen zuvor wissen lossin, wenn wir uch zu Musko vffnemen sullin etc. Geben eylende am Freytage vor Omnium Sanctorum vmb vesperzeit.

262.

1461, Nov. 16.

Heinrich von Pappenheim an den Kaiser, dat. Montag nach S. Martinstag 1461.

Lässt erkennen, wie schwer die Städte zur Hilfeleistung für den Kaiser zu bringen gewesen sind, indem sie auf den Tagen zu Esslingen und Nürnberg immer darauf zurückkamen, dass sie solchs an ir freund hinter sich bringen wolten. Auch meldet Pappenheim von einem Schreiben des Böhmenkönigs, was dessen fürnemen und arbayt sei wider ew. k. gn. hauptleuten und helfer, und glaub wol, het mein herr markgraf Friedrich ew. k. gn. hauptleuten sein hilf und beistand in desen kriegsleufften so treffenlich nicht getan als er getan hat, und hett auch vorher dem konig von Beheim in seinen sachen gewillfahrt, so zweifeln wir nicht m. Friedrich wer der fehde und des schreibens von dem konig von Beheim noch wol lang vertragen blieben.

(Mitgetheilt von Dr. Burkhardt.)

263.

1461, Nov. 5 sq. (Prag).

Auszüge aus den gesammelten Acten im Neuburger Copialbuch XI, über die Verhandlungen des Prager Tages.

F. 1. Auf Anbringen M. Hansen Hinderbach, kaiserl. Rathes, sollte Herzog Ludwig seine Räthe zum Tage Galli gen Egenburg schicken: doch unterblieb der Tag und wurde auf 1. November nach Prag verlegt.

F. 2. König Georg hatte Herzog Ludwig ersuchen lassen, „sein Feldlager von des Markgrafen Albrecht's Gütern zu wenden bis zu Vollendung des jetzigen Tags"; obwohl ungern, folgte er dennoch aus Liebe zum Könige. Die Räthe dankten dem Könige auch für den im vergangenen Feldzuge bewiesenen Beistand, lobten und empfahlen ihm jene Leute, die sich wacker gehalten hätten.

6. Nov. f. 4. König Georg hatte begehrt, dass Herzog Ludwig „als von ihm selbst eine Botschaft nach Burgund schicken sollte der Irrung halb Lützelburg antreffend, die in einen gütlichen Anstand und darin zu Tägen zu bringen". Doch von der Gegenpartei war M. Peter Knorr in Burgund und stellte vor, wie König Georg und Herzog Ludwig sich verbunden hätten, Lüzelburg, Holland, Seeland etc. ihm zu entreissen etc. Nun wolle Ludwig nach Beendigung dieses Tages hinschicken.

F. 5. Herzog Ludwig hat erfahren, dass der Papst gegen den König und den Erzherzog Albrecht Prozess einleiten wolle. — „So unterstand sich auch der kaiser ihm (sich) ein ruck bei dem von Frankreich, Burgundi, k. v. Hungarn und an andern enden zu machen und sperret dem könige die zeit aus der hand mit guten worten" etc. Er habe einen Tag auf Jacobi zu Korneuburg angesetzt, wo er, König Georg, König Mathias, Erzherzog Albrecht und Herzog Ludwig zusammenkommen sollten: doch als König Georg schon unterwegs zu Kuttenberg war, schrieb der Kaiser den Tag wieder ab. Dann meldete er dem Könige durch Prokop v. Rabstein, dass er ihn den König gewaltig mache aller Sachen zwischen den obgenannten, damit Erzherzog Albrecht aus dem Feldzuge trete, was auch geschehen.

F. 6. Den Tag zu Galli zu Egenburg hat der Kaiser wieder

7. Nov. (Samstag zu Nacht) kam erst ein Brief vom Rohrbacher, der seine Ankunft zum Tage meldete.

9. Nov. (f. 12). Unter den Anschlägen gegen den Kaiser, wenn der Tag fruchtlos ablaufen sollte, werden angeführt: dass Jiskra, der für den Kaiser gewesen und jetzt wegen Soldrückstandes gegen ihn ist, in Erzherzog Albrecht's Dienst gewonnen werde. Dass König Georg bei Johann Witowec Fleiss thue, damit er den Kaiser auch anfechte etc.

It. Botschaften nach Frankreich und Burgund, um Peter Knorr entgegenzuarbeiten und zu erfahren, wie Ludwig XI. und Philipp zu einander stehen, Unterhandlungen anzuknüpfen, damit Frankreich wieder Lüzelburg gegen Burgund in Schutz nehme etc.

F. 23. Sonntag vor Elisabeth kamen Peter v. Kdulinec, Calta und Apel Viztum zu M. Martin und sagten, nachdem dem Könige von Zdenko v. Sternberg „des zergehens halben seines heeres" Botschaft kommen wäre, könne er den Herzog Victorin nicht nach Eger (zu Katharina) schicken etc.

F. 27, 28. Sonntag nach Elisabeth erzählte M. Martin, wie der Kaiser nach dem Tage von Eger (Febr. 1461) den Herzog Ludwig durch grosse Anbote von dem Könige zu trennen und für sich zu gewinnen gesucht habe etc.

264.

1461. Nov. 23 (Luckau).

Zdeněk's von Sternberg Schutzbrief für Wenzel von Biberstein.

(Scultetus, III, 113.)

Den hochgebornen, edlen, gestrengen vnd woltuchtigen, nemelichin, herzog Henrich vnd herzog Johannes, herzogen in Slesien zu grossin Glogaw, Crossin, zum Sagan etc. meynen gnedigen lieben herren, vnd zu weme disser geginwertige briff kompt, irzegit vnd gelesin wirt:

Entbite ich Sdenko v. Sternberg obirster purggraue zu Prage etc. meynen willigen früntlichen vnd günstlichen dinst zuvor.

Liben herren, fründe vnd günstigen förder. Wenne denn der edele, wolgeborne herr Wenceslaw von Behirstein, herr zu Sarow, Beszkow, meyn lieber ohme, mit allen gehorsam glich andern prelatin, herren, mannen vnd steten des marggraffthumbs zu Lusitz, gein vnserm allirgn. h. dem konige zu Behemin irgebin hoth zu haldin.

worumbe ich alle vnd itzliche willeclichin, früntlichin vnd günstlichin bitte, wenn jr durch des obgenantin meyns ohmen lande zöge habin würdet, die seynen etc. vmb meyner bethe willen gütlichen an allin schaden vorschonen wollit, wil ich euch vor meynen allirgn. herrn dem konige dancksagen etc. Zu vrkunt etc. zu Luckow am tage sant Clementis 1461.

265.

1461, Dec. 7 (Prag).

„Bericht zwischen dem Kaiser, Herzog Ludwig und Markgrafen Albrecht", dat. Prag, Montag nach S. Niclastag 1461.

(Neuburg. Copialb. XII, 277—279.)

„Bericht zwischen des von Bamberg und Markgraf Albrecht" (durch K. Georg), dat. eodem (7. Dec. 1461).

(Ibid. f. 280, 281.)

„Bericht zwischen Erzherzog Albrecht und Markgraf Albrecht", (durch K. Georg), dat. ut supra.

(Ibid. f. 281[b], 282.)

It. zwischen Sachsen und Würzburg.

(RTT. II, 92.)

266.

1461, Dec. 17 (Rain).

Herzog Ludwig von Baiern an den Pfalzgrafen Friedrich: über die auf dem Prager Tage erfolgte Richtigung.

(Neuburg. Copialb. XI, 75.)

„Dem pfallenczgrauen der bericht zu Brag vnd des tags halb auf Erhardi zu Nürnberg."

Vunser fruntlich dinst zuuor, hochgeb. fürst, lieber vetter! Vnnser rete die wir vf dem tag zu Brag gehabt haben sind vf hewt widerumb zu vns alher komen vnd haben vns einen versigelten berichtungsbrieue zwischen vnsern herrn kaiser vns vnd marggraue Albrechten bescheen bracht lauttund als die abschrift hierin zu erkennen gibt. Vf das nw ewr liebe berichtet werde ettlichermassen der vrsach dardurch vnnsere rete zu sölher richtung bewegt worden sind, so tun wir ew zu wissen, das der könig von Behem vf des kaisers vleissig ersuchen vnd begerung sein vehde gen marggraf Albrechten abgestellet vnd die vordrung darumb er des marggrauen veinde worden ist an den kaiser genntzlich gesaczt hat, sollden nu der konig gerichtet vnd wir in dem krieg beliben sein, so wär vns der könig damit abgeczogen vnnd hetten die von Sachsenn kain irrung gehabt, sunder vnderstanden den von Würczburg vns auch abczudringen inmass marggraue Fridrich den von Bamberg getan hat. So ist auch ewr lieb mit den Mentzischen sachen beladenn vnd wär zu besorgen gewest, das fürtter des reichs fürsten vnd stete vf des babsts vnd kaisers ersuchen vnd eruorderung sich desteer gen vns in den krieg geben hetten, das vns dann die harr wider den kaiser vnd das reich ettwas swär gewest wär, als ewr lieb selbs wol versteet. Vnd deshalb so ist kain fride sunder ain ganntze richtung der kriege vnd vehde gemacht, vnd das ist auch darumb furgenomen wann durch den fride vnd anstall weren der kaiser vnd marggraue gen vns in der vehde beliben vnd von einander nit getrennet worden vnd möchten sich hiezwischen vnd auf gang des frids bede fürsten vnd stet beschedigung zuegefügt han. Aber durch die obgenannte richtung seind die vehde vnd krieg abgetan vnd deshalb der kaiser vnd marggraf von einander getrennet, als wir auch hoffen durch gütlich teyding vnd wege die vorhannden sein, noch bas vnd genntzlich bescheen soll etc.

It. es sein auch der konig vnd marggraue Albrecht, herzog Albrecht von Osterreich, der von Bamberg, Würczpurg vnd der ytzgenannt marggraue auch der alt von Sachsen, sein son vnd der von Wurczpurg vmb jr krieg vnd vehde durch den konig auf die obgenannten zeit gerichtet worden vnd yedem tail darüber richtungbrieue vnder des konigs insigel versigelt vbergebenn.

Furtter so hat vnnser frund von Wurczpurg von ains gütlichen tags wegen geschriben, darauf haben wir seiner liebe geantwort als baider brieue abschrift hierinne verslossen ausweisen, dieselben ew. l. mit gar fruntlichem vleiss bittunde, das jr vf Sonntag nach Erhardi allso in aigner person zu Nurmberg erscheinett vnd ye nit aussenbeleibet vf das wir vns mit e. l. von unnser baider sachen wegen des kaisers vnd annder swern lewf halben die vorhannden sind gruntlich nach notturft mögen vnderreden vns vf dem tag zu Znewm furtter darnach wissen zu richten etc.

Wollet auch bey dem ertzbischoue von Mentz getruen vleis tun domit er in aigner person vf dem genannten tage zu Nürmberg auch erschein etc. Dat. Rain vf Pfinztag nach Lucie anno etc. LXJ°.

Ludwig etc.

267.

1462, Januar 17 (Brüx).

Die Herzoge Wilhelm und Albrecht von Sachsen vermitteln in der Fehde zwischen König Georg von Böhmen und Friedrich, Kurfürsten zu Brandenburg, einen Waffenstillstand auf drei Wochen.

(Orig. arch. CRAul.)

268.

1462. Januar (s. d.).

Markgraf Albrecht von Brandenburg an einen Gesandten (s. d.).

Es sei zu ihm eine Botschaft gestossen, „die zu uns bracht hat, wie ettlich zu Beheim unsers glawbens sich bestellen lassen und seiner gnad (dem Kaiser) helffen wollten; ob sie aber sr. gn. in soldesweis nicht bestellen wolt, dass sich dann se. gn. verschriebe sich on sie nicht richten zu lassen, so versteen wir das der mertail aus Beheim und auch etlich stete aus Mehern sr. gn. hilf und beistand thun wolten, desgleichen wurden die herren, ritterschaft etc. aus Slesien alle tun. Wir begern, du wollest sulchs in grosser geheim unsernhalben unvermerkt unsern keyser sagen eylend, das sich s. k. gn. danach habe zu richten, das domit nichts versewmet werde, dann wir ye die ding so gern gut sehen.

(Mitgetheilt von Dr. Burkhardt.)

269.

1462, Febr. 17 (Linz).

Hieronymus Landus, Erzbischof von Creta, an König Georg: kündigt seine bevorstehende Ankunft zum Budweiser Tage an.

(Ms. Sternb. p. 380.)

Serenissime rex! Venturus ad majestatem vestram et ad illustrissimos dominos archiducem Austriæ, ducem Bavariæ, hoc die huc applicui. Et deo adjuvante die crastina summo mane transibo Danubium. Et veniam usque ad Fraistot, sequenti die conabor omnino pervenire ad majestatem vestram. Præmitto etiam harum latorem, servitorem meum, cui supplico majestati vestræ, ut velit per unum de suis provideri facere de hospicio istic, in quo commode esse possim. Alia graviora et importantiora coram referam majestati vestræ, honori cujus et gloriæ ac commodo et similiter præfatorum illustrissimorum dominorum semper pro viribus invigilabo. Et hoc majestati vestræ persuasum esse cupio, quæ me recte novit. Deus quoque mihi testis est, quod dum has dictarem, jamjam majestatem vestram colloqui et complecti videbar; quam ad vota optime valere desidero, sibique ad libitum cuncta succedere. Ex Lincz, die XVII. Februarii, millesimo quadringentesimo sexagesimo secundo.

Serenitatis vestræ

Hieronymus archiepiscopus Cretensis, sanctissimi domini papæ vicecamerarius, legatus apostolicus.

270.

1462, Febr. 24 (bei Monheim).

Markgraf Albrecht von Brandenburg an den Kaiser, dat. im vellde bei Monhein am Mittwoch S. Mathiastag 1462 (aufgefangen von Herzog Ludwig).

— Wir werden hewt dato dits briefs ich mit den reichsteten Monheim vnd Grayspach, der von Wirttemberg Gundolfingen und Haydenheim belagern — und dann vor Höchstet und Lawging rucken — wir haben nit gefeyret sint mir e. gn. empfilhet ewr vnd mein veind zu suchen — und haben 14 zimlicher gsloss und edelleutesitz herzog Ludwigen abgewonnen — So steen auch die krieg am Raim vast wol — Nembt kain richttigung oder friden auf, sunder ainen vnuerpunden gůtlichen tag herauf in das reich — Ew. gnad hab kain sorg das sich kain mensch hinder uch richte, dann die ewrn sind alle erquickt vnd heben die hewbter hoch auf — wir sterben vnd genesen all bei e. gn. als biderlewt vnd hellfer die kaiserl. oberkait behallten vnd vns selbst auch — Ich hab e. gn. all brieue gedriueltigt, was uch der nit worden sein, hat hertzog Ludwig die boten nidergeworfen — doch so darf ich des allten von Mentz veinde nicht werden, des haben mich dj frůnnd erlassen — ich bin an andern orten wol zunůtzen.

(Neuburg. Copialb. XI, 206—209.)

271.

1462, Mart. 4 (Budweis).

Am Pfinztag nach dem Aschermittwoch (1462) wurde in Budweis zwischen König Georg und Erzherzog Albrecht beredet, dass zu der im Vertrage zu Eger (1461, Febr.) angesetzten Summe von

350.000 Gulden, welche dem Könige auf Österreich verschrieben sind, noch 50.000 Gulden zugeschrieben wurden von Erzherzog Albrecht's und Sigmund's wegen. Der König soll einen Tag bestimmen zwischen dem Kaiser und den Erzherzogen in Prag (bis Ostern?) zu verhandeln, damit Albrecht zur Regierung von ganz Österreich gelange. Fügt sich der Kaiser nicht, so soll König Georg und König Mathias bei Erzherzog Albrecht in bestimmter Frist dessen Feind werden und gegen ihn in's Feld rücken. Namentlich soll der König erlauben, dass Albrecht Kostka ungeachtet der Verhandlungen des Kaisers Feind werde in eigenem Namen mit etwa 500 Pferden.

(Orig. ausgeschnittener Zettel, beschädigt, im kön. bairischen Staats-Archive.)

272.

1462, Mart. 12 (Landshut).

Herzog Ludwig von Baiern an den Bischof von Würzburg, dat. Landshut, Freitag vor Reminiscere 1462.

(Neuburg. Copialb. XI, 176.)

— geben zu wissen, dass — König Georg uns nächst zu Budweis in Beiwesen — Erzherzog Albrecht's, auch Eurer Räthe — versprochen hat, uns getreuen Rath, Hilf und Beistand gen Markgraf Albrechten, den Reichsstädten etc. zu thun und uns ein wohlgerüstetes Heer zuzuschicken, dass es vor Mittfasten über Wald kommen soll — Dasselbe versprach auch Erzherzog Albrecht — und Ludwig selbst nahm schon in Budweis von neuem ein merklich Volk aus Böhmen und Österreich zu Ross und zu Fuss auf — „um gegen die Feinde den Ernst ernstlich zu üben". —

It. ibid. fol. 244 steht in einem Schreiben die Stelle: „Es ist durch den könig und den päpstlichen legaten zum Budwiss abgeredt und verlassen, dass der kaiser, wir (Ludwig) und andere fürsten ihr räthe mit vollem gewalt auf Sonntag Judica schirst zu Brag haben sollen zu versuchen die sach daselbs zu richten, und (wir) haben unnsere räthe in des kaisers hof nicht wollen schicken" (obgleich letzterer es gewünscht hatte).

F. 246. Erzherzog Albrecht und Herzog Ludwig waren nach dem Budweiser Tage in Krumau.

273.

1462, Mart. fin.

In der von Herzog Ludwig seinem Boten an den von Salzburg gegebenen Instruction (s. d.) wird berichtet:

„Als wir nu nechst bei — dem könig zum Budwis gewest sind, da ist ein bepstlicher legat daselbs auch erschinen und hat offenlich gesagt, dass ihm unser heil. vater der babst befohlen hab getreuen fleiss fürzukehren, damit die krieg zwischen uns und unserm widertheil hingelegt und friede und einigkeit gemacht würde."

„Er hat auch gesagt, dass er bei unserm herrn dem kaiser gewest sey und ihn auch ersucht. Also hab s. kais. gn. ihm zugesagt täg und teiding zuverfolgen, und auf das uns gebeten, dass wir den babst nicht verachten sunder ihm auch täg verfolgen."

„Unser herr der kaiser hat auch alsdann dem könig geschrieben, dass er willig sei tag zu verfolgen. Er hat auch den königl. räthen die bei ihm zu Grätz waren und zum tag gen dem Budwis komen sein ein zettel geben und sich dorinne abermals erboten gütlicher täge zu verfolgen."

„Also haben wir mitsammt unserm anhang unserm heil. vater dem papst zu ehren und als ein liebhaber des frieds, dem päpstl. legaten und unserm herrn dem könig eins gütlichen tags, der vf Sonntag (4. Apr.) schirst zu Prag sein soll verfolgt. Uf das ist der legat von stund an wiederumb zum kaiser geritten in meinung darob zu sein, damit der kaiser sein treffenlich räthe mit seinem insigel und vollem gwalt und seiner meinung bericht zum tag schicken sölle."

„Sy haben auch beide den fürsten, dieselb zum Budwis nit gewesen oder ihr räthe daselbs nit gehabt haben, geschrieben, ihr räthe obgemeldter mass auch zum tage zu schicken" etc.

(Neuburg. Copialb. XI, 258.)

274.

1462, Mart. 25 (Prag).

König Georg an Friedrich und Wilhelm von Sachsen.

Lieber swehir! Als ir uns iezund geschriben und gebeten habt das wir uch so fruntlich werden und euch einen tag geraumen tag czwischen hie und Ostern gein Brux zu wartin zuschriben etc. haben wir vernomen und fugen uch zu wissen, das der hochgeb. furst

h. Fridrich m. zu Brandenburg etc. in dem cristenlichen friden zwischen uns und ym durch uch h. Wilhelm und Albrechten von Sachsen am nehisten zu Brux beredt, cwen unser burger von Luckau geschaczt. Er ist auch unsers mannes und underthans Hansen Lossaucz (?) veint worden und auszgeczugenn fur sein slosz Fredelant, das von uns und unser cron czu Beheim zu lehin rurt, in meinung zu notigen und den unsern (?) davon zu dringen; dagegen uns als ir selbs wol erkennen konnet auch zu gedencken geburet. Nu wie deme, so wollen wir uff ew begerung und bete unser trefflichen rete gein Brux uff den heil. Palmahend (10. Apr.) zu den ewrn fertigen. Und worin wir uch liebe und frundschaft gethun mogen, das thun wir gerne. Gebin zu Prage Dornstag vor Lætare (1462). (Weimar. Archiv.)

(Mitgetheilt von Dr. Burkhardt.)

275.

1462 (s. d.)

M. Rokycana's Verordnung an die utraquistische Geistlichkeit.

(Aus einem alten Manuscripte in Budissin.)

„Mag. Rokycana, electus archiepiscopus Pragensis, hortatur monetque omnes utriusque speciei regni Boemiæ sacerdotes, insuper et præcipit infrascripta servare sub poena“:

Primo, ut firma custodia et diligenti clausura servetur corpus Christi, ne aliqua immundities inveniatur, nec tela, straneæ, tineæ, muschæ, omnino mures. Item ut omnes sacerdotes in sacramento fideliter firmiterque credant, quod ibi est verus deus et homo, et ad id credendum tenendumve populum instruant et astringant. Item ut nullus aperiat sacramentum, nisi prius sint lumina accensa, et sacerdos superpellicio indutus cum stola, ob reverentiam dominici corporis. Item ut valde diligenter et circumspecte habeant se erga ministrationem et porrectionem, ne incurrant damnum. Item crisma, oleum sacrum, aqua baptismi sub fideli custodia servetur, ne possit ad illa tentari manus infidelium et extendi pro nefandis nonnullis exercendis. Si vero illud, quem spectat custodia, incaute tenuerit, poenæ subjacebit. Item corpus domini deferatur honeste, candelis præcedentibus, et campanis ponderose utetur. Item sacerdos in circulo sive in platea citius vadat, in ecclesia vero morosius. Item corporalia munda, calices, patenæ, pallæ, ampulæ quoque. Sunt enim nonnulli, qui non solum dimittunt incultas ecclesias immundasve, verum etiam vasa ministerii et vestimenta ministrorum ac pallas altaris nec non et ipsa corporalia tam immunda relinquunt, quod non nullis videre horrendum est. Præcipimus ergo, ut oratoria, vasa, corporalia et vestimenta prædicta munda et nitida serventur. Item circa poenitentiam injungendam sint diligentes sine personarum acceptione. Item a sacramentis non exigant nec capiant, quia pro hæreticis tales habentur præcipuis. Item ut instruant populum jejunare festaque celebrare, præcipue memento, ut diem Sabbati etc. Item non sint vagi et instabiles, dedicationes non visitent, unde oriuntur maledictio, ebrietas etc. Item ubi quotidie non celebratur sacramentum non dimittere præsumant. Item non omnibus celebrare permittant, nisi notis bene et dispositis. Plures enim missabant non existentes sacerdotes, post combusti. Item renovationem faciant quolibet mense vel prius cum magno timore. Item quotiensrumque missat, toties ipse percipiat. Item circa baptismum forma servetur: N. ego te baptiso in nomine p. et f. et sp. s. Sed in necessitate etiam laicus, vir vel mulier, pater aut mater puerum poterint baptisare; sacerdos autem inquirat, si forma sit debite servata. Quam si erga baptisatum invenerit, ungere non obmittat. Item tabernas vitent et loca suspecta et omnino scandala. Item frequenter orent, quia sunt sicut sol in exemplum. Item sic facientes eritis veri sacerdotes Christi Jesu, implentes implenda, et fugienda fugientes, et dominus erit vobiscum hic in gratia etc. Hæc supradictus 1462.

276.

1462, m. Mart.

Notizen über die grosse böhmische Gesandtschaft in Rom und über die Aufhebung der Basler Compactaten von Seite des Papstes.

(Ms. der Leipziger Universitäts-Bibliothek, N. 1347, fol. 41, 42.)

A.

Ambasiatores regis Bohemiæ et regni ejusdem.

Dominus Procopius de Rabenstein, baro fidelis catholicus, cujus meritum publice fuit expressum in consistoriis per sant^mum^ dominum nostrum papam Pium.

Zdenko de Cosky (sic) baro modernus, occupans bona ecclesiæ.

Antonius carbonista de Francia laicus.

Wenceslaus Werbenczki, decanus ecclesiæ S. Apollinaris in civitate Pragensi non clericatus magister in artibus.

Wenceslaus Koranda, proconsul Pragensis, fecit orationem in publico consistorio, publice pronuntians infidelitatem et errores Bohemorum, magister in artibus.

Anno etc. LXII, Mercurii decima Martii intrarunt ambassiatores supradicti urbem Romanam.

Sabbati vicesima prima Martii dicti ambassiatores præstiterunt obedientiam domino nostro sanct[mo].

Mercurii tricesima prima et ultima Martii papa dedit responsum ipsis ambassiatoribus.

Sabbati tertia Aprilis ambassiatores præfati infideles recesserunt ab urbe. Sequenti vero die D. Procopius de Rabenstein probus katholicus sequebatur; qui perdidit tres equos in urbe nocturno tempore.

B.

Ego Antonius de Eugubio, procurator fiscalis sanct[mi] domini nostri D. Pii pp. II, protestor publice coram omnibus rev[mis] patribus et dominis cardinalibus, archiepiscopis et episcopis et ceteris hic præsentibus: quod sanct[mus] D. papa compactata Bohemis per concilium Basiliense concessa extinxit et delevit, ac communionem utriusque speciei de necessitate salutis minime esse dixit, nec obedientiam factam pro obedientia habere et reputare vult, donec rex regnum Bohemiæ, evulsis et exstirpatis erroribus universis, ad unionem Romanæ ecclesiæ duxerit, seque cum regno ecclesiæ catholicæ in omnibus et per omnia conformaverit. Et requiro omnes et singulos clericos cameræ, notarios publicos et tabelliones, quatenus pro his conficiatis unum vel plura publicum vel publica instrumentum vel instrumenta.

277.

1462, Apr. 9 (Romæ).

Breve Pii II. ad D. Ulricum de Rosis de revocatione compactatorum per papam in collegio cardinalium facta. Mittitur ad eundem Fantinus de Valle „præsentium exhibitor“ cum quibusdam ei referendis. Dat. Romæ, 1462, 5. Idus April. pont. a. IV[to].

(Copia in arch. Trebon.)

278.

1462, Apr. 19 (Romæ).

Nachrichten aus Rom: über Feste daselbst und über die Aufhebung der Compactaten durch den Papst.

(Ms. des Wittinganer Archivs, A. 16, fol. 300.)

Missiva Simoni plebano in Telč antiqua.

Post votivam in domino obsequendi voluntatem: de paschali triumpho, quo Christus Jesus sua divina clementia mortem vincendo superavit, in eodem feliciter lætari, pater ac amicorum etc. Restat me modo etiam referre aliquas novitates pro nunc ventilatas in curia Romana. Sciatis, primo fuisse magnam gratiam et etiam omnem, quæ est in jubilæo, et durasse a die palmarum usque in diem resurrectionis domini inclusive, propter adventum capitis S. Andreæ apostoli, quod asportarunt de Græcia, quod cum magna reverentia ac devotione susceptum est in urbe Romana. Et sanctissimus pater noster papa Pius una cum omni clero et populo, qui permaximus fuit, pedetemptim obviam dedit eidem capiti ad conducendum illud ad ecclesiam SS. apostolorum Petri et Pauli. Finita processione dedit benedictionem et omnibus præsentibus plenariam indulgentiam omnium peccatorum in forma ecclesiæ. Etiam non pigeat audire, qualiter Boemis successerit in ambasiata eorum, et breviter: ipsi postulaverunt tria a sanctissimo nostro. Primo fecerunt obedientiam ex parte regis et totius regni Bohemiæ, quæ aliqualiter acceptata est. Sed responsum est eis super primo articulo a sanctissimo nostro, non sufficere facere seu præstare obedientiam solo scripto seu per interpositas personas, specialiter in hiis, quoniam non sunt katholici et subjecti sacrosanctæ ecclesiæ Romanæ; et etiam solum verbum non sufficiat interim, quod non appareant opera; sed quod primo faciat unionem fidei in terra sua, post ea libenter velit sua sanctitas acceptare obedientiam et eum fovere gratiose, sicut tunc fovet alios principes et reges Christianos cum privilegiis et aliis etc. Secundo ipsi petierunt confirmare compactata ipsorum, eis tradita per concilium Basiliense. Ad quod responsum est eis per pulcherrima verba plurima, et ibi est eis declaratio subtilissima facta, videlicet, quod nunquam habuerunt indultum per illa compactata communicandi plebem sub utraque specie; cum tamen eis præfata compactata sint tradita conditionaliter, videlicet si fuerint obedientes sanctæ Romanæ ecclesiæ in omnibus aliis; quod factum fuisse minime est compertum; et solum hiis fuerit indultum, qui tunc habuerunt usum communicandi et non sequacibus suis. Modo facta conventione opportet, quod impleatur promissio, quam promissionem non tenuerunt, et per consequens etiam conventio est nulla. Et breviter sanctissimus noster papa irritavit et cassavit et revocavit præfata compactata, ut prætextu illorum nullo modo possint se tueri perpetuis temporibus. Tertio supplicaverunt, quod tamen denuo daret eis indultum communicandi populum communem sub utraque specie. Ad quod responsum est eis, quod esset una fatua suppositio et inconsueta, quare merito non esset audienda, cum nullus Christianorum principum hoc ipsum peteret. Et etiam si eis concederet, videretur, quod foveret errorem ipsorum, et etiam faceret contra totam universalem ecclesiam, et etiam omnes reges et principes totius christianitatis incitarentur contra ipsum et terram Bohemiæ; quare merito debere desistere a talibus petitionibus; sed sua sanctitas hortavit (sic), ammonuit et seriose mandavit, quod ulterius desistant a tali errore, sin autem secus fecerint, sua sanctitas velit animadvertere. Et sic expediti sunt et confusi in publico consistorio per multas scripturas et pulcherrimas persuasiones, quæ omnia scribere pro nunc non potui, sed deo ex alto annuente cum personaliter venero, in scriptis portabo dictum responsum de verbo ad verbum. Scriptum in curia, ff. II. Paschæ, anno domini MCCCCLXII, per N. magistrum.

279.

1462, Mai.

Leo v. Rožmital (Leb v. Rosental) schreibt an den Rath und die Gemeinde der Stadt Eger, als „oberster Hauptmann des königlichen Heeres“ drei Briefe: 1) dat. am Mittwoch nach Floriani im Felde vor „Krewsen“ 1462; 2) dat. im feld vor Wonsidl, am Phinstag ante dominicam Vocem jocunditatis; 3) dat. im kunicklichen her pey Wonsydel am Mittwoch nach Sophia 1462, — über Beischaffung verschiedener kleinerer Kriegsbedürfnisse.

(Orig. im Archive der Stadt Eger.)

Ebendaselbst auch ein Schreiben eines „Paul Rudusch“ an dieselben in derselben Angelegenheit, dat. Montag nach Ascensionis domini. (Orig.)

280.

1462, Juni 17.

König Georg's Vollmacht für Johann von Waldenstein und Čenko Kuna von Kunstat, um die ihm von König Mathias zu Trenčin am 24. Jun. 1462 auszuzahlenden 9000 ungr. Goldgulden zu erheben, und nach erfolgter Zahlung dem Könige die Verschreibung per 30.000 Ducaten zurückzustellen.

(Orig. arch. C. reg. aul.)

281.

1462, Aug. (s. d.)

Berichte über die Verhandlungen auf dem St. Laurentius-Tage in Prag.

(Ms. der Leipziger Universitäts-Bibliothek Nr. 1092.)

A. „Novitates de regno Bohemiae anno 1462."

Proxima feria quinta post festum S. Laurentii hora quasi XIV in loco curiae regalis, majestate sua sedens magnificus princeps rex Georgius etc., una cum sua legitima sibi dextris assidente, in haec verba prorupit:

„Honorabiles, dilectissimi etc.! Non latet vos, quomodo nostra quotidiana cura fuit et est, providere de bono et honesto regni hujus et coronae; et ratione illius ambasiatam feceramus ad sanctissimum patrem, pro his, quae regni hujus essent pacificativa; et jam de talibus fere assecurati eramus, quod assequi debuimus effectum bonum nostrae legationis. Quodquod autem impedimentum in medium se injecerit, et unde, hoc ignoramus. Qualiter etiam sit disposita legatio circa sedem apostolicam, audire vos volumus, cum nihil horum sine consilio vestro in his agere proponamus; et ea modo per nostros legatos vobis manifestabuntur."

Statimque cancellarius jussus per D. regem habuit referre de his, quae sibi erant commissa ad expediendum in curia Romana; et post magistri, qui cum eo erant in legatione missi explicuerunt, quomodo et qualiter per singula legationem in curia Romana et in via peregerunt. His autem peractis notabilius refero, quod ser. rex, sibi assidente a dextris conjuge sua, ut praedixi, confessus est se habuisse et in futurum habiturum usum communicandi sub utraque specie, in haec verba: „sic fecimus dominus, sic fuimus gubernator, sic sumus rex, et sic deinceps facere volumus et non aliter; imo pro veritate tam sancta non solum bona temporalia, sed et collum exponere proponimus". Ad cujus professionem fere tota synodus, aut pro majori parte, prae fletu effudit lacrymas, ibidemque de scripto in palam pronuntiavit seriem juramenti sui, quod fecit circa coronationem in manus episcoporum, explicans se contra juramentum praestitum numquam aliquid extranee fecisse, sed nec et in hac praxi communionis utriusque speciei. Et tunc lecta sunt privilegia et majestates imperiales, quae cum ser. imperatore Sigismundo ceterisque post eum regibus, videlicet illustris memoriae rege Ladislao et patre ejus Udalberto (sic) confecta fuerant, ac demum compactata, per quae regnum Bohemiae cum ceteris circumsitis provinciis pacatum fuit, praecipue in articulo communionis. Et ea cum rex Georgius tueri una cum his qui de parte communionis sunt utriusque speciei indubie et defensare proponat, exinde dominos praelatos et seculares, qui ex parte communionis sunt unius speciei requisivit, an velint tueri eadem compactata penes eos? Qui responderunt hoc tenore verborum: in omnibus quae pacis sunt regni hujus, quemadmodum promisimus, tamquam fideles cooperari volumus contra quosque tales, qui bonum commune et pacis attemptaverint infringere; de compactatis vero qui indigent his et aliquid utilitatis valent, his per eā disponere libenti animo favemus.

13. Aug. Et haec eadem in crastino acta sunt pro majori parte, solum quod Fantinus legatus apostolicus in speciali peregit legationem ex parte apostolici. Primum accepta sibi et data secura licentia loquendi, revocavit compactata et communionem utriusque speciei suspendit auctoritate apostolica, revocationemque compactatorum certis ex causis licitam esse approbavit, sic quod compactata omnino nulla sint. Et quam ob rem dominus apostolicus non dedit his assensum, pro ratione quatuor articulos, quos haereticos fuisse asseruit, in medium assignavit: 1. quod quidam sunt in regno Bohemiae, qui dicunt in utraque specie, plures gratias dari quam in una; 2. quod communicantes sub una specie sumunt medium sacramentum et sic medium Christum, et quod sic communicantes, videl. sub una specie, ubi tamen sub utraque possint communicare et spernunt, mortaliter peccant; item, quod quidam parvulos communicant contra vigorem eorundem compactatorum, cum compactata solum personas in annis discretionis constitutas admittant, quae talem usum habuerunt; item, quod quidam tenent, in sacramento venerabili eucharistiae esse remanentiam materiae praeexistentis. Inter cetera etiam Fantinus habuit

loqui contra regem satis rigide, dicendo quod non deberet per semetipsum juramentum proprium interpretari, cum non præstantis juramentum sed suscipientis et non inferioris sed superioris ad quem pertinet, dinoscitur jus interpretationis juramenti. Ad quae verba rex satis fero animo respondit, quod „in omnibus et cuilibet juste tenuimus juramentum, ut nos nostra edocet conscientia; contra quam si quis, etiam papa, vellet nos interpretari aliter quam liceret, sibi et cuilibet vellemus satisfacere et nos in eo fulcire ut valeremus; et non dubitamus, quod juramentum nostrum ita infrangibile tenemus, sicut papa et quis alter". Deinde Fantinus in praesentia totius congregationis circa solium regale recepit licentiam a rege, dicens: „putabam regem non velle fore tutorem compactatorum et communionis utriusque speciei, et pro eo fui procurator suus: sed postquam concipio ipsum habere propositum praedictam defensandi, nolo esse procurator ejus". Item omnes sacerdotes communionem utriusque speciei practicantes et compactata tueri proponentes apostolica auctoritate suspendit ab executione ministerii, tollens eis potestatem conficiendi ac sacramenta ministrandi, auctoritatem absolvendi, etc., si tamen pertinaces in facto fuerint et sedi apostolicae tamquam matri et magistrae suae non obtemperaverint. Similiter et regem cum omnibus nobilibus et incolis regni sententiavit, si compactata tueri voluerint; regi etiam minas incutiendo ex hoc, quod sicut potestas et dignitas regia et etiam dignitas archiepiscopatus et studii ecclesiaeque cathedralis privilegia dignitatum et honorum a sede apostolica huic regno ad honorem favorabiliter emanarunt, per auctoritatem summorum pontificum: sic summus pontifex haec omnia intendit tollere, et etiam regiae majestatis honorem, si debitae obedientiae ipsius rex et regnum noluerint parere. Ad haec respondit rex breviter: „Gratiosi domini! vos elegistis me in regem et in tutorem vestrum, et vos habetis potestatem eligendi vobis dominum qui vos tuetur, et vos illi cooperari debetis".

Deinde constituit secretum consilium in crastinum; circa hoc quemlibet circa suam consuetudinem ac libertatem intendit servare. In consilio secreto decretum est de Fantino, quod mancipatus existit et traditus vinculis. Cancellarius D. de Rabenstein fidejussorie cautionatus, et tamquam vinctus de domo sua prohibitus est exire.

Haec sunt quae celeriter et confuse transsumpsi de cedula mihi missa de Praga per quemdam vicarium pro tunc assistentem.

B. „Responsio regis Bohemiæ contra revocationem compactatorum per papam Pium II. factam anno 1462."

Vos Bohemi scitis, quod ad papam cum consilio vestro oratores misimus; qui nunc reversi, responsum quale obtinuerunt et quid eis accidit, expedit ut quasi præsentes audiatis. Tunc surrexit D. Kostka, demum nobilis D. Procopius de Rabenstein et alii ipsius adjuncti comites, omnia quæ itinere apud sedem sanctam apostolicam et imperialem majestatem susceperunt, longam et scriptam relationem per certas horas manifestabant, et fideliter cuncta per D. apostolicum commissa proponebant. Super quibus rex animo apponens sanctitati suæ meritum reverentiæ, respondit absque alicujus vel aliquorum interlocutione, dicens: „Miramur, quid papa facit; fortassis iterum hoc regnum, quod vix per compactata unitum est et ad tranquillum statum pervenit, disjungere velit. Quomodo potest hoc nobis delere et auferre, quod sacrum concilium Basiliense, plus eo, et suus antecessor papa Eugenius nobis dederunt? Si quilibet papa ita vellet id semper destruere, quod sui antecessores concesserunt, quis unquam circa justitiam suam esset securus? Nos accusamur a papa, quod juramento in nostra coronatione præstito non satisfaceremus. Legemus vobis juramentum." Quo lecto in Bohemico ore dixit: auditis quod juravimus haereticam pravitatem velle abjicere, et omnes hæreses de regno nostro delere. Pro certo sciatis, nos haereticos non diligere, sed ipsis infestos esse. Sed quod papa velit communionem utriusque speciei et nostra compactata hæresim facere, numquam fuit de intentione nostra, cum fundata sit in evangeliis Christi, ex institutione primitivae ecclesiae, et nunc nobis concessa tamquam privilegium nostrae virtutis et devotionis a concilio Basiliensi. Et quod hanc objicere jurassemus: non quidem, sed pro certo scitote, quod cum in eadem communione nati, nutriti et in hac regiam dignitatem deo disponente sumus sublimati, ideo eam tenere, defendere et circa eam mori et vivere spondemus; imo conthoralis nostra hic a dextris nostris sedens et nostri liberi et omnes qui ob amorem nostrum facere volunt, circa ipsa compactata nobiscum ita vivere debent; nec credimus aliam viam esse salutis animarum nostrarum, quam sub ista mori et utraque communione uti juxta salvatoris institutionem. Alloquens ulterius astantes partes fidelium et infectorum unumquemque seorsim interrogando quaero, inquit, a vobis omnibus, si aliquis quiscunque sit, nos et regnum propter compactata diffidare et diffamare voluerit,

18*

utrum nobis auxilio adesse velitis? Respondit primo supranominatus Kostka, interlocutione præhabita cum suis de parte infecta, quorum multus erat numerus: Rex, inquit, libentissime audimus, quod nobiscum in fide sis conformis cum conthorali et liberis tuis, et gratias agimus tibi perimmensas; desuper promittimus tibi omnes et unusquisque seorsum, te adjuvare et tibi ad retinendum compactata præstare auxilium corporibus et rebus nostris. Deinde rex vertens se ad partes fidelium, et quid, inquit, vos facturi sitis, nobis dicite palam. Reverendi igitur patres D. episcopi Wratislaviensis et Olomucensis cum dominis de Sternberg et Rosenberg, ecclesia cum suis, quorum non multus erat numerus parte infecta, attamen sine comparatione pars sanior, dignior et nobilior, tam in prælatis, dominis, quam in civitatensibus, præhibita interlocutione, per D. de Sternberg hanc dederunt responsionem: Gratiose, dicunt, rex! tu scis quod cum compactatis uti hucusque nihil habuimus, ita in antea nihil de eis curamus; sed sicut in unitate et obedientia S. Rom. ecclesiæ et cum progenitoribus nostris viximus et nati sumus, ita in unitate eadem fidelium vivere et mori volumus recte sicut tu arguis ex nativitate tua fidem tuam habendam esse, sic et nos non minus fidem nostram esse conservandam inferimus. Sed quod petis a nobis auxilium, licet numquam nostrum desuper requisisti consilium, et tamen tui praecessores, reges omnes et nostrorum progenitorum, nihil fecerunt absque consilio eorum, compactata tenere conclusisti, ergo illorum, quorum consilio id elegisti, auxilio potieris. Omnia quae ad honorem tui regni sunt, secundum et justitiam promovore et auxilio spondemus. Rex autem in hac responsione non contentus, saepissima interrogatione aliam postulabat, sed obtinere non potuit. Et sic hac die plus factum non fuit, nisi quod rex omni multitudini praecipiebat, ut in crastinum, quod fuit feria sexta post Laurentii, ad eundem locum redirent, ad audiendum quae venerabilis Fantinus nomine sedis apostolicae esset petiturus; mandavitque, quod in relatione sua impedimentum non fieret. Attamen adjunxit: „Audiemus eum ut nuntium papae, postea adversus eum tamquam procuratorem nostrum aliqua proponemus".

Vocatus fuit altera die venerabilis et strenuus fidei miles D. Fantinus, licet plurima avisatione praemonitus, ut occulte recederet, ne maximo periculo sui corporis se submitteret: sed ut fidelis nuntius apostolicus potius mortem elegit, quam sine relatione et responso recederet. Venit igitur et se in medio leonum viriliter statuit. Nec dabatur sibi a rege sessio, ut nuntio apostolico dari decuisset. Recepit loquendi licentiam, et primo verba sua in effectum sic ordinavit: Serenissime rex! lex est generalis omnium nuntiorum etiam ad paganos missorum, ut comissa libere sine timore recitare, et deinde responso retento, pacifice ad mittentem redire valeant. Quam legem ut tu serenissime rex mihi serves, nomine cujus missus sum humiliter deprecor. Sicque obtenta licentia gloriosus Christi pugil D. Fantinus tam viriliter, ornate et tam efficacissime commissa peroravit, quod omnino infectos Bohemos perterruit, et fideles maxime laetificavit, cum interpretatione verborum suorum per D. de Rabenstein, praepositum Wyssegradensem. Rex vero ut leo rugiens in eum exarsit, et postea in praefato colloquio majoribus dominis praesentibus se sustinere non valens, dixit:

Vos domini Bohemiae audivistis hodie mane a Fantino, quomodo nostrum honorem offendit, intellexistisque quomodo papa nos vituperat, et nemo ex vobis condolet nobis. Amen dico vobis, non vivemus, nisi in Fantino talia adversus nos loqui audente vindicati fuerimus. Nos semper hujusmodi intendimus, pro honore pugnantes, et ab eo numquam discessimus, neque aliquis nostrorum praedecessorum in hac sede regia ab honore recessit. Scitur autem, quomodo in sede apostolica plures apostatae sedebant, viri iniquissimi; non est haec sedes sancta, sed pestilentiae cathedra; sed unio fidelium omnium sedes est sancta, quæ Roma non est, et aliis verbis contumeliosis suo polluto ore non erubuit offendere majestatem apostolicam, sic quod licentius tacendum sit quam talia per fideles eloqui; fuit enim tam impudicus, et si aliam non haberet maculam, de facto tamen omni dignitate esset privatus pro (sic) crimen læsæ majestatis in summum pontificem commissum; non perpendens, quod regiam dignitatem ab ecclesiæ potestate suscepit.

Postea sabbato in vigilia assumptionis Mariæ, Fantinus per regem in carcerem mittitur. An adhuc vivit, aut tormentis exspiravit, ignoratur. Sed tamen communi fama dicitur martyr in domino pro fide catholica interemptus.

In eadem hora D. Procopius de Rabenstein gravissima cautione fidejussoria detinetur, officio privatur, omnibus bonis amissis. Et pro certo sciatis, si omnes domini Bohemiae in parte fidelium præsentes fuissent, rex in eos magnam violentiam commisisset; quam ostendere non audebat, propter plurimorum absentiam.

282.

1462, Aug. 17 (in castro Pragensi).

Der Administrator des Prager Erzbisthums beruft alle Geistlichen der Diöcese nach Prag zur Anhörung des königlichen Wortes.

(Prager alte Consistorial-Acten, U. XIX, fol. 173.)

Hylarius de Lithomierzicz decretorum doctor, decanus ecclesiae et administrator archiepiscopatus Pragensis, sede vacante per sedem apostolicam deputatus, honorabili viro domino Mathiæ decano Teplensis districtus, salutem in domino, et nostris parere mandatis. Noveritis ad requisitionem serenissimi domini nostri, domini Georgii regis Bohemiæ, nec non ipsius vivæ vocis oraculo nobis facto, nos in mandatis recepisse, quatenus pro bono pacis, quod toti clero providere intendit, totum clerum ac presbyteros, curatos et non curatos, diocesis nostræ Pragensis, ubilibet constitutos, ad nostri præsentiam convocare non obmittamus. Quare vobis in virtute sanctæ obedientiæ præcipimus seriosius et mandamus, quatenus per vos aut per nuncium vestrum accedentes personaliter omnes et singulos dominos ecclesiarum plebanos, capellanos, presbyteros, curatos et non curatos, vestri decanatus, personaliter inventos alias publice in domibus habitationum ipsorum coram familia ad nostram præsentiam dictæ convocationi interessendum peremptorie citetis, quos et vos præsentibus citamus, ut proxima feria post exaltationem sanctæ crucis die S. Ludmilæ coram nobis in castro Pragensi in ecclesia nostra S. Viti martyris Pragensi cathedrali dictæ convocationi interessentes, hora tertia personaliter et legitime compareant, quovis obstaculo excusationis semoto, propositionem et mentem præfati serenissimi domini regis, quam pro bono pacis coram toto clero proposuerit, proponere audituri, prout cupiunt de obedientia commendari et de inobedientia (non) redargui et puniri. Fidem nobis executionis vestræ facite, et personaliter solus assistentes de citatis non informantes (sic). Datum in castro Pragensi anno domini MCCCCLXII, die xvii. mensis Augusti sub sigillo officii præsentibus appresso.

283.

1462, Aug. (s. d.).

Weitere Kundmachung der Berufung der Geistlichen nach Prag und Neuigkeiten aus Prag.

(Aus denselben Acten, U. XIX, fol. 75.)

Se ipsum confrater care! Dirigo mandata domini doctoris et administratoris, quibus cavetur et mandatur, ut clerum universum, tam curatos quam non curatos, citetis et citare ac evocare non obmittatis ad parendum Pragæ in castro S. Viti ecclesia Pragensi pro festo S. Ludmile. Cum diligentia igitur exacta statim dirigite ad omnes plebanos et ceteros evocandos, pareant ibidem, nec aliqua pericula vitæ timeant; et vos omnino personaliter sitis, et Itzman ad me venire studeatis. De novitatibus, ut scribitur, Fantinus nuncius apostolicus sedet in captivitate regis in prætorio Pragensi, et puto, si preces pro eo ab ecclesia fuerint, deus eripiet ipsum. Non est tortus ut dicebatur. Cancellarius est captivus regis proinde, quod veritatem dixit et confitebatur contra adversarium; vivit tamen vita incolumis. Alia audietis in futura tempora. Precor, sine mora literam mandati, quam dirigo, sine mora dirigite in Sczedram domino decano Luticensi, ut similiter omnem clerum convocet Pragæ parendum. Etiam literam decano Cubitensi dirigite, decanus Luticensis ut dirigat in Cubitum. Domino W. Weid (?) scribite nomine nostro si placet, vel vestro.

284.

1462, Aug. 22 (Nürnberg).

Waffenstillstand vermittelt von Peter, Cardinal und Bischof von Augsburg, Hieronymus, Erzbischof von Creta, päpstlichen Legaten, und den Herzogen Johann und Sigmund von Baiern, — zwischen König Georg von Böhmen und Albrecht, Markgrafen von Brandenburg.

(Orig. arch. CBAul.)

Item ibid. — zwischen König Georg von Böhmen und etlichen (nichtbenannten) Reichsstädten, von Samstag nach Bartholom. 1462 bis zu Michaelis 1463.

(Orig. ibid.)

285.

1462, Octobris 1 (Viennæ).

Kaiser Friedrich an Papst Pius II.: empfiehlt Mässigung und Zurückhaltung im Benehmen gegen die Böhmen.

(Ms. Sternb. p. 404.)

Beatissime pater, domine reverendissime!

Ex his quae in civitate Pragensi superioribus diebus acta sunt opinamur sanct. vestram verisimiliter moveri posse ad novos processus aut provisiones alias contra regem et regnum ipsum vel eos qui alterius partis sunt fulminandos. Sed quia consideratis rebus omnibus et praesertim statu partis catholicae, quae in eadem civitate Pragensi et ceteris regni partibus adhuc existit, timemus id in ipsorum perniciem et turbationem regni redundare posse; etiam cum sentiamus a nonnullis principibus instantiam fieri, ut S. vestra eisdem de titulo regni prouideat, quod non sine maximo nostri ac imperii sacri et ceterorum principum electorum et domus nostrae Austriae praejudicio fieret: quo circa rogamus S. vestram, quatenus praedictis et aliis multiplicibus respectibus, qui in hac re habentur, cum fulminatione processuum aut provisione tituli regii nihil velit innovare. sed nunc supersedere dignetur, et aliquem ex reverendissimis dominis cardinalibus legatum de latere deputare et has ad partes transmittere velit; qui inter hinc et carnisprivium aut quadragesimam hic constituatur. Cujus opera, studio et interventione haec res inter S. vestram et sedem apostolicam ac regem et regnum ipsum sicuti speramus, pacifice et quiete et sine offensa et laesione aut exterminio catholicae partis componi possit. In quo et nos fideliter nostras partes et operam impartiemur, et confidimus longe melius et consultius id hac via quam per severitatem censurarum aut alias transigi posse. Ejusdem vestrae sanctitatis responsum per praesentem nuntium quantocius nobis fieri praestolantes. Datum Viennae die prima mensis Octobris, anno domini MCCCCLXIJ°, imperii nostri XJ°, regnorum nostrorum Romani XXIII Hungariae etc. vero IV^to^.

286.

1462, Oct. 5 (Prag).

Zeitungen aus Prag.

(Scultetus, III, 120.)

Andreas Canitz, Johannes Bereit burger vnd stadtschreiber zu Gorlitz ad sen. Gorlic.

Wir thun uch wissen, das wir am Dinstage nebist vorgangin kegin Prage nebin vnser frawe der voytinne, den Gorlitschen mannen, den von der Zittaw vnd Buntzlaw kommen sein, vnd uff heute frühe vor vnsirn gnedigsten h. konige mit den mannen zugestehn bescheiden etc. Ouch geruchet zu wissen, das die mercklichsten hh. der croën von Rozinberg, Sternberg, die Hazin vnd ander hh. neben vnserm konige obir der landtaffel gesessin habin, vnd noch sitzin werden etc. Item h. Procop Rabenstein hat sine kön. g. am Suntage acht tage gewest, an vnsern h. keyser kegin Wien geschickt. So ist der probist sein bruder ouch gestern alher kegin Prage kommen, vnd hüte neben den hh. obir vnser sache mite gesessin etc. Item die Slesier sein in guter einikeit vom konige geritten, vnd habin von Bernhardinern vorstanden, das sie in besserm fride nye gewesin sein denn itzunder. Doctor Fantinus sitzet noch uff dem rathuse, vnd sein caplan hoffit her werde noch vliessiger vorbethe vnd hertzog Ludwige botschafft vorkommen etc. Geschrebin zu Prage am Dinstage zu Nacht noch Francisci, 1462.

287.

1462, Oct. 18 (Prag).

König Georg entscheidet in dem Streite zwischen der Stadt und der Ritterschaft des Landes zu Görlitz, betreffend die Mitleidung, den Bierschank und Salzmarkt auf dem Lande, die Gerichtsbarkeit, den Zoll, Wollmarkt u. dgl. m., grösstentheils zu Gunsten der Stadt, dat. Prag 1462, Montags nach Galli. Zeugen: Herzog Ernst von Troppau, Johann von Rosenberg, Sbinko Hase von Hasenburg ob. Landrichter, Jindřich von Platz ob. Hofmeister, Johann von Rabenstein, Probst zu Wyšehrad, Joh. Zajimač von Kunstat, Wilhelm von Riesenberg und Rabie, Jaroslaw Plichta von Žirotin, Dietrich von Danowitz und von Chlumec, Johann von Sternberg und von Zaječic, Beneš von Wartenberg, Jenec von Janowic und Petersburg, Zdenko

Kostka von Postupic ob. Münzmeister, Soběslaw von Pardubic, Burian von Lipa ob. Landschreiber, Jobst von Einsiedel auf Týřow, Secretär, u. A. m.

(Kloss, p. 51[b].)

Dazu erschien vom Könige, dat. Prag, 1465, Montag nach Judica, eine nachträgliche Erläuterung.

(Ibid. p. 69[b].)

288.

1462, Nov. 2 (Prag).

Briefe, König Georg's Zug gegen Wien zur Rettung des Kaisers betreffend.

A. König Georg an John von Wartenberg, Voit der Sechsstädte.

Wir thun dir wissen, wy dy bürger von Wien sich wieder des keysers gnaden jren erbherrn, vnsern lieben herrn vnd schwager irhobin habin, vnrecht vnd vnerlich an ym thun, en zugewinnen vormeinen etc. Wir solcher vnthogenth nicht zusehen adder geduldea mögen etc. darumbe, das wir eyn oberster körfürschte vnd sein früntb seyn, haben wir gesunnen, mit got vnd vnsern lieben getruwen hülffe widder eyne suliche vnthogend vns zu setzen, vnd vns dorynne also halden, das wyr seinen g. aus sulichen gedrengnus halffin möchten. Wir haben en nu entzaget, vnd vnsern sohn herzog Victorin mit vnserm volcke seynen g. zu hülffe an desen vorgangen Sonabende gesanth, vnd selbst persönlich mit den herrn rittern ritterschafften vnd steten vnser lande Behmen vnd Merherrn ane seümnis s. g. zu hülffe zihen werden. Das thun wir dir dorumbe zu wissen, das dir dese sachen vnvorborgen weren, ap du von vns besanth würdest, ap das noth thun würde, das du dich dorinne also hildest. als dir von vns gebothen würde. Gegeben zu Prage am Dinstage noch Allerheiligentege, vnsers reichs im funfften jare.

Ad mandatum D. regis.

(Scultetus, III, 122[a].)

1462, Nov. 8 (Budissin).

B. John von Wartenberg, Voit etc. ad sen. Gorlic.

An mich haben gelanget meynes gnedigisten h. des koniges schriffte, der auszschrifft ich euch hyrynne vorschlossen sende, dornoch jr euch etc. (sic). Vnd bithe euch also allenthalben, in aller bereitschafft zu sitzen, das auch lassen auszruffen, das alle meniglich in deme gebiethe Görlitz in aller bereitschafft weren, ap vnser g. h.

der könig vffgebitthen würde, das sich yderman in bereitschafft jrvinden list. Vnd bithe euch dese schrifft nicht geringe wegen. Denn ir selbst achtin mögit, so vnser genedigister h. der konig personlich im felde seyn wirth, möchten eylende geboth kommen, das man vff seyn müste vnd zibn etc. Datum Budissin, feria secunda ante Martini 1462.

(Scultetus, III, 121ᵃ.)

1462, Nov. 9 (Zittau).

C. Nickel von Kokeritz etc. ad senatum Gorlicensem.

Ich thu euch zu wissen, das ich aus dem land zu Lusitz vmb etlicher gebrechen willen zu vnserm allirgn. h. dem konige, am Freitage nest nach Simonis und Jude (29. Oct.) ken Prag einkommen bin. Vnd desselben Freytags vmb vesper kwam vnser g. h. des keysers rott, der Pawmkircher zu seyn. kon. gn. mit eynem credentzbrieff etc. (sic) her also geworben hat, das die von Wien hetten vnsern h. den keyser mit sampt seyner gemahl, auch jrem sone, zu Wien auff der purck vmblegin vnd schussen zu seyn. keys. gn. vnd welden s. g. gerne gewinnen. Vnd s. keys. g. het doch eyn der vrleug heymlichen einen zu fusss herausbracht, vnd dem befohlen eilende zu seynen rethen en der newen stat zu lauffen, sy sulden zu vnserm h. dem konige senden eylende vnd jm hoch vnd sehr bitten, als seynen lieben frünt, er sulle sich selbst personlich erhebin vnd rettin etc. (sic). Also hatte seine kon. gn. betracht solch gross vnrecht vnd obirfarung, die die von Wien keyn jrem natürlichen erbherrn vnd dem obirsten wertlichen glide furgenommen haben. Vnd des morgens früe am Sonnabend den von Wien zu hand absagbrieff gesand. Vnd denselben Sonnobend auch zuhand vorhyn seynen son herzog Victorin mit 600 pferdin gesant, der denn itzund Kornnewnburg inne hat, vnd des keysers leute seyn zu seyn gn. kommen bey 500 pferdin. Also hat sich mein h. der konig als gestern vmb X erhabin, vnd zewt im namen gotis für vnd für, vnd wird ob got gantz nun biss Donrstag das ist an S. Mertinstage zu Snaym sein etc. (sic). Vnd hoffe zu gote, das in disen 8 tagen vnser allirgn. h. etc. vnsern h. den keyser zu rettin etc. Vnd ich reite wider noch gebote seyner kon. gn. in das lant gen Lusitz. Geben zur Zitta am Dinstag vor sent Mertin.

(Scultetus, III, 184.)

289.

1462, Dec. 3 (Tuderti).

Pius II. ermahnt die Olmützer, in der Treue gegen den apostolischen Stuhl fest zu beharren und sich darin nicht beirren zu lassen.

(Orig. im Olmützer Stadt-Archive.)

Pius papa II. Dilecti filii, salutem et apostolicam benedictionem. Inteleximus continue hactenus relatione fidedigna, universitatem vestram in fide catholica atque obedientia sedis apostolicae ritusque sanctae Romanae ecclesiae perseverare: quod nobis periocundum fuit ac placuit summe; et pro eo devocionem et constantiam vestram in domino plurimum comendamus hortantes ut in laudabili et sancto proposito vestro fortiter ac intrepide velitis persistere, metumque omnem, si quem habetis, omnino repellere: sperantes semper in domino, quod vos non deseret neque relinquet, virgam peccatorum super sortem justorum. Nos quoque, quantum erit in nobis et poterimus auxiliante deo, omni studio et vigilantia curabimus tuitioni ac vestrae saluti providere. Interim tamen hortamur, ut fortiter perseveretis, sicut patres vestri praestiterunt; neque formidetis minas eorum, qui querunt, quae sua sunt, non que dei. Confidite in omnipotentis dei auxilio ac nostro et apostolicae sedis, qui vobis non sumus defuturi in quibuscunque poterimus. Datum Tuderti sub annulo piscatoris die III. Decembris MCCCCLXII. Pontif. nostri anno quinto.

G. de Piccolomini.

290.

1462, Dec. 8 (Korneuburg).

Note über die zu Korneuburg zwischen Kaiser Friedrich und König Georg getroffene Verabredung.

(Neuburg. Copialbuch XI, 335.)

Vermerkt die abrede so zwischen dem allerdurchl. f. u. herrn herrn Fridrichen Rom. k. zu all. z. mer. d. r. etc. eins, vnd des durchluchtigisten f. v. h. h. Jörgen könig zu Behem etc. des andern tails bescheen ist.

Von erste ist berett, das sich vnser gnad. h. n. (sic) der römisch kaiser für den hochgeb. fursten marggraf Albrechten von Brandburg annemen sol der sachen halb den obgenanten vnnsern gn. h. den konig von Behem berürnd, allso das er der macht hab sy darumb zurichten

It. der sachen halben die zwischen des benanten marggraue Albr. vnd des hochgeb. f. herzog Ludwigs von Bairn sind sy beide geineinander berürnde sol der gemelt vnnser gn. h. der kaiser von stund marggraf Albrechten beschicken vnd da fürnemen sich sein zu mechtigen, desgeleichen vnser herre der konig von Beheim auch tun sol gein herzog Ludwigen vnd da für annemen das er sein macht gewinne, vnd das das an alle sewmnuss hie gescheh das beide fürsten beschickt werden.

It. der sachenn halben so zwischen vnnserm herrn kaiser vnd herzog Ludwigen sein, sind gestalt worden zu vnserm herrn dem konig zu Behem sy miteinander darumb gütlich zuuertragen vnd zu einen, vnd darinn handeln was pillich vnd recht ist, vnd sopald sy von den vorgenanten marggraue Albrechten vnd herzog Ludwigen des ein wissen haben, alszdann soll vnser herr der konig zu Behem macht haben darumb einen tage gen Brag zu legen vnd dartzu dann vnser gnediger herr der keiser sein rete mit ganczer macht vnd gewalt schicken sol, deszgleichen die parthey marggraf Albrecht vnd herczog Ludwig auch thun sollen vnd der bemelt könig von Beheim mitsambt vnsers herrn des keisers reten gewalt haben sol die sachen zwischen beiden tailen zu richten. Doch vorbehallten ob der erwirdig fürst u. der bischof zu Gurck ytz zu Regenspurg auf den gewalt so er von vnserm gnedigisten herrn dem kaiser gehabt hat ichtz der sachenhalben herczog Ludwigen antreffend abgerett vnd beslossen het, das das sein gnaden an solher seiner verwilligung vnentgollten sei. Mit vrkundt der beredzettel der yeder taile in geleicher lautt aine hat besigelt mit der obgenanten vnser allergnedigisten herren keiser vnd königs aufgedruckten insigeln. Geben zw Kornnewburg am Mitwoch nach sand Niclastag anno etc. LX secundo.

291.

1462, Dec. 11 (in Neuburga forensi).

Fridericus Rom. imp. Georgio r. Boh. pro auxilio sibi contra cives Viennenses et quosdam Austriacos rebelles præstito gratam vicem reddere cupiens, imperiali auctoritate statuit:

1) Regem Boh. regi Rom. Romam pro corona imperiali proficiscenti nonnisi ad 150 armatos aut totidem marcas argenti mittendas teneri.

2) Eundem regem Boh. ad curiam imperialem nonnisi Nurenbergam aut Bambergam evocari posse.

3) Regem Boh. investituram et regalia sua nonnisi infra metas regni sui aut in finitimis locis suscipere debere, in quorum susceptione eidem aliæ quoque peculiares gratiæ conceduntur.

4) Capitaneos ab imperatore per sacrum imperium statutos vel statuendos nullam prorsus auctoritatem in subditos regni Boh. exercere debere.

(Orig. arch. S. Wenceslai.)

Idem eidem easdem libertates sub aurea bulla signoque suo peculiari concedit. Dat. in Nova civitate, 1462, Dec. 21.

(Cop. authent. ibid.)

292.

1462, Dec. 11 (Regensburg).

Verhandlungen des Tages zu Regensburg, im November 1462. (Sehr umständliche gewechselte Schriften.)

(Neub. Copialb. XI, 278—328.)

Abschied zu Regensburg, dat. Samstag nach Concept. Mariae 1462 (11. Dec.).

(Ibid. fol. 329.)

Letzteren erliessen: Peter Cardin. Bischof v. Augsburg, Johann u. Sigmund H. von Bayern, Rudolf von Rüdsheim, Domdechant zu Worms und päpstl. Sendbote. Da eine Einigung in Regensburg nicht zu Stande kam, so wird ein neuer Tag auf Georgi 1463 nach Nürnberg angesetzt.

Herzog Ludwig hatte die verlangte Hilfe gegen die Wiener abgeschlagen.

293.

1462, Dec. 16 (Prag).

Zeitung aus Prag.

(Scultetus, III, 122.)

Herr Peter Kapplan ad sen. Gorlic.

Als deme e. g. begerende ist zu wissen vnsers allergnedigisten h. des königes zukunft etc. (sic). Auch begere ich e. vorsichtikeit zu wissen, wie das den Sunnabent vor Nicolai vnsers allirgn. h. des koniges sohn, herzog Victorin, mit dem h. Zdencken vnd mit andern herren vnsern allerdurchlaucht. vnd gnedigisten h. keyser aws Wyen bis Kornawnburg mit grossen eren beleit haben, do em denne entgegen gereten ist vnser allirgn. h. konig vnd jn in Kornawnburg beleitet etc. Das der keyser mit herzog Albrechten seynem bruder yn einigkeit getreten synt, also, das herzog Albrecht Wien mit Osterreich sol haben 8 jar, vnd dem keyser alle jar järlich 4000 gulden geben, vnd sols hernach wider abetreten etc. Geben zu Prage am Dornstage noch Lucie 1462.

294.

1462, Dec. 31.

Pius II. an Kaiser Friedrich: über dessen Belagerung und Befreiung in Wien.

(Ms. der Bibliothek des Arsenals in Paris, Lat. Belles lettres 76, fol. 166.)

„Epistola Pii papæ II. ad imperatorem, ubi dolere dicit de quodam casu imperatoris et renuntiatione capellani sui."

Pius episcopus servus servorum dei carissimo in Christo filio nostro Frederico Rom. imperatori augusto salutem et apostolicam benedictionem.

Gallus capellanus tuus cum ad nos infelicem tuæ circumvallationis casum attulisset, haud facile dixerimus quo moerore quove dolore fuerimus affecti; nec majori succubuissemus anxietati, si nos ipsi in eodem periculo fuissemus. Etenim propter ætatem qua præcedimus et locum quem tenemus indigni, filii loco te colimus; et propter beneficia quibus nos cumulasti, tamquam patrem amantissimum veneramus et observamus. Et quis pater est, et adversam filii fortunam non dolet? Quis filius, et non angitur calamitate patris? Referebat Gallus te Viennæ in arce clausum ab impiis civibus oppugnari; bombardis et omni tormentorum genere concuti muros, impleri fossas, admoveri scalas, cominus eminusque pugnam misceri, vulneribus ac sanguine multo rem geri, teque etsi forti animo fortunam ferres, et munitionem defenderes, spem tamen salutis unicam habere in rege Bohemiæ; hunc solum posse improbos Viennenses coercere teque libertati reddere. Rogare igitur, ne adversum eum, quamvis hæreticum se declarasset, juris poenas fulminaremus. O infelix ævum nostrum! O inopem Germaniam! O miseram Christianitatem, cujus imperator nisi ab hæretico rege salvari non potest! Crevit hinc dolor noster, et quamvis indignum putaremus hæretici hominis contumaciam non coercere, indignius tamen arbitrati sumus te in tanto discrimine constitutum non adjuvare. Si potuissemus ad tuam liberationem nostri exercitus mittere duces, aut ipsi venire, nihil nobis fuisset gratius: sed quis tot montes, tot flumina, tot diversa dominia penetrasset? Sera erant auxilia nostra et vanæ spes. Scripseramus vicinis principibus, ut tibi opem ferrent. Ignoscebant omnes, succurrebat nemo. Inclinavimus caput, et tui causa censuras adversus Bohemum cogitatas suspendimus, et quæcunque optavit Gallus a nobis, concessimus, brevia et literas dedimus, nihil negavimus eorum, quæ ad tuam liberationem conducere sumus arbitrati. Interea et fratrem tuum in te arma vertisse accepimus, et cum Viennensibus delirantem unum ex obsessoribus persecutoribusque usque sui sanguinis factum esse, quod ad majorem cumulum nostri doloris accessit. Increpavimus eum epistolis nostris, quamvis nihil profecimus. Quis dicet quanta fuerit nostræ mentis amaritudo, dum pendet animus inter spem liberationis et capturæ metum? Nulla dies nobis non acerbissima fuit: donec tandem hodie te libertati redditum intelleximus, scribente Fortunauro. Respiravimus et tecum ipsi liberati sumus, quamvis non ea liberationis formula sit, quam speravimus. Artibus suis usus est Bohemus: neque te perire voluit, nec vincere. Austriales inter se odiis certare perpetuis optat, ut condentium arbiter existens, dominus tandem fiat. Sed benedictus deus, qui non est passus in manus impiorum te pervenire. Hortamur fili ac monemus, ne frangaris animo, ne moestitiæ succumbas; etsi dura perpessus es et indigna, nec primus tamen, nec solus fraternas insidias incidisti. Primorum in orbe fratrum alter interfecit alterum: fraternas acies alternaque regna profanis decertata odiis scribit Statius, apud Romanos fraterno primi maduerunt sanguine muri, parricidiis nulla regna caruerunt. Quid antiqua commemoravimus? Nostra ætas plena exemplorum est: filius patrem et pater filium in Francia, in Castella, in Aragonia persecutus est; et tu in Bavaria duo (sic) Ludovicos patrem et filium gravissimis inter se odiis decertantes meministi. De communis hostis acervo tuam accepisti portionem. Confide in domino et bene actum esse tecum existima, quando pejora non incidisti mala. Omnes qui pie et juste vivere volunt, persecutionem patiuntur. Odit mundus quietos principes: raptores, sanguinarios, scelere inquinatos omni et infideles ac sui similes amat. Tu quia mitis es, vellesque quiete et bene vivere, mundo adversaris et mundus adversatur tibi. Sensisti ejus vulnera. Non turbetur animus tuus. Beati, inquit dominus, qui persecutionem propter justitiam patiuntur. Et tu certe beatus eris, si perseveraveris usque in finem justi et honesti cultor, et hos præsentes seculi fluctus tamquam maris contempseris. Quod ut efficias hortamur ac requirimus, mansuetudini tuæ semper affuturi, quam pius et misericors dominus ut confidimus numquam deseret, sed in anno novo, quem cras initiabimus, novis et melioribus successibus tuos diriget gressus. Dat. Romæ apud S. Petrum, pridie kalendas Januarii, pontificatus nostri anno quinto.

295.

1462 — 1463.

Verhandlungen König Georg's mit der Republik Venedig.

(Aus dem Archivio generale di Venezia, mitgetheilt von Dr. Erdmannsdörfer durch Dr. Ebmeh.)

Deliberationes Senatus ann. 1462 et 1463.

A. 1462; 9. Agosto. — Sap. consilii. — Sap. terre firme.

Quod spectabili militi domino Antonio Gallico oratori serenissimi domini regis Bohemie, qui ad presentiam nostram venit et sub literis credentialibus regis eiusdem longo ordine verborum declaravit nobis optimam dispositionem fervensque propositum domini sui regis ac regis Pollonie ad procedendum magnanime contra Turcum nepharium hostem nominis christiani. Commemoravitque ligam et intelligentiam faciendam esse inter hos principes christianos, videlicet regem Franchorum, reges ipsos Bohemie et Pollonie, regem Hungarie, ducem Burgundie, ducem Saxonie et nos dominiumque nostrum, quibus potentatibus unitis procedendum erat ad ruinam et exterminium istius comunis hostis, sicut facile fieri poterat per modos qui invicem servare possent etc., sicut per s. d. ducem huic consilio relatum est. Respondeatur.

Quod gratissime intelleximus, quantum idem sp. orator nobis prudenter exposuit. Cum enim parte serenissimi domini sui regis multa nobis commemoraverit concernentia honorem dei ac salutem nominis christiani, nihil est profecto, quod libentius aut iocundius audire possemus, quam quod sancte expeditioni contra perfidum hostem istum votivis effectus ac desiderata executio dari possit.

Agimus s. sue ingentes gratias pro sapientissimis commemorationibus suis factis in ista materia, quas non satis laudare nec comendare posse cognoscimus, cupidi hoc sanctissimum opus tantopere necessarium super omnia jam tandem perfici posse. In qua quidem re pro portione nostra veluti Christi fideles prompto et libero animo pollicemur quicquid in nobis est, nihilque una cum potentatibus predictis de possibilibus pretermittere in excidium huius hostis. Ideoque hortamur sp. ipsum oratorem, ut inceptum opus bono animo prosequatur, ut fiat unio et intelligentia cum potentiis antedictis, sicut multum desideramus, quum sicut diximus magis cupimus videre conclusionem quam praticam, ut ostendere possimus factis et operibus cordis nostri sinceritatem. Commemoramus quoque et laudamus non obstantibus his, que idem sp. orator dixit nobis, quod summus pontifex in hanc intelligentiam intervenire deberet. Nam cum sit caput et princeps christianorum, dubitari non debet, quod ejus auctoritas multum conferet huic rei et erit magni momenti his que agenda erunt. Reddimurque certi, quod s. sua semper postpositis reliquis omnibus prompta erit ad faciendum honorem dei et salutem christiane religionis.

Bene autem hortamur et rogamus ipsum sp. oratorem, ut ista preter illos ad quos pertinet cum aliis non communicentur, sed secreta teneantur.

(De parte 128, — de non 0, — non sinc. 1.)

B. 1463 die XVII. Martii.

Serenissimo domino Ludovico Franchorum regi.

Rediens a conspectu m^tis^ v. sp. miles d. Antonius de Grationopoli s^mi^ d. regis Bohemie plurima nobis retulit de ferventi dispositione optimoque proposito s^tis^ v. in omnibus que honorem dei fideique defensionem concernant. Id ipsum quoque literis m^tis^ v. per oratorem ipsum nobis exhibitis plane cognovimus. Nos profecto dicere non satis possimus, quantum ista omnia gratissima nobis fuerint, quando quidem vere digna sint ex^mo^ principe, quem meritis preconiis ac laudibus extolli non posse censendum est. At quum m^tas^ v. in confirmationem huius sincerissime mentis factique propositi sui ad nos perscribit, quod si idem orator ad hoc mandatum habuisset, libenter cum s^mo^ rege Bohemie et aliis regibus et potentatibus colligatis ad confederationem devenisset, dicimus quod in hoc etiam quam maxime laudanda sublimandaque est v. s[tas], ut unitis viribus christianis iam tandem contra sevissimum hostem nominis christiani procedi possit. Certique reddimur quod m[tas] v. libenti animo rem istam aggredietur amplecteturque hoc sanctum opus eo ardenti animo ac ferventissimo zelo, quo christianissimi eius predecessores id semper cunctis eorum studiis effecisse certissimum est. Nos ser. princeps cum potenti classe nostra maritima, quicquid in nobis est, pro redemptoris nostri gloria in hac expeditione prompto animo pollicemur. Interea vero propter magnum periculum quod imminet regno Hungarie, ne huic communi hosti succumbere compellatur, sequentis commemorationem, quam V. S. fieri facere instituit, s[mis] Bohemie et Pollonie regibus circa missionem oratorum suorum ad cohortandum regem Hungarie, scripsimus id ipsum et suasimus eisdem s[mis] regibus, quod profecto magnopere necessarium esse cognoscimus. Decrevimus quoque et nos ob id solum oratorem nostrum quam primum mittere ad ipsam regiam m[tem] Hungarie, ut ex parte nostra nihil pretermittatur, ut regnum illud cum tanto periculo totius christianitatis infidelium manus non incidat.

(De parte 148, — de non 2, — non sinc. 2.)

C. 1463, die XVII. Martii.

Serenissimo domino regi Bohemie.

Regressus ex Gallia sp. eques d. Antonius de Grationopoli m[tis] v. legatus literas s[mi] d. Franchorum regis nobis detulit, quibus intelleximus ardentissimum et christianissimum eius desiderium una cum regia S. V. ac ser[mis] regibus Hungarie et Polonie duceque Bavarie procedendi terrestri manu ad exterminium sevissimi crucis hostis. Quam rem profecto gratissimam ac jocundissimam ultra quam possimus exprimere, habuimus. Quippe qui pro gloria summi creatoris nostri, proque honore christiane religionis nihil magis cupimus nihilque magis necessarium esse cognoscimus, quam hunc atrocissimum persecutorem nominis christiani propulsari posse. Nos vero ser[mus] princeps maiorum nostrorum vestigia imitari volentes, sicut novissime scripsimus christianissimo Franchorum regi, ita et his nostris M[ti] V. significare instituimus, nos unquam [?] [1]) paratos ac promptos esse dispositis rebus exercitibusque terrestribus per s[tem] v. perque alios

---

[1]) Im Manuscript steht: $\tilde{mq}$.

19*

ex^{mos} principes anteactos contra perfidum hostem nihil omnino ommittere, quod in ejus excidium fieri possit. Quamobrem vehementer hortamur ac precibus quibus possumus m^{tem} v. ex corde rogamus, ut festinet perficere piissimum opus inceptum, ut iam tandem sancta hec expeditio celebrari possit. Interea vero laudamus quam maxime, ut vestra subl. per legatum suum quam primum mittendum ad s. Hungarie regem exhortari eum velit, ut magno et forti animo se regnumque suum tueri studeat, pro qua sola causa nos quoque quam primum oratorem nostrum ad ipsum s^{mum} regem expedituri sumus.

Similes s^{mo} regi Pollonie
s^{mo} regi Hungarie } mutatis mutandis.
s^{mo} duci Bavarie

(De parte 166, — de non 4, — non sinc. 1.)

D. 1463, die XVIII. Aprilis.

Quod fuit commissum viro nobili Joanni Aymo Sturo oratori nostro in Hungariam in hac forma.

1463, 4. Mai. Quod ad particularitates expositas per dominum Dominicum de Luca oratorem summi pontificis proficiscentem in Hungariam, sicut per S. D. ducem huic consilio relatum est.— Respondeatur:

Da findet sich im dritten Abschnitte der Antwort: Ad id quod tangit regem Bohemie et adventum huc domini Antonii de Grationopoli, dicimus quod venit cum litteris christianissimi regis Francie ac s^{morum} regum Bohemie et Pollonie et multis bonis et amplis verbis declaravit nobis optimam dispositionem fervensque propositum ipsorum principum, volendi procedere contra tunc crucis hostem; quas oblationes libenter intelleximus nec spernendas esse utile putavimus modo aliquo, sicut et diximus r. d. episcopo Feltrensi tunc apud nos oratori s. sue, ac etiam scripsimus et dici fecimus per oratorem nostrum b. sue. Non enim inconveniens imo benefactum esse reputaremus favorem et presidia omnium potentatuum habere posse contra perfidiam Turci potentissimi hostis.

E. Die XXIII. Junii.

Quamquam existimandum sit, oratorem nostrum apud ser^{m} Hungarie regem multum prodesse posse, ne cum Turco ad pacem deveniat, tamen si viderit se opprimi, ac tanti inimici impetui resistere non posse nec sibi opportuna presidia parari, dubitandum vehementer est, ne aliam viam capiat, cum totius christianitatis ac nostro gravissimo periculo, que presidia nulla ex parte ita commode, ita celeriter haberi possunt, nisi ex partibus Polonie, Bohemie ac Germanie.

Quamobrem vadit pars, quod in hoc consilio eligatur unus noster orator qui ad illas partes et principes accedere debeat cum illo mandato, quod ei per hoc consilium dabitur ad incitandos eos principes, ut ad tam salutiferum necessariumque christiane religionis opus favores suos prestare uelint. Habeat equos XVI computato notario cum famulo suo et residere teneatur, quando per dominium ei mandabitur. Qui equorum numerus nec per hoc consilium nec per quemvis alium modum vel viam augeri possit, sub pena ducatorum quingentorum cuilibet contrafacienti per advocatores communis sine ullo consilio exigendorum.

[Dieser Beschluss sollte auch dem Könige von Ungarn angezeigt werden.]

(De parte 13.)

Quia materia, qua de agitur magni ponderis est, egetque optima consultatione, vadit pars quod differatur usque diem tunc sive Martis proximi, ut pro utilitate rerum nostrarum melius deliberari possit.

(De parte 103, — de non 0, — non sinc. 0.)

F. 1463, die IV. Novembris.

Serenissimo regi Bohemie.

Delate sunt nobis litere s[tis] vestre, quibus intelleximus quantum de nobis ex his, que adversus Tergestinos geruntur m[tas] imperatoria questa sit: quid etiam responderit ei v[ra] sub., nec minus optimam eius mentem literis his suis plane cognovimus. Agimus gratias et quidem ingentes m[ti] vestre pro communicatione huiusmodi quam ab sua in nos affectione et ab officio humanissimi principis, pacis et quietis cultoris, processissevidemus. Fuimus semper, sumus et esse intendimus obsequentes filii cesaree m[tis]; nec ulla extat memoria in contrarium amoris et veteris benevolentie nostre in ex[mam] domum Austrie, cum qua per continua tempora precipue quodam vinculo amicicie, in magna tranquilitate et ocio vicinavimus; fuitque semper id summum desiderium nostrum, ut pro vetustissimo more maiorum nostrorum omni studio quesiverimus, cum omnibus in pacis amenitate quiescere. Dolemus magnopere ut preter institutum hoc nostrum provocati et lacessiti ut ita dixerimus mille Tergestinorum injuriis contra subditos et fideles nostros illatis, jam tandem pulsi adversus tantam eorum proterviam moti sumus. Non quidem ut rem ullam minus quam equam aut ingratam s^me imperatori fecisse existimemus, sed ut Tergestinorum arrogantiam ac importabiles violentias justissime comprimendas esse duceremus. Postquam enim Tergestini ipsi violenter et de facto, jam tercius agitur annus, in contumeliam nostram gravissimamque jacturam subditorum nostrorum fregerunt occuparuntque stratas victualium et rerum, que continue per superiora tempora ad loca nostra conduci solebant, nunquam cessarunt verbis et factis impudentissime agere contra nos, quesivimus sepe per viam quietis differencias illas tollere. Sed quanto honestius cum eis agere studuimus, tanto semper insolentius se gesserunt; cumque Tergestini ipsi arma contra nos inequissime suscepissent, trucidassentque nonnullos ex nostris, iam tandem lacessiti ut diximus vim vi nobis repellere licuit. Neque ob id putamus ser^mum imperatorem justam querele causam habere posse, quoniam quidem existimamus, cel. suam in omnem casum affectionem nostram longe amplius, quam levitatem et inconstantiam Tergestinorum magni facere debere, qui nullos unquam curarunt et cuncta semper pro sua nequitia et libidine facere conati sunt. At quum ser. v. concordiam cum eis habendam suadet, nos, utpote zelatores pacis, nunquam repudiavimus nec repudiamus Tergestinorum injuriis oblivisci, maxime quoniam in presentiam adversus perfidissimum hostem Turcum vires nostras in honorem dei, sancteque religionis nostre iam actualiter direxerimus. Novissimeque etiam cum Romano pontifice et ill^mo domino duce Burgundie contra ipsum Turcum ad ligam et intelligentiam devenerimus, ut adversus eum cunctis viribus procedatur; requisiti quoque ab ipso Ro. pontifice circa pacem Tergestinorum per medium r^mi d. cardinalis Niceni legati hic existentis interpositionem suam bono animo acceptavimus contentique fuimus, quod eius R^ma per nuntium suum mitteret intus Tergestum, non obstante quod locus ille ab exercitu et militibus nostris obsessus sit. Nec defuturi sumus salvo honore nostro decentes conditiones concordie semper amplecti; hec omnia ser^ti vestre eo libentius nuntianda duximus, quo certi sumus, eam pro sua sapientia et equitate justificationes nostras libenter audituram, nosque honestissimam et justissimam causam fovere judicaturam esse.

(De parte 122, — de non 21, — non sinc. 8.)

296.

1463, Januar 5 (Landshut).

Herzog Ludwig von Baiern an König Georg: er könne ohne Zustimmung seiner Verbündeten sich in keine Unterhandlungen mit seinen Feinden einlassen.

(Neuburg. Copialb. XI, 336.)

Durchluchtiger konig lieber herr vnd sweher! Vnser willig früntlich dinst vnd was wir liebs vnd guts vermogen zuuoran.

Als ewr königl. wirde vns ein zettel bey vnserm rat vnd lieben getruen Hanusen vom Degenberg zugeschickt hat, antreffund einen gütlichen tage zwischen vnserm herrn kaiser, ewr liebe, vns vnd marggraf Albrechten von Brandburg zu Brag zu hallten, haben wir vernomen, vnd sein in ganczer zuuersicht, jr seit darczu geneigt damit solich irrung vnd zwitrecht auf zimlich mittel vnd wege hingelegt vnd gerichtet werden. Nu ist ewr k. lieb meermals berichtet worden, das vnser lieber vetter der pfallntzgraue, auch vnser besunder lieb fründe die bischof zu Bamberg Würtzpurg vnd ander fürsten die dann ytz gen dem marggrafen in kriegen vnd vehden steen, mit vns allso verpflicht vnd verschriben sind, das vnser ainer an die andern mit demselben marggrauen kein teyding noch richtung aufnemen sol, als wir denn an ewr k. wird auch die gemelten vnser puntgenossen kein teyding aufgenomen vnd das albeg auf den tägen zu Brag vor ew auch darnach zu Nürmberg vnd Regenspurg müntlich vnd schriftlich durch vns vnd vnser rete fürbracht vnd protestirt haben, als dann solichs ewr wirde vnd ewrn reten die von ewrn wegen auf denselben tegen gewest sein wol wissent ist, darczu so hat vnser lieber herr vnd frunde der cardinal ertzbischoue zu Salczpurg vns von stundan nach enndung des tags zu Regenspurg vmb gütlich täg jm zuuerfolgen meermals ersuchet vnd gepeten sein potschaft der sachenhalb zue vnnserm herrn dem kaiser geschickt, die denn bei zehen oder zwelif tägen vor dem zu Salczpurg angeriten ee der genant vom Degenberg zu vns mit ewr zettel komen ist vnd vnns der sachen von ewr liebe bericht hat derselben potschaft er auch teglich wartte. Dann wie dem allen, so wellen wir in dem pesten solich ewr k. liebe maynung an die obgemelten vnser puntgenossen vnuerczogenlich tun bringen, vnd was vns von jn auch dem von Saltzpurg des tagshalb begegent vnd darczue vnnser maynung in vnnsern sachen ewr k. wirde mitsambt dem handel vnsern heyligen vater den babst vnd ew antreffund, dauon jr dann dem genanten vnserm rat auch beuolhen habt, ew so furderlichist das vngeuerlich gesein mag wissen lassen. Das gerůche e. l. also gůtlich vnd frůntlich von vns zuuernemen. Denn wa mit wir ew annemigen dinst vnd wolgeualln beweisen möchten, teten wir mit geneigtem willen gerne. Dat. Lanndshut an Mitwor vor Epiphanie anno etc. LX tertio.

„Regi Bohemie." „Ledwig etc."

297.

1463, Jan. 8 (Brzesc).

Erzbischof Hieronymus Landus an Bischof Jost von Breslau: Nachricht über seine Verhandlungen in Polen und Preussen.

(Ms. Sternb. p. 406.)

Reverendissimo in Christo patri et domino, D. Jodoco dei et apostolicae sedis gratia episcopo Wratislaviensi, domino colendo.

Reverendissime pater! Per reditum D. Nicolai nostri ad nos nihil scripsimus, et quia ipsemet cuncta referre coram potuit, ac etiam quia dignae res tunc sese non obtulerunt. Nunc quoque pauca omnino occurrunt. Fuimus hic pluribus diebus in metis Prussiae, ubi tandem responsum D. magistri ordinis diu exspectatum habuimus, bonum certe et paci tractandae satis accomodum. Redimus huc ad diætam Pietrcoviensem, in qua omne bonum deo adjuvante promovere conabimur. Alia circa haec non sunt. Cupimus intelligere successum rerum D. regis Bohemiae, pro cujus statu cuperemus in nostro reditu posse aliqua bona operari. Rogamus quoque pat. v^{am}, ut si qua nova de curia aut aliunde habet, de illis velit nos participes facere. Valeat eadem v^{ra} pat. r^{ma} ad vota; cui nos plurimum commendamus. Ex Bresch Poloniæ oppido, die VIII. Januarii, M°CCCC°LXIII°.

Ejusdem V. RR. Pat.

Hieronymus archiep. Cretensis SS. D. N^{ri} papæ vicecamerarius legatus etc.

298.

1463, Febr. 14 (Prag).

Friedens- und Freundschafts-Bund zwischen König Georg und Markgrafen Albrecht von Brandenburg.

(Original im kön. geh. Cabinets-Archive in Berlin.)

Wir Jorg von gots genaden, konig zcu Pehmen, margrawe zcu Merhern, herczog der Slesien vnd Luczenwurgk margrawe zcu

Luszicz etc. vnd wir, Albrecht auch von gots genaden margrawe zcu Branndwurgk, vnd burgrawe zcu Nurinwergk etc. Bekennen offenlichen, mit diesem brief, das wir vnser gebrechen, derhalben wir mit einander zcu vehden komen, gutlich gericht sind, sulch vehde gegeneinander abgestelt haben vnd wollen hinfűr in frewntschafft vnd eynung miteinander sitczen, wie dann das, die loblichen erbeynung vnd vorschreibungen zcwischen vnser, vnser konigreich, krone, furstentumb, vnd landen, darvmb aussganngen aussweissen, es sollen auch alle erganngen geschicht vnd furnemen, in diessen kriegsleufften begeben, in was weg oder meynung das geseczt, furgenomen, oder gescheen sey, die vorbestimbten frewntschafft vnd eynung in kein weg geswecht haben, sűndern sie sind vnd sullen hinfűr in krefften sein vnd pleiben, als sie vor diesen vehden vnd vnwillen gewessen sind, vnd darauff sullen alle gefanngen, die vnser eyner dem andern abgefanngen hette, ir gefennknuss ledig, alle aczung schaczung brantschatczung, dingnuss vnd vngefallen gelt, vnd ab icht purgen darvmb verhafft wern, loss vnd aller dranksal in diessen kriegsleufften begeben gannez abe sein, vnd yderman sein gut, auch die lehen, den jenen, die die in diessen kriegszleufften auffgesagt hetten, so sie des begeren, wider gegeben, die lehen gelihen werden, alles getrewlich, vnd angeferde, des zcu vrkund vnd merer sicherheit, haben wir obgenanter Jorg, konig zcu Behmen etc. vnsers rings secret, zcu ruk auff diesen brief, thun druken vnd diesen brief, mit vnser hanntgeschrifft, zcu ende diesser schrifft, geczeichent, dessgleichen wir Albrecht, margrawe zcu Branndwurk etc. vnser secret ingesigl neben des obgenanten, vnsers gnedigen herrn swehers vnd swagers, des konigs secret, auch zcu ruk auff diessen brief haben lassen druken, vnd den mit vnserr hanntgeschrifft geczeichent, gescheen, vnd gegeben zcu Prag am Montag sand Valentins tag, nach Cristi gepurt vnsers herrn, tausent wierhundert, vnd in den drey vnd sechczigisten jare.

Gyrzy kral cziesky slbu ruku etc.

Albrecht margraf czv brandbűrg etc. mit meiner hant.

(Sigilla duo chartæ a tergo impressa tecta.)

299.

1463, Febr. 17 (Prag).

Jobst von Einsiedel, kön. Secretär, an den Stadtrath zu Görlitz: Neuigkeiten aus Prag.

(Scultetus, III, 134.)

Jobst von Eynsidl ritter zu Tirszaw etc. secret. etc. ad sen. Gorlic.

Ewr schreiben mir gethan habe ich vornommen etc. als der der eyner gemeinen stat zu Gorlitz, so vil vnd ich vermag, frewntschafft vnd dinst nach meinem vormögen gerne erzeiget. Vnd wist das h. Zdencko von Sternberg, h. Procop der cantzler, auch ich, die mit vnserm allergn. h. dem Romischen kayser von vnserm allergn. h. dem konige aus dem felde mit jm zureyten vnd zu beleiten geschickt sein worden etc. vnd seine kays. g. ken vns gnediglich sich erzeiget vnd finden hat lassen, vnd gefertiget, vnd die cron zu Pehmen vnd die konig zu Behmen mit gülden bullen vnd grossen gnaden vorsorget, gegeben vnd begnadt, vnd zwene meines h. söne h. Victorinum vnd h. Hincken zu fürsten gemacht vnd getitulirt auff das fürstenthumb Münsterberg vnd Troppaw etc. vnd bei vns die mantel vnd fürstliche hütte geschickt, vns dreien die macht gegeben vnd gewalt, mit kays. briuen sie zu jnuestiren vnd anzulegen, das denn kürtzlich von vns mit grosser zirheit vnd solennitet gescheen wirt etc.

Ich weis das jr ein g. h. an meinem gnedigsten h. dem konig habt, ich sey inheimisch ader nicht: idoch so ich bei seinen g. bin, so mocht es fruchtberlichen sein. Vnd weis nicht das ich vmb dieselbigen zeit yndertt geschickt wirde, nach dem euch beschiden ist mit den von der Zittaw vnd Buntzla etc.

Was h. Wenschen auch h. von Biberstein anlangende etc. beide herren hie oben sein müssen, so ist es euch in kegenwertikeit meins h. des konigs erlich vnd besser, auch nützlicher, jn zu vnterrichten, seinem königl. spruch zu folgen, mit jren leuthen die sie in ewrem weichbild haben etc. Vnd wenn es mit in jrer kegenwertikeit geschafft wirtt, so begert darzu schrifft, das prengt nutz etc.

Auch wist das mein h. marggraff Albrecht von Brandenburgk bey meim allirgn. h. dem konig gewest ist zu Prage, vnd sein gantz mit frewntschafft voneinander geschiden. Sie haben auch alle gefangen ledig vnd losz keneinander gelassen etc. Geben zu Prag am Donnerstag vor Fasznacht 1463.

300.

1463, Febr. 17 (Wasserburg).

„Abschied, der an pfinztag nach Juliane virg. a. LXIII. zu Wasserburg begriffenn ist."

(Neuburg. Copialb. XI, 346.)

Formen des Ersuchens und rechtlichen Erbietens gegen den Kaiser:

1) Fol. 346—348 des Pfalzgrafen, gegen welchen der Kaiser, trotz der Vergleiche von 1462, auch bei dem von Burgund Hilfe suchte; ein Hauptstreitpunkt war der vom Pfalzgrafen dem Diether von Isenburg gewährte Beistand.

2) F. 348ᵇ—349 des Erzherzogs Albrecht, dass der Kaiser den Korneuburger Spruch (1462, Dec.) „nachmals nit volstreckt", — da ihm Albrecht auch nicht alle Schlösser, die er sollte, übergeben etc.

3) F. 349ᵇ—352 Herzog Ludwig's von Bayern.

4) F. 352ᵇ—355 Herzog Sigmund's von Österreich.

Die Fürsten beabsichtigten am Mittwoch nach Lætare (23. Mart.) in Salzburg ihre Räthe bei dem von Salzburg zusammenkommen zu lassen und mit ihm an den kaiserl. Hof zu schicken.

301.

1463.

„Theodori Lelii episcopi Feltrensis oratoris apostolici contra Hussitarum perfidiam et Georgium Boemiæ regem ejusdem hæresis defensorem ac de Sigismundi Austriæ ac Palatini Rheni justo anathemate ad Francorum regem (Ludovicum XI) oratio tertia."

Inc. „Sollicitudo clementiæ tuæ, christianissime rex, zelo dei excitata ecclesiasticam unitatem servare cupiens, literis suis beatissimo Pio pontifici maximo de Boemiæ rege et quibusdam Germaniæ principibus — suggessit, quos ad reconciliationis gratiam alliciendos potius quam censuris exaggerandos esse censebat" etc.

— „Sunt qui non ab re suspicentur in vitam optimi et catholici regis Georgium machinatum: nobis nihil compertum est præter opinionem famamque multorum. Sed malo potius tam scelerata non credere, quam incerta pro certis astruere. Sit falsum omne quod probari non potest" etc.

— Matthias Ung. rex — „sperans per mittendos antistites Georgium ad viam veritatis posse converti, legatum tunc Ungariæ pro fidei causa agentem, virum per omnia integerrimum apostolicæ religionis et fidei card[lem] S. Angeli interpellat et rogat, ut episcopis licentiam coronandi concedat. At ille, cui Georgii nota erat impietas, — negat — instabat rex, interpellabant episcopi — negant, nisi abjurata hæresi et cum fidei catholicæ professione et obedientia sedi apostolicæ repromissa coronam præbituros; si id recusaret, potius martyrium subituros. Dimisit illos legatus, retinere non valens, deum ut bene verteret imprecatus" etc.

— „Fantinum de Valle, canonum professorem" — „in vincula conjici jubet; ubi trimestri detentus, vix tandem Ludovici Bavariæ ducis prece dimittitur."

Explic. — „quando etiam novissimum interventu tuæ serenitatis remedium aspernentur oblatum."

(Mitgetheilt von Dr. Sickel in Wien.)

302.

1463, Jan. 6 (Prag).

König Georg an die Znaimer: Warnung, sich durch die von Rom kommenden Briefe nicht zur Untreue gegen die Krone von Böhmen verleiten zu lassen.

(Aus dem Znaimer Stadtbuche Cod. Nr. 41, pag. 146.)

Jorg von gotes gnaden kunig zu Behem vnd markgraff zu Merhern etc. furchsichtigen getreuen liben. Als die brieff von Ram sein geschickt vnd zwischen ew geteilt was die inhalten das ist vns vnuerpargen so getrawen wir ew das jr ewer er gedechtig wollet sein vnd zu vns vnd der kron ew rechtichlich halten, wen wir ob got wil mit rat des keisers gnaden kunigen fursten vnd ander vnser freundt des geleichen mit ew vnser sachen vnd zu pilleichen geleichen endt verfuren auch volich sich gegen vns halten, als dan gehört auf frum lewt wir wellen darauf genedichlich gedenkhen, wer aber sach das sich ymancz vergehet was dan denselben daraus zu chunfftig wird sunder von ires trewen vnd erren wegen das werden sew hinfur sehen darumb das jr ew auch dabey richtet wie sich am Rayn vnd alswo dem gelaichen begynnet aber wir halten das genczlich von ew dabei als jr dan vns mit ayd vnd mit gelub getan vnd gepunden seit vnd der kron das jr ew nicht anders halten wert wenn als frum lewt mit irem erren als sich dan ewer vorvadern zu vns vnd zu vnssern vorvadern vnd der kron gehalten haben. Geben zu Prag am Montag nach der heiligen drivaltikeit vnsers kunigreichs in dem sexten jar 1463. Ad mandatum domini regis in consilio.

Den forsichtigen burgermeister rat vnd der gemein der stat Znoym getrewen vnsern lieben.

303.

1463, Jun. 7 (Breslau).

Legat Hieronymus Landus an Herzog Johann von Sagan: ruft ihn zu dem nach Breslau auf den 29. Juni angesetzten Landtage.

(Ms. Sternb. p. 405.)

Illustri principi et domino, D. Johanni duci Slesiæ et in Sagano etc. amico in Christo carissimo.

Illustris princeps, amice in Christo carissime! Quod a principio nostri huc adventus institueramus, in hanc usque diem distulimus, ut maturius et consultius cum omnipotentis dei auxilio, de cujus bonitate confidimus, procederemus. Nunc vero cum illustres domini duces, Conradus Olsuensis et Conradus Wolaniensis se ad civitatem hanc aliis emergentibus causis contulerint: decrevimus cum rev. patre D. episcopo et præfatis dominis, nec non vener. patribus DD. prælatis et honestis capitaneo et consulibus hujus civitatis communicare et contractare convocationem dietae omnium ducum, principum et communitatum hujus patriæ, ut in illo communicato consilio possit de colligationibus et intelligentiis communibus de salute fidelium et tuitione et communi patriæ defensione tractari, deque aliis mediis et viis ineundis, quæ bellorum suspiciones evitent, et quietem et securitatem universalem totius patriæ pariant. Quare habitis collocutionibus et consertionibus plurimis, quibus optassemus omnium terrigenarum præsentiam et consilium affuisse: in nomine spiritus sancti, in cujus spem oculos nostræ mentis injecimus, dietam pro die sanctorum apostolorum Petri et Pauli circiter finem mensis hujus in civitate hac celebrandam apostolica auctoritate, accedente præfatorum omnium unanimi voto, consilio et assensu instituimus; ad quam omnes duces sive principes et communitates hujus patriæ conveniant pro rebus superius commemoratis consultius dirigendis. Cum igitur quod omnes tangit, ab omnibus merito debeat approbari, potissime cum omnes vos SS^mus D. noster pari zelo amoris et pietatis dei intuitu et fidei catholicæ conservandæ gratia ex corde et visceribus animo gestiat et conservare pariter et tueri omni ex parte desideret:

rogamus in domino vestram amicitiam, eamque in virtute sanctæ obedientiæ requirimus, ut pro præfata instituta die ad locum hunc personaliter conveniatis, ut illa vobiscum tamquam cum catholico principe contractemus, quæ ut diximus dei honorem, fidei augmentum, debitam obedientiam sanctæ sedi apost., unionem patriæ ipsius, conservationem inclytæ coronæ et regno Bohemiæ tuitionem fidelium concernunt. Significantes excellentiæ vestræ, quod huc tute accedere, stare et recedere poteritis et potestis, prout a tota communitate hac libere et generaliter pro omnibus obtinuimus. Pro quibus exsequendis etsi urgente casu aliquo valde necessario non posset vestra præclaritas personaliter huc accedere, suos mittat talibus et plenis mandatis ad prædicta et pro prædictis agendis munitos, ut cum majori parte interessentium principum et communitatum concordantes causam ad bonum et ad utilem ac pacificam et deificam dirigant viam, ut in tanta et tali re fidem et quietem ac unionem patriæ concernente non videamini fuisse solus, qui viam dei et salutis ac concordiæ et communis boni et regni honorem neglexerit. Valete in domino et nobis per nuntium hunc respondete.

Ex Wratislavia, die septima Junii, anno domini M°CCCC°LXIII°.

Hieronymus archiepiscopus Cretensis, SS. D. N[ri] papæ vicecamerarius, legatus etc.

304.

1463, Jun. (s. d.)

Undatirte Schreiben und Reden des Bischofs Jost von Breslau, vom Monate Juni 1463, um es nicht zu einem Religionskriege in Böhmen kommen zu lassen.

A. Erster Brief an Papst Pius II.

(Ms. Sternb. p. 333—336.)

Beatissime pater et clementissime domine! Me ipsum ad oscula pedum beatorum cum debita reverentia et obedientia pariter et humili devotione.

Venerunt bullæ et brevia sanctitatis vestræ ad diocesim meam, ex quibus non aliud intelligo, nisi quod sanctitas vestra civitati Wratislaviensi dignatur providere, ne pericula incurrat neque impetatur ab eo, quem declinant. Nihilominus sanctitas vestra hæc omnia ad suum beneplacitum facit, uti piissimus et clementissimus pater et dominus, qui credito sibi gregi providet, ne morsus luporum sustineat, lupusque exspectet quam diu oportunum videtur, ut quandoque lupi oves fiant; et si hæc apud nos difficilia, apud deum tamen non sunt impossibilia. Quicquid enim per quempiam in his ultra agatur, quam ut catholici tutentur et qui aliud sapiunt ad redeundum in sinum sanctæ matris ecclesiæ stimulentur, hoc non credam a sanctitate vestra processisse; nec etiam ut si utantur illis literis, quæ mihi usque modo notæ sunt, utcunque crediderint huic rei prodesse. Quod ibidem clare expressum non fuerit, sanctitatis vestræ interpretationem exspectabo; et si quid expressum fuerit, quod multi zelum fidei cum scientia arbitrati fuerint, antequam executioni demandentur, super his sanctitatem vestram avisare et consulere juxta capitulum Si quando, differemus confidenter, non inobedienter, quoniam credimus sanctitatem vestram omnia medicinaliter velle agere. Igitur noverit sanctitas vestra, quod hæc est intentio catholicorum in regno Bohemiæ, marchionatu Moraviæ et ducatu Sleziæ nec non et marchionatu Lusaciæ, quatenus congregati ad sanctitatem vestram oratores suos expediant, illis commissuri omnia, quæ pro avisatione, informatione, salute et bona conductione negociorum fidei arbitrabuntur; ibidemque quicquid rationabiliter dixerint et cum fundamento rationis et veritatis evidenter proposuerint, locum credunt obtineri; in quibus vero non satis perspicue vel minus circumspecte, et quamquam fideliter, non tamen, ut expediret, utiliter cogitarent, a sanctitate vestra in his informari exspectabunt. Sed hinc est beatissime pater! cordibus fidelium insidet, ne soli Wratislavienses videantur causam fidei confovere, imo et primicerii in hac re esse, sed potius appetunt, ut sanctitas vestra retroacta attendat, jam currentia plenius percipiat intelligatque ceteros catholicos non minus zelare pro fide, quam eos, qui nunc obedientissimi filii dicuntur, imo cum eis currere cupiunt viam mandatorum, postquam cor suum dilataverint coram sanctitate vestra. Audivit enim voces sanctitas vestra Wratislaviensium et exaudivit, audiat et ceteros, et ex singulis votis unum beneplacitum conficiat, prout ipsa sanctitas vestra dono dei et excellentia ingenii hæc oportune noverit operari. Bullæ enim in nonnullis locis publicatæ sunt, brevia distributa sunt et distribui poterunt, sed forte ut bullæ ubique publicentur pro hac vice ex certis et rationabilissimis causis usque ad consultationem sanctitatis vestræ expediat differre, etiamsi opus fuerit ab executoribus ad sanctitatem vestram appellando, et etiam in his, quæ per sanctitatem vestram expressa sunt in bullis supersedendo, donec celeriter sanctitas vestra a certis fidelibus oportune consulatur. Hæc si oportuerit fieri, non ex inobedientia nec ex irreverentia aut præsumptione fiet, sed ex maximis causis, optimis motivis, sanctis intentionibus agentur. Sanctitatem vestram ut non lateat volo, quod ille, ob quem hæc omnia fiunt, ad terminos Slezii, Moraviæ et Bohemiæ venit in locum, qui nuncupatur Glacz, ibidemque vocavit reverendum dominum meum Olomucensem et me; ego vero primo transivi ad dominum meum reverendissimum Cretensem, de cujus scitu regem mentionato loco accessi, ibidemque dominum meum Olomucensem reperi, qui mox in crastino facta mecum collatione recessit. Ego vero eum accessi, qui me vocaverat, et audito eo veritatem non abscondi in corde meo; mitigavi iram, temperavi furorem, averti pericula pro posse fidelium, insteti opportune et importune, ut ambulet vias bonas et non sequatur concupiscentias suas, nec audiat prophetas Achab regis, in quorum ore spiritus mendax ipsum decipiebat. Respondit velle deliberare super persuasionibus. Dixi et ego velle convocare fideles et cogitare ut teneor deo, sanctitati vestræ et animæ meæ, nec non gregi mihi credito, ne iniquitas vires sumat sub illis dilationibus. O summe pontifex, maximeque præsul, hæc sunt, quæ multis rationabilibus hominibus et pusillitati meæ videntur, quatenus coadunatis fidelibus ipsos in fide orthodoxa confortemus, hortantes eosdem exemplo patrum ipsorum, ut conservationem fidei intendant, et ne inter eos inimicus semen pravum metu vel allectionibus superseminet, sed primo præcaventes, ne novas obligationes, quæ obsistere possent beatitudinis vestræ sancto proposito, faciant eidem, pro cujus reductione vel correctione laboratur; illi etiam suasi, ne hoc exigat. Demum omnes unanimiter laborabimus, ut Wratislavienses ceterosque catholicos quietos dimittat, donec sanctitas vestra consulatur, et nobis per eandem respondeatur, et absque dubio multiplicatis instantiis majoris et senioris partis regni votis condescendet. Nos quoque deliberabimus, quomodo fidei sit consulendum, et si cum deo fieri poterit, qualiter pax temporalis sit observanda et fidelium integritas, ne fermententur, sed quoniam hæc cum paleata et colorita fictione non fuerit ut interim mala roborentur, imo potius, ut detur efficax et optimus ordo ad bene prosequenda facta fidei. Et si sentiremus moram esse noxiam, imo si non putaremus esse comodosam, dilationes omnes amputaremus. Sed si reverendissimi domini mei executores aut unus eorum ex stimulatione illorum quos negotia urbent (sic), aut fervore fidei, sive trementes mandata sanctitatis vestræ, strictius in præmissis processerint, laudabimus diligentiam, commendabimus fervorem, approbabimus obedientiam, a quibus nec se separare intendimus in omnibus rationabiliter gerendis, sed necessitates nostras sanctitati vestræ proponere cupimus et a sanctitate vestra intelligere, quis modus, quis ordo, quæ assistentia exspectanda sint. Quoniam indubitate speramus, quod ita non diligantur a sanctitate vestra Wratislavienses, ut omnium nostrum obliviscatur, nec eis providebit cum dispendio nostro, sed potius facta inter nos consonantia faciet nos unanimiter incedere, prout oportunum erit, quia non putant ceteri fideles sibi eos debere præferri. Si autem interim sanctitatis vestræ quæ mandata ulteriora venirent ad cujuscunque instantiam, ex quocunque etiam fonte emanarent, proviso eo ne piæ sanctitatis vestræ intentioni mora deroget, exspectabimus super his scriptis sanctitatis vestræ responsa, quæ a pio patre pia fore creduntur; nec mirum, quod sanctitati vestræ corda nostra cupimus exponere. Et si sanctitas vestra summam habeat notitiam negotiorum et circumstantiarum rei nostræ, nec non etiam satis intelligant facta nostra oratores beatitudinis vestræ dignissimæ, nil mirum, si nos horum particulariorem habeamus experientiam, qui portamus pondus diei et æstus et quos urgent negotia; et quamquam alii facta nostra temptaverint et sciant, sed nonne duodecim sunt horæ diei, in quibus negotia mutantur, sub oculis tamen nostris reciprocatio temporum, varietas cursuum cum suis circumstantiis peraguntur, a quibus nos visitantes recedunt, nos autem in illis assidue versari oportet ipsasque sarcinas, prout evenerint, et moles negotiorum ferre. Nec faciliter per censuras ecclesiasticas sanctitas illos illaqueat notamque eis inobedientiæ irroget, qui semper fideles fuerunt, sunt et deo dante erunt, ne forte tacti infirmiores degenerent et firmiores scandalisentur, perfecti vero exacerbentur; sed si opus fuerit instruantur in spiritu lenitatis hujusmodi, qui nunc unanimiter zelant, ut sanctitas vestra non solum vigilanter, sed etiam efficienter proficiat et dirigendo rem bono ordine ex plena notitia honor sanctitatis vestræ ut ex hoc resultet et amplietur. Qua propter o clementissime pater, o piissime domine, benignissime pastor, animadvertat, quod hæc non fiunt in fraudem et dolum, quæ nemini debent patrocinari, sed a sanctitate vestra satis informata ad plenius ad formandam (sic) recurritur, non aliud asilum quæritur præter sedem apostolicam, sed sub illius patrocinio recurritur, qui providentia divina sedere in eadem dinoscitur uti indubitatus vicarius domini nostri Jesu Christi, successor Petri; utique intelliget et corde percipiet, quod sicut orbis major est urbe, ita Slesia, Wratislavia et regnum, Slesia dico potiorem et saniorem partem pro toto sumendo, quæ non aliud nisi rem, de qua agitur, meliorari vel saltem non deteriorari, avisareque sanctitatem vestram et informari cupit ab eadem. Quam deus ad laudem et gloriam nominis sui et fructum omnium fidelium salvet, protegat, dirigat et extollat usque in æternum. Datum . . . .

B. Brief an Cardinal Carvajal.

(Ms. Sternb. p. 336, 337.)

Rogo, ut scripta mea non perfunctorie sed attente legantur, eo quod dici mihi potest illud ex libro Job: Quis est hic, qui imperitis sermonibus sententias involvit? Sed hic est totius sententiæ effectus, quia nollem ut antidotum in augmentum morbi cederet et medicina in pestem verteretur, nec vellem, ut paucorum saluti consuleretur, qui in negotiis suis faciunt diligentiam exactam cum multorum dispendio, qui etiam necessitates suas et ingruentias cupiunt exponere vicario Christi, successori Petri et domino summe et devotissime colendo. Sed mallem potius, ut auditis illis et istis, eligeretur de possibilibus id quod melius. Nam jam rumor diffunditur ita loquentium: Nonne nos sumus præstantiores, plures et potiores illis? Ipsi autem sub quodam colore fidei volunt nos reddere vasallos et scutiferos eorum, et quæ ipsi concipiunt et dictant atque suis importunis sollicitationibus et coloratis rationibus obtinent et evincunt, debemus nos illa exequi in dispendium nostrum. Nonne parentes nostri et nos meremur apud sedem apostolicam, ut nos tantum vel plus advertat quam eos, et non minus nobis consulat quam eis opportune? Et sic inter fratres odium et dissensio oritur. Qua propter bonum videtur, ut fratres fraterna caritate uniantur et ad concordiam reducantur, et quasi vir unus incedant in negotiis fidei, habentes cor unum et animam unam in domino. Quod aptius fieri arbitror, si vota omnium audiantur, ex quibus unus modus detur et colligatur omnibus salubrior, juxta rerum qualitates et circumstantias; hæc omnia sub emendatione et correctione vestræ reverendissimæ paternitatis dico et scribo. Insuper copiam pagellæ sanctissimo domino nostro missæ transmitto, quam unacum istis scriptis in notitiam sacratissimi collegii vestri deduci cupio, vel saltem aliquorum celeberrimorum patrum ex eodem. Si tamen collibet paternitati vestræ reverendissimæ; si autem aliud visum fuerit dominationi vestræ reverendissimæ, fiat ut placebit. Reverendissime pater licet vestra reverendissima paternitas pluribus sit intenta, rogo instantissime flagitando, velit negotia regni nostri menti accipere et sibi inviscerare peculiariterque illa promovere et confovere tanquam apostolus noster. Quia quod alicui tempore non conceditur, alteri reservatur, ut plenius tunc effundatur, sicuti hæc patent actuum XVI et IX. Cum his me vestræ reverendissimæ paternitati cofidentissime recommendo, tanquam patri et domino meo gratiosissimo, plurimum supplicans ut honoris et famæ meæ dignemini esse protector et patronus, mihi semper providendo, ne me inaudito aliquid contra me attemptetur, qui omnia in sinceritate fidei et fidelitatis facio, etiam si oporteat pro fratribus anathema esse judicio quorumdam, non carne et sanguine persuadente, nec terrena cupiditate impellente, sed necessitate utilitatis inducente. Exspectabo, ut sufficienter auditi, audiamus quid sit faciendum.

C. Zweiter Brief an den Papst.
(Ms. Sternb. p. 393.)

Scire dignetur sanctitas vestra, quod judicio meo et aliorum plurimorum, nisi deus avertisset gratia sua et diligenti opera bonorum hominum, Wratislavia fuisset aut obtenta aut destructa, vel utrumque contigisse potuisset; et nisi sanctitas vestra rigorem mitiget et plus consilio quam viribus eis succurrat, timendum est de futuro malo. Si hæc creduntur esse artificiose dicta, exitus acta probabunt. Novit deus, quod diligo Wratislaviam, ut debeo, et nollem eis aliquid mali accidere, maxime sub protectione sanctitatis vestræ. Propterea quæro modum, per quem sanctitas vestra eis de bona concordia provideat, aut alio modo eos securos reddat; fideli sinceritate et sincera fidelitate dico, quod in hac re summe credo esse necessarium, ut ulterius non procedatur, nisi prius sanctitas vestra audiat ceteros catholicos regni. Et si non plus in hac re efficere possum, sufficiat mihi satisfecisse conscientiæ meæ in avisando sanctitatem vestram. Si avisamenta mea priora, quæ in scriptis dedi beatitudini vestræ existens in curia, vera non fuerunt, sanctitas vestra de his poterit suspicari. Utinam sciret sanctitas vestra in veritate vires eorum et alterius, et perciperet, an processus et brevia, quæ inopinate venerunt, plus favoris vel odii eis contulerunt. Et postquam sanctitas vestra intelliget, quid sub nomine fidei agitur, percipere poterit, an oculus intentionis simplex sit vel nequam, et quid prosit

20*

vel obsit dare conpetitorem illi, contra quem res dirigitur, vel ceteros principes concitare contra eum, rebus stantibus ut nunc. Sanctitas vestra cito ut arbitror intelliget. Mihi autem semper placebunt illa, quæ in laudem dei, robur fidei, commoditatem fidelium et honorem sanctitatis vestræ cedere possunt; nec amor, nec odium, nec proprium commodum favente gratia dei retrahent me a dicendo et faciendo, quod credidero esse justum et verum.

D. Rede an die Versammlung schlesischer Stände.

(Ms. Sternb. p. 337 et 392.)

„Persuasio episcopi Wratislaviensis."

Serenissimi principes, strenui milites, famosique militares ac prudentes cives et honesti populares! In hac re consilium meum istud est, ut aliquos numero duos, tres vel quatuor ex nobis eligamus, illisque committamus, ut conveniant in loco congruo cum catholicis dominis et ceteris de Bohemia, Moravia, Sexcivitatibus et Lusacia, ibidemque tractent de modo meliori et aptiori ad laudem dei omnipotentis, ut illæsis fide catholica, ritibus christianis et observantiis atque honore, pacem conservemus, ne post depopulationem et incendia, guerras et homicidia, compulsi miseria et viduarum, orphanorum, pupillorum, pauperum et egenorum singultibus et gemitibus, cogamur concordiam intrare, qua jam meliora remedia possemus invenire. Igitur interponamus se, ubi oportunum fuerit, ut Wratislavia sit quieta; et interim nulli denuo obligationes faciamus, per quas impediri possemus in faciendo, quod decet bonos christianos, qui etiam in fide catholica parati sunt mori instante necessitate. Interim vero recurramus ad sedem apostolicam, eique nostras necessitates exponamus, rogantes ut nobis provideat de fidei securitate et pacis tranquillitate. Sed quia Pius vocatur, speramus, quod pie nobis consulet; et qui per legatos suos fecit pacem triennalem, deo dante faciet jam longiorem. Rogemus quoque dominum legatum, ut dignetur supersedere de istis processibus, qui etsi in favorem fidei et fidelium dati sunt, aliquibus respectibus fidei et fidelibus obesse possunt, lites, guerras et cetera incommoda adducere, nisi prudenti medio, salubri consilio illis præcaveatur, quantum cum deo et justitia fieri potest. Quia aliis recedentibus a nobis ad loca sua, nos oportebit portare pondus diei et æstus, et quicquid nobis evenerit sustinere et tollerare. Et ex quo res nostra agitur, auxiliante deo nobis ipsis provideamus et quanto citius, tanto melius.

305.

1463, Jun. 29 (Prag).

König Georg an den Stadtrath von Görlitz: ordnet die Kriegsbereitschaft gegen Albrecht Berka von Duba auf Tollenstein an.

(Scultetus, III, 133.)

Nachdem Albrecht Berka zum Tolstein sich wider ayde, gelübde vnd alle pillikeit, domit er vns vnd vnser cron vorpunden ist, vnderstanden hat, vns vnd dieselben vnser cron vnzimlichen fürzunemen, vnd damit aus aller gehorsam gangen, das vns nicht vnpillichen befrembdt vnd zu dulden fast swere were. Dorumb so begeren wir an euch in ernst, so der edel Jan von Wartenberg vnser voit der sechs stete vnd lieber getrewer euch von vnsern wegen schreiben, tag, stat vnd zeit benennen wirdet, das jr denn mit puchsen, pleiden, wagen, zugehorungen vnd etlich den ewern jm vnvorziben zuzihet, solch sloss Tolstein vmblegern helffet, vnd allda bey jm 14 tag beharret, bis er mit sampt andern vnderthan dasselbe sloss versorget vnd vmblegert habe etc. Geben zu Prag an sand Peters und Paulustag, vnsers reichs im sechsten jare.

Ad relationem Jodoci de Eynsidel secretarii.

306.

1463, Jul. 3 (Breslau).

Legat Hieronymus Landus an die Olmützer: meldet den Beschluss des St. Peter- und Pauls-Tags in Schlesien, sendet eine päpstliche Bulle und ermahnt zur standhaften Anhänglichkeit an den apostolischen Stuhl.

(Original im Olmützer Stadt-Archive.)

Venerabilibus patribus decano et capitulo, ac magistris prouidis et honestis, consulibus et comunitati ciuitatis Olomucensis, amicis in domino carissimis.

Amici in Christo carissimi! Vt ea, que in rebus communibus accidunt, intelligatis, significamus, quo modo in dieta hic per nos cum ducibus et communitatibus Slesie pro diebus apostolorum Petri et Pauli celebrata conclusum est per omnes vnanimi consilio, et pari uoto et mente dispositum: quod omnes ipsi nullo modo ab honore dei, a sancte sedis apostolice matris nostre mandatis discedere statuunt, de quo gratias agimus domino deo nostro. Verum ob plura relata per r. p. dominum episcopum Wratislauiensem, quibus et sua paternitas et domini regni catholici sperant in proxima futura dieta in Brunna aliquid boni et deo ac apostolice sedi gratum de oue deperdita posse subsequi, statuimus mitius agere et vna cum dominis Slesie et uobis aliis obseruare prefate diete exitum, ut ipso percepto maturius et consultius dei honori, sanctissimi domini nostri dignitati, officio nostro ac saluti vestrum omnium consulere ualeamus. Quare hortamur uos in domino ad persistendum in bono incepto, et feruendum magis in dies; et ut id etiam nobis magis ac magis expedire uideatis, mittimus caritatibus uestris copiam bulle sanctissimi domini nostri, qua cesaree maiestati respondet ad quesita, sue sanctitati per literas et oratores eiusdem in fauorem pretensi regis Bohemie, quibus intentionem et mentem domini nostri sanctissimi clare intelligetis. Si qua pro honore et commodo uestro possumus, ea omnia offerrimus uberrime. Valete in domino. Ex Wratislauia die III[a] Juli anno etc. LXIII.

Hieronymus, archiepiscopus Cretensis, legatus etc.

307.

1463, Jul. 14 (s. l.).

Der Landvogt Johann von Wartenberg an den Legaten Hieronymus Landus über die Missethaten Albrecht Berka's von Duba auf Tollenstein.

(Scultetus, III, 133.)

Jhan von Wartenberg voyth der sechs lande vnd stete etc. herr vff Tetzin. Dem erwirdigen in got vater vnd h. herrn Hieronymo ertzbischoffe Cretensi vnd ern legat des h. romischen stuls, mynem gn. lieben herrn etc.

Nach dem e. väterliche wirdigkeit etzliche schrifften hat lassin gelangen an man vnd stad Budissin, berürende ern Albrecht Bircken, wy deme durch etlich folck sien slos Tholinsteyn belegen were, von wes geheisse etc. e. g. noch nicht gewissen etc. (sic).

Füge e. g. zu wissen, das sulch belegin seines slos geschen ist von geheisse vnd gebothe vnsers gnedigsten h. des koniges von Behmen etc. das landrüchtig ist, wie der selbige er Albricht rechtflüchtig wurdin ist der kronen zu Behmen vnd vns gehorsam getrettin, vmb siner grossen gewalt vnd vnrechts willen, das her an manchem manne begangin hat etc. trewloss vnd meneidig sienem rechten erbherrn etc. Vnd nympt villeichte frembden behelff keyn e. g. wy her von dem h. glawben der römischen kirchen gedrungen würde, dormitte her syne buszheit vnd vntraw bedeckin wil, die her in diesen landen begangen hat. Das denn etzlichen kauffleuten, dy handlunge zu Breslaw haben, wol wissintlich ist.

Sundir e. g. berürt, wie her gar ein fromer vnd gehorsamer son sie des h. Römischen stuls etc. Abir als her desim gantzen lande bekannt ist, so habe wir en vor ein vngetrawen bosewicht gehalden, der sich aller redlikeit irwagen hat, der mordliche vnd grosse gewalt vnd vnrecht an sienen armen lüthin begangen had etc. E. g. sol das in worheit also irfinden, vnd zu Breslaw in der stad befrogen. Wenn her itzund uff des nehstin reisin wittwen vnd weisin gefangin vnd geschatzt hat, die bys an desin hewtigen tag rach obir jn schreien. Hirumb gnedigster herr vnd wirdiger vater, e. väterliche w. welle zu hertzen nemen sein blindes vnzemelichs vornemen: dorynne her nichts suchet, wenn zustorunge des fredis vnd abewendunge des gemeinen nutzes, wie her sperrunge mochte gemachen dem namhafftigen tage uff Margaretha zu Brunnen, dorus mit hölffe des almechtigen gotes der gemeinen cristenheit vil gutes geschen mag. Bitte wir e. g. etc. vnd vff mich nicht also zu eylin durch synes vnwarhafftigen vorbrengens wille, wenn ich mich allwegen in gehorsame der h. Röm. kirchen enthalden habe etc. Geschrebin am Dornstage noch Margarethe 1463.

308.

1463, Aug. 8.

Pius II. an Johann von Rosenberg: über die Suspension des Processes gegen König Georg bis nach Ausgang des Brünner Reichstages.

(Original im Archive zu Wittingau.)

Pius papa II.

Dilecte fili, salutem et apostolicam benedictionem. Accepimus nuper tue nobilitatis et aliorum plurimum baronum regni literas, quibus nobis supplicasti, ut pro quiete et tranquillitate illius regni suspendere velimus processus emissos contra regem Bohemie, cum in dieta Brunensi per dictum regem indicta: speres per eum tales modos et vias inveniri per que honori nostro et sedis apostolicæ et paci ac quieti terrarum et subditorum ipsius regni consuletur. Et quod ex eadem dieta oratores ad nos mittentur omnem rerum seriem planius expedituri. Nos dilecte fili nihil magis cupimus, quam ut rex vester talem se prebeat, ut eum merito amplecti et paterne diligere possimus. Nihil est a nobis omissum pro ejus reductione ad ritum universalis ecclesie, et ut errorem illum deponeret quem palam professus est se tenere. Verum cum ille parum auscultaverit paternis monitis nostris, debiti nostri officium suadebat, ut non pateremur eam labem, in fide orthodoxa, sed incendio quod ex eo fomite suscitari formidatur, occurreremus. Et quamuis omni mansuetudine in regem usi fuerimus, nihilominus nullum adhuc signum vidimus mutate in melius mentis. Ne tamen ullum pij patris officium omittamus, nuper supplicante carissimo in Christo filio Federico Romanorum imperatore, annuimus ut processus ejusmodi suspenderentur, quod ipsum inclinati tuis precibus de novo etiam annuimus. Ut scilicet quiescente rege et nihil innovante contra Wratislavienses, processus suspensi interim existant, donec per oratores quos ex dieta Brunensi ad nos brevi venturos scribis intelligamus quid nobis afferant de reductione regis ipsius ad ritum universalis ecclesie.

Expectabimus igitur exitum diete predicte et adventum oratorum: tuam autem devotionem hortamur, ut quemadmodum decet devotum filium zelatorem honoris nostri et fidei catholice, regem inducas ut errorem illum deponat, nec diutius sustineat: velitque ritui sancte matris omnium fidelium Romane ecclesie se conformare. Quod erit sibi et toti regno suo salutare. Nam nos non possemus ulterius differre quin nostro et sedis predicte honori oportune consuleremus. Dat. Tibure sub annulo piscatoris die VIII° Augusti MCCCCLXIII° pontificatus nostri anno quinto.

G. d. Piccolominis.

Dilecto filio Johanni de Rozenberg.

309.

1463, Aug. 22 fg. (Prag).

1) „Bericht zwischen dem kayser vnd herzog Ludwig zu Brag gemacht", dat. Dinstag (23.) vor S. Bartolom. 1463.
(Neuburg. Copialb. XI, 359—366.)

2) „Beibrieue von den keiserischen reten", dat. Montag (22.) vor Bartolom.
(Ibid. 366^b.)

3) „Bericht zwischen hertzog Ludwigen vnd marggraue Albrechten", am Erichtage (23.) S. Bartol. abend. —
(Ibid. 367—369.)

4) „Kaiserlich gewaltsbrieue", dat. Neustat, Erichtag vor S. Veitstag (14. Jun.) 1463.
(Ibid. 370.)

5) „Vertrag zwischen dem kaiser vnd herzog Sigmunden von Österreich" (durch König Georg), dat. Mittwoch (24.) S. Bartolmestag. (Der Kaiser soll dem Herzoge sein Drittheil von Österreich abtreten; die übrigen Streitpunkte soll Herzog Ludwig an S. Thomastag zwischen ihnen austragen.)
(Ibid. 371.)

6) „Bericht zwischen dem bischof von Bamberg vnd markgraf Albrechten", dat. zu Brag am Dinstag (23.) vor S. Bartol.
(Ibid. 372—374.)

7) „Bericht zwischen dem bischof von Würtzpurg vnd markgraf Albrechten", dat. eodem.
(Ibid. 375—378.)

310.

1463, Aug. [s. d.] (Prag).

Entwurf, wie die Reichsreform in Deutschland einzuleiten wäre.

(Neuburg. Copialb. XI, fol. 384—386.)

Vermerckt die vnderrichtung des anbringens an vnsern hern den Romischen kayser etc. (sic).

Von erst sein zugedenken dj irrung vnd spenn so zwischen vnnserm heiligen vatter dem babst ains vnd vnserm herrn dem konig zu Beheim des andern tails, vnd dann zwischen baiden von Meintz vnd zwischen dem cardinal zu Brixen vnd herzog Sigmunden von Osterreich entstanden sein.

Darnach ist zu betrachten wo die nicht hingelegt würden das dann new krieg vnd aufrur im heyligen reich möchten wachsen vnd darausz grosz vnrat vnd ůbel komen.

Zum dritten ist zu mercken das in dem heiligen reich sunst bisher vil vntzimlicher angriff vnd beschedigung mit rawb nam prant vnd in ander wege bescheen sein vnd noch teglich beschen.

Zum vierden so werden die gericht nicht so furderlich gehallten vnd vorbracht als dann die notturft der sach wol erfordert, darausz dann auch maincherlai vnrat entsteen.

Zum fünften so ist langzeither im reich an vil enden geringe münsz geslagen deshalb dann des reichs vndertan zu grossen schaden komen sein.

Vnd so nu vnser herr der konig ytz zu Brag die krieg zwischen vnnserm herrn kaiser seinen haubtlewten vnd zugewonten auch hertzog Ludwigen vnd seinen hellfern gericht hat, so ist zu besorgen, wo die kaiserlich maiestat nicht fûrnem ainen gemeinen frid vnd bestenndige mûnsz im heil. reich zumachen, auch die gericht ordenlich zubesetzen vnd zuhandhaben, das die fûrsten vnd stete also nicht in irrung vnd vnwillen geneinander beharren, sunder sich selbs miteinander vereinen vnd ain gemein fride furnemen auch ain austrag des rechten seczen vnd daruber hanthaber vnd haubtlewt orden wûrden, alsdann vil fursten vnd stete ze tun vorhaben, vnd wiewol vnserm hern kaiser durch solich furnemen sein wirde vnd oberkeit vorbehallten wåren, so wurden dach sein hôf vnd gericht nicht gesucht, nachdem man im reich hanthaber des friden vnd austrag des rechtens bekomen môcht.

Und so sich die fursten vnd stet allso zusammen verpûnden vnd den frid hanthabeten so wurden von tag zu tag die andern des reichs fûrsten vnd stet auch darein komen vnd getzogen vnd damit der kaiser zu letst gantz nicht besucht, ob auch sein maiestat dagegen ichts wolt fûrnemen so hiet sich die sach also vertieft das er nichtz fruchtperlichs schicken môcht er tåt dann das mit dem swertt darauf jm dann vil geen vnd die sach dannoch auf das glûck welher tail hintzûg vnd obleg gesaczt wûrd.

Vnd darumb solichs alles zufurkomen sind dj hernachgeschriben wege furtzunemen daraus dem kaiser ere vnd grosser nutz im reich entstûnden vnd der kaiser solich gehorsam vnd vorcht erlanngt die in langer zeit kain Ro. kaiser ye gehabt hat, so sein die hernachgeschriben wege fûrtzunemen.

Zu erst das ain tag auf sand Marteinstag schirst in grosser geheim alhie zu Brag vor vnserm herrn dem konig gehallten werd, auf dem vnser herr der kaiser der pfalltzgraf hertzog Ludwig von Bairn vnd marggraf Albrecht von Brandburg jr yeder sein trefflich rete mit gantzem vollen gewalt vnd seinem insigel haben sol.

Vnd auf demselben tag sol der konig teydingen vnd gantzen vleis tun dadurch der kaiser vnd pfalltzgraf von der sach wegen das kurfurstentumb der pfalltz antreffent miteinander gutlich gericht werden. Dieselb richtung sol auf die wege gesaczt werden, das der pfalltzgraf vnd sein bruder von Côlen sich verpflichten sollen das sy vnnsern herrn den kaiser mit gantzen truen meinen haben vnd hallten sollen.

It. das jr keiner fürnem noch darein verwillig sunder mit vleis wende das wider seiner k. m. stand ere vnd wird sey oder in einichen wege sein möchte.

It. ob die k. m. ichts fürnemen handeln oder tun würd das zw gemeinem frid vnd ordnung der gericht auch dartzu dienen würd dadurch er als kaiser vnd das heilige reich mer nutzung vnd gült vberkomen das sy als curfursten darein willigen vnd auch bei andern curfürsten vnd fursten wo des dann notturft sein würd, daran sein, vnd trulich raten vnd hellfen wollten damit solichs gescheen, doch jn an jrn curfurstentumben gerechtigkaiten vnd verschreibungen vnschedlich.

It. ob sein k. m. den von Maylant vnd Burgoin jr yeden bestetten vnd jm sein regalia verleihen wolt, das dann der pfalltzgraf vnd der von Cöln darein als curfürsten auch willigen vnd des jr willigbrief so des an sy begert wird onentgelltnuss heraus vnd obergeben sollten.

Vnd dagegen solt der kaiser dem pfalltzgrafen sein arrogacion bestetten jm sein regalia vnd lehen verleihen vnd sy baiderseitt darauf vmb all sachen gerichtet sein.

Vnd so solh richttung beschehe, so solt dann der konig zwischen dem kaiser vnd hertzog Ludwig von des crütz wegen vnd pechers auch des ertzhofmaisterambts, der stat Werd vnd des zolls wegen daselb aufzusetzen teidingen vnd vndersteen, sich darumb auch entlich zurichten.

Es sollen auch darauf zwischen kaiser konig pfallczgraf hertzog Ludwig vnd marggraf Albrecht alsdenn ein fruntlich eynung vnd verstentnuss in guter geheim gefast auf die obgemelt maynung beslozzen werden doch das sy all einander dermassen verpunden würden yedem nach seinem stat (sic) vnd wesen wie sich dann nach gestallt der oberkeit vnd jr yeds wirde gepürte.

It. so nu die bestentnuss allso beslozzen, vnd die sach all darauf verbrieft vnd versigelt wern so solt dann vnser her der konig die obgeschribenen ersten funf artickl des kaisers vnd der vorgenanten dreyer fursten reten furhallten vnd mit jn besliezzen das der kaiser auf dieselben sach von stundan einen tag solt fürnemen der an Sontag Reminiscere schirst zu Eger gehallten auf den all des reichs curfursten fursten vnd namhaftig grauen vnd reichstet geuodert würden. Solich ausschreiben solt gesaczt werden auf ein erbern form, dadurch ain yglicher des reichs vndertan zu den sachen bewegt vnd gewilligt würd als es dann gar wol zuseczen ist, darjnne sich auch der kaiser erbieten solt persondlich auf dem tag zu Eger zuerscheinen, der kaiser solt auch den von Mailant schreiben vnd jn auf den tag eruodern vnd desgleichs ettlichen andern fursten in wälischen landen wonend, so solt der konig pfaltzgraf hertzog Ludwig vnd marggraf dem von Mailant dabej in ainem sundern brief auch schreiben vn jn bitten, nach dem das hertzogtumb Mailant dem reich veruallen wär, das er dann selbs erschin oder sein rete mit vollem gwalt auf den tag gen Eger zu vnserm herrn kaiser vnd jn schickte so wolten sy getruen vleis thun jn mit dem kaiser auf einen zimlichen wege zuuertragen auf das ynwill vnd vnrat der sunst daraus wachsen mocht dadurch furkomen werden.

It. man solt sich auch zu Brag vereinen was sunst zu Eger Reminiscere zu handeln vnd zuthun wär auf das so vnser herr kaiser konig die fursten vnd stet dahin komen, das der kaiser beuoran ain grüntlich wissen hiet, das er daselbs ere vnd nutz erlangt.

Vnd sind die sach der man sich zu Prag vertragen sol die hernach zu Eger zu handeln sein.

Zu erst sol der kaiser teidigen zwischen dem babst vnd konig, darnach zwischen dem babst cardinal zu Brixen vnd hertzog Sigmunden von Österreich zum dritten zwischen baiden von Meintz.

Vnd der kaiser sol hertzog Sigmunden mit dem babst auch die von Meintz miteinander nit richten er hab dann von jn allen voran ain wissen das sy jm in die hernachgeschr. sach willigen.

Vnd so das bescheen ist, so soll man dann furnemen ainen gemeinen frid im reich aufzuseczen auch die kaiserlichen gericht ordenlich zu beseczen das recht furderlich ergeen vnd volfuren lassen vnd dj sach mit sundern vnd mercklichen artickeln, die dann hoch verpeent werden furnemen, darinn sollen jm der konig vnd die fursten rat vnd beistant thun.

It. nach dem das reich kain gellt vnd nützung hat dauon man den frid hanthaben vnd die gericht ordenlich beseczen hallten vnd einbringen müg vnd auch der kaiser nicht schuldig ist solichs von seinen aigen vnd erblichen launden ausrichten, so ist ain wege das zu hanthabung des frids vnd der gericht ain yeder mensch im reich der XIIIJ jar allt ist des jars ein grossen geben sol.

Vnd sol ein verstentnuss mit dem pfalltzgrafen hertzog Ludwig vnd dem marggrafen jr yedem gemacht werden, das er ain wissen hab, was jm an den grossen werd, die in seinem land geuallen.

So mag man auch mit dem von Sachsen dermassen ain verstentnusz besliezzen.

Vber das alles het der kaiser insunderheit all grossen die in seinen erblichen landen, in allen frey vnd reichsteten auch von den andern gaistlichen vnd werntlichen furstentumben geuielen.

Es solt auch insunderhait auf der gaistlichen gut zu hanthabung des friden ain gelt geseczt werden, das sy dann in den sachen nach ordnung der recht dem kaiser schuldig sein zu geben.

So solten auch auf yeden juden im reich der nicht ein schallät jud were zwen gulden des jars dem kaiser zugeben gesaczt werden, doch also das die juden gleichwol jrer herschaft vnder der sy wonung hetten tun sollten, das sy jr zutun sunst schuldig weren.

Vnd so nů die mechtigisten fursten im reich jr wissen vnd von den sachen auch nutz heten vnd deshalb darein willigen wurden so vnderstůnden sich die klainen fursten vnd stete wider die sach nit zuseczen vnd můsten das auch tun, also wurd dem kaiser ausz den dingen grosser nutz entsteen.

Vnd solich grossen seczen man auf drew jar das der frid in der zeit bestettet vnd die nutzung die dauon geuiel grősser wůrd.

Es were auch gut das sich der kaiser konig pfalltzgraf hertzog Ludwig die von Sachsen vnd Brandburg zu hanthabung solicher grossen zusamen verpunden, auf das jn darinn gantz kein widerstand beschehe.

It. fűrtter so solt der kaiser fűrnemen ain gemein gulden vnd silbern műnsz die in dem reich an dreissig oder viertzig enden slahen liesse, als dann kaiser Karl der vierd vnd ander Romisch kaiser vnd konig auch getan haben, dieselb műnsz ist auf wege fűrzunemen dadurch kain furst oder stat die sunst macht haben zu műnssen wider billichait beswert wűrd. Dauon wurd dem kaiser vast mercklicher nutz entsteen, es mőcht auch niemant mit vernunft dawider reden, dann haben die fűrsten macht in jrn landen zu műnssen. So hat auch der kaiser voran macht im reich zuműnssen, angesehen das die műnsz ain regal vnd von dem kaiser vnd reich komen ist.

It. es sollen auch grosz peen darauf geseczt werden gen den die dj mûnsz felschten oder seygerten.

So sein auch wege furtzunemen dadurch ain yeder furst vnd stat die macht haben zu mûnssen auf dasselb korn jr breckt auch mûnssen mochten auf das dem kaiser in solicher mûnsz kain eintrag noch irrung beschehe.

Vnd zu hanthabung der ding so mocht der kaiser den konig vnd dj benanten fursten jr yeden an einem ende im reich zu hanthaben vber die mûnsz setzen.

Furtter so solt der kaiser alsdenn auch auf all jarmerckt in ainer yeden reichstat ainen zimlichen zol seczen, das were den steten klain beswerung dann die jrn geben die zôll am (sic) mynsten sunder dj gest die dj jarmerckt bej jn besuchten, dartzu so wurd der zol in ainer yeden stat des jars nit mer dann einmal genomen. So ist es auch billich, angesehen das die reichstet all solh jarmarckt all vom kayser vnd dem reich haben, vnd sunst nit macht haben kainen jarmarckt zuhalten, wo sy des von Romischen kaysern vnd konigen insunderhait nit gefreyet werden.

Vnd auf das solh zôl fûrgang gewinnen, so solt man den fursten die den steten gesessen weren der vndertan denselben zol vast geben muessen dauon auch ainen tail, wie man sich des mit jn vereinet volgen lassenn. Vnd die weil der konig dem kayser zu den sachen allen mit gantzen trewen hellfen wûrd, so solten sy sich baid vertragen, was der kônig dauon haben solt.

Vnd so der kayser vnd konig, auch die fursten auf den tag Martini zu Brag sich der sachen also vertrûegen. So solt dabej abgeredt werden, das jr yeder von Martini bis auf Reminiscere bej andern fûrsten, do es dann guet were, wie man sich dann des verainigt, auch arbaitten, vnd dieselben jn die sach also ziehenn solten auf das die sach all auf dem tag Reminiscere on eintrag fûrganng gewonnen.

Ob aber yemand auf dem tag zu Eger wider die ding sein wurde so dann der kayser konig pfalltzgraue hertzog Ludwig vnd marggraue einig weren, so môcht der kayser die sach all auf dem tag zu Eger von ambtswegen fûrnemen, vnd die auch mitsambt der vorgenanten fûrsten hillf an alle berednusz handthaben, dann alspald der kayser denselben konig vnd fursten gebote, das sy den reichsteten, die die sach nit annemen, in jrn konigreichen fûrstentumben vnd landen kain gelaitt geben, sunder wo sy die auch ainen vnd betreten, zu jrn leibern vnd güttern greiffen, vnd mit den als des reichs achtern vnd aberachten geuaren. So wåren die stetleutt auf dem lande nynndert sicher vnd wurden dardurch gedrungen, solhis alles aufzcunemen oder sich darumb mit dem kayser nach seinem willen zuuertragen.

311.

1463, Sept. (s. d.).

Bemerkungen zum vorigen Entwurfe von Seite des Pfalzgrafen Friedrich und Herzog Ludwig's von Baiern.

(Neuburg. Copialb. XI, fol. 386 fg.)

„Die maynung durch maister Martein Mair bey dem Romischen kaiser zu handeln, den abschide zw Brag berürnd."

It. baide vnser herren pfalltzgraf vnd hertzog Ludwig schreiben dem konig von Behem jr maynung auf den abschide negst zu Brag bescheen vnd das maister Martein sich der sachenhalben zum kaiser fügen solle.

It. zugedenken von der Meintzischen sachen auch zureden, des han wir der pfalltzgraue der meynung ein zetl maister Mertein geben.

It. den tag Martini auf den obgenanten abschid furgenomen dem konig von Behem zutzeschreiben.

It. das der pfalltzgraf ainen furderlichisten meinen herrn von Cölne vermug das er sein rete auch mit seinem insigl mit macht gen Brage schick vf Martini inmassen er thun wirdet. Vnd ob mein herr von Cölne nit trefflich dahin schicken würd, das doch meins herrn pfalltzgrauen rete die dahin komen werden sein macht vnd insigl haben.

It. bej dem kaiser ytzo zuarbaitten das er meinen herrn von Cölne sein regalia vnd bestettigung leihe vnd gen dem babst fürdrung thw das er jn auch beståtige vnd der allte tax von jm genomen werde.

It. sol mein herr von Cölne in allen stucken jm abschid gemeldet jn berürn mögen wie der phalltzgraf vnd hertzog Ludwig auch begriffen sein.

It. als ein artickl stet wie sich der kaiser konig vnd die fürsten sollen zusamen thun, derselb artickl mag also nit beleiben angesehen das der konig vnd dj fürsten yglicher yemandt ausznemen müssten mit den er sunst in eynung ist. Vnd darumb sol derselb artickl also gesaczt werden, das sich der konig phalltzgraf hertzog Ludwig vnd marggraf Albrecht zum kaiser in den obgemelten sachen des abschids verbinden doch allso das dieselb verstentnusz in allen an den eynungen die sy miteinander han vnschedlich sej mit der vnderschaid das dieselben eynung wider den kaiser vnd die artickl des abschids nicht sin.

It. an Eger stat sol Nůrmberg oder Regenspurg welichs dem kaiser geuellt die malstat sein vnd furgenomen werden vnd dasselb sol auf dem tag zw Brag Martini von des kaisers vnd der fůrsten wegen mit dem konig gerett werden das er gelaitts sicher vnd notturftigclich an die ende versorgt werde.

It. als in ainem artickl gemelt ist das auch sunst von andern sachen gerett dem kaiser zunutz vnd ern komen můg das dann ain zol in baiden messen gen Franckfurt gelegt oder ein gůllte dafůr genomen werde vnd der nutz dauon erschiessen mag den fursten am Rein vnd dem kaiser zusteen solle.

It. das aller vleis gegen dem kaiser geschehe das er den fursten den grossen in jrn landen geuellig beleiben lasse auf das sy den friden das recht vnd eruolgung des grossen despas hanthaben vnd darinn hilflich sein mogen, mocht es aber ye nicht sein, das jn dann die zwaj tail wurde vnd der kaiser das drittail neme.

It. dieweil man die von Sachsen auch in die sach ziehen wil als dann ain artickl innhellt so sol man an den kaiser bringen das er denselben von Sachsen verkunde auf dem tag zu Brag zuerscheinen mit jn von disen sachen zureden, desgleichs marggraf Friedrich von Brandburg auch zuuerkunden.

It. was vnnsern herrn kaiser vnd die fursten beduncket zimlich sein vf die gaistlichen gůter zuseczen sol zu Brag bedacht werden.

It. allso steet auf ain mensch ein grosz, da sol es geseczt werden ye auf zehen menschen ainen gulden vnd das solich gellt aufgeseczt vnd getailt werde nach antzal des guts yglicher hat.

It. der kaiser sol gebieten bej hohen penen den grosz zugeben so sollen sich die fursten zusamen verpinden des kaisers gebot zu hanthaben in gehorsam damit jn der grosz geuall.

It. von der můnss wegen das die geslagen werde zu gulden vnd halben gulden auch grossen vnd halben grossen vnd dieselben grosz vnd halbgrosz geseczt werden das sy dem gold gemesz sein.

It. das die zôll so in die stet gelegt, geseczt sollen werden auf die gewar von yedem gulden ain pfening vnd solanng der frid weret solanng sol der zol weren.

It. mein herr phalltzgraf wirdet in die sach bringen den von Trier den marggrauen von Baden den von Velldentz einen der von Hessen den von Spanheim Graf Eberharten von Wirttemberg.

It. so wirdet hertzog Ludwig mitsambt dem kaiser den von Saltzburg sein vettern von Munchen hertzog Otten darein bringen.

Vnd baide herrn pfalltzgraf vnd hertzog Ludwig die bischof Bamberg vnd Wůrtzpurg.

It. es ist auch vnnser des pfalltzgrafen meynung von der gefanngenen herrn wegen sein wir von seiner k. m. nicht angetzagen worden angesehen wie wir von jn bekriegt worden sind in aller vnpillicheit vnerfordert vnd vnerlangt rechts vnd was wir vnser land vnd lewt des mercklichen schaden genomen vnd des nicht ergeczt worden sein vnd die schatzung auch auf das allerglimpflichist vnd leichtest wir das ymmer haben mögen erleiden gesaczt worden ist vnd dieselben gefanngen bey jrn furstentumben landen vnd lewten gelaszen haben.

It. das grafen herrn ritter vnd knecht die land vnd lewt han den grossen einbringen vnd dauon das zehent tail der grossen nemen vf das sy des williger werden den grossen von den jren voligen zulassen.

It. zubedencken das die fursten nicht zu hoch verbunden werden dem kaiser anders dann von allter herkomen vnd verrer dann zu hanthabung des fridens vnd der ding dartzu dienen.

It. das der fride vf das bestendlichist vnd von menigclich vber sechczehen jar allt gesworn werde.

It. das maister Martein sich furderlich an alls verziehen zum kaiser fůge vnd die fůrsten vor dem tag Martini entlich maynung des kaisers bericht vf das sy des bas vnderrichtet mit macht zum kaiser schicken mögen.

Sequ. fol. 388: „Copien wie der phalltzgraf dem kaiser versorgknusz tun sol" (eine Formel).

It. ibid. fol. 388ᵇ: „Der kayserischen rete abschide maister Martein vnd Hansen Seyboltstorffer gegeben."

Von hertzog Ludwigen begert vnser allergned. herr der Romisch kaiser versorgknusz von jm als von dem phalltzgrauen nicht wider sein gnad zusein etc. nach lautt der notl.

Deszgleichs ain versorgknusz von der grosz wegen vnd sol jm auch halbertail in seinem lande geuallen, oder er geb seinen gnaden die kleinat vnd nem die grossen in seinem lande gantz vnd souerr dj stewr des grossen ain furgang gewinnet oder die kleinat geben werden so wil jn vnd sein erben vnser herr der kaiser obristen hofrichter des reichs machen, das hofrecht zu besitzen, doch das das albeg beschech mit seiner k. gnaden vnd nachkomen am reich willen vnd wissen vnd seinen k. g. sein oberkeit vorbehallten auch den kürfürsten vnd andern fursten vnd den hofgerichten vnd hofrichtern an jrn gnaden freihaiten gerechtigkeiten vnd alltem herkomen vnuergriffenlich vnd onschaden. Vnd wil sein gnad dann ausschreiben das das hofgericht seinen ganng haben werd, vnd auch dem seinen ganng lassen.

Vnd vnser herr der kaiser wil darauf ytz hie hertzog Ludwigen mit seinen briefen versorgen jne allso obristen hofrichter zumachen, souerr er die obbemelt verschreibung geit vnd die stewr des grossen ain furgang gewinnt vnd seins willens dartzu ytz versorgknusz geit.

Vnd vnser herr der kaiser begert darauf antwort von hertzog Ludwigen die sein k. g. furderlich wissen zulassen, vnd dabey auf was zeit vnd an welhen enden ain tag im reich der vnd ander sachen halben gehallten sol werden.

312.

1463, Oct. 2 (Romæ).

Pius II. an Kaiser Friedrich: erneuerte Klagen über König Georg's Unverbesserlichkeit.

(Ms. d. Leipziger Univ.-Bibl. Nr. 1327, fol. 46.)

„Copia literæ missa per sanct^{mum} D. apostolicum D. Pium ser^{mo} D. Friderico imperatori.“

Carissime in Christo fili! etc. Credimus nota esse tuæ sublimitati, quæ per Georgium Bohemiæ regem adversus katholicos regni in præsentiarum ac in dies gerantur: cum tamen aures nostræ, qui procul sumus, repleantur quotidie novitatibus, quibus ille obdurato ac perverso animo in eosdem grassatur et sævit. Volumus literis nostris hæc perspicua fieri tuæ serenitati, ea non esse mentis indicia in melius mutatæ, quæ nuper accepimus. Omnis enim cogitatio ejus ad id procul dubio directa est atque intenta, ut per discordias et zizanias variis modis et viis clam atque aperte, vi quoque et armis regnum vexans, catholicos conculcet ac perdat et exaltet hæreticos. Oppidum munitissimum Polkinhayn, quod dilectus filius Johannes Hayn Czirna miles catholicus possidebat, violenter accepit et hæretici curæ commisit; expulit ex castro Lehen dilectum filium Joannem de Rederen virum etiam catholicum, et hæreticum ei surrogavit; Furstenstayn tam hostiliter infestat, obsidet Tolmsteyn quod dilectus filius nobilis vir Albertus Birke catholicus baro possidet, quoniam præstare homagium recusavit, ad quod præstandum illi velut hæretico non tenebatur; dilectum filium nobilem virum Henricum Slesiæ ducem impetit, ut oppido suo in finibus Lusatiæ inferioris sito potiatur; nonnullos etiam alios catholicos diversis vexationibus insequitur atque expugnare contendit, ut nobis asseritur. Omittimusque, quæ contra honorem nostrum ac apostolicam sedem in Pragensi dieta dicitur protulisse ac tentasse, quemadmodum per alias nostras literas tuæ majestati significavimus. Scimus quoque de nobis quid scribat continue et loquatur (in) vulgus, scimus quid machinetur, et cogitat ut catholicos dissipet et hæresim suam diffundat et augeat. Quantum etiam incrementum et fructus attulerit dieta Brunensis, agnovit serenitas tua ex verbis illius postremis, qui mentem et animum suum tuæ majestati se tandem patefacturum asseruit. Ea fuit dietæ conclusio, ea suscepti laboris gestorumque omnium in ipsa congregatione resolutio. Quasi non intelligatur atque omnibus manifeste non pateat, illum arte hac usum fuisse, ut dispendio et tractu temporis errores ac malitiam suam foveat, et nititur protegere malitiam. Hæc et alia quam plura illius hominis studia et commenta non etiam dubitamus gravia et molestia esse tuæ serenitati, quod præter opinionem et exspectationem tuam illa scimus contigisse. Suspendimus in gratiam tuam processus contra illum formatos ea mente et intentione, ut interim ab offensione et molestia non modo Wratislaviensium, sed etiam reliquorum catholicorum cessaret. Ipse vero tui et nostri honoris ratione postposita, in duritia ac perfidia sua obstinatus, veram apostolicæ sedis obedientiam detractat et catholicorum perniciei tota industria studet atque invigilat. Cum itaque ex his vere perspici possit obduratum cor illius molliendum aut a se ipso immutandum non esse,

21*

sollicitemurque quotidie a filiis catholicis, ut ope ac præsidiis nostris in periculo imminenti eis subveniamus, ne hæretico parere cogantur, qui veluti lupus rapax Christi oves diripere ac vorare conatur: unde putamus et indignum ulterius exspectatione (sic). Propterea ser. tuam in domino exhortamur et rogamus, ut mentem et intentionem illius velis celeriter et diligenter super his exquirere ac perscrutari et nobis significare, ut tandem debito et honori nostro ac sedis hujusmodi remediis opportunis consulere et providere possimus. Est hoc dignitatis et officii tui, estque honoris et debiti tui, ut tu quoque labem hærentem (sic) et venenum tuo dominio proximum, ne illud inficiat, abigas et omni studio repellere procures. Exspectamus super præmissis indilatum tuæ majestatis responsum. Datum Romæ etc. anno domini MCCCCLXIII°, die secunda mensis Octobris.

313.

1463, Nov. 3 (Kuttenberg).

König Georg ad senatum Gorlicensem.

Nachdem wir euch, der manschafft des landes vnd der stat Zittaw einen tag auff Martini schierst für vns gelegt vnd benent haben. Vnd aber itzt gotes plage vnd verhengknus des sterbens allenthalben, damit wir vns nicht versehen mügen etlich zeit an einer stat zu behausen vnd euch zu verhören. Auff das so erlengen vnd erstrecken wir euch solchen tag bis auff die Quatuor tempora in der vasten nechstkünfftig etc. Auch in der zeit mit den gemelten der manschafft vnd stat Zittaw nachtperlichen halten sullet etc. Geben zum Kuttenberg am Donnerstag nach aller seelentag, vnsers reichs im sechsten jare. Ad mandatum D. regis.

(Scultetus, III, 133°.)

314.

1464, Januar 22 (Wratislaviæ).

Der Legat Hieronymus Landus an die Görlitzer: über des Papstes bevorstehenden Türkenzug, seine Abreise von Breslau und Substituirung des Balthasar von Piscia.

(Scultetus, III, 148.)

Hieronymus archiepiscopus Cretensis, apostolicæ sedis legatus etc. venerabilibus fratribus, clero, providis et honestis consulibus et communitati oppidi Gorlicz etc. amicis in domino carissimis etc.

Solent plerumque filii tenebrarum sinistra interpretatione in sensum reprobum retorquere, quæ in confusionem ipsorum inque commodum reipublicæ aut fiunt aut fieri existimant etc. (sic). Misericors deus tempore nostro statuit per vicarium suum Pium II. nobis pontificem datum etc. Christianis principibus convocatis Mantuanam congregationem cum dispendio et jactura maxima pro rebus hujusmodi consulendis celebravit etc. Instituit enim in principio Junii primo futuri in portu suo Anconitano in sinu Veneto constituto valida classe parata mare contra Turchos navigaturus ascendere, cujus sanctitatem sacer dominorum cardinalium coetus et illustrissimi Burgundorum ac Venetorum duces insimul confoederati, terra marique magna conflata potentia, comitabuntur etc. Quare vestrum est interim a religioso proposito fidei orthodoxæ et a vera obedientia et ritu Romanæ sedis nullatenus declinare etc. Hujus etiam rei gratia, consultis potioribus cleri, consulibus et aliquibus principalibus civibus hujus civitatis, sumus abhinc in crastinum discessuri etc. Substituimus hic loco nostri venerabilem decretorum doctorem dominum Baldassarem de Piscia plebanum sancti Benedicti Venetiarum, auditorem nostrum, virum doctissimum et in agibilibus ac singulis rebus et negotiis istis instructissimum etc. Valete in domino etc. Dat. ex Wratislavia die XXII. Januarii MCCCCLXIIII°.

315.

1464, Mart. (s. d.).

Antwort, welche die päpstlichen Legaten den böhmischen Gesandten am Hofe des Kaisers zu Neustadt gegeben haben.

(Ms. Sternb. p. 415.)

Responsio domini episcopi Torcellani, legati apostolici, facta oratoribus domini regis Bohemiæ in præsentia serenissimi domini imperatoris, cum consilio domini Rudolphi episcopi Laventini etiam apostolici legati.

Primo circa hoc quod dictum est, multa fuisse suggesta sanctissimo domino nostro papæ, ex quibus motus sit contra regem, quæ falsa sunt, et de quibus ipse dominus rex paratus sit se purgare: dicitur quod sanctissimus dominus noster tam prudentissimus sit atque sibi assistentes habet reverendissimos dominos cardinales, viros prudentissimos et expertissimos, graviter et mature in factis suis procedere consuevit. Nec est existimandum, tantum pontificem et vicarium domini nostri Jesu Christi, et qui tali consilio utitur, quod in tanta re sicut est procedere contra istum regem Bohemiæ, motus fuerit nisi ex rebus veris et certis; hæc autem sunt.

Quia rex ipse tenetur ex jure divino et humano reducere regnum suum sibi subditum ad fidem et obedientiam sanctæ Romanæ ecclesiæ, deinde ex juramento, quod præstitit ante coronationem suam in manibus plurium episcoporum. Deinde ex obedientia et promissione facta sanctissimo domino nostro per dominum protonotarium, fratrem domini Procopii oratoris præsentis, coram omnibus reverendissimis dominis cardinalibus. Ultimo etiam ex promissione sua, quam fecit literis suis scriptis ad sanctissimum dominum nostrum, cum sanctitas sua causaretur moras ejus et requireret ut debitum faceret; is enim literis se de præteritis excusavit, et promisit in futurum facere, dicens ad id teneri et obligari. Cum ergo non solum hoc non fecerit, sed etiam nuntium apostolicum, qui pro hoc ad ipsum missus fuerit (sic), detinuerit et incarceraverit, violato jure legatorum, quod etiam apud barbaras nationes sanctum est; sed etiam pro contraria parte se declaraverit: ideo ex his dominus noster motus est, ut faceret ea, quæ acta sunt et de jure fienda erant. Insuper motus est ex hoc, cum Wratislavienses nollent eum pro rege habere, nisi se catholicum declararet et se ac regnum sub obedientia apostolicæ sedis poneret, datæ sunt induciæ inter ipsum et Wratislawienses, quibus completis cum rex debitum suum non fecisset, sed eos subjugare vellet, decebat ut sanctissimus dominus noster ea ageret pro Wratislawiensibus, quæ egit.

Circa secundum, quod est principale in hac eorum propositione, scilicet de legato mittendo, dicitur salvo judicio sanctissimi domini nostri, quod si rex vellet regnum suum reducere ad fidem, obedientiam et ritum ecclesiæ Romanæ, et hoc non solum verbis promitteret, sed etiam opere impleret, faciendo scilicet quod ad eum pertinet, servari ea, quæ mandat apostolica sedes; tunc conveniret legatum mittere. Sed si hoc facere non intendit, ad quid legatus mittendus est? Et quia dictum est, quod eidem mentem suam aperiret: per hoc etiam non oportet, quia hic adsum ex mandato sanctissimi domini nostri pro ea causa, ut imperatori assistam, cui promisit aperire, quid intendit et quæ sit mens ejus. Ex quo sequitur, quod non sit satisfactum promissioni factæ per eum. Nam cum in dieta Brunensi pollicitus fuerit, se velle aperire mentem et intentionem suam imperiali majestati et mediante illa facere erga sanctissimum dominum nostrum, quæ agenda erant, et tandem pro hac re dixit se oratores missurum, et modo non se resolvat nec aperiat aliter, quam ut dixistis, scilicet de legato, videtur, quod promisso non satisfaciat. Et quia dictum est, quod hoc intervenit propter pestilentiam magnam, quæ in regno viguit, propter quam non potuit congregare suos nec consilia habere: tamen quia promisit aperire hoc imperatori, qui semper hic aderit, ideo non expedit pro hoc legatum habere, sed quandocunque voluerit, potest id significare imperatoriæ celsitudini et mediante illa sanctissimo domino nostro. Itaque res ista non videtur indigere dilatione, ut legatus mittatur. Item nec conveniens videtur aut decens apostolicæ sedi, aliquem legatum ad eum mittere, donec non retractaverit, quæ dixit contra apostolicam sedem et doctrinam ac mandata ejus. Et quia dictum est, quod nihil dixit contra fidem apostolicæ sedis: cum ita intellectum fuerit, declaret publice, se tenere fidem et doctrinam apostolicæ sedis, et nihil velle tenere nec voluisse contra illam. Tamen his non obstantibus referam sanctissimo domino nostro hanc petitionem suam, et quod pro nunc rex ad istud se resolvit, et dicitis, quod coram legato amplius se declarabit.

Circa tertium, quod delatum fuerit, quod rex gravat catholicos etc. dicit, quod ita relatum est a personis fidedignis, saltem quod eos gravari permittat, tam quod non gaudent civilitate, ut admittantur ad officia etiam magistratus, sicut alii, nec adire possint hereditatem, nec sepeliri nisi occulte in locis sacris et cetera multa. Tamen si ita non est, gaudemus de hoc; si autem est, prout relatum fuit, si non abstinet, ostendit se continue in deterius labi.

Item circa quartum, de reverendissimo domino archiepiscopo Cretensi, dicitur, quod non est verisimile nèc credendum, quod aliquid fecerit, quod non fuerit de mandato aut intencione sanctissimi domini nostri papæ, et quidem de publicandis literis et processibus contra regem hoc mandatum est, quod hoc sibi per apostolicum commissum et mandatum est. Et ita de aliis omnibus credere debetis, nisi forte sanctissimus dominus noster a nobis informatus aliter diceret, quod non est verisimile. Et ea etiam, quæ narrastis ab eo facta esse, talia sunt, ut videantur fieri debuisse.

Circa quintum de processibus suspendendis, quæ pertinent ad ducem Balthasarem, dicitur, quod credimus, quod sanctissimus dominus noster ita in his accessoriis faciet, sicut in principali, a quo ista dependent; id est, dum obedientia vera (sic). Tamen et hoc referemus sanctissimo domino nostro; et tandem suademus regi, ut obmissis hujusmodo vere, realiter et cum effectu faciat id, quod tenetur et promisit; alioquin et dominus noster faciet, quæ tenetur erga eum, et demonstrabit mundo, quis et pro quali tempore habendus sit, et alia, quæ ad hoc ei secundum deum videbuntur fienda.

316.

1 4 6 4.

Nachricht über Ursprung und Schicksale des Reichsreform-Entwurfes.

(Neuburger Copialbuch N. XI, fol. 392.)

In der von Herzog Ludwig von Baiern zur Werbung an den Bischof von Passau gegebenen Instruction heisst es:

— „mit namen, so sey durch unsern herrn kunigen von Beheym, den Robacher vnd maister Marttein Mair ain vertzeichnuss zu Prage bescheen, wo die furganck gehabt hette, so wåre vnserm herrn kaiser ere vnd nutz in dem heiligen reich frid vnd einigkait dauon entstanden, auch die gericht auszgericht furderlich gehalten vnd voltzogen vnd dorczw solich swär straff die dann als die rede lautten von anstossunden gesten vorhannden sind mit gutem fug verkumen werden, als sich das alles in verhorung derselben vertzaichnus wol erfindet. Vnd als nun maister Sigmund seliger die sach an vnsern herrn kaiser vnd maister Merttein an vnsern herrn phaltzgrauen vnd hertzog Ludwigen bracht haben, die herren all daran ein geuallen gehabet, als sich dann solichs ausz den briefen die der kaiser phaltzgraue vnd hertzog Ludwig dem kunig zu Peheym geschriben haben erfindet. Dorzw so sey auch solhes darnach in sunderhait dem phaltzgrauen auch hertzogs Ludwigs räte von vnsers herrn kaisers rate zugeschriben vnd begeret worden das der phaltzgraue vnd hertzog Ludwig jre räte mit vollem gwalt hinabschicken sollten, das sy dann auch also getan vnd sich irs tails vor vnnserm herrn kaiser vnd seinen räten albegen erpoten haben, alles das zu tun, das die gemelt verzaichnuss innhalt, aber vnser herre kaiser hab das noch zurr zeit nicht getan."

(Im weiteren Verlaufe der Instruction wird urgirt: die kaiserl. Bestätigung der Arrogation des Pfalzgrafen etc. die Entscheidung, ob dem Herzog Ludwig eines jener Ämter zugestanden werde etc. etc.)

317.

1464, Jun. 2.

Zeitung aus Böhmen an den Herzog Wilhelm von Sachsen: über den Aufenthalt der alten Herzogin von Sachsen in Prag u. dgl. m.

(Concept im geh. Archive in Dresden, 8028, fol. 63.)

„Zeitung."

It. die kunigin von Hungern des k. v. Beheim tochter ist todeshalben abgangen, dorumb tragen k. u. königin leide vnd deshalb ist in dem inczoge unnser alden frauwen von Sachsen von des k. herren dienern und der cronen inwonern dhein ritterschimpf mit stechenn oder rynnen gescheen.

It. graue Ludwig von Glichen hat mich Rudolff Schenken in sunderheit berichtet, wie der k. von Beheim myn ald fraw von Sachsen an allen enden von Brux angebinde bisz gein Prage vnd furd hat durch sein konigreich vnd furstentumb sie mit aller vszrichtung vfs folligst versorgen lassen vnd zum jungsten bestalt das vor allen dorffern zcwischin Brux vnd Prage die bawrn mit mosantzen, eigern, kesen vnd eyerkuchen irer gn. entkegen gelauffen sein vnd das in iren wagen geben.

It. so sie vf Dinstag nach Trinitatis (29. Mai) zu Luna ein nacht gelegin ist, ware in der stad ein gross fewr vffkomen vnd von den inwonern ein grosser vflauft gescheen, dadurch sich vnnser gn. frauwe von Sachsen besorgte, das sie vnd die yren deshalb verdechtlich gehalten wurde, doch gab god das in der behusung da solich fewr auszqwame nymands der iren beherbergt war, vnd ir gnad erhube sich mit den yren des morgens ein stunde vor tage vnd qwam in der vierden stunde nach mittage zu Prage ingefaren.

It. der k. v. Beheim zcoge vnnser gned. frauwen von Sachsen der alden entgegen mit zcweihundert pferden vnd nicht vil daruber vnd fure mitsampt dem bischoue von Bresla vff eym wagin. Vnd ehir dann der k. vszczoge schickte er sein sone den Victorin vnd den andern der wol dewtzsch kan der herczoginn entkegin mit groszer erbietung von seiner vnd der koniginn siner gemaheln wegen.

It. der k. fure vnnser alden frauwen entkegin, vnd da er ir ihensiid sannct Wentzla berge begunde zcu nahen, steige der k. von sym wagin vnd ginge zu yr, desglichen hett vnnser ald frauw gein dem k. auch getan, vnd wolt kein teil vor dem andern zu Prage inczihen mit groszem gepreng das beidersiid von dem k. vnd auch vnser gn. frauwen von Sachsen geubet warde, doch so fure der k. nahe vor irem wagin zu Prage in vnd geleitet sie vor yr herberge.

It. der k. hatte vast herren vnd ritter die neben sym wagin gingen, desglichen vnnser ald fraw mit namen bede er Heinriche von Bunaw rittere, truchsess, ald Dietz vnd Hans von Miltitz vnd Heinrichen von Einsiedel. It. so hat yre gnaden gehabt drie frauwen wagenn, ein camerwagen vnd sust zcwene spiese wagen vnd bie hundert pferden bei ryter.

It. vnser ald fraw von Sachsen hatte grauen Ludwigen von Glichenn ern Nickeln von Schonberg hofmeister vnd Hannsenn Metsch zu der koniginne geschicket vnd sie bitden lassenn, das yr gnade leyde wolt abtun. Nachdem der k. an vnnser alden frauwen begert hett, das sie mit seiner konigl. gemaheln vf den Warenlichamstag vf sannet Wentzla berg faren solte, das dy koniginn yr zu liebe also getan hat.

It. am heil. Warenlichamstage (31. Mai) frue ist die koniginne zu vnnser alden frauwen vor yr herberg gefarenn, da abgestiegenn vnd vnnser frauwen gnad, die der koniginn entgegin gangen war erelich empfangen, bittende mit yr vf iren wagin zu sitzen vnd vf S. Wentzlaberg zu farenn, des hat vnser fraw von Sachsenn nach ettlichem gepreng gefolgen müssen.

It. der bischof von Bresla hat desselbin tages vf S. Wentzlaberge in genwerticKeit der konigynn vnd auch vnser alden frauwen, die geleich vndir dem cantzel geseszen warenn, das heilig ewangelium vnd vnsern glauben starck wider den Rockenczan gepredigt. Abir vnnszer gnedige frawlin uwer gn. tochter ist da nicht entkegenn gewesenn, auch vnnser ald frauwen noch nicht empfangen.

It. die konigynn vnd vnser ald fraw sein mitsampt uil herren vnd ritterschaft vsz der cronen vf S. Wentzlaberge mit dem heil. sacramendt in der processio vmbgangen vnd nach gescheenem ampt sein sie iriglich vf yren eigen wagen geseszen vnd vor vnnser alden fraw herberg gefarenn, habin sich da geseynet vnd von enander gescheiden.

It. am heil. Warenlichamstage sein mit dem heil. sacramendt zu S. Jacobff in der processio vmbgangen diese nachgeschriebenn nemlich her Leben, her Burga, der Zcalta, der von Tetzschen, der von Plauwen, der von Schonberg, Nothaft vnd annder vast mer herren vnd diener des ko. Vnd der ko. personlich ist in keiner processio gangen, sundern gantz in sym wesen plieben, abir bie dem Rokenczan vnd sins glaubens ist nymands namhaftigs gangen von den herren oder inwonern der cronen, dann der Samuel vnd der Gamereth.

It. der Rockenczan hat vf corporis Christi in siner kirche gepredigt wie die hucher vnd widerwertigen yres glaubens vf S. Wentzlaenberge predigen das ewangelium vnd alles das wider iren glauben ist vnd ubirlawt geschrien diese wort, zceter, zceter, zceter, wolt ir mich nů nicht handhabin, so bin ich uerlaszen vnd vnser glaube wird ganz geschwechet.

It. vns ist gesagt wie der bischoue von Bresla vf Sontag zu S. Jacobf predigen wolle.

It. geleitslutt von des ko. wegin vnser gn. frauwen von Sachsen der eltern sullen sein her Zcalta, der Wigmoller, vnd er Apel Vicztumb der alde mit hundert pferden. Gnediger herre! so vns das uerkundigt ist von grauen Ludwige haben wir als uw. gn. geschickten nicht gefallen dorinne gehabt, ist sich souil gearbeitet von eym der uwern, als wir das so wir vor uw. gn. erschinen offenen wollen, das vnnser alde frauwe uwer gn. swester an den ko. hat lassen gelangen bittinde ern Apeln Vicztumb mit yr nicht zu schicken in gleitswiese, angesehin der sachenn geleginheit mit yrem lieben herren vnd gemaheln auch mit uw. gn. als yrem lieben herrn vnd bruder. Hat yr der ko. anwurt lassen gebin, er woll yr des zu willen sein, das er Apel in gleitswiese nicht mit yr ryten solle sundern er habe ettlichin handel bie dem keiser, den er Apel vormals gehandelt hat, dorumb musse er yn zu dem keiser schicken, er sulle auch vor oder nach zcihe, damit sie ern Apels halb nicht belestet werde.

It. graf Ludwig von Glichn hat vns furder geoffent, wie herczog Victor vnnde sein bruder vnnser alde frauwen vfgenomen habin in yrer herberg vnd vf Fritag nach corporis Cristi (1. Jun.) gefuret in der koniginn hof, die zu gaste geladenn hatte mit hochem wolgeborn vnd gutlichen erczeigen da gescheen ist. Nachfolgende hat die koniginn vnnser alde frauwen gefuret zu dem konige, vnd alsdann da der ko. vnd die koniginn vnnser ald fraw angestrengt vnd gebeten Sunabind vnd Sonntag nachfolginde bie yr beider gn. zu plieben, des sich vnser ald fraw mit allem demut bittinde sie des zu erlaszen des hat sich vnser ald fraw also abgeredt, vnd vf hut Sunabend (2. Jun.) iren recess genomen.

It. furder habin k. vnd koniginne vast vnnser ald fraw gebeten das sie vff irem widerwege wolt wider hie zu Prage zcu zcihen, vnd ire zukunft inkundigen lassen, das hat sich vnnser ald fraw mit hofelichenn wortten abgeredt so lautende sie moge dem k. vnd der kunigynn nicht zusage gethun ir widerzukunft, sundern esz schicke sich in dem vnd andern in gotes willen, aber wer sie bie yrem lieben herrn vnd gemaheln in iren furstenthumben, so der k. vnd die kunigynn yrer begerten, so wer sie in allein vnd vnuerhindert zu yn zukomen. Das haben k. vnd koniginn in allen gnaden vnd wolgefallen von vnser gn. frauwen vffgenomen.

It. esz hat die ald herczoginn von Sachsen vereret herczog Victorin, seinen bruder, ern Jobsten, dem Wigsmoller iglichem ein gulden span desgeleichen Hannsen Steinbach mit eym gulden span, der yr in der herberge von des k. wegin volle vnd gantz vszrichtung getan hat.

It. graf Ludwig hat mit dem frawlin uw. gn. tochter rede gehabt, desgeleichen sich befraget, wie sie gesiettet sei. Als gebin yr die behemischen herren gross lobe vnd die diener der koniginn vnd sagen yr gross vernunft zu. Vnd graue Ludwig sagt furder, wie sie vast schone vnd lanng vsgewachsen sei, vnnd uw. gn. als yrem lieben herrn vnd vater vnd vnnser gned. frauwen, als ir lieben frauwen vnd muter yrer dinst vnd uil guter nacht entpoten hat. Vnd dabie gebeten grafen Ludwige ire liebe fraw vnd muter zu bitten iren lieben herren vnd vater furder fur sie zu bydten, uw. gn. wolt yr nicht vergeszenn, sundern sie halden vnd entpfolhen lassen sein als uwer naturlich liebe tochter das sei sie umb uw. gn. vnd vnnser gnedig fraw yre liebe fraw vnd mutter allzeit willig zu verdienen. Solich rede hat das frawlin uwer gn. tochter in bemischer czalhe geredt vnd in dewtzsch wider graf Ludwigen durch einen andern verdolmetzschen laszen, wann sie dewtzsch sprach gar nahe vergessen hat.

318.

1464, Jul. 4 (Prag).

Der königl. Secretär Jobst von Einsiedel an Markgraf Albrecht von Brandenburg: Nachrichten vom böhmischen Hofe.

(Orig. im Plassenburger Archive in Bamberg.)

Dem hochgebornen fürsten vnd herrn herrn Albrecht margrawen zcu Brandwurk vnd burgrauen zcu Nueremwerk mein gnedigen herrn.

Hochgeborner fürst gnediger herr, ewern fürstlichen genaden mein williger dinst zcuuor, ewern genaden sey vuuerpurgen, das mein allergnedigisten herren dem konig, von seiner koniglichen rethen, die sein genad ydczund im kayserlichen hofe hat, schrifft komen sein, wie die von Mecz sollen iren potschafft pei sein keyserlichen haben vnd da klagen lassen, das in, mein herr der konig von Frankreich, abgesagt sol haben vnd beger an in, das si im sollen hulden vnd sweren, als sein erbliche stat, vnd als ein Romischen konig, vnd, das er sol haben auff hundert tausent man, er wolle auch zcihen, ken Rom, vnd Romischer konig werden, die selbig stat Mecz begeret hilff an sein kayserlichen genaden, item der herczog von Burgundien der leihe dem konig von Frankreich vil folkes vnd sol, das herczogtung zcu Luczenwurgk von im als von eym Romischen konig entpfangen haben, vnd der herczog von Meylandt, sol das herzogtum von Meyland von sein genaden, als von eym romischen konig entpfangen, darczu sol er im czehen tauszent man leihen, nue weisz mein allergenedigister her der konig nicht wes er darin glawben sol, vnd acht wol wer was, dar hinter ewr genad hett auch ein wissen davon, vnd hett sein genaden ein sulchs verkundigt, item herczog Albrecht von Sachsen meins genedigen herrn sone ewern genaden swager ist ydczund alhie zcu Prag pei mein herrn dem konige, vnd hat auff anderhalb hundert pferd vnd erkent sich mit sein koniglichen genaden meiner frawen der konigyn, vnd meins herrn sönen seinen swegern er ist riterlich vnd rent mit scharff. Meins hern herczog Wilhelmen von Sachsen potschafft ist auch alhie gewest der sachen halben als ir wist vnd ist pei mein genedigen herrn dem konig auch pei meiner frawen der konigyn mit eren, vnd in allen glimpfen auff genomen entpfanngen vnd frewnttlich gefertiget worden, ich wirde auch in kurcz czu mein herrn herczog Wilhelmen auch mein alden herrn von Sachsen reyten, in potschafft item die

Vngerin des von der Freyenstats tochter ist heym, ken Vngern geschikt worden. Newe czeitung mein herr der konig hat herrn Hinko von Vettaw, im lannde zcu Merhern, lassen seine slosz vmb legen, die vntersteen zcu gewynnen, darvmb das er sich des lantgerichts widerseczt, vnd dem nicht geharsam, gewest ist, vnd das gannez land zcu Merhern czewhet vor in, der almechtig got, gerüch eüch frisch vnd gesunt, mit eym lankleben zcu geben vnd zcuuerleihen vnd eüch behüten vor allen vbel amen. Datum zcu Prag vnter mein ingesigl am Mitboch sent Vlrichs tage anno etc. LXIIIJ°.

Jobst vom Eynsidl ritter secretarius etc.

319.

Ohne Jahr (1464?) Sept. 17 (Prag).

Domherr Wenzel Křižanowský an den Breslauer Bischof Jost von Rosenberg: über seine Streitigkeiten mit Rokycana und einen Güterprocess in Mähren.

(Orig. im Wittingauer Archive.)

Reverendissimo in Christo patri et domino, D. Jodico dei et apostolicæ sedis gratia episcopo Wratislaviensi dignissimo, domino Rosarum, præposito sanctæ Pragensis ecclesiæ, supremoque magistro ordinis militiæ S. Johannis, etc. patri ac domino suo gratiosissimo.

Reverendissime pater et domine, domine gratiosissime! Reverentiam debitam et sui humillimam commendationem. Nuper apud nos res novæ inciderunt: Mr. Rokyczanus invitabat me per magistros suos et sacerdotes ad disputationem de calice. Et responsum a me accepit, dato judice secundum novam et antiquam legem et sanctiones patrum sanctorum et auditoribus, loco et tempore debitis et consuetis, cum scitu regis, paratissimum me exhibeo. Putatne R^{ma} P. V^{ra}, homo confectus tanto senio disputabit? aut deductam ut asserit veritatem in dubium ponet? Artes hæc sunt hominis apud vulgarem populum, sicut patebit. Nam extemplo post clamoribus ambones repleverunt, me seductorem et mendacem appellando. Deinde nos expugnare coepit; per vim nobis ecclesiam S. Michaelis sub castro ecclesiæ Pragensis incorporatam et ad R. P. V. jure patronatus pertinentem abstulerunt, et ibi in despectum nostrum cantiones contra episcopos et cardinales cantando et missas celebrando manu armata laicali; sicut ex aliis literis latius V. R. P. accipiet. Brevi dicam: nisi fuerit regiæ serenitatis provisio, de periculo gravi timetur. De gratia mea expectativa quid sit, humiliter mihi significari oro. Judicium ut fertur in Moravia erit, ubi villam Letoniez prope Brunnam et Rusinow oppidum ad prædecessorem dominum generosum dominum Petrum R. P. V. patruum, præpositum omnium sanctorum et ad me pertinentem, quidam nobilis de Perstein de facto et non de jure tenet, multa habita proscriptione quæ de facili evinci posset, V^m^ dignitati R^ne^ commendo; de qua consilium una cum magnifico et gratiosissimo domino meo, germano V. R. P. et auxilium humillime peto. Timeo enim me absente propter viarum discrimina, ne per taciturnitatem jus minuatur aut deperdatur; et per manifestationem vereor, ne in manus alienorum devolvatur. Circa eam rem tamen D. Johannem decanum Wissegradensem et confratrem Capliczar sollicitatorem fore et ampliorem relatorem apud R. P. V. institui et rogavi. Valeat R. P. V. et mei recordari dignetur; quia ego vere pro salute V. R. S. longaeva deum oro. Ex castro Pragensi, etc. VII. Semtembris.

E. R. P. V.

Wenceslaus Krzizanowsky etc. in ecclesia Pragensi prædicator immeritus, servitor.

320.

1465, Januar 19 (Znaim).

Der Rath von Znaim an Herrn Heinrich von Lipa: Erkundigung über die bei Gaja liegenden Brüderrotten.

(Aus dem Archive der Stadt Znaim, Cod. Nr. 41, pag. 164.)

Wolgeborner edler vnd gnediger herr, vnssern willigen dienst zuuor. Geruch ewer gnad ze wissen das an vns hat gelangt wie die bruder gar starkh sein vnd ligen zu Geya vnd in dem kreyz dabey vnd werden ye lenger ye mer, darvmb pitten, wir e. g. dinstlich ob e. g. icht vernembt wider wen das sey oder wen sie schaden maynen das ir vns das wellet wissen lassen mit ewern brieff bey dem poten das wir vns wessen auch darnach ze richten vnd peworen. Das wollen wir gern vmb e. g. vnd vmb die ewern verdienen. Geben am Sambstag vor Fabiani und Sebastiani anno domini etc. LXV°.

(Domino Heinrico de Lippa. 1465.)

321.

1465, Jan. 21 (Rom).

Der päpstliche Legat Rudolf Bischof von Lavant an Protas Bischof von Olmütz: Vorwürfe wegen seiner Betheiligung am Kriege gegen Hynek von Lichtenburg.

(Ms. Sternb. p. 334—335.)

Reverendissime pater! Post commendationem.

Instantibus alias oratoribus Ser. D. imperatoris, SS. D. N^{r} deputavit nos commissarium et legatum ad suam majestatem pro factis regni Bohemiæ, si forte per medium suæ celsitudinis, uti dicti oratores suæ sanct. spem dederunt, ad pacem et unionem cum apostolica sede et ecclesia Romana reduci posset. Interea supervenit nobilis baro Hynko de Lichtenburg, dominus in Wetau, qui præfato SS. D. N^{ro} lamentabili cum querela conquestus est, pat. V^{ram} RR. ipsum, qui verus et perfectus semper catholicus fuit et est, diffidasse, gentes adversus ipsum et dominia sua misisse, et causam cum ceteris suæ et suorum spoliationis et exterminii præbuisse; non obstante, quod paratus fuit et est, stare juri coram sua sanct. vel ejus commissario omnibus de se querulantibus. De quo SS. D. N^{r} et RR. DD. cardinales plurimum admirati fuere. Decreverat autem sua sanct. seriosas valde desuper V^{re} pat. sub plumbo mittere literas, et illam districte requirere, ut diffidationem tolleret, gentes suas revocaret, ablata restitueret et damna resarciret. Quod cum sensissemus, tamquam ituri ad partes illas, intercepimus hanc et obtulimus nos desuper V^{re} pat. moveri, et in præmissis quantum posset suæ sanct. condescendere deberet. Sanct. igitur sua rem hanc cum omnibus suis dependentibus et connexis nobis commisit, et voluit, ut pat. V^{re} desuper scriberemus, et illam ad præmissa facienda requireremus; et in eventum, quo illa non faceret, adversus eandem procederemus: immo quod fortius est, in facto regni nihil penitus ageremus, antequam obsidio, quæ contra dictum de Wetau apud castrum Czornstein, tollatur et cesset, restitutio in ceteris oblatis ei fiat, et de damnis sibi et suis illatis satisfiat. Hortamur igitur in domino, atque cum ea quæ decet reverentia in virtute sanctæ obedientiæ, quam apostolicæ sedi debet, requirimus pat. V^{ram}, quatenus mox visis præsentibus eadem V^{ra} pat. diffidationem tollat, gentes quas adversus ipsum misit ut revocet, oblata restituat, aut ordinem det quod restituantur, de damuis ei et suis illatis satisfaciat. Indignum enim est, ut contra se offerentem ad vias juris via facti procedatur. Quodsi quid causæ V[ra] pat. adversus ipsum habeat, paratus est SS. D. N[r] et nos nomine suæ sanct. parati sumus V[ræ] pat. de eo querulanti justitiam ministrare. In eventum vero, quo V[ra] pat. præmissa curare non vellet neque curaret, quod non speramus, opus esset cum ad partes illas vestra aut eis propinquas veniremus, ad ultiora procedere juxta mandatum a dicto SS. D. N[ro] desuper nobis datum; de quo potius supportati esse vellemus. Faciat ergo pro deo in præmissis pat. V[ra] juxta desiderium SS. D. N[ri] atque nostrum, quod pium atque justum est, ut etiam ad ulteriores tractatus pro pace et unione regni devenire valeamus. Quas utinam procurare et obtinere possemus, annuente altissimo, qui pat. V[ram] feliciter et votive dirigere, conservareque dignetur.

Datum Romæ, ipsa die beatæ Agnetis virginis, anno domini M°CCCC°LXV°.

Rudolphus episcopus Lavantinus, legatus ad Caesarem pro factis regni Bohemiæ deputatus.

322.

1465, Febr. 18 (Neustadt).

Johann Freiherr von Neuburg und Rorbach erstattet dem böhmischen Kanzler Prokop von Rabstein Bericht über seine Unterhandlungen am römischen Hofe in Angelegenheiten König Georg's.

(Mitgetheilt von Ant. Boček.)

Edler, wolgeborner herr vnd sunder lieber freundt! Mein freuntlich willig dienst wisset beuor. Ich fueg ew ze wissen, das ich von den gnaden gots gesunter vnd wolmügender her in die Newnstat komen pin am Mantag nach Dorothee (11. Febr.), vnd meins gnadigisten herren des kunügs sachen halb nicht ee komen hab mügen, als sein kunigliche gnaden desselben meins vleis vol erindert sol werden. Auch wist, als ich zu vnserm hailigen vater dem babst komen pin, vnd vnsers hern des kunigs sachen auff das aller hohst vnd pest anbracht hab, do frogt mich sein heilikeit allerley, nemlich ob sein k. g. nicht gewest het, ee ich hinein gezogen sey, das sein heilikeit zu babst erwelt sey worden. Sagt ich seiner h., wie sein k. g. wol gewist hiet, das sein person zu babst erwelt wer. Nam sein h. wunder, das sein k. g. nicht ein treffliche potschafft hinen geton, das dach in seiner k. g. sachen wol gedient hiet, vnd sein h. hiet vnserm herrn dem kayser czu eren sein k. g. dest pas zu willen werden mögen. Darauff sagt ich seiner h. wer seiner k. g. potschafft teglich wartund, daran dann sein h. gross geuollen hiet. Do mir aber vnser herr der keiser das obschraib, das sein k. g. zu den zeiten nymant schicken wolt fuegt ich mich zu seiner h. vnd sagt, das vnserr herren den kunüg merklich vrsach irret, das sein k. g. diczmals nicht schikken mecht. Also redet sein h. nicht weiter von der potschafft, vnd lies es gütlich besteen, vnd das alles hat mir der prouincial Augustiner ordens in grosser gehaim mit seiner h. geredt, wann ich so vil latein nicht kund, der dann ein ersame persone, vnd vnserm herren dem kayser wol gewant ist. Item ich hab sein h. mit grossem hohem vleis von vnsers hern des kaisers wegen angelanngt vnd gepeten, das sich sein h. gnediclichen gegen sein k. g. vnd der durchleuchtigen crone zu Beheim in seiner k. g. sachen hollt, anders wenn sich sein vorforderr bapst Pius geholten hiet, auch das all process, pann vnd fürnemen, so pabst Pius ausgeen lassen, vnd wider sein k. g. vnd die sein fürgenommen hett, all abgeton vnd auffgehebt wurden, vnd sunder das sein h. ein trefflichen legaten in das kunüg-reich zu Beheim der sachen halb schicket, so zweiuellt vnnserm hern dem keyser nicht, sein k. g. wurd weg gedencken vnd furnemen, dadurch die irrung, so zwischen des stuls zu Rom vnd seiner k. gnaden sein, abgetan vnd hingelegt wurden, darinn dann sein k. g. grosen vleiss haben wurd. Darauff antwurt mir sein h. auff yedes stuckh in sunderhait, am ersten wer sein h. willig in gnediclich zehalten, mer wenn bapst Pius getan hiet, so ner er sich auch gegen seiner h. hielt, als sich gepürt, vnd tet ein schone longe red, sein k. g. zu eren am ersten sein k. g. wer mannhafft, weis, streitper, mild etc. mit mer schon worten, dadurch er der kristenheit ain guter nuczer furst vnd kunüg sein mecht, nur ein stuckh irret die andern alle; vnd wann sein k. g. weg gedecht, das dasselb stuckh abgethan würd, so wer sein h. seiner k. g. vil gnad vnd freuntschafft zu beweisen, vnd sein h. hett ein brieff in der handt, vnd sagt dabey, sein k. g. sollt seiner h. als mechtig sein, als sein h. des briefs wer, vnd sein k. g. solt nicht ainen babst, sunder ainen guten gesellen vnd bruder an seiner h. haben; er wolt auch gernn selber mit sambt im leidlich weg furnemen, damit die sachen erlegt würd. Dann von der process vnd pann wegen, die abzetun, antwurt mir sein h. er hiet von stund an, als pald er erwelt wer worden, beuolhen die nicht auszegeen lassen, wie wol sein heilikeit vast darumb angelangt worden wer vncz als lanng, ob vnser herr der kayser oder sein k. g. sein h. verrer verrer (sic) darumb besuchen wird, als dann beschehen wer. Dann von des legaten wegen in das kunigreich ze schikken, nam sein h. ain bedencken auf die cardinel, wenn sein h. mainet, er macht in dem artickel an die cardinell nichts handeln, nach dem sy gar herrt in den dingen weren, vnd sein h. hat (sic) mir anweysung, das ich mich mit ettlichen cardinellen, die mir dann sein h. in sunderhait nennet, aus den sachen vnderreden solt, das ich dann also tet vnd warend (sic) zwen ader drey cardinell gutwillig, das man schikken solt, aber die andern waren hertt in den dingen vnd slugen das gancz ab, vnd weret dasselb gedencken in die vierd wochen, die ich der sachen halb warten müst, vnd die sachen, die weil stets arbeitet, das mir kain antwurd werden kund, vnd was dach der mangel vnd prechen an seiner h. nicht, sunder das man die cardinel nich zusammen kund pringen, wann sein h. die sachen ye in ainem ganczen consistorii handeln wolt, vnd stund die sachen pis auff den weynachttag nach dem ambt, das dann sein h. selbs sang. Da gieng ich zu seiner heilikait, vnd pot mir in den sachen antwurt ze geben, nach dem ich sunst in allen andern sachen vor langer czeit gnediklich von seiner h. abgevertigt wer. Also sprach sein h. er wolt den cardinellen zu sagen, nach dem die all mit seiner h. in sein camer ganngen waren, das sy des morgens an sand Stefan tags all zu seiner h. mess komen, als dann sein h. tett; so wollt mir sein h. der sachen halb ein enttlich anttwurt geben, vnd do ich nů an sand Steffans tag zu seiner h. kom, do hett sein h. ein langen ratt mit den cardinellen. Darnach poten mich die cardinel in gegenwürtikeit seiner h. nach pis auff den nechsten Freitag darnach ze warten, das ich dann auch also tun müst. Also an dem Freitag (28. Dec. 1464) schuff sein h. als er von den cardinalen ging, mich allain zu seiner h. ze fügen, vnd die zwen bischoff Torcellanum vnd den von Lauent, auch meister Hansen Hinderbach mit mir zu nemen. Da ich des nachts also kom, sagt mir sein h. wie er mit den cardinelen ains wer worden, vnserm hern dem kayser zu eren ainen legaten an seiner kayserlichen g. hof ze schicken, dahin moch sein k. g. sein trefflich potschafft tun, mit namen merklich aus dem glauben zwayerley gestalt; daselbs sol der legat mit sambt vnserm herrn dem kayser, auch seiner k. g. potschafft vleiss haben, damit man die sachen in gütlich aynigkait bringen mocht. Dabey sagt mir sein h. das er mit nichte anders erlangen biet mögen, dann das man den legaten her schickh, der selb legat wirdet werden, der bischoff von Lauent, der dann ein frummer gutiger man, vnd sein k. g. nicht vngenaigt ist. Dar auff hot sein h. all process, pann vnd anders wider sein k. g. ausgangen angestellt, pis zu ausganck der teding etc. Sunst sagt mir sein h. das in angelangt wer, wie ettlich, so der kürchen gehorsam weren, von seiner k. g. vast beswert wurden beualh mir sein h. solches an vnsern hern den kaiser ze bringen, damit sein kay. g. darob war, das sein k. g. dem von Wetaw von seinem geslas Czornstein zug pis zu ausganng vnd ennd der teding, aber vnser herr der kayser hat in den sachen nichts hanndeln noch sich damit beladen wollen. Auch wist, das mich nach meiner kumfft her in die Newnstat krankhait an gestossen hat, das ich in ettlichen tagen die sachen nicht aigentlich an vnsern herrn den kaiser bringen hab mügen, es wer sünst der pott ee hinein zu sein k. g. gewertigt worden. Geben zu der Newnstat am Mantag nach sand Juliana tag annorum domini etc. LXV[to].

Johanns freyher zu Newnburg auff dem In vnd zu Rorbach.

323.

1465, Martii 7 (Prag).

König Georg an Papst Paul II.: Entschuldigung wegen versäumten Glückwunsches und Rechtfertigung des gegen Hynek von Lichtenburg geführten Krieges.

(Ms. Sternb. p. 569.)

Rex Georgius Bohemiæ ad papam Paulum.

Beatissime pater! obedientiam cum veneratione ad oscula pedum beatorum.

Superiori tempore dum audivimus sanctitatem vestram ad summi pontificatus apicem assumptam esse, non parum lætati sumus, cum censuimus talem virum ad sedem apostolicam esse sublimatum, quem non ambigimus divina sorte datum esse pro regimine pacifico et felici ecclesiæ sanctæ ac decore utilitateque reipublicæ christianæ. Gratulamur quoque plurimum, quod sanctitas vestra ut accepimus nos prosequitur suo affectu benigno; quod profecto gratissimum habemus, cum inde non mediocria commoda nobis et regno ac coronæ nostris sperare ausi sumus. Ad quam quidem sanctitatem vestram dudum oratores nostros, quemadmodum institueramus, misissemus, ipsam ad salutandum et congratulandum eidem, nisi timuissemus ipsis a nonnullis æmulis nostris ibidem in curia sanctitatis vestræ non eum honorem, quem decet regios oratores, sed potius dedecus aliquod inferri, quod nobis molestum foret. Si autem benivolus animus hic sanctitatis vestræ nobis non incognitus fuisset, mittere eosdem nostros oratores pro tunc haut ommisissemus; quod cum factum non sit, oramus devote, quatenus sanctitas vestra illud in bonam partem velit committere et nos ac regnum nostrum habere dignetur commendata. Denique significare curavimus sanctitati vestræ de Hynkone de Vetonia, qualiter ratione sui castri Czornstein, quod a nobis expugnatur, accepimus ipsum sanctitatem vestram accessisse et hujusmodi vindictam sibi ratione fidei inferri asseverare: quod cum minime verum sit, miramur, cur talia coram sanctitate vestra affirmare non sit veritus. Ad idem quoque reverendissimus in Christo pater dominus legatus, quem sanctitas vestra pro præsenti misit ad curiam serenissimi principis domini imperatoris, literas dedit, his subditis nostris, qui jussu nostro existunt in obsidione dicti castri, significando, quatenus ab eadem obsidione discedant; quod non putamus esse de mente sanctitatis vestræ, quin verius illud provenire arbitramur ex importunitate dicti Hinkonis, qui ratione fidei, ut diximus, hujusmodi obsidionem esse falso affirmat. Cui rogamus in eo fidem non velit sanctitas vestra adhibere: aliam enim justam causam suæ correctionis declaramus. Omnibus ille temporibus nobis fuit rebellis et infensus subditis nostris, quemadmodum tempore felicis memoriæ serenissimi Ladislai antecessoris nostri semper nobis inportunus fuit et infestus. Hic continue mala malis cumulando clandestine ignes et incendia in villas et opida nostrorum subditorum et plurima incommoda moliebatur et procurabat, prout illud nonnulli in extremo vitæ suæ supplicio fassi esse comperti sunt. Postquam ad regium culmen evecti fuimus, omnes et singuli principes ecclesiastici et seculares, comites et barones et ceteri nobiles et communitates universæ regni et coronæ nostræ nos in regem et dominum recognoverunt ac recognoscunt, nec non fidelitatis omagia nobis præstiterunt, eodem uno dumtaxat excepto qui nescimus qua præsumptione seu insolentia in tam elatum animum prorupit, quod nobis adversari sit ausus, nec suam rebellionem quovis modo temperavit prout hoc manifestum est singulis in obsidione prædicti castri laborantibus, qui omnes in obedientia sedis apostolicæ et sanctæ Romanæ ecclesiæ persistunt. Ideo merito ab omnibus regnicolis et subditis nostris tamquam rebellis et hostis publicus est declaratus; quare ipsum tamquam hostem manifestum et inobedientem persequi et destruere ac de marchionatu nostro Moraviæ excludere dignum judicavimus, castrum quoque prædictum suum expugnamus, assistentibus nobis prælatis, proceribus et aliis nobilibus dicti marchionatus nostri Moraviæ, nec nobis in hoc negotio esse amplius dissimulandum perspeximus. Hoc beatissime pater visum erat sanctitati vestræ significare, ut intelligatur, quod non ratione fidei ut præfatus Hinko asseverabat, sed propter rebellionem et propriam voluntatem hæc vindicta sibi infligitur. Bene valeat sanctitas vestra, quam pietas divina sanctæ ecclesiæ suæ domui dignetur servare incolumem.

Datum Pragæ, VII. die Marcii, anno M°CCCC°LXV°.

324.

1465, Martii 18 (Neustadt).

Legat Rudolf Bischof von Lavant an den Clerus von Böhmen und Mähren: befiehlt, alle Katholiken, unter Androhung des Interdicts, von der Belagerung von Zornstein abzurufen.

(Ms. Sternb. p. 355 u. 356.)

Rudolphus dei gratia episcopus Lavantinensis, sanctæ sedis apostolicæ ad Almaniæ nec non regni Bohemiæ partes legatus missus specialiter deputatus: universis et singulis ecclesiarum parochialium rectoribus, plebanis, viceplebanis, capellanis, presbyteris, notariis et tabellionibus publicis quibuscunque per civitates et dioceses Pragensem et Olomucensem ac alias ubilibet constitutis et eorum cuilibet in solidum, salutem in domino, et nostris, immo verius apostolicis firmiter obedire mandatis.

Noveritis quod nos pridem pro parte sanc. D. N[ri] papæ reverendos patres, dominos episcopum, præpositum, decanum et capitulum ecclesiæ Olomucensis, nec non abbates conventus tam cathedralium quam collegiatarum prælatos et capitula, ac communitates, oppida, magistros civium, consulatos, ceterosque nobiles, milites, militares, armigeros et particulares personas per civitates et dioceses Pragensem et Olomucensem ac alias ubilibet constitutos et eorum quemlibet per nostra caritativa scripta, ut ab obsidione castri Czornstein diocesis Olomucensis in Moravia ad nobilem et magnificum virum, D. Hynkonem de Lichtenburg, baronem et dominum de Wetaw spectantis, quantocius recederent, suosque armigeros, familiares, satellites et stipendiarios ad ipsam obsidionem per eos missos cum armis et rebus bellicis ad se revocarent, et ab hujusmodi obsidione desisterent et cessarent, caritative ammonuimus et requisivimus. Cum autem, sicut præfatus D. Hynko baro nobis proposuit, quod ipsi prælati, capitula, communitates et oppida prædicta ab obsidione castri Czornstein prædicti minime recesserint, neque armigeros et familiares per eos missos cum eorum armis ad se revocaverint, neque adhuc recedere, desistere aut revocare intendant: quare idem D. Hynko baro sibi super hoc auctoritate apostolica optime provideri humiliter supplicavit: Nos igitur Rudolphus episcopus et legatus præfatus, quia intentio S. D. N. papæ est, quod ante omnia viæ facti penitus cessare debeant, et prænominatus D. Hynko baro coram sanct. sua vel nobis stare juri unicuique qui contra eum quicquam pendat se responsurum et recepturum, prout justitia suadebit, obtulerit et offerat: idcirco auctoritate apostolica qua fungimur in hac parte, vos omnes et singulos supradictos et vestrum quemlibet in solidum tenoreque præsentium in virtute s. obedientiæ et sub excommunicationis poena trequirimus et monemus, quatenus accedentes quo propterea fuerit accedendum prælibatos prælatos etiam si pontificali præfulgeant dignitate, abbates, conventus et capitula quæcunque, nec non communitates, oppida, nobiles et armigeros quoslibet ad prætactam obsidionem auxilium et favorem quomodolibet præstantes et præstantia, moneatis requiratis; quos nos etiam et eorum quemlibet dicta auctoritate et tenore requirimus et monemus, eisque et eorum cuilibet in virtute s. obedientiæ et sub excommunicatione et suspensione a divinis, communitatibus vero et oppidis sub interdicti poenis et sententiis, quas ferimus in his scriptis destricte præcipiendo mandamus: quatenus mox et incontinenti post monitionem et requisitionem vestras hujusmodi per vos et alterum vestrum eis et eorum cuilibet desuper factam, ab obsidione castri Czornstein prædicti recedant, suosque armigeros et familiares per eos et eorum quemlibet missos cum eorum armis et rebus bellicis ad se quantocius revocent et ab hujusmodi obsidione penitus desistant et quilibet eorum recedat, revocet et resistat. Contrarium vero facientes præfatis nostras sententias incurrere volumus ipso facto; quas eos et quemlibet, si contra præmissa fecerint, incurrisse in vestris ecclesiis et locis publicis publice nuntietis et ab aliis nuntiare faciatis. Absolutionem vero omnium et singulorum, qui præfatas nostras sententias aut earum aliquam incurrerint sive incurrerit quoquomodo, nobis vel superiori nostro tantummodo reservamus. Datum in Nova civitate Australi, Salzburgensis diocesis, nostro sub sigillo, anno domini M•CCCC•LXV• die XVIII• mensis Martii, pontificatus sanctissimi domini nostri Pauli divina providentia papæ secundi anno primo.

325.

1465, Martii 27 (Wischau).

Protas Bischof von Olmütz an den Legaten Rudolf: gibt Aufklärung über Hynek von Lichtenburg's Charakter und Benehmen, und räth, von den Processen gegen die Belagerer von Zornstein abzulassen.

(Ms. Sternb. p. 617 u. 618.)

Reverendissime in Christo pater ac domine pater noster carissime! Post nostri commendationem.

Priusquam pat. v^ra^ curiæ invictissimi cæsaris applicuit, redditæ sunt nobis literæ ejusdem pat. v^ræ^, factum nobilis viri domini Hinkonis de Lichtenburg continentes, qualiter ipse querulose sanctissimo domino nostro obpugnationem castelli sui Czornstein, ablationem bonorum cum prædis proposuisset: quibus pat. v^ra^ monet nomine sanct. suæ, ut aliqui ex nostris, qui numero sunt viginti, ab obsidione tollantur et ablata illi restituantur, indignum putando, hæc in virum vere catholicum agi, et alia. Reverendissime pater! Factum D. Hinkonis nobis est notissimum, et utinam ipse persuasionibus nostris et aliorum, qui sibi multum favorem per plura tempora in factis suis præstiterunt, amovendo sæpius furorem instantem annuisset: nec castellum obpugnaretur, nec bona auferrentur. Sed ipse nixus cervici suæ ad nulla præter ea quæ sibi placent flexibili, et seipsum et patriam damnis non mediocribus et quasi irrecuperabilibus involvit. Ex pluribus suasionibus unam dicemus; imminente castelli obsessione et sua ruina a pluribus percepta, suasum fuit fratri suo germano, Dom. Stephano, amico nostro optimo, ut eum alloqueretur, quia omnino ita mente statuisset, intra principatum regis nostri existens, nolle sibi obedire, saltem castellum suum sibi cum ceteris bonis assignaret. Nos vero cum ceteris apud maj. regiam efficere voluimus, ut contentus homagio fratris, bona illi requireret. Frater vero se inscribere, fidem ac honorem patriæ more ipsi domino Hinkoni locare voluit, bona se ejus non ut dominum, sed ut famulum conservare.

Nullomodo ad hæc induci valuit. Verum dicemus, et si nunc in Nova civitate est, pat. v[ra] hæc ei dicere poterit: urgent illum antiqua adhuc rege optimæ memoriæ Ladislao vivente et privata in regem nostrum contracta odia, et accessorie religio. Nec dubitet pat. v[ra], plures esse in regno Bohemiæ ac marchionatu Moraviæ ita religiosos et erga sedem summam sic devotos, ut ipse est: qui si videremus regem nostrum aliqua in eum religionis bonæ agi gratia aut ob obedientiam D. N. sanctissimi, potius bona cum vita perderemus, quam rei tali favorem præstaremus. Provideat igitur rev. pat. v[ra] et causa dei diligenter animadvertat, si ob unius hominis causam et temerariam nos omnes ceteri Romanæ ecclesiæ deditissimi subire debeamus pericula, et ea quæ gratia altissimi suffragante in religione orthodoxa in his partibus repullularunt, iterumne debent sentire ruinam. Ridiculum namque erit homini, si tanta, tamque res magna, ab annis quinquaginta et ultra intricata et nunc tractanda, in decus maximum paternitatis vestræ a Czornstein castello incipi debeat aut propter oppugnationem ejus dimitti. Novit deus, quia scribemus, ut tenemur. Dimittatur hæc res levis pro deo et auctoritate sedis apostolicæ, et alia commissa pat. v[ra] aggrediatur, et illud sciat certissime, vivente rege non solvi obsidionem, nisi castello expugnato. Facilior enim his tractibus in ordinem positis restitutio bonorum foret, quam hæc solutio. Bene rev. paternitas vestra valeat et nos filium suum sciat. Datum in castro Wissaw, anno domini M.CCCC.LXV die XXVII. mensis Martii.

E. V. R. P.

Filius Prothasis episcopus Olomucensis.

Reverendissimo in Christo patri ac domino, D. Rudolpho, dei gratia episcopo Laventino ac sedis apostolicæ legato, patri nostro carissimo.

326.

1465, Aprilis 1 (Prag).

König Georg an den Legaten Rudolf: Rechtfertigung des gegen Hynek von Lichtenburg angeordneten Krieges.

(Ms. Sternb. p. 304 u. 305.)

Reverendissime pater, amice carissime! Vidimus literas, quas RR. pat. V[ra] pridem direxit subditis nostris ratione obsidionis castri Czornstain, Hynkonis de Wetovia, ut ab eodem discedatur. Non miramur de eo, cum intelligamus illud provenire ex sinistra informatione ac importunitate ejusdem Hynkonis, qui ratione fidei hanc sibi vindictam inferri falso affirmare non veretur. Cum tamen, ut omnibus subditis nostris manifestum est, propter inobedientiam et suum malum animum, quo nobis insolenter rebellare ausus est, hæc poena ipsum sequitur, quemadmodum noviter illud SS. D. N^{ro} et collegio RR. DD. cardinalium unacum baronibus et nobilibus regni nostri Bohemiæ significavimus. Nam cum omnes nedum regnicolæ, verum etiam in diversis Almanniæ partibus nobiles, comites, barones et nobiles vasalli nostri, ut sunt comites de Wirtemberg, de Schwarczburg, de Werthem, de Barbei, ceterique in Franconia, Turingia, Bavaria, Misna, Saxonia, tacemus de notabilibus Almaniæ principibus, qui fidelitatem nobis facientes, feuda sua a nobis susceperunt, ac nos in suum dominum die hodierna devote et reverenter recognoscunt: solus hic Hynko cum uno castro nobis semper rebellis, blasphemus, insolens et inobediens exstitit. Judicet RR. pat. V^{ra}, si dignitati et honori nostris conducebat tantam suam insolentiam tolerasse. Non enim propter fidem, ut ipse asserit falso, eum persequimur; nam germanum ipsius, qui S. Romanæ ecclesiæ obediens est, caritative et gratiose amplectimur. Confidimus igitur, SS. D. N^{er} quod in bonam partem dignabitur, nec nos in hoc negotio impedire permittet; alias facile daretur via ceteris subditis nostris simile indignum facinus ottentandi, quod dedecori nostro, cui semper occurere pro viribus laboravimus, accedere posset. Ideo rogamus RR. pat. V^{ram}, quatenus ab hujusmodi scriptis, quæ misit subditis nostris, desistere velit; cum sint contra libertates et privilegia regni nostri, quæ fugiunt existimamus RR. pat. V^{ram}, quibus ut contraveniatur non libenter videremus, cum eadem teneremur conservare. Nec etiam ulterius eadem RR. pat. V^{ra} præfatam obsidionem prohibere velit; quia nos discedere ab eadem non proponimus; nam nec cum bonore nostro aut aliqua honestate hoc facere possemus. Sed ipsum Hynkonem tamquam publicum hostem declaratum destruere et de marchionatu nostro Moraviæ ejicere instituimus. Cum causam dum plenius intelliget RR. P. V^{ra} nobis speramus non imputabit. Quam bene et feliciter valere optamus. Datum Pragæ, die prima Aprilis, annorum etc. LXV°.

327.

1465, Aprilis 16 (Neustadt).

Legat Rudolf Bischof von Lavant an die Mitglieder des Olmützer Domcapitels: Erklärung und Rechtfertigung seines Benehmens in der Angelegenheit Hynek's von Lichtenburg.

(Ms. Sternb. p. 352 u. 353.)

Venerabiles et egregii viri! In Christo salutem! Scripsistis nobis alias, petentes consilium, quid agere deberitis. Timetis enim incidere periculum perditionis bonorum vestrorum, si revocaretis vestros ab obsidione castri Czornstein, juxta mandata per nos auctoritate apostolica emanata. Rescripsimus autem vobis desuper atque consilium Susannæ dedimus dicentes: melius est mihi incidere in manus hominum quam derelinquere legem dei mei. Nescimus, si hujusmodi nostras literas habueritis. Si non, saltem ex nunc effectum vobis significamus. Ceterum intelleximus nonnullos esse apud vos et in partibus istis vestris, qui dicant processibus nostris quos dudum contra omnes qui caritativis literis et requisitionibus nostris non paruerunt, sub poena excommunicationis quoad singulares personas et interdicti quoad oppida, universitates et collegia, quas ipso facto incurrerent, si non quantocius suos ab obsidione revocarent, decrevimus non esse parendum, cum monitionem canonicam neque citationem præmiserimus. Miramur satis de illis, qui plus sapere volunt, quam oporteat sapere. Numquid non satis canonicam monitionem præmisimus, dum significando voluntatem SS. D. N[ri] caritative requisivimus omnes, ut discederent et suos revocarent? Præterea notorium omnibus fuit et est, et per testes et literas multorum nobis desuper scribentium clare cognovimus, neminem suos revocasse. Quid opus fuit aliter monere vel citare, maxime in re, ubi periculum fuit et est in mora, quam per processus et mandata nostra, quibus sub poenis mandavimus, quod adhuc suos revocarent. Si paruissent, quam primum sciverunt, aut adhuc parerent, quibus nunc hujusmodi nostra mandata innotescunt, poenas non incurrissent neque incurrerent. Cessent igitur apud bonos et apostolicæ sedi obedientes tales inanes disputationes, et simpliciter ac pure obediatur in re justa, honesta et licita, pro qua sedes apostolica merito certat. Dicant et scribant quid velint, quod D. Hynko persecutionem non patiatur propter obedientiam sedis apostolicæ. Istud est utique verum, et constat nobis, quod antequam hujusmodi persecutiones contra eum inciperentur, misit ad felicissimæ memoriæ papam Pium pro informatione, si ei, qui sedi apostolicæ et ordinationibus Romanæ et universalis ecclesiæ non obedit, pro vitanda persecutione obedientiam facere posset et teneretur? Et pro responso habuit, quod nullo modo id facere, quousque ille cum toto regno rediret ad ritum et veram obedientiam Romanæ ecclesiæ et sedis apostolicæ, sed potius exterminium pati deberet; potens esset dominus omnipotens, ipsum de hujusmodi persecutionibus eripere, aut aliunde hic in futuro sæculo ei centuplum retribuere. Modernus etiam SS. D. N^r. dum dictus D. Hynko apud pedes suæ sanctitatis constitueretur, et quærimonias suas lamentabiliter exponeret, nobis præsentibus et hinc inde interpretantibus, quæ a SS. D. N^ro ad eum, et ab ipso ad sanctitatem suam dicebantur, commendavit et laudavit fidelitatem, constantiam suas, et mandavit ei, ut in illis perseveraret, attendendo illud evangelium: beati qui persecutionem patiuntur propter justitiam. Unde et mandavit nobis, ut ei omnibus viis et modis possibilibus assisteremus. Ideoque processus illos poenales, qui certi sumus in multis locis publicati sunt, neque possunt omnium auribus inculcari, contra omnes et singulos, qui prioribus nostris caritativis requisitionibus non paruerunt, decrevimus. Caveant igitur omnes non obedientes, nec blandiantur sibi ipsis excusationibus, et maxime personæ ecclesiasticæ, quæ etiamsi justa causa expugnandi aliquem subesset, non deberent ad hoc stipendiarios conducere et mittere, ubi multa frequenter homicidia committuntur. Nescio quomodo irregularitatem excusare possint; et si quis cum multis errando apud homines pariter errantes non habeatur pro excommunicato, neque ut talis vitetur: non minus apud deum et ecclesiam reus habetur et ligatus existit. Miramur certe, quod in et pro tam modica re non obediatur apostolicæ sedi et SS. D. N^ro. Si qua cogitatio esset aliquid boni agendi in negotio principali, in hoc non deberet fieri difficultas, sed simpliciter et prompte obediri SS. D. N^ro, ut sanctitas sua in dicto principali negotio promptior esset ad audiendum ac pie et benigne agendum cum his, qui tanto tempore erraverunt, et extra gremium ecclesiæ fuerunt et sunt. Hæc vestris reverentiis his paschalibus diebus scribere decrevimus, ut promptiores essetis ad recipiendum processus nostros et publicandum seu faciendum publicari, atque ad parendum eisdem; qui semper obedientissimi sedi apostolicæ reputati et experti fuistis, et haud dubie eritis in futurum, domino concedente. Qui vos feliciter et votive dirigere et conservare, atque eum quem pro principe habetis, ad recognitionem erroris sui et suorum, ac ad unitatem et ritum S. Romanæ ecclesiæ reducere dignetur. Datum in Nova civitate, feria III paschæ, anno domini etc. LXV°.

Rudolphus episcopus Laventinus, sedis apostolicæ legatus missus.

328.

1465, Apr. 17 (in Nova civitate).

A. *Legat Rudolf Bischof von Lavant an Papst Paul II.: Bericht über seine Verhandlungen in der böhmischen Angelegenheit am kaiserl. Hofe, und über die Absicht, die deutschen Fürstenhöfe zu besuchen, u. dgl. m.*

(Ms. Prag. Domcap. G. XIX. fol. 175—177.)

Sanctissime ac beatissime pater! Post humillimam mei commendationem ad vota pedum oscula beatorum. Superioribus diebus literas ad sanctitatem vestram dedi, quibus significavi diligentiam, quam in factis nobilis illius baronis de Wettaw, juxta commissionem per eandem vestram sanctitatem mihi factam, feci, et quomodo non profecerim, resistentibus prælatis, baronibus et civitatibus Moraviæ, et allegantibus se metu, qui cadere posset in constantem virum, non posse revocare suos, quos apud castrum Zornstein tenent. Si enim id facerent, rex et princeps eorum aut officiales sui omnibus bonis suis eos privarent et sicuti illum de Wettaw persequerentur; quod nisi de certo scirent et prospicerent, prompto animo, prout actenus semper fecerunt, sedi apostolicæ vestræ sanctitati et mihi ejus nomine obedire voluissent atque vellent. Post hæc vero venit huc ad imperialem celsitudinem strenuus dominus Benedictus Weytimiller miles ex Bohemia, qui clare serenissimo domino imperatori mihique dixit, dominum suum nunquam missurum oratores, nisi postquam revocassem processus in et pro facto dicti de Wetaw decretos, et serenissimus dominus imperator dictum dominum suum certificaret, quod de hujusmodi negotio amplius me penitus intromittere nollem. Super quo, dum majestas imperialis mecum loqueretur, respondi celsitudini suæ in præsentia dicti militis, quod hoc mihi spondere possibile non foret; id enim, quod in hoc facto fecissem et agerem, de speciali mandato vestræ sanctitatis egissem et facerem, neque penitus desistere possem absque jussu vestræ sanctitatis; bene vellem amore suæ majestatis ab ulterioribus processibus supersedere, quousque vestram sanctitatem, cui hæc scribere vellem, consultam habuissem, si penitus resistere vel ad ulteriora procedere deberem. Et cum a serenissimo domino imperatore, cujus majestas in hujusmodi rebus, quæ fidem et obedientiam apostolicæ sedis concernunt, voluntati vestræ sanctitatis et commissariorum suorum tanquam christianissimus princeps nusquam contradicere vellet, quamquam optimo zelo pro reductione regni per vias et tractatus amicabiles laboraverit, neque a me aliud posset habere responsum, taliter qualiter contentus abhinc discessit. Verum inter tractatus hujusmodi, qui pluribus diebus duraverunt, a dicto milite sæpius quæsivi ac scire volui, quid de Wratislaviensibus sperare possem in eventum, quo sanctitas vestra consentiret, quod factum dicti baronis tollerem, et ab eo penitus desisterem ac oratores regni audirem et admitterem; nam quoad illos omnino sanctitas vestra certa esse vellet, quod durantibus audientiis et tractatibus hujusmodi plena pace et securitate frui deberent. Dictus vero miles mihi respondit, se de et in hoc nullum habere mandatum, neque de hoc aliquam certitudinem mihi dare posse; vellet tamen de hoc dominum suum avisare. Persuasi autem ei multis rationibus et motivis, quod dominum suum induceret, ut in factis Wratislaviensium, et dicti baronis vestræ sanctitati condescenderet, quæ utique non pateretur neque vellet, immo ignominiosum apostolicæ sedi judicaret, quod pendentibus tractatibus pacis super reductione deviantium in regno ad unitatem ecclesiæ et obedientiam sedis apostolicæ, fideles et obedientes eidem propterea, quia domino suo, qui extra unitatem ecclesiæ est et apostolicæ sedi in his, quæ fidei sunt, non obedit, nolunt obedire, persecutionem paterentur; sed aperte mihi dixit, quod quantum respiceret factum dicti baronis, dominus suus nullo modo condescenderet, sed quo ad Wratislavienses bene crederet, quod si serenissimus dominus imperator seriose domino suo scribi faceret, et pro eis efficaciter laboraret, aliquid obtineret; et ita discessit. Crastina vero sui discessus die mane magnus despectus, non mihi sed magis puto vestræ sanctitati ac etiam serenissimo domino imperatori ostensus est; nam unus ex potioribus regni, qui de recenti de Praga venerat, dominus Zdenko de Monte stellarum, alias juxta volgare Theutonicum de Sternberg, et triginta sex alii milites nobiles et consiliarii regni, miserunt mihi missivam clausam ac si foret amicabilis; quæ cum aperta fuisset, fuerunt in ea literæ diffidatoriæ, quibus dictum serenissimum imperatorem diffidarunt. Nemo præsumit, quod hoc absque machinatione domini sui factum sit; plures etiam ac plures ex regno Bohemiæ latrunculi et grassatores dominia cæsaris, terras videlicet Austriæ trans et citra Danubium, intrarunt, qui non nisi more Bohemico ecclesias et monasteria occupant, omnia, quæ in eis inveniunt, etiam sacra vasa divinissimæ eucharistiæ et sanctarum reliquiarum diripiunt, easdem ecclesias et monasteria muniunt, speluncas latronum ex eis faciunt, et Christianos ex eis invadunt, diris carceribus mancipant usque ad mortem, pro substantiis suis torquent et omnia circumquaque depopulantur et igni consumunt. Wratislavienses etiam cottidianis suis literis, quas ad me mittunt, conqueruntur de persecutionibus suis, quas patiuntur a certis officialibus et nobilibus regni, qui nisi foverentur per eum, qui regno præest, non auderent adversus eosdem levare calcaneum suum. Dux Baltasar de Sagano, et quidam alius baro Slesiæ, scriptis suis lamentantur, se miserabiliter spoliatos et a dominiis suis expulsos, non alia causa vel occasione, quam quia noluerunt obedire ei, qui ecclesiæ et apostolicæ sedi non obedit. Denique nudius tertius venerunt ad me duo honesti sacerdotes ex Olumucz, qui dixerunt, dictum dominum suum per officiales suos omnibus tam ecclesiasticis quam sæcularibus sub poena privationis omnium bonorum suorum mandari fecisse, quod nemo deberet obedire vel parere mandatis meis immo verius vestræ sanctitatis, in facto dicti baronis de Wettaw; et ob hoc prælati, barones et civitatenses protestati sint, ut supra quod propter metum etc. non audeant obedire etc. Dicti tamen sacerdotes, quos desuper examinavi, dederunt optimum testimonium dicto baroni, quod videlicet semper optimus Christianus et persecutor hæreticorum, et ex hoc inter dominum suum, quem heu pro domino habere opporteret, ex quo per sedem apostolicam privatus non esset, et dictum baronem, odium ab antiquo radicatum fuerit, et quod solum propterea persecutionem passus sit et patiatur, quia sibi, quem hæreticum et numquam ad veram fidem rediturum scivit, homagium præstare noluit. Ex hiis et aliis, quæ longum esset enarrare, beatissime pater, non videtur mihi, quod amplius hic morari sed juxta secundam partem instructionum mearum, principes potiores nationis Almanicæ, maxime eos, qui dominia sua circumcirca regnum habent, visitare, consilium et auxilium in favorem fidelium, maxime Wratislaviensium, et reductionem vel castigationem hæreticorum, et in hujusmodi mentem et voluntatem eorum requirere, etiam in facto Thurcorum, ut pro congregando exercitu contra Turcos serenissimo domino imperatori assistant et se præparent, parte vestræ sanctitatis hortari debeam; nam et imperialis majestas promptam se exhibuit ad faciendum in hiis, et aliis rebus fidem concernentibus omnia sibi possibilia, modo ceteri principes unusquisque pro modulo suo concurrere velint et concurrant. Verum beatissime pater! certus sum, ad quoscumque principes me venire continget, quæretur a me, quid de processu inchoato per felicis recordationis papam Pium, vestræ sanctitatis prædecessorem, factum et futurum sit. Nullus enim libenter arma sumet contra eum, qui adhuc ab ecclesia toleratur, qui ab omnibus pro rege veneratus est, et cui pæne omnes vasalli ac subditi fidelitatis juramentum præstitere, et cum quo tamquam cum Christiano et a sede apostolica tolerato rege, plures principes affinitatem contraxerunt et pacis foedera percusserunt. Pluribus et fere omnibus, cum quibus desuper conversatus sum, ecclesiasticis et secularibus videtur, quod nihil adversus eum fieri possit, quamdiu toleratur. Si vero per sedem apostolicam hæreticus declaratus, anathematisatus, maledictus, subditi sui a juramentis ei præstitis absoluti, omnia foedera cum eo percussa, sublata et invalida declarata essent, crux quoque contra ipsum et ei adhærentes daretur et prædicaretur: facilius ab eo subditi discederent, et principes, et alii, qui adversus eum arma capescerent, reperirentur. Unde quid in hoc vestra sanctitas et sacrum reverendissimorum dominorum cardinalium collegium agere velint, et quid principibus de hoc dicere, aut de quo eos certificare possum, sanctitas vestra mihi cum præsenti tabellario, cujus reditum apud reverendissimum dominum Selzburgensem, aut non longe a Salzburga exspectare volo, per breve ejusdem vestræ sanctitatis significare videtur (sic). Ridiculum enim, ut reor, foret, si principes adirem, et eos de hujusmodi informare vel certificare non possem; habita vero informatione et intellecta mente vestræ sanctitatis, faciam ea, quæ mihi possibilia erunt, pro bono rei publicæ Christianæ, honore sedis apostolicæ et laude salvatoris nostri Jesu Christi, qui vestram sanctitatem pro gloria et exaltatione ecclesiæ suæ sancte felicem, incolumem diu conservare dignetur. Datum etc.

B. *Derselbe an einen ungenannten Bischof (Jost von Breslau?) in der gleichen Angelegenheit.*

(Ms. ibid. dem vorigen Briefe angeschlossen.)

In Christo salutem. Dilecte frater! Injunxit mihi sanctissimus dominus noster, ut ante omnia laborem, quod cessent viæ facti contra Wratislavienses et dominum Hynkonem de Leuchtemberg, baronem de Wettaw, qui usque adhuc se retraxerunt ab obedientia facienda ei, qui ecclesiæ Romanæ ac sedi apostolicæ non obedit.

Scripsi propterea atque auctoritate apostolica mandavi prælatis, nobilibus et communitatibus Moraviæ, ut ab obsidione castri Zornstein discedant et ablata dicto de Wettaw restituant. Sed ut intelligo, se opponunt; venit autem dominus Weness, sive Benedictus Weytmüller miles pro eadem materia cupiens, quod hujusmodi mandata tollam et permittam, quod veniant huc oratores regni pro prosecutione negotii principalis; ego vero respondi contrarium me habere in instructionibus meis, dignumque videatur, quod in tam modico negotio compleatur et obediatur papæ, ut in principali sua sanctitas magis condescendat. Sicque stamus hic in hujusmodi differentia. Rogo, persuadeatis scriptis aut verbis, ubi persuadendum videbitur, quod in hoc fiat condescensus; magna enim ignominia foret sedi apostolicæ, sanctissimo domino nostro et mihi, si me hic stante pro reductione regni ad unionem et obedientiam apostolicæ sedis, hii, qui apostolicæ sedi adhærent, et nolenti ei obedire similiter obedire contempnunt, exterminari deberent. Haud dubie, si in illis accessoriis obediretur papæ, sanctitas sua in omnibus aliis tractabilior redderetur. Rogo ergo in hac mihi cooperare velitis, ut tandem aliquid boni in principali negotio facere possimus; in utroque enim optimus cooperator et adjutor esse poteritis. Recommendantes me illustrissimo principi, domino duci, ævo valeatis. Datum in Nova civitate ff. IV. pasche anno etc. LXVI.

Ad vota vestra paratus R. episcopus Lavantinus.

329.

1465, Mai 7 (Neustadt).

Kaiser Friedrich klagt dem H. Johann von Rosenberg, dass der H. Zdenko von Sternberg ihm und seinen Unterthanen in Österreich „mutwilligklich aus vnserm geslos Weittra, so jm von vns verschriben ist," die Fehde angekündigt, den „Waczla Wulczky" mit etlichen Böhmen und Mährern sich angeworben und zu des Kaisers Feinden gen „Ybbs" gefügt habe, wohin auch andere Böhmen und Mährer sich begeben wollten. Er ersucht daher, den H. v. Sternberg dahin zu vermögen, dass er von der Fehde abstehe und sein Ansuchen vor des Kaisers Räthe bringe, wo er ihm Recht ergehen lassen wolle. Dat. Neustadt, am Eritag nach S. Florianstag 1465.

(Orig. in archivo Trebonensi.)

330.

1465, Mai 13 (Rom).

Papst Paul II. an die böhmischen Stände: Antwort auf das Schreiben König Georg's vom 7. März 1465.

(Ms. Sternb. p. 370.)

Paulus episcopus servus servorum dei, venerabilibus fratribus episcopis ac dilectis filiis nobilibus viris baronibus regni Bohemiæ salutem et apostolicam benedictionem.

Recepimus literas vestras, in quibus conatibus excusare nitimini obsidionem castri Gronstein (sic) et damna quæ dilecto filio nobili viro Hinkoni de Wetouia hactenus illata sunt. Asseritis enim obsidionem prædictam fieri et damna ipsa inferri non pro eo, quod ipse Hinko in nostra et apostolicæ sedis obedientia hactenus perstiterit, sed quia ipse regno Boēmiæ damna prior intulerit. Hoc idem nobis scribit is, qui hanc obsidionem fieri et damna inferri mandat, petens insuper, ut mandatum de medio tolleremus, quod venerabilis frater noster Rudolphus episcopus Laventinus nuntius et orator noster nostro nomine fecisse dicitur, ut omnes et singuli ab hujusmodi obsidione recedant, dictumque Hinconem castro prædicto et aliis bonis suis in pace et tranquillitate uti et gaudere permittant. Dolemus plurimum, dilecti filii, si dictus Hinko, prout asseritis, talia commisit, propter quæ damna prædicta patitur. Vellemus enim, sicut in recta fide et unitate ecclesiæ ambulare conspicitur, ita etiam recte viveret, ut quemadmodum de fide et unitate hujusmodi ita etiam de operibus suis a nobis posset merito commendari. Sed cum nobis non constet de his, quæ ipsum Hinkonem fecisse dicitis, idcirco ea missa facimus. Verum quia ille, qui ipsum Hinkonem expugnari mandat, potestatem et auctoritatem non habet, per ea quæ ipse dudum professus est, cum se a catholica ecclesia alienum ac sub nostra et apostolicæ sedis obedientia se esse non velle declaraverit, ad judicandum dictum Hinkonem judex competens esse non potuit, neque debuit ipse Hinko illi tanquam domino obedire, prout nec potuit ab illo rebellis judicari, quem non debuit dominum recognoscere. Qua propter sicuti dictus episcopus nuntius noster mandavit, ita et nos tenore præsentium nobilitatibus vestris districte injungimus atque præcipimus, ut modis omnibus, quantum in eis fuerit, curent et faciant, ut prædicta dissolvatur obsidio, dictusque Hinko castro prædicto et bonis suis uti et gaudere pacifice dimittatur. Qui si in alio forsan delinquat, quam in eo, quod expugnatori suo, cui obedire non tenebatur, fidelitatis juramentum non præstiterit, curabimus nos et faciemus, ut cuilibet conquerenti justitia ministretur, et si quibus nocuit, integre satisfaciat. Ceterum intelleximus ex aliis literis, oratores ex regno Bohemiæ, qui nobis de nova assumptione ad apostolatus apicem gratularentur, idcirco missos non fuisse, quod is qui scribit verebatur, ut dicit, illos si mitterentur dedecus aliquod vel injuriam in nostra curia accepturos, eorum fortassis conscientia ductus, quæ dudum ipse in persona nuncii et oratoris apostolici fieri mandaverat, qui ipsius scribentis mandato in carcerem et vincula conjectus est. Sed profecto nefas erat de Romano pontifice sentire, quod oratoribus, qui ad salutandum se venirent, injuriam vel dedecus inferret, aut in curia sua aquoquam inferri permitteret, jusque et religionem legatorum, quæ ubique gentium etiam apud barbaros inviolabilis est, Romanus pontifex violaret. Erat hoc certe a benignitate apostolicæ sedis ac nostra et prædecessorum nostrorum longe alienum, qui legatos et oratores undecunque ad se venientes non modo nulla injuria afficere, sed ab omni prorsus injuria liberos benigne suscipere et audire ac insuper gratiis et honoribus prosequi consueverunt. Vanus igitur scribentis metus et frivola excusatio est; qui si vel nobis gratulari ac professioni suæ et præstitis juramentis satisfacere voluisset, seque et ceteros dissidentes ad unitatem catholicæ ecclesiæ reducere, potuit utique ad nos oratores suos secure mittere, sicuti illos ad felicis recordationis Pium papam II. prædecessorem nostrum olim miserat; qui licet nonnulla a recta fide devia et catholicæ ecclesiæ inimica a sede apostolica petissent, nulla tamen sunt affecti injuria, sed benigne suscepti, plene ut voluerunt auditi, et insuper ut ab erroribus suis aliquibus resipiscerent catholicæ ecclesiæ unitatem amplecterentur pie et paternaliter moniti ad propria redire libere permissi sunt. Nobis certe non minus studium

23*

est, quam olim dicto prædecessori nostro fuit, ut a fide catholica ubilibet dissidentes ad unionem sanctæ Romanæ ecclesiæ, extra quam salus esse non poterit, nostris temporibus reducantur; ad quod omnem operam omnesque labores libenter impendimus. Vos quoque ut una nobiscum in hoc laboretis monemus; viam enim et modum, quibus in hoc laborandum est, vos ipsi cognoscitis. Gaudemus enim plurimum, si dedecus illud, quod paucorum temeritate in regno Bohemiæ introductum est, nostro studio aboleretur, et regnum ipsum pristinum honorem et famam apud catholicos principes recuperaret.

Datum Romæ apud sanctum Petrum, anno incarnationis dominicæ Mille°CCCC°LXV°, tertio Idus Maji, pontificatus nostri anno primo.

331.

1465, Jun. 1 (Lavant).

Legat Rudolf, Bischof von Lavant, an die Sechsstädte der Oberlausitz: erklärt, die Breslauer stehen unter dem Schutze des apostolischen Stuhles, und verbietet, Feindseligkeiten gegen sie auszuüben oder zu unterstützen.

(Ms. Sternb. p. 357 — 358. Deutsch bei Scultetus, III, 156; dass. an Herzog Konrad von Öls: Ms. G. XIX, fol. 175.)

Rudolphus dei gratia episcopus Lavantinensis, sanctæ sedis apostolicæ ad Almaniæ nec non regni Boemiæ partes legatus missus specialiter deputatus: honorabilibus in Christo nobis sincere dilectis plebanis totique clero, capitaneo, vasallis, magistris civium, consulibus et communitatibus terrarum et oppidorum Budissin, Gerlicz, Sittaw, Luban, Lobow et Kamenz, Misnensis diocesis: salutem et sinceram in domino caritatem.

Cum inter cetera a sede apostolica a SS. D. N^rm^ Paulo divina providentia papa secundo commissa unum de potioribus fuerit atque sit, providos atque discretos consules et civitatem ac communitatem Vratislaviensem, quos et quam eadem sedes apostolica dudum in protectionem suam suscepit, in subjectione dictæ sedis et SS. D. N^ri^ contra quoscunque cujuscunque dignitatis, status, gradus vel conditionis, etiam si regali, ducali, pontificali aut alia se prætendant præfulgere dignitate, manutenendi et defendendi; et quia intelligimus nonnullos dictæ civitatis æmulos adversus eandem ac inhabitatores et incolas suos, tamquam regno Bohemiæ legibusque suis rebelles et inobedientes plura mala moliri: nos itaque cum de præsenti ac tam cito sicuti vellemus propter alia ardua rem publicam fidei christianæ concernentia dictam civitatem adire nequeamus: idcirco auctoritate apostolica qua fungimur in hac parte, præfatam civitatem Vratislaviensem ac ejus incolas ac inhabitatores in quantum opus est, de novo in protectionem sedis apostolicæ et SS. D. N[ri] papæ suscipimus; ipsosque tamquam sedi apostolicæ dumtaxat sublitos et subjectos saltim quousque is cui aliunde subjici deberent, ad S. Romanæ ecclesiæ et sedis apostolicæ subjectionem et obedientiam revertatur, ac eosdem contra quoscunque cujuscunque dignitatis, status, gradus vel conditionis existant, etiamsi regali, pontificali, ducali aut alia præfulgeant seu præfulgere se prætendant dignitate defendere vel manutenere quantum valemus intendimus. Qua propter in eventum, quo ipsos Vratislavienses super obedientia alteri præstanda vocari aut requiri, ac regno et illud gubernantibus rebelles declarari, proscribi, bona eorum publicari, aut aliter adversus procedi vel aliquid fieri aut attemptari contingat, hujusmodi declarationes, proscriptiones, publicationes et processus quoslibet jam forsitan factas et factos, aut in posterum quomodolibet fiendos, nullas, inanes et invalidas ac nullos et invalidos fore et esse ex nunc prout ex tunc et ex tunc prout ex nunc decernimus et declaramus, ac ipsas et ipsos cassamus, irritamus et annullamus per præsentes. Mandantes vobis et vestrum cuilibet in virtute sanctæ obedientiæ et sub excommunicationis et interdicti, aliisque censuris et poenis ecclesiasticis, quatenus hujusmodi declarationes, proscriptiones, monitiones et requisitiones, ut prædicitur jam forsitan factas vel in posterum fiendas tamquam inutiles, inanes, nullas et invalidas non advertatis aut curetis: imo dictos Vratislavienses et eorum personas et bona contra illos defendatis et tueamini, ac vestri favoris auxilia et præsidia offeratis et præstetis cum effectu, ut opportunum et expediens fuerit. Datum in palatio nostro episcopali apud cathedralem ecclesiam S. Andreæ Laventini nostro sub sigillo. Anno a nativitate domini M°CCCC°LXV° die vero prima mensis Junii. Pontificatus præfati sanctissimi domini nostri Pauli papæ secundi anno primo.

332.

1465, Jun. 5 (Lavanti).

Legat Rudolf an die Brüder Konrade von Öls und Wohlau in derselben Angelegenheit.

(Ms. Prag. Domcap. G. XIX, fol. 174; deutsch an die Oberlausitzer bei Scultetus, III, 156.)

Illustribus principibus et dominis dominis Conrado et Conrado, germanis ducibus Slesiæ et dominis in Olssen et Walav etc. dominis et amicis suis carissimis.

Illustres principes et magnifici domini! Post salutem et orationes nostras, utinam deo devotas et acceptas. Nusquam hæsitamus, magnificentias vestras intellexisse, nos pro rebus Bohemicis ab apostolica sede, sanctissimoque domino nostro, domino Paulo, papa secundo, missos. Et quoniam ad hoc nostra legatio tendit, ut, quantum in nobis est, errantes in regno reducamus, et bonos, ne se seduci permittant, quod ab obedientia, rituque et ordinationibus sanctæ Romanæ ecclesiæ, sedis apostolicæ ac sanctorum patrum, in damnationem animarum suarum, infamiam et contemptum apud ceteros Christianos, quovismodo discedant, exhortemur et requiramus, atque ut civitatem Wratislaviensem, clerum et populum ejusdem in obedientia et subjectione sedis apostolicæ manu teneamus: hortamur igitur magnificentias vestras, de quibus sedes apostolica plurimum confidit, atque sub obtestatione divini judicii requirimus, ne permittant se vel subditos suos per quemcumque, quacumque occasione, etiam sub prætextu juramenti præstiti seu comminationis perditionis, favoris vel bonorum, induci ad aliquid faciendum, per quod a fide recta ritu et obedientia sedis apostolicæ, praxi et ordinationibus sanctorum patrum deviare videremini seu viderentur. Hoc enim casu juramentum quod vinculum iniquitatis non est, nequaquam ligat, neque quæcumque pericula timenda sunt. Caveant etiam omnino magnificentiæ vestræ, ne contra inclitam civitatem Wratislaviensem, clerum et populum ejusdem irritari se permittant, ut aliquid adversus illam aut aliquem de clero vel populo suis directe vel indirecte per se vel suos aut alios quoscumque attemptent vel attemptari permittant, etiam si easdem magnificentias vestras sub debito fidelitatis desuper requiri, et eosdem Wratislavienses regno rebelles judicari et bona eorum confiscari contingat; causa enim Wratislaviensium non eorum dumtaxat, sed apostolicæ sedis est, cum sub ejusdem protectione consistant, nihilque contra eos absque sedis apostolicæ voluntate jure fieri posset, sed si quæ fiant, de facto et contra Romanam ecclesiam attemptabuntur adeo, ut per neminem, qui Christiano nomine censeri et ceteris Christianis, qui sub apostolicæ sedis obedientia consistunt, par esse vult, curari vel adverti debeant. Iterum igitur, atque iterum hortamur magnificentias vestras, quatenus in præmissis agere velint, uti christianos et apostolicæ sedis obedientes principes decet, nam si secus fieret, quod absit, et de quo nusquam confidimus, offenderetur deus, irritaretur apostolica sedes, et nos ac venerabilis vir dominus Baldassar de Piscia, decretorum doctor, cujus locum tenentiam sanctissimus dominus noster modernus usque ad adventum nostrum approbavit, cogeremur ad procedendum per censuras adversus in hujusmodi delinquentes, de quo supportati potius esse, vestrisque magnificentiis grata facere vellemus, deus novit; qui vestras illustres dominationes sanas et incolumes atque in ejus timore et amore conservare dignetur. Datum in episcopali nostro pallatio apud ecclesiam Laventinam feria IV. penthecostes, anno domini MCCCCLXV.

Ad vota vestræ magnificentiæ paratus

R. episcopus Laventinus apostolicæ sedis legatus missus etc.

333.

1465, Jun. 21 (Salzburg).

Legat Rudolf Bischof von Lavant an Bischof Jost von Breslau: er könne seinem Wunsche, nach Krumau in Böhmen zu kommen, nicht entsprechen; auch wären alle Hoffnungen auf König Georg's Besserung vergeblich.

(Ms. Sternb. p. 356—357.)

Reverendissimo in Christo patri et domino, D. Jodoco episcopo Wratislaviensi, domino et fautori suo colendo.

Reverendissime pater et præcolende domine! Post commendationem.

Scripsi pridem paternitati v^m^ cum milite ordinis S. Johannis Hierosolymitani, quod quam primum responsum ab apostolica sede super ulterius agendis per me in facto Bohemico susciperem, id aut per nuntium proprium, aut in persona eidem significare vellem et quomodo post recessum dicti militis a me quadam vice prospexi informationes a sanct. domino mihi datas, in quibus comperi caveri, quod Bohemiam ingredi non debeam, nisi forte pro certo sentirem, quod errantes in illo depositis erroribus suis ad gremium et unitatem ecclesiæ Romanæ obedientiamque sedis apostolicæ simpliciter et absque quacunque conditione vel pactione redire vellent: quod adhuc heu! non sentio. Non possum satisfacere votis v^{re} paternitatis, desiderioque meo in veniendo ad eandem paternitatem v^{ram}, castrumque suum Kromenawe, quod in vera Bohemia situm est. Ideoque cum præsenti tabellario effectum responsi suscepti a S. D. N^{ro} eidem P. V^{re} RR^{mæ} duxi significandum, quod in hoc consistit: quod cum in tam modica re, prout est factum D. Hynkonis de Wetaw, sedes apostolica spreta sit et spernatur, non sit verisimile, quod in negotio principali, post audientias et tractatus diuturnos in aliquo condescenderetur, sed quod dumtaxat dilationes quærerentur, prout hactenus quæsitæ sunt, et medio tempore præsente apostolico legato fideles apostolicæ sedi supplantarentur, et quod præterea non debeam insistere audientiis vel tractatibus, sed me conferre ad principes, et prosequi quæ mihi in factis fidei catholicæ contra Turcos et aliis rebus injuncta sunt. Dedit etiam S. D. N^{r} responsum baronibus super scriptis per eosdem de factis dicti de Wetaw suæ sanctitati transmissis, sub brevi bullato, quod fortassis V^{ra} Pat. RR^{ma} vidit, cujus copiam præsentibus interclusam transmitto, ut si prius non viderit, jam videre possit. Sum itaque nunc hic causa ulterius ad principes progrediendi. Verum tamen si Pat. V^{ra} RR^{ma} Pataviam in brevi se conferre vellet, ego similiter reverso præsenti nuntio mox illuc me transferrem. Super quo responsum V^{re} Pat. hoc in loco præstolabor; quæ mihi tamquam minimo de suis præcipiat, quamque dirigat et conservet altissimus. Datum Salzburgæ, XXI. mensis Junii, anno domini M°CCCC°LXV°.

Reverendissimæ paternitatis vestræ

filius Rudolphus episcopus Lavantinus,
apostolicæ sedis orator.

334.

1465, Jul. 6 (Wratislaviæ).

Dr. Balthasar de Piscia an Herzog Konrad den Weissen von Öls: sendet ihm des Legaten Rudolph Briefe (vom 1. und 5. Juni) und fügt Ermahnungen hinzu.

(Ms. G. XIX, fol. 174. Dasselbe an die Oberlausitzer im Ms. Sternb. p. 338—339.)

Illustri principi domino Conrado, duci Slesiæ, domino Olsnensi, Kozlensi etc. amico et benefactori nostro præcipuo etc.

Baldassar de Piscia, decretorum doctor etc. locum tenens in partibus Slesiæ pro sede apostolica.

Illustris princeps et domine! salutem in eo, qui est omnium vera salus. Misimus excellentiæ vestræ superioribus diebus litteras clausas, quas suscepimus a reverendissimo in Christo patre et domino, domino Rudolpho, episcopo Lavantino, sanctæ sedis apostolicæ in negotio fidei rebusque Bohemicis legato; quibus sane intelligere potuit excellentia vestra sanctissimi domini nostri domini Pauli papæ secundi intentionem. Nuper recepimus ejusdem reverendissimi domini legati litteras apertas in pergameno conscriptas, appensione sui sigilli munitas, quæ licet sub antiquiori sint data prioribus literis, ad excellentias vestras missis, eas tamen tardius recepimus; eas igitur nihilominus excellentiæ vestræ mittendas duximus, ut sæpius litteris pulsata, nullam possit excellentia vestra aput sanctissimum dominum nostrum, ejusque sanctam sedem, legatos, nuntios, oratores seu officiales suos, ignorantiæ excusationem prætendere. Hortamur itaque vestram excellentiam et in domino obtestamur, ut quemadmodum progenitores excellentiæ vestræ in recta fide stabiles, dampna et pericula plurima pro catholica fide perpessi, proque ea maximi propugnatores fuerunt, atque catholicis contra inimicos fidei astiterunt: ita excellentiam vestram conservetis, nec permittat aliqua occasione se seduci, ut præsertim adversus clerum, capitaneos, consules et communitatem Wratislaviensem ac oppidi Nampslaviensis quovis modo, directe vel indirecte, aliquid attemptet, aut eos in rebus et bonis ipsorum impediat, seu bello per (se) aut suos disturbet, aut suis hostibus aliquod receptaculum tribuat. Quod si secus fecerit excellentia vestra, sciat, se excommunicationis sententiam ipso facto incurrisse, nosque coactos ad innovandum processus alias excellentiæ vestræ ejusque locis destinatos per reverendissimum in Christo patrem et dominum dominum Jeronymum, archiepiscopum Cretensem, tunc apostolicæ sedis in hiis partibus legatum, prout omnia in commissione alias nobis facta plenius continentur, cui etiam ex mandato præfati sanctissimi domini nostri moderni diligenter insistere et fideliter incumbere debemus. Speramus autem sicut in fide recta hactenus perstitit excellentia vestra, et a mandatis apostolicis quantum intelligere valuimus non deviavit, in posterum ita faciet, ut et nos, qui pacem animarum cupimus et salutem, aliquos labores hac in re subire non habeamus. Si in aliquo excellentiam vestram dubitare contingat, et ad nos per suos nuntios recursum habere voluerit, reddemus eam ut speramus deo duce de singulis certiorem, salubriaque consilia, quantum in nobis erit, eidem præstabimus. Altissimus in hoc sæculo det excellentiæ vestræ prosperitatem et pacem, et in futuro tribuat vitam eternam. Ex Wratislavia die VI. mensis Julii, anno etc. LXV.

335.

1465, Jul. 14 (Prag).

König Georg vergleicht sich durch Vermittelung seiner Gemahlin Königin Johanna und des Herzogs Ludwig mit dem Herzog Otto von Baiern über die Städte und Schlösser in Baiern, welche von der Krone Böhmen zu Lehen rühren.

Derselbe verleiht dem Herzog Otto die Schlösser und Städte Tennesberg, Hohenfels, Hertenstein, Stierberg, Besenstein, Turndorf, Holnberg, Stralnfels, Auerbach, Eschenbach, Rottenberg, Bernaw, Hainberg, Holenstein und Freienstadt mit allem Zugehör zu Lehen.

(Cop. authent. arch. S. Wencesl.)

336.

1465, Aug. 6 (Rom).

Papst Paul II. ertheilt dem Legaten Rudolf Bischof von Lavant die Vollmacht, mit geistlichen Censuren gegen alle Anhänger König Georg's einzuschreiten und alle von wem immer gegen ihn eingegangenen Verbindlichkeiten als nichtig zu erklären.

(Ms. Sternb. p. 625—628.)

Paulus episcopus servus servorum dei venerabili fratri, Rudolpho episcopo Lavantinensi, nuntio et oratori nostro, salutem et apostolicam benedictionem.

Romanus pontifex, Jesu Christi in terris vicarius, super gentes et regna universa obtinens divina institutione primatum, inter alias multiplices quibus sedulo prægravatur curas, prout ex pastorali officio sibi incumbit, illam potissime amplectitur, ut sua providentia circumspecta ovile dominicum suæ gubernationi superna dispositione commissum ab omni præsertim contagiosa labe præservet, et si quid in eo pestiferum vel morbidum et maxima Hussitarum damnata hæresi infectum conspicit, mox inde radicitus evellat, ac alias, sicut expedire noscit, talia remedia cum omni maturitate adhiberi curet, ne invalescens pestis diffusius serpat et absque medela ad pejora quandoque procedat. Dudum siquidem, cum felicis recordationis Pius papa secundus, prædecessor noster, ob damnatam et notoriam Husitarum hæresim, in qua educatus et nutritus fuerat perditionis filius Georgius vel Jersicus Podiebrad, qui pro rege Bohemiæ se gerens, ipsum Bohemiæ regnum hujusmodi hæresi infectum ex obitu claræ memoriæ Ladislai Hungariæ et Bohemiæ regis Hussitarum potentia atque favore adeptus, in sua coronatione ad manus quorundam katholicorum episcoporum juramento firmaverat, se observaturum in omnibus ritus et consuetudines sacrosanctæ Romanæ ecclesiæ, ut catholicum decet regem et sui prædecessores fecerant, obedireque Romano pontifici ac ipsum regnum ac marchionatum Moraviæ reducere ad obedientiam et ritum Romanæ ecclesiæ antedictæ ac extirpare hæresim. Successu vero temporis dicti juramenti religione contempta deique timore postposito ac dignitatis et honoris nec non propriæ salutis immemor, cum hæresiarcha Johanne Rokyczana, quem ut prælatum suum veneratur et colit, ac aliis regni et marchionatus prædictorum hæreticis publice conversari ac illis in suis perversis erroribus communicare et ubique favere ac eos defendere, illorum sermonibus auscultare, et ab eis communionem eukaristiæ sub utraque specie sumere non timuerat. Per literas quoque et nuntios ipsius prædecessoris ad observationem dicti juramenti requisitus, et ut gressus suos in veritatis viam dirigeret monitus, mox sese in superbiam erigens ac diu dissimulatam hæresim heructans, spretis hujusmodi monitis, publice responderat, communionem utriusque speciei, in qua natus et educatus esset, non velle nec posse dimittere, aliaque quam plurima palam asseruerat contra catholicæ (sic) doctrinam et generalium conciliorum decreta; nec non catholicos variis modis persequens, damnatam Hussitarum sectam in eisdem regno et marchionatu nec non vicinis provinciis seminare totis viribus conatus fuerat, seque palam hæreticum ostenderat, ac dilectum filium magistrum Fantinum de Valle, utriusque juris doctorem, tunc ipsius prædecessoris nuncium, nunc capellanum nostrum et causarum palatii apostolici auditorem, diris carceribus mancipaverat et pluribus mensibus captum detinuerat, causam contra ipsum Georgium super præmissis ad instantiam procuratoris fisci et catholicæ fidei certis præfatæ sanctæ Romanæ ecclesiæ cardinalibus commisisset, et postmodum præmissa omnia advocatus fidei coram dicto prædecessore in consistorio publico replicasset, omnemque moram ac expectationem in hac re nimium periculosam ostendisset, ipseque prædecessor præmissa omnia et singula a multis fide dignis accepisset, ac contra ipsum Georgium fama et vox publica laboraret: idem prædecessor procuratoris advocati requisitionibus tamquam justis et rationi consonis inclinatus, causam a dictis cardinalibus ad se advocans, licet super præmissis utpote notoriis aliter procedere posset, volens tamen ex benignitate apostolica nimis (sic) agere ac justitiam ministrare, per publicum edictum, in valuis basilicæ principis apostolorum de urbe ac cathedralium et patriarchalium ecclesiarum civitatum et locorum regno Bohemiæ adjacentium affigendum et exequendum, præfatum Georgium peremptorie citari mandavit, ut centesima octuagesima die post executionem in valuis ante dictis factam, si dies ipsa juridica foret, alioquin prima die juridica ex tunc immediate sequente, in judicio legittime conpareret, coram ipso prædecessore, de justitia responsurus præfato provocatori fidei de et super hæresi, perjurii, sacrilegii, aliisque criminibus, et ceteris omnibus prænarratis, ac ulterius in causa hujusmodi procedum (sic) visurus et auditurus usque ad sententiam diffinitivam inclusive, prout in ipsius prædecessoris actis et mandatis, ad quorum executionem eiusdem prædecessoris superveniente obitu processum non est, plenius continetur. Et deinde nos, qui eodem prædecessore sicut domino placuit rebus humanis excepto fuimus divina disponente clementia ad apicem summi apostolatus assumpti, hujusmodi processum continuare distulimus, volentes illius regis pacifici imitari vestigia, qui non mortem sed poenitentiam desiderat peccatorum, per plures menses ejus conversionem expectavimus; ad quod nos etiam induxit carissimi in Christo filii nostri Friderici Romanorum imperatoris semper Augusti efficax supplicatio, qui nobis conversionis ipsius spem pollicebatur indubiam; quam nos experiri volentes, te ex tunc nuntium et oratorem nostrum cum certis facultatibus ad partes illas destinavimus, confidentes more pii patris, sicut nobis tunc data spes fuit, quod ipse Georgius ad (sic) hujusmodi damnata hæresi et perditionis via desisteret et veritatem agnosceret, nec non ad gremium matris sanctæ Romanæ ecclesiæ prædictæ rediret. Licet autem tu apud dictum imperatorem multum et diu pro illius reductione ad unitatem fidei et ritum Romanæ ecclesiæ laboraveris, omnes prælatos proceres et barones dicti regni per tuas literas commonueris, ut a præbendo auxilio et favore dicto Georgio hæretico in aperta persecutione catholicorum et præsertim oppugnatione Hinkonis baronis de Wetaw cui omnes catholicæ fidei et religionis testimonium perhibent, nec non dilectorum filiorum communitatis et civium Wratislaviensium, qui hæretico obedire recusant, desisteret ac abstineret: ipse tamen Georgius, traditus in reprobum sensum, apostolica mandata contempsit, catholicos insequitur et hæresim longe lateque diffundit. Quapropter nuper in consistorio publico ad ipsius fisci et apostolicæ fidei procuratoris magna cum querela præmissa exponentis instantiam continuationem processuum eiusdem prædecessoris contra ipsum hæreticum venerabilibus fratribus nostris Bissarioni Tusculano et Johanni Portuensi episcopis ac dilecto filio Bernhardo tituli sanctæ Sabinæ presbytero dictæ sanctæ Romanæ ecclesiæ cardinalibus commisimus. Et cum fama publica referente acceperimus, nullam penitus in dicto hæretico salutaris emendationis spem superesse, sed ipsum dietim cum majori pertinacia suam damnatam sectam dilatare et ideo omnem hujusmodi expectationem catholicis populis periculosissimam fore: nos igitur intelligentes adversus invalescentem hæresim plura remedia esse necessaria et oportuna, nec processum in curia Romana institutum sufficere, nisi etiam in vicinioribus locis, ubi serpit ipsa contagio, celerius occuratur: fraternitati tuæ, de qua in his et aliis in domino fiduciam obtinemus, ultra tibi per nos concessas facultates ex certa nostra scientia hanc plenam et liberam præsentium tenore concedimus facultatem instituendi processum adversus omnes et singulos dicto Georgio hæretico adhærentes et eorum complices, etiam si archiepiscopi episcopi regali reginali ducali aut alia quavis ecclesiastica vel mundana dignitate præfulgeant, præsertim autem contra illos, qui ipsi Georgio hæretico et suis complicibus adversus quoscunque catholicos regni Bohemiæ marchionatus Moraviæ et Slesiæ ac eos contra quos in præsentiarum exercitus vel arma movet vel actu infestat, videlicet dilectos filios Wratislavienses, Hynkonem baronem de Wetauia et alios catholicos auxilium consilium vel favorem præbent, nec non dissolvendum quæcunque sponsalia etiam jurata inter dictum Georgium hæreticum vel ejus natum paternæ hæresis sectatorem et alios quoscunque hæreticos Hussitas ac de hæresi suspectos cum catholicis contracta, ac etiam quascunque confœderationes et ligas initas per ipsum hæreticum cum quibuscunque principibus communitatibus universitatibus et personis cujuscunque dignitatis nobilitatis status gradus ordinis vel conditionis fuerint, absolvendi quoque ipsos principes communitates universitates et singulares personas a quibuscunque juramentis omagiis ipsi hæretico et suæ damnatæ sectæ complicibus qualitercumque præstitis, excitandi præter principes inclite nationis germanicæ et alios quoscunque catholicos ad suscipiendum arma contra perfidos Turcos militantis vel ad terram sanctam euntibus per Romanos pontifices prædecessores nostros aut alias concedi consuevit, omniaque alia et singula, quæ ad extirpationem tam damnatæ sectæ et defensionem oppressorum catholicorum et eorum in unitate fidei conservationem ac amicorum salutem in præmissis et circa ea necessaria seu quomodolibet oportuna cognoveris, faciendi ordinandi mandandi disponendi et exsequendi; non obstantibus quibuscunque literis privilegiis et indultis apostolicis et ceteris contrariis, quæ nulli adversus hanc tibi per nos concessam facultatem volumus aliquatenus suffragari.

Datum Romæ apud sanctum Petrum, anno incarnationis dominicæ M°CCCC°LXV°, octavo Idus Augusti, pontificatus nostri anno primo.

337.

1465, Sept. 8 (Herbipoli).

Dr. Gregor von Heimburg an Cardinal Johann Carvajal: Beischluss eines (hier fehlenden) Briefes, worin auf die Gefahren aufmerksam gemacht wird, welche die von der römischen Curie gegen König Georg ergriffenen Massregeln zur Folge haben dürften.

(Ms. Prag. Domcap. G. XIX, fol. 168.)

Periculosa est ista practica, quam sanctissimus dominus noster contra Boemiæ regem instaurat, si quis totius rei seriem mente revolvat. Mortuo Ladislao, vir iste regnum subintravit; de morte Ladislai gavisi sunt, qui necem ejus lugere tenebantur; maluerunt hæreditatem expilare, quæ jam fere in cinerem redacta est et solis patet violentis; et cum rex tam subito mergens a cunctis irridebatur, serenissimus imperator primus eum recognovit. Successit marchio Brandenburgensis, cujus interventu Saxones cum rege matrimonia junxerunt; comes Palatinus, insidias sibi strui videns, cum majore gloria in regis societatem coit; episcopus Herbipolensis nimium prope se potentiam convalescere ratus, antiqua foedera post Sigismundum jam inveterata cum rege renovare non dubitat; Albertus dux Austriæ, ne ab imperatore opprimatur, cum rege fraternitatem stipulatur; rex Poloniæ eum in fratrem recognoscit; certatim omnes regis gratiam, affinitatem, amicitiam et auxilia petunt, ut nemo se tutum esse putet, nisi in illius regis aliqua necessitudine confisus. Quisquis apud regem priorem sibi locum vendicare potest, is toti viciniæ suæ minas facit et quærit esse formidini. Novissime dux Otto Bavariæ, virtute præcipuus, divitiis tenuior, viribus inferior, a rege expostulatus, ut quasdam terras regi restituat, quas avus quondam suus regno dempsit, ab omnibus principibus derelictus, propter metum regis, easdem et alias quam plurimas terras in feudum recognovit. Nunc tutela sibi parta eum recte colit, a quo sibi pacem comparavit. Nunc singula repetite, et resultabit talis sententia: Imperator videns se negligi et considerans istius viri potentiam, ejus ope nedum Austria potiri, sed quibuscumque vellet bellum posse parare sperabat, non multum dispar ingenio Sigismundi quondam imperatoris, qui cum divitiis illius regni frustatus esset, ejus regni barbariem sibi vertit in usum et alios disterruit. Noster autem imperator minime ratus regis vires adeo convalescere, tanto præsentiore animo regem intuitus est, favorem illi et gratiam papæ Pii conciliando, quæ fuit prima causa alios principes simili respectu apud regem se perhibendi. Rex salutem suam ex aliorum principum discordia pendere ratus, occulta quadam factione fratrum Austriæ principum discordias ciet, imperator varie constrictus regis auxilia vocat; Bohemi Austriæ divitias inbuentes magis intenduntur ad prædam. Alberto archiduce mortuo Austria magis invaditur, et uno armiductore pretio exacto seu pileato, alter continuus succedit; fideles imperatoris arma capescere suadent, ne crebra pretii redemptio Boemos ad prædam perhennem illiciat. Imperator congestam pecuniam attingere non audens, clam molitur, ut Romanus pontifex Boemiæ regem ecclesiastica censura conturbet, quatenus rex imperatorem ab incursionibus Boemorum propitie defendat, spe gratiæ cæsaris interventu faciliter impetrandæ, ita scilicet, ut rex aliqua simulatione facta de ritu et observantia Romanæ ecclesiæ in regno Boemiæ introducendis et reparandis, gratiam assequatur sedis apostolicæ, pollicens etiam illi omnes germanicas opes seu divitias ad manus regis posse transferre sub colore militaris expeditionis in Thurcos instaurandæ. Hæc omnia jam pridem regi innotuerunt, qui callidissimus omnium hominum, quos terra sustinet, sibi providet astutissime, et jam contra astutiam certat calliditas. Præsul vero Lavendinus, vir pietate et populari seu vulgari virtute commendatus, quam bonitatem vulgo dicimus, sensu autem hebetior, minus caute incedit. Hactenus sine metu periculi rem enarravi. Nunc restat istud attingere, quod majori periculo subjicitur et clementiori miseratione dignatur. Slesiæ me miseret, cujus pars potissima contra regem adeo succensa est, ut facile commoveri possit adversus regem. Rex autem illam ipsam funditus exterminare valet, prout etiam de præterito valuit, sed quia Slesia principatus est regni Bohemiæ et Fradislavia secunda sedes regni nuncupatur, maluit rex pietate notari, quam crudelitatis insimulari, ut etiam inter arma clementiæ locum fecisse videretur; ut de ipsa Boemia exclamaret, quod apud Maronem de perfugo Trojano socii fingunt exclamasse, quasi non sit justior alter pietate bello vel armis. Ego vobis jurejurando despondeo, me plurimos nosse principes et magnates, regis Boemiæ osores cordintimos, quamquam hoc clam esse malint, quosque rex ipse potenter invasit, qui tamen auxilia Slesitarum neque arcescere, nec ultro oblata suscipere voluerunt, sola pietate ducti, ne rex omnes Bohemiæ vires contra Slesitas converteret. Maxime enim vires regis corroborant, quando exteri eum temptant impugnare, et longe amplius, si Slesitæ, pars regni Bohemiæ, regnum temptarent invadere. Ideo meum est consilium, si quidem pietas et miseratio in vobis est, quod si etiam Slesitæ se offerrent regnum Bohemiæ inpugnare velle, adhuc potius essent prohibendi vel saltem dehortandi, ne velut caeci in hostium arma ruerent sese necaturos. Scitis quod Justinus Justiniani nostri pater, cum adversus Theodericum singula apparasset belli gerendi necessaria, Theodericus autem præcavisset ita, ut absque maxima clade Christianorum negotium consummari non posset, maluit abstinere, donec Theodericus, qui Wangionum et omnium principum finitimorum gratiam habebat, ab hac vita decederet. Postea Witigi succedente Justinianus duce Bilisario ac demum Narsete patricio cognomento Castrato, Gottos Ariana perfidia laborantes Roma omnique Italia pepulit, et fidem catholicam gloriose defendit. Si rex Georgius decederet, nemo talis succedere posset, qui imperatorem et tot principes sua calliditate sibi devinctos haberet, aut qui principum mores et ingenia pari astu calleret, totque principum consiliarios sibi conciliasset; quisquis enim illius regis familiaritate potitur, is ab omnibus prudens judicatur, tamquam prudentissimi regis judicio approbatus. Magis probarem, quod aliquis prudens legatus apostolicus Wiennæ, Pataviæ, Ratisbonæ, Nurenbergæ et Fratislaviæ residens processus instauraret, nedum super ritu eucaristiæ ministrandæ, sed et super variis causarum figuris, de quibus instrui posset pendente processu, possent animi principum discuti. Jam multi clamant: juramentorum infirmatio Maguntinum destruxit, si foedera solvuntur, quid ratum manebit etc. maturius agendum erit. Habent enim Hussitæ multos alios reprobos articulos, quos Rokyzana cautissime celat, qui si examinarentur, aut nostri principes regem desererent, aut Bohemi inter se dissiderent. Alioquin facilitati et bonitati, imo vacillationi dabitur, quod rex ille, cujus oratores a papa Pio reverenter recepti sunt et rex gratiose salutatus est, nunc hæreticus denuncietur, aut quod ab executione sumptum sit exordium, et tamen nil novi commiserit, sed tunc et nunc eadem sibi fuerit fides, religio, ritus sacrificii et vitæ norma. Vellem pro mea virili quod dominus Lavendinus usque modo nil de hac materia dixisset et quod curiales curiæ Romanæ nil de hoc scripsissent, sed quod processus instauraretur super omnibus eorum erroribus, et ordinario jure procederetur. Datum Herbipoli, die VIII. Septembris.

338.

1465, Oct. 17 (Strigonii).

Johann Vitéz, Erzbischof von Gran, an Protas, Bischof von Olmütz: über die von Rom gegen König Georg eingeleiteten Processe.

(Ms. des Wittingauer Archivs, A. 16, fol. 303.)

Reverende pater, frater noster dilecte! Rediit nuper ex Urbe nunctius quidam serenissimi domini nostri regis, qui eidem literas apostolicas sub bulla attulit, quæ demum nobis de mandato domini nostri regis fuerunt transmissæ; sed cum negotium, de quo erant scriptæ, vidissemus ad serenissimum dominum Bohemiæ regem pertinere, curavimus illico earundem literarum exemplar præsentibus inclusum ex bonis causis ad P. V. mittere; hoc enim indultum fuit nobis a domino nostro rege, ut si videretur nobis, tenorem ipsarum literarum possemus per copiam P. V. significare. Et licet non dubitemus, nova, quæ in ipsis literis continentur, ex aliis partibus ad P. V. prius delata fuisse: nobis tamen visum est non ab re, de novo ea P. V. patefacere, non referentis animo sed dolentis. Dolemus enim, quod dominus ille princeps vester, qui in principio sui regiminis prudentissimi et clari principis nomen et famam obtinuerat, tam horrenda pessimæ infamiæ sententia percussus sit, quam sententiam, si prudentia sua et amicorum consiliis uti voluisset, omnino evitare potuisset; inter alios amicos, nos quoque, dum essemus Pragæ, et etiam cum eramus apud majestatem suam in Moravia, proponebamus certas honestas vias, monebamusque, ut consilio sapientiaque præveniret probrum, quod timebamus futurum, conservaretque honorem dignitatemque regiam, quæ hoc solo maxime firmaretur, si cum ceteris regibus christianis, moribus et religione concordaret. Sed ut videmus, nihil efficere potuimus suadendo; plus aliorum quam nostra valuerunt consilia; nos itaque dolemus, consilia amicorum in ea re fuisse neglecta; quæ si locum habuissent, regia celsitudo numquam a sua claritate concidisset. Dolemus etiam infamiam illam ad orbis terræ principes ita permanasse, ut non facile, bono tamen consilio, deleri posset. Nos vero, si quid pro restaurando honore regio recuperandaque pristina dignitate studio, consilio operaque facere possemus, id non modo libenter, sed etiam accuratissime faceremus, modo ne sua serenitas sibi deesse velit. Dicimus etiam, quod si opinionem suam, ut hactenus, ita et deinceps sequi volet, quamvis potens sit, infamia tamen in futurum erit potentior, ipseque adeo potens esse non poterit, ut illam infamiam a se et posteris suis amovere possit. Et hæc scripsimus confidenter; vos dicite et facite, quod ad rem melius videbitur. Ex Strigonio, die XVII. mensis Octobris (anno domini M°CCCC°LXV°).

339.

1465, Nov. 21 (Breslau).

Legat Rudolf Bischof von Lavant an das Budissiner Stift: befiehlt die Kundmachung seiner deutschen Ermahnungsschreiben gegen König Georg.

(Ms. Sternb. p. 359—360.)

Rudolphus dei gratia episcopus Lavantinensis, apostolicæ sedis ad Almaniam etc. legatus missus.

Venerabilibus viris, dominis præposito, canonicis ac prædicatori verbi dei ecclesiæ in Budissin ac eorum cuilibet, amicis nobis in Christo sincere dilectis.

Honorabiles viri! Salutem in domino, et nostris, imo verius apostolicæ sedis, obedire mandatis!

Mittimus vobis literas nostras, quas ut facilius in forma qua jacent populo vobis subjecto publicare et insinuare possitis, in vulgari Almannico concipi, et præsentibus intercludi fecimus. In virtute igitur sanctæ obedientiæ, sub excommunicationis latæ sententiæ poena vobis et cuilibet vestrum auctoritate apostolica præcipimus et cuilibet mandamus, quatenus mox receptis præsentibus et populo vobis subjecto in ecclesia vel alias simul congregato, quem etiam propterea, maxime consules et populares simul, si opus sit, congregari faciatis, aut in ambone, aut alibi ubi congregati fuerint, hujusmodi nostras vulgares literas publicetis et insinuetis, illasque cum testimonio consueto de insinuatione et publicatione earundem per præsentem nuntium aut alias remittatis; quibus et vos pareatis, ac populum vobis subjectum ut pareat et obediat, nosque per nuntium aut literas suas, quod illis obedire velint, ut teneantur, infra quindenam certificent, inducatis et requiratis, sub poenis in eisdem contentis. Datum Vratislaviæ, XXI. die mensis Novembris, anno domini etc. LXV°.

340.

1465, Nov. 30 (Grünberg).

Der böhmische Herrenbund an den Legaten Rudolf: Dank für die geäusserte Zuneigung und Empfehlung in seine fernere Gunst.

(Ms. Leipz. Univ.-Bibl. Nr. 1327, fol. 55.)

„Domino legato ex parte baronum regni Bohemiæ."

Reverendissime in Christo pater, domine et amice noster favorose! Præexhibitis obsequiis nostris! Summas agimus gratias v^ræ^ colendissimæ dominationi, quæ dignata est scriptis suis nos animare et specificare favoremque rebus nostris impendere, imo verius veritati et justitiæ, pro quibus se impendere et superimpendere adjuvante domino possetenus statuimus, spe bona freti, ut quidquid vires nostras excesserit, divina pietas media quibus dignabitur supplebit. Et non parum consolamur de pat. v^ra^ dignissima, de qua tot et tanta bona audivimus, ut in summum amorem et venerationem dominationis

24*

v^rm colendissimæ resolveremur atque peculiarius converteremur, paratum ad beneplacita et quævis commoda pat. v^rm reverendissimæ; de quibus nil dubitet dominatio v^ra, quod more patrum nostrorum ea quæ sunt catholicæ fidei et quæ sanctæ Romanæ ecclesiæ ritum et obedientiam atque sedis apostolicæ honorem concernunt, se gerent fideliter et devote. Et cum his nos pat. v^rm rev^mæ recommendamus. Alia rev^dus in Christo pater ac dominus D. Jodocus episcopus Wratislaviensis etc. dominus et amicus noster præcipuus referet. Dat. in Viridi monte, die S. Andreæ, anno etc. LXquinto.

Joannes de Rosemberg, Zdenko de Sternberg supremus burgravius Pragensis, Johannes de Hasenburg et Kost supremus judex curiæ regalis in Bohemia, Ulricus de Hasenburg, Bohuslaus de Schwamberg, Wilhelmus de Ilburg, Heinricus senior de Plawn, Diepold de Risenberg, Jaroslaus de Sternberg, Joannes de Sternberg, Henricus de Novadomo, Burian de Gutstein residens in Klenow et Dobrohost de Romsperg, barones inclyti regni Bohemiæ.

341.

1465, Dec. 16.

König Georg belehnt seine Söhne Victorin, Heinrich und Henning mit dem Herzogthume Münsterberg, dem Schlosse Hradec im Troppau'schen, dem dritten Theile der Stadt Troppau und der Grafschaft Glatz.

(Orig. arch. Cu. Aul.)

342.

1465, Dec. 17 (Breslau).

Legat Rudolf an Protas Bischof von Olmütz: schwere Vorwürfe wegen seiner fortwährenden Anhänglichkeit an König Georg.

(Ms. Sternb. p. 618—619.)

Reverendissimo in Christo patri et domino, dom. Prothasio episcopo Olomucensi, domino ac fautori singularissimo.

Reverendissime pater! Post commendationem.

Scribendo et intimando filiis spiritualibus v^rm pat. processum et voluntatem sanct. D. N^ri mihique commissa, non potui retrahere manum, quin ad eandem v^rm pat. literas darem. Utinam mihi tantillo.

quin potius S. D. N^{ro} in tam modico negotio, probissimum illum nobilem de Wetau concernente, condescensum fuisset! Dicunt ut intelligo, quidam legati, qui a sede Petri mittuntur, præcipitanter agentes, discordias seminant et inde discedunt. Novit deus, de me loquor, qui minimus nuntius sum, voluissem quod in gravibus his inclyti regni Bohemiæ rebus aliquid salva fide et veritate pacifice fieri potuisset: verum ordinem mihi datum servare necesse fuit. Supplicavi, requisivi caritativis literis, ut ab obsidione discederetur, ut ad principale manus apponi posset. Quæ cum non curarentur, sub censuris mandavi. Ecce præcipitationem! Nescio quem alium procedendi modum in notorio non patiente moram servare debuissem. Quod et attendens S. D. N^{r} in brevi bullato v^{ræ} pat. et baronibus in obedientia sedis apostolicæ constitutis transmisso, processum meum approbavit. Videat sibi quisque in conscientia sua, si adhuc illaqueatus existat. Non adhuc vidi probationem metus, qui cadere potuerit in constantem virum, seu qui ad excusandum suffecisset. Quodsi S. D. N^{r} aut ejus legatus sive commissarius justa præcipiat, et rebelles non obtemperent sed contemnant, ex quo discordia inter bonos et malos suscitatur, quis oro pacis ruptor arguendus erit? an justa præcipiens aut contemnens? Hanc pacem odivit David dicens: zelavi super iniquos, pacem peccatorum videns; hanc salvator noster non venit mittere in terram sed gladium. Si discordias has permitteret vicarius Christi, malos quoscunque toleraret, ne contra bonos insurgerent, quos tamen tandem penitus devorarent. Quanta mala ex tolerantia per sedem apostolicam hactenus habita subsecuta sint, V. P. R. plus ceteris novit: cum ut multis etiam in Romana curia cognitum est, hæc in dioecesi p. v^{ra} magis elucescant. Hæretici per prædicatores non corripiuntur, non vitantur, non spernuntur, ad ecclesias, ad compaternitates, ad balnea, ad convivia verorum catholicorum admittuntur, contrahitur cum eis matrimonium etiam cum pacto, quod ab errore suo non retrahantur, in præsentia eorum sacerdotes fideles, et utinam non præsules, ecclesiæ columnæ, celebrant, sepultura christiana datur, exsequiæ precesque publicæ pro eis fiunt, ac si de numero salvandorum essent, qui extra unitatem ecclesiæ, damnatique sunt et singulis annis per ipsummet Christi vicarium publice excommunicantur. Quid his gravius? Utinam apud sedem apostolicam v^{ra} pat. negligentiæ non argueretur, et, quod gravius est, taciti consensus; cum error, cui non resistitur, approbetur. Scripsit mihi pridem quidam magnus pater de curia, rumorem exortum inibi, qui ad aures maximi pontificis devenisset, neminem fore qui pro hæreticorum capite tantum laboraret discurreretve, nunc ad Ungariam, nunc ad barones regni aliisque variis modis, veluti v^m^ pat. Dolui profecto, dum talia legerem; dolerem amplius, si res ita se haberet. Si sic, cessate quæso pater, et de Saulo factum Paulum cum gaudio dicto patri scribam; si non, et de hoc me informaveritis, libenter v^nm^ pat. excusabo. Quæ quæso parcat, quod nimis extendi calamum: zelus vix finem facere siuit. Abrumpam igitur. Omnipotens deus det v^m^ pat. ac mihi sapere, quæ suæ pietati placita sunt, et ea tota virtute perficere, atque ab ei contrariis semper retrahere manus. Datum Vratislaviæ, XVII. mensis Decembris, anno domini millesimo quadringentesiono sexagesimo quinto.

V. P. R. filius Rudolphus episcopus Lavantinus etc.

343.

1465, Dec. 23 (Breslau).

Legat Rudolf Bischof von Lavant gebietet dem Stifte Tepl, nicht König Georg, sondern Herrn Bohuslaw von Schwamberg als seinen Schirmvogt anzuerkennen.

(Ms. Sternb. p. 360.)

Rudolphus dei gratia episcopus Lavatinensis sanctæ sedis apostolicæ ad Almaniæ nec non regni Bohemiæ partes legatus missus: Venerabilibus in Christo nobis sincere dilectis abbati et conventui monasterii Teplensis ordinis Præmonstratensis Pragensis diocesis, salutem in domino sempiternam. Quum fide dignorum testimonio percepimus præfatum monasterium vestrum Teplense ante tempora sub protectione et defensione nobilium dominorum baronum de Swamberg fuisse ac ipsos barones de Swamberg protectores et defensores præfati monasterii et suorum vasallorum et hominum semper extitisse: cum autem Georgius sive Jersicus Podiebrad prætensus Bohemiæ rex dictum monasterium Teplense in suam protectionem deduxerit injuste atque usurpaverit: ne ipse Jersicus et suæ damnatæ hæresis Hussitarum sectatores præfato monasterio inantea christianos circumvicinos offendere quovismodo aut lædere valeant: auctoritate apostolica, qua in hac parte fungimur, dictum monasterium Teplense cum suis vasallis, villis et pertinentiis protectioni, defensioni, tuitioni et custodiæ nobilis viri nobis sincere dilecti Bohuslai baronis de

Swamberg subjicimus et submittimus, ipsumque in protectorem et defensorem dicti monasterii constituimus et deputamus per præsentes. Mandantes strictius et inhibentes vobis dominis abbati et conventui sub excommunicationis latæ sententiæ et suspensionis a divinis poena, ne prænominatum Jersicum prætensum regem damnatæ hæresis Hussitarum sectatorem aut aliquem vel aliquos suo nomine vel de ejus mandato ad prætactum monasterium Teplense perampliu admittatis aut intromittatis, sed potius repellatis, ipsumque dominum Bohuslaum tanquam protectorem advocatum et protectorem (sic) monasterii vasallorum et christianorum aliorum ad vestrum monasterium pertinentium suscipiatis et recipiatis, contradictione vel oppositione quacunque cessante. Absolutionem omnium, qui præfatam nostram sententiam incurrerint sive incurrerit nobis vel superiori nostro tantummodo reservamus. Datum Wratislaviæ, nostro sub sigillo, anno domini millesimo quadringentesimo sexagesimo quinto, die vero vicesima tercia mensis Decembris, pontificatus sanctissimi in Christo patris et domini nostri Pauli divina providentia papæ secundi anno secundo.

Joh. Ewich notarius de mandato præfati R. P. D.
Rudolphi ep. Lauant. et legati sst.

344.

1465, Dec. 29 (Breslau).

Legat Rudolf an die Pilsner': sendet ihnen die päpstl. Bulle vom 6. Aug. 1465 und befiehlt, sich dem Gehorsam König Georg's zu entziehen.

(Ms. Sternb. p. 625 fg.)

Rudolphus dei gratia episcopus Lavantinus, sacrosanctæ sedis apostolicæ et sanctissimi domini nostri Pauli divina providentia papæ secundi ad Almaniæ et regni Bohemiæ partes legatus missus, venerabilibus honorabilibus et discretis viris, dominis nobis sincere dilectis, prelatis plebanis ac ceteris ecclesiasticis personis, nec non magistris civium, consulibus, magistris ac collegiis mechanicorum totique populo oppidi Plznensis, Pragensis diocesis, salutem in eo, qui est vera omnium salus.

Noveritis nos pridem literas præfati sanctissimi domini nostri papæ ejus vera bulla plumbea in cordula canapina more Romanæ curiæ inpendente bullatas, sanas et integras, non viciatas non cancellatas neque in aliqua sui parte suspectas, recepisse reverenter ut decuit, tenoris subsequentis, videlicet: (vide bullam dat. 6. Aug. 1465). Post quarumquidem literarum apostolicarum receptionem considerantes moram in hujusmodi rebus propter astutias dicti Georgii Podiebrad catholicis fore nocivam, propterea juxta tenorem præinsertarum literarum apostolicarum plures prælatos principes communitates et alios Christi fideles in obedientia sedis apostolicæ persistentes a perversis obedientia et juramentis eidem Georgio factis et præstitis absolvimus, et ut ab eo se retraherent et in obedientia sedis apostolicæ quousque rex christianus fidelis et Romanæ ecclesiæ apostolicæque sedi obediens inclito Bohemiæ regno præficeretur persisterent et ad apostolicam sedem respectum haberent mandavimus atque præcepimus. Cum autem percognitum nobis et notorium omnibus existat, progenitores vestros atque vos fidelissime semper in ritu et obedientia sanctæ Romanæ ecclesiæ et sedis apostolicæ perstetisse: ne igitur per dictum Georgium Podiebrad notorium hæreticum et manutentorem ac defensorem hæresis Husitarum et hæreticorum circumveniamini aut decipiamini, vos omnes et singulos, qui ipso jure ab obedientia et juramentis ei factis et præstitis absoluti estis ac ei obedire non debetis, prout hoc etiam per dictum sanctissimum dominum nostrum papam uti ex copia brevis bullati prælatis et baronibus regni etc. Moraviæ in obedientia sedis apostolicæ existentibus per suam sanctitatem transmissi quam cum præsentibus vobis transmittimus, exstat declaratum, videre poteritis. Ad habundantem cautelam ab hujusmodi obedientia et juramentis aüctoritate apostolica vos absolvimus et absolutos reddimus per præsentes, mandantes vobis strictius atque præcipientes in virtute sanctæ obedientiæ et sub excommunicationis et interdicti aliisque poenis et censuris ecclesiasticis, quatinus amplius eidem Georgio Podiebrad vel suis officialibus minime obediatis neque pareatis in aliquo, sed oculum et respectum ad sedem apostolicam et sanctissimum dominum nostrum habeatis et in ipsius obedientia persistatis et perseveretis fideliter ut decet bonos et catholicos homines. Nos etiam eadem auctoritate apostolica vobis de consulatu et populo eligendi vobis judices et officiales consuetos et opportunos ex civibus vestris, qui officiis præsint et justitiam unicuique reddant, damus concedimus et elargimur facultatem atque potestatem specialem. Certificantes nihilominus vos et vestrum quemlibet, quod nisi feceritis, quæ vobis in hac parte mandamus, ad declarationem poenarum prædictarum et ad ulteriora adversus vos procedemus justitia mediante. Rescribentes nobis quantocicius, quidquid in huiusmodi negotio egeritis, ut sanctissimum dominum nostrum de hoc possimus certificare. Datum Wratislaviæ, nostro sub sigillo, anno domini M°CCCC°LXVI° die vero vicesima nona mensis Decembris, pontificatus præfati sanctissimi domini nostri Pauli papæ secundi anno secundo.

345.

1465, Dec. 31 (Romæ).

Cardinal Johann Carvajal an Dr. Gregor von Heimburg: Antwort auf das Schreiben vom 8. September und Rechtfertigung des Verfahrens der römischen Curie gegen König Georg.

(Ms. Prag. Domcap. G. XIX, fol. 169—171.)

Egregie et excellens doctor! Ad unitatem ecclesiæ perfecte redire et in ea permanere.

Aliquam lætitiam attulere mihi literæ vestræ, quia quantamcumque recognitionem summi apostolatus præferebant, non tamen perfectam, nec sufficientem saluti animæ vestræ, nec honori. Nam alium ordinem exigunt literæ, quarum vos dicitis esse doctorem, ad reconciliandum eum, quem alienum ab ecclesia summus pontifex judicavit, quam scribere successori quod damnosa est et dispendium maximum affert indignatio pontificis; contritionem requirit, petitionem veniæ, absolutionem et reconciliationem, cum abnegatione erroris et cum proposito in obedientia et in unitate ecclesiæ perseverandi. Quæ si facta cognoscerem, illa lætitia, illo amore, illa oblectatione vestras literas legerem, qua solitus fui, et darem meas frequenter et reincenderem illum veterem usum conversandi, et repeterem antiquam amicitiam, quam sublatam non arbitremini, sed ut ita dicam ecclipsatam, pro eo, quod beatissimus vertex ecclesiæ in ordinatione Clementis decreto irrefragabili statuit, ut ab illius salutatione abstineremus, quem ipse judicaret ab ecclesia extorrem. Quare rogo omnipotentem deum, det vobis cor ad procurandum vobis salutem, ut multæ literæ, quibus aliis consulitis, vobis non sint inutiles, et ut acervus lapidum, qui viantibus rectum iter ostendit. Et de hoc doctori satis. Ad ea alia, quæ scribit excellentia vestra, pauca dicam more illo, quo solebamus inter coenandum Nurnbergæ maxime et in plerisque aliis locis conversari, ubi hospes provocabatur ad risum pro eo, quod catervulus meus etiam in sinu portabilis vincebat vestrum magnum librum, quem ego etiam habeo de præsenti. Conqueritur vestra prudentia, quod sanctissimus dominus noster ordinationem, quam fecerat sanctæ memoriæ dominus Pius in ecclesia sancti Burchardi revocavit, et petit id, quod sua sanctitas fecit, revocari, quodque dispositio Pii in ea ecclesia permaneat, et quod ita fieri debeat multis rationibus et exemplis probare laborastis. Egregie doctor! inprimis non videtur mihi esse testis idoneus Plato, quem irrisistis alias in coena eo, quod narrabat transitum cujusdam torrentis et lotionem pedum. Nec fundamenta ecclesiæ sunt in Platone, sed in monitibus sanctis apostolicis et prophetis, apud quos non tam parvi momenti est monachorum regula, sicut scripta vestra ostendunt, de qua Philo ille magnus apostolorum temporibus vaticinia pleraque dixit; et apostolica decreta vetant monasteria et monastica beneficia secularibus clericis assignari. Nam quamquam clericorum secularium statum præponamus solitudini monachorum, non tamen monachis semel dicata debent secularibus clericis assignari. Fuit sanctæ memoriæ Pio relatum, illud monasterium jam collapsum non posse per monachos restaurari illis forte rationibus, quibus vos omnibus vestræ eloquentiæ viribus ostendistis. Credidit Pius et de monachis collegium canonicorum secularium erexit. Venit ad summum pontificem dominum Paulum abbas maximæ reformationis speciem præferens, qui nodos omnes istarum difficultatum solvit, et ostendit, monasterium illud posse a monachis sancti Benedicti reformari et regi, et quod causa, quæ moverat prædecessorem, non suberat, aut cessaverat. Sua sanctitas cognovit non subesse causam aut cessare. Cassavit, quod fecerat prædecessor, reduxitque ecclesiam ad pristinum suæ fundationis statum. Ex hoc nullus ipsorum pontificum debet reprehensibilis judicari, si pro causa, vel tempore vel loco, mutaverit statuta; sed sua beatitudo, quæ benignissima est et omnia cum magna maturitate agit et deliberatione, remisit hoc negotium ad Almaniam reverendo patri episcopo Laventino, qui cogniturus est de hiis, quæ relata sunt prædecessori, et insinuata suæ sanctitati; et cognita veritate id statuetur, quod erit ad majus divini cultus augmentum. Itaque officii vestri erit, qui etiam natus estis illius ecclesiæ, ostendere domino Laventino, quid rectius, quidve deo placitum magis erit. De eo vero, quod in vestra interclusa scribitis, sententiam nostram ex interclusa alia cognoscetis. Ex Roma ultimo Decembris, anno domini MCCCCLXVI.

Excellenti utriusque juris doctori Gregorio de Haimburg etc.

Jo. episcopus Portuensis cardinalis S. Angeli.

Non est negligenda illa scripturarum vestrarum pars, in qua dissuadetis processum formari vel sententium ferri contra occupatorem regni Bohemiæ; et quod hoc periculosum sit, multis orationibus ostendere temptastis. Decet vos informari, ut intelligatis ex rationibus vestris, apostolicam sedem non debere amplius supersedere in processu contra ipsum Georgium, nec hactenus supersedisset, nisi dolis et fraudibus ipsam sedem circumvenisset. Nam in principio, cum regnum invasisset, Romanum pontificem certiorem fecit, dogma ecclesiæ Romanæ et ritus recipere, et ut totum regnum Bohemiæ reciperet, curare vellet; verum ut sine scandalo hoc facere posset, aliquantulum temporis petiit indulgeri. Secundo cum ad coronandum se episcopos, ad quos coronatio non spectabat, advocaret, etiam in manibus ipsorum præsulum priscos errores abnegavit, et juravit Romanæ ecclesiæ ritus et dogma recipere, et tandem petiit aliquantulum etiam indulgeri, quia ipse intendebat ad Romanum pontificem puram obedientiam mittere et se subjicere ordinationi apostolicæ sedis. Ista spe confisus sanctæ memoriæ dominus Pius induxit per suos oratores Wratislavienses ad præstandum obedientiam et omagium Georgio, quod se facturos libenter dixerunt ipsi Wratislavienses, si Georgius ipse ritus et dogma ecclesiæ Romanæ vellet tenere et ad unitatem ecclesiæ redire, termino præfixo triennii, in quo ipse Georgius nullam jurisdictionem in ipsos Wratislavienses exercere deberet. Post hæc neglexit Georgius mittere oratores, præstare obedientiam et stirpare errores in illo regno Bohemiæ, ut tenebatur ex fide et juramentis. Et sanctæ memoriæ idem Pius cognoscens se illusum, voluit contra ipsum Georgium procedere; placatus fuit precibus serenissimi imperatoris, et etiam deceptus iterum promissionibus ipsius Georgii extitit. Tandem misit ipse Georgius oratores suos, magnificum Procopium, cancellarium regni, et quosdam alios suos, qui habitum clericalem deferebant, nullam tamen religionem aut indumenta fidei habentes; venerunt enim ambasiatores isti non ut promissa servarent, sed ut peterent a summo pontifice eis concedi quædam, quæ compactata dicebant. Audivit summus pontifex in consistorio publico ipsos oratores, proponentes eos Bohemos errores et nitentes ipsos errores sacris literis conprobare; confutavit errores summus pontifex, dogmatisavit et testimonio sanctorum probavit, non esse de necessitate salutis sub utraque specie communio, et ita communicare laicos inhibuit, eisdem oratoribus inquiens, si Georgius de cetero permanserit in illis erroribus, et non induxerit quantum in eo est, Bohemos aberrantes ad unitatem ecclesiæ, procederet contra eum, et ad eum illud regnum non pertinere judicaret. Ipsi oratores supplicaverunt, ut sanctissimus dominus noster mitteret ad ipsum Georgium venerabilem Fantinum de Valle, in cujus præsentia ipse Georgius astantibus regni Boemiæ prælatis et proceribus ac multitudine populi protestatus est, se velle vivere et mori in illa fide, qua nutritus erat, et proferens multa probra de sede apostolica et præeminentia ejus, eundem Fantinum, apostolicæ sedis nuntium, et a suis oratoribus petitum, carceribus mancipavit; in quo divina et humana jura non est veritus violare, et suo ore polluto verba hæretica de sede apostolica proferre non expavit. Quo nunciato sanctæ memoriæ Pio per promotorem fidei, et petitum et protestatum, quod sua beatitudo declararet Georgium hæreticum et regnum Bohemiæ ad eum non pertinere; quod jam facere instituerat, sed morte præventus nequivit. Postea vero sanctissimus dominus noster dominus Paulus in loco Petri suffectus, quia de ipso Georgio bonum conceptum habebat, etiam quia serenissimus imperator preces porrexerat, ut sua sanctitas contra ipsum Georgium non procederet, Wratislaviensis episcopus etiam non mediocrem spem de reductione ipsius Georgii dederat: non est aggressa statim sua beatitudo exequi, quæ prædecessor instituerat. Ipse vero Georgius interim, quo inducias impetrat, amicos sibi parat et lædit quantum potest fideles et in devotione Romanæ ecclesiæ perseverantes. Taceo, quæ in Wratislavienses ordinavit; baronis vero, qui diviso Georgio ab apostolica sede noluit obedire, dominia occupavit, et castrum principale ipsius baronis obsedit. Mandavit sanctissimus dominus noster ab obsidione castri cessari, rogavit imperator: et ipse Georgius, beneficio domini imperatoris a sede apostolica multis annis toleratus, nec ad unam diem ob oppugnatione voluit cessare. Unde sanctissimus dominus noster intelligens, omnia cum dissimulatione agi per ipsum Georgium, quodque dilatio affert dispendium fidei, et quanto magis toleratur, conatur errores propagari suos, ne serpat velut ulcus quoddam in gregem hæresis illa, decrevit, quod papatus sui officio convenit declarare, eum scilicet Georgium, qualis est, et regnum Bohemiæ ad ipsum non spectare, et electum esse, qui non debuit eligi, et coronatum esse ab iis, qui coronandi jus non habebant. Dicit modo vestra prudentia, quod ita procedere periculis plenum sit, ea maxime ratione, quia ipse Georgius astutissimus omnium hominum judicatur, et quod astu suo et potentia multos principes tam seculares quam ecclesiasticos, quosdam ad parentelas et affinitates induxit, quosdam vi compulit ad ei omagium præstandum et vassallagium, ita, quod non dicitur bene tutus in rebus suis et dominiis, cui ipse Georgius non favet, et timetis, quod principes illi non favebunt executioni faciendæ, nec obedient mandatis apostolicis, ne offendant Georgium, cui foedere et timore sunt ita conjuncti. Egregie doctor! istud est, propter quod apostolica sedes celerius et ferventius debet occurrere. Nam si astu et potentia induxit principes ad parentelas et compulit ad recognoscendum dominium ab eo: quid superest, nisi quod inducat et cogat eos ad imitandum eum in ritibus et sequendum in hæresi? Itaque majus periculum vertitur in simulatione apostolicæ sedis, quam si jam fraude detecta publicaverit illum hæreticum et nulla ratione sequendum. Nam firmiter tenet sanctissimus dominus noster, quod omnes Germaniæ principes memores fidei et honoris abstinebunt a commercio hæretici, nec consummabunt parentelas, et desistent a suis foederibus; quia divina virtus et gratia in hoc certamine non deseret apostolicam sedem, et flammam incensam tota celeritate restinguet et destruet istum hæreticum, extollentem se adversus scientiam dei et verbi divini; claritas effugabit tenebras de mentibus principum, ne sequantur eum, qui ad iter devium eos abducere satagit. Nec est novum, quod juramenta seu promissa per juramentum non præstentur hæretico, quanto hoc frequentius fit, tanto laudabilius est iis, qui hæreticis denegant promissa; nam qui denegat hæretico, dat deo. Etiam si sanctissimus dominus noster certus esset, quod principes ipsi non essent parituri mandatis apostolicis, quod non credit sanctitas sua, non debet propter hoc sua beatitudo hæreticum tolerare. Sanctissimus dominus noster non mandat Wratislaviensibus inconsulte aggredi vel pugnare, sed consulte, diligenter et cum omni timore dei hæreticum evitare, et suas versutias prudenter evertere. Hæresis Bohemorum et ritus a duobus generalibus conciliis damnati sunt et per multos egregios viros confutati, et ultimo per summum pontificem in consistorio publico eversi, et non est, pro quo audiri debeat Georgius, qui jam damnatam tenet hæresim: tamen sanctissimus dominus noster sua bonitate dat terminum, ut in monitione vestra prudentia conspiciet. Vos itaque cogitate pericula fidei et vestræ sanctæ nationis honorem, et prædicate et monete, ne sinant principes se decipi et suis temporibus foedari nationem tam christianissimam, a sancta sede apostolica electam et præ ceteris honoratem etc.; et considerent principes, quid accidit illis, qui cum hæreticis parentelam et amicitiam contraxere. Et ne a remotis exempla quæramus, ponite ante oculos Ciliæ comitem, qui cum hæretica contraxit: ipse et sua in favilla conversi fuere etc. Hoc nolo præterire silentio: imperator efficaciter pro Georgio semper preces porrexit; cordis archana judicat deus. De eo vero, quod de Silaniano in initio intraclusæ tetigistis, remitto eos, qui regnum adepturi sunt ad Labeonem; nescio si eum, qui semideum Platonem dixit, qui diffinivit ad necatos veneno non extendi Silanianum, nisi vi sit infusum venenum; imperialibus forte constitutionibus aliquid innovatum est. Nec acceptandum videtur consilium, quod ultimo datis, quod Ratisponam legatus mittatur. Nam si Georgius ita formidolosus est, ut scripta vestra commemorant, in tota Germania, quomodo legatus ibi secure manebit? Videtis itaque, quod ex vestris rationibus concluditur, accelerandum esse processum et sententiam citius ferendam. De receptione legatorum ipsius Georgii supra satis dictum est.

346.

1466, Januar 3 (Wischau).

Protas Bischof von Olmütz an den Legaten Rudolf: entschuldigt sein Benehmen gegenüber den Parteien.

(Ms. Sternb. p. 619—620.)

Reverendissime in Christo pater ac domine, pater mi carissime! Post sui commendationem.

Nisi viderem me undique insidiis circumventum, quamcunque enim partem excusando me læderem, periculum et maximum non evaderem. Indulgeat ergo r. p. v^ra^, si literis ejusdem, non inopia causæ meæ, ut exspectare p. v^ram^ puto satisfecerim: conabor tamen enixissime, ut ea, quæ cartæ committere non audeo, ore coram dicam. Dudum namque mihi mens juvenili ardet amore compellare virum: visitaturus enim sum propinquiores partes et contiguas dioecesi patris mei carissimi domini Vratislaviensis. Nam his diebus cum Pragæ essem, serenissimus rex noster aliquantulum ecclesiam meam ac mea obsequia respexit, et comitatum Huckwald, ab octuaginta annis aut paulo citra per latrones occupatum, ecclesiæ meæ ac mihi restituit; cujus possessionem in spatio dierum quatuordecim recipere debeo a data harum. Ita coram me existente si quæ reperientur in me non digna et statui meo non convenientia, p. v^ra^ ut in filio sibi complaceat ac emendet. Spero tamen p. v^ram^ alia quam ab æmulis nostris feruntur, reperire. Pauca tamen dicam de sententiis. Novit deus non fuisse culpæ meæ nec inductionis, ut non peteretur pro cautela saltem absolutio: imo oppositum per me suasum, qualitercunque sententiæ emanatæ fuissent, ob reverentiam sedis et augmentum religionis ut peteretur. Sed quia commissarius pat. v^ræ^, pater optimus et mihi charissimus, frater Gabriel, affectu maximo, non audeo dicere passione, in factis illius de Wetaw ductus, nescimus quæ intolerabilia absolutioni inserebat, res hucusque dilata est. Vidi modum absolutionis, qui non omnino quantum ad doctos displicet, ad vulgum vero una cum commissario non placet; stringere enim homines juramento, quare? non dubitet enim p. v^ra^ quin homines sint in hac dioecesi mea præsertim civitatibus sedi summe deditissimi: de commissario vero res est periculosissima; quia nisi ego hucusque pro eo supplicassem et in parte manu tenuissem, dudum aut occisus aut expulsus fuisset. Quare rev^me^ pater supplico ut generalis commissio ad preces meas omnibus prædicatoribus dioecesis meæ detur, qui convocato populo, inprimis sedem apostolicam promoveant, deinde auctoritatem cum censuris declarent, demum poenitentia salutari publice injuncta absolvant. Et mihi scribatur una cum absolutione quam humillime pro eadem cautela a pat. vestra obtinere peto, ut eam rem promotam habeam et auctoritate etiam mea ita per prædicatores observari procurem. Deus noster mihi testis est, ea quæ in his rebus consului aut feci, ut cognitus fidelis et catholicus fideliter egi: hoc sibi de me pat. v^ra^ rev. persuadeat et sciat. Si vero et ego, ut ceteri, res ut hæ bene eveniant instinctu etiam meo impellor, non avia, sed diverticula aliquantulum sequens, rectam semitam non deserens, quia et ego in ea gente natus, mores et alia cognosco, ut aliorum, sic et mea, rev. pat. v^ra^ interpretetur; quam optime valere cupio. Datum in castro Wissaw, die III. Januarii, anno domini M°CCCC°LXVI^to^.

E. P. V. R^mæ^

filius Prothasius episcopus Olomucensis.

Reverendissimo in Christo patri et domino, D. Rudolpho dei gratia episcopo Lavantino ac sedis apostolicæ legato, etc. Domino et patri suo charissimo.

347.

1466, Januar (s. d.).

Dr. Martin Mayr's Entwurf der Instruction, welche der nach Rom abzusendenden böhmischen Botschaft zu ertheilen wäre.

(Ms. Sternb. p. 390—392.)

Potestas papæ a solo deo est, nam personam episcopi gerit ac locum dei in terris obtinet; quare lex ejus per inferiorem tolli non potest, et ab ejus sententia provocare non licet; supplicare tamen gravatis prohibitum non invenitur. Is namque locum et potestatem crucifixi obtinens in terris, divinare nequit de occultis; quare facto, ignorantia circumventus relatorumque fraudibus deceptus, nonnullos præsertim in remotis constitutos ad inportunas voces delatorum plerumque et si non ex animo gravare invenitur. His itaque juris beneficio subvenitur, ut supplicationis remedio ab hujusmodi onere releventur, indeque vigor legis et asperitas sententiarum frequenter benignitate æquitatis temperantur. Diligenter etiam curandum est, ne quis scienter mentiatur papæ, quoniam talis convictus velut sacrilegus decernitur.

In casu igitur nostro sollicite insistendum est ac instanter apud ipsam piscatoris cathedram precibus obsecrandum, mediante voto ac suffragio sacræ imperialis majestatis nec non ceterorum serenissimorum regum ac illustrium principum ecclesiasticorum et mundanorum, quatenus sanctissimus dominus noster, paterna gerens viscera erga populum Bohemorum, ipsum inclytum regnum in capite et in membris hilari intuitu contemplando, ad laudem et gloriam divini nominis nec non honorem et exaltationes catholicæ fidei, salutemque fidelium et augmentum, benigna pietate prosequatur, nec patiatur tam nobile regnum ignobili destructioni exponi, sed digna sollicitudine excitatus, si sanctitati suæ non displicet, sacrum generale concilium aut sanctam synodum convocare dignetur, ubi et illustri regi Bohemorum securus nec difficilis pateat aditus; ac illic idem serenissimus rex offert et promittit se conpariturum, bono quoque et æquo animo objicientibus sibi quippiam responsurum, et de ea, quæ in eo est fide, rationem redditurum. Et si qua reprehensione dignus inveniatur, voluntarium se exhibet reprehendi, corrigi, reformari et reduci per idem sacrum concilium atque in omnibus et per omnia rex catholicus fidelis et apostolicæ sedi obediens haberi reputari et inveniri.

Atqui (si) sanctitas summi pontificis sacrum concilium sanctamve synodum pro ea re convocare dedignetur, prout ex arbitrio ipsius sanctitatis dependet, petantur legati viri eximii nec suspecti, et hi de latere vel saltem alii cum speciali mandato et plena auctoritate apostolicæ sedis; qui mittantur ad provincias regno nostro vicinas, nec hostiles, pro decidendo et concludendo ac terminando tam salubri negotio.

Ad ultimum quoque, si negetur concilium nec mitterentur legati, petantur auditores, et hi non suspecti, qui ad plenum audito et explorato atque cognito negotio, quantum personam regiæ serenitatis tangit, causam ad ipsam apostolicam sedem sufficienter instructam remittant, ejus mandata et sententiam desuper humiliter audituri et suscepturi.

Quantum vero hæc ipsa eadem res tangit et concernit quam plurimos subditos regiæ sanctitatis juxta salubria consilia ac possibiles suasiones ejusdem sacri concilii, si illud celebrari contingat, alias legatorum dictæ sedis ac in finem vel auditorum ejusdem sacræ sedis, serenitas regia intendit, vult et promittit eosdem subditos ad ritum communionem et unionem perfectam sacrosanctæ universalis ecclesiæ et Romanæ pro viribus inclinare, flectere et reducere cum effectu.

Nec durum dicatur sive asperum, si illustris Bohemorum rex, clare cognito quod majores causæ in ecclesia dei apud ipsam beati Petri sedem examinentur, decidantur et terminentur, quarum de numero ea esse invenitur, pro qua serenitas regia cum aliquibus subditis suis inquietatur, attamen pro decisione et conclusione ac fine ejusdem sacrum concilium convocari aut legatos mitti vel saltem auditores deputari expostulat: profitetur namque serenitas regia, quia nimia distantia loci, hostium quoque numerus, æmulorum multiplicitas, itineris asperitas, corporis vero regalis moles et crassitudo, regni etiam quæ præsentiam regiam requirit utilitas et necessitas, non contemptus beatissimæ sedis, nec alia similis facilitas, hoc ipsum serenitatem regiam expostulare docuerunt, ut in locis regno Bohemorum vicinioribus, si et in quantum de voluntate et benevolentia apostolicæ sedis processerit, hæc ipsa eadem res felici exitu peragatur.

Præterea utile videtur instantissime supplicari, ut sanctissimus dominus noster omnes et quoslibet processus hactenus contra regiam serenitatem habitos gratiose velit suspendere ac omnes censuras et sententias, si quæ et in quantum ab apostolica sede aut legatis ejusdem de facto processerant, recepta ab oratoribus regiæ serenitatis de parendo mandatis ecclesiæ idonea cautione, relaxare dignetur cum effectu.

Insuper si per quempiam objici contingat, quod illustri Bohemorum regi, ipso in manifesta contumacia deprehenso, nedum illi audientia negari potest et debet, verum absque omni ulteriori citatione et qualibet cessante examinatione ipse canonice possit et debeat condemnari.

Respondendum est, quod citatio, si qua processit de facto ab apostolica sede, ad notitiam regiæ serenitatis minime pervenit, aut si forte pervenit vel pervenire potuisset aut etiam in re pervenisset, ipse illustris rex rebellione aliquorum subditorum exigente, ut sibi et regno utiliter consuleret ac ipsos rebelles non armis sed rationibus ad debitam subjectionem reduceret, in ea fuit mora, nec talem potuit se exhibere, qualem libens volebat ad parendum et obtemperandum mandatis apostolicis; quare non potest vere contumax reputari.

Et si adjiciatur de ipsius serenitatis professione, quam dilucide protulit coram Fantino etc. respondeatur quod et de ipsa professione, quomodo, quando et ubi supra serenitas regia intendit, vult et promittit cum signo bonæ conscientiæ de puro corde reddere rationem. Verum de rebellione subditorum P(ilznensium), si apud apostolicam sedem contingat moveri quæstionem, deponere possunt jurati oratores, quod ipsi opidani P(ilznenses), seditione quadam inter se habita, ac perjurio temporalis fidelitatis plurium detecto, postquam ad notitiam regiæ serenitatis hæc res pervenit, ipsi opidani formidine vindictæ ac metu poenæ obedientiam regiæ serenitati debitam denegarunt, ac ipsius serenitatem debita subjectione contra justitiam spoliarunt, fictis insuper fabulis ad apostolicam sedem nec non ad certos principes ecclesiasticos et mundanos historiam detulerunt, proponentes se a serenitate regia odio fidei orthodoxæ obpugnari ac pro adhæsione et obedientia sedis molestiis inquietari. Hoc tamen ita se non habere luce clarius conprobatur. Quare sancta apostolica sedes a patrociniis ipsorum opidanorum et quibusvis protectionibus eorumdem conquiescere dignetur, salva humanitatis intercessione. Et si facto opus inveniatur, super isto ultimo articulo petantur auditores vicinarum provinciarum episcopi, de quibus regia serenitas sinceram gerit fiduciam, ut hi veritate negotii exquisita pro justificatione regiæ serenitatis sanctam apostolicam sedem plene valeant informare.

348.

1466, Januar 25 (Wratislaviæ).

Legat Rudolf an den Clerus in Schweidnitz, Jauer und Striegau: befiehlt ihnen, den neuen Stadtrath von Striegau, der sich durch Diprand von Reibnitz bewegen liess, König Georg neu zu huldigen, vor des Legaten Gericht nach Breslau vorzuladen.

(Ms. Prag. Domcap. G. XIX, fol. 173.)

Rudolphus dei gratia episcopus Lavantinus sanctæ sedis apostolicæ ad Almaniæ nec non regni Bohemiæ partes legatus missus: Honorabilibus in Christo, nobis sincere dilectis, in Sveidniz, in Javor et Stregou Wratislaviensis diocesis, parochialium ecclesiarum plebanis seu loca tenentibus earundem ceterisque presbyteris et notariis quibuscunque, salutem in domino, et nostris hujusmodi, imo verius apostolicis firmiter obedire mandatis.

Sane ad nostram fide dignorum relatione pervenit notitiam, quod prætensi magister civium, consules et jurati noviter electi oppidi Stregouiensis, post et contra inquisitionem per nos factam, pendente etiam dilatione et prorogatione termini, quem supra contentis in nostris processibus respondendi prorogamus, instigatione et suggestione cujusdam iniquitatis filii, Diprandi Reybeniz, hæreticæ pravitatis Hussitarum fautoris, qui diabolico spiritu ductus, dei timore postposito et suæ salutis immemor, populum catholicum sanctæ matri ecclesiæ et apostolicæ sedi devotum, sua dolosa diabolica suggestione ad recedendum ab obedientia sedis apostolicæ et obediendum Georgio Podiebrad, qui se gerit pro rege Bohemiæ inducit et practicat, in contemptum sanctæ sedis apostolicæ et mandatorum ejus, ac gravissimum animarum suarum periculum et perditionem, eidem Georgio Podiebrad, dampnatæ heresis Hussitarum sectatori, de novo jurarunt et juramenta præstiterunt fidelitatis. Idcirco auctoritate apostolica, qua fungimur, vobis omnibus supradictis et vestrum cuilibet in solidum in virtute sanctæ obedientiæ et sub excommunicationis poena præcipimus et mandamus, quatenus visis et receptis præsentibus prænominatos magistrum civium, consules, juratos et Diprandium Reibniz ac quoscumque interesse habentes, in vestris ecclesiis et locis publicis infra missarum sollempnia et alias ubi possibile fuerit, publice

25*

alta et intelligibili voce peremptorie citetis, quos nos etiam tenore præsentium citamus, quatenus feria III. post festum Purificationis proxime futurum, si juridica fuerit, alioquin proxima die juridica ex tunc inmediate sequente, compareant coram nobis Wratislaviæ in domo habitationis nostræ de mane hora tertiarum et causarum consueta, ad videndum et audiendum se poenas sententias et censuras in nostris processibus contentas ac etiam poenas juris contra fautores hæreticorum et eis adhærentes inflictas incidisse declarari et declaratos publice denunciari mandari, vel ad allegandum causam, si quam habent rationabilem, quare id fieri non debeat. Certificantes eosdem, quod si ut præmittitur comparere curaverint sive non, nos nihilominus ad declarationem, ipsorum contumacia seu absentia in aliquo non obstante (sic). Quidquid autem in præmissis feceritis, nobis quanto citius liquide rescribatis. Datum Wratislaviæ nostro sub sigillo, anno domini MCCCCLXVI, die vero XXV. mensis Januarii.

Jo. Evich notarius de mandato præfati reverendissimi
P. R. episcopi Lavantini et legati subscripsit.

349.

1466, Mart. 4 (Wratislaviæ).

Legat Rudolf Bischof von Lavant macht den Einwohnern beider Lausitzen bekannt, dass er die geistlichen Censuren und Strafen, welche über die im Gehorsam gegen König Georg Beharrenden verhängt worden, bis auf weitere Befehle suspendire.

A. An die Niederlausitzer.

(Ms. Prag. Domcap. G. XIX, f. 173.)

Rudolphus dei gratia episcopus Lavantinus, apostolicæ sedis et sanctissimi in Christo patris et domini nostri domini Pauli divina providentia papæ secundi ad Almaniæ et regni Bohemiæ partes legatus missus: honorabilibus et discretis dominis plebanis, viceplebanis ac verbi dei prædicatoribus civitatum, oppidorum et locorum quorumcumque in et per Lusaciam inferiorem Misnensis diocesis constitutis, salutem et præsentibus fidem indubiam adhibere.

Noveritis nos r. p. dominum abbatem monasterii in Dobarlug ordinis Cisterciensis dictæ diocesis, ac ceteros oratores abbatum, prælatorum, baronum, nobilium, civitatum et oppidorum præfatæ provinciæ Lusaciæ audivisse et propter excusationes, quæ prima facie legitimæ apparuerunt, cur diu nobis super processibus per nos dudum emissis non responderint, omnes et singulas dictarum terrarum ecclesiasticas et seculares personas, cujuscumque status aut conditionis existant, quæ prætendi possent, sententias et censuras in processibus nostris contentas incidisse, in dei nomine, saltem ad cautelam et conservationem conscientiarum suarum absolvimus et absolutas nuntiamus, cum ecclesiasticis super irregularitate, si quam sic fortasse ligati incidissent, dispensando per præsentes. Ceterum propter catholicas eorum oblationes de manendo in obedientia sanctæ Romanæ ecclesiæ et sanctissimi domini nostri et de faciendo propter, ut bonos decet Christianos, qui deliberandi sunt, contentis in dictis nostris processibus, eisdem absque præfinitione termini prorogavimus (sic), confidentes quod quanto citius possint, plene deliberent et nobis respondeant. Volumus tamen, quod poenæ in dictis nostris processibus contentæ vos aut aliquem non artent, quousque aliud a sanctissimo domino nostro aut a nobis vel in locum nostrum surrogandis habueritis in mandatis. Præterquam in articulis de non præstando auxilium, consilium vel favorem contra catholicos in obedientia sedis apostolicæ existentes, et de non admittendo hæreticos, per quorum factum vel potentiam ita coartari possent, quod apostolicæ sedi in futurum obedire non possent.

In quibus casibus et articulis processum nostrum in vigore suo permanere et observare volumus sub poenis in eisdem contentis. Præmissa non intendimus, prout nec possumus, dispositionibus juris de et super vitandis hæreticis in aliquo derogare. Quæ omnia et singula volumus atque in virtute sanctæ obedientiæ præcipimus per vos aut unum ex vobis in locis, in quibus processus nostri publicati sunt, insinuari et publicari; decernentes quod copiæ hujus literæ, quæ ad singula loca commode deferri non posset, per manum notarii publici aut duorum bonæ famæ sacerdotum fideliter collationatæ et subscriptæ fides adhibeatur, ac si principales istæ literæ exhiberentur. Datum Wratislaviæ, fer. tertia proxima post dominicam Reminiscere, quæ fuit quarta mensis Martii, anno etc. LXVI.

Andreas Leralt notarius de mandato præfati r. p. domini episcop. Lavantinensis subscripsi.

B. An die Oberlausitzer.

(Scultetus, III, 169.)

Rudolphus episcopus Lavantinus A. S. legatus etc. Honorabilibus et discretis dominis plebanis, viceplebanis ac verbi dei prædicatoribus civitatum sive oppidorum Gorlitz, Budissin et aliarum civitatum et oppidorum Lusatiæ superioris, quæ sex civitates appellari solent, Misnensis diocesis, salutem et præsentibus fidem indubiam adhibere.

Noveritis nos ambasiatores homagialium ad dictas civitates pertinentium, atque ipsarum civitatum audivisse, et propter catholicas earum oblationes differentium, perseverando in obedientia S. Rom. ecclesiæ et sanct^{mi} domini nostri etc. (sic).

Voluimus autem atque volumus, quod dicti processus nostri et poenæ in eisdem contentæ neminem artare aut illaqueare debeant, quousque aliud a sanct^{mo} D. N. aut a nobis vel in locum nostrum fortassis subrogando habueritis in mandatis, præterquam in articulis:

De non præstando auxilium, consilium vel favorem contra catholicos in obedientia sedis apost. existentes.

Et in non permittendo, quod Wratislavienses, qui in speciali (Ms. spirituali) protectione apud sedem consistunt, diffidentur aut vexentur,

et de non faciendo novas obligationes,

et de non admittendo hæreticos, — occasione quorum constringi posset (sic), ut apost. sedi et sanct^{mo} D. N. obedire non possent. In quibus casibus volumus processum nostrum et poenas in eisdem contentas locum habere etc.

Quæ omnia et singula volumus, atque in virtute sanctæ obedientiæ præcipimus, per vos aut unum ex vobis in locis, in quibus processus nostri publicati sunt, insinuari et publicari, decernentes, quod copiæ hujus literæ, quæ ad singula loca commode deferri non posset, per manus notarii publici aut duorum bonæ famæ sacerdotum collationatæ et subscriptæ fides adhibeatur, ac si principales istæ literæ exhiberentur.

Datum Vratislaviæ fer. tertia post dominicam Reminiscere, quæ fuit quarta mensis Martii, anno domini MCCCCLXVI°.

350.

1466, Mart. 11 (Budweis).

Der böhmische Herrenbund an den Rath von Eger: ermahnt ihn, den Herzogen von Sachsen gegen ihren Bundesgenossen Heinrich von Plauen keine Hilfe zu leisten.

(Orig. im Stadtarchive zu Eger.)

Vnsern dinst, ersamen, weisen! Wir sind bericht worden, wye ir angesonnen werdet, des edeln wolgeborn hern Heinrichs burggrafen zu Meissen vnd hern zu Plauwen, vnnsers freunds, der mit vns in verschreibung ist, feynd zu werden, vnd zu der hochgeborn fursten, hern Ernsts vnd hern Albrechts, gebrudern, herczogen zu Sachssen etc. hilff zu komen. Als haben wir den getrauwen, das ir nicht sein feynd werdett, so ir wol wisset, das er mit uns in verschreibung ist, vnd wir uch alczeit gerne guten willen beweist haben, vnd noch lieber gutlich dann ungutlich mit uch sein wolten. Uwer beschriben antwurd. Geben zum Budwyss am Dinstag nach Oculi anno etc. LXVI[to].

Jhan herre zu Rosenberg, Zencko herre zu Sternberg, oberster purggraue zu Prag, Jhan herre zu Hasemburg, oberster richter des koniglichen hoffs zu Beheim, Vlrich herre zur Hasemburg, Bohuzlab herre zu Swamberg, vnd dy andere herren, vnnser freund.

351.

1466 (s. d.).

König Georg's Instruction, zu werben an die Sechsstädte, gegen den Legaten. (s. d.)

(Scultetus, III, 168.)

It. im anfang sol geredt werden, vnserm allergnedigsten herren dem könige fürkommen, das dieser legat der itzund zu Breslaw ist, das er seyn königl. genad mit vnzimlicher schrifft auch predigen berüren sal, ob got wil auff sein kön. g. nicht sal erfunden werden. Ouch das derselbige legat euch schreiben sald, vngebürliche sache begerende, euch gebietende, das sy solden von sein kön. g. treten ader sich wenden etc. das er gerne zuwegen brengen wolte, das jr weder ewern eid vnd globdteyd, vnd das sich in seyner g. land krig erhöbe etc.

Vnd sintemals seine kön. g. des legaten fürnemen vnd handel verstanden hat: hat seine kön. g. bedünckt notdorfft zu sein etc. euch alle etc. zu vermanen, das jr sulche sache vnd sulche schrifft zu euch nicht einnemen solt etc.

Es hatt auch seyne kön. g. bedünckt notdurfftig zu sein etc. das seyne kön. g. vorstanden hat, wie vnser heiliger vater der bobist seyne kön. g. in etzlichen sachen in verdechtnis hette etc. von seyner g. vnderthanen, als nemlich von den von Breszlaw etc.

Sein kön. g. hat allewege begert seiner vnschuld sich entschuldigen, vnd was ein kristenlichen könig zugehört, vnserm h. vater dem bobist zu thun etc.

Begert sein kön. g. die mit fleiss zu hören was geschriben ist worden vnserm heiligen vater dem bobist etc. verstehen solche gepürliche vnd kristenliche erpitunge etc. das vil von den fürsten schreiben vnserm heil. vater dem bobist, nach dem erpitten dy seine kön. g. hatt, dy do bitten vnd begeren, das sulchs von sein kön. g. auszgenommen (sic) worde, ouch doselbist zu vernemen, wer dy fürsten all sein die do schreyben er Benisch dy wist er wol.

Auch sy zu vnterrichten, das diesem legaten eygen willens kein fürst noch kein gutt man wolt gestaten, das er was wider sein kon. g. handeln solt. Denn allein die bösen lewt, die von Breszlaw, die da vnd in anderm sich wider sein kön. g. sich vorgessin haben. Vnd dobey sie zu vermanen, das sie nichtes wider sein kön. g. gestaten sollen lassen handeln, als wider jren herrn etc.

Dornoch zu reden, das sie aus dem lawter vorstehen mügen, das sein kon. g. von dem legaten gross vnrecht geschicht etc.

Auch sein kön. g. hat euch allen heissen sagen, das sein kon. g. ob got wil nicht anders erfunden wirt, denn auff ein kristenlichen könig zugehört etc. Vnd begert seine kön. g. mit dem zu beslissen, das sie nue aller sachen vnderricht sein, vnd das jr euch getreulich halden wellet kein sein kön. g. vnd fürder keinerley heischunge ader gepitung, es sein geistlich ader wertlich, nicht auffnemen sullen etc.

Vnd mehr als derselbe legat berüret, das er euch ewer eyde vnd glübde wolle abnemen ader entpinden, das gehe got nicht, das die werlit auff dem steen sold, das man der glübd vnd eyd solde entpunden werden, wenn die werld auff keyn grunt nach stete nicht steen mochte, als eyn itzlicher wol vorsteen mag, das des eydes adir dises glübdes nymandes mag ledig gesein noch gelassen werden, denn der lasse en ledig dem er gesworen vnd gelobit hat. Vnd das hat der keyser selber geredt vnd gesagt etc.

It. wirt dich bedüncken werden, das du für, ee du die sach an dy gemeine brengen wirst, for mit etzlichen personen zu redin, das sie das gemeine volck wüsten recht zu füren.

It. würde auch notdorfft sein, das mit etzlichen pristern geredt würde, das sie sich solcher sachen auffhörten zu thuen etc.

It. ists sache, das welche prister hetten des legaten gepitung gelesen, das sie vnser erpitung auch lesen. Vnd das en gesagt würde, das sie gedechten an zukünfftige sache etc.

352.

1466, April 5 (Breslau).

Legat Rudolf an die Brüder von Vitzthum: ermahnt sie, König Georg gegen die Pilsner keine Hilfe zu leisten.

(Ms. Sternb. p. 629.)

Rudolphus dei gratia episcopus Lauantinus, sanctæ sedis apostolicæ legatus.

Salutem in eo, qui est omnium vera salus. Nobiles ac strenui domini milites amici carissimi! Scimus quod hactenus vestræ caritates prout et earundem progenitores in ritu et obedientia Romanæ et universalis ecclesiæ sanctissimorumque summorum pontificum semper fuerunt et intrepide permanserunt, nedum pacis tempore, sed et cum hæretica rabies in omnes quos potuit catholicos belluina ferocitate seviret. Verum cum non sufficiat bene inchoasse neque mediasse, nisi etiam quis usque in finem bene perseveret; nam juxta dominicam sententiam atque vocem, qui perseveraverit usque in finem, hic salvus erit; cum autem nunc instet ac sit tempus, ut unusquisque probetur, si rectum cor hactenus habuerit et cum Cristi vicario perseverare velit, cum sanctitas sua vestris caritatibus ceterisque baronibus nec non civitatibus oppidis et catholicis quibuscunque ad inclitam coronam regni Bohemiæ pertinentibus per patentem suæ sanctitatis bullam sub interminatione divini judicii mandaverit, quod cum prætensus rex Bohemiæ notorius hæreticus atque relapsus sicque ipso jure et ex suo proprio facto et hæretica professione et declaratione alias per eum facta damnatus sit, illi amplius obedire præcipue in rebus bellicis ipsum sequendo et juvando minime debeatis neque debeant, vos et omnes a juramentis sibi præstitis absolvendo. Nobis etiam sua sanctitas specialiter dedit in mandatis, omnibus et singulis, cujuscunque status gradus nobilitatis ac conditionis existant præcipiendi, ne dicto prætenso regi contra catholicos et in apostolicæ sedis obedientia existentes subsidia vel auxilia præstent, atque quoscunque a sua adhæsione confoederatione amicitia conversatione et obedientia retrahendi. Unde nos honestissimos atque deo sanctæ Romanæ ecclesiæ et sedi apostolicæ obedientissimos cives et populos opidi Plznensis, ut ab obedientia dicti prætensi regis hæretici extra ecclesiam sanctam catholicam constituti discederent, sub poenis et censuris requisivimus; qui cum intelligerent se a sanctissimo domino nostro successore sanctissimi beatissimique principis apostolorum Petri, cui potestas a Christo data est ligandi atque solvendi a juramentis dicto hæretico nonnisi tamquam catholico regi præstitis, esse absolutos, nolentes incidere poenas, quas eis comminati fuimus, tanquam fideles et obedientes apostolicæ sedi ab obedientia dicti prætensi regis, quem sanctissimus dominus noster pro notorio hæretico atque relapso tenet, juste sancte et cum maximo honore apud veros catholicos se retraxerunt. Et cum intelligamus dictum prætensum regem ipsis Plznensibus propter debitum suum, quod fecerunt, magna damna intulisse, civitatemque sive oppidum Plznense obsideri et circumvallari facere velle, atque vestras caritates in adjutorium et assistentiam suam advocasse, ut saltem gentes suas contra dictos Plznenses et eorum civitatem mittant: obmittere noluimus, quin easdem vestras caritates de præmissis avisaremus atque hortaremur, imo et sub excommunicationis et æternæ damnationis poenis requireremus, prout per præsentes requirimus, ne consilium favorem vel auxilium per se ipsas aut suos directe vel indirecte quovis quæsito colore præfato prætenso regi vel suis aut ad eorum instantiam contra dictos Plznenses aut quoscunque alios catholicos in obedientia sedis apostolicæ persistentes præstent, sed potius ut fideles et veri catholici atque apostolicæ sedi obedientes tenentur, totaliter a consorcio amicitia assistentia et subjectione dicti hæretici se retrahant. In quo et per quod vestræ caritates poenas prædictas evitabunt, laudem et commendationem ab apostolica sede et omnibus vere catholicis et tandem inæstimabile præmium in coelis reportabunt; quæ cum divina prosperitate nostris imo potius apostolicis parendo requisitionibus eisdem tribuat altissimus. Datum Wratislaviæ, in vigilia Pascæ, anno domini millesimo CCCC°LXVI°.

Nobilibus ac strenuis dominis Apell, Boza et Bernardo Vicztumb fratribus militibus, amicis nostris præcipuis.

353.

1466, Apr. 23 sq. (Prag).

Bericht der Lausitzer Abgeordneten über ihre Verhandlungen am königl. Hofe in Prag in Betreff der Herzoge von Sagan und der Ermahnungen des päpstlichen Legaten.

(Scultetus, III, 170.)

Anno domini M°CCCC°LXVI° die vigesima tertia mensis Aprilis in Praga, post exhibitionem nostram etc. (sic).

Gnedigister könig, isz ist uwer kön. g. vnverborgen, wy vnser fründe dy vns uszgefertiget haben zue uwer k. g. swerlich vnd grosz irsucht sein worden mit process vnd schrifften, in den sachen dy sich weltzen vnd begeben haben zwischen den jrlauchten fürsten vnd herrn, hertzog Palthasar vnd Hanns gebrüdern vom Sagan etc.

G. König, hat sichs in der zeit begeben, das uwer k. g. getrawe gehorsame vnderthane, beide von der ritterschafft vnd von steten, hertlich irsucht sein mit process vnd schrifften vnsers h. vaters des bobistes, durch den erwirdigsten in got h. Rudolff bischoffen zu Lauant, bebistlichen legaten itzund zu Breszlaw etc. vnd des begert eine schrifftliche antwort innewennigk 14 tagen.

G. könig, sind vnser frunde gantz bekümmert wurden vnd haben sich vorteget beide von der ritterschafft vnd steten, vnd sint eines worden eine botschafft vszzufertigen zu demselbigen erwirdigen h. legaten. Dy denn seine g. vnderricht etc. wie sy e. gn. vnd der cron zu Behemen vorpflicht vnd voreydt sint, vnd etc. begert, s. gn. wulde gn. sulche process von en abestellen vnd sy der entledigen.

G. könig, hatten das nicht mögen gehaben, sint dieselbigen gefallen uff eine frist, s. g. wölle sy fristen, das sy ein sulchs möchten tragen an jr frunde etc. haben sy also einen monden jrwurben.

G. könig, haben sich e. kön. g. getrawen vnd vnderthanen aber besant vnd uff dy sachen geratschlaget, vnd dy ander botschafft zu dem wirdigsten h. legaten gesandt, do sy denne eine frist behalden biss uff Reminiscere, da denn der legat meinete zu haben einen fürsten tag etc.

G. könig, haben vnser frunde zum dritten aber jre botschafft dohin gefertigt, vnd vortzellt als vor berürt ist. Hat der legat gesagt. er wolle jr anbringen an den hoff zu Rhom schreiben, vnd was er würde vor eine antwort haben, do wulde er sich noch richten.

Vnd so dy sache gefrisst vnd gestreckt ist, g. könig, sind vnser fründe mit sorgen beladen vnd sint teglich der antwort harrende. Vnd haben vns zu e. kön. gn. gefertiget, als zu jrem allergnedigisten herrn, wenn in sulchen sachen vnd leuften haben sy niemands wenn e. kön. g. dy jn tröstlichen vnd retlichen möchte sein, vnd bitten mit demütlichem gehorsam, e. kön. g. geruche sy gnediglichen in diser vnd der vorerzelten sachen versorgen, das sy sulcher sweren irsuchung entladen mochten sein etc.

Responsum regis per D. Jodocum.

Seine kön. g. hat gemerckt, wy jr uch getrewlich vnd geberlich gehalden habet zu seiner kon. g. etc.

Sundir als jr vorzellt von herzog Balthasars sache, wist jr wol das s. k. g. vnd uch vngütlich geschit, wenne s. k. g. hoch zu em gedacht, als zu einem der do widerspennig vnd vngehorsam gewest ist, vnd sulde sich doch halden an die crone zu Behmen. Nue hat er gebrocht an vnsern h. vater den bobist, s. kön. g. hette en wollen von dem glouben drangen etc. das denne ny seine meinung gewest ist etc. Hette er aber verzellt, wy er zu den sachen durch vngehorsam gekommen, vnd vieleicht hette vnser h. vater der bobist sich bas besunnen, vnd nicht sulch ding wider seine kön. gn. vnd uch vorgenommen etc.

Aber von des legaten wesen, wy jr durch process jrsucht etc. mögent jr alle wol achten wy seine kon. g. zu den sachen kommet durch dy von Breszlaw vnd ander dy seiner kon. g. sulche ere nicht gunnen, vnd sagen wy er uch vnd ander lande von dem stande der Röm. kirchen dringen wolde, das er denn nye gethan hat etc. Vnd lest euch s. k. g. obir das sagen, das er sich befleissiget habe bey seinen lieben heren dem keyser vnd den andern kürfürsten, auch zuvoran bey vnserm h. vater dem bobeste, das er zu der verhörung komen möchte. Vnd so er nue zu der verhörung kommen kunde, soldent jr vnd dy gantze werlt irfaren, das er jrfunden sol werden als ein gesalbeter cristenlicher könig, vnd das alle die s. g. ketzern, schenden vnd anders feel arges nochsagen, sollen gefunden werden als vngetrewe, die in der worheit diss nicht zu em brengen mögen.

Vnd lest uch jrmanen, jr wollet ansehen pflicht vnd eide, dy jr seinen kön. gn. gethan habet etc.

Responsum nostrum. — Gnedigster h. wir haben zu danck uffgenommen e. kon. g. antwort, sunderlich von der beflissunge wegen, wy sie zu der verhorung kommen mögen, das wellen wir mit fleisz brengen an vnser fründe etc. Sal e. gn. nicht zweiffeln, vnser fründe werden sich getrewlich an e. kon. g. vnd dy crone zu Behmen halden, vnd sy welden vngerne uff sich ein bose gerüchte laden etc. So doch das sy in den wegen vnd gehorsam der h. kirchen bleiben. Vnd zweiffeln nicht, e. g. sein so weise vnd vorstendig, das sy sich aus allen den sachen wol finden werden, vns allen zu fride, gemach vnd grossem troste.

Responsum regis. — Er lest uch sagen als vor, das der keyser, konig vsz Vngern vnd ander kürfürsten von tage zu tage sich befleissen, das er zu der verhörunge kommen möge etc. So das geschitt, solt jr irfaren, das er ein cristlich konig etc.

Responsum nostrum. — G. könig. Solche befleissung vnsers h. des keysers wollen wir an vnser fründe tragen. Vnd do wir weiter besucht werden durch schrifft ader process, wollen wir dy uwer kön. gn. nicht verhalden, sundern dy melden, vnd so zu jme versehen, das wir von der Rom. kirchen vngescheiden bleiben etc.

354.

1466, Mai (s. d.).

Zeitungen aus Böhmen.

(Orig. im königl. geh. Archive in Berlin.)

Lieber swager! Ich sende uch hir allis vorlassin zu deme tage zu Prage czwischin deme konninge vnde den herin geschen ist, vnde dy schulde dy dy herin zcum konninge habin. Vnd wisset das dy herin zcu Rudenitz warin vnd nich jegin Prage woldin riten. Sy schicten dorhen her Jan Haszin, den jungen von Sternebergk, den von Swanbergk, den von Ileburg, den von Rosinburg, vnnde hubin dy tetunge an, vnnde sprachin, is were in der vastin vorlassin vff deme tage zcu bemischen Budewicz, das der konning den herin sulde yngebin vnnde antwordin dy crone vnd den Karlstein. Dar zcu der konningk neyn sprach, is were nicht zo vorlassin; vnde warin darvmme czwidrechtig. Alzo gingin das an beitein teylin uff dy manne dy zczwischin beidin teilin getetinget hattin. Dy sprachin, is wer vorlassin, der koningk sulde den herin dy crone vnnde den Karlstein yngebin vnnde antwordin. Do sprach der konningk: nu das zo vorlassin were, zo wolde her dy ynantwerdin herczoge Figdryin, der were ouch eyn here. Sprachin dy herin: neyn, her were nicht der herin eyn, sunder were eyn furste; sy hofftin nicht, das is billich noch recht were, das sy irkein furstin inne habin sulde; is hildin ouch ire recht nicht inne. Do sprach der Tyrczky vnd Kostky: sy hettin dy crone yn yrer hant, sy waldin sy auch behaldin; vnnde entin zich mit zo vil retin, das der von Swanenbergk salb drytte vff dy pherde vil, vnde rante zcur stat usz kegin Rudenitz. Der bischoff, der vonn Sternebergk woldin kegin Prage nicht; der konningk schickete zu vier mål nach in syne rete, den swartzin ffurstin, vnnd hattin gross geleite. Dy koningynne sante selbir nach in, vnnde vormanete yn houcher gelubde; im kunde nymant dohyn bryngin. Alle sachin zcu scribin ist zcu langk; sunder ist eyn steyn vff Galli; addir furdir wollin dy herin keynenn tagk meher habin, sy wollin dy crone vorinne habin. Vnnde bitte uch, bringet jo dissze ezidil widdir. Ouch vorbietin vnnsze amptlute, das sal nymant den rechtin grunt zachin, wy das zugegangin hat. Der von Sachczin was ouch zu Prage, vnnd wil deme konninge hilffin; syne herin, man vnde stete wollin nicht; dar vmen habin sy alle zcu Leypczgk eynen tag vff dissin Sundagk nach vnnsers herin hymelfart (18. Mai). Gescrebin ylende etc.

Item der keiser hath dy bruder usz deme lande gekouft. Nu sy das gelt entfangin habin, wollin sy nicht wegk, vnnd habin sich gantz vaste vmmegrabin mit pastien, das ir nymant dar usz gewynnen magk. Nu ist der keiser mit den lantherin gancz ein, vnnde habin dy bruder an vir endin belegin vnnd wollin sy alle zu dote slain. So habin sy dem konninge gescrebin, das her sy wolle rettin, nach dem sy em dinst gelobit habin. Der konningk wuste nicht was her rettin sulde; her hat salbir mit den von Pilszin zu schaffin genugk.

It. so wiszit, das des vonn Sternebergk stiffbruder vnnd sin rechter vetter dy bruder gereith habin, vnd habin von Veyna vil tot geslagin vnd sin gar vil dertrungken in der Twnow. Vnd dy bruder habin zu den von Sterneberg geschicket jegin Rudenitz achtage vor vnnsers herin hymmelfarth (8. Mai), vnd habin im gescrebin sin stiffbruder vnnd sin rechter vetter, wie sy dy bruder gantcz an der hant habin vnd wen her yrer bedarff widder den konningk zo willin sy von stundt vff sin vnd wöllin slosz vnde stete dy nicht wol behaldin konenn lassin stein, vnnde wollin zu hulfe komen vnder czehin tusent mannen warhaftig.

It. zo ist das mith den von Pilszin zugegangin. Sy sint zun konninge kommen vnnde habin em geklayt, wye sy werdin sere getrawet von dem babiste mit deme banne vnnde habin den konningk gebethin das her ein sulchis vnderstunde. Alzo hatte her gesprochin, sy suldin zich darvmme nicht bekummerin, sunder sy suldin sich wol mith spise besorgin vnnd notdorft by sy legin eyn hunderth edde czwey hundert pferdt, ab sy von dein herren gedranget wurdin, das sy luthe by ein hettin, dy sy muchtin entsetczin. Alzo sprachin sy mith vil wortin, sy bedorfftin keyner luthe nicht, vnde batin yn, das her sy nicht mit luthin obirlude, sy waldin ire stad ane geste wol behaldin, dar sulde der koningk keyne czweyffil ane habin, sy woldin sich ouch kegin ein wol recht haldin. Dar nach schickete der konningk syner rete ein kegin Pilsin, vnd lisz dem rate zagin, her wurde by hundert pherdin schickin geuszit Pilszin vier milen, das sy dy eyne nacht besorgettin vnde den notdorft schuffin vmme ire geld. Sy sagettin nicht vil darzu, vnde hattin achtunge darvff. Alszo ist der richter des konninges vnd der richter reit salb dritte wegk. Sy hattin achtunge darvff, vnnde bestaltin in eyne stat dy heyszet Berawn sibbin milen von Pilsin, eynen furman schickedin sy dohin der phlagk doselbist kartin zu holin vnd befulin dem her sulde achtunge habin wen irkein folgk von Prage do qweme, zo sulde her von stundt vff sittzin vnnd kegin Pilsin rittin vnde in wiszin lan. Alzo horte der zagin in der stat, is wurdin vil reysiger hofelute vnnd füszknechte dar kommen. Der harrethe bysz das her sach, das man dy kuche zurichtin; vnde zu hip dy vorreyter quamen, do nam der eyn wenigk kartin, vnde fur zur stait usz yn eyn dorff, vnnde lisz den wagin stein vnde rante zo dorvon, vnde brachte dy batschafft. Do hattin sy achtunge do vff, vnnde fundin sich vff ire werin. Do quam der richte salb dritte gerittin, so hattin sy bestalt, nymande sulde ein bosis noch gutes zagin. Her vant eyn iszligin vff syner were. Her sprach, das wirdin hofelute komen mit funftig pherdin, den sagit nichtes. Alzo reyt her heym. Do quamen dy funfczig pfferdt, sy worin gerne heu jn gewest; sy waldin ir nicht in laszin.

Do quam der richter herusz gegangin: zu hant quamen abir hundert pfferdt, darnach II hundert, darnach der haufin mit eynander, vnde hildin lange zere vor deme thore. Wie deme das man sy nicht welde in laszin, sy mustin in eyn ander stat dar deme koninge groaze macht were angelegin, sy suldin ir mit nichte sümen; neme der koniagk irkeinen schadin, her wurde yn by en suchin; sy wuldin nür durchritin vnnde weldin eins tringkin. Sy woldin ir mit nichte in laszin, vnde sprachin: habit ir doch eynen wegk umme dy stad hin der zo nha hin were alze durch dy stad. Sy wegk ritin, ander sy weldin yn sy schiszin, id sulde stibin; alzo czogin sy wegk. Sy hattin mith in yre phaffin, alle hantwergk, vnde waldin sy alle habin vsgetrebin vnde mith iren gelobin besatczin wuldin; vnnde ouch hattin sy II henger mithgenomen. Vnnd sy namen den richter mith en wegk. Darnach von stund sageten sy deme koninge alle huldunge vnnd phlicht gancz uf, vnnde nehmen vnnde bernen das is stibit.

Item zo hatte der konningk eyn junfrawen closter gewunnen 4 milen von Pilszin, vnnd hat dy junefrawin uszgetrebin vnd welde sy ertrenket habin; das weretin dy houplute. Das closter heyszet Chotiszchoff; vnde habin das closter besatczt.

Item zo hat der konningk eyn velt closter besatczt vnde gewunnen II milen von Pilszin, vnnde haben dy monche vszgetrebin vnd kriget mit den von Pilszin; dar vff der apt ist by den von Pilszin. Nu warin dy von Pilsin vnde derstegin das kloster in der nacht, der abt was der irste heu hin, vnnd slugin toit, was sy in deme forderstin teyle fundin, vnnde gewunen LX pfferdt vnnd harnisch, vndir en stagkete eyner an, das sy das fur vff deme obirstein gewar wurdin alzo behildin sy nach das obriste vnnde slugin das koninges houptman doith. Vnde dy von Pilszin habin by en vil Sweyczer vnde Swabin.

It. zo sint LXXXIIII gut sloisz vnnde stete allis gereit widdir den konningk, dy von inander nicht tredin, vnde vff eyne mile, czwu, drye vnnd viere von Pilszin gelegin, dy den von Pilsin alle helfin vnnd bystein.

It. ouch hat der konningk eyne kirche in eynen dorffe besatczt widdir dy von Pilsin; das dorff heisset Vtrey.

It. zo habin sy zu Prage fleyszch gesin in der vastin, der wurden XL gefangin von den nau man eyne cleyne gelt vnnde lisin sy by nachte usz loffin vnde hulfin yn wegk.

It. das ist in der warheit zu Prage geschin, das der Rogkinczane gar zere predigete vff vnnse pffaufin, desselbigen gelich vnnser phaffin widder vff den Rogkinczane vnde dy synen. Zo ist eyn lycenciate in dem kolley, der ginck vff den thum, her nam eyn swert vnder synen mantel, vnde horete den doctor syner predigat zcu; alzo hup her an, vnnde straffede den doctor syner predigat, vnnd trat zu deme predigeszstule. Das warth des von Sternebergis burgraffe vonn dem slosse gewar, vnnde trat ym vor den predigiszstul, bis das der doctor uszgeprediget hatte. Do nam her yn, vnde lethe en in dy dresse kamer, vnnde bestalte vonn stundt, do her vonn dem kirchoffe quam, vnnde wolde in dy alde stait gehin, vnnde bestalte das man en fingk, vnnde saczte en yn. Do schickete der koningk zcum burggrabin vnnde rette mith em, das her im den licencziatenn gebin sulde, her wuste wol, wy her zich kegin em darumme haldin sulde. Der burggraff kunde es nicht ober trachtin vnnd gab en im. Alzo lisz em der konningk hemelichin widder louffin, vnde der bleib zu eyneme schyne vorbergin da bysz XIIII tage in den Kollin, bysz das is vorgesin warth.

It. darnach quam abir doctor Hilarius vonn deme thume zcu Prage zcu dem von Sterneberg zcu fusze salb dritte. Was sin gewerbe warin, muchte ich nicht erfarin.

It. der babist hat den vonn Sterneberg gegebin vnnde den anndern herin alles gelt das zu Breslow ist vnd noch furder gefallin mag von der gnadin. Dar zu wil em der babist vorder grose hulfe vnnd bystant thun. Her habe eynen schacz den mannich babist nach ny angereget hat, den wil her mit den herin zu setczin. Wen der allis vorkriget wirdit, zo wil her darnach dy kirchin vnde closter angriffin, alle ir cleynet nehmenn vnnde luthe darmit vorsoldin etc.

It. zo willin dy vonn Breslow VIII thusent luthe dem von Sternebergk vnnd den herin nachfurin vff ire eygin czerunge vnnde schadin, dy wile der krich wereth.

It. dith sint dy schulde vnnde zusprache, dy dy herin widder den konningk habin:

It. vonn der cronen wegin etc. (articuli noti) . . .

Item nota. Das ist der sin von dem abescheidin der briffe, den der koningk den herin gegebin hat vnnde allen iren helfers sy sint geistlichin udder werlichin furstin, prelatin, herin mann vnnde stete vnnde allin yren frundin in dem bunde, vnnde dy buntgenosin sint, adder zich des bundes zcu czyhin: das is sal guslichin anstein czwischin hir vnnd Galli mith den herin vnnd den von Pilszin; vnnd ab zich ymandes bynnen der czyt an dem anderin vorgriffe, das sal stein vf den bischof von Olmintz zcu derkennen, vnd in vier wochin eyner dem anderin nach synen irkentenisaze uszrichtunge thun; ouch zal der konningk zu nymandis nicht gedencken zcu thune dy in der crone gesessin sint, ouch keyne slosz, stete noch keynerleye in der czyth von der cronen zcuuorsetczin noch vorgebin. Ouch ist kein tag ffurdir vffgenohmen zcuuorsuchin ab sy zich scheidin muchtin, sunder eyn slecht stein uff Galli. Zo hat der konningk den von Pilsin eyn briff bunsunderin musen gebin; vnde alle briue, dy der konningk gegebin hat, uff das allerherdiste hat müszin vorscribin etc.

Item das is der syn, was der babist deme konninge gescrebin hat vnder langin scriftin . . . (nota hæc) . . .

Item zo hat der babist gescrebin deme koninge von Vngerin nach dem synne zo dy anderin briue inne baldin, das her den Bemischin herin hilfin zal ober den koningk vnde den hundeschin ketczer. Syne antwurt ich darvff geleszin habe: her wil das alzo gerne baldin, vo in der babist hin heiszet czihin, vff dy heidin, Torkenn odder Behemen, dar wil her mith vndertenicheit der hiligin Romischin kirchin zich gerne hinfindin alzo eyn framer cristener konuingk, vnde wil den cristin geloubin hilfin merin vnde sterken, vnde sulde her dorumme leiplosz vnde gutlosz mith allin Vngerschin herin werdin; vnnd schilt den koningk uff das aller ergeste.

It. zo hat der babist marggraff Allebrechte ouch houch gescrebin vnnd vermanet, wie her vornohmen hat wy her seyne tochtere meynte des konninges sone zcu gebenne, vnde vormanet on zere houch, eyn sulchis nicht zu thune, das her zich jo alszo in das bosze hundische ketczerische bluth vormische, wen her im selbir meher rath, hulfe vnnde bystant thun wil, wenne im der vorfluchte ketczer gethun mag vndir vil wortin.

Das sagin dy Behemen zcu Prage.

Item marggraue Allebrechtes rethe warin zcu Prage vnnde habin syne tochter zcugesaget des konninges sone zcu gebin, das ist zcu Prage eyn gemeyn rede yme hoffe. Dy rethe sint ouch gewest zcu Glocz, vnd habin das buseben mith allir zcubehorungin; das wil im der konningk gebin vnnd sal jr vorscrebin syn zcu eyneme rechten lypgedinge.

355.

1466, Mai 22 (Znaim).

Note über Wenzel Wlček und die Brüderrotten.

(Aus dem Znaimer Stadtbuche Cod. Nr. 4.)

Am Phinczt ag vor phingsten 1466.

Item der Waczlaw Wulczko an der ander bruder stat hat hie auf dem rathaws besagt wider die von Osterreich das er her gen Znoym chomen ist mit den andern hawbtlewten der brüder zu dem tag zu dem sich beide teil verwilligt haben das er mit seinen brudern ist willig die gulden vnd gelt zu nemen dawider sich eczlich von Osterreich vnd hat die brieff lassen lesen darin die summ geschrieben ist vnd hat die phant vnd vesten gevordert in abzutreten darumb weilent der — Doz vnd Moczebar burger sind warden vnd verschriben vnd bey dem Wulczko sind gestanden.

356.

1466, Mai 26 (Romæ).

Papst Paul II. ermahnt die Olmützer, gegen die Pilsner keine Hilfe zu leisten.

(Orig. im Olmützer Stadtarchive. It. Ms. Sternb. 33. 330.)

Paulus episcopus seruus seruorum dei. Dilectis filiis, consulibus et populo ciuitatis Olomucensis salutem et apostolicam benedictionem. Accepimus iam pridem nonnullorum fidedignis relationibus, et nunc certiores redditi sumus, qualiter Georgius ille Pogiebrat, incliti regni Bohemie occupator sue malitie germen cupiens augmentare, fidelem ac Romane ecclesie deuotam plebem opidi ac districtus Pilznensis sua ferocitate supprimere, uariisque afflictionibus persequi audeat, de quibus ex iniuncta nobis pastorali solicitudine non immerito dolemus, cuius officii debitum est, ut supra gregem domini, ne a tam uoracibus bestiis lanietur, solertius inuigilemus ac facultatem illis nocendi quantum possemus precludamus. Hortamur igitur deuotiones uestras in domino et etiam districte monemus, ne dicto heretico contra fideles ab ipsius obedientia recedentes, ac perfide secte illius erroribus contradicentes presertim contra prefatos Pilznenses quicquam seuire conanti assistatis, seu consilium, auxilium aut fauorem uerbo vel opere quibuscunque etiam iuramentis, fidelitatis seu homagij per uos illi forte prestitis non obstantibus, quoniam eorundem pretextu perfido homini, fidei catholice ac apostolice sedi aduersanti nulla censemini ratione teneri, quoquo modo prestetis, nec ab alijs, quantum in uobis erit, prestari patiamini, sed ut potius prefatis fidelibus in aduersando ipsi heretico uos confirmantes, ipsos, ne ab eodem pessundentur, defendere et iuuare tota possibilitate uestra curetis, in uirtute sancte obedientie districte uobis precipientes mandamus. Nam pro collocandis humanitatibus et presidiis uestris in eosdem ultra premium quod ab altissimo maximum expectabitis, nos ac sedem apostolicam uobis ad singula commoditati uestre conducentia fauorabiles efficietis et inuenietis ad gratiam semper promptiores. Datum Rome apud sanctum Petrum anno incarnationis dominice millesimo quadringentesimo sexagesimo sexto. Septimo Kal. Junij. Pontificatus nostri anno secundo.

Jo. de Tartarinis.

Dilectis filiis consulibus ac populo ciuitatis Olomucensis.

357.

1466, Maji 27 (Rom).

Papst Paul II. an Protas Bischof von Olmütz: befiehlt ihm, ungesäumt allen Verkehr mit dem ketzerischen König Georg abzubrechen.

(Ms. Sternb. p. 620—621.)

Paulus episcopus servus servorum dei, venerabili fratri episcopo Olomucensi, salutem et apostolicam benedictionem.

Licet plura pastorali tuo officio indigna nobis in dies adversum te referantur, præsertim quod malevoli hominis Georgii de Podiebrad, inclyti regni Bohemiæ occupatoris perversi in fideles catholicos, quos summopere subjugare nititur, machinationibus, adinventionibus et consiliis ipsius Georgii hæretici frequenter assistendo conscium te malorum hujusmodi multa præsumptione ostendas. De quo satis admirari non potuimus; quoniam talia si veritate comperta fuerint in te tolerare magnum nobis dedecus ac huic sanctæ apostolicæ sedi improperium foret. Voluimus tamen, priusquam plenam his relatibus fidem daremus, de illis expertiores fieri. Idcirco fraternitatem tuam districtius monemus, ut nedum ab ipsius Georgii hæretici consiliis, auxiliis et favoribus, quin etiam a conversationibus et familiaritate ipsius, quæ perniciosum vulgo præbent exemplum, penitus abstineas et dilectos filios Pilznenses ceterosque fideles, quos idem hæreticus sua crudelitate persequi parat, tota sollicitudine pro tua possibilitate defendere et tueri studeas. Quod si secus de te veritate prævia intelligemus, prout non speramus, alia opportuna juris remedia adhibere pro justitia et hujus sanctæ apostolicæ sedis honore cogemur ob quæ non immerito te errati et devotionis tuæ poeniteat. Datum Romæ apud S. Marcum, anno incarnationis dominicæ M°CCCC°LXVI° sexto Kalendas Junii, pontificatus nostri anno secundo.

Joan. Amerinus.

358.

1466, Jun. 8 (Rom).

Derselbe an denselben: verbietet ihm, irgend ein bewegliches oder unbewegliches Gut der Olmützer Kirche in welcher Weise immer zu alieniren.

(Ms. Sternb. p. 408—409.)

„Paulus papa secundus."

Venerabilis frater! Salutem et apostolicam benedictionem!

Multorum hactenus relatione audivimus, quod fraternitas tua pro quibusdam ut asserit necessitatibus suis, nonnullas possessiones et bona etiam immobilia ecclesiæ tuæ Olomucensis magni valoris et æstimationis distrahere et alienare, seu alias pignori obligare proponat, in gravem dei offensam et ipsius ecclesiæ maximum detrimentum et perniciosum exemplum et scandalum plurimorum. Nos igitur, etsi relationibus hujusmodi non omnino fidem habeamus, volentes tamen, prout officio nostro pastorali incumbit, in omnem eventum ecclesiæ Olomucensis indemnitati prospicere, possessionum et bonorum quorumlibet immobilium, et similiter pretiosorum mobilium ipsius ecclesiæ alienationem quamcunque frat. tuæ apostolica auctoritate, tenore præsentium penitus interdicimus, eidem per apostolica scripta mandantes, et in virtute sanctæ obedientiæ districtius prohibentes, ne possessiones et bona ecclesiæ Olomucensis hujusmodi etiam pro quacunque tuæ vel ipsius ecclesiæ necessitate, absque nostra et apostolicæ sedis commissione et licentia speciali quomodolibet distrahere vel alienare aut pignori obligare, aut alium quemvis contractum cum quacunque ecclesiastica vel seculari persona in damnum vel dispendium ipsius ecclesiæ super bonis et possessionibus hujusmodi facere vel inire præsumat, si dei omnipotentis et nostram et apostolicæ sedis indignationem voluerit evitare. Quod si fortasse secus, quod absit, faceres: nos id totum ex nunc irritum decernimus et inane ac pro infecto haberi volumus et mandamus; contra fraternitatem tuam ulterius, prout inobedientia exegerit, processuri. Datum Romæ apud S. Marcum sub annullo piscatoris, die VIII. Junii, millesimo quadringentesimo LXVI°, pontificatus nostri anno secundo.

Venerabili fratri episcopo Olomucensi. L. Dathus.

359.

1466, Jun. 11 (Wratislaviæ).

Legat Rudolf bezeugt, dass es nicht wahr sei, dass Papst Paul II. von den Breslauern und den Pilsnern gegen König Georg zu procediren veranlasst worden.

(Ms. Prag. Domcap. G. XIX, fol. 177.)

Rudolphus, dei gratia episcopus Lavantinus, sedis apostolicæ et sanctissimi domini nostri, domini Pauli, papæ secundi, ad Almaniæ et regni Bohemiæ partes legatus missus: universis et singulis prælatis, baronibus, communitatibus, civitatibus et earum incolis ac ceteris, ad quos præsentes nostræ literæ pervenerint, salutem et sinceram in domino caritatem.

Cum dignum, justum et rationi consonum sit, eos, qui perperam et inique deferuntur, cum veritate excusare: hinc est, quod nos, qui plurimorum relatione didicimus, honorabiles cives civitatis Wratislaviensis et opidi novæ Plznæ, Pragensis diocesis, in proxima diæta Pragæ servata, et in pluribus aliis locis infamatos, quod ipsi fuerint et sint causa et sollicitatores bullarum et processuum a sanctissimo domino nostro Paulo divina providentia papa secundo, atque a nobis contra et adversus Georgium de Podiebrad, pro rege Bohemiæ se gerentem, ac sibi adhærentes emanatarum, ita, quod nisi ipsi apud sanctissimum dominum nostrum scriptis suis atque nos sollicitassent, nunquam tales bullæ vel processus emanassent. In verbo veritatis attestamur et dicimus, quod in hujusmodi dictis Wratislaviensibus et Plznensibus magna facta est et fit iniuria; sanctissimus enim dominus noster, cui ex officio illud incumbit, propter notoriam hæresim et manutentionem ac dilatationem hæresis, perjurium et sacrilegium Georgii et diversas alias justissimas causas motus fuerat et movetur ad procedendum adversus eum. Nos vero nonnisi propter commissionem per sanctissimum dominum nostrum per bullam suam specialiter nobis desuper factam processimus, et in dies, prout utile videbitur et a sanctitate sua recipiemus in commisis, procedemus, absque quacumque requisitione, prece vel exhortatione Wratislaviensium vel Plznensium, verbo vel scriptis nobis factis. Unde rogamus et exhortamur in domino vos omnes, et quemlibet vestrum, quatenus hujusmodi confictis verbis minime fidem adhibere velitis, cum omnimoda careant veritate. In testimonium præmissorum sigillum nostrum præsentibus litteris imprimi fecimus, illasque manu propria subscripsimus. Datum Wratislaviæ, feria IV. infra octavas corporis Christi, anno domini MCCCCLXVI.

360.

1466, Jul. 18 (Pragæ).

Dr. Gregor von Heimburg an König Georg (nach Mähren): eröffnet seine Ansicht, wie die Vertheidigung gegen den Papst zu führen wäre, und ersucht um einen Urlaub, um zu Hause (in Würzburg) seine Angelegenheiten ordnen zu können.

(Ms. Prag. Domcap. G. XIX, fol. 171.)

Serenissime princeps, rex invictissime et domine clementissime, humili subjectione præmissa. Postquam deo placuit, ut causarum regiæ majestatis curam susciperem, dignum ratus sum omnibus ingenii mei viribus illis assiduis cogitationibus incumbere. Si ergo stat sententia pridie recepta, scilicet de querulando super literis a papa contra jus divinum ac naturale et humanum emanatis, jam vestra majestas recensuisse debet formam, quam super hac sententia majestati vestræ destinavi. Quæ si prosequenda est, adhuc plus restat laboris. Aliis enim principibus aliter eadem sententia scribenda est, non solum propter personarum disparitatem, quin etiam ut papa, ad quem ea omnia per principes deferentur, ex varietate querelarum vehementius exagitetur. Item vidi formulam, quam illustrissimus dominus dux Ludovicus jam pridem scripsit papæ; quæ tam nuda est, ut nil aliud præ se ferre videatur, quam rogatus rogo; et tamen de sinceritate principis non est aliquatenus hæsitandum. Si ergo nunc interpellationes istas cupiamus fieri efficaciores, expedit formulas conficere et per solertem virum ad principes mittere, quatenus seriosior fiat interpellatio, scilicet aliquo metu subnixa, ut nisi aliter provideatur, profecto scandala surgent ex hiis tam præcipitanter a sede apostolica fulminatis. Et quia turpissima est jactura, quæ per negligentiam fit, censeat regia prudentia, si conveniat rebus vestris diuturnum silentium erga tam crudelem blasphemiam in vos jaculatam.

Apud me rem sic ponderavi: papa commisit causam tribus cardinalibus, quod facere potuit; in hoc tamen excessit, quod ad nudam procuratoris fisci aut fidei delationem regiam majestatem dehonestavit, vel ipse, vel judices vel utrique, personam scilicet ejus viliter nuncupando. His oritur prima conjectura: scilicet sperabat papa, quod ad ejus seu curiæ suæ stilum et nuncupationem ceteri ipsum forent imitaturi, pendente semestri per judices præfinito; aliquis sibi suggessit, quod interea vestra majestas grandia perpetraret. Putabat autem majestatem vestram unica mole, velut tonitruo aliquo obrui posse, nec fortasse voluisset papa, quod regia majestas in termino semestri contra commissionis et citationis turpitudinem se defendendo excepisset. Ideoque literas illas, quibus omne jus regium ademisse sperabat, præcipitanter tamquam fulmen subitaneum evomuit, et ecce nunc tempus et tempora fluxerunt, et papa se frustratum videt, conspiciens neminem adhuc a fide vestra defecisse. Haec sunt considerationes, propter quas posset quis opinari silentium hactenus nil nocuisse, quia ex hoc papa edoctus sit, illos sibi mentitos esse, qui spem sibi certam polliciti sunt, quod ex hoc fulmine mentes omnium regnicolarum conflagraturi essent; faterer et ego, nisi scirem papam adhuc continuo plura fulmina jacere posse, sed et illas blasphemias in exteris regionibus, nisi occurratur, extendet indubie. Interest autem regiæ majestatis odorem bonæ famæ suæ regnique per omnes regiones diffundere et injurias illatas rite propulsare. Hoc loco non prætereo, quod serenissimus imperator, qui neminem metuit præter Bohemiæ regem, fortasse quietus maneret in eo statu, quo nunc res est rebus persistentibus, cum sciret, contra statum suum nil tale machinari posse, quale jam dudum fuit attemptatum.

Sed utique congruit majestati vestræ. Serenissima domina regina interpellat, quatenus super illatis gravaminibus appellationem conficere velim: hoc esset ab illa recepta jam sententia penitus recedere, quod ego non probo, quia pugna fugax non redolet magnanimitatem; neque credo hanc viam principibus foederatis tam gratam, sic ut conqueri de nullitate, juxta formam præconceptam.

Hiis sic prælibatis, fidelis vestri Gregorii quoque ratio habenda est, quo res ejus in tuto redigantur. In medio Maji a ducibus

Saxoniæ seriosissime accersitus, paulo post iter arripiens, domui meæ perparum disposui, ducum hortatu Pragam usque perveni, scilicet in capite Junii, ubi nunc dimidium Julii transegi; et jam ut conjicio Romæ rescitum est, me hic esse obicem illorum machinamentorum, quæ papa molitus est. Scio enim, quod cum jam pridem Misnæ quadriduo manerem, Laventinus hoc rescito prænunciavit papæ, ut caveret, ne adversus suas factiones patrocinium assumerem. Is metu minisque promptior, fortasse me aggredietur, quibus etiam occurrendum est mihi. Si ergo majestas vestra immorari habebit in illis partibus, ubi nunc degit, opus erit mihi rebus meis domi meæ providere, quoniam tempus inter digitos effluit, et vereor, ne me dormiente adversarii vigilent. Hiis omnibus si vestra majestas providere et in tempore occurrere velit, non deerit opera mea; nam si facultates meæ domi turbabuntur, major difficultas erit in sanandis vulneribus, quam in præcavendis. Hanc meam conditionem majestas vestra pensare velit et tempora et momenta in usum potius vertere, quam ignaviæ permittere vel socordiæ.

Datum Pragæ, die XVIII. Julii, anno etc. LXVI.

G. Heymburg.

Sed et quæ prius tum vestræ majestati, tum reverendissimo domino Strigoniensi scripsi, neque nunc negligenda censeo, quibus et hoc adjicio, quod cum Venetiis agerem, quidam ex patriciis senatus illius colloquium iniit mecum super intelligentia illius dominii Venetiarum cum majestate vestra jungenda.

Si forte hoc egerunt Veneti, ne a duce Mediolani præoccuparentur, aut si quid aliud latentis mysterii prægnent, tales cogitationes istas sino esse, ut sunt. Meminisse autem expedit, si quid ex hiis ad usum causarum nostrarum excerpi posset. Est enim papa Venetus, fortasse et a Venetis non minus, quam ab imperatore vel cardinali suo Portuensi flectendus.

361.

1466, Aug. 20 (Wratislaviæ.)

Legat Rudolf befiehlt dem Pfarrer in Glatz, die königl. Hauptleute Hans Wölfel von Warnsdorf und Nikel von Gersdorf, wenn sie von den Kriegsvorbereitungen gegen die Breslauer nicht abstehen, mit dem Kirchenbann zu bedrohen.

(Ms. Prag. Domcap. G. XIX. fol. 172.)

Rudolphus dei gratia episcopus Lavantinus sanctæ sedis apostolicæ ad Almaniæ nec non regni Bohemiæ partes legatus missus: discretis plebano et verbi dei prædicatori in Glacz, Wratislaviensis diocesis, salutem in domino. Cum intellexerimus, quod quidam Hans Warnsdorff, appellatus Wolfgin, et Nickel Gersdorff appellatus Lonnigshan, perversa instigatione Georgii Podiebrad, qui se regem Bohemiæ nominat, exercitum et armigeros contra Wratislavienses et Namislavienses ac alios catholicos congregant, arma et res bellicas ad expugnandum catholicos cottidie parant et parari et gentes congregari mandant atque procurant: quæ res merito catholicos homines et Christi fideles movere debet. Et ut tanta perfidia illius dampnatæ sectæ Hussitarum et eorum fautorum in Christianos non dilatetur, ac catholici homines potius contra tales hæreticos, quam contra catholicos arma assumant atque insurgant: idcirco auctoritate apostolica, in vim sanctæ obedientiæ et sub excommunicationis poena latæ sententiæ, vobis et vestrum cuilibet committimus et mandamus, quatenus visis et receptis præsentibus, mox prælibatos Hans Warnsdorf et Nickel Gersdorff et alios quoscumque catholicos sub excommunicationis anathematis et maledictionis æternæ poenis, quas contrafacientes incurrere volumus ipso facto, moneatis et requiratis, quos nos etiam tenore præsentium requirimus et monemus, ne exercitum, gentes vel armigeros amplius contra Wratislavienses et Namslavienses et alios catholicos ad arma assumant, sed ab hiis penitus desistant et amplius se non intromittant, neque exercitum ducant aut quovis modo auxilium vel favorem ipsis hæreticis contra catholicos præstent; alioquin citetis peremptorie prætactos Hans Warnsdorff et Nickel Gersdorf, quos nos etiam sic citamus, quatenus sexta die post executionem præsentium eis factam inmediate sequente compareant Wratislaviæ coram nobis, ad videndum et audiendum, se tanquam persecutores fidei catholicæ, sanctæ Romanæ ecclesiæ, sedis apostolicæ et catholicorum ac fautores hæreticorum poenas juris, videlicet excommunicationis et maledictionis ac alias poenas contra fautores hæreticorum promulgatas incidisse, declarari et ut tales publice denunciari, vel ad dicendum causam rationabilem, si quam habeant, quare id fieri non debeat, allegandum. Quidquid autem in præmissis feceritis, nobis liquide rescribatis. Absolutionem vero omnium, qui privatas vestras sententias incurrerit sive incurrerent, nobis vel superiori nostro tantummodo reservamus.

Datum Wratislaviæ, nostro sub sigillo, anno domini MCCCCLXVI, die vero XX. mensis Augusti.

Jo. Erich notarius, de mandato præfati reverendissimi p. d. Rudolphi episcopi Lavantini et legati subscripsit.

362.

1466, Aug. (s. d.)

Zeitung: über den Krieg, den die Brüderrotte vor Namslau führt, u. a. m.

(Scultetus, III, 132.)

Michel Brewnig vnde Niclos Jeronimi an Andreas Canitz, Bürgermeister der Stadt Görlitz.

Wisse e. w. den obinth also wir keygen dem Buntzel quomen, do horte wir, das man sulde haben Namslaw beranth vnde vmblegin von den Sebrockin etc. (sic). Nu haben wir vorstanden von den von Breslaw, das dy Sebrockin haben vor Namslaw genommen vnd gebrannt, vnd haben Creutzberg besatzt, vnd meynen dy Cuntzinstat zu bawen, do Yeltz von vortrebin wart von herzoge Niclas vnd von den Breslawern vnde sagin vns das dy Sebrockin habin $3^1/_2$ tausint man etc.

Auch vorneme wir, das sich dy von Breslaw beuoren von den von Meyssin etc. das sie werden obir sy helffen, vnde sullen durch Gorlitz zihen, vnde das wir wol bedürffen, das wir vnser ding in achte werdin haben. Vnd sagen ouch etliche, wy das vns der kunig sulde habin deme von Meyssin gegeben, vnd möchte vieleichte also neben vns komen etc.

363.

1466, Aug. 25 (Breslau).

Legat Rudolf Bischof von Lavant an die Görlitzer: über den Streit der Brüder Herzoge von Sagan.

(Scultetus, III, 168.)

Solicher clage brieffe, der herzog Hans von Prebus euch eynen zugeschickt, hait er etwe vil widder vnd für geschickt. Die dann den prelaten vnd geistlichen zu Breszlaw vnd vns fürkommen sein etc.

Es ist auch nicht vorsehentlich, want Breslaw eyn frey stat ist, die yderman sines rechten gönnet vnd nicht zuliess das ymands gewalt geschen adir an seinem rechten verhyndert werden sulte. Vnd wenn herzog Hanns wolte appellirt haben, das hette er mögen thun zu Prebus odir zum Sagan, vnd die appellacion dem richter laiszen verkündigen, so nymand wann sein procurator, eyn notarius vnd gezeugen, die er mit jm bracht hette, da bey weren gewest.

Vnd als er schreibet von der gnade die jm vnser heyliger vater gethan hab, das man jn vnd die seinen solle acht monde lang absoluiren etc. wie die bulle vnd off was trostes der vnserm h. vater gegeben wart, das herzog Hans sult vom Jersick gentzlich abtretten, vnd das die sachen ane zweifel verricht solten werden etc. erworben sey, das laiszen wir sein als es an jm selbst ist.

Aber als seyne heil. die bulle hat laiszen geben, die dem hochwirdigen h. dem bischoff zu Breslaw beuolen was vnd ist, ward dieselbe seine heil. gewarnet, das ein gross geschrey in den landen dorusz kommen, auch der hochgeborne fürste herzog Balthasar an seinem erlangten rechten vorkurtzt vnd sich dess beclagen worde. Also schickte seyne heil. neben der bullen demselben h. etc. bischoffe eynes vnd vns eyn breue off soliche meynung, das wir verhüten solten, das demselben herzog Balthasar seine gerechtikeit nicht geswechet etc. Ab die sachen in den acht monden nicht gütlich voreynet vnd gerichtet worde, das dann herzog Hans dem rechten gehorsam wolte sein etc.

Doch so hat sich derselbe herzog Balthasar erboten, wölle jm herzog Hanns sein bruder genungsam gewiszheit thun, das ab die sachen binnen den 8 monden nicht gericht werden, das er dann gehorsam sein, seinen erlangten rechten nachgehen vnd genung thun wölle, so welle her vorwilligen in solche absolucie etc.

Von den leuffen, dy itzund hy gewest sein, haben wir meyster Hansen Frawenburg euwerm stadtschreiber geschrieben, dem wir itzund aber schreiben. Ist er nicht doheim, so brechent die briffe, den ersten vnd den wir itzund schicken auff: so findet jr alle gelegenheit, die wir auch ewrm boten, brenger dieses briffes gesagt haben, der euch derweil vnderrichten würdet. Herumb, were es, das M. Johann balde wider kommen solte vnd worde, were vns lieber das jr vorheltent mit seinen briffen, biss das er wider heim keme. Geben zu Breslaw am Montag nach sanct Bartholomeustag. 1466.

364.

1466, Sept. 13 (Znaim).

Der Rath von Znaim an den von Brünn: schickt ihm die königlichen Schreiben als Antwort auf die des Papstes zu und gedenkt des Krieges gegen die Brüderrotten.

(Aus dem Stadtbuche von Znaim, Cod. Nr. 41, pag. 179.)

Ersamen weisen sunderliben frewndt vnssern frewndtlichen dinst zuuor. Als wir die abgeschrifften vnsers heiligisten vaters des pabstes bullen von vns vier stetn vnd ander vnser schreiben vnserm gnedigisten herren des kunigs etc. gnaden durch die von der Igla zugesandt haben nu schickhen sie vns sein k. g. antwort briefflich vnd eczlich merklich abgeschrifft darin beschlossen die sie geöffent habent vnd mit irem insigel wider zugeschlossen vns zugesant desgeleichen haben wir getan und den brieff mit sambt den copien lassen abschreiben vnd schikhen ewer ersamicheit das mit einander pewort auch mit vnsserm insigel das wirt ir nu vernemen vnd was ew das pest vnd die von Olomuncz wirt darin bedunkhen hinfur zu tun das sol vns auch wolgefallen vnd als ir begert zu wissen wie sich vnser volk in dem veld halt wider die bruder das wirt ir vernemen in dem brieff hiein beschlossen den vns vnser hawbtman der Jobst durch den Steger zuschreibt dan von Jempnicz horen wir nichcz sunder die von der Igla sint mit irem volkh als gestern zu vns chomen damit seit got bevolhen. Geben am Sambstag vor des heiligen Kreutztag Exalt. anno domini etc. 1466.

365.

1466, Oct. 20 (Pragæ).

Ein königl. Amtmann an Bruder Gabriel von Verona: über die Zurückführung des Neumarkter Gebietes zum Gehorsam des Königs.

(Ms. Prag. Domcap. G. XIX, fol. 177.)

Venerabilis religiose vir! Scribitis, vos displicenter accepisse, quod nos vassallos incliti regis et regni Boemiæ per circuitum oppidi Novifori, sed et cives illius loci, ad ipsius piissimi et sacrati domini nostri regis obedientiam literis nostris revocantes adhortati sumus;

displicentiam illam, frater religiose! mentis æquanimitate cohibete, vel in fratres provinciæ vel custodiæ vestræ, ordinis seu regulæ suæ prævaricatores, convertite, ut habeat, quo procursum suum terminet, scilicet, Veronæ, Mantuæ, Tridenti, Coloniæ ripæ, quia Noviforum non est vestra provincia. Dicitis, ab eis peti, quod honeste facere non possint: imo postulavimus, quod facere tenentur, scilicet obedire regiæ majestati, tanquam præcellenti, et ducibus ab eo missis; dicitis, eos ad Wratislaviam ex tenore privilegiorum imperialium regaliumque pertinere, fatemur hoc, scilicet Wratislavia sub fide et integritate obedientiæ regis regnique manente ac persistente; quod enim fides et obedientia peperit et promeruit olim, jam pridem perfidia contemptusque perdidit et amisit. Vetus est juris utriusque sanctio æquissima, privilegium meretur amittere, qui concessa sibi abutitur potestate, et ab ingratis concessa vel donata pari jure revocantur. Quis autem magis abutitur concessis, quam qui a fide præstita deficit, perduellionem committit ac lædit majestatem? quis porro ingratior accepti beneficii, quam qui sumptum beneficium vertit contra donatorem aut regnum, a quo beneficium donumque dependet? videat nunc, si qua apud vos religio exstat, cujus spiritus suasione ducatur, dum foedifragium et defectionem a rege suadere temptatis? an nescitis, quod mortuo filio, nepos ex eo agnascitur avo, et primum obtinet locum suitatis? an ignoratis, quod hærede primo gradu instituto moriente vel indigno, aut pro non scripto facto, is, qui secundo gradu institutus est, locum sibi vendicat, et vassallo inmediato pheloniam committente, posteriora, quæ retrofeuda dicuntur ad priorem vel superiorem feudi dominum jure devolvuntur? Hiis quoque alium errorem accumulatis, quasi Wratislavia sub temporali protectione sedis apostolicæ consistat, quod utique non aliter, quam in spiritualibus profitemur sibi licere, cum sint duo gladii ab invicem discreti, ne actibus promiscuis turbentur rerum officia. Ultimo loco postulatis, ut, si quid juris nobis competat in rebus petitis, quatenus supersedeamus, donec episcopus Laventinus nuntius apostolicus, quem tutorem Wratislaviæ vosque legatum ejus nuncupatis, revertatur. Religiose frater! serenissimus dominus et rex noster gratiosus jura per nos postulata nobis commisit exigenda, non negligenda, nec arbitrio ullius episcopi submittenda, cui fidem servare vestra dictaque regia exequi volumus, ut tenemur, et nostro incumbit officio, sicut vobis incumbit evangelisare; quod si faceretis, longe tranquillior esset status Wratislaviensium, quam nunc est, nisi forte quæratis eos ad instar civitatis ac sedis Maguntinensis redigere, cui cladi jam pulcra dedistis principia. Ex Praga, die XX. Octobris.

366.

1466, [illegible]. November (Nürnberg).

Ansprache der königl. böhmischen Gesandten Albrecht Kostka und Beneš von Weitmil an die auf S. Martins-Reichstag in Nürnberg versammelten Stände.

(Ms. Sternb. p. 208—210.)

Illustres principes, magnifici domini, venerabilesque patres et egregii viri, in hoc conventu pro expeditione militari contra Turcum et vires ejus contrahenda proprio vel ambasiatorio nomine congregati!

Nos Albertus de Postupic et Benedictus de Witenmuel, ser. et glorios. principis et domini nostri clement., D. Georgii Bohemiæ regis etc. ambasiatores et oratores, vice ac nomine præfati ser. regis nostri ad infrascripta plena auctoritate mandatoque suffulti, cujus originale sigillo regio roboratum coram vobis ostendimus, et copiam collationatam nostrisque sigillis communitam apud vos relinquimus; in vestra præsentia omni honestate et reverentia qua possumus et debemus, dicimus et proponimus:

Cum ser. et sacrat. princeps et dominus, D. Fridericus Romanorum imperator et Augustus etc. Hungariæ etc. rex, conventionem publicam, maxime autem imperii Romani procerum, pro expeditione militari ut præfertur congreganda in hunc locum indixerit; ad quam ser. et potentissimum dominum nostrum Bohemiæ regem prælibatum, velut primum et præcipuum ac immediatum Romani imperii membrum literis suis sincerissime adhortatus sit; ac insuper S^mus in Christo pater et dominus, D. Paulus digna dei providentia pontifex Romanus ad principes ecclesiasticos et seculares ac communitates præcipuas literas apostolicas cum indulgentiis plenariæ remissionis ad instar generalis passagii concesserit: præfatus ser. rex et dominus noster, non dubitans hæc omnia sinceriter agi, quæ a summo pontifice summoque principe, spirituali scilicet ac temporali potestate proficiscerentur, et idcirco nos suæ maj. familiares cum plena potestate ad conventionem et tractatum hujusmodi expeditionis conficiendæ transmiserit; cui etiam ipse ser. rex et dom. noster tantas opes et auxilia conferre cupiebat, quod exinde plurimum auxilii et consolationis populo christiano, maxime in ea plaga orientis, quæ Turco conterminat, indubie accessisset. Quod hinc facile est intelligere, quoniam ipse dominus et rex noster, cum adhuc inclytum Bohemiæ regnum gubernatorio titulo administraret, et de similibus rebus ageretur, ipse rex, tunc gubernator duntaxat, ad D. imperatorem in novam civitatem Austriæ se contulit, adhortans et requirens, quatenus se hostibus fidei christianæ magnifice opponeret: quoniam ipse rex noster de regno suo Bohemiæ et marchionatu Moraviæ, qui nedum Ungariæ conterminat, sed in ipsum corpus regni Ungariæ quadam acie se porrigit, licet ea tunc non ut rex, sed ut rector tantummodo gubernaret, sextam partem virilis sexus, qui arma tractare valerent, in expeditionem congerere, et cum illis in bellum et proelium omneque facinus militare personaliter proficisci vellet. Postea vero cum regium solium divina dispositione conscendit, et rursum in hoc loco solemnis congregatio principum electorum et aliorum celebriter ageretur, idem rex et dom. noster per oratores suos reliquos principes ad auxilium ser. regis Hungariæ, regni possessoris et dominatoris, contra vim et perfidiam Turcorum adhortatus, offerens auxilia sua, quæ quanta sint, quantumque valeant, ipsis principibus notissimum est, sincerissima admonitione sollicitavit. Denique ipse idem rex noster, more christianissimi regis, fidei christianæ fervidissimi zelatoris, a nemine instigatus, propria virtute in eum locum, videlicet Glogoviam se contulit, quo ser. D. Poloniæ rex personaliter quoque accessit, cum quo de expeditione hujusmodi adeo sollicite tractavit ac tam potenter persuasit illi, quod nisi bellum, quod tunc contra Prutenos nondum peractum erat, impedimento fuisset, ambo reges cum rege Ungariæ concurrentes, ipsam Turcorum potentiam bello excipere et proelio congredi non dubitassent. Quæ omnia tam ser. D. imperator de his quæ apud se gesta sunt per ser. regem nostrum tam gubernatorio officio personaliter, quam etiam sub regio culmine per oratores destinatos, ac insuper etiam inclytus Poloniæ rex fideliter attestabuntur.

His locupletibus testibus testimoniisque fulciti de rege nostro fiducialiter gloriari possumus, et nostram commissionem ad hunc coetum illustrem et venerandum pia sinceraque mente factam, emissam, ac a nobis susceptam et oblatam esse. Sed interea dum hæc agimus, humani generis hostis, qui vero nomine Satanas dicitur, latine adversarius interpretatur, lolium in uberem segetem sparsit, ac quendam nomine Fantinum exsuscitavit, qui se nuntium et oratorem apostolicum nominari facit, et hoc prætextu ser. D. regem nostrum in legatis suis, velut in pupilla oculi sui palpans, ignominiose pertractat, auxilia christianorum impedit, audaciam Turci exacuit et in ferociam vertit, et gravamina quæ SS. D. N[r] piissimo regi et regno suo irrogavit, multipliciter exasperat, nosque cogit et impellit ea repetere et latius insinuare, quam regis nostri pietas et nostra humanitas facere statuerat: quæ tamen huic protestationi propter scripturæ compendium inserere noluimus, ne verborum prolixitas legentibus vel audientibus supra modum fieret onerosa. Hoc autem, quod ad rem conferre potest, præsenti tractatui coram vobis adjicimus, quod tantus est regis nostri fidei fervor et in rempublicam christianam ardor inexhaustus, tanta etiam apud sedem apostolicam devotio, quod propter unius vaniloquii perfidique hominis, qui loqui numquam didicit et tamen silere nescit, non tardabit neque postponet auxilia opes et suffragia in rempublicam christianam et ser. regis Hungariæ fratris sui carissimi præ ceteris christiani orbis regibus sollicite fideliterque conferre. Neque enim putandum est, SS[um] D. N[rum], a quo, ejusque sancta sede, virtutes et fomenta virtutum prodire consueverunt, tantam vanitatem et spurcitiam vanissimo homini delegasse; quod ab hoc virtutum cardine tanta vitia profluere nemo sanæ mentis credere potest. Neque deceret regiam constantiam ex tali vanitatum profluvio concuti vel commoveri; maxime cum illius hominis vanitas regi et regno nobisque sit notissima.

Ideoque vobis dominis eximiis, illustribus principibus, magnificis comitibus, venerabilibus prælatis et egregiis doctoribus, dominis nostris gratiosis, venerandis et honorandis, amicisque carissimis, spondemus, promittimus et pollicemur, nosque nomine regio et pro inclyta majestate regis nostri regnique sui, quo sua majestas christianissima, quam zelus domus domini pie succendit, in hac expeditione sibi optatissima tales vires et auxilia conferet, ut alios reges et principes longe superet; ex quibus etiam ser. Hungariæ rex plus consolationis assumet, quam a quocunque rege vel principe christiano. Quod hinc conjicere licebit, quia mox repertis literis imperialibus, factaque sibi denuntiatione, quod Turcus Hungariam invadere pararet, illico præcepit Moravis, quatenus equis et armis parati regiam jussionem exspectarent; si forte Turcorum potentia tam subito irrupisset, quod auxilia ceterorum principum æque cito subvenire non potuissent, rex noster jure et vinculo publicæ christianitatis, sed et fraternæ caritatis, qua regi Hungariæ devinctus est, tanta celeritate concurrisset, quod etiam Hungaris, qui in superiori parte regni morantur, domino annuente non segnior fuisset vel ignavior. Hunc animum regis nostri semper invictum vobis et universæ reipublicæ christianæ adhuc constanter offerimus. Nisi forte, quod deus avertat, SS. D. Nr a Fantino aut aliis perfidis æmulis nostris commoveri se patiatur, ut dissensionem in regno Bohemiæ suscitet et acriorem et latius pervagantem; quo certe casu nemo dubitat, quin rex noster, qui se regno suo regnicolisque devovit et unctione sacra se dedicavit, suo regnique sui statui et indemnitati totis suis viribus providebit, nedum vires regni sui contrahendo, sed etiam externa auxilia, juxta tenorem foederum suorum ac etiam jure affinitatis aut cujuslibet necessitudinis evocabit. Tunc enim extra noxam erit, omnique culpa carebit, qui sitientibus agris suis, finitimis suis rivum vel derivationem prohibebit. In quem vero culpa retorquenda sit vel erit, rerum eventus edocebit; et quisquis numeros in digitos miserit, facile reperiet, cui talis culpa sit ascribenda. Hanc nostram et inclyti regis nostri protestationem vobis sinceriter offerimus, vestroque judicio submittimus. In qua si quid minus sincerum aut severius quam expedit invenietis, vestro arbitrio parati sumus emendare. In cujus rei testimonium signacula nostra præsentibus sunt impressa.

Albertus de Postupic manu propria sst.
Benedictus de Witenmul manu propria sst.

367.

1466, Dec. 3 (Norenberg).

Notariats-Zeugniss über das vom päpstlichen Nuntius Fantinus de Valle erlassene Verbot, mit den Gesandten des Ketzers Georg von Podiebrad irgend einen Verkehr zu pflegen.

(Scultetus, III, 171.)

Anno a nativitate domini M°CCCC°LXVJ, indict. XIII, die vero Mercurii tertia die mensis Decembris etc. in oppido Norenberg Bambergensis diocesis in prætorio, in stuba posteriori ac communi personaliter constitutus R. P. Fantinus de Valle, utriusque juris doctor, archipresbyter Parentinus, præfati D. N. papæ capellanus et orator, ac sacri palatii apostolici causarum auditor, ex et pro parte ejusdem domini nostri papæ et de mandato suo, mandavit et inhibuit egregio, venerabili et præstantissimo viris dominis Siffrido Plagal scolastico eccl. SS. Petri et Alexandri Asscheuffenburgen. Moguntinensis diocesis decretorum doctori, Wilhelmo de Helmstat canonico eccl. Moguntinen. et Wigando Seibach militari, oratoribus rev^mi D. Ludolphi archiep. Moguntin. decani Romani imperii, et in personam eiusdem archiepiscopi præsentibus audientibus et intelligentibus aliisque singulorum principum oratoribus in notabili copia astantibus, sub poenis suspensionis, excommunicationis latæ sententiæ interdicti privatione beneficiorum honorum dignitatum et feudorum etc.

Ne cum perfidissimi nefandissimi maledicti damnati hæretici, honoribus et dignitate privati Georgii de Kunstat et Podiebrad intrusi in regno Bohemiæ nuntiis et oratoribus per se vel per alium, directe vel indirecte, publice vel occulte, tractent, ordinent aut concludant, neque ea quæ in dieta præsenti hucusque acta facta concepta conclusa et practicata fuere, ipsis aut eorum alicui seu alteri nomine ipsorum aliquomodo communicent, manifestent ostendant aut dent etc. Ac ab omnibus tractatibus et dietis conventibusque fidelium excludi penitus atque ejici ut membrum putridum inposterum celebrandis in Romano imperio aliisve locis similiter mandavit, cum illis minime aut illius nomine nefandissimi hæretici consistentibus absque contumelia salvatoris communicari possit. Super quibus etiam petiit instrumentum et instrumenta præsentibus R. P. D. Johanne ep. Actauen. Laurentio de Plumanaw, Johanne Semminger, Johanne Trebra decretorum doctoribus, Henrico Marschalt et Magno de B. Pappenheim militibus et aliis pluribus strenuis et nobilibus viris, testibus ad præmissa vocatis specialiter atque rogatis.

Henricus Lebenther notarius ad præmissa rogatus etc.
manu propria scripsit et rescripsit.

368.

1466, Dec. 3 (Prag).

König Georg an die Görlitzer: über ihren Streit mit ihrer Landschaft.

(Scultetus, III, 166.)

Vns haben vnser liebe getrawen, die gantze landschafft im weichbilde zu Gorlitz fürbringen lassen, wie jr jne in solchen spruche vnd lewterung zwischen euch beiderseit gescheen einlage vnd bezwang thut. Hierumb so bescheiden vnd stecken wir euch deszhalben einen

27*

tag auff das schirst new jar in vnserm küniglichen hofe gein Prage zu kommen, vnd die sachen dieweil gütlichen bestehen lassen wollit. Als dann wollen wir euch gein einander verhören etc.

Wir haben auch vnserm voit beuolen, das er euch bey solchem spruche hannthaben solle vnd aussen bleybens nicht verhalden etc. Geben zu Prag am Mitwoch vor sand Barbaratag, vnsers reichs im newnden jahr.

Ad mandatum D. regis.

369.

1467, Januar 1 (Brünn).

Schutzbündniss der Städte Olmütz, Brünn, Znaym und Iglau.

(Orig. im Olmützer Stadtarchive.)

Wir burgermeistern rete vnd gemeinden der stete Olomuncz, Brünn Znoym vnd Igla im margraffthumb Merhern bekennen vnd thun kundt mit diesem brief allen den die in sehen oder horen lesen das wir eintrechtiklich vns allenthalben mit wohlbedachtem muet recht vnd redlich geaint vnd verpunden haben, ainen vnd verpinden in crafft ditcz brieffs wider alle vnssere finde vnd widersacher, die vns muetwillig wolden dringen oder beschädigen durch sich ire dienern oder mithelffern wie das were ader gesein möchte vbiral ausgenomen in sollicher moss weliche stat aus vns am ersten gedrungen angephocht vnd bekumert wurd, derselben schollen wir ander allenthalben von steten hilff stewr vnd peystand thun noch anczals volks, oder noch vnsseren hochsten vermuegen so es not geschech, vnd dorinnen nicht lassig weder sawmig zu sein, sunder trewlich einander helffen als verr vnsr leib vnd guet wenndt, kains vngespart globend ein solche vorainigung vnd verpindung stets gancz volkomlich unuerrukt. trewlich, redlich vnd auffrichticlich pey vnsserm guten kristlichen trewen zu halden. Dem nachzukumen vnd do wider nicht zu thun in kainerley waiss als frome lewt vnd gehorsame sune der heiligen Romischen kirchen vngeuerlich als lanng vncz auff einen zukunnftigen landtfursten des czu einem woren geczewgnus vnd besser sicherhait haben wir vnser stet insigeln an diesen brieff hengen lassen, der da geben vnd geschriben ist zu Brunn an Donnerstag nach Cristi gepurt tausend vierhundert im siben vnd sechczigisten jahre.

370.

1467, Januar 3 (Romæ).

Papst Paul macht den Olmützern seinen am 23. Dec. 1466 gefassten endlichen Urtheilspruch gegen Georg von Podiebrad bekannt.

(Orig. im Olmützer Stadtarchive.)

Paulus episcopus seruus seruorum dei. Dilectis filijs communitati ciuitatis Olomucensis salutem et apostolicam benedictionem. Georgio alias Jersico Pogiebrat Bohemie regni occupatore, cujus conuersionem ad fidem catholicam paterno more, licet quadam intollerabili patientia, ut nostis, tanto iam tempore expectauimus perbenigne, magis ac magis in sua damnata heresi, in qua natus, nutritus et educatus est, pertinaciter perseuerante, et nullum emendationis signum ostendente, coacti nuper fuimus, ceptum superioribus annis processum continuare contra eum, cuius salutem maluissemus, et tandem ipso processu ad plenum instructo sepiusque cum matura deliberatione discusso die uidelicet uicesima tertia mensis Decembris proxime elapsi de uenerabilium fratrum nostrorum sacrosancte Romane ecclesie cardinalium, nec non archiepiscoporum, episcoporum et aliorum tam diuini, quam humani iuris magistrorum nobis in hijs assistentium consilio unanimique assensu pronunciauimus et declarauimus in publico consistorio nostro ipsum Georgium hereticum pertinacem, hereticorum fautorem ac damnatarum iam heresium defensorem periurum et sacrilegum, priuatum etiam regia et quauis alia dignitate, si qua prefulgeret, dominijs denique et bonis ac iuribus omnibus, ab ipsisque amouendum, singulas quoque penas et censuras contra lapsos in heresim periuros, ac fautores et defensores eorum latas incurrisse, posterosque suos ad successionem inhabiles. Priuauimus etiam ipsum et eius posteritatem omnibus bonis et dominijs, absoluendo omnes barones, ciuitatenses vasallos et subditos in dicto regno uel alibi existentes ab omni subjectione homagij et fidelitatis juramento ac vinculo et obligatione quacumque, qua tunc essent astricti, dissoluendo etiam ligas, pacta et federa per quoscunque cum eo forsan habita uel inita, prout in literis apostolicis desuper confectis, quas exinde ipsa die natiuitatis domini nostri Jesu Christi in basilica principis apostolorum de urbe post missarum solennia coram maxima multitudine populorum fecimus in nostra presentia publicari plenius continetur. Unde deuotionem uestram hortamur in domino, uobis nichilominus in uirtute sancte obedientie districtius iniungendo mandantes, ut sicut hactenus ita etiam deinceps tanquam boni et catholici obedientesque filii, constanter perseuerare, sententiam et literas nostras apostolicas reuerenter suscipere, earum executioni fauere, nec non auxilium et consilium prestare, ac hereticis quibuscunque animose resistere studeatis, damnato illi heretico amplius non communicetis, eum non audiatis, nec non comercij aliquid secum, aut ipsum pro rege, uel domino habeatis seu nominetis, aut cuiuscunque alterius dignitatis titulo honoretis, nec quantum in uobis est ab alijs fieri permittatis, seu consentiatis, sed tanquam exclusum a fidelium consortio putridum membrum uitetis ac ab eius impietatis iugo colla subtrahatis, ipsiusque tyrannidi, quibus potestis uiribus cum alijs catholicis intrepide resistatis, omnipotenti deo exhibituri gratissimum in hoc obsequium, ex quo consequemini premium felicitatis eterne. Iuuabimus preterea uos quibus poterimus fauoribus et inter nostre benedictionis filios habebimus semper. Datum Rome apud sanctum Petrum anno incarnationis dominice millesimo quadringentesimo sexagesimo sexto. Tertio Non. Januarij. Pontificatus nostri anno tertio.

A. de Mueciarellis.

Dilectis filijs communitati ciuitatis Olomucensis.

371.

1467, Januar 13 (Budissin).

Der Landvogt Beneš von Kolowrat an den Rath von Görlitz: ersucht ihn, von der Verfolgung des ehemaligen Richters Nicolaus Mehefleisch abzustehen.

(Scultetus, III, 178.)

Benesz von Kolowrath voit der land vnd sechsstete etc. vnd herr zu Libenstein: den ersamen vnd weisen bürgermeister vnd rathe der stat Gorlitz, meynen guten fründen.

Meynen dinst zuvor, ersamen etc. So meyn diener vnd hoffgesinde Nicolaus (Mehefleisch) von ewrem inwoner Hanns Vtman durch den fronebothen zu ewrem statrahte vorgeboten, zuvor aus dieser mein diener dy zeit richter vnd amechtman gewest, vnd sulch gebot von dem froneboten hat nicht wöllen uffnehmen. Vnd ist ouch bey vorfarn voithen ny keyme richter, der zu hofe gewonet hat not gescheen, sunder bey freiheit, altherkommen vnd gewonheit des hofis alle zeit bleben, nu aber bey mir vsz newkeit angehaben. So mich deucht is sey nicht billich, noch dem meyn heuptman vor euch vszgesaget, wie das ich meyns dieners zu ere, gleich vnd recht gantz mechtig were, vnd euch weiter jrmanet, es hat en nicht mocht gehelffen, her ist uff bürgen gedrungen vnd hat dy must setzen, so mich deucht das is mir zu höen gescheen sey. Vnd ab ir mir ader meynem amptman seynethalben des so weyt nicht vortrawet hettet, dy ewren wüsten wol, wo sy en mit rechte berechten sulden. Wie dem allem, beger ich von euch, jr woldet fügen vnd schaffen, das sulch gedrengnis vnd höen von den ewern an jm gescheen, von jm gewant vnd abgestallt werde, ouch nu seyne bürgen gantz loss vnd ledig gelossen werden etc. Datum Budissin, feria III in octava Epiphaniæ.

372.

1467, Januar 19 (Breslau).

Der Legat Rudolf Bischof von Lavant an den Rath von Görlitz: befiehlt ihm, mit Jiřik dem Ketzer keinen Verkehr zu pflegen und auch weder ihm noch seinen Amtleuten zu gehorchen.

(Scultetus, III, 199.)

Wir Rudolff von gotis gnaden bischoff zu Lauant, vnsirs allirheiligsten in got vaters vnd heren H. Pauli bobistis des andirn, vnd des h. römischen stuls in dewtschen vnd andern landen vndir die crone des löblichen künigreichs zu Behem gehörende, gesanter legat: empiten den ersamen weisen bürgermeister vnd dem rathe zu Gorlitz vnsir gunst und allis gut.

Liben fründe! Wir senden an euch vnd ewer gemeyne vnser vormanunge vnd gebot, anstat vnsirs allirheiligsten vaters des bobistes, als jr wol werdet vornemen, vnd euch gantz getrawen, jr werdet als weise, christliche leute ewer gemeyne dorzu anhalden, solchen gebothen gehorsam zu sein, mit namen fortmer mit Girsigk dem ketzer kein gescheffte, handelunge noch gehorsam haldet noch leistet: wenn man ewer vorderbnis suchet. Sehet euch wol für vor ewer landschafft vnd allen amechtleuten des ketzers, got wirt euch nicht lossen. Vnd so jr denne ewer gerichte vnd ander ewer priuilegia, gewonheit, altherkommen biszher löblich gehalden habit, die sich von eynen cristlichen konige zu Behem zu bestetigen vnd zu zeiten sich zu enden gebören in königlicher macht, wollen wir vnd vorleihen euch in bobistlicher macht, in crafft diss briffis, so offte euch dorinne gebruch sein wird, das jr die allenthalben noch ewer stat nutzes vnd bestes orden vnd setzen möget, auch an dem rate, ap is euch gefellet, deszgleichen orden noch ewerm alden herkommen: doran jr auch kegen der cron Beheim vnd kegen nyemand was vorfallung sullet pflichtig sein. Vnd ap jr adir ewer amechtleute in ewern amechten eyde tun sulden, vnd auch in der gemeine, wellen wir vnd verleyhen euch in bobistlicher macht, das man die andirs nicht tun sal, denne dem rate vnd stat Gorlitz vnd der cron zu Behem, vnd nicht disem ketzer, von dem jr empunden seit vnd ercleret seit empunden von bobistlicher macht. Ap auch bey euch eynigerley geistliche lehen weren, die ein künig zu Behem zu leihen hette, vnd zukünfftig ledig würden, wellen wir vnd verleihen euch in bobistlicher macht, das jr euch dessin sullet vnderzihen, vnd dorzu beqweme tüchtige personen nemen vnd kisen, die do gott, dem heiligen globen vnd euch löblich vnd nützlich sein, vnd vns die obirsenden, die wir bestetigen vnd inuestiren wellen, als offte is not sein wirt, also lang bis der gütige got andir ordnunge vnd heupte in Behem durch den h. Römischen stul geben wirt etc. (sic). Vnd des zu worem vrkund haben wir unsir ingesigil an disen briff lassen drucken. Geben zu Breszlaw an dem XIX tage des monden Januarij zu Latin gnant, als man schreibet von Crist vnsirs heren geburt 1467 jar.

373.

1467, Januarii 25 (Prag).

König Georg an die Republik Venedig: kündigt eine Gesandtschaft der deutschen Fürsten in Venedig an, welche nach Rom weiter zur Aussöhnung des Königs mit dem Papste ziehen werde, und ersucht um freundliche Mitwirkung.

(Ms. Sternb. p. 206.)

Cum apud Nurmbergam de mense Novembri proxime præterito de subventione Christianis contra Turcos conferenda sollicitius ageretur, totaque rerum summa factionibus cujusdem scelerati hominis, qui se apostolicæ sedis legatum confinxerat, disturbaretur, eo quod principes imperii Romani non putarent ullam expeditionem fore fructuosam, cui nostra ac regni nostri potentia non præesset vel adesset; atque tractatus ille pro ea vice omnino frustraretur, quæ omnia in oratione præsentibus introclusa et apud sedem apostolicam recitanda latius continentur; sacri autem Romani imperii electores ceterique principes sanctum propositum suum non idcirco penitus satisfacere, sed iteratis viribus rem aggrediendam esse rati, obtulerunt apud sedem apostolicam intervenire, quo talis turbatio de medio auferatur, et afflictæ christianitati apud Turcos confinatæ pro humanitatis, quinimo christianæ religionis debito pie succuratur; et idcirco nonnullos oratores suos ad eandem sedem destinare statuerunt. Qui ex variis locis et a multis principibus coelectoribus ceterisque foederatis nostris egredientes ad dominicam qua bacchanalia veteri superstitione triatericarum more vulgo celebrari solent, in civitate Venetum concurrere ac inibi alterutrum exspectare convenerunt, de illinc ad summum pontificem annuente domino profecturi. Et quia pontifex ipse vestræ civitatis oriundus est, nosque in ipsorum principum eosdem oratores mittentium sententiam consensimus, eorumque piam affectionem grato animo suscepimus ut debemus: amicitiam vestram sincero rogamus affectu, quatenus ut cum vobis inclyti regni Ungariæ et confinium suorum ubi Turcos conterminat et nobilium nostrorum qui in his partibus crebro militare solent per oratores vestros quos inibi sæpe habuistis nota facta sit: sed et regni nostri situs et conditio regnicolarum non sit incognita, etiam pro virili vestra instare ac etiam pro vestro interesse quod non parum vestram rempublicam in Peloponneso ceterisque finibus imperii vestri concernit operam dare ac sollicitius eniti velit, quo nos et regnum nostrum viis et mediis in præmissa oratione explicatis cum sanctissimo domino nostro, sanctaque sede apostolica reconciliemur. Hoc enim credimus amicitiæ vestræ et amplissimo senatui vestro ad gloriam cedere præcipuam et ut alias commoditates vestræ totiusque reipublicæ transiliamus, nobis quoque cedet ad complacentiam singularem. Datum Pragæ, feria 11. post conversionem S. Pauli, die XXV. Januarii, anno domini etc. LXVII. regni nostri anno nono.

(NB. Feria 11. post convers. S. Pauli erat h. a. 26. Januarii.)

374.

1467, Januarii 27 (Breslau).

Legat Rudolf an Protas Bischof von Olmütz: sendet ihm des Papstes Urtheilspruch vom 23. Dec. v. J. zur Darnachachtung zu.

(Ms. Sternb. p. 379.)

Reverendissimo in Christo patri et domino, domino Prothasio episcopo Olomucensi, domino et amico carissimo.

Reverendissime pater, post commendationem. Intellexit ut puto P. V[ra] per sanctiss. dom. nostrum sententiam contra Jirsicum consistorialiter esse latam, de qua ut certior fiat, copiam ipsius præsentibus interclusam transmitto. Consulo, imo parte præfati sanctiss. dom. nostri requiro, ut R. P. V[ra] a dieta, conversatione, consortio declarati relapsi depositique se retrahat, ne nimiam indignationem, quæ occasionem commissionis privationis dare posset, suæ sanctitatis incurrat. Aviso etiam dominos barones de declaratione facta, et requiro, quod amplius cum eo non tractent, neque concordiam ineant. Feliciter et ad vota valeat in Christo P. V[ra], mihi præcipiendo. Datum Vratislaviæ feria tertia post dominicam septuagesimam, anno domini M•CCCC•LXVII•.

Ad vota V. R. paternitatis Rudolphus episcopus Lavantinensis, sedis apostolicæ nuntius.

375.

1467, Febr. 11 (Prag).

König Georg an die Stadt Görlitz: ermahnt sie, sich durch des Papstes peinliche Briefe nicht im schuldigen Gehorsam gegen ihn irre machen zu lassen.

(Scultetus, III, 169.)

Ersamen lieben getrewen. Euch ist wol wissent, was lieb vnd trewe wir zu dem künigreich zu Behemen von allen seinen einerleibeten fürstentümen, herschafften vnd allen vndertanen etc. in anbeginnen als ein gubernator vnd dornoch in koniglicher wirde erzeiget haben vnd noch tun etc. das ein iglicher inwoner seszhaft person oder gast sich wol gepessert hat etc.

Solchen wolstand des künigreichs etliche lewt, die vieleicht von natur fried vnd gemecht nicht erleiden mögen, oder der bösen freiheit so gar begirig sein, das sie gerichtszwang nicht erleiden mögen, oder grosser kost gewont sein die jr erb nit auszgetragen mag, oder vieleicht sich vber ander laüt höher auffwerffen wollen etc.

Solche leut haben anbracht an vnsern heiligen vater den babst vnd andern enden, do sie jnen vermeinen jrs fürnemens glimpff zu schöpffen, in solcher form vnd masz: als ob wir sie oder yemand ander vnderstünden von der form vnd ordenung oder gewonheit der heil. Römischen kirchen mit empfahung des sacraments in einiger gestalt zu brengen oder zu bewegen. Das jr alle wol wisset, das vns doran vnrecht geschicht etc. Wann vns das noch innehalt der compactata nit gebürt. Sunder wir haben euch vnd andere vnser vnd des künigreichs vnderthan an solcher form vnd gestalt, noch gebrauchung der Römischen kirchen getrewlich vnd vestiglichen gehandhabt, geschüczt vnd geschirmet: wie löblicher gedechtnis könig Wentzla oder keyser Sigmund, konig Albrecht vnd konig Laslaw getan haben etc.

Yedoch ist der heilig vater durch solich vnware anbrengung bewegt worden, vns alle verhörung abzuslahen. Wiewol wir die von erst an jm durch vns selbs demütiglich, vnd dornach durch vnsern herrn vnd swager den römischen keyser, vnd durch die durchleuchtigen vnsere liebe brüder, herrn Ludwigen zu Franckreich vnd herrn Mathias zu Hungern etc. künige, auch durch cürfürsten vnd andere fürsten des h. reichs ersucht haben vnd gepeten. Vnd hat seine heilikeit auff vnser widerwertigen fürbringen ettliche peinliche brieue wider vns auszgeen lassen, die villeicht an euch, als wir nit zweiffeln, guttermasz gelangt haben. Dodurch doch etc. nyemand bewegt ist worden, solichen brieuen gehorsam oder gewertig zu seyn. Sunder jr vnd ander vnser getrewe vnderthan habt euch in vnser trew vnd gehorsam also gebürlich gehalten etc.

Wiewol nu der cürfürsten, fürsten, merglich vnd trefflich botschafft vff dem wege ist gein Rom zu reitten, vnd zum andern mol verhörung zu begeren vnd zu bitten: die wir biszhero nye erlangen haben mügen. Vnd doch keiner sach lang zeit begiriger gewest sein. So kompt vns doch für, wie der h. vater vns alle verhörung abslahen vnd swerere peinliche brieue wider vns ausschicken wölle, alles vnverhört, er auch etlichen zugesagt, etlichen zugeschriben haben solle etc.

Hierumb begehren wir an ewer trew mit ernstlichem vleis uff das höchste wir sollen vnd mögen, ob einicherley solch brieff oder schrifft an euch gelangete, jr wollet euch durch keinerley peen oder beswerung von solicher trew, pflicht vnd gehorsam, so jr vns gelobt vnd gesworn habt, abwenden oder bewegen lassen etc. vnd soliche brieue nicht höher wegen oder halden, denn die vordern brieff, die vormaln auch gegen vns vnuerhört auszgangen sein etc. Kömpt vns von euch zu gutem dancke, vnd euch von vns zu fried, rue vnd gemechlikeit etc. das wollet also versteen vnd mercken, so wollen wir es mit gnaden gegen euch gemeinglich vnd sunderlich erkennen vnd bedencken, als ewer gnediger herr vnd konig. Geben zu Prag am Aschermitwoch, vnsers reichs im neunden jahre.

376.

1467, Febr. 24—25 (Prag).

Bericht über Prager Landtagsverhandlungen.

(Aus J. G. Kloss' Documentenbuche zur Geschichte des Hussitenkrieges in der Lausitz.)

In dieta Pragensi, modo in his temporibus quatuor tenta, infrascripta tractata sunt.

Feria tertia primo in die Matthiæ apostoli inchaota est res. Multitudo convenit in stuba magna nova in curia reginæ hora XIV baronum nobilium et aliorum, ubi domino nostro rege pro tribunali sedente cum principibus Conrado Nigro, duce Saganensi et aliis pluribus baronibus nobilibus etc. ante omnia lecta sunt singula, quæ acta sunt in dieta in Novadomo circa festum Purificationis, ita ea singula exponam.

Primo commemoratæ sunt proscriptiones factæ in illa dieta ante S. Wenceslai, quibus treugæ indicebantur ex utraque parte ad festum S. Georgii et concordiæ tractatus in Novadomo. In qua quidem dieta Novæ domus dictum est, quomodo domini domino regi adhærentes attulerunt (Ms. attederunt) privilegia continentia libertates regni et regnicolarum, quæ sunt in Karlstein. Quibus visis respondit D. Zdenko de Sternberg, quod hæc, quæ attulerunt, non serviant ipsis ad eorum libertates pro uno grosso. Dixerunt sibi: D. rex dicit, se nullas alias literas habere, et quod omnes adductæ de Karlstein visæ sunt, et quod nos suæ ser[ti] illud credimus. D. Zdenko respondit: sed nos non credimus etc. (sic). Multa de hoc verba erant; tandem D. Zdenko cum suis adhærentibus optabat, ut D. rex dignaretur eis dare coronam et eorum privilegia et libertates, et quod ipsis eadem confirmet, et quod sua confirmatio regia ipsis non sufficit, sed ut disponat confirmationem a D. imperatore, cum sit suus vasallus. D. rex et ceteri responderunt ad hæc modo Pragæ: quod non sit vasallus imperii, nisi dumtaxat ratione officii, quod habet inter electores, et quod sit sufficiens et confirmare et denuo donare regno suo libertates sine imperatore. Tandem lectum est, quomodo quædam literæ missæ sint a D. de Rosis in dieta illa Novædomus, quæ sunt antecessorum regum Bohemiæ, continentes, primo quomodo moneta debet cudi in tali pondere videlicet ut ad centum marcas argenti apponantur XII marcæ cupri; secundo de berna, quomodo numquam debet exigi, nisi rex filiam desponsaret; tertio quod nulla castra debent alienari a regno sub maximis poenis; quarto quod D. rex non debet aliquem locare ad judicium terræ, nisi cum consilio baronum; et post certatum est de bello, quomodo extra regnum ire cum exercitu non sint astricti etc. (sic). De berna quoque dixerunt D. Zdenko cum suis, quomodo rex Ladislaus firmavit hoc tabulis, quod numquam ab ipso D. rege aut suis successoribus in perpetuum berna exigatur.

Ad hæc dominus noster rex respondit, brevissime referam. De moneta ait se velle facere libenti animo meliorem juxta consilium omnium et suam facultatem; et dicebat, quod miserit nuntios ad D. imperatorem, ducem etiam Ludovicum, ut cum ipsis et eorum dominis conformem monetam faciat, non reversis autem nuntiis referebat hanc dissensionem sibi fuisse oblatum (sic), jam autem omnino mentem esse ipsis ad reformandam monetam; et generaliter ad omnia, quæ emendanda sunt, affirmat sua maj[tas] juxta consilium totius terræ oblatum, etiam persuaderi sibi desiderat. De berna dicit, quod numquam jure optavit, sed bona voluntate eam bernam, quam Ladislao circa mortem dare inceperint, sibi datam asseruit, atque ulterius ipsam non velit requirere. De alienatione castrorum dicit, quod castra Misnensi marchioni 11 dedit dumtaxat in feodum, similiter Plawno sibi dedit in feodum, qui se pro se et suis successoribus vasallum coronæ et regni recognoscit; nulla autem castra dedisse a corona simpliciter affirmat. De exercitu ad bellum extra regnum respondit, quod illud non faciat. Quod autem factum sit pro liberatione imperatoris Wiennæ, dictum est quod D. Zdenko de Sternberg ad hæc persuadebat cum ceteris; de hoc multa verba erant, et nemo ad hoc compellebatur. De locatione ad judicium terræ nihil est responsum.

Post hoc dictum est, quod D. Zdenko dixerit, quod volunt ut D. rex restituat ipsis privilegia et coronam, et quod nulla via permittere volunt, ut rex aut filius suus dux Victorinus hæc habeant in potestate. Respondit D. rex, quod filius suus est unus baro regni, et hic promisit fideliter facere cum his toti regno, et quod D. Benessius purgravius in Karlstein est unus satis nobilis terrigena, qui una cum duce hæc habent in potestate sibi confisa.

Postea lecta sunt quædam et multa dicta de eo, quomodo quidam jurista, qui jam flammis datus est, fatebatur, quomodo sit inductus per quosdam portulanum regis et Martinum sartorem, quomodo debuerant exuri . . . . . (sic) castris Zelena hora, Nepomuk etc. (sic). Huic fortiter contradictum est. Dictum est etiam, quod quidam detinetur Misæ, qui fatetur per D. Zdenkonem se fuisse conventum, ut ipsam civitatem Misam combureret. Circa hoc multa dicta sunt de prædicantibus unus in alium.

Dominus autem rex per totum ad omnia emendanda bonis verbis se submittebat, nil aspere, nil ad bellum, plus ad pacem loquebatur, papam Romanum potificem de quibusdam processibus non culpando, sed æmulos suos, qui suam ser^{tem} ut ajebat deferunt ad curiam. Imo illud commemoravit dominus noster rex, quomodo D. Zdenko bonam spem omnium in Novadomo suæ ser^{ti} significavit, et medio tempore quod una cum sibi adhærentibus quatuor nuntios misit ad curiam Romanam, videl. plebanum de Novadomo, plebanum de Nepomuk, fr. Thomam judicem familiarem D. episcopi Wratislaviensis et quendam fratrem de S. Benigna. De hoc similiter multa verba fuere.

Tandem D. Burian Trczka suo et terrigenarum nomine petivit dominum nostrum regem, ut ipsos conservare dignaretur circa compactata; et pro eodem D. Samuel nomine civitatum supplicavit. Respondit majestas regia: utrosque conservare promisi, sicut fecerant antecessores mei Sigismundus, Albertus et Ladislaus.

Postea D. Leo frater reginæ, qui modo revenit ex militia, ad quam erat profectus, locutus est multa verba, tamen ad eum effectum, ut adhuc tentetur tractatus cum baronibus illis, et quod ipse propria in persona velit libenti animo operam summam facere et mediatorem se constituere, ut si fieri poterit inducatur concordia, et quomodo sibi videtur ut mittatur nuntium ad sanct^{mum} pontificem pro his rebus, quæ ex curia veniunt, et tentetur actio pro bono fine. Placuit sermo hic multis.

Demum D. de Rosis multa fecit verba, bonam mentem et voluntatem suam offerendo ad singula, quæ paci et saluti reipublicæ conducerent ad instar suorum antecessorum, et si nonnulla de ipso sinistre audirentur, petivit se habere excusatum. Pluresque iteratim loquebantur de perditoribus, falsariis et damnis illatis; hæc privata sunt. Postea quidam camerarius D. Zdenkonis missus erat cum quadam cedula ex parte ipsius D. Zdenkonis et baronum sibi adhærentium.

Hic nuntius semel atque iterum audientiam petivit: cum non habuisset credentiam, non est auditus, nec permissa est cedula hæc legi. Sic hoc die finis impositus est, qui duravit ad IV horas, et pro die crastina statuta est hora XIV ad comparendum in eodem loco omnibus.

Die sequenti fer. quarta, hora iterum XIV in conventu pleno loco eodem hæc acta sunt. Primo lecta sunt omnia, quæ multa erant, excerpta de privilegiis regni et regnicolarum, quæ circa . . . . (sic) quatuor tempora adductis literis ex castro Karlstein collecta ex eis erant. Tandem lectæ sunt tres literæ, quas D. de Rosis attulit, similiter libertates de berna, de belli exercitu, de moneta, quæ heri latius tractata sunt. Tandem dominus noster rex jam animo statuit reformare monetam, et hodie hac hora XXI. in conventu debent eligi certi de baronibus nobilibus terrigenis et civitatibus, qui inveniant modum convenientem pro moneta nova cudenda sine mora. De berna conclusum est, ut numquam amplius fiat, nisi dum contigerit regem Bohemiæ filiam desponsare, de quolibet laneo requiri debent sedecim grossi dumtaxat. Exercitus ad bellum debet fieri ita ut ab antiquo fiebat, et omnia generaliter reformanda reformare pollicitus est D. rex, et ista jam dicta de bello, moneta et berna vult aut tabulis aut sigillo suo firmare, et omnia registra bernarum comburi obtulit. Et hanc etiam gratiam omnibus contulit palam hac die, ut quotiescunque quis nobilium compararet aliquos agros singulariter a quocunque agricola, vulgari nostro diedinnika, ut sine requisitione regii consensus sibi id intabuletur, quod hactenus numquam erat. Postea D. rex multa hesterna resumsit, singulariter de dominis, qualiter ipsi sub colore ibertatum de fide dissonant, et nuntios sæpius circa Romanum pontificem habeant, et omnes isti processus, qui jam . . . . (sic) ex instinctu eorum et ordinatione quæ furit contra suam ser[tem]. Et latis et multis verbis tractatum est per D. regem, quomoda a papa quidem (sic) fierent processus negata audientia, quæ omnia dictis baronibus ascribuntur. Post quæ D. rex ait: videtis et intelligitis, quomodo præfati D. Zdenko cum suis agunt, existentes nostri et officiales et jurati, qualia circa papam disponunt, quanta moliuntur etc. (sic) multa erant verba. Nos libenter pacem et bonum regni videmus, hoc procuramus et una vobiscum tamquam nostris fidelibus procurare volumus. Quicunque autem noluerint penes jura stare sed sua uti voluntate et pro libito omnia facere, speramus in deum eis vobiscum resistemus. Et vos sitis parati, dum fuerit necessitas. Multa quoque exposuit, quomodo æmuli multa falsa suggerunt sanct^mo domino, hi singulariter, qui gladium dudum absconsum palam tendi ultro cupiunt et ignem novum incendi, quibus suasus . . . . . dominus sanct^mus tales processus mittit. Si autem, ajebat idem rex, sanct^mus dominus nobis daret audientiam, speramus in deum, cognoscerentur fore falsæ delationes præfatæ nostrorum æmulorum et innocentia nostra videretur, qui nihil malumus quam pacem et conservationem vestram.

Postmodum qui compactatis stare volunt petiverunt dominos barones communicantes sub una specie, ut tamquam acceptiores apud Romanum pontificem literis suis orare velint sanct. suam, ut hujusmodi processus suspendat et domino nostro regi audientiam dare dignetur, ne regnum nostrum guerris disturbetur et totaliter destructioni exponatur, quod prope futurum est, si tali severitate contra D. regem procedetur. Hæc verba erant latius dicta.

Demum lectæ sunt literæ, quas D. Zdenko cum ceteris omnibus cohærentibus in liga D. de Rosis miserunt, hortantes quatenus sui honoris memor sit; cui una miserunt copias sententiæ etc. (sic) eis a D. legato directæ. Lecta est et litera post in medio responsiva D^i de Rosis, qua profitetur se semper honorem suum servasse et servaturum, et quod non aliud agit nec agere vult, nisi quod domino nostro regi et regno ad bonum et utile conduceret. Talibus verbis res acta est etc. (sic). Deinde eo completo lectæ sunt copiæ literarum, quas duces Slesiæ domino sanct^mo perscripserunt, petentes domino nostro regi audientiam concedi; responsum denique papæ ipsis datum statim post lectum est, quod diu habetur etc. (sic). Ibi multa verba de papa fuerunt. Dominus etiam de Rosis petebat omnes barones nobiles et civitates sibi assistere, si necessitas instaret. D. rex commendavit D^m de Rosis, quod ita diligenter reipublicæ sit adjumento et dixit palam usque ad vitam suam sibi ope et auxilio assistere; pariter omnes, agentes sibi similiter gratias, idem se velle facere affirmabant. Actæ sunt gratiæ utrimque ubique cum D. episcopus Wratislaviensis guerratus (gunatus?) est. Nihil autem explicite de bello fiendo conclusum est, sed dictum est, quod judicium terræ provinciale omnino tenebitur in quatuor temporibus proxime futuris, modo autem certis respectibus omissum est. Dicebat etiam se dominus noster rex palam bonam fidem habere et esse ac fuisse semper bonum Christianum.

„Nach diesem stehen einige andere Berichte von dem damaligen Zustande zu Prag, die gleichfalls in lateinischer Sprache den Görlitzern zur Nachricht ertheilt worden."

„Die Differenz mit den Herren Baronen sei so gross, dass man nicht Hoffnung habe, dass sie mit dem Könige in der Güte sollten verglichen werden."

„Die Stände sub una würden in 3 oder 4 Tagen einen Ritter als einen Gesandten nach Rom schicken, der den Papst bitten sollte, dass er von der angefangenen Strenge wider den König abliesse und vielmehr einen andern Weg erwähle, Friede und Einigkeit im Reiche zu stiften. Wenn dieser Gesandte bei dem Papste Gehör finde, sollte darauf eine solenne Gesandtschaft im Namen des ganzen Reichs an den Papst gehen, um bei ihm eine Vermittelung und Stiftung des Friedens zu suchen."

„Die Herren und Barone in Mähren hatten neulich einen Tag zu Brünn gehalten, und alle Prälaten desselben Markgrafthums hielten noch eine Zusammenkunft bei dem Bischof in Wyssaw, man wisse aber nicht, was dabei vorgegangen."

„Der Kaiser sei noch zu Linz, und die Meisten wollten wissen, dass die Gesandten des Königs in Betrachtung der böhmischen Herren noch nicht von dem Kaiser weg wären. In der Vorstadt der Stadt Linz sei ihnen Herr Burian von Gutstein begegnet, den die anderen böhmischen Herren an den Kaiser abgeschickt: was er aber da wolle, sei unbekannt. Es muss aber etwas Wichtiges vorgehen. It. es sei auch neulich von Zdenken von Sternberg und seinen Anhängern Herr Dobrohost nach Rom zum Papste gegangen, worüber sich Viele wunderten."

„Der König habe das verbessert, weswegen er von den Ständen angegangen worden; es würde nun eine neue Münze geprägt, 25 gr. für 1 fl., die Berna würde weiter nicht gefordert werden, die alten Register wären verbrannt" etc.

„Der Gesandte der Böhmen, der nach Rom gehen sollte, würde erst nach Venedig gehen, weil die Venetianer den König versichern lassen, sie wollten sich auf seiner Seite so viel als möglich interponiren."

„Der Stillstand des Krieges mit den böhmischen Herren solle nur bis auf das Fest des heil. Georgii fortdauern, beide waffneten sich indessen schon voraus."

„Herr Stephan Enziger in Österreich, der lange mit dem Kaiser in Streit gewesen, habe nun, wie verlautet, mit demselben Friede gemacht; er werde ihm das Schloss Tirnstein mit der Stadt an der Donau abtreten."

„Der Herr von Sternberg in Österreich führe in Mähren Krieg und plündere die meisten Dörfer."

„Die Nürnberger hätten auch ihre Gesandten an den König geschickt, die aber mit ihm alles heimlich tractiret."

377.

1467, Febr. 27.

Georgius præpositus Chotiessoviensis, Joh. de Rochow archidiaconus Plznensis et Procopius de Plzna canonici Pragenses promulgant bullam Pauli II. ab an. 1466, X cal. Januar., qua Georgius rex excommunicatur.

(Orig. pergam. cum 3 sig. app. illæs. in arch. Trebon.)

378.

1467, Mart. 2 (Gracz).

König Georg an Markgraf Albrecht von Brandenburg: verlangt Beistand zum bevorstehenden Kriege gegen die Empörer.

(Mitgetheilt von Dr. Burkhardt.)

Als wir auf Lichtmess nechstvergangen gutlichen teydung stat gehabt haben mit unsern widerseczigen zu der crone zu Behaim wonhaftigen haben sie sich so ungeburlichen gehalten, das wir dornach uff einem offenbaren tag auf quatuor tempora nach gewohnheit des konigreichs und der lanttafel gehalten solich handel haben offenbar erczelen lassen. Daselbst fürsten herren etc. unsern glimpff erkannt haben und zu rate worden sein, das uns nit gebure, solichen hochmuthe langer zu gedulden etc. Also haben wir furgenomen solich frevel und ungeburlichkeit zu straffen etc. Begern wir an ew. lieb euch in obgedachter craft vermanende das ir uns zustund bei disen boten ewr feindesbrief gegen den widerseczigen etc. eingeslossen zettel benant und bestymmet, in helffers weyss nach inhalt unser verschreibung schicken und ziegen wolt. Wann wir dann unsere vehdesbrief und ew. lieb hilffsbrieff denselben unsern widerseczigen zuschicken wullen. Das wulln wir ew. lieb acht tage dauor verkundigen und zu wissen thun um sich darnach zu richten etc. Dat. Gracz Montag nach Oculi 1467.

379.

1467, Mart. 20 (Rom).

Papst Paul II. an den Rath von Budweis: ermahnt ihn, vom Gehorsam gegen Georg von Podiebrad abzustehen und Zdeněk von Sternberg als Hauptmann des katholischen Bundes in Böhmen anzuerkennen.

(Orig. im Archive der Stadt Budweis.)

Paulus episcopus servus servorum dei, dilectis filiis consulibus et communitati opidi Vouduaycz in regno Bohemie salutem et apostolicam benedictionem.

Quanta cum benignitate et clementia sedes apostolica obstinatam illius perfidi heretici Georgii de Poyebrat, incliti regni Bohemie occupatoris, duritiam, sperans in dies ipsum pietate potius quam austeritate vinci debere, toleraverit, concesse sepius illi dilationes, et facte processuum contra ipsum juridice institutorum suspensiones, et varie ac multe sollicitationes tam felicis recordationis Pii pape II, predecessoris nostri, quam nostre, quas vos non latere certo scimus, facillime declarant. Maluissemus namque superni more pastoris errantem ovem ad ovile dominicum etiam propriis humeris reportare, quam ipsam in damnationis perpetue balatrium labi, si prohibere potuissemus, permittere. Verum tanta fuit perdite mentis hominis illius protervia et damnata temeritas, ut pietate et beneficiis cor ejus pertinax et durissimum quotidie magis induraret, nobisque ac sedi apostolice tanto diutius per suas fraudes et malas artes studeret illudere, fidelesque ecclesie filios in regno Bohemie crudelius opprimeret, quanto patientius ipsius desideratam exspectaremus conversionem.

Eapropter humano divinoque jure coacti, quibus et putridas carnes a sanis membris amputandas, et morbidas oves a caula gregis arcendas, nec non palmites infructuosos a vite dominica precidendos fore didicimus, nuper tandem premissa matura deliberatione ipsum Georgium hæreticum perjurum et sacrilegum declaravimus nec non omni dignitate et dominio privatum, prout latius in nostris desuper confectis literis, quas etiam ad notitiam vestram pervenisse non dubitamus, conspicere potuistis. Ne itaque ulla ex parte deficiamus, quin omni circumspectione possibili commissam nobis ex alto dominici gregis gubernationem expleamus, imminentibusque periculis obviemus, intelligamusque, opidum vestrum adeo firmum esse, ut si, quod deus semper avertat, in ipsius Georgii aut suorum fautorum nefandam subjectionem deveniret, maxima inde catholicis populis damna et pericula possent afferri, quodque etiam nichilominus ita ceteris catholicis propinquum est, ut facile, si necessitas urgeat, subsidia ab eis habere possitis, vestram et predecessorum vestrorum pro zelo fidei attendentes laudabilem famam, qui videlicet semper et in ipsa crudelissima Hussitarum persecutione, quorum perfidie Georgius prefatus filius et alunnus existit, non tantum bona, sed corpora fortiter et fidelissime exposuistis, eisque viriliter restitistis, hoc vobis et ceteris vicinis vestris fidelibus populis salubri remedio providere voluimus, ut dilecto filio, nobili viro Sdenconi de Stermbergh, quem gaudenter accepimus per confederatos barones catholicos et dilectos filios Pilsnenses in capitaneum electum, vos quod et fecimus per alias nostras, commendaremus. Hortamur itaque devotiones vestras, vosque nichilominus in virtute sancte obedientie requirimus districtius et monemus, quatenus ipsam laudabilem fidei vestre constantiam, quam prioribus temporibus exhibuistis, conservantes, contra dictum hereticum suosque complices et fautores fideli animo consurgatis, prefatumque Sdenkonem in vestrum etiam capitaneum assumentes, illi modis omnibus, quibus et Pilsnenses juncti sunt, adhereatis assistatisque viriliter, donec toti regno de rege catholico et fideli, aut alias tranquillo regimine, quod in brevi, dante deo, futurum speramus, provisum fuerit. Nos enim omnem operam adjiciemus, nec quicquam nobis possibile relinquetur ad exstirpationem illius damnati heretici complicumque suorum, vobisque sicut et ceteris catholicis filiis non deerimus, sed omnibus, quibus poterimus, consiliis et presidiis assistemus, quos et apostolicam sedem, preter ea premia, que ab altissimo merebimini, ad gratiam et favores pronos et obligatos efficietis. Datum Rome apud sanctum Marcum, anno incarnationis dominice millesimo quadringentesimo sexagesimo sexto, tercio decimo Kalendas Aprilis, pontificatus nostri anno tertio.

N. de Benzis.

Dilectis filiis consulibus et communitati opidi Vouduayez in regno Bohemie.

380.

1467, Martii 20 (Breslau).

Legat Rudolf an Herzog Konrad den Weissen von Wohlau: erneuerte Ermahnung und Befehl, binnen 12 Tagen von Georg von Podiebrad abzustehen, und Rechtfertigung des Verfahrens gegen denselben.

(Ms. Sternb. p. 172—175.)

Rudolphus dei gratia episcopus Laventinus, ss[mi] sedis apostolicæ ad Almaniæ et regni Bohemiæ partes legatus missus: Illustri principi, D. Conrado, Slesiæ in Wolaw et Wartemberg etc. duci, domino et amico nostro carissimo, salutem in eo, qui est omnium vera salus.

Non dubitamus quin v[ra] claritas dudum intellexerit, Georgium seu Girsicum de Kunstatt et Podiebrad per justissimam ss[mi] d. n[ri], d. Pauli, divina providentia papæ secundi, sententiam, de consilio et consensu rr[morum] dd. cardinalium, archiepiscoporum, episcoporum, prælatorum, divini et humani juris doctorum, post diuturnum processum adversus ipsum habitum, consistorialiter latam, hæreticum pertinacem, perjurum, sacrilegum, relapsum, declaratum, et propterea regali, ducali, marchionali et quacunque alia dignitate, si quam habuit, depositum et privatum, ipsum et filios suos ad easdem dignitates inhabilitatos, singulosque regni subditos ab obedientia juramentis sibi præstitis absolutos, et eum omnes et singulas poenas relapsi in hæresim incidisse, pronuntiatum fuisse et esse. Id enim jam per multa regna, terras et provincias, et maxime per inclytum regnum Bohemiæ et partes Silesiæ notum et manifestum est. De quo etsi v[ra] claritas adhuc in aliquo dubitaret, eam certam reddimus, et ei insinuamus per præsentes. Et cum non liceat catholico viro hæretico cohabitare, ei assistere, favere, credere, consilia vel auxilia contra et adversus alios catholicos, maxime contra sedem apostolicam, ss[mum] d. n[rum] et eis adhærentes præbere: hinc est, quod nos pridem auctoritate ss. d. n[ri] nobis desuper specialiter concessa, per specialem processum desuper fulminatum, omnibus et singulis prælatis, principibus, baronibus, militibus, militaribus, aliis quibuscunque tam ecclesiasticis quam secularibus, sub gravissimis poenis videlicet excommunicationis et anathematis latæ sententiæ, fautoriæ hæresis, infamiæ, confiscationis omnium bonorum suorum mobilium et immobilium, maledictionis æternæ et damnationis perpetuæ inhibuimus, ne de cetero dicto Georgio sive Girsico hæretico damnato adhærere, ipsum pertinaciter regem nominare, tenere, ut tali scribere, ei assistere, eum defendere, alios ad ei assistendum inducere, stipendia ab ipso recipere, catholicis principibus, baronibus, nobilibus, communitatibus, civitatibus aut aliis quibuscunque, qui a dicto Girsico discesserunt et discedent in futurum, resistere, vel se eis opponere, aut eos et sibi adhærentes et eis assistere volentes quovismodo impedire, aut quidquam in favorem dicti Girsici facere vel attemptare præsumerent. Quod si qui vel quis ex eis contra præmissa aliquid vel aliqua attemptare præsumerent vel alter eorum præsumeret, et infra duodecim dierum spatium, postquam hæc nostra inhibitio ad eorum vel ejus notitiam per famam aut alias qualitercunque devenisset, non resipiscerent vel resipisceret, quorum duodecim dierum quatuor pro primo, quatuor pro secundo et quatuor pro tertio et peremtorio termino et monitione canonica eis et eorum cuilibet assignavimus, voluimus, prout et adhuc volumus, quod prædictas poenas et earum quamlibet incurrerent et incurreret ipso facto; ita ut absque nova vocatione sola notorietate subsistente per quemvis ecclesiasticum ut tales denuntiari et ab omnibus vitari et bona eorum diripi possint et debeant. Et quoniam clar. v^ra^ inter catholicos regni principes hactenus reputata fuit et est, cujus salutem et prosperitatem tam temporalem quam æternam in animo affectuosissime desideramus, ac nullo modo vellemus, quod hujusmodi maledictiones et poenas incurrere deberet: hinc est, quod ex singulari caritate v^ræ^ clar. de præmissis avisamus et illa eidem insinuamus et pro insinuatis habere volumus, perinde acsi principalis processus eidem insinuatus fuisset et esset: requirentes vos in visceribus caritatis Jesu Christi domini nostri et in virtute sanctæ obedientiæ, qua ss. Romanæ ecclesiæ, sedi apost. et ss^mo^ d. n^ro^ astringimini, et sine qua nemo salvus fieri poterit, atque sub poenis prædictis vobis districte præcipiendo mandamus: quatenus dictum Georgium hæreticum declaratum atque depositum, et omnes ei adhærentes infra dictorum XII dierum spatium post præsentationem præsentium immediate sequentium, quorum similiter IV pro primo, IV pro secundo et IV pro tertio et peremtorio termino et monitione canonica vobis assignamus, derelinquere, deserere, nulla commercia amplius cum eis, et maxime cum dicto Georgio hæretico declarato habere, ipsum amplius regem minime nominare, scribere vel tenere, neminem ut ei adhæreat inducere, contra alios catholicos principes, barones, nobiles, civitatenses ac quoscunque qui ab eo discesserunt et discedent in futurum auxilia, favores aut consilia nequaquam præbere: sed se dictis catholicis ac obedientibus baronibus, qui præfatum Girsicum deseruerunt et ei adversantur, conjungere et unire, atque cum eis dicto Georgio declarato hæretico resistere velitis realiter et cum effectu; prout et progenitores vestri viriliter et constanter sacrosanctæ matri ecclesiæ Romanæ, sedi apostolicæ et summo pontifici obediendo, haud dubie laudem et gloriam magnas et indelebiles apud homines et inæstimabile præmium apud altissimum consecuti sunt. Nec moveat vestram dilectionem, quod hæreticus ille conqueritur se non auditum. Nam hoc per eum stetit. Ad hoc enim ss. d. n^{r} ex superabundanti clementia ipsum citari, longissimum sibi terminum comparendi statui, et illum quidem postea prorogari fecit, ut eum volentem se excusare et emendare, audire posset. Nihil enim s. s^{ti} gratius fuisset, quam ab eo audire, quod saltem nunc in antea vere et non ficte, atque cum effectu juramentum per eum ante coronationem suam præstitum servari vellet. Unde etiam non dicit verum, quod audientiam habere non potuit. Potuisset certe, prout prædictum est; sed non illam, quam ipse petiit, in aliqua diaeta; illam enim summus pontifex dare non debuit, cum res fidei non in diaetis, sed coram eo, tamquam vicario Jesu Christi tractari debeat. Neque urgeat clar. v^{ram}, quod catholici et apostolicæ sedi obedientes barones una cum rr^{mo} d. episcopo Wratislaviensi occasione particularium negotiorum jura, privilegia et libertates regni et baronum ejusdem concernentium, se conjunxerint et confoederaverint et dicto Girsico se opposuerint; quod tamen juste et licite pro conservatione dictorum jurium, privilegiorum et libertatum et communi bono regni potuerunt. Nam nunc alia causa differentiæ supervenit. Potuissent tandem in et super dictis negotiis contentari et concordari: sed cum in diaeta apud Novam domum celebrata dictis dominis baronibus, per ss. d. n^{rum} et nos nomine s. s^{tis}, dicta sententia contra Georgium seu Girsicum hæreticum occupatorem regni Bohemiæ permet ss. d. n^{rum} in consistorio publico lata, insinuata, atque sub dictis censuris et poenis, ut ab ejus consortio desisterent, nullam concordiam a modo cum eo inirent, sed ad executionem sententiæ cum ceteris Christi fidelibus se disponerent, requisiti fuerint: Christus nunc et ejus immaculata sponsa s. mater ecclesia, atque ipsius Christi vicarius in terris, quibus utique pro salute animarum suarum et si gravissimas illas poenas evitare volunt, obedire tenentur, in causa sunt, cur se dicto

Girsico conjungere vel concordiam cum eo facere nequeunt, tam diu, quo ipse Georgius rebellis et inobediens s. matri ecclesiæ et summo pontifici fuerit. Ad quorum si obedientiam redire, se emandare et juramentum suum debite servare vellet et cum effectu rediret, se emandaret, juramentum debite servaret et secundum illud faceret, et gratiam et restitutionem ab apost. sede et ss. d. n^{ro} obtineret; nedum dicti domini catholici et obedientes barones, sed et omnes qui ab eo recesserunt et recedent, libenter cum eo convenirent, et ei quem deo, ecclesiæ suæ sanctæ, Jesu Christi vicario obedire et secum eis reconciliatum viderent, obedirent. Cui antequam hoc fiat, quod tamen propter obstinaciam indurati et insipientis quoadhoc cordis sui sperari non potest, nequaquam facere potuerunt, cum se sedi apost. et ss. d. n^{ro} conformare et mandatis ac præceptis apostolicis obedire teneantur; prout et v^{ra} dilectio et omnes vestri, imo et omnes in Christo renati et baptisati tenentur. Caveat igitur dil. v^{ra}, ne levipendat dictam in genere et nunc in specie v^{re} caritati factam inhibitionem, quam in virtute dei omnipotentis et Jesu Christi salvatoris nostri, et auctoritate sui in terris vicarii ss. d. n^{ri}, d. Pauli divina providentia papæ secundi fecimus. Nam si quod absit illam sperneretis, et infra dictum terminum vos a dicto Georgio hæretico non retraheretis, sed in damnata sua adhæsione permaneretis, et aliquod talium, quæ probibuimus atque prohibemus faceretis in ignominiam et confusionem nobilissimæ domus vestræ, quæ hactenus talibus maculata non fuit: ex tunc dictas censuras et poenas incurretis, quas vos et omnes vestros in his malis vobis consentientes et adhærentes ex tunc incurrere vellemus atque voluimus ipso facto, atque ut tales ubique denuntiari. Speramus tamen in domino salvatore nostro, qui neminem vult perire, quod gratiam suam clar. v^{re} clementer impertiri dignabitur, quod se retrahat et catholicum esse cognoscat et tantum malum contra bonitatem divinæ suæ pietatis, contra ecclesiam immaculatam ejus sponsam atque vicarium suum in terris summum pontificem non faciat, hæretico favendo, propriam religionem, jus atque fas confundendo; ne dictas et alias stupendas maledictiones, quas contra dictum Girsicum et suos ac sibi faventes aut adhærentes adhuc emitteremus et publicabimus, eadem v^{ra} dilectio incurrat. Quam ad viam veritatis et justitiæ, atque salutaris obedientiæ dirigat et conducat altissimus. Datum Wratislaviæ, die vicesima mensis Martii, anno domini milles. quadringentesimo sexagesimo sexto.

381.

1467, Mart. 20 (Breslau).

Rudolfus ep. Lavantinus monet D. Johannem de Rosenberg ut ab obedientia et consortio cum Georgio rege recedat et baronibus catholicis sese adjungat; statuendo ei terminum XII dierum, quo elapso nisi monita impleverit, excommunicationem ipsa notorietate facti incurrat. Dat. Wratislaviæ, 20. Martii, 1467.

(Orig. c. sigillo appr. in arch. Trebon.)

382.

1467, Mart. 20 (Budissin).

Beneš von Kolowrat, voit der sechsstädte, ad senat. Gorlic.

Durch etliche gloubwürdige bin ich eygentlich vnderricht, wie ewer prediger in ewer stat sere vnd viel zu weit in seynen predigaten redet von des glauben wegen, das jm wenig icht not ist, dadurch denne das gemeine volck in murmerunge trit, vnd etwas ergers von jn doraus entsprissen müchte, das vnserm gnedigsten h. dem könige vnd mir als s. kön. gn. ammetman, ouch euch neben mir zu schanden vnd schaden zu erwecken kommen müchte.

Wenn ich vnd jdermenniglich wol weiss, das jr euch doch sust wol halden würdet neben mir vnd andern cristgloubigen als fromen cristen zugehöret, noch deme meyne vorfarn ouch ewer gethan haben vnd stetis zu thun in meynunge seyn. Wenn wir ouch zu keinem andern glouben von keynem in keyne weiss genotiget seyn worden, noch ob got wil nymmer werden.

Dorumb bitte ich euch in vleiss begerende jr denselben ewer stat prediger so wollet anhalden lassen, das her sich nicht so gar weit in den sachen vorrynnet vnd im textu des evangelium vnd der heiligen doctor schriffte dorobir gemacht, den rechten weg gehe, das nicht ergers doraus queme. Als ich nicht zweiffel thun werdet. Kumpt mir von euch wol zu dancke vnd zu sunderm wolgefallen. Datum Budissin, fer. sexta ante Palmarum 1467.

(Scultetus, III, 179ab.)

383.

1467, März. 21 (Breslau).

Legat Rudolf an die Mannschaft der Sechsstädte: ermahnt sie, sich sammt den Städten ihres Landes in des Papstes Gehorsam zu begeben, von Jiřík abzustehen und sich die böhmischen Barone zum Vorbild zu nehmen.

(Scultetus. III. 197—198.)

— Lieben frűnde! Als itzund der sechstete sendeboten bey vns gewest seyn, haben wir yn gesaget, das wir euch in diesem male mit yn nicht gefördert haben: dorumbe, das vns von Prage geschriben vnd ouch hy eygentlich gesaget was: yr sullet euch von neuwem verphlicht haben dem Jersick, den vnser h. vater der babst mit rechtem orteyl eynen verstockten widereingefallenen ketzer erkant, erkleret, vnd darumb von kűniglicher vnd all ander wirde entsaczt hat etc. (sic) in seinem gehorsam zubleiben vnd von ym nicht abzutreten in keyner weise etc. (sic). Vnd als wir denselben der sechsstete frűnden die ernste meynunge des h. stules zu Rome etc. gesaget vnd erzelet, vnd sie yr cristlichen erbietunge vnd zusagunge ermanet haben: noch vil rete vnd bete, so sie an vns daten, sie bey dem abscheit, der zu jare geschach, lossen zu bleiben. Dorzu wir yn geantwort haben, dasz das nicht mögelich sey, nach dem sich dy sachen geandert haben, vff dy zeit hofften sy, yr vnd wir, der Jersigk sulte sein jrrunge erkannt etc. (sic). So er aber mit bobistlichem orteil abgesaczt ist, mag nŵ furtmer kein vffschlag gescheen, besunderlich das wir nicht mochten in eynigem weg gedulden, zu jm furter zuflucht zu haben, uff dag odir andir verheischen zu jm zukommen etc. (sic).

Als jr von jn (den Städten) wol klerlicher vorsteben werdet, haben sie vns gebeten, dy sachen sust lassen ansteen, bisz das sie sich mit euch vnd ander manschafft zu den sechsteten gehörende, besprechen möchten etc. (sic).

Also haben wir euch vnd jn zu gute sulchis bewilliget, mit den vorworten, das jr vnd sie zu keinem tage, den euch der Jersick geseczt vnd gelegt hette adir hinfűr legen wűrde bey dem höchsten bebstlichen banne kommen noch gestehen, noch sust in euwern sachen zuflucht zu jm nith haben sollet: vnd die stete niemandes einlassen sollen der sie betwingen möchte etc. (sic).

Also lieben freunde, bitten vnd ermanen wir euch, bey der unsegenlichen liebe vnd der grossen bittern martyr, die vnser her vnd got zu vns gehabet, vnd vmb vnser seligkeit willen gelydden hat, bey dem gehorsam den jr seinen gotlichen gnaden, vnd an seiner stat seiner cristlichen Römischen kirchen vnd seynem stadhelder uff der erde eynem itzlichen bapst schuldig seyt, ausswendig dem keyn mensch etc. (sic) selig werden mag: ir wollet euch mit sampt den steten gentzlich mit der tat in den gehorsam vnsers heiligen vaters geben, vnd vnerschrecklich von dem Jersigk, als von eynem erkanten vnd ercierten ketzer, vnd von königlicher vnd aller ander wirdigkeit, durch seinen vbersten etc. (sic) in der macht vnd an stat des almechtigen gotes, abgesetzt ist, abtretten, doch vnabgescheiden von der löblichen crone, der yr zuvoran gesworen habt.

Sehet an die edeln vnd wolgebornen cristen herrn in Behem, den von Sternberg vnd ander, die es mit ym halten, die ye auch nicht wider jre ere vnd eyde thun welden, die mit dem Jersick in andern artikeln, die fryheit vnd herlikeit des lölichen reichs zu Behem antreffende, die sie gerne gehanthabet hetten, doch zu leste woil eyns worden weren: aber so sie durch vnsern h. vater etc. vernommen, das der Jersick mit orteyl vnd recht ein ketzer vnd meyneydiger erkant, erkleret, vnd dorumb von der koniglichen etc. wirde abgesatzt were, vnd ouch vormanet worden der gehorsam, die sie got vnd vnserm h. vater etc. (sic) wolden sie thun vnd haben ouch gethan, als fromen cristenherrn woil gebüret, vnd wollen fürder nicht mer zu ym kommen, noch als eynem künig gehorsam seyn etc. als sie vns das mit jren briefen vnder jr aller insiegeln versiegelt zugeschriben haben etc. Wannt so eyn babste von der gewalt gotes dem heiligen sanct Peter vnd allen seinen nachfolgern insonderheit von Christo vnserm herrn gegeben, eynen yden empinden mag von allen banden vnd sünden, wie gross die sein: ist ane zweifel er mag auch vmb redlich vrsach eynen von seynem eyde den er gethan hat empinden etc. (sic).

Herumb lieben fründe, lasset euch nicht mit süssen briefen, die der Jersick widder vnd für schicket, die yme der ketzerische doctor Gregor, der vormals von babst Pius seliger gedechtnis vorbannet vnd ein ketzer erkant ist, davon yn niemant absoluiret hat, tichtet, die vol gifftes vnd vnwarheit sein, verblenden. Inn den vnder andern lügen meldet er, das her niemandes betwungen habe das h. sacrament vnder beyden gestalten zu nemen: das doch nicht also, sunder kuntlich ist, das durch seyne ordenunge keyner zu bürger, zu zechen odir zünfften zu Prag vnd in andern ketzersteten uffgenommen odir zu arbeiten in den handwergken zugelassen wirdet, er swere dann in jrem wesen vnd ketzerey zu sein vnd zu bleiben.

Er beklaget sich auch, das er nicht habe mögen verhöret werden: vnser h. vater hat yn darumb lassen fürheischen odir citiren: vnd noch der citacion mee wenn eyn jar gebeitet, das seine h. yn gern gehöret hette, das er von seyner irrunge abtretten etc. (sic). Hierumb lieben fründe, thut als fromen cristen zusteet, vnd haldet euch zu den steten, so werdet jr zu beiden seiten dester bass steen etc. (sic). Geben am Sonnabend vor dem h. Palmtag anno domini 1467.

384.

1467, März 23 (Grünberg).

Zdeněk von Sternberg an den Rath von Eger: Bitte um ein Geleit für seinen Sohn nach Tachau.

(Orig. im Stadtarchive von Eger.)

Mein diennst inn gutteun willenn beuor. Erwern vnnd weissenn, liebenn gnachpernn. Ich pitt ennkch, wenn mein sonn zu ewch inn die stat komen werdt, ir wollt inn durch mein willenn belaittenn lassenn bis vnncz genn Tochaw. Das wil ich kegenn ewch inn einem solichenn ader grossernn, wenn vnnd sich des gepurt, beschuldenn. Datum zum grůenn perrg, feria II. post domine ne longe anno etc. LXVII.

Zdenncko von Ssternnberg, oberster purggraue zu Prage.

Denn erwernn vnnd weissenn purgermaistern vnnd rott mannen der stat Eger, meinenn liebenn gnachperenn.

385.

1467, März 26 (Sprottau).

Daniel Jost zur Sprottaw ad senat. Gorlic.

Mir ist durch eynen worhafftigen gutten fründt in grossir geheime vorkommen vnd kunth geton: wy das der landfoit von anrichtunge des koniges zu Behemen mit herzoge Johanse zum Sagan eynen anslag besundern vff vnd zu euch denecken vnd thun welden: doruff herzoge Hansze bynnen achttagen, körtzer adir lenger. 400 reisiger gezewg eynkommen sollen vnvorzüglich. Das brengen euch die manne zu, als ich vndirricht bin.

Ab denn das so in gantzer worheit ist, bin ich vnwissende. Idoch ich ewir allir miszfarin vnd schaden vngerne irfüre, vnd euch den zu bewarin bin ich alle zeit noch hochstem vermögin gantz willig vnd vnvordrossin. Das sullit ir mir in worheit glewbin. Gegeben eylende zur Sprottaw am heil. Grünndornstage 1467.

(Scultetus, III, 179[b].)

386.

1467, s. d. (März).

Berichte des Landvogts der Oberlausitz, Beneš von Kolowrat, an König Georg über die dortigen Vorfälle.

(Scultetus, III, 190—191.)

A.

Benesch von Kolowrat, Landvogt etc., an König Georg.

Durchlüchtigster könig! Ich thue e. k. g. wissen, das der legat hat gesanth den sechs stedten fele treffliche process.

So das sy e. g. vor einen kätzer haben vnd halten sollen, vnd in keinerley weise sich mehr zu e. k. g. bekennen als zu jrem heren, noch auch vor einen heren haben.

Dergleichen e. g. ammechtleuthe keine renthe noch ärliche zinse zu geben.

Vnd das er sie derselbige glaübde vnd eyden, dy sy e. g. gethan haben, entlediget, so das sie forbass keine macht nicht haben sollen.

Vnd welche sich von e. g. nicht wollen zihen, das die im banne sollen sein etc.

Vnd aus deme erkenne ich, das sich die manne vnd stedte zweyen vnd an zweiffel in vnwillen kommen werden.

Jedoch haben die mann vnd stedte jre treffliche botschafft zu dem legaten gesandt, vnd wellen das von em vorstehen, ab sie das möchten von dem bobest vnd auch von dem keyser haben, ab en ein solches, wenn sie wider jre eyde vnd glaübde tethen, möchte enen zu ehren gezehlet werden.

Vmb solche sache vnd vmb andere, habe ich einen gemeinen tag vber 14 tage geleget, vff denselbigen tag solche botschafft vom legaten wider einkommen wirdt etc.

Vnd vmb solcher sachen willen Albrecht Schreiberszdorff vnd Panewitz wöllen auch zu Budissin vffm tage sein. Wen Panewitz wil by ewern g. bleiben vnd ich. Ader von Albrecht Schreiberszdorff weis e. g. wol, wy er e. k. g. gewand ist etc. (sic).

B.

G. K. Als ich ewer gn. geschriben habe by Sinko, meinem diener, der sache halben wess die stedte zu Breszlaw by dem legaten vszrichten, das ich das e. g. welde zuwissen thuen. Als thu ich e. g. zuwissen, das vnder andern sachen am mersten das also auszgericht, das man in keine stadt allhy eyn der sechsstedten, vnd meine auch vberal eyn der Slesie e. g. lewte keinen weder reisige noch fuszknecht etc. einlasset. Wenn den Melchior Lübin willen sy gein Budissen nicht inlassen mit den domit er solde kommen etc. (sic). Vnd auch werden sie (NB. die Landleute) by enander sein den nechsten Montag in den Osterfeyertagen (30. Mart.), vnd mit mir daraus reden wollen, das die sache also auszgericht würde in heymlikeit, das sie e. g. geld zu hülffe geben etc. Wenn sie von des bannes halben also von e. g. solden abetreten vnd e. g. vor einen feind halten. Doruff gedencke e. g. ab das besser were, sy eim fride also laszen sitzen oder nicht lassen etc. Wenn sie e. g. lewte inliessen, das sy zu hand im banne weren, vnd wenn sie im banne weren. dass wedir die manne noch die stedte by e. g. nicht stünden etc. Vnd ouch, als mir e. g. hoth gereth 2000 manne zusenden, bitt ich e. g. als vor, e. g. wölde mir 3000 senden, wenn ich hoffe zu gotte, das ichs zum besten ende.

Postscriptum in schedula. Ouch g. k. das die leuthe mit speise vnd ander nodturfft von pulver vnd büchsen mit en nehmen: wenn von Budissen kan ich en nichts zubrengen, dorumb das sy uff mich fleissige achtung haben, das ich besorge es mochte auszkommen vnd offenbar werden, wenn ich en was sendete. Ouch geruche e. g. wissen, dass er Zdencko ader er Hase geschriben haben dem legaten, das die lewthe sollen herabe kommen: nu nimet mich gross wunder, wie dy sachen auszkommen ist. Ouch wolle mir e. g. schreiben, solle ich Budissin besetzen, wenn ich zu den sachen greiffen wil. oder sol ichs so lassen im fride vnbesatzt. Geben etc.

C.

Gnedigster herre! Ich füge e. k. g. wissen, wie sich mann vnd stedte auff mein anbrengin mit antwort auffgehalten biss auf den

Donnerstag nehist nach den Osterheiligen tagen, denne nach rathe mir vermeinen eine antwort zu sagen etc. (sic). Vnd darumb gnedigster here, solch volck das mir e. g. schicken solde uff Montag nach Quasimodogeniti in die pflege e. k. g. wol weiss einkomen solde, dass das der antwort halben vnd anderer notturfft willen vorzogen würdt, das dieselbigen leuthe uff Donnerstag nach Quasimodogeniti (9. Apr.) dohin einqwemen, dorzu ich mich auch schicken wulde, vnd das e. k. g. derselben leuthe bey einem tausent mehr liesse kommen. Do nun e. g. mir gesaget vmb gewissheit willen, ob sich jemandes wolde eussern oder abezihen, deszhalben nicht thuen türfte etc. (sic). Ouch g. h. hatt der legate die stedte zu em beschickt, die denn jre botschafft zu em geschickt haben, was er an sie brengen wirdt, werden die bothen, so sie wider kommen, wol offenbaren etc. (sic). Ouch g. h. der tag der der stadt vnd landschafft Görlitz vnd den von der Zittaw vnd dy an en hangen geleget ist etc. (sic) den Montag nach Quasimodogeniti, do würden etliche wegisten manne zureiten müssen, der dennen solcher notturfft halben ich nicht etlicher entperen möchte. Dorumben wolde e. k. g. vmb ettlicher vrsachen willen den tag vorlengern, von demselbigen Donnerstage, als die leuthe einkommen sollen, obir XIIII tage, vnd mir e. g. brieff schicken, das ich das von e. k. g. wegen abzusagen vnd hinzulegen hette. Geben etc. (sic).

Benisz von Colowrat.

(Marginalnote des Scultetus: „Zwischen 9.—23. April ist der vogt aus dem lande geritten vnd nicht wiederkommen.“)

387.

1467, Mart. 30 (Breslau).

Legat Rudolf an die Stadt Görlitz: erneuerten Gebot, binnen 14 Tagen von Georg abzutreten, und Warnung wegen Melchior Löbel's Absichten auf Landskrone.

(Scultetus, III, 196.)

Vnsern früntlichen gruss vnd allis guth zuvor, lieben fründe. Dy edeln vnd fromen heren, her Jon vnd Vlrich von Hazenberg haben zu vns geschickt vnd lassen bitten, das wir vliss thun wellen, an vnd by den cristen, herrn vnd steten, dy es noch mit dem Jersigk halten, diweyle sie durch vns nicht ersucht sein, das sy von dem ketzer abtreten. Dyselben herrn zweifeln ouch nicht, so sy also durch vns irsuchet werden, sy werden abtreten, vnd so sy abegetreten, bedürfften sy vnd ander gute cristen sich vor den ketzern nicht fürchten.

Hirumb lieben fründe, noch dem wir ouch das schüldig vnd pflichtig seyn von amptswegen, so haben wir ettwas vil briff vnd processus an etliche herrn vnd stete lassin uszgehen, vnd werden der von tage zu tage mehr wider vnd für schicken.

Also haben wir ouch nicht lenger mögen vorhalden, mit uch vnd mit andern sechssteten, vnd schicken dorumb unsere process allen pharrern vnd predigern der sechsstete, dy man bisz negst Sontag jn den allen verkundigen sol.

Dorumb wir yderman gebieten bynnen 14 tagen abzutreten, by dem banne vnd ewiger malediunge etc. (sic). Vnd haben dorumb das zil desto lenger gesatzt, das jr stete vnd dy mannschafft zusamen kommen vnd semmetlichen gethun mögent, als fromen cristen zustehet. Nicht das man dem ketzer dozwischen gehorsam sein möge. So ee man von em abtrete, so is dem almechtigen gote beheglicher, ewern selen vnd eren beqwemlicher were.

Auch lieben fründe, lassen wir uch wissen, das wir fast vnd sere gewarnet werden, das Melchior Löbner ketzergönner vndersteen wölle, den berg, do das slosz Landscrone genant uffe gelegen ist gewest, einnemen, vnd do eyn Thaber machen vnd den mit ketzern besetzen, uch vnd aller landschafft zu widerdrisz vnd verderbung. Vnd wenn der berg uch allirnegst gelegin ist, bitten vnd gebitten wir uch by der phlicht der heyligen gehorsam, jr wöllet mit macht darzihen, vnd den also sleiffen, ab das möglich sey, das man nicht lichtlich doruff gebawen möge. Vnd ap das nicht möglich were, das jr en vnd das obgemelte zubrochene sloss einnemen vnd besetzen wellest, vmb dess willen, das Melchior oder ander ketzer den nicht besetzen.

Vnd were uch dorumb hülffe not, das lassit vns wissen, so wellen wir bestellen, das uch ouch etwas folckes zuzihe etc. (sic).

So bald jr ouch abgetretten, raten wir das jr jemandes her gein Breszlaw schicket, ader aber den ratmannen schreibet vmb eyne verschreibunge ader vorstentenisse zwuchen uch zumachen, dorein wir denne von tage zu tage mer zihen werden.

Wir haben hern Zdencko von Sternberg geschreben, zu uch zuschicken ader uch zuschreiben, das er uch vnd den andern sechssteten vnd manschafft beysteen welle etc. (sic).

Von den sachen dy zwischen uch vnd den von der Zittaw sein, schreiben wir aber denselben von der Zittaw vnd ouch der manschafft etc. (sic). Geben zu Breszlaw am Ostermontage anno domini M.CCCC.LXseptimo.

388.

1467, Mart. 27 — Apr. 12.

Aus M. Johann Frauenburg's Tagebuche über die Ereignisse in der Oberlausitz.

(Scultetus, III, 189.)

Occupatus est mons Landiscron feria sexta proxima ante solennitatem Pascæ a Gorlicensibus, pro quod (sic) sæpius sæpiusque avisabantur, quia certi Bohemi prævenire vellent ad eundem occupandum. Et feria secunda Paschæ (30. Mart.) multi de villis civitatis et civium ordinati sunt ad simul laborandum, ædificandum, montemque dictum occupandum.

Item sabbato sanctæ Paschæ (28. Mart.) sero quasi vigesima tertia (hora) 32 pedites de artificiis ad montem mittebantur, qui primum inceperunt ad eundem firmandum.

Item proxima fer. quarta (1. Apr.) post solennitates Pascæ, rev[dus] in Christo pater ac dominus D. Rudolphus episcopus Laventinus apostolicæ sedis ad Almaniæ nec non regni Bohemiæ partes legatus missus, misit suos processus ad singulas partes coronæ Bohemiæ incorporatas, mandans sub poenis excommunicationis latæ sententiæ, anathematis et maledictionis æternæ omnibus et singulis vasallis, capitaneis, subcapitaneis, civitatensibus etc. quo infra spatium duodecim dierum a Georgio de Pogebrat regni Bohemiæ occupatore penitus recedant, quemadmodum Pilsnenses fecerant, et catholici barones inclyti regni Bohemiæ forti animo facere proponunt, et se sub obedientia S. Rom. ecclesiæ et sanct[mi] D. N. D. Pauli divina providentia papæ secundi (qui dictum Georgium in publico consistorio privavit atque deposuit a regia, marchionali, ducali et si qua alia præfulserat dignitate) conservent, quumque dicto regno cum catholico rege provisio facta fuerit, qui in brevi potens (ut scripsit idem D. legatus) dabitur (sic).

Eodem die vasalli districtus Gorlicensis plurimum habebant colloquia cum consulatu Gorlicensi in facto præscripto. Et statuta erat dieta in crastinum in Budissin, ad quam Niclas Newert et mag. Johannes Frawenburg civitatis Gorlicensis notarius mittebantur.

It. die Jovis proximo post solennitatem Pascæ (2. Apr.) in dieta per vasallos districtuum et legatos sex civitatum totum conclusum est: quod notabilis legatio expediri debeat in Wratislaviam ad D. legatum super eo, quod processus miserat, ut infra spatium 12 dierum a Georgio de Podiebrat regni Bohemiæ occupatore sub poena excommunicationis, anathematis et æternæ maledictionis recederent.

Eodem die tractatus habebantur cum vasallis in causa ducturæ cerevisiæ. Et post multa et varia colloquia hinc inde practicata nihil finaliter conclusum est.

Item fer. quarta post solennitatem Pascæ (1. Apr.) advenerunt 7 pedites, quos domini de consilio tenuerunt in stipendia cuilibet dando 18 grossos.

It. sabbato post solennitates Pascæ (4. Apr.) advenerunt alii 33 pedites de Wratislavia, quibus eandem summam tribuerunt pro stipendio.

It. feria quinta post dominicam Quasimodogeniti (9. Apr.) legatio expedita fuit per vasallos et civitates ad D. legatum tunc in Wratislavia pro eo, ut longiorem dilationem ab eo impetrarent. Qui eis auditis et responso dato de citatione et depositione Georgii de Podiebrat regni Bohemiæ occupatore (sic), post longas petitiones et amplissimas ad suam rev^mam paternitatem preces fusas, dedit 12 dierum spatium, ut interea convenirent, et tandem sub poenis formidabilibus ab eo recederent.

Illis denique legatis redeuntibus statuta est dieta notabilis in Budissin ad hæc et alia tractanda fer. secunda post dom. Jubilate (20. Apr.).

It. dominica Misericordias domini (12. Apr.) convenire debuissent Georgius de Pogebrat, regni Bohemiæ ex tunc occupator, Ernestus dux Saxoniæ et marchio Misniæ, Wilhelmus dux Thuringiæ pro dieta solenni celebranda in Brüx oppido regni Bohemiæ. Sed certis, nescio quibus impedimentis intervenientibus dicti duces scriptis D. legati admoniti et sub maximis censuris requisiti, venire recusabant, volentes prius paterna imitari vestigia, quam censuris invadari et inter fautores hæreticorum computari.

Illis diebus varii rumores fuerunt de baronibus regni Bohemiæ simul contra Georgium confoederatis. Certi dicebant, quomodo D. Ulricus de Hasenburg dictum Georgium accederet et partes suas pro pace ordinanda interponeret (Ms. interponetur). Quæ fictitia, et si fas sit dici, plane mendacia fuere.

389.

1467, s. d. (Apr. c. 1.)

Der Landvogt Beneš von Kolowrat an den königl. Heerführer Melchior Löbel von Löben: beruhigt und belehrt ihn, wie mit den widerspenstigen Priestern zu verfahren, und schickt einiges Geld.

(Scultetus, III, 190.)

Mein lieber Melcher von Löbin! Als du mir eine abeschrifft des bannes geschickt, das du mit denen die vnserm gnedigsten herrn dem konige bilegen, dorumb vorbannet vnd vormaledeiet sollest sein: ist das, das der legate mit rothe der Breszler vnd ander die meyneidigk würden seynt gerne sehgen, das itzlicher sottener als sie sint weren, vnd keinen grund haben, als ich vormals feel mit dir vnd andern daraus gereth etc. Begere ich vnd bitte, das alles eyn geheym zu halden etc. Füge ich wissen, das ich als nue biss Dinstag (7. Apr.) auszreiten muss zu vnserm gnedigsten herrn könige: wenn s. g. zwifach mir entpoten uffs schirste zu kommen zu seynen gnaden. Do denne ich vmb geld weiter vnd noch nottorfft wil reden, vnd von seynen gnaden auszzubrengen vermeyne, noch deiner schrifft laut. Vnd ob got wil innewendig VI tagen weder hy sein wil. Ouch schreibestu mir, das du nicht lenger tarst bleiben by den lewten, weder zur Trebel noch zu Muskaw. Magest die prister noch rothe vorhalden vnd en ernstlich sein, wer nicht singen wil, schicke em anderszwoh zu lesen vnd zu singen, vnd nicht vnder uch leiden, so werden sie wol anders gemutet. Konnest du aber jo nicht mit deinem bruder das abestellen, das jr die lewten gein Hogerszwerde füget vnd mit en do blebet zu der zeit etc. vnd meiner wederfart vorharrest. Ouch als du mir schreibest vmb geldt, schicke ichs dir bei deinem knaben, als nemlich 26 vngrische gulden vnd 1 rheinisch.

390.

1467, s. d. (Apr.)

Desselben weitere Berichte an König Georg.

(Scultetus, III, 191.)

Allerdurchl. könig! Ew. k. g. thu ich wissen, das Albrecht Schreiberszdorff vnd Jocoff Ponckaw, die denn mit den stedten zu Breslaw by dem legaten gewest sein, nicht anders mügen von em jrlangen, denn das sy von desem tage (cc. 10. Apr.) obir XII tage einen

29*

vffschaub gewonnen haben, vnd in denen der gloübde ew. g. gethan sollen vffsagen, ader in dem banne sein. Vnd vornehme von den mannen vnd von der stadt Budissin, das sy sich noch sewberlich gen e. g. halden wollen, vnd das sy lieber den bann uff eine zeit erleiden wellen etc. (sic). Vnd als sy vernommen, das ich von en wolde weg reiten, haben sy mich mit flisz gebethen, das ich nicht von en in dyser zweüng nicht weg rethe etc. (sic). Dorumb ab e. g. synlich were, das ich noch ein VIIIJ tage oder lenger by en mochte vorharren etc. (sic). Ouch e. g. geruche zuwissen, das dy von Breszlaw haben gesannt den von Görlitz 200 drabanten uff den berg Landskron en zu hilff, vnd schir werden en aber senden 200 reisige ader mehr. Vnd die von Breslaw wollen den von Görlitz helffen vnd sy en weder etc. Geben etc. (sic).

Idem ad eundem — Als mir denn e. k. g. etliche beschrebene sachen disz genwertigen louffs berürende zuwissen thut ane sewmen, vnd dy an mann vnd stedte brengen soulde etc. (sic). Vnd kan anders nicht wissen noch jrkennen, denn das mann vnd stedte zu e. k. g. sich rechtlich vnd zimlich halden wellen vnd halden werden, auszgenommen dy von Gorlitz, dy sich denn sprissen. Ich kan aber nicht jrkennen, was sy domethe meinen vnd habe sy dorumb aber alle besannt.

Idem ad eundem. — Ich bin bericht von etzlichen von Görlitz, dy e. g. vnd mir gewand synd, das sy geschickt haben gen Breslaw jren stadschreiber vmb heimlicher sachen wegen, der ich noch nicht recht bericht bin. Vnd doch dünecket mich, das sy gerne welden etwas zu wege brengen, das wider e. k. g. were etc. Darumb aber e. g. guttdüncken were geruhen dem Nickelchin (Mehefleisch) ader andern dy mit den von Breszlaw krigen, gebiten, das sie denselbigen stadtschreiber fingen, vnd den ernstlichen vnd grundtlichen frageten aller der sachen halben, das sich e. g. vnd ich in e. g. ammechte möchten desto bass dornach richten etc. Ouch fuge ich e. g. wissen, das dy von Breszlaw, von der Swidnitz, von Lignitz vnd von Görlitz sein mitenander in einer vorschreibunge im bunt. als ich e. g. vor vnderricht habe, wenn ich das gäntzlich jrfaren habe dass das also ist. Geben etc. (sic).

Benisch von Colowrat voyt etc

391.

1467, Apr. 7 (Znaim).

Der Rath von Znaim an den von Brünn: erklärt sich willig, den Tag von Wischau zu beschicken.

(Aus dem Znaimer Stadtbuche Cod. Nr. 41, pag. 187.)

Ersamen weisen liben frewndt vnsern freundtlichen dinst zuwor. Als jr vns schreibt von des tages wegen von vns steten zu Wischaw zu halten damit wir eintrechtichlich möchten vnsers genedigsten herren des kunigs etc. gnaden schreiben vns getan verantworten vnd meldet auch dabey der von Olomuncz willen vnd anweisung herrn camrer darumb zu schreiben vnd sein gnad zu pitten zu dem tag zu chomen vnd auch seines rates zu geniessen das haben wir aus eurem schreiben vnd aus den abgeschrifften darin gelegt geren vernomen vnd dankhen ewer weisheit mit sunder freundtschafft vmb ewern vleiz den jr für vns stet habt vnd wellen ewern schreiben geren nachkhomen vnd schikhen vnsern poten so zu hant zu herrn camrers g. mit vnssern brieff sein g. zu pitten nach ewer anweisung zu dem benanten tag zu chomen also das ob got wil nichcz an vns sol abgen. Geben am Eritag nach Quasimodogeniti anno domini etc. LXVIII.

392.

1467, Apr. 11 (Prag).

König Georg an den Kurfürsten Friedrich von Brandenburg: verlangt die Zusendung seiner Fehdebriefe an den rebellischen böhmischen Herrenbund und meldet den Aufschub des Tages zu Brüx.

(Orig. im kön. geh. Archive in Berlin, mit dem fehlerhaften Datum des Jahres 1462.)

Jorg von gotes genaden konig zu Pehmen, marcgrawe zcu Merhern etc. Hochgeborner fürst, lieber swager! Ewr schreiben vns ydczund gethan vnd entwort auff vnser begeren vns ewern feinthbrife zcu zcuschiken wider vnser widerwertigen etc. haben wir vernomen. Vnd wie wol ein tag ken Brux ist fürgenomen gewest vnd ydczund auff dem Suntag Misericordia domini hat sein sollen, darczu der hochgeborne fürst vnser lieber sweher vnd swager margraff Albrecht, auch der hochgeborne fürst, herczog Ernst von Sachszen etc. vnser lieber swager, darczu komen were: so hat vnser lieber sweher margraff Albrecht darczu ydczund der sachen halben, die ydczund am Reyn auff die czeit verhanten sein, nicht komen mügen, dadurch derselbig tag czu Pruxs verhintert ist. Begeren wir mit fleis, ewr liebe frewntlich pitende, ewre rethe pey vns zcu haben von Suntag vber XIIII tag, ader entiklichen in dreien wachen von dato dicz brieff, vnd sulche fehdesbrief mit schiken, als wir nicht zcweifeln thun werdt. Das komt vns von euch zcu frewntlichem dancke. Dat. zcu Prag, vnter vnseres rings secret, am Sonabent vor Misericordia domini annorum etc. LXII° (sic).

Dominus rex per se.

A tergo: Dem hochgebornen fürsten, herrn Fridrichen marcgrawen zcu Brandwurk kürfürsten etc. zcu Stetin Pomeren herczoge vnd burgrauen zcu Nureinwergk, vnserem lieben swager.

393.

1467, Apr. 14 (Prag).

König Georg's Appellation gegen das Verfahren des Papstes Paul II. (Notariats - Instrument.)

(Ms. Sternb. p. 169 u. 217.)

In nomine domini nostri Jesu Christi, per quem reges regnant et legum conditores justa decernunt: Anno a nativitate ejusdem millesimo quadringentesimo sexagesimo septimo, indictione XV, die XIIIJ mensis Aprilis, hora tertiarum vel quasi, pontificatus sanctissimi in Christo patris et domini nostri, domini Pauli, divina providentia papæ secundi anno ipsius tertio; in communi aestuario curiae regalis majoris civitatis Pragensis, serenissimus princeps et dominus noster gloriosissimus, dominus Georgius, Bohemiæ rex, marchio Moraviæ, Lucemburgensis et Slesiæ dux, nec non et marchio Lusatiæ etc. in nostra notariorum publicorum infrascriptorum præsentia, tenuit in manibus suis quandam papyri cedulam, in se continentem quandam appellationis formulam, quam propria in persona, bohemica quidem linqua, legit de verbo ad verbum, a principio usque ad finem, quam in linquam latinam interpretari jussit, tenoris subsequentis:

Venerabiles ac nobiles et generosi! Qui semel aut bis gravatur, non immerito metuit, ne tertio pluriesve gravetur; quæ præsumptio tam vehemens est, ut nec papalis dignitas ab hujusmodi metus suspicione salvet seu caveat, quo minus gravatus se amplius gravari suspicetur; quoniam papalis excellentia, etsi dignitatem augeat, non tamen idcirco carnis illecebras aut humanæ fragilitatis tollit imbecillitatem. Et quia constat vobis, totique mundo notum est, quod papa antequam nos evocaret, nos regio titulo quantum in se fuit, saltem verbaliter spoliare voluit, et in nos convicia dixit; deinde sub colore citationis nos turpiter nuncupavit et coram se nuncupari sustinuit, et sub turpi vocabulo in foribus cancellariæ suæ evocavit, semestre spatium nobis præfigendo, sed intra quadrimestre nos regno verbaliter privavit; dum scilicet pendente dilatione judicis officium quiescere debuit; et sic ostendit inflammationem animi sui, sperans fortasse et aliorum mentes suo animo et ingenio metiens, quod illico ad mentis suæ commotionem omnes regnicolæ secundare deberent. Quo quidem impetu, omnique mentis iracundia efflata pariter et effusa judicibus suis potestatem sibi traditam, omnemque commissionem ipsis factam penitus ademit, ut non haberent super quo cognoscerent, cum jam papa omni cognitione repudiata, regnum ipsum nobis verbaliter dempsisset, ut stultum fuisset cardinalibus et judicibus suis super eo cognoscere, quod jam papa, quantum potuerat, consummaverat; sed et multas alias poenales literas contra nos fabricari jussit, et ad subditos nostros transmisit, nobis invocato; itaque vim nobis intulit prætenso colore jurisdictionis papalisque potestatis. Et quia nunc nuper relatum est nobis, quod papa conceptam animi sui duritiam continuo prosequatur, nullisque precibus aut interpellationibus persuaderi, flecti, neque ad ullam benignitatem induci possit; propter quod nedum suspicamur, sed certissimis conjecturis permovemur, ut qui nullis precibus neque suasionibus induci potuit, etiam majora gravamina nobis et regno nostro inferre non desistet: idcirco nos non temere, sed justa ratione permoti, pro nobis et omnibus subditis nostris ac universo regno nostro, omnibusque regibus, principibus, comitibus, baronibus, militaribus, communitatibus, civibus, comitatensibus et quibuslibet nobis favere et adhærere volentibus, ab universis et singulis sententiis, poenis, censuris et quidquid ab ipso procedere potest, provocamus et apellamus. Et quoniam provocationum multæ sunt species et varia remedia: Nos, qui sedem Romanam veneramur, sedentem autem in throno sanctissimæ sedis, quam Paulus et Petrus, Petrus et Paulus, Linus, Cletus, Clemens, Sixtus beatissimusque Gregorius sanctificarunt et Romani principes post sedem Romanam imperialem in Constantinopoli receptam primam sedium dicando consecrarunt, summa veneratione colentes, sedentem autem in ea, justa suspicione recusamus: ideoque ob sedis reverentiam, si forte sedens in ea, quod deus concedere dignetur indignationem avertere et mansuetudinem induere dignabitur, ad primum mitissimum quidem refugium, quod ei a quo provocatur maxime defert, primo loco confugimus, supplicantes, quatenus nos pro rege uncto, consecrato, regnique possessore absque competitore aut cujusquam hominis impetitione reputet ac teneat; processum deinde si velit contra nos tanquam talem instituat in loco rebus gerendis accomodo et convenienti. Quoniam nec episcopum vetera jura condemnari sinunt, nisi apud conprovinciales de crimine constiterit, nos vero archiepiscopi et episcoporum regni nostri nedum protectores sumus, sed etiam ipsis ut vasallis ab antiquo jure regni dominamur. Quod si papa in ira sua permanere, nec sibi temperare voluerit: nos ad universale concilium ex ordine in magna synodo Constantiensi præfinitum et de decennio in decennium perpetuis futuris temporibus celebrandum provocamus et appellamus. Nec quisquam objecerit nobis, quod ad rem, quæ non exstat, appellemus; cum jam tempus concilii celebrandi sit elapsum et per negligentiam papæ stet, quominus celebretur, et jure cautum est, cum stat per eum quominus fiat quod faciendum est, pro facto haberi debere quod fieri debuit. Et nihilominus ad successorem suum simili modo provocamus, et ad omnem congregationem, conventionem et personam veram vel repræsentatam, juris justitiæque amatricem; cum in tali casu oppressionis quilibet justitiæ defensor major sit opprimente, dicente scriptura: Gens et terra plectenda est, cujus dominus justitiam negligit, aut injuriam pro justitia reddit; et ea bella justa sint, quæ in rebus petitis et negatis antea denuntiata sunt et indicta. Quo patet quemlibet justitiæ fautorem in quolibet infimo gradu potiorem esse quam opprimentem et injuriantem, quacumque dignitate præfulgeat. Et quia vehementer nobis hæc res innotuit vel nobis delata est, quæ graviore consilio indigere dinoscitur: protestamur de hac appellatione augenda, minuenda, immutanda, corrigenda declaranda in omni tuto loco. Et petimus apostolos a vobis notariis publicis et cunctis circumsedentibus et adstantibus primo, secundo, tertio instanter, instantius, instantissime, salvo omni beneficio juris, stili et consuetudinis.

Qua quidem appellatione sicut præfertur lecta et interpretata, tradidit eam ad manus nostras, scilicet notariorum infrascriptorum; requirens nos omnes et singulos, sub debito jurisjurandi ratione tabellionatus officii per unumquemque nostrum præstiti, nobis etiam auctoritate regia mandans et præcipiens, quatenus suæ majestati ac omnibus quorum interest aut interesse poterit, unum vel plura conficeremus publicum vel publica instrumentum vel instrumenta, totiens quotiens opportunum foret. Cujus præcepto nos obedientes, ac etiam juramento nostro præstito satisfacere volentes, hoc præsens instrumentum manu „Jacobi de Praga novæ civitatis“ (Cod. Sternb. p. 219 habet: „Matthiæ de Novacivitate Pragensi“) fideliter conscriptum omnes nos infrascripti publicavimus et subscripsimus quisque nostrum manu propria, et in hanc publicam formam redegimus, signis quoque et nominibus nostris consignavimus, et quisque nostrum subscripsit et consignavit, in fidem et testimonium omnium et singulorum præmissorum. Acta sunt hæc Pragæ, anno, indictione, die, hora, loco, et pontificatu, quibus supra. Præsentibus ibidem et regiæ majestati consedentibus venerabilibus et reverendis patribus: Hilario de Litomieřic, decretorum doctore et decano ecclesiæ Pragensis, Wenceslao de Křižanow, sanctæ theologiæ doctore, fratre Johanne, abbate monasterii montis Sion prope Pragam ordinis præmonstratensium, fratre Paulo, quardiano monasterii S. Ambrosii ordinis minorum de observantia et regula S. Francisci, fratre Paulo, vicario generali per Alemanniam etc. ordinis sanctissimi dominici sepulcri et præposito Zderasiensi in Praga, Stanislao de Welwara, Nicolao de Hořepnik, artium liberalium magistris, canonicisque ecclesiæ Pragensis. Magnificis, nobilibus et generosis dominis: domino Leone de Rozmital, supremo magistro curiæ regni Bohemiæ, domino Henrico de Michalowic, supr. camerario regni Bohemiæ, domino Procopio de Rabenstein, cancellario regni prætacti, dom. Vilhelmo de Rizmberg et de Rabie, dom. Hermanno de Zwieřetic, dom. Johanne de Kolowrat, et de Bezdružic, D. Čenkone de Klingstein, procuratore fisci regii, D. Johanne Kuna de Kunstat, D. Jesskone de Bozkowic et de Swogianow, D. Slawata de Chlum et de Kossmberg, magistro curiæ regalis, D. Parcifal de Eichmberg, illustris principis D. Ludovici ducis Bavariæ consiliario, D. Johanne de Kolowrat et de Žehrowic, D. Bořita de Martinic, capitaneo castri Pontensis, D. Zbynkone de Kolowrat, residente in Kornhaus, D. Nicolao de Oynic et de Kroměříž, D. Wenceslao de Walečow, subcamerario regni Bohemiæ, D. Samuele de Hradek et de Walečow, magistro civium majoris civitatis Pragensis, D. Jodoco de Vnzidl, secretario domini regis, D. Bořiwogio de Lochowic, D. Petro Břekowec de Ostromeč, Johanne de Rupow, et Nicolao Střela de Rokycz, ceterisque compluribus testibus fidedignis ad præmissa vocatis pariter et rogatis.

(Subscripserunt: Johannes natus Mauritii Hradecensis, Martinus natus Venceslai de Polna, Sigismundus natus Venceslai de Bystra et Hynko natus Hynkonis de Zap, imper. auctoritate publici notarii.)

394.

1467, Apr. 18 (Lemberg).

Hanns Kiseling an H. Vrban, Bürger zu Görlitz.

Ich thu euch zu wissen, das wir mit den von der Sweidenitz haben vom legaten 14 tage von Sontag vor Georgi anzuheben etc.

H. Wolfyl von Glotz vnd h. Wannicke (der Polckenhayn inne hot) vor ist zu Bawdissen gewest, die haben das closter Camentz bey Franckenstein ingenommen vnd besatzt etc. Wir hatten kein Klitschdorff gesant an Nickel Rechenberg 2 reytende, der liss vns sagen, das Melcher Laffelyn zum Sagan lege vnd hot nicht mee denn 30 phert vnd Sparnickel hot 8 phert. Item der junge h. herzog Heinrich hatte Melcher Lafeln besant vnd hot jm vorboten vnd ernstlich gesagit das er in seinem lande nicht sol zugriffen vnd nymand beschedigen etc. Datum zu Lemberg am Sonnabende vor Georgii 1467.

(Scultetus, III. 185[b].)

395.

1467 (s. d.).

Verzeichniss derjenigen katholischen Priester in Böhmen, welche das angeordnete Interdict nicht beobachteten.

(Aus den Prager alten Consistorial-Acten: Ms. C, III, p. 31.)

Hic notantur presbyteri seculares et regulares, qui tempore interdicti celebraverunt, et alia enormia fecerunt. Verba eorum hæretica et inculta.

Frater Mathias ordinis heremitarum. Celebrat in ecclesia Tepleusi incastellata per hæreticos, et prædicat, quod excommunicationem contra hæreticos domini katholici emerunt, et ita non est tenenda.

In Podmokl Johannes Vnessowsky; et dixit, si perdam doctorem, vadam ad curiam Romanam, et habebo absolutionem etc.

In Buben Johannes Zubek, plebanus Gezensis.

In Plana frater Johannes ordinis minorum de Misa. Celebrat post recessum plebani.

In Misa Johannes Zikmanow plebanus in Kssiez celebrat.

Item ille in Podmokl holdy wybiera, scribit exactiones, bituge.

Petrus Polonus Planensis. Celebrat in Kaczerow.

Frater Erhardus.

Simon de Roczow; celebrat in Libsstein.

In Swihow, Witla et Thomas.

Wrosskowsky (?) Leonardus celebrat in Przessticz et domi in Wrzesskowicz.

Na Rupowie frater Martinus minorum. Leonardus de Wrzesskowicz.

In Przessticz fratres Johannes et Thomas.

Wieczowsky Procopius in Przessticz.

Myeczinsky Johannes in Horazdiewicz.

Na Blatne Nicolaus.

In Rozmital kniez Ssimon.

In Cziezkow kniez Marek.

In Porziecz Gallus antiquus.

In Wilsstain castro Simon.

Victorinus de Timpanis.

Frater Hieronymus prædicatorum in Bukow; et propinat cerevisiam.

Bawor Præmonstratensium celebrat in Frunckstein (sic).

Petrus decanus Rakownicensis in Slabecz.

Petrus de Zwiekowecz celebrat.

Laurentius de Vnessicz.

In Wrtba celebrat Johannes Galli de Krassowicz.

In Prusyn Wenceslaus religiosus.

In Kbel Johannes.

In Tepla frater Mathias heremitarum.

Andreas Polonus, capellanus in castro Zebrak domini Sumburk, ex diocesi Poznanensi, celebrat coram hæreticis, et dicit se habere auctoritatem. Parere debet feria III. post Augustini; ad poenitentiam suspensus est a divinis.

Dicunt, se non hobedire domino administratori:

Item crucifer in Pieczyna celebrat nomine ... Citatus non paruit.

Item crucifer in Synecz celebrat nomine ... Citatus non paruit.

Item frater Martinus de ordine minorum in antiquo Fago celebrat coram hæreticis et excommunicatis.

396.

1467, Junii 3 (Pragæ).

Literae regis Georgii ad regem Casimirum Poloniae, quibus se excusant ob factam appellationem a papa ad concilium.

(Ms. Sternb. p. 221—223.)

Georgius dei gratia Bohemiæ rex et Moraviæ marchio etc. serenissimo principi, domino Casimiro eadem gratia regi Poloniæ, magno duci Lithvaniæ, Russiæ, Prussiæque domino et heredi, fratri nostro carissimo, salutem et prosperos ad vota successus.

Serenissime princeps! Novit fraternitas vestra, quod nos quam primum ad regni Bohemiæ gubernacula saltem administratoris titulo vocati fuimus et assumti, nihil magis cordi nobis fuit, quam regnum ipsum et universos habitatores ejus in pace fovere; præcipue etiam stratas regias, per quas commercia hominum introducantur et quæ supersunt educuntur in plena libertate confovere: hoc enim ad decus et decorem ac etiam ad opes quærendas in quovis regno vel principatu præcipue spectare rebamur et pertinere. Unde tam ipsi regno Bohemiæ et omnibus cultoribus vel extitoribus ejus, quam etiam vicinis aut finitimis regionibus opes, honores et variæ commoditates sensibiliter obvenerunt. Postea vero, quom ad regalis fastigii solium annuente domino sublimati sumus, pacem ipsam cum omnibus suis pedisequis multo seriosius ampliantes conservavimus. Sed interea dum nos reipublicæ et communi utilitati regni seriosius intenti sumus: quidam ex subditis nostris contra fidem et jusjurandum nobis præstitum clandestinas seditiones in regno moliti sunt. Quippe qui nostro fotu et protectione incrassati, inpinquati sunt et dilatati contra nos et stratum nostrum calcitrare dedicerunt et nonnullos sinceros et bonos viros in suam sententiam illexerunt, multa nobis objicientes, quæ etiam ad curias regum et principum electorum et aliorum, et ut remur ad vestræ serenitatis curiam aut procerum vestrorum in scriptis per tomos et articulatim sub sigillo transmiserunt; quorum aliqua hujuscemodi scripta per principes ipsos nobis transmissa, usque hodie authentim habemus et custodimus. Quæ tamen omnia qualitercunque perspecta nil redolent religionis vel spiritualitatis; sed regimen regni et regalium suorum concernere possunt. In quibus omnibus nos taliter exhibuimus, quod maxima pars et potentissima regni nostri tam ex baronibus, militibus et militaribus, civibus, atque etiam vulgaribus agricolis laudes et gratias nobis agentes, de tanta gratia et benivolentia ipsis per nos exhibita; ita scilicet, ut pauci quidem pertinaces et temerarii viri, quorum superbia non sinit eos errorem suum recognoscere, atque in sua pertinatia tenaciter hærere volentes, nos coram Romano pontifice et Romanorum imperatore, regibus et principibus nos detulerunt, quasi ritum ecclesiæ Romanæ in sumtione eucharistiæ per regnum Bohemiæ totaliter supprimere machinaremur. Inde Romanus pontifex permotus, graves contra nos literas poenales emisit, in quibus inter cetera nobis minime vocatis vetuit, ne quisquam subditorum nostrorum nobis de juribus regni responderet. Quamquam autem nos humillimas preces super audientia nobis concedenda tum per nos tum per imperatorem Romanum, reges et principes electores et alios imperii Romani principes apud summum pontificem porrexerimus, numquam tamen vel nos, vel imperator, reges aut principes obtinere valuerunt, quin ipse Romanus pontifex perfidis et rebellibus nostris aures præberet benignas, et impulsu eorum contra nos pro libitu suo contra jus et æquitatem procedere et animum præconceptum exsequi mallet, quam preces supradictas admittere. Ideoque nos intelligentes omnes preces incassum fusas esse, coacti fuimus ad commune remedium oppressorum, scilicet ad appellationis remedium confugere; cujus copiam F. V. transmittimus præsentibus introclusam. Et quamquam nihil gratius nobis contingere potuisset, quam quod auditi fuissemus solemniter, prout personæ et causæ magnitudo poposcit: quom autem eo ventum sit, quod ad universale concilium apellare coacti sumus, ne quisquam putet, nos subterfugii causa id fecisse, recogitet F. V. quod secundum sacratissima decreta Constantiensis et Basiliensis conciliorum de decennio in decennium perpetuis temporibus generalia concilia servanda sunt; et jam decennium a tempore ultimo celebrati concilii dudum effluxum est, et per papam stat, quominus celebretur. Nihil nobis optabilius esset, quam in præsentiarum tale concilium celebrari, in quo nocentia vel innocentia nostra et perduellium nostrorum luce clarius innotesceret. Quod quom per negligentiam Rom. pontificis non celebretur, nihil est, quod nobis imputari possit. Ideoque F. V. obnixius adhortantes attente rogamus, quatenus hujusmodi vexationes et machinamenta cordi recipere pro debito mutuæ frat. nostræ et pensare velitis hanc cladem communem esse omnibus regibus et principibus, in quorum regnis et principatibus seditiones aut conspirationes aut quælibet illicitæ conventiones vel intelligentiæ pro libitu subditorum conflarentur, ipsique seditiosi regem aut principem apud sedem apostolicam improbe denuntiarent, regem vel principem suum esse severum in clerum et monachos, angarias aut parangarias eis imponere, ipsos in exercitum cogere ut eant vel mittant aut quadrigas seu victualia exercitui adducant vel quævis alia faciant, sine quibus regna vel principatus tutari et ecclesiasticæ personæ protegi non possent; et Rom. pontifex regi vel principi obedientiam subditorum suorum avelleret et in majorem rebellionem eos provocaret. Nullum regnum vel principatus diutius subsistere posset, quamquam Rom. pontificis potestas illi faveret, et omnis spiritualis secularisque gladii potestas in pontificis Rom. mucrone confunderetur. Velit ergo V. F. nos excusatos habere de eo scilicet, ad quod coacti fuimus oppressorum more convolare, nostrisque perduellibus, si forte blando sermone aures regias sollicitare vellent, fidem nullatenus adhibere, contra tot exhibitiones, deprecationes, interpellationes et interventiones, tum a nobis, tum ab imperatore et a regibus et principibus supranominatis factas et oblatas; in quibus omnibus rebelles et perduelles nostri temerariam fidem apud Rom. pontificem obtinuerunt, regum autem et principum interventio, nostraque exhibitio sunt repulsæ. Ceterum rogamus, si V. F. aliquod consilium habeat aut intervenire valeat, si quam aliam exhibitionem statu et dignitate nostra pensatis facere debeamus: illam ipsam nobis fraterne communicare ac nobis amice consulere velitis. Nos enim id ipsum F. V. ad præcipuam fraternitatem et sincerissimam amicitiam ascribemus et deputabimus.

Datum Pragæ, die tertia Junii, regni nostri anno decimo.

(Versio Bohemica habet: Dat. feria IV post festum corporis Christi anno M.CCCC.LXVII°.)

397.

1467, Jan. 5 (Prag).

König Georg's letztes Schreiben an die sechs Städte der Oberlausitz.

(Scultetus, III, 204.)

Jorg von g. g. konig etc. Den ersamen bürgermeistern, rethen und gantzen gemeinden vnser sechsstedte Gorlitz, Budissin, Sittaw, Camentz, Lubaw vnd Luben, vnsern lieben getrewen.

Fürsichtigen lieben getrüen! Wir haben in kurtz vernommen, wie jr ernstlich ersucht vnd angefochten seiet, ewre gelübde, eyde, trewe vnd ere hindanzusetzen vnd abstellig zu werden. Darwider jr euch erberlich vnd vestiglich gesetzt habt, als die diss wol vorstehen, das keyn grössere ehre, trew vnd pflichtigung gesein mag, denn huldigung die mit gelübden vnd ayden bekrefftiget werden. Vnd wiewol vnser widersachern gegen vns fürgeben, das wir es verhandelt solten haben, darumb jr ewer trew, glübde vnd eyde nit pflichtig sein soltend zu halten. So wissent jr doch wol, das wir nye anders begert haben, denn fürzukommen vnd verhöret zu werden: des wir noch nye haben erlangen mögen.

Vnd wir geben euch selbs gewaldt soliche gebot vnd erbittung für vns zuthun, vnd euch von vns rechtens zu mechtigen, nach gelegenheit aller sachen.

Vorstehit jr wol, das kain vndertan seinen hern nit verlassen sol, der sich zu recht erbeut, vnd dem vnderthan selbs das haymsetzet.

Herumb dancken wir euch ewer trew, dy jr in solcher ersuchung erzaigt habt, betlich begerende, jr wollet demnoch fürter in solicher weisze nachkummen. Das zymet ewern eren am allerpesten. Vnd wir wollen es mit genaden gegen euch erkennen, vnd in gut nimmermer vergessen.

Wir hoffen auch, es sol sich in kurtz also begeben, das jr vnd menniglich scheinberlichen empfinden sollet, das jr nit pessern frid, schutz vnd schirm erlangen oder gehaben möget, denn in vnserm gehorsam, als ewers natürlichen erblichen hernn, vnd euch in keinem wege verlassen (sic), sunder euch als vnser getrewen vnderthan wider allermenniglich hinfür getrewlichen schützen vnd schirmen wollen. Geben zu Prag, am Freytag post octavam corporis Christi, vnsers reichs im zehenden jare.

Ad mandatum domini regis.

398.

1467, Jan. 6 (Brünn).

Bundbrief der Städte Olmütz, Brünn, Znaim und Iglau (gegen König Georg).

(Aus dem Original im Olmützer Stadt-Archive, mitgetheilt von Prof. Šembera.)

Wir burgermeister rete vnd gemeinde der stete Olomunc, Brunne, Znoim vnd Igla im margrauetumb zu Merhern, bechennen und thuen kundt mit disem brieff vor allen den, di jn sehen ader horen lesen. Das wir eintrechtiklich vnd allenthalben mit wohlbedachten muete recht vnd redlich geainet vnd verpunden haben, ainen vnd verpinden in krafft dicz brieffs wider alle vnsere feinde vnd widersacher die vns muetwilliklich wolden dringen ader beschadigen durch sich ader jre diener ader mithelfer wie das were ader gesein mochte, kaines vbral awsgenommen, in solcher mas, welche stat aws vns am erssten gedrungen angefocht vnd bekumert wird, derselben schollen wir andern allenthalben von stetten hulff, stewer vnd beistandt thuen noch anczal z volks ader nach vnserm hochsten vermuegen so es not gescheh vnd dor innen nicht lassig wedr sawmig zu sein, sunder trewlich einander helfen als ferre vnser leib und guet wendet kaims vngespart belob und eni solbe verainigung vnd verpindung stets gancz volkumlich vnverruckt trewlich redlich vnd aufrichtiklich pai unsrn guten kristenlichen trewen zu halden, dem nochzukomen vnd dawider nicht zu thuen in kainerlai weis als frome lewte vnd gehorsame sune der heiligen Romischen kirchn vngeuerlich also lange uncz auff einen zukunftigen landesfursten. Des zu einem waren geczewgnus vnd pesser sicherheit haben wir unser stet insigl an disen brieff hengen lassen. Der do geben vnd geschriben ist zu Brunn am Sambstag noch sandt Bonifacij des babstes noch Christi vnsers herrn gepurde tawsent virhundert vnd in dem siben und sechczigisten jaren.

(Die angehängten vier Städtesiegel sind wohlerhalten. Am Rücken ist die gleichzeitige Notiz aufgezeichnet: Anno domini MCCCCLXVII noch solcher verschreibung haben wir den Brunnern zu hielff vnd stewr geschikt ijc vj pherd auff XIII tag vnd das stund vns mit schaden vijc vij gulden; vnd wer das nicht geschehn, wer wais wie es den von Brunn ergangen were.)

(NB. In einem Znaimer Stadtbuche ist dieser Brief datirt vom 4. Juni.)

399.

1467, Jun. 8.

Absagebrief der sechs Städte der Oberlausitz an König Georg.

(Scultetus, III, 203—204.)

Euch hernn Jurgen von Constat vnd Podyebrath, lassen wir burgermeister, rathmanne vnd gemeinden, arm vnd reich, der sechsstete Budissin, Gorlitz, Sittaw, Luban, Lobow vnd Camentz wissen.

Nach dem wir von dem hochwirdigsten fürsten, in got vater vnd hern, hernn Rudulffen bischoffen zu Lauant, bebstlichen legaten etc. an stat vnnsers heiligen vaters des babstis, mit sweren vnd peinlichen briuen vnd processen ersucht vnd vermanet sint, bey den penen des bannes der ewigen vermaledingunge vnd nyderslahunge gotlicher ampte, von dem gehorsam euwer vnd euwer amptlüte zu treten etc. (sic). Solicher peinlicher briue wir dann euch warhafftige abeschrifte geschickt, vnd dabey gebeten haben vns dorynne zu versorgen, damitte sollich peinlich briue von vns abegestalt, vnd wir mit dem banne nicht beswert, nach von der h. Röm. kirchen gescheiden würden. Sollich vorsorgunge dann wir von euch nicht haben erlangen mögen. Sunder itzund abermals von dem gnanten vnserm gnedigen hern dem legaten, an stat vnsers h. des bapstis, mit sweren peinlichen briuen ersucht vnd bey den obingemelten penen vermanet sein, vns neben den hochwirdigen in got vater, vnsern g. h. den bischoff zu Breszlaw vnd die erbar stat daselbst zu schicken, vnd den fromen cristlichen hern der cronen zu Behmen, dy sich nach der gewonheit vnd gehorsam der h. Röm. kirchen halden, hilff, rat vnd beistant zu thune, vmb den heiligen cristlichen gloubens willen etc. (sic).

Vnd so nu jr von vnserm heiligen vater dem babste alse ein vngehorsamer der h. Röm. kirchen erklert vnd erkant vnd von koniglicher wirdigkeit entsatzt seit, vnd die itzgenanten fromen cristlichen hern mit fehden angriffet, sy vnd jrigen grawsamlich qwinget vnd nötiget, dadurch der h. cristliche gloube groszlich geswechet wirdet. Dorumb so wollen wir von gehorsames wegen vnsers h. vaters des babstis, vnd vmb des h. cristlichen gloubens willen, alse wir des von gotes wegen schuldig vnd pflichtig sint, ewer, der ewern vnd aller ewer helffer vihand sein, vnd in der obgenanten fromen cristlichen hern frede vnd vnfrede stehin, vnd ab jr, die ewern ader ewer helffer solicher vehde halben einicherley schaden nemen odir entpfingen, so wollen wir des vnser glimpff vnd ere gegen euch den ewern vnd allen ewern helffern hiemit verwaret haben.

Zu orkunde so haben wir jgliche stat besunder jr statsecret vnden an diesen brieff lossen drucken. Der geben ist nach Cristi geburt tausend vier hundert im 67ten jaren, am Montage noch sente Erasmi des heiligen merterers vnd bischoues.

400.

1467, Jan. 9 (Prag).

Otto von Sparneck an den Bürgermeister von Görlitz, Seifried Goswein: Warnung, dem Könige nicht untreu zu werden.

(Scultetus, III, 204.)

— Mir zweiuelt nicht, euch sey wol wissen, wie ich albeg besunder liebe gunst vnd freuntschafft zu der stat Görlitz vor andern steten gehabt vnd getragen, vnd noch habe. Vnd dorumb alles das, das yne zu eren vnd nutze gedinen möchte, als verre ich das in meiner kleinen vernunfft verstünde, wolt ich yne gerne zu gut wenden.

Nu geth die rede also, als ob die von Görlitz von vnserm gnedigisten herrn dem künige zu dem bischoue von Lauant vnd den Breszlawern etc. neygen wollen. Versteht jr wol, das jr in allen werntlichen sachen vnserm herrn dem künig vnnd der crone zu Behem, durch gerechtikeit vnd durch gelübde vnd ayde verwandt seit, vnd wo dorynnen einicherley gebrüche geschee, wer der erbarn stat Gorlitz nicht allein gegen disen gegenwertigen, sunder allen zukünfftigen behmischen künigen, in könfftigen zeiten, ein swere vermerckung.

Dorumb wollet mit ewer hoher vernunfft darvor sein, damit die erbar stat das wort behallt, das sie an jren gelübden vnd ayden ny gewencket, vnd den künigen zu Beheim nye gebrochen haben, vnd bringet die ere vnd den gelauben auff eur nachkümmeling, die ewer altfordern auff euch gepracht haben.

Solich schreiben thu ich euch von besunder liebe wegen, so ich trage zu der stat Gorlitz, vnd sönderlich zu ewer persone.

Vnd ob die von Gorlitz in gemein, oder ymand in sunderheit eynicherley vngenaden bey vnserm h. dem künige besorgend weren: wenn ich das verstünde, was ich hie bey meinem gnedigsten h. dem künige getrewen handel haben, damit solichs mit gotes hilff wol verfüget würde. Geben zu Prage am Dinstage Primi et Feliciani 1467.

401.

1467, Jul. 10 (Budissin).

Jaroslaw von Sternberg, Verweser etc., ad senat. Gorlic.

Ich verstanden habe, wie zwischen euch etliche von mannen vnd steten etlicher vnwille ist. So jr achten möget, mir vnd euch das zu mercklichen schanden vnd schaden kommen möchte. Darum ich dann mann vnd steten eynen gemeinen tag gein der Lobaw gelegt habe auff diesen negsten Suntag konfftig. Hierumb bitt ich euch, jr wellet trefflich durch ewer freunde auch euch auff den bemelten tag schicken, frühe, vnd nicht aussen bleiben. Wann ich darin gantzen vleisz nicht sparen wil, ob ich mit rath solchen vnwillen zwischen parteyen möcht hinlegen. Geben zu Budissin am Freytag nach S. Kilianstag, 1467.

(Scultetus, III, 181[b].)

402.

1467, Jul. 4 (Neuhaus).

Zdenek von Sternberg an Reinprechten von Walsee: Klage über erlittene Feindseligkeiten von Seite des Herrn von Rosenberg.

(Orig. im Archive zu Wittingau.)

Dem edeln herren herrn Reinprechten von Wallse herren zw Tibein vnd haubtman ob der Enns meinem lieben frewnt.

Edler herr, lieber frewnt. Mein freuntlichen dinst zuuor. Als ir mir schreibt von wegen des Rosnbergar, das er wider den cristenlichen glauben nicht wellet sein ich vnd ander mein frewnt die in dem cristenlichen glauben vnd vnder der geharsamkeit heiliger Romischer kürchen steen, gresern veint aus den kheczern wir nicht haben wenn jnn wenn er sich an seiner sel vnd er vergesen hat. Lieber freundt als ich bei ew zu Lincz gewesen pin da han ich ew geglagt schulldig vnd pflichtig ist neben seiner verschreibung vnd insigl vns beistand zu thun dem widerrufften Girziko gegen vns hat sich zugericht so hat ew das daicht vnmüglich vnd darvmb jnn jr besent habt vnd wenn vns der verurtailt etc. obgesagt hat vnd vns mit grestisten beschedigung verdürbt vnd wir jnn hinwider da haben wir zu dem von Rosnbergk besentt mit brieffen vnd gut edl lewt zu jm geschickt mündlich begerund das er vns beistand neben seiner verschreibung vnd insigl tet wuolt er ober des nicht thun so scholt er im frid sein vnd wir wellen auch gerne mitt jm in frid sein da hat er di alle sach verworffen vnd sein sel trew ere dem widerrufften vmb gelt verkhaufft hat vnd mutwillig vnser veint worden ist wen ir megt wol versteen wie tane vnrechtikait vns von jm geschehen ist vnd geschicht das ich mit hilff des almechtigen gots lengst ettlich mein geslesser hätt gerett wen er nicht war. Auch als ir mir schreibt das ich ew kaine antwurt auff ewer brieff nicht geben han. Lieber

30*

freunt füg ich ew zu wisen das mir nur ainr briff kommen ist vnd auff denn selbigen zu hant han ich ew antwurt geben wie sein diener mitt vnsern dienern haben von des frids wegen geredt vnd wie ich lieber noch ew in den frid vnd stand mitt jm ain geen wuolt den noch ainen andern so wais ich nicht ab ew mein brieff gelangen ist warden darvmb lieber freundt hewtes tags ew zu willen pin ich willig darzu mit allen meinen hulffern freunten vnd puntgnassen mitt jm in ainen frid vnd stand aingeen vnd treten vnd das darvmb das ich meiner verschreibung genug tät und wen ir mir schreiben wert das er nun in frid stet zu hant wil ich auch im frid sein vnd steen auch das das zwischen vns versichert war bis auff sand Mertes tag vnd in der zeit mog mich von jm was geleichs begegnen das welle wir auffnemen vnd hinwider in we er vns enschuldigen würt welle wir jm von vns gerechtikait zu thün. Datum Novedomus sabato die sancti Procopii anno etc. LXVII°.

Sdenko von Sternnbergk obrüster purggraue zu Prag vnd obristr hauptman cristenlichen herren in dem loblichen konigreich zu Behem.

(Zettel.) Auch lieber freundt füg ich ew zu wisen, das ich mitt meinen frumen lewten ains wegs von Telcz gan Newnhaws geriten pin, vnd er das ich zu der stat Newnhaws khomen pin, han ich in der nocht zu der stät Zobieslaw mein lewt geschickt, vnd hewt früe die main reneten zu der stät vnd die laẅt des Rosembergar haben jnn noch geailt vnd daselbs nahent bey der stat han ich jm mer wenn anderhalb hundert mit hilff gocz die zuhant an der stat plüben sind nidergelegt vnd mer wen hundert gefangen vnd der Bolochowec ist auch gefangen vnd mir haben nur ain geschlagen vnd dray gewunt und den gwürt a got wil nichz nicht.

403.

1467, Jul. (s. d.).

König Georg an den Erzbischof von Gran nach Nürnberg: empfiehlt seinem Schutze seine Sache auf dem Nürnberger Reichstage.

(Ms. Sternb. p. 641.)

Reverendissime in Christo pater, amice carissime!

Intelleximus rev. pat. v^ram^ pro serenissimo domino Ungariæ etc. rege, fratre nostro charissimo, jam Nurmbergam applicuisse ad conventionem inibi institutam cum ceteris principibus celebrandam; quæ res nobis admodum grata est. Nam quandocunque in animo nostro repetimus ea, quæ scriptis, verbis vel gestis cum rev. pat. v[ra] tractavimus, aut quæ vestri parte acta vel gesta sunt, quæ nostrum commodum concernere possunt, nil præter sinceritatem et puritatem mentis vestræ in omnibus et per omnia deprehendere vel conjicere valemus: sed et parem v[ræ] rev. pat. animum erga nos fuisse et esse semperque indubie confidimus. Et idcirco eandem pat. v[ram] affectuose rogamus, quatenus ubicumque status et conditionis nostræ in vestra præsentia mentio habebitur, ipsa pat. v[ra] honorem nostrum habere dignetur sinceriter recommendatum. Qui præcipue nostis, quo zelo pacis semper amatores fuerimus, Romanam ecclesiam reveriti sumus, et nostros ac regni nostri subditos, ritum ejusdem ecclesiæ servantes, in eodem ritu gratiose foverimus proteximusque constanter, nec in aliquo deviaverimus a compactatis, quæ tres reges antecessores nostri jurejurando prævio usque ad mortem observaverunt. Nobis autem audientia et defensio per Romanum pontificem in loco tantis rebus gerendis accomodo negata est; quam tamen Romanæ curiæ stilus et consuetudo duobus clericis pro una præbenda litigantibus concedere consuevit, si testes et documenta apud Romanam curiam commodose non potuerint exhiberi. Hæc si mentibus principum inculcarentur, eos ad commiserationem ut credimus utique provocarent; maxime cum obtulerimus, si verbo vel facto offendissemus, id ipsum arbitrio boni viri vellemus emendare. Vestra itaque pat. rev. nos et causam nostram more pii patris sibi recipere velit commendatam; et nos, qui vestram personam semper amavimus, et nunc pro merito ac vestræ dignitatis augmento in dies magis amamus, si quid in vestri complacentiam facere poterimus, fiducialiter postulate. Datum . . . .

404.

1467, Jul. (s. d.).

Wilhelm von Rabie an den Legaten Rudolf von Rüdesheim, Bischof von Lavant: nachdrückliche Vorstellungen gegen dessen zur Empörung aufreizende Befehle.

(Ms. Sternb. p. 384.)

Reverendo in Christo patri et domino, D. Rudolpho episcopo Lavantinensi, apostolicæ sedis legato misso: Guilhelmus de Rabij etc.

Allatæ sunt nobis literæ monitoriales et poenales r. p. v[ræ], quibus nobis præcipere videmini, quatenus ab obedientia serenissimi principis et domini nostri, domini Georgii Bohemiæ regis omnino recedere, neque personam suæ majestatis pro rege gerere, tenere et reputare habeamus, sub poenis gravissimis inibi contentis, quas sinimus in suo tenore, prout in ipsius literis enumerantur. Et inprimis quidem eidem p. v[ra] respondemus, vos de statu et conditione nostra certificantes, quia fidem Christi catholicam orthodoxam sub obedientia et devotione s. d. n. papæ et S. Romanæ ecclesiæ integraliter tenemus, colimus et profitemur, et ceremonias ejusdem ecclesiæ Romanæ in sacrificio missæ et omnium sacramentorum ecclesiasticorum usu et exercitio prout secularem seu laicalem decet personam suscipimus et tenemus ac ipsum sacratissimum eucharistiæ sacramentum de manu sacerdotis sub specie panis dumtaxat juxta ipsius ecclesiæ Romanæ ritum in forma scilicet oblatæ recipimus, cetera omnia quæ ad fidem pertinent christianam in ecclesia Romana manentes et sub Romani pontificis obedientia cum ecclesia credimus et sicut ecclesia Romana docet, tenet et observat, ita nos quoque tenemus et observamus. In qua fide domino et salvatore nostro Jesu Christo annuente et adjuvante quamdiu vita comite fruemur persistemus; quin etiam in cunctis ad dei cultum vel ad ecclesiasticam gubernationem spectantibus ipsi Romanæ ecclesiæ et in ea præsidentibus reverenter obedire non detrectabimus: salvo eo, quod secularia spiritualibus non confundantur, sed distinctæ maneant hæ duæ potestates, nec ulla terminos suos transgrediatur vel excedat, sed suis quæque finibus contenta remaneat. Quod autem nos ab obedientia præfati serenissimi domini regis nostri absolutum esse declaratis vel denuntiatis, nos eandem absolutionem nullo modo recipimus; quam etiam salvo honore nostro recipere neque possumus neque debemus. Quoniam in jurisjurandi præstatione rex serenissimus fidem nostram a nobilissimis progenitoribus nostris hereditario quodam jure in nos derivatam et juris naturalis vinculo subnixam indubie sequens et in ea plenissime confisus nobis soli firmissime credidit, non metuens neque cogitans quod nos ullo casu vel eventu a fide sua deficeremus: eam certe fidem nullius hominis arbitrio subjicere possumus vel debemus, ne quoque casu vacillare possit, quod jurisjurandi vinculo subnixum est. Nam quod dici solet, in omni juramento superioris auctoritatem exceptuatam esse, id non eo pertinet, quod Romanus pontifex pro libitu suo nobis præcipiat dicens: nunc jusjurandum serva, nunc jusjurandum viola. Quoniam in his, quæ ad dei cultum et ad ecclesiasticam spectant auctoritatem, sanctiss. domino nostro subesse non detrectamus: in his vero, quæ ad regni gubernationem pertinent, regi deesse non possumus nec debemus, salvatore dicente: reddite ergo cæsari quæ cæsaris sunt, et deo, quæ dei sunt. Et erat tunc cæsar idolatra, et populus Israel in cultu dei sub pontificibus et principibus sacerdotum, nec tamen voluit deus alteram potestatem in altera confundi. Neque id etiam recipere possumus, quod serenissimus rex noster rex esse desierit: qui ad judicium vocatus super his, quæ sibi objecta fuere, diem et locum designari postulavit, ubi de illi objectis per testes illustres et omni exceptione majores constare posset. Quod certe longe minori personæ æquitate suadente minime negari debuisset. Nam et episcopus qui rege minor est, si delatus fuerit, ad collegarum et conprovincialium examen remittitur: rex vero potentissimus cum procuratore fiscali pari passu contendere jussus est. Credat reverenda p. v^ra^ hanc non esse viam, per quam honor et gloria Romanæ sedis et s. d. n. papæ aut ipsius obedientia per regnum Bohemiæ propagetur, amplificetur vel reparetur. Sunt enim animarum multa centena millia, senum, parvulorum et lactentium sexus utriusque in regno Bohemiæ sub protectione regis serenissimi labores manuum suarum manducantes et diurnis operis victum quærentes, nonnulli et nocturno labore se et suos enutrientes, tum viri feminas, tum feminæ viros, tum parentes liberos, maxime autem infantulos et in cunis vagientes, quandoque et liberi parentes suos alentes: qui omnes si regno discedere deberent, necesse haberent fame perire, quibus fortasse camera apostolica nullatenus succurrere vellet. Hos omnes ecclesiasticis censuris innodare quid aliud est, quam ecclesiasticam censuram vilificare et toti mundo contemptibilem reddere et penitus odiosam. Quæ omnia succinctim commemorare volui, ut si quid pietatis et mansuetudinis dederit vobis deus, ut nonnulli de vobis affirmant, vos esse hominem dulcem, mitem et mansuetum, ut etiam viscera misericordiæ vestræ super pauperibus et communi statu regni Bohemiæ commoveantur. Ceterum quantum ad nostram personam attinet, vos rogamus, quatenus de obedientia et reverentia nostra ritu et sacrificio ut prædiximus contenti manere velitis et s. d. n. identidem persuadere, quatenus de omnibus nobis, qui sub ritu et observantia Romanæ ecclesiæ sacramento eucharistiæ participamus contentus remaneat, neque nos gravius perurgeat, quatenus suæ sanctitati in spiritualibus obedire valeamus. Quoniam si ulteriora mandata super præmissis et secundum priorem tenorem nobis fuerint insinuata, nosque pacis zelatores amplius vexabimur: quid restat, nisi appellationi serenissimi regis, quæ et pro nobis omnibus facta est, constantius inhærere? Si autem sanctissimo domino nostro aut vobis tamquam legato misso animus esset regnum istud sub obedientia et sinceritate Romanæ sedis reducere, aliis mediis utendum esset. Quæ nunc silemus, donec spes armorum, in qua sustentari videmini, vobis defecerit vel saltem fuerit attenuata. Alia, quæ circa regem et regnum per sanctiss. dominum nostrum graviter attemptata sunt quibus pendente prima dilatione sua in jus vocatione centum octoaginta dierum serenissimo regi ad hoc minime vocato omnis administratio ademta fuerat, silentio transimus, ne ulli commotioni causam præbeamus. Attigimus tamen, ut sciatis, si retrogesta in examen recepta fuerint, quam multæ piæ aures ex illa vehementia gravius offendentur . . .

405.

1467, Aug. 1 (Nürnberg).

Berichte aus Nürnberg über die Vorgänge auf dem dortigen Reichstage.

A.

Sebold Hornung an Seyfrid Goszwein zu Görlitz.

Noch ewrm begeren, was auff den tag allhie fürgenommen, wisset, is ist auff dato noch nichzig grüntlich fürgenommen. Die gemeine rede gehet, das der cardinal vnd der merer teil der geistlichen fürsten, jr begeren ist an die Behmen etc. meinen vor einen landfrieden zu machen etc. So haben die Behmischen herren, die wider den Girsiken sind, jr treffliche botschafft allhier: vnd der Girsick auch seine, aber man hört jn nicht, hat aus der stat müssen reithen. Dann man hot am Sontage vor dem dato den Gersick vnd sein weib vnd kinder vnd alle seine helffer in den höchsten bann gethon. Also ist man noch in hoffnung, es werde was trefflichs fürgenommen an die Behmen etc. — Catalogus presentium.

Bapstes botschafft ein cardinal von Augspurg.
Ein legat von Rom.
Keysers botschafft ein bischoff von Passaw.
Koniges von Vngern bischoff von Bauden.
Pfaltzgraffen botschafft bischoff von Speyer.
Bischoff von Würtzburgk.
Bischoff von Babenbergk.

Bischoff von Regenspurg.
Bischoff von Eichstet.
Bischoff von Peyschs.
Marggraff Friderich cürfürst.
Herzog Ernst cürfürst.
Herzog Ludwig von Beyern.
Herzog Otto von Beyern.
Herzog Sigmund von Osterreich.
Marggraff Albrecht.
Marggraff von Baden.
Herzog Albrecht von Meissen.

Geben zu Nürnberg an S. Peterstag ketenfeyer, 1467.

(Scultetus, III, 182ᵃ.)

B.

Item alhie sind vorzeichnet prelaten fürsten vnd hern dy sich zcu Nurnberg uff diczmal bey enander haben gefunden.

It. der herr cardinalis Augustin legatus. It. bischof Ferrariensis legatus etc. It. botschafft dreyer ertzbischoffe des von Tryer, des von Köln, des von Mentz korfürsten. It. bischoff von Passaw anstatt des hern keysers. It. bischoff von Hungern vnd mit jm ein graff. It. bischoff von Speyern anstatt des pfalzgraffs. It. bischof von Regensburg. It. bischoff von Eychstet. It. bischoff von Wirtzburg. It. bischoff von Bamberg.

It. hertzog Sigmund von Osterreich. It. hertzog Lodwig von Beyern. It. hertzogen dy von Sachsen II. It. marggrafen dy von Baden II. It. marggrafen dy von Brandenburg II und ander mehr.

It. bischoff von Passaw hat von wegen des herrn keysers lossin lessin eine treffliche bulle vnd ein sunderlichs breve vnsers heligsten vaters des bobist, das keiserlicher maiestat zcugeschreben vnd gesant ist wider den Girzicken von Podiebrad vnd dorobir rats begeret.

It. do ist ouch offinbarlich vor jn allen gehoret worden dy botschafft der Behmischen christlichen herrn, doctor Hilarius mit einem ritter Kotczowsky, dy alle boszheyt des Girzicken von Podiebrad entplosset vnd dy bestendigkeit der cristenlichen herrn irzcelit vnd zcu irkennen gebin habin, begerende dorobir rath hulff vnd stewer.

It. der marschalck des hertzogen von Sachsen der welde etliche brive von wegen des Girzicken von Podiebrad lessin, dorinn er jn ein konig begunde nennen vnd bestymmen: do gebot em der herr bischoff Ferrariensis legatus ernstlich zcu sweigen vnd stund vf vnd begunde dovon zcu gehen, desgleichen der herr cardinalis ouch dy bischoffe prelaten vnd dornach fursten vnd herrn vnd dy gantze samelung mit eynander.

It. der obgnannten bischoffen meynunge vnd wan ist, als sy ouch den herrn cardinalen vnd Ferrarien. legaten vorgehalden haben, das fürnehmen sey trefflicher vnd gnotiger wider den Behmen vnd dy ketzerey, wie wider den Türcken.

It. desgleichen sich ouch dy fürsten vnd herrn des Thurkens schewhen, vnd gemeinnigklich allir lewte meinunge vnd wan ist wider dy ketzerey zcu Behemen.

It. auss vorwillung der obgnannten hern prelaten sint dy processen vnnszers heiligsten vaters des bobsts wider den Girzicken von Podiebrad in der pharrkirchen zcu sand Sebold an dem Suntage noch sand Jacobstage noch essens zceit do man zcu dissem male allein vnd nyrn anderswo predigte vor allirmennigklich fürsten herrn ritterschafft etc. durch bruder Bonaventura gar trefflich exequiret vnd vorkundigt, der Girzick vorbannet vnd sust als sich das geburt beruchtiget vnd verstossen worden.

It. der von Rossenberg hat sine botschafft gethon zcu dem herrn Ferrarien. legaten zcu seiner entschuldigunge irbittende sich bereitten zcu den gebotten vnnssers heligsten vaters des bobsts mit begerunge das jm also wurde geratin, das er sinen stande nicht an nutcze vorliesse.

(J. G. Kloss in Documentis. aus Scultetus zum Jahre 1471.)

406.

1467, Aug. 3 (Prag).

König Georg an den Erzbischof von Gnesen: bittet ihn, bei dem Könige von Polen dahin zu wirken, dass diejenigen Polen, welche den Rebellen in Schlesien zu Hilfe kamen, öffentlich zurückberufen werden.

(Ms. Sternb. p. 680—682.)

Reverendissime in Christo pater, amice honorande et carissime!

Non est nobis dubium, vir prudentissime, quin regni Poloniæ, cujus in spiritualibus primatum habetis, cordi vobis sit cura. Et quia nullius regni nec principatus vel populi tranquillitas servari potest, nisi cum finitimus quoque vel regibus vel potentatibus pax et concordia foveatur: horum intuitu et consideratione reges Bohemiæ prædecessores nostri cum inclytis regibus Poloniæ plurima pacis foedera percusserunt et palmarum mutua districtione firmarunt. Nos quoque illorum vestigiis innixi cum serenissimo principe, fratre nostro carissimo, Poloniæ rege in præsentiarum regnante mutua pacis foedera ferire non dubitavimus; quæ observata utrique regno salubria fuere. Quæ si violari vel quomodolibet perturbari contingeret, molimina quæ latent in regnis utique foverent et dolosis machinationibus, quæ vel sunt vel suscitari possent, audaciæ fomenta præstarent. Quia vero nunc nuper nonnulli e regno Poloniæ rebellibus nostris præcipue in Slesia se junxerunt, ac subditis nostris nonnulla gravia damna inferre conati sunt, quamquam in suo proposito pro magna parte defecerunt: verumtamen ex his suscitata est suspicio inter nos reges non vigere sinceritatem, et nonnulli perduellium nostrorum malo animo animati sunt. Nec suspicione caret, quin et in ipso quoque Poloniæ regno si quid reliquiarum veteris discordiæ et simultatum in regno Poloniæ seu in dominiis regno præsitis supersit seu clanculum in cordibus hominum lateat, vel non penitus exstinctum sit, fortasse reviviscat; velut si quis extinctum poene cinerem sulfur aut ignis fomentis attigerit, scintillas illic abditas in flammas concitat. Et quia gravitatem prudentiæ vestræ etsi non familiari conversatione nec epistolari collocutione cognovimus, tamen gravissimorum (virorum) testimoniis certissime comprobatam habemus: eam præsentibus adhortamur et attentissime rogamus, quatenus consiliis et suasionibus operam dare velit, quatenus sereniss. frater noster prædictos equites et pedites regni sui vel incolas vel originarios tanta severitate revocet, ut cuncti sciant, pernoscant et intelligant sinceritatem animorum solidamque fraternitatem absque ulla simulatione inter nos reges firmam consistere. Id enim est quod præcipue desideramus, quod et regnorum utrorumque quieti et tranquillitati expedire indubie confidimus. Quod enim ad vires eorundem incursatorum attinet seu attinere potest, credimus eos virtutem nostram et nostrorum jam taliter degustasse, ut sciant se sibi suæque saluti magis quam nobis aut nostris hactenus obfuisse. Hoc autem magni pendimus et longe pluris facimus, si ex edicto regio et præcipue in vim mutui foederis nostri atque initæ fraternitatis ipsi revocentur, ut cuncti regnorum nostrorum vel incolæ vel accolæ mutuæ fraternitatis nostræ certiorati animos suos ab omni temperent ambitione, et si quam spem pravam ad miserint, eam repellant vel præfocent, et ad tranquillitatem penitus et omnino reducant. His modis regum et regnorum salus et quies et status integritas solide pieque servatur, cui v^{na} rev. pat. non dubitamus præ cunctis rebus terrenis inclinatam. Cui et nos ob has et alias virtutes vestras plurimum affinimur, votis etiam vestris quibuslibet annuere summa semper affectione parati. Datum Pragæ, die tertia Augusti, annorum domini M•CCCC•LXVII•.

407.

1467, Aug. 5 (Prag).

König Georg an einen am königl. polnischen Hofe weilenden Grossen: Bericht über die im Kriege gegen die Rebellen erlangten Erfolge.

(Ms. Sternb. p. 679.)

Magnifice et generose nobis sincere dilecte!

Quia haud dubitamus magnificentiam vestram de salute nostra omnique prosperitate præcipue gaudere: ideoque dignum duximus vos de illis, quæ adhuc recentia sunt et apud nos in nostram salutem contigerunt, literis nostris ad vos datis reddere certiorem. Et quia victoriam militum nostrorum circa Munsterberg jam paululum inveteratam vos minime latere præsumimus, quod ibi nonnulli Poloni qui nostris in auxiliis se de Polonia migrasse et ad nos venire vel constituerunt aut fortasse simularunt, nostrorum militum virtute multiplici strage ceciderunt: idcirco alia, quæ apud vos propter locorum distantiam magis peregrina censemus, significare decrevimus. Evicimus a foedifrago nostro Zdenkone de Sternberg castrum Rudnic, quo nihil fortius aut munitius habere fertur Bohemia, cui juncta est terra tam clero quam laicis, mercatoribus et aliis civibus insignis; castrum Chwatierub, castrum Kostelec, arcem Lesstno et Miessic; a suis vero satellitibus notabile castrum Frimburg et munitionem Žihobice ac Mladiegiowice recuperavimus. Et a Johanne Lepore castrum Wřestiow in nostram redigimus potestatem. Illustris Henricus dux de Munsterberg filius noster Novam domum terram nobilem et famosam cum exercitu cinxit: cui nobis Johannes de Rosis, fidelis noster dilectus, potenter assistit. Idem filius noster apud castrum Zelenahora multos in deditionem recepit. Alter filius noster Victorinus potenti exercitu juxta Brunnam multis quidem occisis, reliquos in deditionem accepit. His motus Burianus de Bechina a conspiratione contra nos jamdudum conflata defecit. In conventione Nurmbergensi principes maxime seculares, attentis justis et æquis exhibitionibus nostris, suisque intercessionibus et postulationibus repulsis negant auxilia sua contra nos conferre aut nobis in aliquo se molestos esse. Cujus rei inter plurima indicia, quæ nobis allata sunt, hanc copiam epistolæ nobis de hoc transmissæ vobis communicamus hortantes prout in prioribus literis vos adhortati sumus, amicitiam et favorem nostrum vobis simul offerentes. Datum Pragæ, feria IV ante Sixti, annorum etc. LXVII°.

408.

1467, Aug. 7 (Neisse).

Bischof Jost von Breslau an den Legaten Rudolf nach Krakau: Klage über die Verluste, welche der katholische Herrenbund im Kriege erleidet.

(Ms. Sternb. p. 382—384.)

Reverendissimo in Christo patri et domino, D. Rudolpho, episcopo Lavantino, sanctæ sedis apost. legato etc.

Reverendissime pater, colendissime domine! Post paratum animum complacendi et obsequendi.

Venerunt quidam mei de Bohemia referentes, quod proh dolor! dominus Zdenko perdiderit Kostelec, Lesstno, et fertur quod in castro Konopist sint discordes; quo intellecto Georgius misit ibidem bombardas majores et machinas. Quid in Moravia agitur, scio r. p. v^ram^ non latere: deus avertat ut inimici victoria ibidem potiantur. Quod si fieret, multorum est opinio, quod converterent se ad Slesiam. Henricus filius Georgii ivit cum exercitu ad districtum Plznensem, ibidem destructurus segetes, et circumvallavit Rabestein; præcustodiat divina bonitas, ne obtineat illud castrum; quia forte est et aptum ad impediendum, ne possent domini vel dominorum stipendiarii simul convenire. Nam inimici nostri sperant illud castrum obtinere per discordiam eorum qui in castro sunt. Venit etiam ad me castellanus de Strakonic cum uno fratre militari, avisans me de impossibilitate conservandi illa quæ habeo in Bohemia, et certum me reddens, quod licet petierint a vicinis auxilia, nullus concessit mihi adhuc unum equestrem vel peditem. Objeci eis illa, quæ dominus Helias dixit, quod de Viridi monte fuissent adjuti: responderunt mihi, quod bene requisierunt, sed non invenerunt auxilium. Unum pulchrum fortalicium sive parvum castrum servitoris domini de Stellis nomine Wrabsky, nuncupatum Mladiowice, etiam est perditum istis diebus; quod solum per unum milliare distat a Strakonic, prout bene novit domius Helias. Et in quartali unius milliaris habeo aliquot arces inimicorum. Domini de Hazemburg dicuntur treugas fecisse cum inimico, eo quod dominus Ulricus de Hazemburg debuit circumvallari post expugnationem Raudnicz; et recesserunt ab eo trecenti equites et plures pedites. Pro majori parte illi revocati sunt per Misnenses, qui ex dominiis eorum fuerunt, et sic non habuit cum quibus se defendere. Dicitur etiam, quod dominus Johannes frater suus, circumvallatus in Kost cum uxore et pueris, et cum hoc infirmus existens, fecit treugas et vult venire in Vratislaviam ad medicos. Videat r. p. v^{ra} si per ista et similia fides adjuvatur. Spes erat, quod capto tempore bonorum catholicorum ope et viribus hæretica pravitas exstirpari debuerat: sed dum destructi fuerint inutiliter, quomodo utiles poterunt esse? Opus est, ut aut indilate succurratur, aut provideatur aliter prudenter; ne ita sicut usque nunc in detrimentum fidei, destructionem fidelium et in opprobrium sedis apostolicæ, atque in robur dilatationemque pravitatis hæreticæ, non constantia, sed pertinacia quorumdam, qui suspicionem spem nuncupant, falsis specificationibus decipiantur. Ex his non frangor, sed angor recolere, quod perfecta est obedientia; attentare etiam impossibilia nulla est obligatio. Hic mitto de novitatibus Nurmbergensibus quandam cedulam, quæ ab hostibus spargitur inter homines. Literas domini Vilhelmi de Rabie r. p. v^{ræ} invitus dirigo; sed potius nuntium meum misi, quam permisissem nuntium suum ad r. p. v^{ram} venire hac vice, quia timui, ne ideo iret, ut auscultaret quæ geruntur. Quis et qualis sit clamor contra r. p. v^{ram}, me et alios ecclesiasticos, bene audiet ab aliis p. v^{ra} reverendissima. Utinam saltem deo placeant opera nostra, et non offendamus majestatem suam, ubi arbitramur se obsequium præstare deo. Ego vero quomodo stipendiarios evadam nescio; et dum eos non habuero, bona ecclesiæ conservare non potero. Fiat voluntas dei utinam beneplacita!

Ecce dum hæc scripsissem, supervenit nuntius, nuntians dominum Johannem de Hazemburg venisse in Vratislaviam cum uxore et pueris. Suscipiat r. p. v^{ra} in bonam partem hæc scripta inter pressuras. Nam tunc stipendiarii exigebant, subditi conquerebantur, officiales defectus varios allegarunt, amici dolenda scribebant, inimici damnificabant. Inter hæc solatia scripsi talia. Sæpe illi involvunt destructionibus et devastationibus terras, regna, inficiendo plus quam proficiendo, qui numquam sciunt, possunt et valent illa recuperare.

reformare et restaurare; quorum memoria et præmia sint talia, qualia merentur. Nam sanctorum mos non erat pluralitatem incaute in discrimen ducere: sed se impendebant, ut alii salvi fierent in rebus, corporibus et animabus. Utinam hæc omnia r. p. v[ra] confutet celeri et efficaci succursu. Sed dudum audivi a fidedignis, quod Georgius gloriatur se habere promissa ex Polonia de non assumendo regno Bohemiæ contra eum; et nunc ex Polonia idem ad me deductum est. De veritate experientia docebit. Datum Nissæ, septima Augusti, anno domini M.CCCC.LXVII°.

Obsequentissimus

Jodocus episcopus Wratislaviensis.

Heu! Budweis Georgio se reconciliavit, Cadanum filio suo Henrico se subjecit, dum apud eos castra metatus est. Lusatia superior et inferior redditur nobis inutilis ex defectu boni regiminis; utinam non vacillent! In facto præpositi recepi domini imperatoris literas, et decani ecclesiæ meæ videbunt, quid sibi proderunt, qui talia cudunt. Non dubitet r. p. v[ra] quod res et vitam ponam in hac re contra omnem importunam justitiam. Videat ergo R. V. P. si placet, quid potest sua benignitate efficere, ne aliorum machinamenta hoc perturbent.

(Alia cedula ad literam domini legati:)

Tempore quo hæc litera excopiebatur in præsentia domini ducis Přemyslai, magistri Balthazaris, doctoris Nicolai Scultis et aliorum, venit quoddam notabile avisamentum de hoc, quod paulatim et successive in Minsterberg et Frankenstein quatimur. Extemplo dum mei incaute eis appropinquarent, in eos prosilierunt animo prosternendi eos, dum æstimarent meos hanc cautelam ignorare. Et iterum dictum est, quod apud Brunnam monasterium reginæ per inimicos nostros obtentum est et plures ibidem detenti, captivati et occisi sunt. Bastagia apud Spielberg destruxerunt, et ut ipsi dicunt, Spilberg castrum ab obsidione liberaverunt. Et intendunt infra quindenam circumvallare Paczkow et Ottmochow, quod deus avertat et reverendissima paternitas vestra cito succurrat in manu forti aut consilio prudenti.

409.

1467, Aug. 17 (Ofen).

R. Matthias, „magnifico Alberto Kosthka de Postupicz advocato marchionatus Lusatiæ etc. amico nostro".

De facto Blasii „Bodmenyczky"; bona mens regis Matth. ad servanda foedera; se infra tertium diem prox. futur. ad partes inferiores regni profecturum, secumque D. Strigoniensem abducturum; de infidelitate vayvodæ Transylvaniæ Johannis Groff de Bozyn (fratris Sigismundi) proditoris; rogat, ne Sigismundus Gr. de Boz. frater Johannis a rege Bohemiæ in familiam et protectionem suscipiatur. *D*. Budæ, die 17. Aug. a. 1467, r. a. 10, cor. 4to.

(Copia in arch. Trebon.)

410.

1467, s. d. (Anf. Oct.).

Der Rath von Znaim an den von Brünn: über die Unfälle, welche Herrn Zdeněk von Sternberg betrafen, u. a. m.

(Zwei Concepte in dem Znaimer Stadtbuche Cod. Nr. 41, pag. 194, mitgetheilt von Herrn Chytil.)

A.

Vnser freundtlich diennst beuor. Erbar weisen vnd sunder lieben freundt. Ewer schreiben dorin jr begert, antwort von herren Zdenko etc. wellet wissen das wir ewer schreiben dahin gefertigt vnd noch kein darauff antwort haben, sunder von wegen der niderlegung des heres beim Newenhaus, wisset das solichs nicht bescheen ist, dann herr Zdenko hat sich wol darumb versucht ader er hat nicht mügen schaffen wann wir vnser folk auch dapey gehabt haben. Ader als jr meldet wie jr des herrn marssalks guter gehuldigt habt vnd so er mit ewer w. in frid stet so mocht er uns dester stathaffter angreiffen das gefelt vns nicht wol, vnd kunnen in jr nicht halden, wann vnd wir auch auff hinfür nembts in huldigung auffgenomen haben, auch hat vns herr marssalk gestern z viech genomen vmb deswillen wir sein vnd anderer veinde nicht zu scheuen vermeinen, darnach mügt jr euch gerichten.

B.

(Im Concept wieder gelöscht.)

Vnser freuntl. diennst etc. ersam etc. Wir haben zu ewer begir, dem herren von Sternberg nin offte zugeschrieben vnd haben noch kein antwort, vnd vernemen wie derselb herrre von Sternberg vertrost sei, man würd jn zum Budweis einlassen, vnd da hat er sich hingefüegt mit allen seinem volck vnd hat demnach eilund von danen sich wider erhaben, vnd versteen wie die krewzer alle von jm cziehen desgleichen als wir vernemen seiner dienstlewt ezlich zu ros vnd zu fues von jm cziehen wellen sonder was vns von jm zu antwort wurd, wir wolten euchs halten unverporgen desgleichen wir euch auch vnd der Kienberger zu geschrieben haben, von wegen der krewczer vnd vnserer hulff also künnen wier an dem Kienberger nicht versteen das etwas verfenglich mit jm sei, vnd die krewczer alhie czihen auch alle von hinne, deshalben wir euch auch nicht vertrösten mügen, das wir euch zu hülff kämen, darumb solichs also wissend werdet euch dornoch mugen gerichten.

411.

1467, Sept. 1 (Budissin).

Jaroslaw von Sternberg, Verweser etc., ad senat. Gorlic.

Als jr mir geschriben habt, wohin jr euch zu mir in das feld füegen solt: liebe frewnde bitte ich euch, jr wolt ewer volck in gereitschafft haben, wenn ich euch besennde, zu hand in das feld zihen. Wann vnser feind gereyt sein in das land herzuzihen vnd beschedigen wellen, vnd grosse notturfft thut den weren vnd widerstand thun. Vnd füg euch wissen, das die mann des weichbildes Budissen gar widerspenig sein vnd neben den steten vnd andern landschafften nicht in das feld zihen wellen: darumb ich herkommen bin, ob ich dy geeinen mocht vnd zu hülffe brengen.

Auch als jr mir schreibet vmb newe zeitung, füg ich euch wissen, das ich vnderricht bin, wie mein h. vater aber vnser feinde des Girzicken sohn geslogen hat vnd grosz volck abgeschlagen vnd gefangen. Geben zu Budissin am Dinstage an S. Gilgentag, 1467.

(Scultetus, III, 181b.)

412.

1467, Sept. 2 (Passau).

Laurentius legatus apost. D. Johanni de Rosis.

Dolet eundem ad statutam diem, „ut nuntii vestri et literæ se obtulerant“ non venisse; hortatur denuo ut se exspectantem, quamquam gravissimis aliunde negotiis urgeatur, tandem omnino adire velit, se enim ex speciali erga Rosensem domum benevolentia adhuc exspectare velle. De salvo conductu per D. Pataviensem jam satis provisum esse. Dat. Pataviæ, II° Sept. 1467.

(Orig. in arch. Trebon.)

413.

1467, Sept. 4 (s. l.).

Jaroslaw von Sternberg, vorweser etc., ad sen. Gorlic.

Nach deme als jr gestern ewer freunde eynen bey mir gehabt had, ich euch zuentpoten habe, uff disen nehisten Sonnabend bey mir neben andern mannen vnd steten im felde zur Dese bey der Lobaw zu seyn. Also lasse ich uch wissen, wie mir eigentliche wore botschafft inkommen ist, wy vnser fynde ober das gebirge zyhen, vnd also hewte vor der Zittaw sein sollen, vnd do dise land vnd stete merglich meynen zu vorterben. Hierumb bitte ich euch vff zu sein mit gantzer macht, mit waynen vnd mit anderm hezeyhe als sich zu streite gehöret, vnd ein feld zu machen bey ewer stadt etc. Wenn ich ewer manschafft deszgleichen euch dorzu vorbott habe. Deszgleichen ich auch neben Budissin ein feld etc. (sic). Vnd denne meyne eigentliche botschafft zu haben, zuhauffen zu zihen vnd vnsern fynden ob got wil widerzustehin noch vnserm besten vermögin etc. Geben am Mitwoch nach Egidii.

(Scultetus, III, 182ab.)

414.

1467, Sept. fg.

Briefwechsel, die Belagerung von Hoyerswerde im Jahre 1467 betreffend.

(Aus Scultetus annal. Gorlic.)

1467, am Dornstag nach exaltat. crucis (17. Sept.) schreibt John von Schönburg an den Rath von Budissin: „Ich füge euch wissen, das mich mein herr der könig hy her in das land zu mein bruder gesant hot vnde meynem bruder eyn zedel bey mir gesand: wie das zwischen euch vnd dem konige eyn güttliche entfredunge durch den von Eylenburg vffgenommen were, — vnd sulch güttlich stehen stehin sol zwischen hy vnde sint Gallentag etc. Ouch hat mich mein h. der konig kein Mallicher von Lawbin vnde den seynen gesant, das er mit seynen ein weyle vffhaldunge bey meinem bruder sol haben vnde alldo nymande keyn schade noch leyt thun sulden.

Wy nu dem allen, so bitte ich euch früntlichen, mir schrifftlichen vorstehen lassen wollet, ob die vorgemelte gütliche entfredunge vnde vffhaldunge sal gehalden werden oder nicht, darnach weis ich mich zu richten" etc. (sic).

(Scultetus, III, 182b.)

Darauf schrieben am 18. Sept. die Görlitzer zur Antwort, sie wüssten „hinder andern mann vnd steten vnd andern vnsern herrn fründen vnd helffern kein eigentliche antwort daruff zu thun, sunder wollen das an sie gerne brengen".

(Ibid.)

Am selben Tage (Freitag nach Crucis, 18. Sept.) schrieben dieselben an die Ihrigen in's Lager: „Vns hat hüte früe Jorge schriffte von uch geantwort, etliche löffte, wy sich dy begeben, vorzeichent, besunder das die ketzer dy land gerewmit vnd weg gezogen sein. Vnd wy der edel h. Jarisla von Sternberg voyt ouch zu dem edlen von Ylburg geritten vnd doselbist gehandelt, vnd an land vnd stete vnd ander gemeiniglich im here bracht, so Melcher Löbin mit sinen helffern, diss land vnd stete abgesagte fynde, off Howerszwerda mitt 150 pferden weren, das des gnanten herrn des voytes vnd des von Ilburges meinung sey, zu denselben finden vnd Howerszwerde zu gedencken, das denne der stete gemeiniglich wille were. Vnd wie jr uch mit dem volcke uch zugegeben in solcher folge halden sullet, haben wir alle verstanden, vnd doruff gerathen wurde. Würde der mergenante vnser h. voyt mit dem h. von Ylburg vnd den steten gemeiniglich zu rate, dem also zu thun, vnd mit dem heere der stete dohin rücken, das jr dem auch also thetet vnd mitte folget, das vnser wille ist, vmb merglichen zukünfftigen schaden zu besorgen, der von danne, so man sich zurücke, entstehen möchte. Vnd das der h. voyt dy ritterschafft, der abegesagten fynde sy ouch sein, ouch darzu vnd sy der zusage sinen gn. neben andern mann vnd steten gethan, wider der lande fynde zu helffen, irmanet. Sunder von des frides wegen mit dem abgesatzten zu leiden, ist vns fremde, hinder vnserm g. h. dem legaten, dem obirsten vorweser, andern cristlichen herren der cronen zu Behmen dorein zu gehen: wenn man in solichem frede nicht anders denn betriglikeit suchet. Vnd so dann der gemelte vnser g. h. der legatus am nehstvorgangnem Dinstage (15. Sept.) zu nachte gein Breslaw, got sey gelobet, komen

31*

ist, als jr aus der von Breszlaw schrifften, die wir uch gestern gesandt haben, wol vorstanden habit. Wer vnser meinung das der vorgenante vnser g. h. voyt, ander herren, mann vnd stete, ylende uff eynen tag zu Budissin doruff ryten vnd eyne gemeine botschafft gein Breszlaw an vnsern h. legaten schickten, dorein jr auch vorwilligen möget, vnd in allen sachen vns vorzeichnet gesannt noch rate des h. voyts, ander herren vnd stete zu vorfolgen macht habit. Geschreben am Freytage noch Crucis etc.

(Ibid. 182^b sq.)

Jaruslaus von Sternbergk vorweser etc. ad sen. Gorlic. Ich bete euch fleiszlich, das jr woldet Nickel Karlewitz, den jr in ewrem gefengnis habit, off bürgen auszgeben, off eyne etzliche woche, off eyn weder gestellunge etc. Gegeben im heere vor Hogirswerda am Sontage vor Wentzeslai (27. Sept.).

(Ibid.)

Barthol. Hirsberg, Joh. Bereith ad sen. Gorlic. dat. im velde von Hoyerwerde am Sontage zu nacht vor Michaelis (27. Sept.). — Wir bitten uch, jr wollet vns bey diesem furman 3 feszleyn pulner in der grösse als vor, darzu 10 büchsenstein zur mittel büchsen senden. — Hewte haben wir merckliche bewe wyder das sloss vnd vynde angefangen, dy wir ap got wil yn dieser wochen volbrengen werden etc.

(Ibid. 183^a.)

M. Johannes Frauenburg, Görlitzer Stadtschreiber, bittet den Rath (dat. Budissin, am Freitage Galli, 16. Oct.), ihn krankheitshalber aus dem Heere heim zu rufen, „und einen herrn des rothes noch uwerm wolgefallen uff den nesten Montag (19. Oct.) so jr, als vorseblich ist, mehr folck in das feldt fertigen werdet, an meyne stelle schicken". — „Die Lusitzer vns wenig fulgen, weren vil liber hewte wegk etc. Alleine der von Ilburg ist by vns mit 300 drabanten vnd feleichte mit 40 pferden etc. Ich habe ouch sorge, so wir vffzihen werden, das dy in den pasteyen nicht werden vngemwet bleiben herzog Hannses halben vnd der vorlauffenen gebawer des von Hogerswerde, die sich itzund zu Senfftenberg samlen" etc.

(Ibid. 183^b sq.)

Simon Sydenhaffter ad sen. Gorlic. — Ich thw uch zu wissen, das Heintz Ratwitz by mir gewest ist etc. so hat her nach befehlunge des fotes auch land vnd stete an den von Schönburg off Heuerszwerde schrifftlich vnd mündlich selber geworben. Da hat er jm antwort gegeben, wie das ym der frede vnd die betedigung nicht gehalden ist etc. habe seinen bothen bey seinem könige, was er jm wird schreiben, meint er sich nach zu richten. Sunder vff den beyfrede so gemacht zwischen S. Pauelstag, da hat er vns daroff keine antwort geben etc. Wenn ich tag vnde nacht 9 wechter musz haben, vnd die gesellen gar grossen frost leiden müszen etc. Datum in die S. Stefani hora 2 in ewer pasteyen vor Heuerszwerde (26. Dec.).

(Ibid. 165b.)

Senat. Budissin. ad sen. Gorlic. — Wir fügen uch zu wissen, das wir soliche schriffte so die Polonischen sendeboten vnd rete an herrn Johne von Schönburg uff Hoyerszwerde geschriben, an den itzt genanten ern Jone vngesümet geschickt haben, vnd dobey von jm wollen versteen, ob er den frede mit vns halden wölle etc. Also ist doruff sine entliche antwort gewest: er könne vns keinen weytern frede zugesagen, dann nu uff des hilgen nuwen Jarestag vnd vier tage darnach vngeuerlich, den dann Cristuff von Hugewitz vnsir houptman betheidingt hette, den wolde er gerne halden. Sunder er hette eine botschafft geschickt an sinen g. h. den konig, vnd so dy wider inkeme, was der mit jm würde schaffen, dem wolde er gantz nachkommen, es sey zu frede oder zu vnfrede etc. Geben am Sontage Johannis euangeliste 1468.

(Ibid. 165b.)

415.

1467, Sept. 19 (Plzne).

Der Administrator Hilarius befiehlt dem Pfarrer von Budětic (bei Rabi), das wegen des Herrn Wilhelm von Rabie verhängte Interdict streng aufrecht zu halten.

(Prager alte Consistorial-Actes, U. III, p. 58—59.)

Hilarius administrator etc. Honorabili domino plebano in Budieticz. Salutem et mandatis nostris, imo verius apostolicis, firmiter obedire. Non fugit vos, quomodo dominus noster sanctissimus tulerit sententiam depositionis et excommunicationis in Georgium quondam regem Bohemiæ, et omnes fautores, consiliarios, adjutores et eidem servientes et adhærentes sententia excommunicationis publice innodaverit vocis suæ viræ oraculo, quæ ita sicut ab ore Petri procederet, a fidelibus est acceptanda, et nihilominus sanctitatis suæ legatus, reverendissimus dominus Lavantinus, civitates, castella, oppida, castra, villas et alia omnia loca interdicto ecclesiastico supposuerit, quæcunque eidem Georgio quomodocunque adhærent, aut eum in dominum recognoscunt contra sententiam et mandata apostolica, prout hoc in bullis sanctitatis suæ et legati ipsius evidenter apparet. Cum igitur dominus de Rabie junior, dominus vester in temporalibus, etsi christiano gaudeat nomine, tamen contra mandata apostolica adhærentiam faciens, factis nomini christiano minime respondet, et ita subdita sint bona sua ecclesiastico interdicto: quapropter domino decano Prachinensi et omnibus in decanatu suo constitutis vobis et aliis presbyteris per dominium suum et aliorum adhærentium constitutis in virtute sanctæ obedientiæ et sub poena excommunicationis, officii et beneficii privationis auctoritate apostolica præcipimus et mandamus, ut interdictum et ab jure et ab homine latum omnino teneatis, ut sic saltem illi, propter quos tale imponitur interdictum, ad cor redeuntes, citius ad sanctæ matris ecclesiæ obedientiam redeuntes, mandata apostolica humiliter acceptent. Quodsi ita tenentes silentium non poteritis propter tyrannidem apud ecclesias subsistere, licitum sit vobis ab eisdem recedere et ad tempus vitam cum fide servare, quam timore mundano aliquid contra dei voluntatem et superiorum mandata facere, scientes, quod beati sunt, qui patiuntur propter justitiam, quæ unicuique, quod suum est, reddit, deo subjectionem, vicario suo obedientiam et proximo caritatem, maxime pro hominis salute. Quod si his mandatis non parueritis, quod absit, ex tunc contra vos ut contra inobedientes realiter procedemus. Ex Plzna xix Semptembris.

416.

1467, Sept. 30.

Transactio inter D. Johannem de Rosenberg et D. Zdenkonem de Sternberg et articuli per legatum Laurentium D. Rosensi propositi ab eoque suscepti, de ejusdem reditu in obedientiam papæ etc. et concordia cum catholicis, etc. Dat. Lincz. die Mercurii, 30. Sept. an. 1467.

(Copia authent. etc. in arch. Trebon.)

417.

1467, October 4 (Olmünz).

N. L. ad Mich. (sic).

(Scultetus, III, 188ᵇ.)

Liebir Michil, als jr mir denn itzund habit geschriben etc. Nu lasse ich euch wissen, das die keyserin gestorben ist. Vnd is was die rede alhie, das der keiser sere kranck were, vnd 13 herren sollen in Osterreich gestorben sein. Das ist alles nicht.

It. wisset das der bischoff von Passaw von Rome kommen ist und ein legat mitt jm. Vnd man prediget das creutz zu Passaw vnd an etzlichen enden zu Osterreich etc. Vnd wir hoffen allhie gar ser uff dieselbigen lewte, das sie vns zu hülffe sollen kommen etc.

It. wisset, das der h. Conopitzky in der wochen vor sinte Michilstag das here vor dem Newenhause gar vmbgeslagen vnd nedirgelegit hat, vnd jr ist jrslagen worden der ketzer bey 3000 vnd hat en die wagenburg gar genommen, vnd hat sie heuffecht hinein getreben keigen dem Newenhawse: vnd ist den andern nochgefolget gen Sobiszlaw etc. Auch hat der Konopitzky deme von Rosenberg grossen schaden gethan in seynem lande vmb Sweyntz, die Obir vnd Nider heide gar vorbrant etc.

Ouch wisset, das sich die find uff vns hetten gesterckt am Sonnobinde vor vnser frawen gebort, vnd hatten beyeinander 3000 man, vnd die vnsern habin sie vorfürt mit dem ausslauffen, das vnser irslagen wurd bey 12 person vnd als bey 100 gefangen, reisige, statlewte leute vnd fuszknechte vnd kein namhafftigen nicht.

It. sie hatten ein here gelegit als bey einer meile vor Olmüntz in der wochen vor Michaelis, also, das sie mit grossen sorgen weg sint gezogen, vnd haben das here zutrennet. Vnd sulden sie noch einen tag geharret haben, so hette wir sie mit gotes hülffe niedergelegit. Wir haben jr ouch faste in demselbigen jrslagen vnd dirschossen, das sie mit schanden sein weg gezogen etc.

In der wochen vor datum sey wir auszgezogen, haben gebrant viel dorffer, jrslagen vnd gemort uff 4 meilen weit von der stat etc. Inn demselben auszlauffe vnd sloën haben wir 8 mechtige herren gefangen, die vns alle gefangenen mögen ledigen, vnd sust reisigen ein michel teil. Das eine ist der h. Pfitztum der eldiste bruder vnd ein kamerer aus Behmen, vnd h. Wancko von Pynio vnd Naxara etc.

It. die Newsteter haben dem Jersiken uff ein newes gesworen. Vnd der probest vom Schönberge hat sich ouch jm zugesaget. Vnd begeren die landherren einen freden mit vns uffzunemen. Adir die herren von Olomüntz wollen nicht etc. Dat. Olmuntz in die Francisci confessoris 1467.

418.

1467, Oct. [s. d.] (Prag).

Kaspar Polkwitz an Lorenz Utman und Hans Lauterbacher in Görlitz.

(J. G. Kloss berichtet daraus:) — Der abgesetzte König habe in die Sechsstädte ausgesandt 8000 zu Ross und zu Fuss: auch sei der Koska jetzt im Kreise zu Grätz, der solle auch in die Sechsstädte kommen und solle sie mit Mord, Brand und Nahme verderben. Sein Sohn Herzog Heinrich mit dem von Neuhause komme auch hinten nach, und werde solch' Heer gen Schweidnitz oder Breslau ziehen, wie er (Polkwitz) besorge. Herzog Victorin sei in Mähren und verheere Alles mit Mord und Brand, wolle auch weiter gen Österreich ziehen und allda die Weinlese halten. Darum sollten sie zu Görlitz ihre Dinge in Acht haben.

Matthias, des abgesetzten Königs Diener, den die Herren, nämlich der von Rosenberg, Herr Wilhelm von Rabie, Herr Golfrad (Kolowrat) und andere, die noch bei dem Könige stünden, gen Rom gesandt, habe allda des Königs Willen ausgerichtet, und habe man Hoffnung, es würde zwischen dem Papste und dem Könige zum Vergleiche kommen.

It. die Herren von Sachsen hätten auch ihre Räthe zu Prag, Hugold von Schleinitz und Kökeritz, die hätten von allen weltlichen Kurfürsten und Fürsten geworben, dass sie wider denselben König nicht thun noch sein wollten.

It. von Polen von Herrn Ostrorog sei dem Könige geschrieben, der König von Polen wolle nichts wider ihn thun, sondern mit ihm in guter Brüder- und Freundschaft sitzen: sein Bruder sei zwar durch den päpstlichen Legaten verführt worden, er aber wolle das nicht thun.

It. es wären von Polen jetzund zu ihm (König Georg) kommen 600 (sic) Pferde, die habe bracht Herr Skolsky, Herr Swentislaw, Herr Musick, Herr Pussegk, Herr Harborth und Herr Hlawacz, von denen kämen 800 gen Münsterberg.

It. die Lusitzer suchten Gnade bei dem abgesetzten Könige durch etliche von Sachsen und Brandenburg, und solche würden auch abtreten.

Auch wäre des Königs von Frankreich Botschaft da, ein mächtiger Ritter und ein Abt, und würde vernommen, dass sie wider den Papst ein Concilium berufen würden, und der abgesetzte König sollte bei den Kurfürsten dazu thun, dass sie darein willigten.

Jetzund habe Albrecht Kostka denen von Olmütz einen grossen Schaden gethan, bei 200 erschlagen, 300 gefangen und ihrer viel verwundet, und der Propst von Kunitz sei auch erschlagen worden. It. der Bischof zu Olmütz, auch die Stadt, und Brünn, begehrten zu theidingen mit dem Könige. Dat. Prag etc. (sic).

(P. S.) Es sei jetzt eilende Botschaft kommen, dass der von Sternberg das Schloss Rosinburg (sic) angefallen und gestürmt habe; Herzog Heinrich aber, des Königs Sohn, sei mit dem Heere darzu kommen und habe sie von dem Schlosse begriffen und niedergeschlagen; es gehe auch die Rede, der von Sternberg sei erschlagen, seine Ritterschaft sei flüchtig worden bis Weitraw.

It. die Feinde des abgesetzten Königs hätten bisher wenig Glück gehabt, welches er (Polkwitz) beklaget.

(J. G. Kloss' Gesch. d. Oberlaus. Hussitenkrieges ad ann. 1467. fol. 160—161.)

419.

1467, Oct. 8.

Die Breslauer an die Görlitzer.

Der legat bisch. v. Ferrara, — der uf dem tag nehst zu Nurnberg gewest ist, — zu Passaw, in Beyern, in Osterreich, zu Salzburg das h. creuz schaffet zu predigen: dodurch vil folks zu ross und fusse, das zeichen unser erlösung annehmende, sich erfindet und sammlet; das s. e. allis schicket zu dem edlen h. Hinko von Vettow als eyme houptmanne, bey deme itzunder sulcher creutziger sein sullen bei 8000.

(Scultetus, III, 183b.)

420.

1467, Oct. 9 (Plzne).

Der Administrator Hilarius klagt gegen Bischof Heinrich von Regensburg über die Stadt Eger, welche noch immer in König Georg's Gehorsam beharre.

(Prager alte Consistorial-Acten, U. III, f. 64.)

Reverendissime pater et domine, domine observandissime! Post sui humillimam commendationem. Cum a p. v. profectus sum in propria, nobilibus dominis nostris et aliis Christi fidelibus devotionem et humanitatis officia v. r. p. erga eosdem latissime exposui; qui gratissimis animis, ut a domino suo hanc pietatem receperunt, lætati plurimum, quod Egra obediet votis pastoris sui. Sed jam video, quod ei etiam nomen concordat. Vere etenim Aegra, quia a sancta obedientia sana doctrina in pestem inobedientiæ decidit. Vere Aegra, quæ se lepræ hæreticorum immiscet et morbum adjuvat; imo et mortua dici potest, quæ honoris oblita et fidei nec censuras ecclesiæ neque paternam vocem, imo nec apostolicam audit. Itaque reverendissime pater! si adhuc est spiritus vitæ in ea, suscitate illam pastorali baculo. Quodsi emortua est, illam ut cadaver a consortio fidelium ejicite. Magno nobis est scandalo, majori impedimento et maximo periculo; propter eam enim Cadanam oppidum perdidimus; propter eam oppidum Cubitus vacillat; ipsa alit, fovet, sustentat inimicos ecclesiæ. O Egram medico indignam, sed extra caulas ovium abjiciendam! Humili prece ex officio meo humiliter deprecor v. r. p., compatiatur dominis catholicis p. v. r. et non toleret tantam inobedientiam, sed contra eam adhuc procedat, ut domini nostri et totus noster catholicus populus sentiat v. r. p. sanctæ obedientiæ et fidei orthodoxæ pastorem primatem et episcopum esse; cui ego me devote commendo. Ex Plzna, in die sanctorum Dionysii et sociorum ejus.

421.

1467, Oct. 10.

Henricus Lebenther, secretarius legati Laurentii, Budvicensibus.

Refert se ex parte D. legati D. Zdenkonem de Stellis adiisse ut articulos (Lincenses, a die 30. Sept.) confirmaret et treugas cum D. de Rosis iniret. „Qui D. de Stellis hujusmodi articulos confirmare et treugas cum dicto D. de Rosis inire taliter non posset, nisi ipse D. de Rosis ex nunc sibi realem faceret assistentiam et absolveretur, aut quietus permaneret et non absolveretur; tunc treugas secum ad decem septimanas inire contentus esset, donec nuntius ipsius D. Rosensis a curia Romana reverti posset. Et propterea præfatus D. de Stellis se ad dom. meum legatum conferre proposuerat atque usque ad Lincz ad spatium duorum milliarium pervenerat, cocosque suos ad Lincz præmisit, qui hac nocte ibidem perseverarunt. Ex tunc idem D. de Stellis de recessu domini mei die Martis prox. præter. avisatus revertebatur ad dominia sua." Hortatur Budvicenses, ut sicut jam sub obedientiam papæ redierunt, D^num de Stellis in protectorem civitatis suæ suscipiant eique auxilio sint, etc. Dat. ex Zell prope Lincz, die Veneris, X. Octobr. 1467.

(Copia in arch. Trebon.)

422.

1467, Oct. 14 (s. l.).

Vlrich von Bebirstein, herr zu Fredland, ad sen. Gorlic.

Ich füge uch wissen, das ich botschafft gehabt habe von dem edlen h. Wentsch von Grefinsteine, das sich vnser fynde dy Behmen starck samlen zwischen Wartenberg vnd der Gabel, vnd in meinunge sein mit herissmacht herabzuzihen vnd vns zu beschedigen. Bitte ich uch lieben herrn jr ein solichs in achtung habent vnd auch das zu wissen zu thun h. Frederich zum Forste meinem vetter etc. Geben an der Mitwoch noch Dionysii.

Sen. Gorlic. an h. Frederich von Bebirstein, h. zum Forst etc.

Vns hat der edel herr Vlrich von Bebirstein zu Fredland eine schrifftlich warnung zugesant, dy wir denn nach siner begeren an e. g. sendin etc. Geben am Dornstage sand Hedwigen tag (15. Oct.).

(Scultetus, III, 183^b.)

423.

1467, Oct.

Schriftwechsel über den zu Forst gegen König Georg geschlossenen Bund.

(Aus Scultetus annal. Gorlic.)

A. M. Johann Frauenburg, Stadtschreiber, an den Bürgermeister zu Görlitz (dat. an der Sprehe bey Neschwitz, 16. Oct. 1467).

Hynt in der nacht hat herzog Hinricus zu vns schrifft gesant, das er sich mit vns vorbinden wil, in aller mass als wir vns vorbunden haben, vnd vns mit seinen landen vnd leuthen helfen vnd rothen. Vnd daneben begert, wir wöllen vff Sontag (18. Oct.) vnsere mit macht gein Forst fertigen, dohyn er auch seyne etc. (sic). Also fertigen wir Christoff Hugewitz vnd den stadtschreiber von Budissin. Der von Ilburg vnd wir legen mit vnserm volcke an der Sprebe bey Neschwitz. Ich meine wir werden morgen ziben bisz vor die Lobe vnd do vnser loger haben.

(Scultetus, III, 184.)

B. Bund zum Forst geschlossen gegen König Georg (dat. 18. Oct.).

Den Bund schlossen zunächst Heinrich der ältere und dessen Sohn Heinrich der jüngere, Herzoge von Gross-Glogau und Krossen, Jaroslaw von Sternberg, Verweser der Sechslande und Städte und Bathe von Ileburg, der elder herr zu Sonnewalde vorweser des markgrafthums zu Lusitz. Der Text des Bundbriefes ist bei Scultetus (fol. 195ᵇ—196ᵇ) zwar aus dem Original, jedoch lückenhaft geschöpft. In einer Marginalnote bemerkt Scultetus, dass der Forster Bund am 1. Nov. 1467 zu Görlitz bestätigt worden ist und nachstehende Sigille erhielt: 1) der Herzoge von Glogau, 2 u. 3) der beiden Verweser Sternberg und Ilburg, 4) Hinricus apt zum Dobereluck, 5) Wentzel von Bebirstein h. zu Soraw, Beszkaw etc., 6) Friderich von Bebirstein h. zum Forst vnd Sommerfeldt, 7) Otto von Kittelitz h. zu Spremberg, 8) hofegerichte zu Kalow, 9) Otto von Stutternheym zu Golsen, 10) stadt Luckaw, 11) stadt Spremberg, 12) Albrecht von Schribersdorff zu Nesschwattz, 13) Haug Maxen zu Gradiss, 14) Andres Tawcheritz daselbst, 15) Anonymus, 16) Christoff von Kottewitz zu Nechaw, und 17) Christoff Hoburg zu Bernaw gesessin.

(Scultetus, p. 195—196.)

C. M. Johann Frauenburg über den Forster Bund.

Item zum ersten von dem vorbüntnis. It. das vorbintnis hellt fünff stücke.

It. 1) Ob der Girsick mit heeresmacht disz land adir Lusitz obirzihen wolde, das wir mit macht einander hülffen.

2) Die pleckerey eyn yder land selber weren sol.

3) Ab eyne stadt oder slosz vbirfallin würde, das denn mit macht dorzu gethan würde.

4) Das kein teil hinder dem andern noch ingemein noch insunderheit frede sol vffnehmen.

5) Sol das vorbündnis stehen bisz vff eynen gesalbeten konigk, dem wir gehorsam gethon haben.

It. Ist man rothes worden, das der von Ilburg seyne sol mit macht in das heer fordern, vnd vnser vorweser alle hinderstellige.

It. Das sich der von Ilburg die pasteyen zu besetzen irboten hat, nach billicher anzahl, deszglichen wir neeben andern mannen vnd steten.

It. Das wir an herzog Hinrich eine botschafft senden vnd fertigen, zu irfaren, welle seyne g. mit heeresmacht vff seyn, mit gezeuge vnd leuthen zu ross vnd fusse, vnd vor den Sagan rücken, so welde wir neben seynen gn. vnd den von Lusitz dorzuthun noch vnserm vormögen.

It. Wy des h. legaten sendebothe dy pristerschafft requiriret hat, alle zu bannen vffenberlich die wider vns weren, vnd do würden genant Balthasar vnd Jörge Löben, dy denne schuldigete der von Ileburg vnd Rogewitz.

It. wy wir vmb dy büchsen gebethen sein von dem Ilburg, vnsern vorweser vnnd des legaten sonderbare (sic), doruff vnser antwort.

It. Von eyner schrifft zu fertigen an den alden von Sternbergk vor den gefangenen von Beberstein.

It. Dy antwort des legaten bothen gegeben, doneben gedacht der sechs stete, Swidenitz etc. (sic).

(Scult. p. 165—166.)

D. Senatus Budissinensis ad senatum Gorlicensem (dat. 21. Oct.).

Wir fügen uch wissen, das vnser fründe, die wir gegen herzogen Heinrich reten gegen Forst geschickt hatten, wider inheymisch kommen sint, vnd die sachen der verbintnis haben eynen fürgang gewonnen. Abir vnsers h. herzogen Heinrichs rete haben dorynne eynen merglichen vszzog genommen: nemlich das herzog Heinrich zu keyner rettunge noch hülff verbunden sein sol, es sey dann das s. g. des Sagans halben so vorsorget werde mit betheidigung oder nötigunge, das sine gn. keyner zugriffe nach name von den Saganern besorgen dorffe etc. Vnd was sich doselbst fürder handils ergeben hat, sollit jr uff dem gemeinen tage, den kürtzlich vnser vorwesir bestimmen wirdt, eigentlich vnderricht werden.

Ein schermewssil haben die Saganer am nehsten Sonntage frühe vor Forst gehabt, so das der von Bebirsteyn hertzogen Hannsen abegefangen hat fünff e. knechte, sust auch 3 reisige knechte, jm auch genommen 5 reisige pferde vnd eins erschossen etc. So hat hertzog Hanns jm wider abegefangen 2 reisige knechte. Geben am Mitwoch 11000 Virginum.

(Scult. p. 184.)

424.

1467, Oct. 18 (Sagan).

Herzog Johann's von Sagan Absagebrief an die Mannschaft und Städte der Oberlausitz.

(Scultetus, III, 184.)

Wir Johannes von gots gnaden herzog in Slesien vnd herre zum Sagan, thun zu wissen uch manschafft vnd steten der sechslande vnd stete, alse nemlichen Budissin, Gorlitz, Sittaw, Lauben, Camentz vnd Lobaw, so jr uch wider vnsern g. h. den konig zu Behemen. vnd dy by seinen gn. also vnserm verholten erbherren sich zu ere vnd recht halten, gesatzt habet. So ist der edle h. von Beberstein. nemlich der vom Forst, vnser feind geworden vnd hat vns entsaget vss der grossen pasteyen von Höerszwerde mit seinen helffern. So mögit jr wol achten, dasz vsz ewrem heere gegangen ist jr seyn helffer seyt, sinddemmal als sichs ergeben hat. So wisset jr wol, das von natürlichem rechte wedir freyhe vnd zutun irloubit ist. So wollin wir nue mit allen vnsern fürstenthumen, landen steten vnd lewten, mit allen vnsern vndirthanen, nemlichen der stat Sagan, Prebusz, vnd Nauwenberg, dorzu aller vnser manschafften in vnsern wigbilden, vnd mit allin vnsern helffern, helfershelfern vnd allen den, der wir dorzu gebruchin mogin, uwir vnd alle der uwirn, uwir helfer, helfirshelfer, feind sein wollen.

Dorumb wir uwir feind wurden sein, das man sich zu vns genötiget hat. Vnd desz wolle wir vns vnnser ere gein uch bewart habin. dorzu gein uwern helffern vnd helfershelfern. Vnd ap wir jrkeiner bewarunge mehir dorften, die wollen wir mit helffern vnd helfershelfern auch bewart haben. Vnd ap wir ichtis icht zu vil adir zu wenig gesatzt habin, das nemen wir vns vnd den vnsern zu hülffe. Vnd dess zihe wir vns in den durchleuchtigisten h. königes von Behmen fride vnd fehde. Gebin zum Sagan am Sontage nach Galli 1467.

An demselben Tage sagten neben dem Herzoge in einem besonderen Schreiben auch seine Mannen ab: Caspar von Kittelitz, Sigmund von Kittelitz, Bernhart von Knobistorff zur Pawse, Jorge Kalckreuthe zur Zeyse, Hintze Poschkaw, Hannus Rotinberg, Baltasar Nechelen, Hannus Ragkel, Nigkel Vnruwe, Cristoff Vnruwe, Andres Marrach, Hannus Landiszkorn, Melchior Promnitz, Petir Promnitz, Matthes Promnitz, Diterich Kelbecher, Melchior Knobelstorff, Bernhart vnd Cristoff Knobilstorff zu Ruckirstorff, Gabriel Loptaw, Hannus Bernhart vnd Peter Zeeschaw, Hannus Heintze vnd Nigkel Kohberger, Heynze Steynborn, Friderich Cotwitz, Cristoff Cotzwitz (sic), Nigkel Cotwitz zu Konen, Hannus Filtz, Hintze Vnwirde gnant Kacheloffen, Caspar Metzinrode, Caspar Beyer zu Sceschedorff, Hannus vnd Cristoff Beyer zu Lebusan, Hertwig Metzinrode, Nigkel Crawse, Caspar Frwse, Hannus Vnwirde, Otte Rutschitz, Matthes Rutschitz, Jorge Wolff, Kirsten Rotinberg, Thymo Schreiberstorff, Heyna Dobeschitz, Hannus Wolff, Nigkel Sorgewitz, Baltasar Vnwirde, Lutold Koschman, Bernhard Lichtinwalde, Cristoff Rotinberg, Caspar Wolff, Petir Melbose, Hannus Vnrube gnant Schweychen, Caspar Nebilschitz, Caspar Kariss vnd Sigmund Bebern.

(Ibid.)

425.

1467, Nov. 17 (vor Sagan).

Am Dinstage nach Brictii 1467 wurde durch Herzog Heinrich von Glogau, die Vögte Jaroslaw von Sternberg und Botho von Ilburg den Älteren im Felde vor Sagan nachstehender Vergleich beredt und beschlossen: 1) Herzog Johannes soll ihnen und ihren Freunden das Schloss und die Stadt Sagan „mächtig ingeben", und zwar Balthasarn Leste und Melchiorn Goritz zu getreuen Handen, welche sie besetzen und innehaben sollen, doch so, dass auch er „selb zwölfte" darauf wohnen und bleiben und es zu seiner Nothdurfft gebrauchen soll. 2) Sowohl der Bann als alles erstandene Recht gegen ihn soll auf 8 Wochen „offgeschlagen", und inzwischen soll ein Tag gehalten werden, wo sein Streit mit seinem Bruder Herzog Balthasar durch gekorne Richter entschieden werden soll; dem Entscheid haben beide Brüder Folge zu leisten angelobt. 3) Herzog Johann soll 4 Wochen Frist haben, dem abgesetzten Könige abzusagen und sich in die Hilfe ihrer Freunde zu begeben. 4) Aller Unwille, den die Herzoge Balthasar oder Johann zu den Saganischen Mannschaften, geistlich oder weltlich, und zu den Bürgern gefasst haben mögen, soll abgethan sein u. dgl. m.

(Scultetus, III, 177ab.)

426.

1467, Nov. 19.

Urkunde des von den polnischen Gesandten zwischen König Georg und der katholischen Liga vermittelten Waffenstillstandes. (Gleichzeitige Übersetzung aus dem Böhmischen.)

(Scultetus, III, 202. Kloss Docum. Hussit. Ms.)

Wir Stentzil von Ostororoga wewoda zcu Calix Jocoff von Dubna, des königreichs zcu Pohlen amptman des königreichs der gemeynn und Jan Dlugoscz der eldiste thumherre zu Crokaw, rath und mitbottin des allerdurchlauchtigisten fürsten und herrn, herrn Cazimir konig zcu Polen, grossir furste zcu Litten, Rewssin unde Prewssin erbherrn etc. Unser gnediger herr had awss gesand zcu dem allerdurchlauchtigistin fürstin unde herrn, herrn Girzikin konnig zcu Behemen, marggrave zcu Merhern etc. Lutczenburg unde in der Slezie herczug unde marggrave zcu Lusitz etc. unde der hochwirdigen byschoffin unde prelatin, durchlauchtigistin fürstin grossmechtigin wolgeborn herrn, herrn gestrengin woltuchtigen ritterschafft, erbarn unde weyssen in den stetin des andern teils, also: als seyne königliche gnade vornomen had gross und swerliche vorterbnuge, die do ist ufkomen, von beyden teyln in der Behemischen cron, unde wenne das in kortze nicht mit vleisse unde vorstendigkeit ufgeschobin, das zcu forchtin were vorterbniss vnde vortilgunge der wirdigen cron, unde vnsir geboren sproche der windischen, unde durch der orsechin wille, liebe unde gutikeyt seine gnade ist beweget wurden unde metheleidunge had, unde had vszgesant uns zcu muhen in denselbin sachin, unde mit der hulfe des almechtigen gots zcu stillin solchin schadin unde zweytracht, unde wir zcu seynem koniglichen gebot unnssers gnedigin herrn mit ganczen vleisse uf beydin teiln haben wir darzcu gethan unde gemuhet, unde also haben wirs angebrocht geordnet mit vorwilligunge beyder teil, mit iren guten willen: bekennen mit dessin briefe in dy gemeyne vor allen luthin, das wir geordnet habin mit macht diss briefs unde machin eyn recht cristlich gestehin zwischen dem durchlauchtigisten fürstin und herrn

herrn konige zu Behemen vorgenannt unde syner gnaden allen untertenigen dynern unde hülfern geistlichen und weltlichen des eyn theils, unde zwischen den wirdigen vatern herrn herrn Jostin bischof zu Bresslaw unde hern Protasen bischof zcu Olmutz unde andern prelaten unde durchlautigisten fürsten herzog Heynrichen den eldisten unde jungistin, herczogen zcu der Freynstad, unde herczog Niclos zu Oppeln, grossmechtigen unde wolgebornen herrn, Zdencko von Sternberg, hochster purggrove zcu Prage, herrn Johan und hern Ulrich Hassen von Hassenburg unde von Cost, hern Bohuslaw von Swanberg, hern Jeroslaus von Sternberg, hern Heinrich der eldiste von Plowin, hern Bothe von Ilenburg, hern Wilhelm von Ilenburg, hern Wentzlaw der eldiste von Bebirsteyn, hern Frederich und hern Ulrich auch von Bebirsteyn, hern Dyphould von Resenburgk, hern Hans von Kolowrat, hern Heynrich von Newenhausin, hern Johan von Sternberg, hern Stefan von Luchtinberg, hern Buřian von Gutsteyn, hern Heynrichen dem jungestin von Plawin, hern Lehnhard von Gutsteyn, hern Dobrohost von Ronssberg unde den vorsichtigen und weissen burgermeister ratmannen der ganzen gemeynen der steten Bresslaw, Pilsen, Olmütz, Brünne, Znaym, Iglaw und andir allin prelatin fürstin hern lanthluthin stetin und gemeynen volcke geistlichen und weltlichen vorgenannten prelatin lanthluthin unde stetin unde allen iren frunden helfern mit ehe vorgeschrebin unde dynern unde undertenigen luthin geistlich unde wentlichen zcu Behemen zcu Merhern unde Slesien sechsstetn unde Lusitczir lant und andirsswo, wo die sint, des andern teils, und der vorgenannte stant sol wern von dato diss briefes biss uff sand Paulstag der bekerunge schirst zcu kunftigk, unde denselben gantczen tag, biss zcu undergange der sonnen noch iren naturlichen lawfte unde were is sachen, das in derselben zceit, wenne ader ymand an arge list, an welchin teiln schade geschehe, das got beware des, so sullen sie desselbin gantz mechtig seyn, irkenner seyn der durchlauchtigiste fürste herczug Victorin herczug zcu Monsterberg unde der wolgeborne herre herr Zdenko von Sternberg etc. beyde eintrechtiglichen, was sie usssprechin, unde were is sache, das ir eyner, der irkennet got nicht bewarrt, das her storbe, das das got beware, so sulle der allerdurchlauchtigiste konig zcu Behemen unde wirt habin die macht einen andern an des todes statt setczin, unde das andir teil des gleichen, unde wurden sie irkeynen zwietracht under enander habin, unde mochten sich nicht eynigen, so sulle wir vorgenannten botin, der sachen einiger seyn odir richtir seyn unde noch ussproche der vor zcweier ussproche vorwessir adir unsir leteztin, als sichs des vorgenannt by dem sulchin vorsprochn, eyn teil dem andern teil, das sol pflichtig sein wedir zcu beren odir in vier wochen noch eynander vorgenglich, unde der sulche vorgnannte stant sal sich anhebin zwischen ten teiln vorgnannt in dem Behmischen lande uf allin schlossirn unde steten von dem tage der heiligen sinte Catharine der juncfern uf das nest zcu kunftigk und mit hern Slesie Lusitczer land sechs stedte sulle sichs anheben uf sinte Andirs tag nest kunftig und sal weren als vorgeschrebin stehit bis zcu bekerunge sinte Pauls, des globin den by welchin sich der stant anhebit, sullen nicht sendin uf des teil bey welchen noch der stant nicht sein, ire luthe an arge list. Sullen auch in derselben zceit alle schatczunge ufhören und alle gefangene uf beyden teylen sullin tag habin, rittermesige luthe ire ere und getrawe burgen und gebauer uf czemeliche burgschaft und also iczlicher nach irem stand, sullin auch in derselbin zceit keyne huldunge nicht nemen, adir alle ding der holdunge sullen in eynem gutten stant seyn unde bleiben, das ussgenomen der huldunge die die tag sint vorgangen. Item alle lesterungen, die sullin mit ende ufhörin. Item alle strossen wege die sullen frey seyn unde genant etczlichir rober mit roberey gefangin uf wo er tat nach ordenunge so sulle der keyn teil noch ehe nicht stehin, sunder man sulle sie entwirtin in die hende unde macht derselben ir keyner odir richter herczug Victorin unde hern Sternbergk. Item das von dato diss brifes keyne beseteczungen nower baussir odir possatken uf beyden teiln von nuwir dinge nicht sullin besaczt werdin unde wir Zdenko von Sternberg obrister burggrofe zu Proge, Jan und Ulrich brudir von Hassinburgk unde Costi, Bohuslav von Swanberg, Wilhelm von Ilenburg, Heinrich der eldiste von Plawen, Jeroslaus Sternberg, Diphold von Rossenburgk, Hanns von Colowrat, Heinrich von Nawenhawsse, Jon von Sternberg, Stefan von Luchtinburg, Burian von Gutstein, Lehnhard von Gutsteyn und Doberbost von Ronsberg, bekennen mit dessim briefe offenbar vor allen luthin, das wir gelobt habin, und mit macht diess brives geloben unssern guten glowben selbist vor sich unde vor alle vorgenannte und nicht genannte frunde, die mit uns vorschrebin sint, unde helfern dynern, undirtenigen luthin geistlicher und weltlicher den vorgeschrebin stant von dem grossmechtigen und wolgebornes herrn rath des durchlauchtigisten fürsten unde hern, hern Kazimir, konnig zcu Polen etc. dem vorgenannten unsern gnadigen hern vorschreibunge unde beledunge getrewlichen erbirlichin und ufrichticlichen unde cristenlichen holdin unde mit wercken aussgeschlossin alle hinterlist das nicht zcu storen, were is sache, das etzwas ane argelist y geschege, das das got behute, so glowbe wir das zcu bessern als das vorbeschrebin stehit, unde das zcu urkund wir Stanislaw von Ostroroha wiwoda zcu Calix, Jacub von Dobna, des königreichs zcu Polen ambtmann der gemeyne, Jan Dluhosez der eldiste thumherre zcu Crokaw rath unde mitpołni des allerdurchlauchtigisten fürstin und herrn herrn Casimir könig zu Polen etc. unssers gnadigen herrn habin wir unssir ygen petczet lassin hengin an dessin brief, unde vorgeschrebin Zdencko obirster purggrowe zcu Proge, Jan und Ulrich gebrüder von Hassenburg unde Costi, Bohuslaw von Schwanberg, Wilhelm von Ilenburg, Heinrich der eldiste von Plawen, Jerosslaus von Sternberg, Dipholt von Rossenburg, Hanns von Kolowrat, Heinrich von Nawenhawsse, John von Sternberg, Stefan von Luchtinburg, Burian von Gutsteyn, Lehnhard von Gutsteyn unde Doberhost von Ronssberg dem zcu befestunge unde urkund unde mit werckin zcu holdin haben wir selbist vor uns unde vor unsser aller frunde mit uns vorschrebin iss seyn herrn dyner unde undirthenige luthe geistlichen unde weltlichen unnssir eygen petczet haben lassin drucken an dessin brief, der danne geschrebin ist von gepurt gots sones tussint vier hundert unde in dem sebin und sechczigisten jarn, am Dornstage der heyligen Elizabeth.

427.

1467, Nov. 24 (Budissin).

Jaroslaw von Sternberg, vorweser etc., ad sen. Gorlic.

Nach dem jr gestern zur Lobaw uff dem tage von den von der Zittaw vorstanden habt in besorgunge dy sie haben, das vnsere feinde die Gabel rettin würden etc. Als füge ich uch wissen, das ich rats wurden bin uff zu seinn mit mann vnd steten vnd en zu hülffe zu zihen. Hirumb beger ich von uch von stund uff zu sein, uff das rüstigste vnd sterckiste mit ewrem reisigen gezeige vnd fuszknechten, ye fünffe den sechsten auszzurüsten, vnd uch schicken mit wagin, büchsen, speyse vnd anderm gezewge uff achtage, vnd welt uff

32*

morne gen Ostraw kommen, oder ye gewiss vff Dornstag gein der Zittaw, do jr mich mit mann vnd steten ap got wil gewiss finden werdet etc. Geben zu Budissin am Dinstage nach presentationis Marie.

(Scultetus, III, 186ab.)

428.

1467, Nov. 30 (Bregæ).

Bericht der polnischen Gesandten an den Legaten Rudolf über ihre Verhandlungen und Verrichtungen zwischen König Georg und der katholischen Liga.

(Aus Eschenloer's latein. Ms. fol. 422.)

Revmo in Chr. patri et domino D. Rudolpho dei gratia episcopo Lavantinensi et apostolico legato, domino gratiosissimo: Stanislaus de Ostrorog palatinus Calischiensis, Jacobus de Dambno regni Poloniæ thesaurarius et capitaneus Cracoviensis, et Johannes Dlugosch senior custos Visliciensis et canonicus Cracoviensis.

Revme in Chr. p. et domine, fautor noster colendissime! Descripsissemus superioribus diebus legationis nostræ et rerum bohemicarum exitum, sed credidimus magnificum D. Johem de Hasenburg, qui singulis pene actibus nostris præsens affuit, p. vram viva relatione universa denuntiasse. Comperto autem ex D. marschalci illustris D. Nicolai Opoliensis ducis, qui ex Wratislavia heri locum hunc applicuit, sermone, quod D. Lepus nec per se Wratislaviam in diem hanc venit, nec aliquam inscriptionem scripto aut nuntio ad v. p. remisit, defectum sive per nos seu per D. Leporem commissum supplendum duximus.

Itaque sciat p. vra, quod dum super legatione sermi d. n. regis Poloniæ domini nostri gratiosissimi in audientia publica bohemici regis Pragæ XX. die Octobris proposita, per quam illum exhortabamur, ut in ritu christianæ religionis sanctmo d. nro et ecclesiæ dei regibusque et principibus catholicis se conformaret, coeptumque bellum pace aut treuga rescinderet, gratiam et reconciliationem summi pontificis interim quæsitaret, publicum etiam et tandem in scriptum redactum accepimus responsum, per quod rex ipse causam omnem suam offerebat se in potestatem et arbitrium præfati domini nostri gratiosissimi regis Poloniæ depositurum, sub certis conditionibus, quarum hæ exstabant primariæ, ut Canopicz castrum fame et inedia laborans potestati suæ dederetur et infra unius anni decursum dominus noster grmus rex Poloniæ decisionem suam per compositionem favorabilem aut juridice expediret, offerens se aut ejus favorabili arbitrio aut justo judicio per omnia staturum; rogans, ut et in rebus fidem et religionem concernentibus d. n. gr^{mu} Poloniæ rex interpositionem suam ad sanct^{mum} d. n. papam faceret et animum suæ sanct. ab indignatione ad gratiam reflecteret; offerens se omnia quæ contra compactata forsan commissa sunt obedienter correcturum, omnem causam illati et inferendi sibi belli et pudoris non in sanct^{mum} d. n^{rum}, sed primum in p. v^{am}, deinde in dominos cives Wratislavienses, quasi vos pectus apostolicum vestris irritamentis circumveniendo accendissetis, retorquens. Ivimus tandem ad Iglow, D. Lepore nos comitante, et solo D. Zdenkone Conopnisky illic offenso, causa legationis nostræ apud eum et D. Leporem acta, responsoque accepto, quo astruebat se castrum Conopiczky nullo pacto dimissurum, eo quoque quacunque vi aut casu dedito nihil amplius de pace, sed nec de pacis sufferentiis acturum, ex Iglow iterum Pragam rediimus, ub per plures dies gravi conatu laborando, Bohemiæ regem ad mitiores conditiones detraximus. Sed cum nec illas conditiones D. Zdenko et D. Lepus probarent, iterum specialem nuntium ad D. Zdenkonem suadendo ne conditiones oblatas abnueret (videbamus enim labare partes et castrum Conopiczke propediem adiciendum), fatigavimus. Quo reverso et D. Zdenkone consilium nostrum probante, treugam a festo S. Andreæ exordiendam et ad diem conversionis S. Pauli tantummodo duraturam firmavimus eo pacto, ut dieta apud Bregam pro die S. Luciæ per v^{am} r. p. et ceteros omnes pontifices, principes et barones partis regi adversæ agi possit, et in ea ad plenum deliberari, si parti vestræ utile expediens et consonum fuerit in conditiones per Bohemiæ regem oblatas consentire, cum rex ipse a nobis rogatus consiliarios suos circa diem S. Luciæ in Glacz missurus est, futuram treugam, si parti vestræ et aliis dominis collibuerit inscripturos. Quam propterea in diem ulteriorem, licet rex Bohemiæ tempus optaret abscisius extraximus, ut bono ordine bonoque modo in dieta Bregensi de pace et ejus conditionibus utrinque agi possit, et castrum Conopicz ab obsidione eximi, quod treuga conclusa ab obsidione vindicavimus; si autem treuga ulterior displicuerit, castrum Conopicze cum singulis personis et rebus quas ante treugam habuit, obsidionem iterum tolerabit. Interim tamen inferet victualia, quæ pro tempore dumtaxat sufferentiæ possint castro sufficere; quod idem castrum Hoberswerde reversaliter observabit. Frequentibus autem precibus per barones Bohemiæ devicti, dietæ Bregensi interesse consensimus, et jam in locum ejus hesterna die ingressi sumus, diem illius licet pestifera aura hinciade septi præstolaturi et omnes conatus nostros et studia, quoniam ita nobis per ser^mum^ d. regem nostrum injunctum est, ad intercipiendum bellum et ad procurandam pacem impensuri. Exhibebimus autem p. v^re^ huc feliciter advenienti responsiones regis Bohemiæ originales, ut p. v. de singulis instructionem pleniorem habendo quod optimum videbitur deligat, et cum illa latiores dante domino miscebimus tractatus et sermones. Ceterum rogamus p. v^ram^, ut hæc scripta nostra cum dominis Wratislaviensibus communicet, quibus etsi scribimus, non tamen tam plene nec extense, ut et ipsi deliberatiores possint in dietam advenire futuram. Valeat p. v^ra^ feliciter prout optamus. Dat. Bregæ ultima Decembris (sic) anno etc. LXVII.

429.

1467, Dec. 2 (Breslau).

Der Legat Rudolf an die Ober- und Nieder-Lausitzer.

— Wir haben ewer brieff entpfangen vnd vorstanden. So haben vns dy polnischen rete, dy itzund zum Brige sein, vns vnd der stat zu Breslaw auff dieselbe mass auch geschriben. Vnd vorsehen vns, das dy stadt hy auch zu dem tage neben euch schicken würdet. Inn meynung vnd hoffnung, das die edlen vnd wolgebornen herr Zdencko vnd andere behmische herren, yr vnd andere frome bestendige cristen werden sich also besprechen vnd eymütigliche wege für sich nemen, die der h. cristl. kirchen etc. zu gut vnd eren kommen werde. Vnd vmb derselben meinung willen ist der tag nit wider vns etc. Bitten wir euch, jr wollet euch zu sulchem tage schicken, vnd den befehlen, das sy dester zeitlicher herkommen zu vns, das wir mit jn vnd der stadt hy zu rote werden mügen etc. Geben zu Breslow am Mitwochen negst nach sand Andrestag 1467.

(Scultetus, III, 153ª.)

430.

1467, Dec. 19 (Breslau).

Bartholomäus Hirnsberger, M. Johannes Bürger und Stadtschreiber, ad sen. Gorlic.

Wir haben allhy am nehsten vorgangenen Donnerstag vnd Freitag trefflichen handel gehabet eyn der kirchen sache. Ouch sein die polnischen herren vorhört etc. Harren uff den bischoff von Olmuntz, so seyne g. uff heute frue sol eynkomen etc. Hoffen uff das höeste uff den h. Cristabend doheyme zu sein. Prelaten, herrn, fürsten, ritter, ritterschaffte vnd stete vnd alle vff desem tage vorsamlet, haben dem h. legaten vnd bruder Gabriel, der itzt einkommen ist, zugesaget, feste zu stehen eyn dem gehorsam des bobestes vnd process doreyn sihe gegangen sein, bisz zur vorlust leybes vnd gutes. Wiewol ein lenger stehen als wir fülen möchte begriffen werden, vmb trefflicher vrsachen willen, vns mit einem cristlichen houbte zu vorsorgen, vnd eine botschafft zu vnserm heiligsten vater etc. zufertigen, vmb der vnd ander sachen willen.

Der bischoff von der Neisse ist hie an der nehsten Mitwoch begraben. Vnd alle behmische herren haben gebeten vor den h. legaten, das sihe en postuliren wellen, vmb zukunfftiger sachen wille etc. Geben (zu Breslaw) am Sonnabende nach Lucie, 1467.

(Scultetus, III, 185ᵃ.)

431.

1467, Dec. 13—31 (Breslau).

M. Johann Frauenburg's Tagebuch der Verhandlungen am Breslauer Tage vom 13. bis 31. December 1467.

(Von Scultetus in seine Annales Gorlic. III, 205—208, wörtlich, jedoch mit vielen Auslassungen etc. aufgenommen.)

Anno domini MCCCCLXVII° in solenni conventione Wratislaviæ circa festum S. Luciæ celebrata sequentia pro incremento catholicæ fidei et S. Romanæ ecclesiæ sunt tractata et in die circumcisionis (1. Januar. 1468) integerrime conclusa.

Feria prima, die S. Luciæ (13. Dec.) intravimus Wratislaviam. Isto sero misimus duos ad D. legatum, qui significarent sibi adventum nostrum et peterent eis statuere horam. Quod factum fuit mane in 17ᵃᵐ horam.

Mane (14. Dec.) proposuimus, quomodo D. Jhan de Hasenburg scripsisset D. nostro advocato (Jaroslao de Sternberg) ut amoueret illos de liga (in Forst 18. Oct. conclusa); quod fecit et convocavit eos in Gorlitz; et proposuit, quomodo consiliarii regis Poloniæ talia fecissent de pace volens scire, an vellemus et nos consentire? Nos respondimus, quod nil facere possemus sine scitu D. legati, diem tamen vellemus visitare etc. Et quia dieta statuta fuit in Bregam etc.

Postea accesserunt dominus noster Hans de Colowrat, D. Helias, doctor Hilarius dominum et fecerat doctor Hilarius nomine eorum exhibitionem. Ad quod respondit, felicem hunc fore diem, quod videret dominos illos et suam paternitatem. Postea loquebatur D. Hilarius, quod bene noscerent Theutonicum. Respondit legatus de D. imp[r] Sigismundo, qui loquebatur corruptum latinum et libentius fuisset auditus: quemadmodum omnes oratores, et de Alemanis nobis libenter audimus eorum Theutonicum fragmentatum (sic).

(15. Dec.) Post prandium tam vasalli quam nos miserunt ad Lusacienses. Proposuimus quomodo venimus ad concordiam factam per D. Jhan de Hasenburg et ad scripta D. legati, nihil autem scimus de tractatibus hic fiendis, neque de conclusis etc. Et simul isti iverunt ad D. consiliarios D. ducis Hinrici junioris (Glogov.) et similiter talia proposita sunt. Responderunt, quod haberent in seriis mandati domini sui, quod nihil respondere neque assumere deberent sine scitu nostro, sed omnia nobiscum tractare et concludere. Et subjecit Melchior Gör: credite fortiter, quod dominus noster usque ad perditionem cor unum et totum servabit ligamentum factum, et absque consilio vestro nihil faciemus.

Dominica quæ fuit in die S. Luciæ (Dec. 13) obiit D. Jodocus de Rosenberg episcopus Wratislaviensis. Feria quarta post Luciæ (16. Dec.) circa horam vesperarum adportatum fuit funus Wratislaviam. Et circa illam horam venit D. Zdenko de Sternberg cum filio sororis suæ Gindersich de Novadomo. Quem statim accessit D. legatus et eum susceperat; nos similiter eum suscepimus et exhibuimus nomine amicorum nostrorum. Qui per dominum de Swamberg respondit: gratias agit vobis D. de Sternberg, pro eo quod finaliter et laudabiliter vos habuistis et tenuistis in obedientia S. Romanæ ecclesiæ, et taliter vos apud filium suum exhibuistis; pro eo vobis complacere proponit et illius numquam oblivisci, et quidquid dumtaxat poterit, hoc libenter ad vobis complacendum faciet.

Feria quinta (17. Dec.) hora vesperarum cum D. legato locuti sumus de D. advocato, quomodo ipse nobis datus sit in dominum et nos libenter eum susceperimus: sed qua mente agit ex capite suo etc. (sic). Et multa locuti sumus de castro Hogerswerde etc. Postea iterum petivimus pro Lubensibus.

Feria quinta post prandium circa horam XXI[am] ascendimus omnes prætorium, ubi advenit D. legatus cum fratre Gabriele. Surrexit

D. legatus et dixit: Cari amici, debetis scire hæc, quod generosus D. de Hasenburg circa annum medium apud nos hic fuit, loquens de eo, quod sibi videretur expedire, ut omnes conveniremus ad tractandum ea quæ necessaria forent. Quod nobis placuit etc. Interim advenerunt in Pragam nuntii et oratores ser^mi D. regis Poloniæ, qui (sic) tractavimus in idem etc. et dieta statuta fuit in Bregam etc. tandem tamen in hunc locum dieta devoluta est etc.

Feria sexta (18. Dec.) circa horam XVII^am D. legatus in præsentia nostra dixit, quod si quis hic esset de parte Jersici aut de secta sua, quod exiret, s. tales essent de Budeweis, Benschaw et de Egra. Isto die venerunt duo cives de Budewisz, qui produxerunt unam literam credentialem nomine dominorum suorum, quæ fuit publice in Latino lecta. Tandem proposuerunt, quomodo requisiti fuissent per D. legatum ad standum cum catholicis; et quia conscripte essent mandato castrensium, a D. Laurentio legato obtinuerunt, quod in pace possent sedere, quod et fecerunt, de quo D. Zdenko cepisset displicentiam; et quomodo privilegiati essent, quod nonnisi regem habere deberent in dominum. Tandem petiverunt, quod D. legatus suam indignationem ab eis avertere vellet etc.

Postea fuit lecta responsio Jersici in Latino, quæ habuit tres articulos, et illa per mag. Petrum (Eschlauer) notarium Wratislaviensem vulgarisata fuit. Postea lecta fuit litera una in Bohemico Jersici, in qua multum injuriatus est, quomodo ipsi incrassati, impinguati et dilatati quærerent destructionem regni etc. etc.

Surrexit D. Nicolaus de Oppeln et per suum cancellarium fecit dici, quomodo filius heri sero ei significasset, quod Thebetschaw cum exercitu adveniret, in signum capiendi aliquem de suis Cantensibus et castrum, et quomodo Birke capitaneus in Opavia pacem servare nollet et illam servare recusasset; petens super eo consilium. Ad quod D. Zdenko de Sternberg ad Polonos locutus est: videtis, quomodo pacem servat! In idem proconsules Olomucenses et quidam monachus ordinis prædicatorum conquesti sunt etc.

Accessit D. Alexius canonicus Olomucensis cum D. Balthasaro (duce Sagan.). Qui conquestus est, quod D. Hinricus (dux Glogov.) non venisset ad statutum diem, neque dux Johannes ideo Saganum petivit.

D. legatus imponens finem dixit, quod episcopus Olomucensis etc. esset venturus circa horam prandii, et bonum esset quod sua pat^tas circa illa concludenda foret etc. Et quia illi de Budeweis fuissent auditi, similiter hi de Brunn aliqui adessent, similiter de Egra: et jam per D. ducem Balthasarem propositum fuerat, placere dominis, quod mane circa horam XVI. conveniremus ad tractandum de his et aliis etc.

Sabbato (Dec. 19) mane hora XIII. D. Fridericus de Beberstein locutus est nobiscum de illis de Seidenberg, et multis exposuit causam suam, et quomodo haberet judicium, patibulum, et exhibuit se ad recognoscendum per dominos coronæ et per advocatum nostrum. Ubi respondimus, quod vellemus libenter facere diligentiam nostram. Postea D. Jhan de Hasenburg conquestus est super D. de Rosenberg, qui sibi obligaretur in X millibus florenorum etc. Et deinde surrexit D. Zdenko de Sternberg et incusabat eundem D. de Rosenberg, quod contra honorem et nobilitatem suam fecisset, quia suum sigillum apposuisset ad concordiam, et illa quæ promiserat non tenuisset. Et super illo non fuit responsum. Hans von Olsenitz exposuit causam suam per Casparem Nostitz de Ratern (?), quem prius illi de Michilaberg habuissent et etiam Bircken, et facerent Saxones, propterea quod se juxta dominos gererent (sic).

Surrexit frater Gabriel et legit copiam bullæ eis missæ, quod generosum D. Zdenkonem de Sternberg suscipere deberent in capitaneum, quemadmodum ceteri domini et Pilznenses fecissent, sub poena excommunicationis etc. etc.

Ultimo D. legatus exposuit causam D. ducis de Sagano. Primo quia Saganum circumvallatum fuisset, et quomodo sedem apostolicam dux Balthasar requisiverat et bullas et processus contra omnes suos inimicos. Ultimo quomodo requisivisset dominos, Henricum ducem et Lusatienses tam superiores quam inferiores, qui Saganum burati (sic) sunt etc. Sic domini abierant ad suscipiendum D. episcopum de Olomuntz, qui circa horam XXII advenerat; et ad eum excipiendum simul exivit D. legatus in pallio et pileo.

Dominica in octava Luciæ (20. Dec.) circa horam XXI^{am} D. legatus incepit, quomodo Poloni eum accesserant et libenter in causis suis finem haberent etc. Et subjunxit: Audistis nuper responsum Jersici, quod continet quatuor partes, quas ad præsens replicamus: primo ad consilium D. regis Poloniæ, qui consulit, quod se obedientem gereret ad mandata apostolica etc. Ad quod respondet, quod se semper obedientem et christianum exhibuerit etc. Secundo quomodo petit sibi dari audientiam et statui certum locum ubi competenter possit conveniri cum suis, quod papa intelligat, quod falsa sunt ea, quæ ad eum devoluta sunt. Tertio, quod si fieri non posset, petit hoc ordinari, ut suam appellationem prosequi posset. Quarto, quod si in anno isto negotia non possent discuti, dat in manus regis Poloniæ ad suum discernendum et complanandum negotium, etc. Dixit ergo D. legatus, quod sibi videretur, quod daretur eis responsio in scripto, et quod certi ad hoc deputarentur etc. Secundo voluit D. legatus, quod certi deputarentur ad loquendum fundamentaliter cum Polonis, si quæ alia haberent in commissis.

D. Zdenko conquestus est, quomodo Jersicus in multis pacem frangit, et bona spiritualia, quæ prius non audebat distribuere, dividit juxta posse et velle suum. Et voluit quod etc. in scripto sibi daretur illam pacis fractionem (sic), ut illa ostendere posset Polonis etc.

In die S. Thomæ (21. Dec.) hora XVI[a] ambasiatores D. principis Nicolai proposuerunt, quomodo dominus eorum recesserat ex causis prægnantibus, quia certi sibi diffidassent; misit eos tamen huc cum pleno mandato et ex se per eos exhibuit ad standum in omnibus tractatibus etc.

Voluit D. legatus, ut certi deputarentur ad eundum ad Polonos etc. quod de qualibet terra unus deligeretur. Et electi sunt nomine dominorum episcopus Olomucensis, D. Zdenko de Sternberg, Jhan de Hasenburg et D. Hinricus (?) de Swamberg; ex parte ducis Hinrici, ducis Nicolai et civitatum unus, et ego electus sum de sex civitatibus. Considentibus nobis incepit D. Olomucensis longum et palatum sermonem in Bohemico, quomodo a sanct[me] D. apost. sedis requisiti fuissent ad recedendum ab illo, qui juramenta sua non servaverit etc. In idem statim D. Zdenko de Sternberg locutus ipse longo sermone etc. Quod si iterum ad obedientiam ejus redire deberent, esset contra gratiam sedis apostolicæ, contra deum et homines etc. D. Jhan de Hasenburg statim continuavit, exponens quomodo non ipse rex Poloniæ, sed ratione filii sui jus ad illas terras haberet; si ergo vellet, maximus honor sibi præsentaretur etc. si rem gratissimam deo omnipotenti, si beatæ virgini rem acceptam, si sedi apostol. rem perdilectam, si auribus christianis amplam subventionem facere vellet etc. Rogabant ergo ut rex eorum miserere vellet istius sanguinis justissimi sic de medio ablati et dari filium in regem; et ipsi facere vellent, quodcunque deberent et regi eorum placitum foret.

Secesserunt (Ms. successerunt) Poloni et super eo ad longum deliberabant. Redeuntibus illis dicunt, quomodo rex omni auxilio et favore christianos et præsertim catholicos illos dominos et civitates prosequitur etc. habere in mandatis a D. rege, ne ad dandum filium in regem, neque ad aliquid desuper tranctandum etc. Sed D. legatus, qui personaliter Cracoviæ fuerat et D. Gabriel, D. Lucas civis Wratislaviensis bene audierunt mentem D. regis coram, quod ille absque Litphanorum et Ruthenorum consilio facere non posset, et super eo petiverunt longiorem dilationem etc.

Super eo D. Zdenko de Sternberg aptissime respondit etc. et addidit: nisi scivissemus dominum vestrum habere jus hereditarium ad regnum Bohemiæ et super eo fuissemus consolati, diu alium dominum invenissemus. Misimus ergo nostros legatos ad apostolicum etc. domini legati vestrum dominum quæsiverunt etc. Si ergo juri suo stare non voluerit, dicite, nolite facta illa nobis omnibus in maximum damnum prorogare, et inveniamus catholicum regem, qui deo dante manutenere opportune possit etc. etc. (sic).

Feria tertia (22. Dec.) mane hora XVII comederunt civitates omnes cum D. de Sternberg, et inter se mutuam contraxerunt intelligentiam, vnd haben sich so weit eingenommen zu stehn in den processen vnd einander getrewlichen zu helffen mit leib vnd leben etc.

Placet ergo dominis, quod cras de præsenti et ad exclamandum responsionem circa horam XVI^{am} (sic). Interim isto sero certi domini adhuc ibunt ad Polonos ad certa cum eis tractanda. Sed ceteri vident circa horam XVIIII (sic), quod placuit omnibus. Et ego deputatus sum ad eundum mane ad prætorium.

Feria quarta (23. Dec.) post prandium circa horam XVIIII^{am} etc. (sic) D. Zdenko dixit mentem dominorum, quod sibi videretur, quod treugæ ad festum S. Georgii caperent etc. Circa XX^{am} venerunt vasalli Swidnicenses Hans Rochlitz et Cristoff Affe cum aliis, volens (sic) petere inducias, ut literas diffidatorias Jersikoni mittere possent. Quo facto dixerunt velle stare in obedientia Romanæ ecclesiæ. D. legatus respondit, quomodo prius illa promiserint et non servaverint, et Peterswalde et Rabenitz desuper literas suas cum sigillis dederunt.

In vigilia nativitatis Christi (24. Dec.) hora XVI. ascenso prætorio incepit D. Olomucensis, quod heri audivissemus voluntatem et mentem dominorum. Rogabat ergo, quod super illo deliberaremus et diceremus sententias nostras etc. Tandem una voce pronuntiabant, quod videretur eis, quod induciæ caperentur usque ad festum S. Georgii, propter certas et prægrandes causas etc. Wratislavienses, Moravienses, Slesitæ, Posnenses (sic) stabant in isto voto. Nos de liga (Forstensi) diximus, quod missi essemus, quod sine scitu D. legati nihil (Ms. nisi) possemus dicere etc. Ivimus ad legatum; et dixit quod ad eas inducias nullomodo voluntatem suam dare posset, propter causas prius expositas etc. Tandem exeuntibus nobis, stetimus in verbis dominorum etc.

Tandem inductus est Dubontzky, ut iret in Strelen et ad illum locum etc. legati Jersici, et faceret suam diligentiam. D. Zdenko dixit: dicant uno verbo, an velint, an non servare illas treugas; si non, in nomine domini incipiamus. Consenserunt Poloni dicentes, se velle facere diligentiam. Et durabat usque ad XXIIII^{m}, ubi intrantibus nobis in hospitium primo comedimus. Et dati sunt articuli.

(NB. Hieher gehört, was Scultetus aus demselben Tagebuche gleich am Anfange angeführt hatte, mit folgenden Worten:

„Sequentia — per r. p. Gabrielem in vigilia nativ. Christi publice pronuntiata. Licet multa sint pericula et damna imminentia, quibus pensatis nullo modo treugæ ulteriores acceptandæ essent per fideles catholicos cum Georgio de Podiebrat hæretico: si tamen aliter facere videtur, saltem cum infrascriptis modis et conditionibus fiant. Sequuntur articuli septem. (Diese hat jedoch Scultetus weggelassen.) Quantum autem ad articulum de compromittendo in personam ser^{mi} D. Kazimiri regis Poloniæ etc. respondendum est, quod in quantum discordia, quæ vertitur inter fideles barones et ipsum Georgium respicit causas eorum per res et mere seculares, ipsi libenter in ipsum D. regem hujusmodi causas compromittunt, illique de alto et basso consentiunt etc. Cum istis articulis Poloni remissi sunt in Frankenstein ad consiliarios tortuosi hæretici.")

In die S. Stephani (26. Dec.) hora XX^{a} vasalli de districtu Swidnitz, Jawr etc. petebant dilationem, et expediti fuerunt multis blasphemiis, et deinde per Ottonem de Iliburg et Casparum Nostitz, quod Ernestus de Zedelitz den Hornseck phening genommen hatte etc.

Circa hor. XXIIII (sic) D. legatus vocavit nos in stubam parvam et proposuit facta de Sagano. Ubi episc. Olomucen. incepit dicere consilium dominorum etc. quod D. dux Balthasar locaretur in suam possessionem, ita tamen, quod promitteret scripto et sigillo, quando veniret dux Johannes, quod vellet stare concordiæ factæ. Et pro impensis rogavit ut nil ab eo exigeremus. Ad longum deliberavimus et dedimus responsum, quod libenter mentem dominorum ad nostros amicos portare vellemus etc. Respondit D. Olomucensis, quod sibi placeret nostra responsio, et quod ea quæ dixissent, consiliative dixissent. Isto facto abivimus; et fuit ferme hora vigesima secunda (sic).

In die S. Johannis evang. (27. Dec.) h. XX^a vasalli de districtibus Swidnitz, Jawr etc. quatuor proposuerunt: 1) quia non possent habere dilationem, vellent se dare in obedientiam Romanæ ecclesiæ; 2) petebant defensionem, si in aliquo molestarentur; 3) de capitaneo dixerunt, se non posse hoc facere sine scitu dominorum, ergo petebant dilationem; 4) manutenentiam privilegiorum suorum. Super his D. legatus petivit consilium nostrum. D. episc. Olom. et barones ad longum deliberabant; tandem venerunt et dixerunt, quod non sufficeret promissio ipsorum etc. et quod isti præsentes susciperent D. Zdenkonem in capitaneum. D. legatus incepit loqui, quomodo ad voluntatem dominorum scripsisset principibus, D. Lignicensi et Albo et Nigro, et quomodo rescripsisset dux Lignicensis, quod pluribus impeditus vellet mittere consiliarios ad audiendam voluntatem D. legati. Sic consiliarii D. ducis Nicolai inceperunt, et super ducem Lignicensem conquesti sunt, quod uxor sua deberet habere 10000 sexag. Bohemicorum gr. et non Polonicalium, et super eo legebat literam. Uxor Nicolai est filia ducis Ludovici Lignicensis etc.

In die Innocentum (28. Dec.) hora XVIIII. D. episc. Olom. super causa a D. legato proposita cum dominis baronibus ad longum deliberabant etc. etc.

Feria tertia (29. Dec.) post prandium circa h. XVIII in habitatione D. legati incepit D. Olomucensis, quomodo convenerit dominum de Hasenburg Burianus et de Ilenburg ad exponendum necessitates suas etc. Et est intentio eorum, quod illi de Lusatia et sex civitatibus, similiter dux Hinricus cum suis respiciant dominos de Hasenburg etc. et cogitandum foret de auxilio ex Austria et Ungaria ad subventionem D. Zdenkonis etc. Et commemorans a 70 annis dicit numquam veram fuisse inter eos pacem etc.

Circa horam XXIII. vocati sunt consiliarii principum etc. Et convertens se legatus ad episc. Olomucensem, rogavit ut sua pat^{tas}

in illam sententiam aliquid loqueretur. Quod D. episcopus fecit, exponens, quod origo litis propter fidem catholicam foret, et in omnibus dietis D. Conradus Niger præsens fuerit, ubi singula etc. de D. Albo etc. quia non præsens fuit. Nec ullum dubium erit de duce Friderico Lignicensi, qui faceret quemadmodum parens ejus D. Ludovicus felicis memoriæ etc. D. legatus super eo petivit, si adhuc in congregatione dominorum posset habere responsum etc.

Feria quarta (30. Dec.) mane circa horam XVII. venerunt Poloni, et vocati in prætorium ad nostram plenam congregationem, exposuit weywoda Ostrocitz (sic) etc. et dicebat, quod in singulis concordassent articulis, demptis tribus: 1) de sententiis excommunicationis promulgandis et continuandis; nam prius conceptum fuisset, quod non deberent blasphemari, et cum illo summe blasphemarentur; 2) quodsi cum exercitu iret super aliquem catholicum principem, quod salvum nobis esset ut eis (sic) subveniremus; quem nullomodo vellent habere in literis treugarum; 3) de Conopitz, quod deberent de bastis cedere, quas cum multis impensis construxerant, nullomodo facere possent; et optabant nihilominus, quia D. de Sternberg, quoscunque in homagium de parte adversa cepisset, eos ex homagio dimitteret. Tandem cesserunt, et nos ad longum deliberavimus etc. Sic D. episcopus cum certis baronibus ad Polonos intrat etc. Et ep. Olom. incepit etc. et dixit: In aliis articulis concordes sumus, sed illos ita servare volumus: primum de causis dominorum compromittere vellent in regem Poloniæ, sed in causis apostolici nihil facere vellent. De sententiis excommunicationis audivissent D. legatum quod dixisset, quod nullomodo condescendere posset, nisi in particularibus etc. etc. Et surgens rogavit nomine omnium nostrum, quod iterum pro nobis fatigam haberent, cum ita expressis articulis, et facerent diligentiam suam, ut res ad bonum finem conduceretur etc.

Feria quinta (31. Dec.) circa horam XX^m Swidnicenses nomine civitatum dominis proposuerunt: primum si literas suas diffidatorias ad Jersicum mittere deberent, vel si facerent dicere, quod cum ceteris pacem haberent, et super eos posse movere exercitum. Ad quod responsum est etc. quod bene causam istam in literis expedire possent, ut Jersicus intelligat eorum diffidationem etc.

Considentibus nobis D. Poloni advenerunt etc. et D. Jacobus etc. proposuit et optavit, quod non vellemus esse immemores beneficiorum nobis a rege eorum exhibitorum, et ita nos habere, quod non dimittamus regem eorum et filios suos ex corde nostro, cum ad regnum Bohemiæ et ad terras nostras jus naturale haberent etc. etc. ubi cum magno gaudio recesserunt.

De legatione ad dominum sanct^{mum} placuit, quod iret D. Hilarius decanus Pragensis, et quod sibi adsociarent domini Wratislavienses unum vel de prælatis vel secularibus, et quod similiter D. legatus unum adjungeret cum credentia nostrum omnium et cum instructionibus etc. Item legationem expedirent ad regem Ungariæ et ad cæsarem, item ad conventionem in Ratispona etc.

Postea lecti sunt articuli in literam treugarum ponendi secundum hanc formam: It. ad treugas principes, barones, militares, nobiles et civitates consentiunt usque ad festum S. Georgii proxime venturum etc. etc. etc. (sic).

Item qualiscunque fiet dispositio de Conopissce, fiat eadem de Hogerswerde etc.

(Jan. 1.) Cum suprasignatis articulis D. Poloni remissi sunt in die circumcisionis in Pragam ad Georgium tortuosum hæreticum et suos complices. Sic in die circumcisionis mane circa horam XV^{am} exivimus Wratislaviam.

432.

1467, Dec. 23.

Erwiederung der katholischen Liga auf die von König Georg den polnischen Gesandten (in böhmischer Sprache) übergebene Erklärung. (Aus der Feder Br. Gabriel Rongoni's von Verona.)

(Ms. Sternb. p. 257—259.)

Quod responsio Georgii de Podiebrad data magnificis dominis oratoribus ser. D. Casimiri, regis Poloniæ etc. quam ipse justam et christianam appellat, injusta, irrationabilis, temeraria et hæretica sit, facile patet intuentibus seu legentibus, et præcipue in quatuor punctis:

Primo, cum ipse dicit, quod stetit, stat et stare intendit in vera unione christiana Romanæ et sanctæ matris ecclesiæ atque piissimæ sedis apostolicæ, sicut ad regem spectat catholicum; quibus verbis vel quod palam non erubescit mentiri, vel quod magis credendum est, quia aliam ecclesiam et apostolicam sedem tenet et credit, quam alii christiani fideles. Notorium namque est, quod ipse nunquam in unione sanctæ Romanæ ecclesiæ esse potuit, qui semper summis pontificibus et sanctæ apostolicæ sedi adversatus est. Unde juxta sacrum canonem fidem indubie violavit, qui ei, quæ fidei mater est, adversari non erubuit. Hæreticum ergo se esse solus demonstrat, qui in unione ecclesiæ se stetisse et stare profitetur, cum veræ et sanctæ ecclesiæ adversari, persequi et blasphemiis non cessat afficere. Quomodo unionem servat, qui vicario Christi, totius christianæ unionis capiti semper adversatur, semper resistit, et quoscunque potest ab eis et debita obedientia retrahere numquam cessat? Non solum seculares, sed et omnem clerum, quantum valet, in regno Bohemiæ ab obedientia summorum pontificum semper retraxit et in rebellione protexit; bona spiritualia quotidie proscribit, communionem sub utraque specie ad populum laicalem prohibitam et damnatam practicat et practicare facit, hæresiarcham Rokycanam caput sacerdotii constituit, ut sit ejus papa, et ipse Georgius et complices ecclesia, et quale caput, talia existant et membra. Ex quibus factis suis pessime aperte monstratur, quod ipse aliam ecclesiam quam sanctam, et aliam apostolicam sedem quam piissimam vocat, et in cujus unione se stetisse, stare et in futurum permanere intendit, commemorat, habet, tenet et credit, quam ceteri fideles reges et principes, omnesque veri Christiani.

Secundo, petit sibi per dictum Poloniæ regem disponi audientiam in loco apto per summum pontificem, quasi non sit ei sæpe sæpius oblata. Novem annis apostolicæ sedi versatus hic hæreticus illudere conatus est, nunc legatos mittendo, quos semper vel occulta, vel cum diminuta et conditionata obedientia ad apostolicam sedem misit; nunc legatos petendo, quos cum habuit, aut male tractavit, aut cum falsis et numquam impletis sponsionibus remisit. Denique citatus etiam per publicum edictum et exspectatus ultra præfixum terminum, comparere apud eos judices noluit, qui illi insinuabant, quod justitiam accepturus esset, et quod audire, quæ contra se ipsum, et allegare, quæ pro se ipso forent, facultatem et liberum habiturus esset arbitrium. Et tamen audientiam se petere simulat, qui numquam audire sanctas summorum pontificum et ceterorum Christianorum admonitiones et salubria consilia voluit, audireque semper sprevit. Sed hujusmodi scripta et verba disseminat, ut imperitum vulgus decipiat, dum dicit sibi audientiam denegari; et ut populum christianum virulentis blasphemiis suis, quas contra papam et legatos suos evomit, contra eosdem moveat quasi injustos, dum ut dicit tanta est eorum indignatio, ut nulla sua humilitate placari possit. Nota est sacrosanctæ sedis apostolicæ pietas, nota et Georgii de Podiebrad impiissima voluntas. Frustra jam concedente deo rete suarum iniquitatum ante oculos projicit fidelium. Data est sibi multotiens si voluisset audientia; rogatus, requisitus et astrictus fuit, ut veniret ad audientiam; non opertum, sed patulum fuit hactenus sibi sanctæ apostolicæ sedis gremium, estque et erit semper ad poenitentiam, licet juxta canonicas sanctiones et sanctorum patrum decreta absque ulla damnari debuisset audientia. Ex quo patet, quod sicut de supererogatis sibi beneficiis tamquam ingratissimus semper conqueritur, ita nullam de se spem præbeat, quod ab sua damnata, obstinata et hæretica opinione aliquando sit discessurus.

Tertio dicit, quod omnem hanc controversiam sereniss. d. regi Poloniæ committit, sive amicabiliter, sive judicialiter discutere: quasi regi Poloniæ causas fidei, quod ad solam sedem apostolicam pertinet, diffinire spectet. Omnis enim hæc controversia facta est et continuatur propter fidem et observantiam apostolicorum mandatorum; nec ob aliam causam catholici populi ab ejus tyrannidis subjectione defecerunt, nisi quia a vera fide et obedientia sanctæ apostolicæ sedis et verbis et factis contra præstita juramenta sua ipse prius defecit. Et licet quidam domini barones inprimis de juribus regni, quæ violare satagebat, concertare secum coeperunt, super illis tamen discordiis cito concordassent: sed interea apostolica supervenere decreta, quibus sicut Georgius declarabatur hæreticus, ita ipsis ab omni ejus commercio abstinere præceptum est; quod mandatum tamquam fideles et obedientes filii humiliter cum ceteris Christi fidelibus acceptarunt. Ex quo patet, quod tota hæc controversia propter fidem sanctam, quam Georgius eliminare, si posset, vellet, orta est et continuatur: et ideo ejus diffinitio ad solam apostolicam sedem pertinet. Hic autem duo manifeste demonstrat Georgius: primum, quod nullomodo se summo pontifici et apostolicæ sedi, prout idem Poloniæ rex suadet, se submittere intendit; secundum, ut ostendat se justum, qui offerat se regis Poloniæ judicio astiturum, et sic, prout ipse subdit, cognoscatis, quod ipse semper in altissima æquitate inveniri vult, cum tamen semper in summa iniquitate perseverare decrevit. Non enim ignorat ipse, quod sicut non licet, sic nec rex Poloniæ in rebus fidei falcem et judicium immitteret, et quod nec papa consentiret. Sed hoc versute et callide ponit, ut, sicut dictum est, se justum ostendat, qui se regis Poloniæ judicio astringat.

Quarto dicit, quod si audientia sibi denegatur, tunc ad appellationem suam se refert. Quasi a sententia sedis apostolicæ appellare hæreticis liceat, cum nec ab inquisitoribus facere possint, quemadmodum jura non solum ecclesiastica, sed etiam imperialia aperte diffiniunt. Qua in re, si etiam alias hæreticus non esset, in hoc hæreticum se esse demonstrat, quod appellasse se contra s. apostolicam sedem in rebus fidei proprio ore commemorat.

Ex his breviter patet, quod responsio ipsius Georgii sicut inepta, irrationabilis et captiosa et hæretica existit, ita testis est, quod sicut ipse in damnata Hussitarum hæresi, in qua natus educatusque est, senuit, ita damnabiliter usque ad mortem et animæ et corporis perseverare intendit.

433.

1467, Dec. 27 (Streblen).

Die polnischen Gesandten an König Georg: erklären ihre Ansicht über einige controverse Punkte der Waffenstillstands-Abrede.

(Ms. Sternb. p. 245—246.)

Serenissimo principi, domino Georgio, dei gratia regi Bohemiæ etc.

Serenissime princeps et domine nobis favorosissime! Commendanda est vestræ excellentiæ ad pacem civilem regni vestri Bohemiæ reformandam et rescindendum cruentum quod apud proprios geritur penates bellum, descripta per vestras literas et proprio nuntio nobis destinatas inclinatio et pura quam v. serenitas et in armis consistens et in quiete intentio efferenda, dum etiam sub funesto Marte de amore cogitat et in animo suo jugiter revolvat, ut bello nil aliud quam quæsita pax proveniat; unde et ab omni probro linguam coërcet et calamum, et Cereris atque Bacchi omneque aliud agreste debito vellet sidere in tellure peragi opus. Novit non dubitamus v. ser., velut princeps prudentissimus et industrius et multarum rerum bello domique gestarum peritus, quam fluxi sint fallibiles bellorum eventus, et qui nusquam minus quam ex Martis operibus respondeant, et nemo exploratum habeat, cum ad arma ventum est, quid, qualiter et quomodo futurum proveniat. Sed et id perspicacissime rimatur et conjicit: quod et si omnia in bellis civilibus misera sunt, miserius tamen ac tristius nihil est victoria, in qua non de barbaro, non de vicino, non de extero, sed de parentibus, cognatis, fratribus, necessariis aut aliquo officio et id in extremis eadem lingua junctis est triumphandum. Recte igitur excellentia vestra juste et pie aget, si animum hunc semper et propositum tenuerit, coluerit, observaverit et operis effectu impleverit. Ad pacem si quidem et unanimitatem in fide et religione nostra orthodoxa et deinde in regno vestro Bohemico reintegrandam et solidandam nos quemadmodum vice et nomine illustrissimi principis, domini Casimiri Poloniæ regis, domini nostri gratiosissimi, dum Pragæ ageremus, voce exhortati sumus, ita et nunc ut illam v. serenitas amplectatur et ineat exhortamur, quam et præstantiorem et vobis utiliorem etiam si parum justa sit, judicamus fore, quam bellum justum in civibus. Fatemur autem serenissime rex, in his quas nuper de annuentia v. s. conferimus Pragæ treugis cautum et singulari articulo comprehensum esse, ut omnes illis durantibus cessent infamationes et improperiorum convicia: non tamen eo ipso articulo trahi et usurpari posse, ut etiam apostolicarum censurarum rigor et emanatio conquiesceret. Cujus articuli interpretationem in litem et differentiam verti veriti, verbum Bohemicum hanienie in literis treugarum positum, largiori nobis scemate quid importari deberet disseri et per s. v. et consiliarios vestros vice geminata obtinuimus, et tum demum in illis significantiam consensimus, dum verbo vestro regio et vestrorum consiliariorum certificati exstitimus, non debere ad censurarum apostolicarum, quarum sublationem in aliena et superiori sciebamus consistere potestate debere extendi. Sed nequaquam nos ad summovendum illas ausi fuissemus summittere, acceptis siquidem v. s. literis duplicibus omni nostro conatu et labore apud reverendissimum patrem dominum Rudolfum episcopum Lavantinum, sedis apostolicæ legatum institimus, ut censuras contra Svidnicenses et Javrenses latas sustulisset, et ne partem v. s. animi sui indignatione et procliviter percelleret, laboravimus, attenderetque potius communis populi statum pacificum et treugarum seriem nostra firmatarum pollicitatione et manu. Sed pro responso accepimus, nihil Swidnicensium et Jaurensium obedientiam ad rem treugarum pertinere, et ipsum priusquam treugæ fierent, Swidnicensium et Javriensium ad promissam dudum obedientiam cogere coepisse, nec treugis in aliquo injuriatum esse, prout v. s. ex copia responsionis suæ, quam inclusam facimus, et nostram in hac re curam et diligentiam, et ipsius domini legati responsionem facile deprehendet. Ob id tamen v. s. animum suum ab indignationis nubilo contineat, et sacerdotium, quod Pragæ, in Cloczsko et ejus districtu ceterisque locis censuras apostolicas obedienter exequitur, vexari, aggravari et expelli non permittat, ut v. s[tis] possit etiam hostis et adversarius meminisse, et de v. s. possit ab experto intelligi, quod summi pontificis indignationem laboratis mitigatum non irritatum iri. Datum in Strzelin, dominico in die S. Joannis apostoli et evangelistæ, anno domini millesimo, quadringentesimo sexagesimo septimo.

Stanislaus Ostrorog, palatinus Calistiensis.
Jacobus de Dambno, regni Poloniæ thesaurarius et capitaneus Cracoviensis.
Johannes Dlugosch sen., custos Vislicieusis et canonicus Cracoviensis.

434.

1467, Dec. 28 (Strehlen).

Dieselben an denselben: eine nähere und bestimmtere Erklärung in derselben Angelegenheit.

(Ms. Sternb. p. 247.)

Serenissime princeps et domine nobis favorosissime!

Erat hæc nostra et non alia certitudo et æstimatio, interrogationibus etiam nostris pluribus apud aures v[ræ] ser. et vestrorum consiliariorum quæsita, explorata et tandem accepta: quod castra partis vestræ adversæ nondum expugnata et quæ in vestram non venere potestatem debebant esse cum singulis bonis ad ea pertinentibus sive oppidis, sive villis, sive quibuscunque introitibus ad ea ex antiquo pertinentibus libera et ab omni homagio pendente treuga soluta; castra vero, per v[ram] ser. expugnata, in v[ræ] ser. debeant consistere, cum bonis ad ea pertinentibus, ditione. De qua re cum v[ra] ser. dum Pragæ eramus, satis longum et luculentum disserebamus sermonem, juxta quem credidimus et credimus, quod oppidum Benessow cum villis non ad v[ram] ser., sed ad illos, qui castrum Konopisstie retinent, ex quo nondum expugnatum et deditum est, debebat infra treugam pertinere. Quoniam si aliter fieret, castra expugnata ab his, quæ non sunt expugnata, in quo differrent, non haberent. Non velit itaque v[ra] excellentia nobis et D. Zdenkoni de Sternberg succensere, si præfatus Zdeniek aut sui suo mandato et commissione de oppido Benessow et villis ad Konopisstie pertinentibus se intromittunt: quoniam infra pacis sufferentias id justum et licitum ex pacto et conditionibus interpositis putabamus. Ceterum quantum attinet de castro Orszwald (sic), ad quod pars adversa victualia importari infra treugam non permittit, et treugas nonnisi ad festum S. Luciæ tenere se asseverat, locuti sumus omni nostra sollicitudine cum nobili D. Jaroslao, filio D. Zdenkonis Konopicky, ut treugarum pareret conditionibus, et importationem victualium, quantumcunque pro tempore treugæ sufficerent, non prohiberet, treugas quoque cum omni observaret integritate, et circa id tam nostrum quam suum attenderet honorem. Sed accepimus pro responso ab eo, quod nunquam ipse prohibuit, sed nec prohibiturus est importationem victualium, quam liberaliter permisit et permittit, et treugarum conditiones in singulis observavit et observat. Inductionem tamen roborum magnorum, quæ non ad usum focorum, sed ad obstruendum loca diruta necessaria sunt, prohibebat. In qua re puritatem operis sui ostensurus, ad hostium se refert in hac re recognitionem; asstringens se treugas per nos perfectas non ad diem S. Luciæ, sed ad extremum diem inscriptum sinceriter et integre observaturum. Datum in Strzelin, feria II. innocentum, anno domini etc. LXVII°.

Ejusdem v[re] serenitatis servitores

Stanislaus de Ostrorog, palatinus Calisciensis.
Jacobus de Dambno, regni Poloniæ thesaurarius, et capitaneus Cracoviensis, et
Johannes Dlugosz senior, canonicus Cracoviensis.

435.

1468, Januar 4 (Znaim).

Der Rath von Znaim an Herrn Ulrich von Grafeneck: Nachricht über Herzog Victorin's und der Böhmen Vorbereitungen zum kriegerischen Einfall nach Österreich.

(Aus dem Archive der Stadt Znaim, Cod. Nr. 41, pag. 196, mitgetheilt von J. Chytil.)

Wolgeborner etc. Ewer gnaden schreiben darin jr begert ewer gnaden zu wissen zu tunn von wegen herczogen Victorin wie sich derselb stark zu Trebicz besamben etc. Geruh ewer gnad ze wissen, das wir von herczog Viktorin nichts hören sunder des wir sein gewislich vnderricht, das der von Zelocz vnd Waczlaw Wlczko mit andrn brudern sich daselbst ze Zelowicz besamnet vnd also auff czway tausent vnd darzue menige wegin mit laitern mit andern streitzeug geladen haben vnd maynen gen Osterreich ze ziehen, wir wissen ader nicht an weliche vnd auch vernemen wir wie der von Kray sich mit eczlichen hunderten zu Trebicz vnd nahet daselbst vmb besambnet vnd auch gen Ostreich vermeint oder wir vernemen auch nicht wohin oder so wir erjnnert würden, das sie sich zu beiden teiln erhuben und wo sie sich hinlenken wurden, wellen wir vnser forschung vnd vleis haben solches ewer g. zu bewarung land vnd lewt gern vnd vnsausmend vnuerporgen halden. Als vnd wir das dem allerdurchleuchtigisten etc. Romischen kaiser vnserm allergnädigsten herren vnd dem lannd ze Osterreich vnd auch ewer g. phlichtig vnd schuldig sein.

F. II. post Circumcisionis anno LXVIII°.

Ad Ulricum Grauenecker.

436.

1468, Jan. (s. d.).

Der Legat Rudolf an die polnischen Gesandten: er könne päpstliche Strafverordnungen nicht aufheben; die Mannen der Fürstenthümer Schweidnitz und Jauer wären von ihm mit einem Hauptmann versehen worden.

(Ms. Sternb. p. 248.)

Magnifici spectabilesque domini oratores serenissimi et potentissimi domini regis Poloniæ!

Magnificentiæ vestræ bene intelligunt, quod in potestate nostra non est tollere vel intermittere censuras permet sanctiss. d. n^{ri} pro executione sententiæ suæ sanct. fulminatas, quas et ante motum bellum, ubi potuimus, publicavimus. De homagialibus vero ducatuum Sweidnicensis et Jawriensis certum est, quod ante quinque vel sex menses, dum civitates dictorum ducatuum obedientiam nobis parte ss. d. n^{ri} facerent, ipsi similiter per oratores suos nobis promiserunt, velle esse et permanere in obedientia sacrosanctæ sedis apostolicæ et ss. d. n^{ri}, et se velle conformare illustri duci Henrico, sex civitatibus et Lusatiæ. Et ab eo tempore citra continue fuimus in tractatibus de dando eis capitaneum utilem. Tandem deliberavimus eis dare nobilem D. Jaroslaum, advocatum sex civitatum; cum et hoc hactenus sæpius servatum sit, quod unus utrobique fuerit capitaneus et advocatus. Et ita constituimus eum die Sabbati post festum beati Martini, et primo missivis, deinde processibus requisivimus tam homagiales quam civitates dictorum ducatuum, qui in obedientia ss. d. n^{ri} fuerunt et permanere volunt, ut dictum D. Jaroslaum in capitaneum suscipiant. De hac nihil ad adversam partem. Datum Wratislaviæ, sub nostro sigillo, anno domini etc. LXVIII°.

Rudolphus episcopus Lavantinensis
apostolicus legatus.

437.

1468, Januar 31 (Freistadt).

Herzog Heinrich's von Glogau und des Legaten Rudolf Briefe über die Forderung, Sagan dem Herzog Balthasar abzutreten.

(Scultetus, III, 218.)

Herzog Heinrich von Glogau an den Rath der Stadt Görlitz.

Wir zweiffeln nicht, euch sey wol indechtig, wie nw nehist der abescheidt zum Sagan gescheen sey, vnd wie wir den wirdigen mag. Johannem Boytitz intrechtiglich schicketen zu dem gewirdigsten h. legaten kein Breslaw. Nw ist er wedir kommen, vnd hat vns antwort schrifftlich brocht, der copien wir euch hyrynne verslossen senden. Dorynne jr wol vorstehen mögit seyner wirdigkeit ernst, das kein offslag des bannes hat mocht gescheen.

Darobir hat der megnante mgr. Johannes geworbin, wy her allezeit schriffte vnd processen gesehin habe, dy morne zu Lignitz, zu Glogaw vnd zu Gorlitz angeslagin sullin werdin; würden wir mit sampt euch vnd andern vnsern buntgenossen bynnen 12 tagen hertzoge Balthasarn den Sagan nicht yngebin vnd obir antworten, so soldin wir in den bapstlichen bann kommen etc.

Wir hattin gehoffet, das wir mit sampt euch vmb sulche mühe vnd zerunge, die wir gethan haben, anders vordynet hetten, wenn sulche smocheit vnd vorcleinerunge, die vns seine w. nw uff thut mit seinen processen vnd bannbriffen etc.

Legen wir einen tag kein dem Sagan off den nehstkommenden Sonnabend, ofen abend inzukomen etc. Wullet euch ouch off denselben Sonnabend etc. derobir rates pflegen etc. Ouch haben vns die vnsern Melchior Goran vnd Baltazar Lesst ernstlich gesaget, das sy sulcher ebintewer nicht lenger stehen wöllen, sunder bis Suntag irstkünfftig den Sagan rewmen vnd in keyne weyse den fort innehalden wullen.

Deszgleichen schreibin wir den wolgebornen hh. Jaroslaw von Sternberg vnd ern Botin von Ilinburg etc. Gebin zur Freinstad am Sontage vor Purificationis Marie, 1468.

Einschluss dat. 27. Januar.

Legat Rudolph an Herzog Heinrich von Glogau.

Nochdem e. l. mit sampt dem vorweser, prelaten, herren, manschafft vnd bürgern der Lausitz vnd die sechsland vnd stete etc. den ersamen meyster Johannem Boytitz zu vns geschicket habit, vns zu sagen den abescheidt zum Sagan gescheen etc. das wir vmb der suchen willen mehr tage bescheiden ader zu tage kommen wöllen, ist vnser meynunge nicht etc. So dem anlass nicht nachgangen, haben e. l. vnd wir fürder keyne gewalt mehr tage doran zu bescheiden etc.

So ist herzog Baltasar ouch nicht schuldig vor vns zu kommen, der seynem erlangtem rechten nochgehen wil, dem seine erste richter vnd wir schuldig sein, seyne gerechtikeit wider alle die, dy jm das seine nicht wider eingeben, bey dem bobistlichen banne vnd fluch zu vollenfüren. Iss ist eine swere sache, das der frome fürste, des gerechtikeit so offenberlich ist, also vffgehalten werden sol. Got vorzeyhe es den, dy sulche sperrunge vnd hindernus machen etc. Geben zu Breslaw, am Mitwochen nach St. Paulus bekerung, 1468.

(Ibid. p. 219a.)

438.

1468, Mart. 4 (Weitra).

Zdenko von Sternberg an die Görlitzer.

— Auch füg ich ewch zu wissen, das ain namhafftiger maister von vnserm heiligsten vater pabst mit brieffen kommen ist, der sagt das in 14 oder 16 tagen ain legat vnd cardinal noch in die land kommen werde etc. (sic). Vnd das vns der Röm. kayser vnd ander geistliche vnd weltliche fürsten vns hilff vnd beystand thun werden.

Auch füg ich ewch zu wissen, das dem Jörgen vom Stain sein gslos Staier vnd stat, Yps stat vnd sein gslos Wald, die herrn von Österreich jme abegewund haben, vnd noch vor zweyen glossen liegen.

Vnd die kätzer die itzt zw Österreich ligen, kein gelück nit haben, vnd grossen schaden an den leuthen vnd pferden taglich nemen etc. — *D.* Ex Weitra fer. 6 ante Invocavit me 1468.

(Scultetus, III, 219b.)

439.

1468, Mart. 31 (Tyrnau).

Zdeněk von Sternberg's Briefe in Betreff des Krieges, der gegen die nach Österreich eingefallenen Böhmen geführt wurde.

(Scultetus, III. 230.)

Zdenko von Sternberg obirster burggraffe zu Prage, obirster houptman, prelaten, fürstin, herrn vnd der cristlichen gemain die in dem gehorsam des hiligsten vaters stehen etc.

„Den landlewtin zu Gelastorff."

Lieben herren vnd frunde etc. Wöllet euch noch dem allerbestin bewaren, damit jr in ewern legern nicht schadin nemet etc. Nw hot mich vnser h. der konig Matthias ye nicht lassen wellen, der vrsach halbin, das seine kon. gn. gewiszlich morgen ken Preszburg wil, vnd hot mir auch mer folck zuvorzihen geordnet, das ich uff 6 adir 7000 habin werde, die kommen heint an des vber. Vnd die erstin die obirkommen, wil ich morgin ein teil zu mir nemen vnd eylende an allis verzihin zu euch kommen. Vnde seit getrost etc. (sic). Gleubet das seine kon. gn. gar mechtiglich vff ist, vnd wil euch selbir gar forderlich zu euch kommen etc. (sic). Seine kon. gn. obir 12000 gutes folcks hat, so gut als die Behemen ymmer habin mogen. Geben zu Tierna am Donnerstag vor Judica des Sontagis in der fasten.

1468, Mart. 29 (Weitra).

Idem — an Bischof Rudolf in Breslau.

— Alhie mit schick ich e. g. eine abeschrifft des Vlrichen freiherren zu Grafenek vnd obirsten feldhauptmann in Osterreich geschrebin hat [1]), auch meinem sohne Jan, der mit jn im felde ligt. Vnd wenn mir die briff ouch von jn komen sein, zuhant ohne seumen hab ich den h. bischof von Olomüntz herrn stete vnd ander vnsir freunde besant, von der sache wegin, begerend an jn: das sie dem allirgnedigsten Römischen kaiser vnd seiner kaiserl. gn. landen hülff vnd beistant teten. Wenn ich mit meinem halse vnd mit alle den die ich zu hülffe haben mag, jn zu hülffe selber zihen wil etc. (sic). Dorumb gnediger lieber h. Es dewchte mich up ewrn fürstlichen gn. gefil vnde deucht, das alle fürsten, herren vnd stete, ritterschafft in

---

[1]) Dat. zu Egenburk, Sampstag vor Oculi 1468. vid. Gemeiner Regensb. Chron. III, 436.

Slesien, in Lusitz, in sechsstetin vnd alle ander vnser freunde, ap des grossir notturfft tete vnde not were, das sie alle bereit wern e. fürstl. gn. wolle sie mit besenden vnd das jn wissen thun. Geben ex Weitra feria 3 post (sic) dominicam Judica[1]).

(Scultetus, III, 229.)

440.

1468, Apr. 9 (Posonii).

Protas Bischof von Olmütz an den Legaten Rudolf, jetzt zugleich Bischof von Breslau: über den äusserst günstigen Erfolg seiner Sendung an den König von Ungarn, und den Anfang des Krieges gegen die Böhmen.

(Aus dem Ms. Nr. 1092 der bibl. Paulina in Leipzig.)

Reverendissimo in Christo patri et domino, D. Rudolfo, s. s. ap. legato ac almæ Wratislaviensis ecclesiæ postulato etc. domino nostro colendissimo.

R^me in Chr. pater et domine, domine paterque colendissime! Auxilio dei omnipotentis, gratia principis Matthiæ regis Ungariæ clarissimi ac suorum maxime prælatorum, qui intersunt consilio, adjutus, hanc rem dignissimam ultra etiam speratum his diebus Posonii existens perfeci; quæ quanta in commune populo catholico sit, ex copiis, quas mitto, pat. v^ra percipiet plenissime. Originale propter viarum discrimina mecum retinui. Fecit inter alia maj. sua de pat. v^ra mecum verba plurima; cujus maj^ti digna filio de patre carissimo retuli. Quare maj. sua omnino affectat, si dabit deus, Olomucz constitui, ut pat. v^ram videat. De qua re pat. v^ra jam avisata, si quoquomodo poterit, iter hoc non prætermittat, et suos animet, literas illis consolatorias mittendo, et cetera pro exercitu parare faciat. Nam fidelissimus rex umbra quadam suorum, quos præmiserat, hostes fidei Austria expulit, et die præterito hostes jam in domo sua existentes et sacrum gloriosissimæ virginis magna religione venerandum in Czneuma dioecesis meæ expugnantes, milite illo præmisso obruit, CCC interfectis, totidem captis, ceteris in fugam versis; et hodie suo pulcherrimo[2]) et castrorum regio apparatu ex Posonio iter in campos arripuit, hostes fidei nedum invadere, imo cupiens exterminare. His nunc sit v^ra pat. consolata. Ex Polonia, ut spero, non

---

[1]) L. fer. 3 ante dom. Jud. (29. Martii).

[2]) Supple: exercitu (16 millium militum, 2 millium curruum).

minora scribam. Valeat optime mei memor v^{re} r^{me} pat. Ex Posonio, sabbato ante palmarum, annorum etc. LXVIII°.

Prothasius episcopus Olomucensis.

441.

1468, Apr. 15 (Mistelbach).

Zdeněk von Sternberg an den Rath von Breslau: Nachricht von der Eröffnung des Krieges gegen die Böhmen von Seite König Matthias' von Ungarn.

(Aus Eschenloer's latein. Orig.-Exemplare.)

Zdenko von Sternberg, oberster burggraf zu Prag, der prälaten, fürsten, herren und christlicher gemeine, die in dem gehorsam des heil. vaters stehen, oberster hauptmann löbl. böhm. krone.

Den ehrsamen und weisen herren, burgermeister und rathmannen der stadt Breslau meinen besundern lieben frunden und nachborn, meinen fründlichen dinst in guten willen bevor. Ehrsamen und weisen herren, besunder lieben frunde und nochber! Von sölhen ewrm schreiben jez gethan, vast und hoch danke ich euch, als meinen lieben frunden. So fuge ich euch zu wissen, dass ich von gottes gnaden frisch und gesund bin. Auch lieben herren, hiemit schicke ich euch abschrift zweier brief, die ihr wohl vorstehn werdt, als dann auch der allerhochwirdigsten fursten und in gott vater herrn legato sr. gnaden zugeschickt han und weiter sr. gnaden geschrieben, werdt ihr vorstehn, ich zweifel nicht, es wird euch gezeigt. Und ich getrau euch und ganze hoffnung zu euch habe, ihr werdet euch also dorinn haben und halten; wenn euch ab gott will das und alles zu eime ewigen gedächtniss bleiben wird. Auch fuge ich euch zu wissen, dass Ungerisch konig sein gnad uff 8000 gereisig zeug hat und etlich tausend fussknecht; als ich dann alle mein tag sulch gut leute und wohl geharnischt beieinander nie gesehen habe; und hätte ich selbes nicht gesehen, ich hätte härtlich eime andern glaubet. Se. kon. gnad führt mit ihm am minsten 50 gross büchsen, haufnitz und tarrisbüchse, pulverpfeil, handbüchsen; wenn ich bei sn. gnaden in Pressburg gewesen bin und mit se. gnaden heraus an der Mittwoch vor Antlas tag (13. Apr.) in das heere das bei Znaim liegt, zogen. Die herren von Osterreich, die in dem felde wider die ketzere liegen, und mit ihnen mein sohn Jan, haben mehr denn 3000 gereisiges volks und etlich tausend fussknecht. Dorummu lieben herren ich hoffe zu gott dem herrn, wir werden erfreut in kurzer zeit, und dass ihr gute mähre hören werdet, von den ketzern, wenn wir uns mit hilf des allmächtigen gottes mit ihn' slahen werden. Ex Mistelbach, in magna sexta feria, anno etc. LXVIII.

442.

1468, Apr. 16 (Iglau).

Derselbe an seinen Sohn Jaroslaw: dieselbe Nachricht und Befehl, den Waffenstillstand sogleich aufzukündigen.

(Scultetus, III, 258, irrig zum Jahre 1469.)

Zdenko von Sternberg obrister hauptman (sic) zu Prage vnd obrister hauptman der prelaten vnd fürsten, herrn der kristenlicher sammenunge in dem gehorsam des h. vaters des bapstes Pauli II. steende der löblichen cron zu Behmen. Dem wolgebornen h. herrn Jaroszlaw von Sternberg, vorwesern der sechs land vnd stete, meynem liben sone.

Veterliche libe entpitte, liber son! Ich habe geschriben dem h. legaten seynen gnaden kein Breslaw, vnd zwu vszschriffte gesant habe, vnd dir alhier ouch sende. Denn du wol vorsteen wirst. Vnd meyne gäntzlich das seyne gn. dich vnd ander fürsten etc. besant hat, das jr dem abgesatzten den beyfriede abesagit, den er vns denn nye hat gehalden. Dorumb sage den frede abe, vnd andern ouch gebeut, das sie abesagen. Vnd nu in dem namen gotes, was jr vormöget, nicht sewmit zu zihen vnd rücken in das Behmische land. Wenn ich mit dem Vngrischen konige seynen gn. in dem felde lige vnd wider die kätzer zihe, der da bey Cznaym sich gelagert hat. Vnd wisse das seyne ko. gn. mehr hatt wenn 8000 pferde reysiges zeuges, viel Polen vnd Behmen vnd fuszvolck, soldener, grosse brechbüchsen, hauffnitzen, zrubnitze mehr wenn 50 uszgenommen hakenbüchsen etc. (sic) puluer on allen sroh etc. (sic). Vnd liber son, wenn ich das mit meynen selbirs owgen nicht gesehen hette, swerlich das ymanden glouben möchte etc. (sic).

Ouch soltu wissen, das ich bey seinen kon. gn. zu Preszburg gewest bin, vnd von dannen an der weiszen Mitwoch gezogen bin keyn Merherrn. Dy herren von Osterreich bey Cznaym ligen, vnd Jon mein son vnd deyn bruder mit jn, vnd haben bey 3000 pferden reisiges gezeuges vnd ein etzlich 1000 fuszgenger etc. (sic). Mich dünket das jr mit der hilffe gotis sicher in das land kein Behmen zihen mögit. Geben zur Iglaw, am Sonnabend vor Ostern.

443.

1468, Apr. 25 (Brünn).

Der Rath von Brünn an den von Breslau: über den Fortgang des Krieges zwischen den Ungarn und den Böhmen, die Einnahme von Martinic u. dgl.

(Aus Eschenloer's latein. Orig.-Exemplare.)

„Civitas Brunensis scripsit Wratislaviensibus in haec verba."

Hochweisen und ehrsamen herren, unser willig dienst bevor. Ew. weisheit schreiben uns gethan, bittende euch die gelegenheit zwischen dem christlichen heere vnd den ketzern zu vorkunden, haben wir wohl vornommen. Ezlich tag haben wir euren boten ufgehalden, uf dass wir ew. weisheit etzwas tröstliches möchten zuschreiben, aber es ist noch nichts sogethanes vorhanden, und wär' diesem boten zu lang zu beiten gewesen. Vielleicht ist nu ew. weisheit unverborgen, wie der durchlucht. furste und herre, herre Mathias konig zu Hungern uns allenthalben gehorsame der Romischen kirchen zu der werden' kron zu Behemen puerunde(?) in s. k. gn. beschirmung genommen und sich mit uns vorbunden hat, uns hulf und beistand zu thun noch alle seinem vermogen. Und doruff ist s. k. gnad heraus mit grossem volke gen Osterreich zogen wider die ketzer, und leit bei der stadt Laa, und zeucht ihm alle tag mehr volk zu, und spricht, ab es nicht genug sey an 30.000 mann, er wölle 40, 50, 80 bis 100.000 mann zu wegen bringen, als wider die turken, do denne nicht ein wenig kleckt. Auch meine s. k. gnode uns alle nicht zu lassen, so ferre ihm leib und gut wendet; und ihm soll kürzlich uff 18ᶜ (sic) mann kommen. Der gross kezer mit drei sönen leit zu Daiax, nicht viel weiter denn ein halb meil von dem Hungerischen heere, und hat viel volks und aus der mässe viel wagen; man sagt uns, er hab gereisigs volks nicht viel mehr denn 4000; fussvolk hat er viel, ader das meiste bloss (ploss) volk. Und härzern alle tage miteinander und thun einander schaden, ader die unsern thun den kezern grosseren schaden. Man sagt dass die Osterreicher und Hungern der kezer nu wohl uf 800 gefangen haben. Franz von Hag, des kunigs von Hungarn diener, hätt eine vesten eingenommen, genannt Martnicz, der von Znoym, dovon hiet er den kezern als bei 30 abgefangen; dornoch was er geritten zum konig von Hungern, und hiet mit ihm bracht als 200 pferd und aber sich an die kezer gemacht; dieselben ihn gejagt hieten unz uf Martnicz;

und das ist geschehen an dem nächsten vergangen Mittwochen. Zu hand ist ufgewesen der gross kezer mit der wagenburg und hiet sie umlegt und an sieben enden büchsen gelegt und hinein geschossen und ezlich erschossen und überhaupt lassen stürmen; zween sturm hieten sich die unsern erwehrt, also dass der kezer an der lägerstatt todt blieben seyn als uf 600; und dass sie nimmer kugel und pfeil hätten gehabt, da haben sie sich geben in ritterlich gefängniss, und haben ihr gefangen als uf 150, und 120 pferd genommen und die vesten verbrannt; aber die kezer haben die bemeldten gefangenen und pferde wohl bezahlt. Herr Zdenko von Sternberg schreibt uns, und andern unsern bundgenossen, nach begier des kunigs von Hungern, bei dem er im heere ist, dass wir den fried ufsagen söllen. Uns zweifelt nicht, se. gnad hat ew. weisheit und andern in Slesia, sechsstädten und Lusatzen desgleichen auch geschrieben. Man sagt uns auch, dass unser heiligster vater der papst im reiche den gottsdienste niedergelegt, unz dass sie alle zu diesen sachen thun. Wir hören auch, dass unser gnädigster herre der Romisch kaiser gar wenig an diesen sachen thue, desgleichen sr. kais. gnaden unterthanen, wann se. kais. g. zu Windischen Grätz ist. Zu diesem mol wissen wir ew. weisheit nicht mehr zu schreiben; würde aber hinfür was tröstlichs, soll ew. weisheit blieben unverborgen. Dat. Brunnæ fer. II, in die S. Marci evang. a. d. etc. LXVIII.

444.

1468, Apr. 25 (s. l.).

Jan von Wetly, dem edlen h. h. Heinrich Berke von der Dube, h. zur Leipen etc.

E. gn. thu ich zu wissen, das heute am Montage ein reitender bothe von vnserm g. h. dem konige zu der konigin kommen ist, vnd sagit diese new zeitunge, das der konig von Behem mit dem konige von Vngern ein endhafftige beteidigunge getroffen haben: vnd herr Zdenko mit andern herren vnd steten vnd jren helffern bleiben bey dem konige von Vngern. Vnd der konig von Behem etc. (sic). Vnd alsobald haben h. Vlrich vnd (Otto) Sparnickl Kolatz vnd Behmischbrod gewonnen an dem h. Kotzken etc.

(Einschluss eines Zittauer Briefes, dat. am Sonnabend ante Misericordias domini [30. Apr.], bei Scultetus, III, 231ᵃ.)

445.

1468, Mai 5 (bei Laa).

König Matthias ladet bei seinem Anmarsche gegen Mähren die Iglauer zur gemeinschaftlichen Beredung (in zwanzig Tagen) nach Teltsch ein.

(Aus dem Iglauer Stadtarchive.)

Mathias von gots gnaden kuenig zu Vngern, Dalmacie vnd Croacie etc. Den erbern vnd fuersichtigen mannen regierer, raat burgern auch vnd der gemayn der stat Igla. Vnsern grues. Im eingang gen Marhern vnd Behm ist vns engegen komen der gemayne feindt, vnd gemerckt, das er nicht hat muegen schaffen. Ist von weg getreten, darumb ist nott, das ding, vmb kristenlichen glawben vnd gemayner befridigung angehaben, mit ganczer macht eintrechtiglichen vorbracht werden. Dauon begeren wir vnd besuchen euch, mit ganczen vleis, das jr von hewt am zwanczigisten tag, aber so es gesein macht er, aber ye darnoch ein wenig yn die stat Teltcz komt mit all ewr macht vnd cziruug, tunnt mit sambt vns, was am nötesten vns bedungken wirt, wann zuuorbringen angefengte geschiecht, ist nott so baldest wir in ain komen, vnd all vnser fertigung zusamen brocht muegen werden, das sich vnd die vnsern mit raat zu hawff fuegen, anders als ir vnseren beischtandt gert vnd ewre gesundt in dem nichten tuet. Geben in vnserm nidersteigen awssen haymet yn Marheren nohenndt bey Lae, des andern tages noch vindung s hailigen krewtczs noch Christi geburt etc. LXVIII vnsers reichs XI. der krenung aber ym fumfften jare.

446.

1468, Mai 16 (Breslau).

Rudolf, Bischof von Lavant und Breslau und päpstlicher Legat, gratulirt den Bürgern von Olmütz zu dem Erfolge des neuen Krieges und dankt ihnen, dass sie die Polen in die Stadt aufgenommen haben.

(Orig. im Olmützer Stadtarchive.)

Den erbarenn wolweisen burgermeister, rathmannen der stadt Olomucz, vnsern gutten gonneren.

Rudolphus von gotis gnaden bischoff zu Lauant, gekorner zu Breslaw vnd böbstlicher legat etc. Vnser gunst vnd allis guth. Erbare, weise, gutte gonner! Wir haben mit frewden vorstanden dy geschichte widder vnser feinde geubet vftmals gelugzelig, die ir deser erbarenn stadt zugeschreben habt; got vorley euch ferrer heil, gelück vnd allis guth; sunder wir sein vor ettlichen tagen vnderricht, wy ir den ewren gestatet vnd vorhengit, das sy der geistlichen vnd clôster gutter, dorynne auch frome christglewbige sein, vbirczien, beschedigen vnd holdunge von en fordern vnd nemen, das vns so sere nicht vorwunderte, wenn dy ynwoner kettczer vnd vnser aller feinde weren, doraws vorwore nicht guttes, so dy herrn vom capittel auf yn dem loblichen bunde steen, bekemen vnd got den herrn irczornet vnd heil vnd gelug von euch gewendet mochte werden etc. Hirumb das wir vns ye diesen christlichen sachen vffrichtiglich vnd freuntlichen haltenn. Begeren wir bittende, wullet euch hirynne geborlichen halten vnd den ewren nicht zugeben, nach gestaten, das sye also dy geistlichkeit anfechten, drangen vnd beschadigen, sundir euch gar freuntlichen vnd eyntrechtiglich mitenandir vortragen. Wo da ketzer yn den dorffern der geistlichkeit sein, so sye nicht wullen zu dem wegen vnd gehorsam des heiligen Romischen stuls komen, so straffent sye, wollten sy abir sich irgeben in dy gehorsamen der heiligen kirchen, so helffent darzu, das sie yn den rechten glawben, czur tawff vnd ander ordenunge der cristenheit komen, do thuet ir eyn gross gotes werck; an sunderlichen ist vns vormeldet, wy ir dy Polan vormals bey Victorino am dinste gewest, vffgenommen hat, das vns zu moln wol gefellit, sunder so sie dem kegenteil gedienet vnd widdir dy cristglewbigen gestrebit haben, synt sy yn bobstlichen ban gefallen, das yn dy geistlichen bey euch vnd itczlich cristen mensch zu hertczen nemen vnd ire gewissen domethe besweren, so sie dieselbigen zu den amechten der messe sehen geben, vnd an em selbist wol zubetrachten ist etc. Bethen wir euch als sichs wol cristenlichen geboret, wullet sy alle anhalden, das sy demutiglich bethende darumb von den bey euch vffem thume wonenden, den wir macht gegeben haben, entpunden werden vnd dy geistlichkeit vnd ir alle iren gewissen gnug thun mogit. Geben zu Breslaw am Montage noch Sophie anno etc. LXVIII°.

447.

1468, Mai 17 (Olmunz).

Bürgermeister vnd rathman der stat Olmuntz ad sen. Gorlic.

Wellit wissen, das herr Dobesch als hewt hat vns ein brifl geschreben, mit einem inligenden zeddel von wort zu wort:

Wisset gewisse new zeitunge, das vnser h. der konig von Vngern hat Trebitz obirheupt gewonnen, vnd so her die stat awszgebrant, vil doselbst vorprand vnd erslagen sint worden, vnd der Victorin weret sich noch uff dem closter. Vnd also schreibit mir h. Zdencko, das man nu der gefangenen 1500 hat, vnd ich sein kön. gn. zu hülff itzund zeuch etc. (sic). Wellit dise briff des bischoffs gn. hinschicken etc. Dat. Olomuntz fer. 3 post Sophiæ, 1468.

(Scultetus, III, 231ᵇ.)

448.

1468, Mai 18 (Breslau).

Legat Rudolf an M. Joh. Frauenburg, Stadtschreiber zu Görlitz.

— Wir sein gesichert wurden durch brife, das der Jersik mit seinem here sey wedir gekort kein Praga, vnd das her vffbrenget manch tausent, zu vortreiben die vnsern von Polckenhain, vnd wil folck legen off daz schloss vnde in dy stat, zu hônen vnd zu mûhen das gantze land — denn mûhit euch vmb gotis willen keigen den ewern vnd dem h. Jaroszlaw von Sternberg vnd keigen den andern steten vnd auch kein den von (Nider)lusitz, das sie gäntzlich qwemen vns zu hülffe — sundir wir haben gesant eynen trefflichen man zu dem allirdurchl. konige zu Hungern etc. em zu erzelen den standt dieser lande vnd ewer, vnd zu bitten of das wir mochten obirhaben seyn der schweren reysze vnd bürde zu kommen zu seyner kön. m. Mercket doch vf das allirgroste, das der Jersik ist widergekorth keyn Prage vnd wil vns mühen vnd vexiren. — Dy ketzer seind itzund nicht weith von den vnsirn, vnd in $^{1}/_{2}$ tage aus Nochot vnd auch aus Franckensteyn (do der verfluchte Wolff der hewptman von Glotz andir wedirseczige bûfin sammelt) mögin kommen zu den vnsirn etc. Geben zu Breslaw an der Mitwoche noch dem Sontage Cantate 1468.

(Scultetus, III, 217ᵇ.)

449.

1468, Mai 19 (bei Trebitsch).

Mathias, rex Hungariae, ab Iglaviensibus auxilium ad obsidionem castri Trebicz expetit.

(Orig. im Iglauer Stadtarchive.)

Prudentibus et circumspectis viris rectori, consulibus ceterisque ciuibus et communitati ciuitatis Iglaviensis nobis dilectis.

Mathias dei gracia rex Hungarie, Dalmacie, Croacie etc. Prudentibus et circumspectis viris, rectori, consulibus ceterisque ciuibus et communitati civitatis Iglaviensis, nobis dilectis salutem. Catholicorum res agitur, que si communi voto viriliter sustentabitur, promoueri deo ipso propitio faciliter poterit, maxime, si Victorinus primogenitus Georgii de Podebrat dux cum uno fratre suo quos combusta ciuitate Trebijth in castro abbatie eiusdem loci inclusos sub obsidione tenemus, in dedicionem deduci poterit. Quamobrem ne dictus Georgius de Podebrat ipsos filios suos contra vota catholicorum eliberare valeat, vt proposuit, dilectionem vestram hortamur, quantum plus possumus, quatenus omnes equites et pedites vestros ad diem Sabbati nunc venturum huc in subsidium nostrum mittere velitis, acturi nobiscum ea, que in promotionem fidei necessaria communi consilio videbuntur. Hoc erit caput totius suscepti negocij, quod si viriliter aprehenderimus, deinceps, vt premisimus, facilius res catholica promoueri poterit. Secus ergo non faciatis. Datum in descensu nostro exercituali prope eandem ciuitatem Trebigh decima nona die mensis Maij, anno domini millesimo quadringentesimo sexagesimo octauo, regni nostri anno vndecimo, coronationis vero quinto.

Ad mandatum domini regis.

450.

1468, Mai 21 (Breslau).

Ratmanne der stat Breslow. Ad sen. Gorlic.

Von Olomuntz haben vns vnser fründe einen eigenen snellen bothen gesant, mit guter seliger zeitung als jr eingeslossen von worte zu worte wol werdet vorstehen etc. (sic). Auch thun wir euch wissen, das vnsir feinde das sloss Mönsterberg, das sie die zeit des frides mit grosser müehe vnd kost gebawet vnd zur were angericht hatten, am nehst vorgangnen Donnerstage zu nacht grüntlich auszgebrant, dovon allis gerethe, gezeuge, speise, pfannen etc. abgefürt uff Glatz etc. (sic). Dorusz wir wol vorsteen mögen, das is jn nicht geet wy sie wollen etc. Wir haben stetis warnunge, sie sulten sich sammeln vnd Polckenhayn retten etc. Wir hoffen got wird is nicht vorhengen etc. Geben am Sonnabend vor Vocem jocunditatis 1468.

(Scultetus, III, 231b.)

451.

1468, Mai 28 (uff der Harte).

M. Johannes (Frauenburg) statschreiber ad sen. Gorl.

Wir werden heute alle alhy vor der Zittaw vorharren, dorumb denn gebethen haben meynes g. h. herzog Hinrichs lewthe vmb müdigkeit wille der pherde vnd leuthe etc. Dy von Bebyrstein legen noch eyn der stadt zur Zittaw, vnd als ich vorstehe, weldens gerne den zog obir das gebirge abewerffen, deszgleichen ettliche manne etc.

Nechten spethe sey wir in den rethen gewest mit herzog Hinrichs leuthen, seyn sy vnd wir im felde alle willigk obir das gebirge zu zihen. Vnd weiss noch nicht anders, denn das sie morne vor tage sich obir das gebirge alle irheben werden.

Herr John von Hazenburg hat hynt in der nacht by vns botschafft gehabt: das am negsten Dinstage der abgesatzte kätzer von Podibrat, seynem sohn zu rettung gezogen sey, vnd das keyne sammelung droben ist, vnd fordert vns e besser in Behemen. Vnd er ouch einen trefflichen reisigen zeug uffgenommen hoth, in meinung sich zu den vnsern im felde zu fügen.

Der haubtman von Wartenberg kommet itzund zu vns, vnd ist gewest bey dem jungen Smiritzken, der denn bey dem Girsigk dy zeit im heere gewest ist, vnd hat em gesaget, das eyn der niderlage, do man von saget, by 3000 im felde blebin sint. Ouch hat er em gesaget, das der konig von Hungern gewiszlich by 11000 reisiger gutter lewte halte, vnd leit vor dem Victorin zu Trebitz. Vnd seine kön. g. ist synt gestercket durch den bischoff von Gran, Siszgraw vnd Fristetzke etc. (sic).

So ist der abgesatzte auszgezogen von Podiebrat am negsten Dinstage zu rettung seynem sohne. Sol bey 10000 fuszknecht haben. Vil behmische herrn jm nicht zihen wöllen. Got füg es mit en als sihe vordynet haben etc. (sic).

Würden sy heute beschlissen obir das gebirge zu zihen, welde ich mich uff den abend zu euch fügen, sonst wil ich harren biss sie auffbrechen morgen frühe.

Er Duptzki hat an vns gesand vnd begert frede 14 tage ader so lange wir wellen. Dy von der Leype seyn auch by vnden, meynen etliche bey den kirchen zu bleiben.

Hy begeben sich mancherley aussetze vnd reden: dorumb sehr noth ist, die zu besorgen. Ich vorstehe das gifft methe gehet. Got behütt vns alleyne vor vorrethnis vnd fewer, so werde wir mit der hülffe gottes wol stehen. Geben eilende im felde uff der Harte an der Gebelischen strass, am Sonnabend nach Vrbani bey der Zittaw.

(Scultetus, III, 221b sq.)

452.

1468, Jun. 2—5.

Briefliche Nachrichten über die Kämpfe bei Turnau.

Bartolem. Hirsperg, Hanns Sneider, Niclas Hofeman, ad sen. Gorlic.: „Wir fugen uch wissen, das wir an dem nehsten Dornstage sein kommen umb den mittag vor Turnow. Do ist vns der von Michelsberg persönlich zu ross und fusse vnd wagin entkeygin gezogen und hat Turnow wollin rettin. Das seind vnser hofeleut jnnen worden, das er nicht mocht fortkomen vnd sich in seyne wagenburg geslagen etc. (sic). Musten vber ein grosses wasser swemmen, die fuszknecht off den pherden vberbrengen, vnd ere wagenburg harte gestormet, desz sie sich jrweret haben, das der vnsern 22 uff der walstatt bleben vnd vil harte vorwundt etc. (sic). Sie samlen sich sehr alle stunden, dorumb wir rothes wurden, am Sonnabend vor Pfingsten etc. (sic). Rutzel von Baret ist todt vnd Jorge von Reuchersdorf etc. gar sehr vorwundt etc. (sic). Gegeben vor Turnow hora 2 am Freytage vor Pfingsten (3. Jun.).

(Scultetus, III, 221b.)

Iidem ad senatum Gorlic., dat. in dem felde vor Turnaw am Pfingstage (5. Jun.): „Wir fügen uch wissen, das wir am Sonnabende (4. Jun.) vor Pfingsten haben die stat Turnow zu grunde auszgebranth vnd vil ander dorffer eine meyle oder zwo vmbe lang auch allis vorbranth, das ein gross jemmer in dem lande ist. Auch wissent lieben herren, das sich die kätzer starck sammeln. Sy legin mit einem heere nicht weit von vns. So haben sy auch ein heer vor Königgretz nicht weit von Turnaw. Das wir meinen an das gebirge wedir zu rücken, vnd do eine weile harren. Wir sendin ouch etliche leuthe dy do vorwunth woren in dem storme: wenn sy vns nichts nütze in dem heere seint. Auch seind vns etliche pfert jrschossen etc. (sic). — Herr Hase vns vnderricht hot, das der Jersick aber grossen schaden genommen hot von dem alden h. v. Sternberg in die Ascensionis etc. (sic). Gegeben (ut supra).

(Scultetus, III, 222^{a}.)

Iidem eisdem, dat. im felde $^1/_2$ meile von Turno, am Mitwochen zu nacht hora 3 vor Pentecostes: — „Wir fügen uch wissen, das wir an dem nehsten Sontag obir das gebirge sein gezogen, gar mit grossen sorgen, vnd gar böse tieffe wege gehabt etc. (sic). Vff Mitwoch gar spete uff dy walstat $^1/_2$ meile von Turnaw kommen sein etc. (sic). Wissen noch von keyner sammelunge inn dem lande wider uns etc. Wisset das wir grossen gebroch von brot vnd bier haben etc. Dat. im felde $^1/_2$ meile von Turno, am Mitwochen zu nacht h. 3 vor Pentecostes.

(Scultetus, III, 223^{a}.)

453.

1468, Jun. — Jul.

Notizen über den in Mähren geführten Krieg.

(Ausgezogen aus Eschenloer's latein. Autographe in Breslau.)

Fol. 423—424. Jun. 1 (fer. IV ante Pentecostes) ex campo ante claustrum Trebicense, Zdenko de Sternberg: — König Matthias hat Sonnabends vor Cantate (14. Mai) Trebič in Grund ausgebrannt. — Victorin ist im Kloster begriffen mit den besten Leuten, die sein Vater gehabt hat. — Gindřich sein Bruder kam mit einem Heere zu Hilfe, war aber zu schwach; daher kam gestern König Georg selbst mit einem andern Heere seinen Söhnen zu Hilfe; wir liegen nicht weit von einander. — Dann werden wir mit König Mathias ganz bis Prag ziehen. — Viel Herren von Böhmen, Mähren und Österreich sind dem König Matthias zu Hilfe gekommen und kommen noch alle Tage. Auch etliche mächtige Herren, die vorher gegen uns waren, haben sich verschrieben dem König Matthias, nicht gegen ihn zu sein, — namentlich Gindřich von Krumau, Marschall, Heinrich von Vettow, Jaroslaw von Meziřič, Hynek von Židlochow, beide Herren von Ostraw und andere Herren und Ritter.

Fol. 424. Jun. 13 (Montag nach Trinitatis), der Stadtrath von Olmütz: — Das böhmische Heer hat sich gerührt am Donnerstag (9. Jun.) zu Mittag und zieht gen Böhmen. — Die auf dem Kloster wehren sich noch.

Fol. 424—425. Jun. 17 (fer. VI infra octavas corporis Christi), der Stadtrath von Brünn: — Victorin ist in der Nacht von Pfingstsonntag auf Montag (5.—6. Jun.) mit etwa 400 Mann seiner besten Leute vom Kloster Trebič davon gekommen. — Am nächstvergangenen Mittwoch (15. Jun.) zogen die anderen Dienstleute, die noch dort geblieben waren, nach einem Vertrage von dort ab; sie sollen in vier Wochen wider König Matthias nicht dienen.

Fol. 425. Die 4. Jul. juvenis D. Johannes de Sternberg circa Telcz magna clade affecit hæreticos, 250 interfecit, 300 cepit, pluribus in piscina submersis, omnesque eorum currus obtinuit.

Fol. 426. Jul. 13, dat. Olomucii, Protasius episcopus: Rex Matthias obsesso castello Spilberg iter Olomucium versus agens, — tres munitiones satis fortes cepit — Buczowicz, Morkowicz et Brodek — quæ poterant ex Austria ferenda impedire victualia. — Aliquibus baronibus Moraviæ — ob certos et nobis utiles respectus treugæ sunt concessæ, ut interim alii eo melius valeant castigari. — Postea rex Matthias — ad eo loca dejicienda, quæ ex Ungaria commeatus impedire possent, se contulit, et aliqua jam cepit, et die dominico mox venturo (17. Jul.) recepturus est arcem et alumnam perfidiæ districtus illius Brodam Ungaricalem, oppidum ob scelera sua notissimum.

Fol. 426 v. Jul. 13, dat. Olomucii, Zdenko de Sternberg: — Ille prætensus (R. Georgius) exercitum suum omnino distruxit ex hoc, quia secum homines et bellatores sui manere nolebant; ubi tunc multa damna ex castris et civitatibus meis et amicorum meorum ipsis illata sunt.

454.

1468, Jun. 6 (Froweberg).

Kriegsnachrichten aus Mähren.

(Scultetus, III, 225.)

Hutman uff dem Frowenberg, dem ersamen weysen Frechten von der Zitten meinem gutten freunde.

Wisset das der Jersigk von Podiebrat hette ein hehr von dem berge auszgericht, wider den vngerischen konigk. So sind sie dargezogen dieselbige woche ken Strebitz, da der konig von Vngern leit an der stat vnd hy ussen das closter ganz vmbzogen hat mit seinem volcke vnd habens gar vmbzeunet. Auch so haben sich die

Vngern vorm closter vorgraben etc. (sic). Da hat der konig von Vngern gesprochen etc. (sic) her wil noch in 4 wochen seyne bauer auffwerffen vor Prag. So seind die Behmen zu den Vngern zu storme gegangen, do die Behemen trefflich schaden genommen vnd seind wider heim gezogen. So haben sie wider zwo wochen off dem berge in dy herfart müst zihen, also das sie wider ken Strebitz gezogen sind, vnd wellen ye den Victorin retten, das dann nicht konnen volenden, denn die Vngern nicht uss den greben vnd bastein zihen. Auch so hat der Victorin 3000 man uff dem closter, also das vor hunger sich nicht wird konnen lange halten etc. (sic). So sitzen die Behmischen herrn die neben dem konig seint, gar stille: der Tirtzko ist kranck, der Kosteko ist auch kranck uff eine beschönunge, vnd der von Roszenberg hat sich auch kranck gemacht, vnd hat in seinem lande vorboten, das nymand sol zur herfart zihen etc. Also das der Jersigk allein die stete in dem velde hat vnd die ander lantschafft, vnd leith selber zu Pölen, vnd das heer leit off jener seiten der Ygeln. Vnd was man den Behmischen wil zufüren, das nemen dy Ygeler, das man ein broth im heere musz vor 3 gr. keuffen, das off dem berge 3 hell. gelt etc. Dem vngerischen konig kommen erst die wayne vnd das fuszvolck etc. So gehet es den vnnsern gantz wol, denn nū am Sonnawende haben sie Tornaw uszgebrant, vnd zihen an der Yser hin, vnd nymand wider sy ist denn der von Michelszberg der dann 3000 man pauren hat, gantz vurzaget. Geben off der Froweberg, fer. 2 Pentecosten (Jun. 6).

455.

1468, Jun. 10 (Neyse).

Niclas Amelung an Hanns Kiseling zu Gorlitz.

— Allhie ist das land am Dinstag 8 tage (31. Mai) obirzogin vndir dem gebirge vnd sere vorterbet mit brande von dem ketzir Tonckel von der Hoenstat, von dem von Ewlinberge vnd eren helffern. Also worn wir uff mit macht, vnd zogen en noch, do entgyngen sie vns in das gebirge, obnyk Jawernyk, do qwomen dy vnsern an sie vnd slugen sich mit en, das dy ketzer dennoch grossin schadin nomen. Wenn wir hattin sy ym felde bestricket etc. (sic). Sy hatten bey 1000 trabanten vnd me wenn 100 pferde vnd 100 wayne, sy hatten 3 hawfnitzen mete. Vnser bleben 4 todt vnd etzliche worn wund. Wir haben jr dennoch bey 24 gefangen. Der ern ist zu dreymoln mer tod blebin wenn der vnsern etc. (sic).

Der könig von Vngern leit noch vor dem clostir Trebenitz, do hot her den ketzer Victorin vmlegen mit grosser macht. Gestern qwam her Beckensloer aus den here geretin, der sagete das jr wol 2000 uff dem clostir sint etc. (sic). Der alde ketzer leit nicht ferre von des könig von Vngern here, vnd welde gerne seyn son retten etc. (sic). Der ketzer gebe sich gerne in ein ritterlich gefengnisse, her wil seyn nicht uffnemen etc. (sic). Der könig von Vngern hat bey 15000 reisiger pferde, so zewt jm tegelich mer folk zu etc. (sic).

Is gehet den Olmützern vnd Brünnern von der gnodin gotis wol kein den ketzern, sy sloen sich tägelich mit en. Oder dy vom Radisch dy schissen tegelich in dy stat Olmüntz, deszglichen auch dy vom Spilberge in dy stat Brünne etc. (sie). Geben zur Neyse am Freytage vor Viti, 1468.

(Scultetus, III, 242ª.)

456.

1468, Jun. 17 (ante Trebicz).

Zdenko de Sternberg Rudolpho episcopo Wratislav. etc.

— Noverit R. P. V. ser^{mum} D. regem Hungariæ applicuisse in Trebitz, et manu armata capto castro (Ms. capta castra), movisse ad castrum Spilberg supra Brunnam, ubi instructis arietibus et machinis, auxilio dei asylum illud hæreticorum et arcem demoliretur. Quapropter P. V. operam det, vt quantocius gentes bellatorum ad suam serenitatem veniant etc. (sic). Dat. ex castris ante claustrum Trebicz, feria sexta infra octavas corporis Christi, 1468.

(Scultetus, III, 244ᵇ.)

1468, Jun. 18 (ibid.).

Hilarius, Dechant von Prag, an denselben.

— Er sei von dem päpstlichen Legaten Bischof zu Ferrara ins Lager geschickt worden. Er klagt dabei sehr, dass dem Könige von Ungarn Niemand zu Hilfe komme, und bittet den Legaten zu sorgen, dass es anders werde. Dat. Sonnabend nach Viti.

(J.-G. Klose Gesch. d. Hussit. p. 196.)

457.

1468, Jan. 19 (bei Trebitsch).

Protas, Bischof von Olmütz, an den Legaten Rudolf nach Breslau: Nachrichten aus dem Kriegslager des Königs von Ungarn.

(Ms. der Leipziger Universitäts-Bibliothek, N. 1092.)

Reverendissime in Christo pater ac domine mi pater carissime! Post sui ad vota commendationem. In castris regis Trebicz prope existens habui literas pat. v^{rae}, quæ aliqua inter alia de Polonis continent et D. Hieronymi mentionem, qui nusquam comparuit. De Polonis vero pat. v^{ra} nunc aliquantulum sileat; nam hic veniens reperi unum ex cubiculariis regis Poloniæ, cum literis, quibus petit a me et aliis baronibus oratoribus suis salvum conductum, et per medium nostri a rege Ungariæ, protectore nostro; qui cum literis expeditus redit. Tunc etiam supervenit venerabilis pater D. Hilarius orator noster, et a r^{mo} D. Ferrariensi, qui nunc cum Caesare constitutus est, regiæ majestati literas attulit, quæ ipsum regem laudibus in coelum efferunt, et in fine, si maj. sua optaverit, in præsentiam ejus se conferre velle. Deliberavit igitur rex ambasiatam ad Caesarem mittere solennem, quæ Cæsari aliqua „juxta conventa non satisfit“ dicat, et ipsum D. legatum ad præsentiam maj. suæ conducat. Quid ex his sequetur, eventus docebit; nam ipse D. Ferrariensis super articulis per nos Wratislaviæ consignatis habet plenissimam informationem et facultatem. Audivit, non dubito, dudum pat. v^{ra} initia bellorum fecundissima; ex quibus huc usque nihil aliud secutum, quam captio illius monasterii Trebiczensis. Quo jam nostris locato, et ei satis proviso, missis insuper in subsidium Iglaviam et ad alia loca filio domino de Stellis quadringentis equitibus et totidem peditibus, qui videntur sufficere ad loca tuenda; crastina die movebimus castra versus Spilberg, quod castellum vallabitur; deinde procedemus Olomucz, ad obpugnandum illud monasterium, et Sleziæ exercitu nobis juncto, intentio ser^{mi} regis est ire Pragam usque. Nam hostes ecclesiæ gratia dei populum suum adjuvante multo nobis existentibus sunt inferiores. Timet tamen maj. sua et nos omnes, cum hoc iter coeptum prosequemur, pati exercitum defectum non modicum in victualibus; quare iter aliud faciendum est prælectum; et ibi Tunkel et Kostka spero castigari in eodem. Postquam igitur pat. v^{ra} intelliget optimi et fidelissimi regis animum, curet et ipsa pro posse, ut exercitus vester sit paratus, cum quo et pat. v^{ra} r^{ma} oro veniat. Optat enim et idem rex ipse, et exercitum et adventum pat. v^{re} Olomucii præstolabitur. Quam sanam altissimus conservet. Alia nunc non occurrunt. Ex castris prope Trebicz, XIX. mensis Junii, anno etc. LXVIII°.

Prothasius etc. R. P. V. filius m. ppr.

458.

1468, Jan. 24 (s. l.).

Dr. Martin Mayr an den Zderazer Propst Paul, Secretär König Georg's: Klage über des Königs fortwährenden Ungehorsam gegen Rom.

(Ms. Sternb. p. 516—519.)

Exacto tempore, Paule utinam honorande! tres a te successive accepi epistolas, in quibus primo mutationem meam incusas, et me ex inconstantia Petro adæquaris; deinde me ad Boëmos reversurum et fratres cum Petro conversurum speras; et ultimo loco mihi eventum bellorum et fortunæ novitates significas. Et quamquam ex patientiæ præcepto decreverim his verborum tuorum asperitatibus non respondere, sed eas potius ferre, quam referre, tollerare quam facere, ne injuriarum ultor: sed cum hæc scripta tua a veteri amico mihi designata existimem, ideo quæ mente concepi, ne crucient, quantum præsentibus sufficit, aperire statui. Valde enim concedit animum vulnus inclusum, cum quanto plus clauditur, tanto plus adaugetur. Non inficior me ordini et consilio domini tui ascriptum fuisse, et sibi multa fideliter persuasisse, quæ non ad divisionem neque scissuram sanctæ matris ecclesiæ et fidei nostræ catholicæ, sed ad unionem et incorporationem ipsius tendebant; testes sunt ipse et tu, testes sunt dicta et persuasiones meæ multiplices sibi scriptis exhibitæ, et ut credo hodie in archivo ipsius reconditæ; non tamen ideo me suo servitio collocavi, ut cum ipse ab obedientia Romanæ ecclesiæ declinaret, quod ego, qui sub obedientia et conformitate ejusdem natus et enutritus sum, secum concurrere, fidem meam et sanctum Romanam ecclesiam relinquere, ut tamen una secum pari poena constringi deberem. Hoc enim in fidelitate mea sibi præstita actum non fuit, nec in vim generalium verborum juramento consiliariatus adjectorum venit, cum nec incogitata, nec illicita, nec juri divino adversa in hac generalitate comprehendantur nec intelligantur. Qua ergo ratione me Petro adæquaris, qui in fide mea non vacillavi, sed eadem prout cepi continuavi? qua de causa me inconstantem appellas, qui nullis inconstantiæ signis notatus fui? Cur denique dicis te constanter perseverare velle in re fidei adversa et omni jure vetita? Sed sunt plerique, qui usque adeo in tenebris atque in nocte cæca diutius consederunt, ut exui ante acta vitia posse non credant; nam cum alta et profunda radice longoque senio illorum vita obduruit, et diuturna vetustate inolevit, hæc omnia difficilia, immo impossibilia pro suis moribus opinantur; impudicitiam enim pudicitia posse immutari non arbitrantur. Quapropter etiam recte facta ex suis opinionibus metientes, pejorem in partem quæque interpretantur; quarum cæcitatem, cum de se loqueretur, qui fuerat quondam et ipso animo cæcus, beatissimus et eloquentissimus martyr Cyprianus Carthaginensis episcopus, quodam loco scriptorum suorum elegantissime fortissimeque refellit et retrudit. Et propterea, mi Paule, non decuit eruditionem et prudentiam tuam mihi rem licitam et justam imputare et adeo in sinistram partem accipere. Nec denique possem ista ab homine literis imbuto, ut tu ipse, mea sententia, is es, non odiose accipere, nisi te veterem meum verum amicum agnoscerem. Quamobrem, ut tu falsa opinione non fallaris, nec temerario judicio pericliteris, nec reliqui, ad quorum manus literæ tuæ pervenirent, forsitan auctoritate tua territi mihi maledicerent, vel suspicionem aliquam adversum me saltim rationabilem conciperent, offero me, si gratum tibi erit, ad singula capitula tua respondere, innocentiam et excusationem meam luce meridiana clariorem reddere, et vel errorem vel malivolentiam tuam adeo detegere, atque illa colligere, ex quibus edocebitur, quod omnia, quæ allaturus sum, ita clara sint et lucida, ut magno mirum esse videatur, dominum tuum unacum magistris tuis et te adeo obscure in veritate ambulare et ab ea tam pertinaciter declinare, et his præcipue, qui vulgo sapientes reputantur, seu docti sunt et literas degustarunt. Summmopere sperans, quod ipse et tu, vel auditis vel lectis eis quæ scribam, ipsorum haustu ac potu conceptam visceribus sitim sedent ardoremque restinguent; eruntque eis omnia facilia, prona, manifesta, modo ne pigeat ad percipiendam veritatis disciplinam legendi vel audiendi patientiam accomodare. Eja igitur, amantissime Paule, humanitati tuæ loquor non viciis, oro et affectuosissimo studio supplico, ut oculos retro vertas, te ipsum noscas et ad veram obedientiam Romani pontificis ac ad unionem et gremium sanctæ matris ecclesiæ effectualiter revertaris. Vincor enim lacrymis, conpungor stimulis, hæc de domino tuo et te audire; multum miror ipsum et te tam audaces esse, ut conscientia vos non terreat, ut obliti majorum et prægenitorum vestrorum, obliti dignitate regali, obliti liberorum, quorum nomen eo modo cum sonitu peribit, obliti ecclesiam Romanam, præsenti terribili bellorum discrimini vos submittitis, unde et fructum confusionis profertis, ac finem sævissimæ mortis et interitum sempiternum exspectatis. Et quidem si vobis solis damnum faceretis, tristitia esset, sed forsitan aliquantulum tollerabilis; nunc quoque quantas animas vetitis suasionibus saucietis, quantas de proposito suo poenitere faciatis, quanta labia fidelium inquinentur viam domini blasphemando, tibi noto notius est. Ecce jacetis prostrati, jacetis animo pulverati, cupiunt multi, qui erant amici vobis prodesse, sed non possunt subvenire, quia infirmitas vestra omne humanæ medicinæ auxilium exclusit. Convertimini igitur ad dominum, et ipse convertet ad vos; sic conversus David justificatus, sic Ninive illa civitas incumbentem sibi evasit interitum. Peccator igitur, qui sibi non pepercit, illi parcetur a deo. Grandi plagæ alta et prolixa opus est medicina. Cogita, quod dominus tuus duo crimina in uno scelere dicitur perpetrasse, et hæresim utique et sacrilegium; hæresim plane ex sententia papæ, quia hæreticis consilium auxilium et favorem præstitit. Sacrilegium, quia non fundatis suis epistolis, hinc inde jam dudum emissis, papam suspectum dixit, processus sanctitatis suæ tanquam iniquos impugnavit, et eis non parendo, rebellionis spiritum assumpsit. Hæc ergo tecum cogitans et mentem congrediens judex tu ipse esto crudelior. Et proinde iterum atque iterum oratum te velim, ut unacum domino tuo sanctorum auxilium petas, consortia rebellium derelinquas et saluti animarum et corporum perspicias. Nec ipse dominus tuus sibi de multitudine peccantium blandiatur et dicat, non solus egi, parentum vestigia sequor, multos socios habeo: sed cogitet, quod non minus ardebunt, qui cum multis ardebunt, nec relatione criminum, sed innocentia reus purgetur. Quod si ambo feceritis, tunc vobis vita beneficium erit; alioquin mors est, et turpis quidem, inter foeda versantibus. Explicandi sunt animi vestri, et quæcunque bona apud illos deposita fuerint et occultata, excutienda, ut parata sint, quoniam jam usus exigat. Quid enim prosunt domino tuo et tibi omnia vota mortalium et beneficia transitoria, quæ vobis a Bohemis his, qui papæ adversantur, sponderi et dari possent, cum ista nullum in beata vita momentum habeant, nec in hoc seculo stabilia sunt, sed ultro citroque fluunt, quin immo jugiter dilabuntur. Nam nunc aliqui ex vestris occiduntur, alii fame peribunt, nonnulli igne cremantur, carceri traduntur, agri inculti dimittuntur, oppida, castella, et loca devastantur et depopulantur, ac in dies peribunt nec alii reviviscunt, nec auxiliatores et stipendiarii succedunt: deficiunt redditus, tollitur obedientia, omnis tranquillitatis ordo confunditur. Non sufficit domino tuo, quod pacem in regno indixit, justitiam quodammodo novo plantavit, nisi eadem firmo fideli et constanti animo conservasset et provinciam suam malis moribus, sicuti in coronatione sua jurejurando firmavit, expurgasset. Discutiendum igitur est, quod ignis validus in regno et dominiis adjacentibus accensus mature gubernetur, ne flammas suas extendat et vos omnes perditum iri cogat. Quid enim revelaret in regno laudabile initium fecisse, nisi certa custodiretur; hæc enim sunt robusta, illa autem diuturna, quæ prudentia incepit et cura custodit. Vides et continuo intelligere incipis, quod Christicolæ contra vos in dies crescunt et augentur, nec multum refert, si qui gladio cadunt, cum semper unius in locum duo aut plures surrogentur. Testis est rex Hungariæ, testes sunt Australes et multi alii cruce signati; nec aliud opinandum erit, quin plures numero et tandem quasi omnes Theutones contra vos insurgent et in vestram totalem destructionem tendent, sicuti admonitiones tibi superiori tempore amice et caritative factæ nunc experientia edocente testantur. Quid ergo est, quod vos moveat, ut salute animæ neglecta, adeo corpora, famam, bona et res vestras periculo exponatis, nec de salubri et felici remedio cogitatis, in quo ego et multi alii vobis apud maximum pontificem adessent, dum vos effectualiter ad veram Romanæ ecclesiæ obedientiam dispositos et non verborum duplicitate accinctos agnoscerent. Præterea præsentium exhibitor, qui domini mei ducis Ludovici subditus et a nonnullis Bohemis captus, bonis suis spoliatus dinoscitur, quemadmodum ab eo plane accipies, mihi fidelis inservitor jam longo tempore exstitit. Ideo precibus preces adjiciens deprecor obnixe, ut pro liberatione sua et redditione bonorum suorum id agas, ut mea intercessione agnoscat se fore promotum. Ipse enim nec cruce contra vos signatus, nec stipendio astrictus fuit, nec quid aliud egit, quo causam aliquibus eum capiendi præstaret. Vale et spiritum obedientiæ indue, et te si placet reciprocis literis absolve. Datum ipsa die sancti Johannis Baptistæ, anno domini etc. LXVIII.

Martinus Mair doctor etc.

459.

1468, Jul. 8 (Olomuc.).

„Novitates, quas scribit D. Alexius canonicus Olomucensis rev^{mo} D. Rudolpho episcopo Wratisl. A. S. L."

Die solis proxima, quæ fuit tertia Julii, dominus meus Olomucensis, ex Polonia jam pridem reversus, a præsentia ser^{mi} regis Hungariæ protectoris nostri victoriosissimi una cum rev^{mo} D. Quinqueecclesiensi, D. Zdenkone de Stellis, ceterisque magnatibus Hungariæ nationis civitatem hanc Olomuc. feliciter ingressus est etc. (sic). Unde post illam Trebicensem deditionem, fugam quoque Victorini, quem fortasse divina voluntas majoribus angustiis reputavit, ser^{mus} rex Brunnam veniens, apud et contra castrum Spilberg obsidione firmata, versus Olomucz proficiscens, hæreticos de prope quos reperire potuit, ac arces eorum quorumdam subegit, quorum(dam) in deditionem accepit, Buckaw fortiter et vi obtinuit, Brodel locum munitissimum igni dedit, bona illorum de Radeschaw [1]) ac aliorum vastavit plurima etc. (sic).

In crastino mane, h. e. quarta Julii, apparuit in distantia unius milliaris etc. (sic) exercitus validus Hungarorum et potens, qui ibidem biduo manens, tandem contra monasterium Radisch nunc speluncam latronum castrametatur, ubi cotidiana exercitia practicantur.

It. quinta Julii venerunt oratores Poloni Hostrorog, Dubantzky et quidam tertius grandævus. Qui etsi priora ingenia practicare coepissent, omnia tamen illorum firmamenta(?) evacuata ceperunt, et optimo eis responso dato, absque ullo impetratu pro hæretico recesserunt etc. Anno 1468, die VIII. mensis Julii.

(Scultetus, III, 244^{b}.)

460.

1468, Jul. (s. d.).

Kriegszeitung aus Böhmen und Mähren.

(Scultetus, III, 262—263.)

Lieber herre, alhy schicke ich uch eyne zedil der newen gezeyten, dy sich begeben haben zwischen vnserm gnedigen h. dem konige von Vngern vnd zwischen meynem gn. h. Sdenigken von Sternberg

---

[1]) „Thabeschaw" nomen correctum in „Radesch".

uff eyne parteie: vnd uff der andern parteye zwischen dem abgesatzten Girzig:

Das her sich gesamlet hat mit 800 sensin, vnd hat wolt das getreyde abehawin vor der Igil, vnd obir en hat lassen halden mit 2000 reysige pherden. Dess ist inne worden vnser gn. h. der konig von Vngern vnd mein gn. h. Sdencko von Sternberg, vnd haben hofeluthe hie eingeschicket keyn der Igla 4000 pherde vnd etzliche anzal fussknechte. Vnd als sy hatten das getreyde angehabin zu hawin vor der Igil, do schickten sy usz der stat hinawsz 1000, das man es en weren sulde, vnd die andern hofelüthe in gereitschafft hilden. Vnd do dy usz der stat quomen 6 gewende, do brach der halt des abgesatzten vnd wolden dy stat vorrynnen, vnd wolden dy 1000 pherde ussen behalden. So das ersahen meynes gn. h. des koniges von Vngern vnd meynes gn. h. Sdencko von Sternberg lüthe, do folgenten sy vnd ranthen zur stat uss zu rosse vnd zu fusse, vnd leiten sy nedir vnd alle dirsloen vnd gefangin, ap ir bey 300 darvon quomen sin. Das globit sey der almechtige got.

Ander gezeyte sullet jr warhafftig wissen. Das der abgesatzte Gersigk von dem felde entronnen ist, mit alle seynem heere, vnd nu an dem nehstin Sonnabinde personlich keyn Prage kommen ist, mit seynen zween sonen Victorinen vnd Gindersigk etc. (sic).

Das der abgesatzte hat uffgeboten vmb vnd vmb in dem lande, vnd samlet sich, vnd wil gedencken wider die crewziger, dy mit h. Frideriche von Schönenburg hin in gezogen sint, dy dann bey Schlagkenwerde legin vnd dieselbige stat innehabin. Vnd h. Wentzel Slig vom Ellebogen hat das creutz zu sich genommen vnd leit mit en im felde etc. (sic).

Auch ist mir botschafft kommen, das die creutziger haben 6000 fussknechte, vnd die reysigen haben 150, wenn sie zihen teglich zu en.

(NB. Scultetus hat dies Stück zum Jahre 1469 aufgenommen und schrieb am Rande dazu „im Julio M.“ — Copia „der herrn von Budissen so sy an die von Gorlitz bracht“.)

461.

1468, Jul. 22 (Neuhaus).

Johann von Sternberg an seinen Vater Zdeněk: über den von ihm bei Wodnian erfochtenen Sieg.

(Aus Eschenloer's latein. Orig.-Exemplar f. 378.)

Sönlichen gehorsam empiett ewrn gnaden, wolgeborner herre, herre mein gnediger vater! Ewr gnaden gesunt und wolffart höret ich alleczeit gerne.

Ich lasse ewr gn. wissen das wir vns von gots gnaden alle wol gehaben vnd gesunt sint, vnd vnsire feinde haben wir nidergelegt mit namen die von Wodnian vnd awsz demselben craisz, wenn e. gn. geruch zu wissen, das der herre vom Newenhaws vnd ich haben vns gesamelt zu rosz vnd zu fusz, vnd seyn geczogen zum Tayn vnd denselben haben wir awsgeprant vnd den Awgezd gewünnen, vnd von dann seyn wir geczogen ken Wodnyan, wellund die vorstat awsprüen, daselbist sein die feinde gegen vns geczogen mit der wagenpurg mer denn ein virtil meyl wegs zu ros vnd zu fusz awff XII^{c} man, vnd der wagen etlich vnd LX, vnd die vnsire für reitere so sie gesehen haben, haben vns zu wissen geben, domit wir awff sie mit vnsirn fusknechten czihen sölten. Vnd so die feinde vns zu rosse ersehen haben, haben sie mit gewalt zu der stat wellen widerkeren vnd wir das merckende haben vns mit jn geslagen mer wenn ein halb stund, das vns der almechtig got ye gehulffen hat, das wir sie nidergelegt haben, vnd haben jr do gefangen nemlich IIII^{c} vnd XXII vnd erslagen III^{c} minus X, vnd die gefangen aws den geraisigen Oldrzich Malowecz, bede Przibram jung vnd alt, Waissowecz, Strisepczky Jan Modlikowecz Sswarcz Oldrzich vnd jr XXV dinstknechte, vnd sunderlich alle die bürgere gefangen vnd erslagen das jr kawm der gesessen XII entgangen sind, vnd so wir vns mit jn geslagen haben so warden do vom Tabor vnd von Piesko vnd solten zu hawffen haben geslagen adir sie haben das vorsewmet vnd haben zugesehen vff eyme berge, weil wir vns mit jn geslagen haben, vnd sein also wider heyme geczogen. Vnd haben jn genommen II hawffnicz XX heckenbüchsse vnd alle die wagen vnd dornoch haben wir jn awsgeprant alle die vorstat. Auch ewr gnad geruch wissen, das man mir vil pferde gewunt vnd erslagen hat, adir is wirt sich allis erstatten mit sampt dem czins, dorumme ich bitte ew. gn. gerucht mir ein pfert senden wenn mir desselben not ist. Geben zum Newnhaws am Freitag ante Jacobi apostoli anno etc. LXVIII.

Jan von Ssternberg.

Auch e. gn. geruch zu wissen das die von Budwis sulden ein ende mit mir haben, vnd sie hetten mich in der czeit zu hand eingelossen, sunder sie haben gesprochen das der herre legat hat jn geschriben, das er ein tag zwischen e. gn. vnd jn legen wil vnd vmb alle ding verrichten in XIIII tagen vnd dorumme e. gn. mag mit hern legaten reden das er sich solcher sache ewsent etc.

462.

1468, Jul. 26 (Olmütz).

B. Protasius an den Legaten Rudolf.

Er klagt sehr über die Schlesier und deren Saumseligkeit, ja er bezeugt sich recht betrübt darüber, dass sie und die andern noch nicht ankommen. Er thut auch Meldung von der glücklichen Action Joh. v. Sternberg's (bei Wodnian). Ingleichen meldet er, dass man jetzt Spielberg und Radischau belagere. It. die polnischen Gesandten wären von ihnen zu dem Giřik gezogen, um zu versuchen, ob sie etwas ausrichten könnten. Dat. Olmütz, 26. Jul.

Domherr Alexius schreibt dazu, er habe für den Legaten Rudolt in Olmütz in des Propstes Hause eine Herberge bestellt, er solle nur bald kommen.

(Kloss, f. 202ab.)

— **Jul. 27** (Olmütz).

Jorge von Hayda an Nicl. Ammelung, Bürger zu Neisse.

— Der König liege vor dem Radisch und habe ihn verhasteiet, dass Niemand weder aus noch ein komme; zwei Basteien vor Radisch hätte man schon geschlagen und die dritte angefangen; es wären dazu neue Büchsen angelangt. Der junge v. Sternberg sei in Böhmen 6 Tage gewest und habe darinnen gebrannt und genommen. Die Bömen aber hätten ihn bei Budweis umringet mit der Wagenburg. Da hätte er sich mit ihnen müssen schlagen und sie glücklich niedergelegt. Er hätte 421 gefangen und 240 erschlagen, auch viel Wagen und Büchsen genommen. It. man habe den Mlynko vor dem Spielberge erschlagen mit 18 Gesellen. Der von Bernstein sei aufgewesen, habe sich mit seinen Helfern gesammelt und sei vor Dobelyn gezogen 2 Meilen von Brünn. Da wäre der Merger Ballass auf ihn gezogen und hätte sie meist zu Tode geschlagen und wenig gefangen. Dat. Olmütz Mittwoch nach Jacobi 1468.

(Kloss, f. 203a.)

463.

1468.

Briefwechsel über die Belagerung von Hoyerswerda im Jahre 1468 (Januar bis August).

(Aus Scultetus annal. Gorlic.)

1468, Januar 9. **Jaroslaw von Sternberg**, Verweser, ad sen. Gorlic. — Ich füge euch wissen, das mir worhafftige botschafft vnd eigentliche warnung kommen ist, das etliche Behmen zu Missen im lande in etlichen heimlichen ortern legin, vnd meinen die uff Hogerszwerde zu sterckin, vnd die vnsern uff den pasteien meinen zu obiruallen vnd zu nötigen: hab ich nw vornommen, wy dy uwern sehr swach do weren. Also bitte ich euch, jr wolt von stund vnd ee bessir dy uwern dohen off dy pasteien schicken, uff das man jrem sulchem vornemen möchte vorkommen. Gegeben zu Budissin am Sonabend noch Trium regum 1468.

(Scultetus, III, 218b.)

1468, Febr. 12. Simon Sydenheffter ad sen. Gorlic. — Ich thue e. w. zu wyssen, wy das h. Johne vom Schönburgk seinen bothen zu mir geschickt hat, vnd was begehrende, das wir hewptlewte vsz den pasteyen mit ym wolten reden, vmb etlichen gebruch vnd gewalt, das ym die vnsern theten, seynen armen leuthen. Vnd her was anbrengende an mich, wy das wir jm den frede nicht hilden, nach dem als js bethedingt wer worden in dem lande zu Behemen etc. Habe ich jn vndirricht, das mir von land vnd steten den freden zu halden biss vff Valentini etc. (sic). Do meynet er von vns zuwissen, ob wir einen sulchen cristenlichen frede wolden halden bass vnsers h. himelfart. Habe ich yn vndirricht, das ich von solchem frede nicht wüste etc. (sic). In dess ich also meth ym rede, so haben die gesellen off der cleinen pastey genommen ein foder hew, da wir alle nichts von wosten. Da liss er aber lauffen seyne gesellen selp funffzig mit gespannten armbrosten vor die pastey, vnde meynten es

35*

vns weder zu nemen mit gewaltiger hant. Hette er sie off dem felde betretten, möchte er die gesellen gar todt haben geschlagen. Vnd ich kaume den gesellen geweret habe, das sie nicht vnder sy schussen. Off das er nicht dorffte sprechen, das wir jm den frede nicht gehalten hetten etc. (sic). Auch lieben herren wisst, das ich sie nie habe also sterck off dem schlosse gesehen, als sy etzunder sein, vnd faste frembder gesellen, auch der hewptman von Brey den dann meyne gesellen wol kennen etc. Geben am Frythage ante Valentini 1468.

(Scultetus, III, 219ᵃ.)

31. Mai. Vnder heuptlewthe off den pasteyen obiral, ad sen. Budiss. — Wir thuen euch wissen, das vns warnunge kommen ist, das bey 100 fuszknechte kommen sein off das sloss Hoyiraswerde. So ist och Koseritz zu vns kommen, der hat vns gesagit, wy das leute off der heyde gesehen hynzihen etc. (sic) vnd haben en das nicht kunt geweren ane schadin. Thun wir euch wissen, das vnser nicht mee ist off den pasteyen, wenn 150 böss vnd gutt. Vnd bitten euch das jr vns besurget vnd stercket etc. wollen sonst dorvon geben. Gegeben am Dinstage vor Pfingsten zu Hoyerswerda.

(Scultetus, III, 221ᵇ.)

21. Jun. Leonhart Cromer, Lorentz Vtman, Vrban Schelner, M. Johannes Frawenburg: ad sen. Gorlic. — Wir seyn off heute vmb den mittag in das feld vor Hogerszwerda kommen, do habe wir dy von steten gemeinlich gefunden vnd etzliche von mannen beider weichbilde. Do haben wir zum ersten geroten uff das anbringen des bothen des koniges zu Hungern. Habe wir vns von steten alle vortragen der förderung so noch zu gehen, vnd alle stete sein dorzu willig sich noch jrem hoesten vormögen anzugreiffen vnd dem konige zu willen werden etc. (sic). So diss dy manne gesehen vnd vorstanden haben, seyn sie entsatzt wurden, vnd haben gesagt wir wolten aber harren bisz morne früe vnd nicht lenger. Das ist en denck-lich gewest etc. (sic).

Die von Budissin haben jre büchse allby, vnd lassen die hülffe vnd stewer fallen. Also bitten mit gantzem vliss der herre (vogt) manne vnd stete, habet jr y vormals das beste gethan, jr wollet das noch thun, vnd den gezeug ehebesser herbrengen. Wir fülen anders nicht, denn das mann vnd stete meinung gut ist, vnd ermanen uch höchlich deme so zu thun etc.

Die von Budissin haben heute lossen dy bleide hyher füren, vnd werden dy morne uffrichten, domethe zu werffen. Sy haben heute bey 80 körbe gemacht vnd die an das sloss getreben etc. (sic). Dy stete bitten auch dy büchse lossen ergehen, das der büchsemeister e' besser qweme, abezusehen wo man dy büchse hinlegen welde, wenn man das feld vnd die wagenburg dornoch vorrücken muss etc. Hy ist ein eben volck noch gedüncken by 2000 mannen.

Der von Michelszberg vnd er Duptzky haben heute jre brieffe vnd boten an den herrn (vogt) vnd an vns alle gefertiget, mit vns frede vffzunemen als lange wir wellen. Ouch zugesaget keyne hülffe dem Girsigk zu thun in dem frede. Haben vns bekomment, vnd vormercken dorinne vffsatz, darumb wir geantwortet: hynder andern dy mit vns im bunde sein füge vns keines zuzusagen etc. Geben im feld vor Hogerswerda am Dinstage noch corporis Christi.

(Scultetus, III, 225b sq.)

26. Jun. Dieselben an dieselben. — Wir thun euch wissen etc. (sic) vnd haben die büchse bracht an dem Sonnabende bezeite bey vnser pasteye vnd auch die schirme an allen schaden, wollens uff Sontag zu nacht setzen etc. Vnd so man danne wird mit dem gezeuge arbeten, bitt wir e. w. jr welt vns eynen eldisten h. schicken, der den gezeug weiter vorsurgete, wann wir gethun konnen etc. Der haber gilt zu Hewgerszwerde zu 10 gr. wann her ist so tewer etc. Geschreben im velde Hewerszwerde am Sontage Johannis baptiste.

(Scultetus, III, 226a.)

1. Jul. Dieselben an dieselben. — Wir thun euch zu wissen, das wir hewte zwene schösse mit vnsern büchsen geschossen haben an das obir sloss, vnd eynen schoss an das vorslos, vnd mögens noch nicht gevellen. Sundir die mauwern sint vaste zuschottert. Vnd bitten euch jr wuldet vns senden 6 steine zu der grossen büchsen etc. Eyner mit 4 pferden füret 6 steine. Wenn meyn herr, mann vnd stete sind hewte ratis worden, vnd meynen in 3 tagen sich voste zu vorsuchin etc. Wenn sy alle das lange leger vaste sweher düncket etc. Gegeben an vnser lieben frawen abent (visit.).

(Scultetus, III, 222ab.)

4. Jul. Dieselben an dieselben. — Wir fügen uch wissen, das wir heute 4 schösse mit vnser büchsen vnd die von Budissin mit jrer 6 schösse gethan haben, alle an das oberslosz, sunder kein loch habe wir noch nicht mögen machen, ader dy mawer rereth sich sere vnd fellt mehlich hernoch. Sy schissen gar wenigk vnd mehlich, wir wissen nicht wyhe es vmb sihe gestallt ist. Dy drabanten haben vns hy gein andern steten vnwillen gemacht, wir müssen hören das wir den sold gesteget haben: vnd nw dy soldener by den von Luban vnd von Budissin wellen alle solchen sold haben oder wellen orlaub haben etc. Geben zu felde vor Hogerswerda am Montage noch visit. Marie.

(Scultetus, III, 226ab.)

5. Jul. Dieselben an dieselben. — Wir werden allhy vndirricht, wy die hh. von Sachsen futter bestallt haben zu Senfftenberg, vnd sollen sich kortzlich mit eynem grossen reisigen zeuge dohyn fügen, nemlich inwennigk 6 tagen. Das gibt vns kommer vnsers gezeuges halben etc. Eyn solches habe ich meister Johannes an den herren (vogt) vnd Zittich getragen, dy dovon nichts wissen. Sunder Zittich saget mir, als er nw aus Meissen kommen ist, hat der abegesatzte vnd die herren von Schönburg den sachsischen fürsten das sloss Hogerszwerda angetragen, sihe solten sich des gantz vnterwinden etc. (sic). Haben sie ein solches abegeschlagen vnd meynen es verfüge en nicht, sie qwemen in grosse vormerckung etc. Sihe werden sich dohin fügen vmb geschreies willen, ob sie vns möchten abeschrecken, ader zu vns ader zum sloss werden sy keyns vornehmen etc. Ich habe mit Zittich geredt, vnd meyne er werde sich personlich zu den fürsten finden, zu erfahren was der mehre sey.

Wir haben gestern sehr geerbet mit dem gezeuge, vnd haben am rechten slosse ein loch gemacht mit vnser böchse. So haben die finde hynt eyn der nacht dy stube abehaben vnd tarrissen uff alle macht. Es gebricht vns hy an steinen, wollet vns dy uffs schirste senden. Wir seyn rothes worden nicht abezulassen vns allen zu schanden vnd schaden. Die von Budissin, mann vnd stat, bawen eyne newe pastey im Hagk: so hebe wir heute eyne an zu bawen im bienengarten etc. Vnd von den beiden pasteyen werde wir zewne füren vnd korbe setzen biss an die alde von Budissin etc.

Ich vorstehe das sie sich auffm slosse versehen, die sachen sollen zwischen dem hungerischen konige vnd Jersicken beteidiget werden. Dorumb wellen sihe sich vffs lengiste halden. Wir bitten uch ouch, jr wellet vns senden 2 wachsliechte zu der messe, it. ein legel geringe wein zu der messe etc. Geben im heere vor Hagerswerde am Dinstage noch Mar. visitationis.

(Scultetus, III, 222b.)

7. Jul. M. Johannes stadtschreiber ad sen. Gorlic. — Ich bitt uch wissen, das als gestern vmb den mittag prelaten herren mann vnd stete des marggraffthumbs Lusitz Erichen voit zu Spremberg mit einer credentien an vnsern vorweser manne vnd stete gefertiget haben, der denn geworben hoth: wy dy fürsten von Meissen orsuche vnwillens gesucht vor Luckow vormeinen zurücken: vns vorbüntniss halben angelanget, das marggraffthumb Lusitz so man das vormeinet anzugreiffen, ohne hilffe sie nicht lossen. Deszglichen sihe itzund gesucht haben an herzog Henrichen (zu Glogau) etc. vnd begert en zu hülffe zu kommen mit 400 trabanten vnd 60 reisigen pherden. Wir haben em keyn antwort wellen geben, sunder die uff den tag gein Budissen heute geschoben. Ouch hat er gemeldet, das sie alle hoffen die sachen sollen vnderstanden werden: wenn das marggrafftum Lusitz hoth den abt von Duberluck Nickel Kokeritz etc. an die von Meissen gefertiget etc. Ich lasse mich düncken es seyn gemolte böse geiste vor den nicht noth thut creutze vor sich zu machen.

Wir haben heute mit vnser büchse zwene schösse an das vorschloss gethan, den eynen vnder die lömenstuben, den andern durch das bolwerg, der denn gantz durch beide wende geflogen ist vnd eyn grosz loch gemacht, vnd den stein der uff der wesen genseyth des slosses gefunden ist, wider vor 3 gr. gelöset haben etc. Ich wil mich nach ewern schrifften gein Budissin vnd forth zu uch fügen etc. Geben im felde vor Hayerswerde, am Donnerstage für Kiliani.

(Scultetus, III, 217b sq.)

9. Jul. Jacobus Crossen, Lorenz Vthman, Vrban Schelner ad sen. Gorlic. — Wir fügen euch wissen, das gestern zu vns in das heer kommen ist der pharrer von Hawyerszwerde vnd hat gesagt, wie das jr fünffe weren heymelich von dem slosse wegkommen, vnd der eyne ist sein gevatter, vnd sollen jr noch 100 ane fünffe uff dem slosse sein. Auch hat er gesaget, das sy kein bir mehr haben vnd müssen wasser trinken. Auch haben sie an speise nicht meher wann böse stinckende fleisch, wenig an puluer, jr zehnen gevesse gar geschmeltzt

vnd gelöte doraus gegossen, die sie schir vorschossen. Wann sy halden an sich wann sie schissen, des tages wenig mehr dann 3 oder 4 schösse aus einer hackenbüchsen etc. It. wist, das wir gestern haben eyn schosz gethon aus vnser büchsen, vnd haben ein mercklich stücke an der mawer des vorhoffs gefellet. Auch haben die von Budissin geschossen, adder sie schossen in den tarres, das sie der mauer nicht kunden angeschaden. Vnd wir meinen fort nicht zu schissen, bis das die bleyde (daran der schwengel zubrochen) bereit wirt, das wir wedir eyniges schissen vnd werffen etc. Gegebin am Sonnabind in octava visit. Mar. im velde vor Hewyrswerde.

(Scultetus, III, 222b.)

10. Jul. Jacobus Crossen, Lorentz Vthman vnd Albrecht Schelner ad sen. Gorlic. — Inn dieser stunden in dem hoën mittag, ist ein e. knecht kommen, der mann vnd steten gesagt hat, das gestern in Senfftenberg die Missnischen weren inkommen vnd als bald alldo in das feld gerückt, vnd zoge tägelich aldo zu. Was nu jr vonemen ist, konnen wir nicht gewissen etc. Vnser vorwesir ist auch itzt by vns nicht etc. Ap sie wes an vns versuchin würdin, als wir nicht hoffin, beten wir uch doruff in gereitschafft zusitzin, vnd vns ane rath vnd hülffe nicht zu lassen. Auch ist in derselben stund zu vns kommen Walterszdorf vnd hat vmb eyn legerstat besehen, wohin sich der von Ilinburg mit den Lusitzern hin slahen vnd das heer legern wöllen, wenn sie uff den Dinstag nehist alher kommen sollen etc. Geschrebin im felde vor Höerzwerde am Sontag vor Margarethe.

(Scultetus, III, 223a.)

13. Jul. Dieselben an dieselben. — Sein wir vndirricht, das vor Senfftenberg nicht mehe wann 800 mann vinden sullen, 600 drabanten vnd 200 reysige, vnd die sol Kokeritz füren zu dem marggraffen von Brandenburg. Hierumb dürfft jr kein bekümmernis haben. Nechsten noch der vesper ist inkommen der alde von Ilenburg vnd auch der junge zu vnserm amechtman etc. hat eine entscholdigung gethan, warumb her mit den nedir steten nicht were kommen zu vns in das heer etc. wann her were mit grosser ernster fehde beladen von den försten von Meissen, anlangende die von Luckaw etc. hat gesaget das die von Bebirstein mit jrem folcke wellen uff den

Dornstag zu vns in das hehr rücken. Gegeben zu Hewyerszwerde im velde in die Margarethe virginis.

(Scultetus, III, 226b sq.)

14. Jul. Jacobus Crossen an dieselben. — Ich füge e. w. wissen, das gestern vmb vesperzeit vnser vorweser zu em gefodert hat in sein gezellt mann vnd stete zu rathen wy mans mit dem slosse halden welde etc. Zu derselbigen zeit ist komen ein bothe von dem marschalcke der forsten von Meissen, der itzund zu Spremberg leit, vnd hat brocht einen briff, dorinne er geleite begeret in das heer. Solchs jme zugesaget ist. Her meinet anzubrengen dy entphelunge seiner herren, daraus ein grosz bekümmernis worden ist etc. Vnser amechtman zu mir einen vnwillen hat des schissens wegen, domit jme zu wenig geschehen etc. Am nehsten Dinstage was seine gn. kommen zu vnserm büchsenmeister Vrban vnd hatte em entpholen, her selde schissen. Hat er em geantwort, her were an dem dinste der herren von Gorlitz, vnd an jr geheisse her nicht schissen welde, wann her hette nicht steyne dorzu. Sprach s. g. her selde seine steine nehmen, die dann viel zu cleyne sind in vnser büchse. Hatte Vrban gesprochen, her möchte dem gezeuge schaden etc. Do wart der herr hart bewegt etc. Geben am Donnerstage post Margarethe im velde vor Hewyerswerde.

(Scultetus, III, 227a.)

18. Jul. Arnolt Wolff ad sen. Gorlic. — Ich thu e. w. zu wissen, das ich dy knechte habe gezelet, dy nechst sein an ewrm dinst blieben, do die andern sein abgescheiden, der ist 20 vnd 100, dy do noch vor augen sein etc. Ir habt mir geben 22 schock, do hab ich von genommen 74 gr. auff das neste gelt, vnd 18 gr. den dreien wurten, vnd ist des geldes noch do ½ vnd 20 schock, do rechen e. w. aus auff 20 vnd auff 100 knecht. Herr Vrban vnd ich habens gerechnet, das zu wenig ist 7½ schock vnd 7 gr. Vnd die knechte hetten das geld gerne vnd sein vnbillig, wann sie müssen zeren, man gibt jn nicht mer wenn vberm tische trincken etc. Geben den nehsten Montag nach sant Margarethentag.

(Scultetus, III, 223a.)

(Am Rande fügt Scultetus die Rechnung bei, derzufolge 28 Schock 5 gr. auf 120 Knechte, folglich auf einen Knecht 14¼ gr. kommen.)

22. Jul. Vrban Schelner, Nickel Stellemacher ad sen. Gorl. — Wir fügen euch wissen, das wir gestern 5 schösse geschossen haben aus der crossen buchsen, so bleiben vns noch 3 schösse uff heute zu schissen, hoffen ob got wil dy mawer zu brechen etc. Gegeben am Freitage Marie Magdalene im velde vor Hewyerszwerde.

(Scultetus, III, 227a.)

30. Jul. Vrban Schelner, Niclas Jeronimi ad sen. Gorl. — Wir fügin euch wissin, das vnser herr der voyt hewte noch mittage ist kegin Budissin gezagen. Ee her von vns schit, besanth her vns alle von steten, vnd lyss an vns brengin etc. (sic) durch bequeme weise dem schlosse sehr noue zu kommen, das innewynig achtagin gewinnen etc. lyss bitten zu schreiben vns noch 6 hackinbüchsen zu senden etc. das dy off den nehesten Dinstag alhy bey vns weren etc. S. g. meynung, eine schirme hen zu zihen oder katze bisz an die mauer des vorschlosses, vnd auch einen gang etc. (sic). Liss auch an vns allein brengin, vnser alde pastey zu brechen, mit dem haultze einen gang zu machen byss an das sloss etc. habens hinder euch nicht wellen brechen lassen etc. Gegebin am Sonnabende vor Hoyerszwerde vor sant Peterstage.

(Scultetus, III, 227a.)

5. Aug. Dieselben an dieselben. — Wir fügen euch wissin, das vnser h. der vorweser vnde der von Eyleburg, lantvoyt in Nedir-Lawsitz, hewte noch essens mit sampt land vnd steten eine beteydigunge mit den off Hoyerswerde gehat hot, vnd off dem gebleben ist, das dy off Hoyerszwerde das sloss also morne obir 3 wochin ingebin sullin, also ferre sy nicht gerettet werden mit heresmacht. Vnd jr gedinge ist, das man jren bothen sol eyn pherth leyen vnd en geleyten bis zu jrem herren vnd auch herweder. Auch sol man en 8 wagen vorgönnen wegk zu füren mit jrem gerethe. Sunder eyne tharniszbüchse vnd 2 oder 3 hockinbochsin, dy hot meines h. gn. awsgedinget. Also vorstehe wir, das man dy pasteyen besetzen wirtt bysz der sachen zu ausztrage. Hierumb sende wir euch Gabriel baym das jr vns mit jm pherde bestellet, das wir die böchse mögin wegk brengin etc. Gegebin eylinde am Freytage noch vincula Petri.

(Scultetus, III, 227ab.)

7. Aug. Dieselben an dieselben. — Wir fügen euch wissen, das vnser h. der vorweser vns alle von mannen vnd steten besannt hot, vnd alldo an vns gelanget, wie das wir vns alle schicken sollen zu dem zoge gein Merhern zu dem allirdurchlauchtigisten fürsten vnd könige von Vngern, vnde begert, das wir alle suldin hinder vns an vnsere fründe schreybin, das man solde offgebittin also weit yderman zu gebittin hette, von mann vnd steten vnd ohne sewmnus. Wenn s. gn. würde vormanet, noch deme als mann vnd stete dem jrwirdigen vnd g. h. bischoffe von Bresla vnd bebistlichen legaten zugesagit hettin. Auch hette s. gn. botschafft vnd warnunge, wy das sich des abgesatzten sohn Yindersich jenehalb dem gebirge samlete etc.

Auch wart gehandelt die pasteyen zu besetzen, yderman noch seyner anzal. Also haben die manne gester jre pasteyen besatzt. So sullin wir von steten hewte vnsere auch besetzen. Hierumb bitte wir e. ersamk. denselbigen gesellen, die wir in vnser pasteyen lossen, eynen herrn zu senden, der die pastey in acht haben wirt etc. Der h. hat vns zugesagt eynen hauptmann hy zu lossen etc. Gegebin vor Hoerswerde am Suntage Donati.

(Scultetus, III, 223ab.)

23. Aug. Leonhart Cromer, M. Johannes (Frawenburg) ad sen. Gorlic. — Itzt in diser stunden hat vnser g. h. bischoff von Missen den pfarrer von Bischoffwerde sere jlende an Cristoff Hugewitz vnd an den bürgermeister von Budissin gefertiget, en lossen sagen, das die kätzer jenseit des gebirges mehr denn an eynem ende sich starck vnd schleunig samlen, in meinung ane vorzug in dese land zuzihen vnd Hagerszwerde retten etc. Ist des h. vorwesers entphelunge uch zu schreiben, ab jr uch nicht merglichen angegriffen hettit mit reisigem gezeuge vnd drabanten, jr wollet deme noch so thun, vnd uff den zog kommen als der man besessen wore in der stadt vnd uff uwern vnd der stadt dörffern etc. Werdet auch tegelich lossen auszruffen, das jderman sich schicke als der man gesessin ist etc. in der stadt vnd der stadt dorffern in gereitschafft sitzen, wenn uch botschafft keme, das jr one sewmen mit uwerm folcke zoget, es were zu nacht oder tage. Deszglichen alhy zu Budissin geschit etc. den von Lauban solche meinung ebesser zu wissen thun. Der h. schreibet auch itzt herzog Henrich (von Glogau) das s. gn. vns ane sewmen seinen reisigen gezeug sende vnd mit der gantzen macht ebesser hy noch folge: deszglichen en den von Ilburg vnd dy von Lusatz.

Johannes Hefft der von Budissin eitgenoss itzund in den pasteyen entpeut, das sihe uffm slosse fro seyn vnd sich ganz der rettunge trösten. Geben zu Budissin jlende am Dinstag sant Bartholomei obende noch vesper zeit.

(Scultetus, III, 227[b].)

26. Aug. Dieselben an dieselben. — Wir fügen uch wissen, das sich die von Budissen nechten späthe mit 64 drabanten gestercket haben, ouch die von Camentz dy jren gesterckt haben. Deszglichen wir vorstehen, das jr vns 30 drabanten sendet. Der elder von Ilburg ist allhy vnd sich gestern vnd hewte sehr gestercket hat. Ouch sein sohn herr Otto ist hewte kommen mit Nickel Kokeritz vnd mit andern vsz Lusatz. Der elder von Ilburg hot gein den von Budissin gesaget: Ich kan bey mir abenemen, vnd weis das jr von steten nach den mauern stehen werdet, sundern das wil ich wedern, so lang jr mich mit meynem h. ohmen von Sternberg vmb dy güttern geeynet hat. Der mehrtheil sege gerne, das die mauern vff dem slosse gefellet würden.

Die haubtleute synt heute morgen mit den jren zu vns allen kommen, vnd haben anbrocht, das morne die zeit sey das sie das sloss obirantworten sullen. Dem meynen sie so zu thun, in aller moss wy sy sich vorschriben haben. Vnd haben mit vliss begert, wir wellen en dy vorschreibung ouch halden, vnd als hewte en 8 wayne auszrichten, vnd sy sicher geleiten noch laute der vorschreibung. Also habe wir en dy wayne bestellt, vnd gesaget en auffrichtiglich die verschreibung zu halden. Des sy vns gedancket haben. Vnd also mörgen frühe laden werden vnd vmb vesperzeit das slosz obirantworten.

Wir haben ouch mit en geredt von wegen des kirchengeretes. Also sey wir mit en vff das sloss gegangen, vnd haben das besehen mit dem pfarrer, vnd haben alles vnverrückt gefunden. Sihe haben vns auch vnder dy ougen gesaget: hettet jr die kirche zu Hogerszwerde so in hutt gehabet als wir das kirchengerete, möchtet jr gutten danck haben. Ouch gesaget, wir haben nicht gethon als dy ewern dy dy knoffel von den kaseln vnd korröcken gesnitten haben, vnd das gehört in die finstermetten etc.

Die herrn von steten synt alle merglich allhy, vnd vorsehen vns, das wir morne in der obirantwortung die strebekatzen mitteinander zihen werden. Geben vor Hogerszwerda in der Görlitschen pasteyen am Freitag noch Bartholomei vmb vesperzeit.

(Scultetus, III, 223b sq.)

464.

1468, Aug. 7 (Olmütz).

Laurenz Rovarella, päpstlicher Legat, ladet Herrn Johann von Rosenberg dringend ein, nach Olmütz zu König Matthias zu kommen.

(Orig. im Archive von Wittingau.)

Magnifice ac generose vir, domine, et amice carissime salutem: Sicuti ex Wienna facturos nos esse d. v. scripsimus: ad serenissimum dominum regem Hungariæ profecti sumus: conuenimusque deinde dominum Sdenkonem de Stellis: quem promtissimum ad omnia, quæ pro quacumque re cristiana et ubi serenissimo domino nostro et nobis complacere ualuerit, et sic ut pro hac concordia facienda mandabimus, ut catholicum et quemque virum cristianum decet, inuenimus: quare nobis uideretur, et ita d. v. obtestamur, quod ea si maiori negocio non occupatur, quam primum huc se conferat: maius tamen quidquam ignoramus, nec esse posse credimus: quod aduentum hoc suum legitime impedire possit: cum in huiuscemodi re non solum honori suo et inclytæ domus suæ, sed eciam saluti animæ propriæ et populi sibi commissi consulet oportune; eo bono animo d. v. expectamus: quo sincero erga negocium istud considerata maxime progenitorum utriusque uestrum stabili fide ferimur: si personaliter concedere d. v. non possit: saltem nuncios et oratores suos cum sufficienti et idoneo mandato mittat: personam propriam eo libencius uellemus: quo credimus rem hanc ipsius presencia meliorem et magis citam expedicionem consecuturam: et ut d. v. securius uenire possit eidem saluos conductus serenissimi domini regis, prefati domini de Stellis, et nostrum transmittimus: quæ bene valeat, et quam personaliter concessuram expectamus: nam ultra id, quod uestras res deo concedente in optimum statum pariter deducemus, presentiam uestram maiestati regiæ et nobis gratam esse inuenietis: denique si mittere, aut uenire, quod magis conducet, intenditis: hoc sine mora fiat: nam in dies expectamus Sglesitas, qui iam in campo sunt, ut pariter cum domino rege Cristo duce pro fide sua catholica et orthodoxa ad ulteriora procedamus; quod si personaliter uenietis pacem sive treugas uobis et subditis uestris usque ad festum sancti

Eg proxime futurum indiximus et sic habebitis: reperietis etiam hic oratores cæsareos: cum quibus una tractabimus, quod res uestra cum imperiali maiestate bene componantur: iterum bene valete. Ex Olomucz septimo Augusti etc. MCCCCLXVIII°.

L. episcopus Ferrariensis datarius et legatus apostolicus.

465.

1468, Aug. 8.

Salvus conductus R. Matthiæ datus D. Johanni de Rosenberg, „quia .... nobis hic in facto fidei laborantibus appropinquare, nobiscumque vel cum r^mo etc. D. L. episcopo Ferrariensi .... pro certis negotiis tractandis convenire velle dicitur," — ut ad se ubicumque fuerit accedere tuto possit, et recedere, usque ad festum S. Aegidii prox. vent. Dat. Olomucii, fer. II prox. ante f. b. Laurentii, 1468.

(Orig. in arch. Trebon.)

466.

1468, Aug. 13 (Breslau).

Senatus Vratisl. ad sen. Gorlic.

Wir thun uch wissen, das h. Hinrich Girsigks des abgesatzten sohn am Donnerstag nehst vorgangen (11. Aug.) mit macht biher in dese land ist gezogen, vnd hat etliche schirmewsiln mit den vnsern vor Patzkaw gethan. Vnd als die vnsern vns vndirricht haben, so habe er nicht obir 600 pherde, sunder vil fuszvolcks mit der wagenburgk.

Nu ligen die vnsern mit den Neissern an eynem teile, vnd die Swiduitzer vnd herzog Hinrichs von der Freyenstat liegen starck zu Reichenbach. Wir sust an allen theilen synt uff als der man gesessen ist vffm lande, vnd meynen mit gotes hülffe denselben kätzern vnsern finden widerstehen nach gantzem vermögen.

Bitten uch mit vliss uffzusein mit landen vnd steten mit macht, vnd zu vns eebesser rücken, das wir allenthalben zusampne möchten kommen etc.

Wenn wir vnsern reysigen zeug mit vnser g. h. bischoff etc. mit gen Olmütz genomen hoth. Uwer verschriben antwort, wes jr zu rothe seyt vff den zug gen Merhern, als denn der h. legat hinder jm gelassen hat etc. Geben jlende am Sonnabende vor assumpt. Marie.

(Scultetus, III, 223^b.)

467.

1468, Aug. 20 (vor Frankenstein).

Der schlesische Bund an Jaroslaw von Sternberg.

Vlrich Hase von Hasenburg vnd Kost, vorweser, capitel der kirchen zue Bresslow. des hochgeb. fürsten herzuge Henrichs zu Grossinglogaw, Freyenstat etc. rethe, man vnd stete zu Bresslow, Newenmarckt, Sweidnitz, Jawer, Neisse, Grotkaw vnd ander genoss des löblichen bundes in Slezien: an h. Jaroslaw von Sternberg, vorwesir der sechsland vnd stete, etc.

Wir thun euch wissen, wie abermals bynnen kortz vorgangen tagen dy ketzer aus Behmen mit wagenburg vnd heeresmacht in dy Slezie gezogen seind, do dy land mit brande vnd nohme grosslich beschediget, dornach seynt sy vor vnd hinder sich gewichen wider ken Behmen. Nu sint wir rathis worden zu vmbrinnen etc. das sloss Franckenstein, do die ketzer jr zuflucht vnd zuhalt hatten, in meynunge das zu gewinnen etc. Irfodern vnd irsuchen wir auch euch in besunderm vleisse bethende, so euch der almechtige got eyn gelückselig ende gebit des slosses Hewirszwerde, das jr euch nicht balde zutrennet, sunder ewer macht bey eynander haldet, ap wir euch zu notturfftikeit des slossis adir sust vnser vnd des h. glawbens finde vmb hülffe vnd beystand anlangen würden, das jr vns vnuerzogenlichen stercken möchtet. Das wullen wir widerumb etc. (sic).

Inn dieser stund ist vns aussrichtunge vnd kuntschafft worhafftige ynkomen, das sich die Behmen wider ken vns samlen vnd stercken. Aber wir haben vns dess also voreynet vnd entlich daruff gesatzt, das wir das sloss mit gotes hülff haben wollen adir darüber leyden. Inn gleicher weyse hat vns der hochwirdigste gnedige h. bischoff zu Breslow vnd legat, do seyne gn. ken Olomuntz zu dem durchlauchtigsten fürsten hungarischen könige zoch, dirmanet, das wir vns nicht zurücken, sunder ye beyeinander bleiben sullen, so lange biss s. g. wider in dy Slesie qweme adir schribe wie wir vns halden sulden, das wir denn thuen wüllen. Geben vor Franckenstein im heere am Sonnobinde vor Bartolemei, vndir des edlen wolgeb. h. Hasen von Hasenburg, Kost, h. zu Budyn etc. ingesigel.

(Scultetus, III, 230[ab].)

468.

1468, Aug. 28 (Olmuntz).

Zeitung aus Mähren.

Lucas Eisenreich, Heintz Dompnik ad senatum Vratislav.

— Vns s. k. gn. gestern gar tröstlich gesagt hat, also, hette er gleich allinthalbin weder in Merbern noch in Behmen noch in Slesien keine hülffe vnd befestigung, dennoch welde her mit der hulffe gottes von der sache nicht lossen etc. (sic). Ir habt auch wol vorstanden, wy syne k. gn. in meinung ist, eine cleine zeit gein Hungern etc. anders nicht denn vnser sache zu stercke, vnd denn ein feld zu machen mit trefflichem volcke vnd mit vnser allir hülffe dy sache zu einem seligen ende zubrengen etc. Lieben hh. wisst, das h. Jan von Rosenberg zu vns in den cristlichen bundt getretten ist, vnd das durch seine sendboten allhier hat lassen zusagen, vnd dessgleichen die von Budweiss: vnd von beiden theilen verbrifft ist. Die polnischen herren sein noch bey dem Girsik, was sie guttes werden machen konnen wir nicht vorstehen etc. Ouch wisset, das man sehr geschossen hat by 26 tagen zu dem Radisch alhie, vnd s. k. g. als gestern offentlich sein hoffluten hat lassen sagen, das er den bynnen 3 tagen warhafftig meinet zustürmen. Wisset auch lieben herren, das dem h. Zdenko von Sternberg bynnen 3 tagen botschafft kommen ist von sinem jüngsten sone Desslao, das er bey 300 kätzer erschlagen hat vnd by 100 gefangen vnd 60 pherde genommen etc. Geben zu Olmuntz, dominica ante decollat. Johannis 1468.

(Scultetus, III, 231b.)

469.

1468, Aug. 31.

Johannes de Rosenberg declarat se ultro suscipere dispositionem concordiæ secum factæ in octava assumtionis Mariæ (22. Aug.) anno 1468 in civitate Olomucensi, coram rege Matthia et Laurentio et Rudolfo episcopis et legatis sedis apostolicæ; qua idem sese statibus Bohemiæ catholicis contra regem Georgium adjungit (quem sese festo exaltat. s. crucis proximo diffidaturum promittit), diffidationem suam imperatori Friderico missam revocat, differentias suas cum D. Zdenkone de Sternberg arbitramento Udalrici episcopi Pataviensis submittit, atque promissum relaxandi interdicti in bonis suis et excommunicationis tollendæ a Laurentio legato suscipit. Dat. Crumpnaw, ultima Augusti, an. 1468. (Orig. pergam. c. app. sigill. maj. illæso, in arch. Trebon.)

(Originale hujus disposit. concord. scriptum a notario Laurentii legati, exstat ibidem in arch. Trebon.)

470.

1468, Sept. 13 (vor Frankenstein).

Rudolf Bischof von Breslau etc. an Jaroslaw von Sternberg etc.

— Wir haben durch aussrichtunge gutter herren vnd fründ eigentlich vorstanden, wie sich der abgesatzte grosse ketzir Girsigk bey dem berge starck gesamlet hat, in meynunge vns an vnserm vornemen vor Franckenstein zu jrren vnd dy ketzer zu retten bynnen 3 oder 4 tagen etc. (sic) haben wir durch vnsere schriffte vnd trefliche botschafft, mit ernsten bäpstlichen vnd keyserlichen geboten, bey grossen sweren penen irsucht vnd gefordert dy vornemischen fürsten, dorzu herren, ritterschafften, manne vnd stete in Slezien vnd in Lawsitzer land, das sy ane seumen vffs schirste sy mögen, vns in das feld zu hülffe vnd rettunge kommen etc. Hierumb wir uch zu besunderheit fordern vnd früntlichen ser beten, das jr von stund ane sewmen vffbrenget zu rosse vnd fusse werhafftige gute lewte vffs meiste jr mögit etc. vff 14 tage etc. Thut itzund mit vnd neben vns als gute fründe, wir wellen is widerumb ken euch thun etc. Gebin vor Franckenstein im heere, in profesto crucis exaltationis.

(Scultetus, III, 228b.)

471.

1468, November 22.

Laurentius episc. Ferrariensis et legatus s. apost. domino Johanni de Rosenberg auctoritate apostolica præcipit, ne pecuniam a R. Georgio mutuo acceptam eidem reddere præsumat, sed potius summam eandem ad oppugnandam et subvertendam hæreticam pravitatem in regno convertat. Dat. Lincii, 1468, 22. Nov.

(Orig. in pergam. cum sig. oblongo app. in arch. Trebon.

472.

1468, Nov. 25—29 (bei Zittau).

Nachrichten aus der Oberlausitz und aus Böhmen.

(Aus Scultetus annal. Gorlic.)

Vrban Schelner, Peter Walde, ad sen. Gorlic.

Wir thun uch zu wissen, das die von der Zittaw Gabel gerawmit hatten, vnd wern wider einkommen an der Mitwoche zu nacht. So qwom wir ein am Dornstage vmb 22 etc. (sic) am Freytag schickten sie jre büchse hynach vnd qwomen zu den steten, vnd baten dy vmb eine zal drabanten, nemlich 200 (nach meynunge des h.) [sic] dy büchse zu bleten etc. Gegeben am Freytage am sinte Katherinen tage (25. Nov.).

(Scultetus, III, 227.)

Iidem ad eundem.

Vnser vorwesir hat besannt mann vnd stete, vnd hot do gemelt, das der Duske begert einen freden, vnd dy fraw von Tetzin neben sich zeucht, menen in frede zu sitzen neben dem vorwesir, manne vnd steten, vnd dy hyher ab zu handeln vnd wir heinoff, in mossen so is vor gewest ist. Doroff hat vnser vorweser jn euen aussatz gethan, wellen sy sitzen in frede also lange bisz zue awsztrage der sachin, also, das sy den kätzern nicht helffen sollen, auch ob sich es begebe, das der konig von Vngern offgebote zu ziben in die cron Behem etc. so sy der amechtman fordern worde, so soldin sy sich mit jn in das feld nebin andern mann vnd steten (sic). Eyn sottins haben dy sendebothen nicht macht gehabit, vnd haben das hinder sich gebracht eylende an h. Duszken. Wolde jm der Duszke also thun, so sol er jm antwort geben off den Montag zobinde oder off das lengste off den Dinstag frü wenn man die stat offslewst etc. Dat. zu der Zittaw am Suntage zobinde vor Andreæ (27. Nov.).

(Ibid.)

Im namen Christi vnsers herrn amen. Wir Jaruslaw von Sternberg, vorweser der lande vnd sechsstete Budissin, Gorlitz, Zittaw etc. vnd wir prelaten, herren, manne vnd stete, bürgermeister vnd rethe der 6 land vnd stete Budissin. Görlitz, Zittaw, Lawben, Löbe vnd Camentz, bekennen vor jdermenniglich in desem vnsern briefe etc. das wir mit allen vnsern helffern in einem wohlen vnd vngeuerlichen cristenlichen frede getreten seyn, vnd treten in craft dieses briefes, mit den edlen wolgebornen h. Heynriche, h. Jaruslaw seynen sohne Bircken von der Duben hh. zur Leipe, mit eren manschafften, landen vnd steten, schlossern, possetken, hofen vnd seelen, nichtes auszgeslossen etc. Sollichen frede globen wir alle obgeschrebene zu halden vngeuerlichen, bey vnsern eren vnd gutten trauwen, bass zu gantzem awsztrage vnd ende solliches kriges, den wir mit Girsigen von Cunstat vnd Podiebrat angehaben haben neben der heil. Röm. kirchen etc. Auch ist betediget, das alle gefangene, dy off beiden teilen gefangen sein, ohne alle schatzunge von stund loss vnd ledig sein sollen etc. Gegebin am obinde Andreæ 1468.

(Ibid. p. 232.)

473.

1469, Januar 13 (Breslau).

Conradus Homberg, Prediger zu Görlitz, ad senatum Gorlic.

E. w. ich thu zu wissen, wy ich off den 8. tag Epiphanie gewest bin in der collation beym probst der hochsten kirchen zu Breszlaw, da inkommen seyn newe zeitung, das der konig von Vngern kommen was ken Tyrn vnd itzund ist zu Olmutz, vorkommen wil die list des vorherten ketzers etc. (sic). Der herr legat itzund zur Neysse ist etc. Datum in octava Epiphaniæ domini, 1469.

(Scultetus, III, 253b.)

474.

1469, Jan. 31.

Pauli papæ II. breve ad Joh. de Rosenberg, quo consilium ejusdem a „Georgio Poyebrat" recedendi, atque pro fidei defensione arma contra eum sumendi collaudat, benedicit ei atque hortatur, ut adjuvante r. Matthia, imp. Frederico atque inprimis deo, fortiter causam susceptam tueatur. D. Romæ, die ultima Januar. 1469. pont. an. Vto.

Pauli II. papæ aliud breve exhortatorium ad eundem. D. Romæ, 18. Martii, 1469. Pont. an. Vto.

(Orig. in arch. Trebon.)

475.

1469, Febr. 28 (Budissin).

Jaroslaw von Sternberg vorweser etc. (an Bischof Rudolf zu Breslau).

— So e. g. mir manne vnd steten itzund geschreben hat von wegin er Cristoffs von Tetzin etc. (sic). Vnd so denn der von Tetzin in sulchen sinen schrifften vormeinet, mir, mann vnd steten faste vil vnglimpffs zuzumessen, vnd sin vncristlich vornemen zu billichen: musz ich sulche schriffte an mann vnd stete, so schirst beyeinander sin werden, brengin, wil mich mit sampen doruff berathen etc. Meine meynung nit anders gewest, denn sy durch getwang zu gehorsam der heil. Röm. kirchin zu brengin etc. Am nehstin Sonabiude (25. Febr.) ins gebirgische land vmb Schluckenaw gezogen sind, vnd hetten sy mir, landen vnd steten vil schaden zufügin mögin, dorzu weren sy gantz willig gewest etc. Das ich mit mann vnd steten eins wurden bin, nemlich uff desin nehstin Fritag (3. März) im felde vor der Zittaw zu sein, vnd vff Sonabind dornoch vbir das gebirge zu tzyhen: wil ich mit mann vnd steten e. g. eine genügliche schrifftliche antwort thun etc. Geben zu Budissin am Dinstage nach Reminiscere 1469.

(Scultetus, III, 261ᵃ.)

476.

1469, Mart. 4 (Zittau).

Görlitzer Abgeordnete an den Rath ihrer Stadt: über den plötzlich (vor Wilemow) geschlossenen Waffenstillstand.

(Scultetus, III, 257.)

Niclas Hoffman, Peter Waldaw, M. Joh. Frawenburg: ad senatum Gorlicensem. dat. zur Zittaw am Sonnabend vor Oculi.

— Wir seyn gestern hyher komen vnd haben gemeinlich alle von steten mit jrem folcke funden, ouch die manschafft etc. (sic). Vnd so wir kommen sint, hat vns der verweser besant neben andern mannen vnd steten, vnd vns lossen vndirrichten: wy vmb den mittag Michel des Jersicken obirster vnd gesworner bothe jlende geritten kommen were vnd hette mit em gebroch (sic) 2 briffe: einen des koniges zu Hungern, den andern h. Zdencken seynes vatters, dy er vns denne beyde gezeiget hoth. Vnd die briffe sein beyde behemisch. Dorinne der konig von Hungern schreibet vnd auch seyn vater: wy sihe einen cristlichen fride uffgenommen haben, zwischen hir vnd dem Osterdinstage. So der abegerufte seine sachen uff die legaten gebothen hoth, vnd die sachen nach jrem willen betediget sind. Vnd deszhalben sol ein namhafftiger tag zu Olomuntz als gester uber 3 wochen seyn. Begehren fort in den brifen, das wir alle den fride vnverbrochlich halden wellen, vnd den in Lusatz vnd andern nogbern auch vorkundigen. Geben zu Polen am Mittewoch nach Reminiscere im LXIX jore.

Die von der Zittaw haben den boten gefangen vnd so mit em ernstlich gereth. Er spricht, dem seihe also vnd er hab es gesehen, das der Girsick an eynem vnd der konigk zu Hungern vnd der von Sternberg am andern teile in einem dorffe zusammen kommen synt vnd mehr denn 4 stunden mittenander gereth vnd den fride vorkundiget, vnd uff das allirhertiste so geinenander dy zeit zu halden verschriben. Darnach an der Mitwoche negst vergangen, habe der Jersigk sein heer lossen zugehen, vnd sey itzt zu Prag. Vnd an der Mitwoch (sic) frühe habe er en lassen wecken uffm berge vnd eme dye briffe geben vnd gesaget: reith jlende, das du y biss Freytag vmb den mittag zur Zittaw bist, vnd gib dy brife dem bürgermeister, werde aber der voit do sein, gib sihe em selber. Vnd der bothe spricht, er habe en dorumb so jlende gefertiget: dann die von Tetschen hatten en vmb hülffe angeruffen, uff das wir sy nicht beschedigten etc. (sic). Vnd der bothe bittet, wir wellen vns alle an em nicht voreilen, den dingen ist also, wir sollen en halden, jrfare wirs anders, wir sollen en mit zangen lassen zureissen.

Lieben herren, solche ding geben vns hy eynen kommer. Wir sehen brieff vnd sigell des koniges von Vngern vnd ern Zdencken, vnd können doch die sachen swerlich glouben. Dess arget vns, das des koniges brieff behemisch ist vnd ist ein alber schrifft, vnd hot ein clein segell mit dem raben. Item des vaters awszschrifft ist anders denn er em pfleget zu schreiben, sihe hellt innen: dem wolgebornen h. Jaroslaw von Sternberg in Slesien haubtman etc. (sic).

Dorumb sey wir rothis wurden, hewte hie zu harren, vnd dy warheit zu irfahren. Dann der h. hat hiute in der nacht awszgeschicket vnd wil die warheit erfahren. Ouch saget der h. er habe 2 bothen awszgefertiget gein Prag, dy hewte vor abents wider einkommen sullen etc. (sic).

Ist es legen, so mussen vnser sachen gar wol stehen, das der Jersigk gross bedrenget ist. Ist es warheit, so verstehet jr wol, das wir müssen wider vmbkehren vnd den gemeinen fride halden, als vns der konigk gebewt etc. Geben etc. (sic).

Iidem eisdem, dat. zur Zittaw am Sontag Oculi (5. Mart.).

— Wir haben gestern den ganzen tag geharret uff irfarunge der warheit. Also ist in der nacht inkomen schrifftlich vnd mündlich, das dy dingk eyns gütlichen stehens sich in warheit so dirgeben haben. Dorumb so wir alle willig gewest weren, dy fraw von Tetschen zu vberzihen, so wir denn solche gebot des h. konigs zu Hungern vnd ern Zdenken haben: hot vns allen gedäucht, wir sollen vns billich dornoch richten, so sy vnser schutz vnd schirmer sein. Dorumb so breche wir heute wider uff — vnd zihen ein jeder theil wider in sein heymeth etc.

(Ibid. f. 254.)

477.

1469, Mart. 16 (Buntzlaw).

Vrban Emmerich, Barthol. Hirsperger, Leonhart Cromer, M. Joh. Frauenburg ad sen. Gorlic.

Do wir nechten spethe gein Buntzlaw komen synt, habe wir do funden der herzogen von der Steine briffe jungen: der saget das vnserm h. legaten schriffte von dem hungerischen konige inkommen synt, vnd s. g. gefordert wirt uff den tag gein Olomuntz personlich etc. Ouch saget er, das der schwarze fürste sich zu demselbigen tage (vieleicht noch ruffunge des Jersiken) am nesten Montage (13. März) mit 100 pherden irheben hoth etc. (sic). Man saget es sol do zu eynem entlichen handel vnd vortrag kommen etc. (sic). Dorumb uff ewer wolgefallen, so es seynen g. retlich deuchte, das jmand von vnsern wegen, neben seynen g. gefertiget würde vor hoffgesinde, der desto bas anhilde, das der vnsern nicht vorgessen würde: ewer meinung mit eynem reitenden bothen, der tag vnd nacht nicht seumete, ehbesser zu verstehen geben. Geben zum Buntzlaw, am Donnerstage frühe nach Lætare 1469.

(Scultetus, III, 254b.)

478.

1469, März 23 (Baireut).

Markgraf Albrecht von Brandenburg an seinen Bruder Kurfürsten Friedrich: Mittheilungen über den Tag von Regensburg und andere wichtige Verhandlungen in Deutschland, über die Richtigung der Könige von Böhmen und Ungarn (im Felde vor Wilemow) und über des Letzteren Plan, römischer König zu werden etc.

(Aus dem Original im kön. geh. Archive in Berlin, mitgetheilt von Dr. Märcker.)

Was wir liebs vnd guts vermogen mit bruderlichn trewen vnd dinsten alzeit zuuor. Hochgeborner furste lieber bruder. Wir schicken euch hiemit den anslag zu Regenspurg begriffen. Auch die meynung einer verstentnus sich etlich fursten mit dem kaiser zuuerbinden vff form dorinn begriffen. Auch des decimas halben was do gehandelt ist vff das kurtzest daruff ist geratslagt vff dem tag zu Newmburg von der jungen herrn wegen sie wollen den tag besuchen lassen nach laut des zettels so ist vnsers swehers vnd vnnser meynung gewest der kaiser soll komen in das reich gein Nurmberg so er do sey wollen wir gern zu seinen gnaden komen von allen sachen helffen handeln vnd furnemen das do gut sey. Wir sein auch willig gein Regenspurg zuschicken vnd das sein keiserlich gnad sicher vnd vnbeswert herauff komen vnd sein mag wollen wir vns vnnsernhalben also innen halten das sein gnad kein sorg vor vns bedurff haben angesehen vnnser getrew dinst vnd gehorsam seinen gnaden alweg erzaigt bedorfft sein gnad sicherung von andern das im die geschee nach redlicher notturfft do wollen wir seiner gnaden meynung innen vermercken vnd ist vnnser meynung das sein gnad wol vnd sicher herauff kumen aber die pinntnus sol man wider an vns bringen dorinn zuhandeln nach einer billichen vff das man vns in den ruck nicht tieffer einfure das man vns anzaigtt vnd die ding vns als gleich gemacht wurden als andern die sein bliben vff vnnser meynung. Wir haben zugesagt den tag vnuerbuntlich lassen zu suchen vnd vns geburlich zuhalten. Wir haben die herrn gefragt ob sie in crafft des abschids zu Ertfurt sembtlich mit vns handeln wollen. Haben sie geantwort sie haben demselben abschid gnug getan vnd sey nit not in crafft desselben abschids zuhandeln sie sein aber willig das sich ir vnd vnnser rete vff den tag zu Regenspurg vnd allenthalben zueinander halten sich miteinander vnterreden zuhandeln was notturft sey. Wir haben sie gefragt was doch ir entlich meynung zutun oder zu lassen sey den Girsicken antreffend haben sie geantwort dieweil sie krigs vertragen mogen sein wollen sie es thun. Wo es aber ye vff das hertst kome vnd eren vnd gewissenshalb nit anders gesein mag. Wollen sie sich von babst kaiser kurfursten vnd ander cristenlich fursten im reich nit setzen. Haben wir gesagt wir glauben das es ewer lieb meynung auch sey deszgleichen vnnsere mag man krigs mit fuge vertragen sein das das geschee, mag das aber mit fuge eren vnd gewissen nicht gescheen was dann babst, kaiser vnd ander kurfursten vnd ander fursten des heiligen reichs vnd dise nacion in deutschen landen beslissen vnd furnemen das sich ewer lieb auch wir nicht dauon setzen werden. Daruff bruderlich bittend ewer meynung vns schrifftlich zu vnterrichten vnd wo ir selber aus ewerm houe nit schicken wollet anzuzaigen wen wir schicken sollen vnd was er handeln soll vns darnach haben zurichten das wir ewernhalben in dheinem stuck endern lassen wollen dann wir dieselbe ewr versigelt schrifft innhalten wirdet. Mochtet jr aber yemants aus ewerm houe schicken were dapfferer dann sie möchten villeicht wol gedencken, was jr zuhandeln befulhet ging alles aus vns. Wir halten es dofur das sich vnnser sweger weiter vertifft haben vmb irs aignen nutz willen dann sie villeicht vns sagen oder wissen villeicht das der Girsick ein richtigung hat, der wir nit wissen. Vnd sie meynen villeicht wir solten auszher blodern das sie den danck gegen jm allein behielten. Wir wollen forschung nach den dingen allen haben deszgleichen wollen wir auch thun vff das man sich von allen tailn darnach hab zurichten dann die sag ist hie sie sind gericht. Doch so hat der Vngrisch konig geschriben gein Regenspurg dem legaten er soll zu jm komen vor ausgang des frids das ist vor Ostern oder er woll sich lenger friden. Also reyt der legat dohin vnd wil jm vil trosts sagen was das verfahen wirdet oder nit was get dann souil sol euer lieb wissen das die Behemischen herrn sere angerufft haben vff dem tag vmb hilff vnd sich zuerkennen geben geschee das nit furderlich so mogen sie den krig nicht lenger geharren der Girsick hat den Span vff ein credencz zu vns geschickt zuerkennen zugeben das der konig von Hungern zusagung hab von babst vnd kaiser das sie in Romischen konig wollen machen vnd der konig hab jn angemut solichs zuuerwilligen so wolle er jm die gewonnen slos alle widergeben vnd mit jm gericht sein. Hat der Girsick ein bedencken genomen vnd wil hinter Sachsen vnd Brandburg dorinn nichts handeln vnd maynt doch nach dem es der babst vnd kaiser dem herczogen von Burgund auch anbieten der gerayt die bairischen herrn an im habe. So wer nutzer wir hetten den konig von Hungern an vnnserm ort dann den hertzogen von Burgund der von den Bayrn gefurdert werd vnd hat vns gebeten sulchs Sachsen vnd euch zu entdecken. Haben wir geantwort wir glauben nicht das der kaiser das reich auffgebe, auch das die kurfursten keinen vndeutschen gern zu Romischem konig oder kaiser haben. Vns zyme auch nicht vnnsers herrn des kaisers halben solchs anzubringen an die von Sachsen noch an ewr lieb doch so wollen wir verfügen das es ewer lieb anlang wie wol wir wissen das jr nichts dorinn handelt dann es euch nicht zyme nach laut der kurfursten aynung on die andern ichts dorinn zuhandeln wolten wir ewr lieb zuentdecken nicht verhalten bitende solchs in geheim vnentdeckt zuhalten. Dann vns als wenig als euer lieb dorinn zimet zuhandeln, nachdem wir dem kaiser gewant sind. Derselb Span reitet auch zum konig von Franckreich was er do prewen wirdet wissen wir nicht. Die jungen herrn sind von vnnserm lieben sweher herczog Wilhelmen vnd vns fruntlich abgeschiden domit seit got beuolhen. Datum Beyr. am Donrstag nach Judica anno etc. LXVIIII[mo].

Albrecht von gotes genadenn marggraue
zu Branndburg etc.

Dem hochgebornnen fursten vnserm lieben bruder herrn Fridrichen marggrauen zu Brandemburg des heiligen Romischen reichs ertz-camrer, kurfursten etc. zu Stetin vnd Pomern etc. hertzogen vnd burggrauen zu Nüremberg etc.

479.

1469, Apr. s. d. (Olmütz).

Friedensbedingungen, von Seite des päpstlichen Legaten Rovarella auf dem Olmützer Tage an König Georg gestellt.

(Ms. d. Leipziger Univ.-Bibl. Nr. 1092.)

„Ex conventione Olomucensi in Moravia ann. 1469, statim post pascha."

Ista infrascripta requiruntur a rege Bohemorum, si saltem vult ut de cetero rex moriatur et pacem habeat in terra sua:

1) Quod ipse solus cum suis domesticis convertatur ad fidem sanctam catholicam, ecclesiam universalem, et postponat omnes articulos, quos sancta mater ecclesia reprobat.

2) Quod bona ecclesiastica reddat et ad statum pristinum restituat, et si aliqua impignorata sunt, redimi faciat.

3) Quod rex Ungariæ imponat archiepiscopum Pragæ, abbates et præpositos et dei ministros, ut per hoc augeatur cultus divinus et hæresis exstirpetur.

4) Quod simul cum rege nostro faciat diligentiam et procuret conversionem populi seducti et erronei.

5) Quod archi-hæreticum Rokyczanum tradat ad manus, et ut inveniatur aliquod medium, sicut weywoda habet informationem.

6) Quod regem Ungariæ statim accipiat in filium.

7) Quod rex Ungariæ habeat quæ tenet et protegat.

8) Quod de præsenti faciat jurare omnes suos regi Ungariæ.

9) Quod ipse donec vivit, sit et dicatur rex, et habeat titulum cum proventibus.

10) Quod imperator habeat pacem.

11) Quod bona catholicis ablata reddantur.

480.

1469, Apr. 11 (Breslau).

N. N. ad senatum Gorlicensem.

Als einer ewr dyner bey mir hie gewest, begerende was ich newe mere von Olomüntz erfüre etc. (sic). Allso willet wissen, das gestern hie ware schrifft komen sein, wie als hewte 8 tage (4. Apr.) vmbe vesperzeit vnser allergn. h. der konig von Vngern etc. zu Olomunz mit schönem grossem reisigen gezeuge, als bey 3000 etc. inkommen sey. Vnd sein mit seinen gn. auch einkommen etc. der bischoff von Ferrara der ander legat, der ertzbischoff von Gran aus Vngern, der bischoff von Lauant etc. der bischoff von Erlach aus Vngern, der von hynne bürtig ist h. Hieronimi Beckschloers bruder etc. auch h. Zdenko von Sternberg, der von Rosenberg, Swamberg, h. burggraff von Plawen, von Newenhaus etc. Mein gn. h. herzog Conrad der Swartze mit zween sönen des abgesatzten Victorin vnd Heinrich, Birke von Troppaw, Jersiken von Olbrachtsdorff, Kosken vnd Dulnitz, sulden bey Olmuntz ynkommen seyn, vnd von dem h. legaten vorhörunge begehrt haben, di er dann nicht haben wolt hören etc.

So sal auch der abgesatzte (konig Georg) auff dem kloster Rädisch bey Olomuncz gelegen etc. (sic). Geben zu Breslaw am Dinstag vor Tiburtij et Valeriani 1469.

(Scultetus, III, 261[b].)

481.

1469, Apr. 7—13 (Olmütz).

Erstes Bruchstück eines Tagebuchs über die Verhandlungen am Tage zu Olmütz vom 7.—13. April.

(J. G. Kloss Diplomatarium Lusatiæ superioris, pars III, fol. 112—116.)

Am Freytage (7. April) kamen die bundesgenossen zu seiner kön. gn. (Matthias) in die herberge. Dabey waren beyde legaten vnd der bischoff von Ollmütz. Da trug man vor: wie der könig wäre vermahnet worden den abgesetzten auf das closter zu Radischau zu lassen, um daselbst zwischen beyden königen zu tedingen und ward also gefraget, was die bundesgenossen dazu dächten? Darauf ward viel geredet. Der legat bischoff von Ferrara, den man darumb vor andern um rath fragte, gab zur antwort: da der könig nun friedlichen stand mit dem abgesetzten genommen hette und sich lassen entbieten, dass er den ketzern alhier verhörung gonnen wolde, so dünke es ihm am füglichsten, dass die beredung uf dem closter Radischau geschehe, da denne s. kön. gn. uflassen konnte wen er wolte? Dabey vertheidigte herr Zdencko von Sternberg den könig wegen einer rede die auskommen war, als ob er ohne die bundesgenossen einen frieden mit den ketzern aufnehmen wolte.

Denselben tag nach essens ritt der könig mit seinem volke aus der stadt in ein dorf mit den ketzern zu tedingen. Nechst andern bundesgenossen ritt mit dem könige der herr von Neuhaus und der herr Dobesch. Da war der könig bey dem ketzer bis auf den abend und mit s. kön. gn. kamen gen Ollmütz Victorin, sein bruder Hincko, beyde Thebeczawer, Koska, Dulnecz Weitmolner vnd andere viel ketzer.

In der zeit dieweil der könig mit dem ketzer gewesen, sind alle bundesgenossen zusammengekommen in dem hause des legaten von Bresslau, dazu man auch den herrn bischoff von Ollmütz beschicket, der aber nicht können, indem er bey den Pohlnischen gewesen. Bey dieser zusammenkunft hat man viel von des abgesetzten ketzers list vnd betruglichkeit geredet vnd wie er seinen eyd gebrochen vnd wie ihn der pabst billich in den bann gethan. Es haben aber seine heiligkeit versprochen, ihnen wieder ein geistlich haupt zu geben, vnd da dis noch nicht geschehen, so müsse man darauf bedacht sein ein solches zu wählen, sich aber inzwischen vor dem ketzer und seinen betrüglichen vorschlegen und verstellungen in acht nehmen und ihm kein gehör geben, wenn er etwa den jetzigen friedensstand missbrauchen sollte. Er sey listiger als der könig in Ungarn. Der techant zu Bresslau wandte zwar darwieder ein: man solle mit erwehlung eines hauptes nicht eilen, sondern es noch eine zeit lassen anstehen, indem jetzt die churfürsten zu Regenspurg beysammen wären und auf eynung dächten, die aber würden in ihren vornehmen gehindert werden, wenn man ein neu haupt erwehlete. Die staedte erwiederten: so sie nu neben andern 2 jahr nacheinander ohne der churfürsten hülffe wieder den ketzer vnd seinen anhang beständig gestritten, wie viel mehr würden sie thun, wenn sie ein haupt hetten, da würden sich 1000 und aber 1000 von den ketzern entziehen und zu ihnen treten. Sie beten also den legaten und die andern herrn legaten, das man die sache wegen erwehlung eines hauptes noch heute an diesem tage vornehmen möchte, sie möchten sonst sobald nicht wieder zusammenkommen. Herr Zdencko von Sternberg redete auch dazu, priess den wohlstand der Böhmen unter den vorigen königen, besonders unter kaiser Karl IV. an, redete von dem jetzigen verfall der müntze in Böhmen vieles und glaubte solcher würde abgeholfen werden, wenn man nur erst wieder ein haupt hette, die churfürsten aber würden sich dadurch in ihrem vornehmen nicht irren lassen. Hierauf nahm der legat das wort und bezeugete, er hoffe zwar, dass die churfürsten gleichwohl ihnen wieder die ketzer beystehen würden, wenn sie gleich ein haupt wehleten, doch düncke es jm gut seyn, dass man damit noch so lange anstehe, biss erst die beredung mit den ketzern geschehen sey; da würde vielleicht etwas vorkommen, das ihnen allen gut were, oder es würde hernach die wahl desto besser von statten gehen. Diesem gaben alle bundesgenossen recht. Der techant von Bresslau wiederrufte auch seinen vorgegebenen rath und zwar mit worten darüber alle bundesgenossen lachten.

Am Sonnabend ist zu Ollmütz in allen kirchen vnd klöstern gehalten worden mit dem gottesdienste, weil Victorin und die obgenannten mit s. kön. gn. gen Ollmütz kommen würden und hetten eine verhörung begeret. Dieselbige haben ihnen aber die legaten abgeschlagen, also das Victorin mit den andern am Sonnabende mit schanden von Ollmütz reisen müssen, indem die legaten und der bischoff zu Hungarn, auch die bundesgenossen einen grossen verdruss darüber hatten.

An demselben tage waren die staedte wieder alle bey einander vnd ward dabey über das begehren herr Mager von Kalass geantwortet, der vorgestellet: ob sich nicht die von Brunn und Ollmütz ohne den könig halten kennten? die andern staedte aber geantwortet, nein, man solle sich nicht von den andern bundesgenossen trennen, der pabst wolle auch haben, sie sollten eins bleiben, item man müsse solches erst an herrn Zdencko von Sternberg bringen. Item gedachter herr Mager Kalass hette auch beschwerung führen lassen über die grosse und unaussprechlich schwehre anlage, die der könig von Ungern durch ablass willen gemacht habe! das sey nicht auszustehen.

Montags nach Ambrosii (10. Apr.) haben die räthe der ketzer verhörung gehabt vor dem könige in gegenwart der legaten und bundesgenossen. Die legaten vor sich wollten sie nicht verhören, waren aber dem könig zu gefallen bey der audienz. Die gesandten der ketzer brachten vornehmlich dieses vor, das sie den konig baten, er solle bey dem pabste für ihn bitten, das er seinen sendeboten ein sicher geleite gebe, so wollte er sie zu seiner heiligkeit schicken und sollten handeln wegen der zwietracht und wegen des unwillens. Darüber wurde hernach erwiederung gehalten, endlich beschloss der könig, er wolle das, was die ketzerischen gesandten vorgebracht, schrifftlich lassen aufsetzen und darauf auch schrifftliche antwort geben.

Am Donnerstage vor Tiburcientage (13. Apr.) kamen des ketzers sendebothen Dulnecz vnd Weitmollner in die herberge zu herrn Zdencko von Sternberg und baten diesen er wolle es wieder helffen zur eintracht bringen und wolle darinnen betrachten den fromen der crone zu Behmen, das er denn vormals auch gethan. Da antwortete herr Zdencko von Sternberg „euch ist allen wol wissentlich, das ich die ere, nutz und fromen ober alle im gantzen reiche gesucht habe und mühe und arbeit darinnen nicht gespart habe“. Da antwortete Dulnecz: „Gnediger herr, und weyl ihr thatet derweyle stunde is wol im konigreich und eure gnade was als ein jungher konig und ein vater des reichs, vnd da ir euch abelist und wieder das konigreich euch wiedersetzet, habt ir auch wedir das konigreich zu allen verderbniss bracht“. Do antwortete herr Zdencko: Dulnecz, jch habe das verderbniss dem konigreiche nicht zcugefüget, sondern euer herr und jhr, nachdem als es offenbar ist, mir meine schlösser berennet und eyn angeber wart des krieges und ich mich habe muss weren der gewalt die mir geschehen ist, auch hat das euer herr zu wege bracht durch seinen falschen eyd den her geswohren und nicht gehalten hat, und der allmechtige gott sonderlich solch verderbniss über euch verhangen hat, ab euer herr der verfluchte mit seinen helffern unsern gnedigen herrn seeliges gedechtnisses vorhartlich und schentlich vom Leben bracht hot, das denne der gantzen werlet offenbar ist, und ab got wil, als ferner als unssre hälse wenden, nicht vngerochen sal bleiben".

Da antwortete Dulnecz: „Gnediger herr, nicht geruchet diese sache also hefticlichen und ernstlichen furzunehmen wieder euern und vnsern herren, sondern geruchet rath und hülffe zu thun, das es zu einem frieden möchte komen, da er sich vnd wir andern ihn mit euch" etc. Der von Sternberg antwortete hierauf: „Wenn sie sich wolden mit jhnen vereinigen, müsten sie erst glauben was andere christglaubige glaubeten und dem pabst gehorsam seyn, so würde es bald zum frieden komen. Sonst aber sey keyn friede zu hoffen: es were bissher mancherley vornehmen gewesen im reiche zu Behmen mit verschreybungen, eyden, compactaten u. d. m. es habe aber keynes konnen bestendig bleiben und sey noch heutiges tages keyn friede im konigreiche, würde auch keyner werden, wenn sie nicht wolden glauben, was sie glauben". Ferner setzte Zdencko von Sternberg hinzu: „Wer für solchen frieden und das sie mit dem glauben der heiligen Röm. kirche vereinigt würden, der sey ein verfeytes burkind". Darauf wollte Weitmollner zu reden anfangen, der von Sternberg uberschriee ihn aber und sprach: „gehe nur durch in hals, wegen das du obir dein eygen glauben hilfest, bistu doch ärger denn ein jude adir eyn ketzer". Da sprach er: „er redte nicht wieder den glauben, sondern neben seinen herrn sein bestes". Da sagt herr Sternberg: „hörstu nicht, das wir vom glauben reden?" Da schwieg Weitmollner und redete nicht mehr. Da hub Dulnecz an zu reden und sprach: „Gnediger herr, als jr obir vermeldet habt, das keyn friede in dem lande nicht seyn kan, es sey den, das wir glauben als jr glaubet: und ehe jr das zu wege bringet wert jr mit samt mir entweder im hymmel adir in der hölle seyn". Da antwortete herr Zdencko und sprach: „Dulnecz, das spreche ich bey meinem eyde und glauben und vermesse mich, das ist: das ich die hülffe unsers gnedigen herren und anderer herren und städte, die wir jetzund vermögen, das ich der mechtig seyn solde zweyer jahr und mir gantz gehorsam seyn solden, nochdem als deme schicken und heisschen würde, und würde ich euch nicht dazu bringen in zweyen jahren, das man euern glauben jm gantzen konigreiche nicht offenbar nennen dürffte, so wollte ich mich vorwillen, das man mich alsobald burnen solde".

Darauf brachte man zu trincken. Da nahm herr Zdencko solches und sprach: „Herr himmlischer vater vergieb mir, das ich mit den verfluchten ketzern trycke".

Und domete hatte die rede ein ende.

482.

1469, April 12 usq. 3. Mai (Olmütz).

Zweites Bruchstück eines Tagebuchs über die Verhandlungen am Tage zu Olmütz vom 12. April bis 3. Mai.

(Scultetus, III, 267—270.)

„Von königs Mathie wal zu Olmuntz."

It. am Mitwoch vor Tiburcij (12. Apr.) do man beslosz die antwort der Polnischen rethe, do denne alle bundgenossen bey einander waren, die man en solde geben. Da wart noch ferrer anbracht an alle bundgenossen, durch den edlen vnd wolgebornen herrn Zdenko von Sternberg, der da in sulchen worten anhub zu reden:

Hochwirdige veter, edel, wolgeboren herren, gestrenge, woltüchtige, ersame, weise rathmen der stete. Euch ist alle mitteinander wol wissentlich, wy das wir durch jrmanunge vnd gebithunge vnsers heyligen vaters des bobest, dem vormaledeiten ketzer abegetreten sein, vnd noch seiner heilikeit legaten vndirweisunge wedir den abgesatzten vnd seine helffer itzunder zwey jar grosse krige gefüret haben vnd alle vnser gütter vnd vnsern leib vnd gutte leuthe nicht gesparet haben, sunder alles gewaget haben, vnd das noch allen vnsern vermögen meinen gerne zu thun. Sundir jr noth ware zu betrachten, das man is hernochmols andirs fürnemen, wenne man is fürgenommen hatte. Vnd als man denne wol mag gemercken offenberlich, das der abegesatzte nicht me wenne mit schalckheit vnd hinderlist vmbginge, vnd das man ferrer irkein beyfrede machte, wer (sic) vns der mehr schedlich wenne frömlich, mancherley vrsachen halben, vnd nemlich, das sy keinen beyfrede nicht halden sunder mer plackerey sich begeben wenne im vnnfrede etc. (sic).

Sonder mehr anders stehet zu thun, wenne das angehaben werck weder dy ketzer vorfolgen etc. (sic). Wenne euch wol offinbar ist, das ich meine slösser willig vorloren habe, vnd alle meine ander gütter gantz in grund vorterbet sein, das ich schir mehr slösser wenn dörffer habe etc. (sic). Vnd dorumb wir eintrechtiglichen sollen beslissen vnde vorbas dorzu denken, das alle bundesgenossen getreulich vnd eintrechtiglichen hülffe vnd roth vnd beystand theten, vnd nicht also vor etliche streiten solden vnd die andern solden in fride sitzen vnd zusehen, wenne sie dorynne verschreibunge nicht genug theten etc. Auch vor allen andern dingen, das vnser ferrer vornemen eyn gutten vorgang haben möchte, vnde das do ichtes erlichs, nützlichs vnd frömlichs, zu vortilgunge der ketzer etc. mochte geendet werden, kan ich vorstehen vnd eigentlichen gemercken, das wir dem swerlichen nochkommen etc. möchten, is were denne, das wir mit einem heupte versorget weren. Wenne wiewol der durchlauchtigste konig von Vngern vnser beschirmer ist,· möchte is sich vorlauffen, das er in sein konigreich wider heim zihen müste etc. Sint demmal das vnser durchlauchtigster herre der konig von guttem willen vns in seine beschirmunge offgenommen hat etc. das wir s. kön. g. nimmer künnen vordanken etc. Sundir seine kön. g. vmb der gutten tete willen, dy her kegen dem cristenlichen glawben vnd vns allen gethan hot, sich des konigreichs zu Behmen wolde vndirwinden vnd wolde vnser gnediger konig vnd herre sein, vnd vns allen bey vnsern gerechtigkeiten vnd freyeten lossen etc. Das ist mein guttdünken vnd gantzer wille. Was denne ewer wille dorbey ist vnd ewer guttbedüncken, wollet mich das lossen vorstehen.

So hub an der hochwürdige vater legat bischoff von Breslaw, vnd sagete: Edeln wolgeborn herren, ersame etc. noch dem als jr wol vorstanden habt dy anbrengunge des wolgeborn herrn Zdenko von Sternberg vnsirs obirstin hewptmanns. Inn welcher anbrengunge wir wol alle verstehen mögen, das nicht nützlichers noch frömers gesein mag vnd mir das gantz wolgefellet, vnd meinen gantzen willen dorzu geben, als des h. Zdenken guttdüncken vnd wille ist.

Dornoch hub an der bischoff von Olomuntz vnd vorzelte die grossen gutthete vnd anlage, so der konig von Vngern willig gethan, das is billich, das man en vor allen andern zu einem konige vnd herren offnehme etc. vnd gebe meinen gantzen willen dorzu etc.

Dornoch der h. von Rosenberg vnd alle ander panehern der crone zu Behemen vnd Merhern, jren gantzen willen dorzu gaben, vnd dornoch die prelaten von Behemen, vnd dornoch die prelaten vnd rothherrn von Breslaw auch jren gantzen gutten willen dorzu gaben, vnd dornoch die rotherrn von der Sweidnitz etc. noch en die Meherischen stete in viel worten vorzelten jre beswerunge, vnd das es gar schedlich were, das jrkein beyfriden mit den ketzern nehmen solden etc. vnd grosslich danckten her Zdenken jrem hewptman vnd allen andern herrn etc. Dornoch die rotherrn von Pilzen vnd von Budeweiss auch jren gutten willen goben.

Dornach ward beslossen, das man als morne vmb 13. vor seine kön. g. gehen solde, vnd seine kön. gn. darumb bitten. Vnd do allen gebothen ward bey dem hochsten banne das in grosser heimligkeit zu halden von allen.

Dornach am Donnerstage vor Tiburcij (13. Apr.) vmb die 13. stund santhe s. kon. g. noch h. Zdenken off den thum, do denne alle bundgenossen bey enander waren. Do denne vor das beste dirkannt war, das die hh. legaten mit h. Zdenken vnd andern elsten hh. die sache vor seine kon. gn. brechten, vnd dy andern prelaten vnd hh. vnd stete dieweile bey enander in h. Zdenken herberge bleben etc.

Dornoch obir 4 stunden qwomen der h. Zdenko mit den elsten hh. zu den andern in die herberige etc. (Responsum regis). Sundir das her sich darobir mit den hh. legaten vnd seinen rethen besprechen welde, vnd eine entliche antwort geben, vnd dorbey sagete, das sy alle mitteinander bey jren gerechtikeiten etc. (sic).

Dornoch am Freytage an sinte Tiburcientag (14. Apr.), do qwamen die bundsgenossen zusammen. Do hub der bischoff von Olmuntz an vnd sagete: Liben hh. alle mitteinander. Nochdeme als wir euch nue nechst gesagt habin mit h. Zdenken etc. (de responso regis), also sey wir heute mit den elsten hh. bei s. k. gn. gewest etc. das wir an s. k. gn. bracht hetten, vnd sehr danckete des gutten willens den wir kegen s. k. g. beweist hatten: sundir das her vns dorinne zu willen sein solde, stünde das seiner k. g. mit nichte nicht zu thun, durch mancherley vrsachen halben etc. doruff ich mit h. Zdenken antworte etc. Do trat her abe mit dem bischoff von Gran vnd andern rethen etc. kam wider zu vns vnd sprach: Liben hh. ich verstehe nu wol den gutten willen den jr zu vns habet etc. vnd euch lasse wissen etc. (sic) selber achten möget, so ich mich des konigreichs vnderwinden vnd mich vor einen konig schreiben solde, vns nicht anders stünde zu thun, wenne dorzu zu thun vnd denecken das wir die ketzerey auszrotten, vnd die krone mit dem swerte vndir mich brechte. Do euch denn das wol wissentlich, das selig gedechtnis keyser Sigmund vnd andir konige, körfursten forgenommen haben, sundir das nicht haben mocht vorenden etc. Also das wir vns des konigreichs nach ewerm begeren wellen vnderwinden, das jr mit den legaten vns zusagen wollet, das vns durch die Dewtzen fürsten eine hülffe geschee mit 12000 pferden, die da 6 monden bey mir verharren in dem konigreich zu Behmen. Adir mir also vil gelt geben, als man den soldenern geben müste, das denne mache 250000 gülden. Do antworte h. Zdenko von Sternberg vnd sprach: Gnediger konig, e. k. gn. geruche abezulassen vnd ein geringer summe zu nehmen. Do antworte s. k. g. vnd sprach: h. Zdenko, das jr y irkennen möget, das an vns der abgang nicht sein sol, möget jr wol irkennen, das dy hülffe der Dewtzen fürsten, dy sie mit dem volcke thun wellen, jr eigene haubtleute haben wellen, so sie denne etzwas in dem konigreich gewinnen, würden sie wellen das eygen haben, vnd domitte die crone zureissen würde etc. So wöln wir euch gantz vnser meynunge offenbaren, das jr mit den hh. legaten wollet reden, das sie mir zu hülffe zusageten 200000 gülden von allen landen, so wölle wir vns des konigreichs vndirwinden vnd dy ketzerey ausztilgen vnd dornoch von en, noch vom h. vater dem bobiste keyn phennig forder begeren wil.

Dornoch wart beslossen, das alle eyntrechtiglich solden dy hh. legaten beten, das sy dorinne jren fleiss thuen welden etc. Dornoch ging der bischoff von Olmuntz in das closter zu S. Franciscen zu dem h. legaten Ferrar, vnd do bat etc. das sie ein gutt ende wolten stifften etc. Do antwort der legat von Ferrar vnd sprach: Lieben hh. alle mitteinander, wir wollen vns doruff besprechen etc.

Dornoch am Sonnobende nach Tiburcij (15. Apr.) schickte der Girsik zu dem gn. durchl. h. konige von Vngern vnd dem bischoff von Ferrar, das sy mit em zusammen welden kommen, do her en denne seine meynunge welde offenbaren etc. Do wart doruff geroten etc. beslossen wart, das der ertzbischoff von Gran vnd dy vngerischen herren zu em retten vnd en vorhorchten etc. dem denn also geschach.

Dornoch am Montagen nach Tiburcij (17. Apr.) qwomen dy bundszgenossen zusammen zu dem h. legaten von Breszlaw. Do rette der h. legat zu en in solchen worten: Lieben hh. etc. vnser genediger h. der konig hat zu vns gesandt einen trefflichen aus den seynen, vnd der hat mir gesagt, wy das s. k. g. faste bewundert, das wir en mit der antwort vorzigen etc. das zu forchten were, das wir s. k. gn. verliesen möchten, wenn wir sein keine gedanken hetten etc. Auch habe ich trefflich vnd manchfeldig der sachen halben mit dem andern legaten geredt, der denn also spricht: das her noch befehlunge des h. vaters des bobestes alles was vorhanden von gelde gewest were seinen k. gn. das gantz offenbaret hette etc. auch weren die korfursten gar swere, das man das geld solde aus den landen füren, sondern das sy selber soldener mitte doraus welden auszrichten etc. Sundir vnser meynunge ist, das wir in dem vnd anderm gantzen fleis wollen thun kegen dem h. vater dem bobeste etc. vnd kegen dem h. dem keyser vnd kegen den korfürsten, das wir ye meinen, das wir s. k. g. hülffe mit geld vnd leuthen zu wege brengen wöllen etc.

Dornoch do gingen sy zu dem konige, vnd do hub der bischoff von Ferrar an, vnd gab s. k. g. antwort etc. Dornoch hub der edle h. von Sternberg an vnd sprach zu s. k. gn. etc. das e. k. g. welden ansehen vnser elende vnd noth etc. vnd bethen ferrer e. k. g. wenn wir keinen gerechtern h. mögen haben etc. angesehen das dy löbliche cron zu Behmen zu jrem löblichen stand wider kommen möchte etc. wenn die crone faste zurissen etc. vnd wir vns e. k. gn. gantz ophern vnd geben, vnd e. k. g. also ferre als vns leib vnd gut wenden wirt, hülffe roth vnd beystand thuen wellen etc. vnd bethen e. k. g. alle mitenander, das e. k. g. vnser gn. h. vnd konig sein wolde, vnd vns eine gnedige tröstliche antwort zu geben. Do fragte der konig alle, ab is jr wille vnd wort were. Do schrien sy alle semplichen: Jo is. Do sprach der konig: h. Zdenko, dy sache dy jr von mir begeret, dy ist gross vnd bedarff grossis rothes. Ich wil mich mit mein rethen vnd den hh. legaten besprechen, vnd euch eine gnedige antwort geben. Do sprach h. Zdenko: Gnediger h. der konig, e. k. g. geruche vns nicht lenger offzuhalden vnd vns betrüben. Vnd ruffte an alle bede legaten, das sy auch s. k. gn. bethen, das s. k. g. vnser g. h. vnd konig sein wolde vnd das konigreich vffnemen. Da sy denne taten etc. Dornoch ruffte her (der könig) h. Zdenken zu em in sein gemach etc. Vnd dornoch qwam er heraus vnd ruffte die elsten hh. der crone zu Behmen zu dem konige etc. Dornoch quam h. Zdenko heraussen, vnd sagete allen in dy gemeine, das wir vns wol solden gehaben, wenn s. k. g. hette seine antwort lassen beschreiben, vnd dy dewtz behmisch auszulegen: so das geschee, so würde man is allen lassen lesen. Vnd nicht anders weis, das wir ein hern vnd konig haben etc.

Dornoch am Dornstage nach Tiburtii (20. Apr.) tagete der könig von Vngern mit dem Girsiken, eine meile von Olmuntz in dem felde vndir den gezelten. Vnd do was mit dem konige von Vngern der ertzbischoff von Gran, der bischoff von Waradein, h. Zdenko von Sternberg vnd andere Behmische hh. Was da gehandelt wardt, kunde nimand gewissen.

Item dornoch am Sonnobende (22. Apr.) brach der ketzer (Girsig) vff von Sternberg ken der Neustat. Vnd do kam der Albrecht Costka vnd Weitmölner von seinet wegen. Vnd do wart ausstellig, wy das sy einen beyfriede also von Phinsten obir ein jar solden betedigen. Vnd hatten etsliche artikel beschreben, dy sy meynten einzuschlissen. It. der erste artikel, das dy hh. legaten den bann welden benehmen von den ketzern, das sy derweile nicht gebannet würden. It. der ander, das alle cristenliche stedte vnd herrn, dy neben em sein, entpunden würden vnd en erlaubet messe vor en zu lesen vngeferlich. It. der dritte, das er wolde vnderdess seine sendebothen kein Rome schicken etc. das dy mit geleite versorget würden. It. der abbte (sic), das dem abbt von Radisch seine probesteyen vnd gütter wider gegeben würden. Der vierde, das der konig von Vngern solde vor en schreiben dem h. vater dem bobeste, das her vnd seine sendeboten erhöret möchten werden, vnd her sich seiner heilikeit gantz in gehorsam geben wolde. It. der fünffte, das alle gefangene vff beiden teilen losz solden sein etc. Diese artikel vnd ander langete der konig von Vngern den hh. legaten vnd den Behemischen hh. ob sy dorzu willen welden.

Dorvon wol 4 tage grosser handel was vnd zwytracht. Wenne den hh. legaten das nicht gefiele, noch den Behmischen hh. etc. Das dennoch off dy letzte beslossen wart, das sy ein den frede wilten bass off das newe jar, vnd das dy gefangenen loss solden sein off beiden teilen etc.

Dornoch am Montage (1. Mai) an sinte Philippi und Jacobitag, qwomen dy bundgenossen zusammen. Do en denne wart geoffenbart dy tedigunge des beyfredes halben etc. Do gefiel is allen wol etc. Sundir ferrer wart gehandelt von den bundgenossen, wy sy sich alle vorzeret hetten vnd dy zeit vorzoge sich lange etc. vnd do vor das beste von allin irkannt wart, das h. Zdenko mit dem von Rosenberg vnd h. Hazen gingen zu s. k. gn. vnd s. k. g. bethen von aller bundgenossen wegen, das s. k. g. jr beswerunge wolde ansehen vnd sy nicht lenger wolde vffhalden, sundir eine gnedige antwort geben etc. Dornoch nach essens qwomen dy bundgenossen weder zusammen. Do denne h. Zdenko von Sternberg en allen ein antwort sagte: wy das s. k. g. manchfeldig vorzelet hette vrsachen, wy das em not tete grosser rot dorobir. Vnd obir alles en liesse sagen, das sie wolgemut solden sein, vnd dem beyfrede den her mit den ketzern machte, en nicht solden lossen zu hertzen gehen: wenne her das durch grosser namhafftiger orsachen halben muste tun. Vnd auch en liess sagen, das her sy nicht lenger welde vorzehen mit der antwort, wenn bass off dy Mitwoch an des h. crewtzestag.

Dornoch am Dinstage (2. Mai) wart gebothen allen prelaten vnd herren vnd steten, das sy uff dem thum weren vmb des seygers zwelffe. Deme denn also geschach, vnd das alle etc. des kön. g. geste solden sein vnd mit s. k. g. essen vnd frölich sein.

Dornoch (3. Mai) do sy bey einander waren, dy hh. legaten vnd Behmischen hh. vnd stete, do sang man eine messe von dem h. geiste. Do dy messe ein ende hatte, gingen dy Behemischen hh. zusammen. Vnd do his der edele herr von Sternberg, das sy alle miteinander swygen, vnd sprach: hochwürdigen veter, edeln, gestrengen, woltüchtigen, ersamen, weysen rothmanne der stete. Nachdem als dy lobliche crone zu Behmen an ein cristenlich haupt ist, dodurch denne manchfeldige swechunge der crone etc. sich ergeben, dorumb wir zusammen kommen, ein cristenlich haupt jrwelen, das vnser h. vnd konig ist, vnd vns bey vnsern privilegien vnd freieten behaldet, vnd vormals bey andern gescheen ist, nicht als bey dem ketzer Girsike vormaledeieten, sunder bey zeiten anderer cristenlichen konigen gescheen ist. Vnd vormante alle, das ein itzlicher auss jnnigen hertzen ein pater noster bete etc. Do das geschach, do jrwelten sy den durchlawchtigsten h. Mathiam von Vngern zu einem Behmischen könige. Vnd der edele h. von Sternberg hiss das sy alle swigen, vnd offinbarte allen, wy das sy jrwelet hetten den etc. konig von Vngern zu einem h. vnd Behmischen konige. Vnd fragete alle, ob is jr wort vnd wille were. Do vorjogeten sy is alle. Dessgleichen der h. legate von Bresslaw that.

Dornoch gingen alle Behmische hh. vnd stete zu dem durchlauchten etc. konig von Vngern in seinen hoff, vnd fürten jn of den thum.

Dornoch do her in das chor qwam vnd stund in seinem stalle, do stunden die hh. von Behmen vor em. Vnd do hub der edele h. Zdenko von Sternberg vnd sprach: Durchlauchster allirgnedigster h. vnd konig, wir hh. der cron zu Behmen, beten e. k. g. demutiglich, das e. k. gn. vnser gnediger h. vnd konig sein, vnd wir alle e. k. g. willige vndertenige sein wellin, als vnserm gnedigen h.

Do antworte der konig vnd sprach. Edele hh. nach dem als jr vns demüttiglich betet, das wir ewer h. vnd konig sein sollen, so wolle wir das got dem almechtigen zu lobe vnd ere vnd dem Römischen stule zu beheglichkeit vnd dem cristenlichen glawben zu sterckunge vnd der löblichen crone zu Behemen zu nutze vnd fromen thuen, vnd ewer h. vnd konig sein.

Do danckte der edle h. Zdenko von Sternberg von allir wegen fleisslich vnd hiess alle sweygen vnd sprach zu dreymal nacheinander: prelaten, herren, ritterschafft vnd stete, wir haben jrwelt vnd vffgenommen den durchl. h. Mathiam konig von Vngern zu einem h. vnd Behmischen konige. Iss ewer wille vnd wort. Do vorjogten sy is alle. Dornach der ertzbischoff vnd bischoff von Gran vnd dy hh. legaten nomen uff dem h. evangelio eyn eijdt von em. Dornoch hub man an te deum laudamus etc. Amen.

483.

1469, Mai 4 (Olmütz).

Legat Rudolf an die Sechslande und Städte.

— Vns zweiffelt nicht, dy zeit wir alhy by dem durchleuchtigisten konige zu Hungern etc. gewest sint, mancherley rede sich alumben begeben haben: wie vieleichte s. k. m. die heiligin angehaben sachin nicht nachkommen vnd volenden würde etc. (sic).

Wann wir thun euch wissen, das s. k. m. als gestern mit grossen frewdin, frolocken, herlickeiten vnd zirheiten, eintrechtiglich in der thumkirchen zu Olmütz nach der messe von dem h. geist gesungen, zu eyme Behmischen konige irwelt ist: das denn s. k. gn. auch durch bete vnd durch bewegung der barmherzigkeit zu den cristen des reichs, willig auffgenommen, gesworen, vnd anders wie sich solchs gebürt, gethan, vnd den angehabenen sachin mit alle seyner craft vnd macht, zu vortilgung der ketzerey nachkommen etc. (sic). Sünderlich thun wir uch wissin, das e. kön. m. in kurtzen tagen in meynunge ist, in die Slesie gein Breslaw zu zihen etc. das wir uch dann uff dissmal verkünden haben wöllen etc. Geben zu Olmütz am Dornstage nach dem Sontage Cantate, anno domini etc. LXIX.

(Scultetus, III, 262ª.)

484.

1469, Mai 6 (Olomucii).

Legat Rudolf an das Domstift zu Worms: Nachricht über die Wahl des Königs Matthias zum Könige von Böhmen.

(Ms. in der kaiserl. Hofbibliothek in Wien, Nr. 4498, fol. 188.)

Rudolffus dei gratia episcopus Wratislaviensis apostolicae sedis legatus etc.

Eternam salutem, venerabiles, circumspecti, honorabiles, in Christo sincere dilecti. Quantos labores, solicitudinem atque curam tempore quo auctoritate verum et onere non parvo legati a latere freti sumus gessimus humeris nostris ita quod non præterit dies neque nox quin artus nostros ad hanc rem sanctam fidei agitavimus substantiam, corpus et vires proprias libenter exponentes arbitramur vobis esse haut peregrinum, tum ex prioribus nostris scriptis tum et ex relatione complurimorum qui hoc ipsum norunt et viderunt verum et experiencia edocuit et attestatur. Nunc autem deo cooperante et disponente paululum respirabimus, nam serenissimus dominus Matthias rex Hungariæ, qui nos et omnes catholicos sub corona incliti regni Bohemiæ degentes in protectionem et tuicionem suas dudum recepit armaque contra perfidos hereticos et fidei hostes sumpsit, bonaque eorum igne et ferro devastari nec non et ipsos quos habere potuit neci tradi fecit totamque Moraviam gladio subjecit bellaque fideliter prosecutus est usque in diem quo cum dampnato illo hæretico Georgio de Podyebrath treugas pacis iniit non sine maximis respectibus et tutela sub quibus nos et alterum legatum nec non et prælatos baronesque regni catholicos ad hanc dietam accersivit generalem, ubi tandem post multipharios tractatus desuper habitos nos ceterique prælati et barones, ad quos pertinet electio, eundem dominum regem

Ungariæ ob ipsius peramplas virtutes et merita ipsa die inventionis sanctæ crucis tertia Maji in ecclesia Olomucensi præmissis missarum solemniis de spiritu sancto celebraturarum ipso inspirante concorditer et unanimiter in regem Bohemiæ elegimus, qui ob preces nostras atque baronum ob bonum fidei et ecclesiæ sanctæ dei principaliter titulum regni suscepit haut dubie regnaturus et contra hæreticos, quos eliminare et funditer eradicare conatur, feliciter triumphaturus. Nam ut præmittitur Moraviam paene totam in possessione habet, in qua et barones quondam hæretici ad suam celsitudinem quotidie confugiunt; omnes barones catholici regni Bohemiæ, Slesia tota, in qua et nos plura castra et opida catholica de manibus hæreticorum vi et exercitu recepimus et eripuimus, Lusacya denique superior et inferior in regem gratanter et sponte recipiunt, tum de faucibus draconis eos ab omnibus derelictos eripuit: ex quibus speramus nunc nos ab hujusmodi acerbissimis curis atque laboribus pro majori parte fore exutos et liberatos. Verum cum sua majestas propediem Wratislaviam dyocesimque nostram ingredi velit præsertim dominia ecclesiæ nostræ visitaturus curialiter et ad latus sue sublimitatis ad tractanda negotia regni esse nos opportebit, confidit sua majestas, quod illustrissimi principes domini electores imperii ceterique duces, principes, prælati, populique catholici nacionis nostræ ad exstirpandam funditus hujusmodi hæresim suæ celsitudini velint et dignabuntur assistere, in et pro quo, ut oramus, boni cooperatores juxta vires esse velitis, quos nunc et eve cupimus bene valere. Hæc nova vos domine decane cum sincera commendacione nostra illustrissimo domino comiti palatino Reni duci Bavariæ principi electori imperii, reverendis patribus dominis Wormaciensi et Spirensi scribere et copiam litteræ nostræ transmittere, similiter et dominis de cappitulo Wormaciensi, dominæ abbatissæ in Nonnenmunster, priori et patribus Kyrsgarten ceterisque dominis et fautoribus nostris significare, ipsosque in Kyrsgarten et Nonnenmonster hortari velitis quatenus omnipotentem deum orent, ut quantocius hæc labes et hæresis hussytica penitus exterminetur et cesset. Datum in Olomuntz VI. Maji anno domini MCCCCLXIX°.

Venerabili et circumspecto discretisque viris domino Joh. Lansteyn decano, Jacobo Tyrner semipræbendario, Hermanno Fritag et Henrico Sweden vicariis ecclesiæ majoris Wormaciensis, amico et sociis suis carissimis.

485.

1469, Mai 7 (Olmütz).

König Matthias von Ungarn an Jaroslaw von Sternberg, Verweser etc.

— Uch mag villeichte nw wol wissende sein, das wir vnder andern vrsachen, noch erforderung vnd begeren vnsers h. vaters des bobstes, auch vnsers lieben vaters des Romischen keisers in die land kommen sein vnd die bürde uffgenommen habin etc. (sic) wider die kätzer, dorinn wir dann vntz her weder vnsern leib noch gutt angesehen, sunder dargestreckt haben noch vnserm besten vermögen.

Nw sint vor vns kommen dy herren merer vnd meiste teyl uss dem konigreich zu Behem, ouch ettliche usz Slesien, Lusatzer land vnd Mehern, vnd haben an vns hoch vnd fast begert, bittende, das wir nach solicher bürd der beschirmunge desselbin cristlichen folgks, nicht alleine beschirmer, sunder jr herre vnd konig zu Behmen sein sulden. Vnd nach solchem jrem begehren, mit gemeinem roth eintrechtiglichin vns zu einem konige zu Behem vnd jren herrn erwelet haben etc. (sic) das usz solcher erwelung dem cristlichen glauben ein nutz, ouch dodurch den landen vnd jren inwonern ein gemeiner frid, mit hülff vnd rath vnsers benanten h. vaters des bobsts, ouch vnsers vaters des Röm. keysers etc. (sic).

Es haben ouch dy vorgenanten herren vnder andern sachin mer an vns begert, das wir zu vorrichtunge vnd scheidunge etlicher sachin vnd zwitrechte, dy doselbst in Slesien vnd Lusatzerland zwischen etlichen landlüthen sein, das wir vns hienein gein Breszlaw fügeten, das wir vns dann auch verwilligt habin etc.

Dorumb begeren wir an uch bittende jr wollit uch dornach richten, wann wir gein Breszlaw kommen, das jr dann ouch doselbist hinkommet. Wir habin ouch andern fürstin vnd jnwonern, ouch den sechsstetten, des fürstenthumbs in Slesien dessgleichin geschrebin, das sy ouch dohin zu vns kommen wollen etc. Geben zu Olomuntz am Suntage vor dem heil. uffertstag 1469, vnsers reichs im zwelfften vnd der kronung im sechsten jare.

(Scultetus, III, 263ᵃ.)

486.

1469, Mai 19 (Budissin).

Jaroslaw von Sternberg vorweser etc. ad sen. Gorlic.

Ich füge uch wissen, das ich den von Tetschin geschreben habe, ap sie solchen frede von vnserm gn. h. dem konige von Hungern etc. vnd dem Girsicke betediget, halden weldin etc. Wedir geschriben, wollin nicht wissen von solchem frede, vnd vormeynen den nicht zu halden. Hierumb bitte ich uch wollet rathschlagen, so wir zu vnserm konige gein Breslaw zogen, wy dyweile eyne wehre gein vnsern feinden zubestellen, das sich nicht schede etc. (sic) vnd in foller macht vff Dinstag in den Pfingstheiligentagen nehest künfftig alher gein Budissin schicken: wenn ich mann vnd steten einen gemeinen tag geleget habe etc. Geben zu Budissin am Freitage vor Pfingsten 1469.

(Scultetus, III, 234a.)

487.

1469, Mai 25 (Romæ).

Papst Paul II. ermächtigt seine Legaten, Rovarella und Rüdesheim, das Kloster Hradisch bei Olmütz zerstören zu lassen und dessen Güter zwischen das Domstift und die Stadt Olmütz zu vertheilen.

(Orig. im Olmützer Stadtarchive.)

Paulus episcopus seruus seruorum dei. Venerabiles fratres salutem et apostolicam benedictionem. Jam ex tuis episcope Wratislauiensis quam nonnullorum aliorum litteris intelleximus, quam periculosum, pernitiosumque sit communitati Olomucensi monasterium Redisch ordinis Premonstratensis extra muros Olomucens., cui adiacet, quod his diebus experientia compertum est, cum heretici illud occupantes maxima damna ipsi ciuitati non sine maximo periculo intulerint, illudque deo uolente iam per carissimum in Christo filium nostrum Mathiam regem Hungarie illustrem, e manibus hereticorum euictum et habitum esse, propterea uolentes ipsi communitati nobis etiam hoc humiliter supplicanti, ne deinceps tanto periculo agitetur, quod omnino precauendum est, oportune de benignitate apostolica prouidere, fraternitati uestre committimus et mandamus, ut si ita sit et uobis uideatur fortilitia ac muros eiusdem monasterii demoliri faciatis ac solo equari, relicta sola ecclesia siue capella eiusdem monasterii sancti Stephani nuncupata, adeo, quod hostis presidio amplius esse minime possit: fructus uero redditus ac emolumenta eiusdem monasterii per aliquem uirum ecclesiasticum ad hoc ydoneum colligi faciatis et pro uestra prudentia ecclesie cathedrali ac communitati Olomucensi equaliter distribuatis et assignetis ac auctoritate nostra approprietis, ordinationibus et constitutionibus apostolicis in contrarium facientibus non obstantibus quibuscunque. Super quibus plenam tenore presencium uobis concedimus facultatem. Volumus nichilominus, quod in omnibus hiis interueniant consensus predicti regis quem confidimus etiam utilitati, honori ac commodo dicte ecclesie et ciuitatis non repugnaturum fore. Datum Rome apud sanctum Petrum anno incarnationis dominice millesimo quadringentesimo sexagesimo nono octauo Kal. Junii pontificatus nostri anno quinto.

Per A. de Moncia.
M. de Mannuciis.

Venerabilibus fratribus Laurentio Ferrarensi et Rodulfo Wratislauiensi episcopis, nuntiis et oratoribus nostris.

488.

1469, Jun. 1, 2 (Breslau).

Görlitzer Abgeordnete an ihren Stadtrath: Nachrichten über Vorgänge in Breslau.

(Aus Scultetus annal. Gorlic.)

Greger Selige, Barthol. Hirszberger, Leonhart Cromer, M. Joh. Frawenburg, ad sen. Gorlic.

Wir fügen uch wissen das wir in desen tagen, so wir glückselig inkommen sein, am ersten merglichen handel mit vnserm gnedigsten h. legaten, dornoch mit vnserm gn. h. Zdenken von Sternberg gehabet haben, vnd uff heute vor vnserm gnedigisten h. dem könige, in gegenwertikeit der legaten, bischoffen vnd hh. vnd fürsten jrschinen sint, vns noch möglikeit jrboten etc. (sic).

Nw verstehen wir, das vnser gnedigster h. der konig in desen sachen nicht seumen vermeinet, vnd vns gehorsam vnd houldung zugemuttet wirt. Nochdeme die von Breslaw dem so gethan haben an der negsten vorgangenen Mitwochen. Vnd wir vorstehen, das dy stete gemeinlich derhalben jrer freunde macht haben: sunder wir einen vffzog genommen haben. Darumb wir zu uch schicken ern Niclas Hofeman vnd ern Hanns Meyen, dy uch den handel hy gehalten wol vndirrichten werden. Vnd bitten jr wöllet vns eygentlich zuschreiben, wy dorinne zu halden etc.

Wir fülen nicht anders, dann das vnser gnedigster herr könig noch leib noch gut sparen wirt, sondern möglichen vliss vorkeren, domit wir von den kätzern vnd jrer list mit hülffe gotes jrlöst würden.

Wollet vns in solcher eigentlichen vnderrichtung nicht verzihen, vff das wir nicht vnglimpff vff vns laden etc. Geben zu Breslaw an des heil. Leichnamstage vmb des seygers eins in dy nacht.

(Scultetus, III, 284.)

Iidem ad eundem.

Wir haben uch geschriben, wy wir vndirrichtet seyn wurden, wy dy von Breszlaw soulden gehouldiget haben. Nw habe wir dorumb angelanget den stadschreiber, der vns dann eigentlichen hat vorzeichent gegeben den eit den sie gethan haben, den wir uch hierinne vorschriben senden etc. Der eit geradezu lautet, als der vormals andern konigen zu Behmen vnd am nehsten konig Laslaw seliger gesworen ist etc. So vns uwer macht zugeschriben wirt, vorsehe wir vns, das uff dy künfftige Mitwoch der holdung so wirt nachgegangen werden.

Wir fülen auch nicht anders, denn das wir eynen gnedigen herren haben, der vns gnediglichen versorgen, handhaben vnd schützen wirt, vnd vns vor andern glidern sunderlich geneiget ist: dorumb, das wir vns vffrichtiglich gehalden haben in desen sachen: als vns das s. kön. g. vnder augen hat sagen lassen etc. Geben am Fritag nach corporis Christi.

(Ibid.)

Iidem ad eundem.

Vns ist uff heute die houldung zu thun von vnserm gnedigsten h. konige vnuerzuglich zugemuttet. Vnd deme so zu thun, vnserm h. konige zu eren vnd vns ouch selber von dem h. von Sternberg ern Zdenken grosslich vnd höchlich vormanet. Biss noch langem handel haben wir die ding gefristet bisz vff Mitwoch frẘ, vnd vnserm gnedigsten h. konige zugesaget, das wir biss Dinstag oder Mittwoch frẘ vffs lengiste die houldung gewiszlich thun wellen. Vnd des haben dy manne vss vnserm wichbilde, ouch uss dem Lubenischen mitte zugesaget, vnd lenger uff nymands zu harren. Hirumb bitt wir euch, jr wollet vns mit der antwort nicht sewmen, wes wir ewer macht haben soulden: vnd zwene reytende bothen mit uwer antwort zu vns fertigen, eynen noch dem andern, ob eyner vffgehalden würde oder ichten vnterfüre, das ye der ander vff Dinstag mittig by vns were vnd vns hierinne nicht vorsewmen: das wir der zusage vnserm herrn getan in worheit noch qwemen etc. Lieben herren sewmet nicht, vns vnd uch zu ehren.

Herzog Hinrich, herzog Fridrich von Lignitz, der weisse, der swartze, herzog Baltasar, herzog Hanns, die Swidnitzer, Jawrer etc. manschafft vnd stete, sint alle allhie, vnd en deszgleichen wirt zugemuttet. Vnd vnser h. konig ohne sewmen wil die houldung haben. Wird ymand hinder sich zihen, so ist hy heerfart uszgeruffen, vnd buchsen gross vnd klein geladen, den wirt vnser h. der konig doheyme suchen.

Mit dem marggraffen von Brandenburgk werden heimliche sachen verhandelt etc. hat sich als gestern uff das höchste jrboten, neben vnnserm gnedigstem h. dem konige mechtiglich zu stehen, zu vortilgen die kätzer etc. (sic). Geben zu Breszlaw, am Sonnabende nach corporis Christi in der 14. stund.

(Ibid. fol. 235.)

489.

1469, Jun. 1—8 (Wratislaviæ).

Tagebuch der Görlitzer Abgeordneten über ihre Verhandlungen am Hofe des Königs Matthias in Breslau.

(Scultetus, III, 263—265.)

In adventu D. Matthiæ regis Ungariæ, electi in regem Bohemiæ, in Wratislaviam fer. VI ante festum trinitatis, cum 2000 equitum et 2 sexagenis curruum, sequentia sunt tractata.

Feria 2ª post dominicam trinitatis (29. Mai) venimus cum generoso D. Jaroslao una cum vasallis et civitatensibus in Boleslaviam.

Feria tertia sequente (30. Mai) intravimus Lignitz, ubi practicatum fuit de transitu habendo ad præsentiam regis. Et placuit conclusive simul: quod in primis accederemus D. Rudolfum legatum pro consilio, quia semper mandatis suis paruissemus, et ad dandum ordinem transitus ad regem. Item quod secundo accederemus D. Zdenkonem uti capitaneum nostrum ad tractandum hæc et similia.

Feria quarta, quæ fuit vigilia corporis Christi (31. Mai) mane circa horam 6. exivimus Lignitz una cum illustri principe Friderico duce Lignicensi. — Placuit nihilominus civitatibus, quod inprimis faceremus devotam exhibitionem etc. 2º placuit, quod agerentur gratiæ pro laboribus pro nobis habitis juxta optata D. sanct^mi et cæs. maj^tis, ut nos cepisset in sui tuitionem etc. et potenter nos defensaverit contra capitalem inimicum ecclesiæ et nostrum Georgium de Pogiebrat et suos complices hæreticos etc. 3° placuit quod diceretur, quod ex mandatis nostrum haberemus, quicquid nobis a regia maj^te sua mandaretur, in eo nos humanitus gerere et in singulis obtemperare. (Illa tractata sunt in Lignitz in domo quæ ad Campanam intitulatur.)

Feria quinta (1. Jun.) intravimus Wratislaviam una cum D. duce Hinrico de Freienstat et duce Friderico de Lignitz etc. Accessimus cum D. Jaroslao legatum. Ubi post exhibitionem per nos factam diximus etc. Rogavimus quod p^tas sua nobis auxilia, consilia et media daret, quomodo procedendum foret in facto præsenti, et quibus mediis D. rex accedendus esset etc. Ubi incepit commendare humanitatem regis, et dixit eum fore in XXX° anno, linguæ Latinæ, Theutonicæ, Bohemicæ et Ungaricæ gnarum etc.

Post prandium convenimus D. Zdenkonem etc.

Circa horam vesperarum accessimus D. regem rogantes, ut quemadmodum nos in sui tuitionem, sic nos in suos fideles susciperet et esset dominus noster et rex. (Gravem se præbuit ad ista [Olomucii] et in scripto multas prægnantes causas dederat, quare minime facere posset. Replicavimus nos in scripto, et tandem coactus suscepit onus. Et dixit D. Zdenko de Sternberg: nisi volueritis suscipere hoc onus, accipiatis nos omnes et suspendatis, sic enim mitius nobiscum agitur. Ultimo misericordia motus consensit. Quo facto filii Jersiki laborabant fieri treugas. Et propter multas prægnantes causas etc. factæ sunt treugæ usque ad diem circumcisionis etc. Responsum nostrum: Egimus gratias domino de consilio dato. Recedentibus ceteris soli mansimus cum D. legato, ubi per latum exposuimus causam illorum decollatorum etc. etc.)

— Accedimus D. regem in curia cæsarea, ubi in præsentia legatorum, D. archiepiscopi de Strigon. Wardien. Laventinensis et cæsareorum legatorum, D. ducis Friderici, fecimus oblationes nostras juxta supra signata. D. Laventinus agit singulares gratias nomine D. regis etc. D. Zdenko rogat, quod quia primi fuissemus, maj. sua nos singulari favore complecti velit.

Feria sexta (2. Jun.) mane. Accedimus D. Jaroslaum de Sternberg et exposuimus, quomodo quidam ad homagium præstandum cum pleno mandato missi non fuissent, propterea aliquos de suis misissent celeriter ad civitates ad intimandum hoc et alia. Et rogamus ut interea diligentiam facere vellet, quod nobis darentur induciæ per aliquot dies quousque nostri redirent, et diximus, quod ita cum prioribus regibus factum fuisset, quod statim post electionem fecissent civitates obedientiam, sicut D. regi Bohemiæ electo, et post coronationem homagium etc.

Fer. sexta post prandium. Locuti sumus cum D. doctore Joh. Swoffheim, exponentes sibi causam Nickel Heinzen bonæ memoriæ devolutam per viam adpellationis ad D. Fridericum march. Brandeburg. et ad episcopum Lubucensem etc. Postea cum Rintfleisch tractatus habuimus de censibus etc.

Sabbato (3. Jun.) mane. Vocati sumus per D. Wratislavienses ad prætorium, sine dilatione facta vocati sumus ad D. regem. Intrantibus nobis in curiam cæsaream D. Zdenko multis verbis nos adhortatus est, quod homagium ista hora faceremus; dixit enim propterea vocatos esse D. marggravium Brandeburgensem et dominos principes. Nos diximus, non habere nos mandata dominorum et amicorum nostrorum etc. Zittavienses se diviserunt a nobis et dixerunt velle facere homagium. Tandem adveniente D. legato, exposuimus p. s. r. casum nostrum. Qui benevolus dixit, quod hæc operari posset D. Jaroslaus de Sternberg. Adveniente D. Jaroslao, post multas altercationes concessum nobis est, ut proxima fer. 4ª indilate faceremus etc.

Sabbato post prandium. Ivimus ad prætorium ad D. Wratislavienses, qui proposuerunt nobis, quod videretur eis, quod D. regi exponeretur practica vasallorum ducatuum Swidnitz, Jauer etc. Et quod rex rogaretur, quod eis mandaret, quod per amplius stratas non angustas redderent per latrocinia eorum etc. Swidnicenses se exsusabant etc. ideoque ne negotia currentia homagii præstandi impedirent, optabant quod in eo non notarentur, sed facto homagio facere vellent quicquid D. rex eis mandaret etc.

Dominica (4. Jun.) infra octavas corporis Christi. Mane in curia D. episcopi rev^{mus} in Chr. p. ac D. D. Rudolphus episcopus Wratislaviensis etc. fecit homagium D. regi. Et cum r. p. domini prælati et canonici nomine cujusdam ducatus ecclesiæ incorporati.

Et eadem hora idem fecerunt dux Conradus qui albus condictus est, dux Heinricus de Freienstat, Glogovia majori etc. dux Fridericus Lignicensis et Balthasar dux Saganensis et Wenceslaus dux Opaviensis etc.

Feria secunda (5. Jun.) tota die pausavimus. Et dumtaxat cum Lubanensibus rem egimus in causa eorum et privilegii rasi, ubi ostensa fuerunt nobis duo cornua.

Fer. tertia (6. Jun.) mane ivimus in Trebnitz, et circa horam XVII revenimus, et per totum postmeridiem nihil egimus.

Fer. quarta (7. Jun.) mane in curia Cæsarea fecimus homagium genuflexe. Et ante nos vasalli de districtu Gorlicensi et Lubanensi. Et fuit tenor homagii juxta tenorem supra signatum etc. Quo facto Lubanenses obtulerunt signaturam in causa privilegii rasi. Tandem venit D. marchio cum ducissa de Steinnovia, ubi in lata area curiæ cæsareæ fecit homagium pro se et ducatu suo etc.

Fer. quinta (8. Jun.) mane comparuimus in curia cæsarea coram D. rege, primo regratiantes duci Hinrico de Freienstadt, quod summe placuit D. regi etc. Ubi coram pro Lubanensibus rogavimus. Et tandem petivimus licentiam etc.

Fer. quinta post prandium misit pro nobis D. Zdenko de Sternberg ad hospitium filii. Primo per interpretem Zittich Zedelitz alloquutus est nos, exponens quod optaret rex, quod aliqui de civitatibus redirent in Wratislaviam ante recessum D. regis. Et dixit regem in Wratislavia mansurum usque ad festum S. Procopii, ubi paucis diebus ante festum Procopii vellet venire in Brunnam, ubi statuisset solennem dietam etc. Et exposuit secundo, quomodo D. rex cuderet novam monetam 100 denarios pro floreno Ungaricali etc. et quod denarii Bohemicales 200[u] pro floreno darentur et nostri similiter. Et dixit quod 20.000 prope festum Procopii pararentur.

Secundo (sic). Gaudii causa exposuit nobis, quomodo D. rex statuisset filium suum Johannem in capitaneum Moraviæ, et commendasset sibi castrum Spilberg cum aliis castris gladio victis.

Tertio. Quomodo ad petitionem nostram et civitatensium pro Lubanensibus factam D. rex plene commisisset sibi istam causam. Et dixit quod non deberent timere filium suum etc. etc. (sic).

Et isto sero circa horam XXI Wratislaviam exivimus feliciter.

„Bresslawer Jurament.“ „Præstitum in vigilia corporis Christi, quæ fuit ultima Maii.“

Wir bürgermeister, rathmanne etc. (vid. Eschenloer, II, 167 bis 168).

Nota ms. Frauenburgii ib. „Domini coronæ scribunt regi Poloniæ pro salvo conductu. Qui respondet, quod licet summe miretur, quod salvum conductum petant, cum non sit necesse eos petere: tamen dat illis quos mittere velint per regnum et omnes terras suas salvum conductum.

Matthias v. g. g. zu Hungern, zu Behem, Dalmacien, Croacien etc. könig, marggraff zu Mehren etc. Den edlen gestrengen vnd namhafftigen mannen des landes, vnd ersamen vnd vorsichtigen bürgermeister rathman vnd den gemeinen der sechsstetten Budissin, Gorlitz, Zittaw etc. vnsern lieben getrewen etc.

Wissent das wir uch den edlen Jaruslaw von Sternberg, vnsers obersten hauptmanns des konigreichs zu Behem des h. Zdenken son, vnsern lieben getrewen, zu einem heuptman gesetzt vnd gegebin habin.

Vnd dorumb so uch der ehgenannte Jaruslaw uwer heuptman zusammen ruffen vnd gebieten wirt, dorinne sollit jr willig sein: wenn das ist ouch vnser wille. Wenn wir em entpholen habin dy eyde vnd holdunge von uch allen, die vns alhie nicht gehuldet habin, uffzunemen an vnser stat, nach der altkommen löblichen gewonheit vnd als vnsern vorfaren konigen zu Behem uwern vorfaren gethan haben. So wellen wir ouch gnediglich euch alle vnd yeden besundern by uwern alten rechten, gerechtikeiten vnd altherkommen gewonheiten behaldin, vnd euch uwer freyheiten vnd privilegia bestetigen. Gebin zu Breslaw, feria quinta in octava festi corporis Christi, anno domini etc. LXIX° regnorum nostrorum Hungariæ XII, coronationis sexto, Bohemiæ vero primo.

Ad mandatum D. Regis
d. Jo. de Haynberg cancellarius.

490.

1469, Jun. 22—29 (Wratislaviæ).

Zweites Tagebuch derselben Abgeordneten in derselben Angelegenheit.

(Scultetus, III, 265—266.)

Anno domini MCCCCLXIX° ad monita D. Zdenkonis de Sternberg Wratislaviam petivimus proxima feria quinta post festum S. Alexii (sic), ad proponendum aliqua, commodum civitatum sex concernentia domino nostro ser^mo Matthiæ regi Ungariæ, Bohemiæ etc.

Ubi sequentia sunt proposita, tractata et conclusa. (Referente M. Johanne Frauenburg.)

Proxima fer. V post diem S. Alexii (sic, l. Aviti, 22. Jun.) eximus cum dominis de Budissenn, Gorlitz, et venimus in Boleslaviam. Ubi accesserunt nos proconsul et seniores de consulatu duo: exponentes nobis, quomodo hac luce dietam ibidem celebrassent cum Lembergensibus et Lubanensibus ex parte fori salis in Grifenberg: et super eo petebant nostra consilia etc.

Fer. VI (23. Jun.) circa horam meridiei ivimus in Lignitz et hac luce adhuc venimus in Novum forum, ubi cum hospita amore plena et blandiloqua egimus causam (et quidem vane) Hans Polsenitz, ubi per omnia legaliter domino hæc pellex respondit, et absque fine eam dimisimus, quæ summo mane ivit Wratislaviam.

Sabbato (24. Jun.) circa horam meridiei venimus in Wratislaviam. Facto prandio venerunt ad nos Zittavienses et illi de Lubane. Cum quibus deliberavimus nos prima fronte velle accedere D. Zdenkonem de Stellis et proponere, quomodo ad consilium suum missi essemus ad requirendum dominum nostrum ser^{mum}, antequam Wratislaviam exiret, quod fecimus. Et in hospitio suo eum accessimus etc. Ubi statim ex parte capti locuti sumus. Qui exposuit nobis, quod ita conclusum esset, ut antea nobis exposuisset. Et si legere vellemus concordiam, apud D. legatum inveniremus etc. Et cum ex parte Lanæ et Lubanensium agere statuissemus, dixit quod ista hora agere haberet cum D. de Gera, tempore suo pro nobis mittere vellet etc. Venientibus nobis in hospitium, invenimus ibi patrem de Cartusia ante oppidum Lignitz. Cum pat. sua locuti sumus juxta commissionem nobis factam ex parte figuli laterum etc.

Dominica post Johannis Baptistæ (25. Jun.) mane accessimus D. Zdenkonem de Stellis. Ubi petivimus, quod dignaretur nobis adjumento fore, ut dominum nostrum regem accederemus. Et exposuimus sibi, quod regiæ maj^{ti} proponere vellemus, quomodo ille Jersicus contra nos varia molitur, et in casu quo D. rex e partibus illis cederet, posset nos cum exercitu visitare, et ad resistendum sibi non essemus soli sufficientes. Ideoque rogare vellemus, quod maj. sua curam de nobis habere vellet etc. Dixit quod non dubitaret, quin jam sciremus, quod D. rex eum statuisset in advocatum Lusatiæ inferioris. Ideoque si se talia offerent, ipse cum sua advocatia diligentiam in campo nobiscum facere vellet etc. Ego statim memor eram lanæ

Augustini, et hortor ut mihi adjumento sit, quo Augustino lana indilate redderetur etc. Et motu proprio memor est causæ Lubanensium, et dixit quomodo regia maj^{tas} informata esset, quod rex Sigismundus ipsis dumtaxat ad tempus pro erectione civitatis talem gratiam fecisset etc. Super eo late locuti sumus cum eo, quod sinistre D. rex informatus esset, nam ante Sigismundum ipsi hanc libertatem possedissent etc. Et ostendimus super eo sibi privilegium Lubanensibus a D. rege Wenceslao datum, ubi rex fatetur, quod justo titulo emptionis a Stefano Robershain emissent, et idem perpetuis temporibus eis roboraret etc. Et ex hospitio suo recessimus, et accedimus filium suum Jaroslaum, quem invenimus adhuc dormientem (hütte dich vor junckenn) etc. (sic).

Post prandium in curru accessimus D. legatum, reperimus cum eo D. baronem de Ilburgk, qui secum longum sermonem contrivit. Eo abeunte, introduxit nos D. legatus manu sua in cubiculum suum. Ubi primo expos. (sic) de vectura cerevisiæ, quam ipse suspendisset. Expetivimus consilium, an ista ad D. regem portaremus vel non etc. 2° proposuimus nomine istorum decollatorum et suorum amicorum, quod audivissemus, quod ipsi dominos de consilio defamassent, et petivissent reintrusionem. Et licet nos non trepidemus neque formidamus accusationes eorum: tamen laborandum nobis est, quod vigiles in causis istis inveniamur. Et rogavimus, an illa ad regiam m^{tem} deferre possemus. Super eo respondit: Mr. Johannes, non est opus illa recitatione etc. Scimus in quem finem et propter quæ delicta illorum hæc facta sunt etc. Et finaliter voluit, quod animose nos in istis haberemus, et nulla via mundi ante occupationes eorum ad regem portaremus. Placuit nobis sententia sua, et recensuimus narrationem D. Valentini de Adulario Colmensi per longum. Unde D. Zdenko dixisset, quod bonum esset, quod huic daretur salvus conductus ad complacendum illis hominibus. Displicuit D. legato, et dixit: debuissetis dixisse, et sit responsio uestra, numquid tantum complacere potest vobis civitas Gorlitz, quemadmodum ille unicus homo etc. quia plus vobis quam paucis notatis et expulsis credendum esset. 3° quia confirmationes extrahendæ essent, rogavimus ut nobis adjumento sit in extrahendo 200 sexag. gr. in bonis feudalibus, quemadmodum per priores reges gratiose privilegiati essemus etc. Super eo respondit: Mr. Johannes, non est leve privilegium etc. Videtis quod domini coronæ tardi sunt ad homines expediendos, et D. rex stultitiam

38*

per torneamenta et coreas simulat, et nulli datur finis. Placeat vobis, quod ad præsens supersederetis etc. Et super eo placuit nobis sententia D. legati. Et tempore recessus memores sumus lanæ D. Bartholomæi. Respondit, quod in illo et ceteris nostris negotiis dare vellet operam, quod fine bono clauderetur etc.

Feria secunda post Johannis (26. Jun.) accessimus mane D. Zdenkonem. Ubi petivimus, quod vellet nobis subordinare accessum ad D. regem. Et statuit nobis horam XVI. post prandium etc. etc. (sic).

Post prandium accessimus D. Zdenkonem, ubi soli intromissi. Primo longum sermonem habuit de moneta, quomodo rex cuderet novam monetam in Hungaria 100 denarios pro floreno Ungaricali, sed hic vellet cudere 200 etc. Et dixit, quod 19 gr. demptis 5 denariis venirent pro floreno Hungaricali. Postea nos locuti sumus ex parte sandicis: ubi D. de Sternberg fecit commissionem filio, quod in proxima dieta deberet facere executionem etc. 2^m de vectura cerevisiæ placuit sibi quod non exponeremus regi, quia rex ad præsens nihil confirmare vellet etc. sed in proxima dieta Brunnæ celebranda super hoc maturum vellet habere consilium etc. 3^m de decollatis et aliis amicis eorum respondit breviter, quod verum est, quod aliqui eum accessissent, sed sciret, quomodo se habere deberet. Ubi exposuimus sibi, quod nobiscum haberemus confessiones eorum, si audire vellet, audiret mirabilia. Respondit, quod de illis bene audivisset etc. etc. (sic) et adjecit, quotiens fuissent in istis partibus, semper bonam famam de nobis audivisset, et nos semper habuissemus sicuti boni catholici et maturi homines, et multa bona sibi fecissemus et semper grate eum respexissemus etc. Et exeundo locuti sumus pro lana. Respondit quod istud negotium isto sero vel cras mane in finem debeat duci. Et dixit potzkey potzkey. Tandem intromissi sumus omnes etc. etc. (sic).

Feria tertia (27. Jun.) mane intravimus hospitium D. Zdenkonis, ubi multa verba habuit mecum Caspar Nostitz, de negligentia dominorum, de vanitate monetæ et aliis, ut novisti. Digito compesce labellum.

Post prandium hora XVI. convenimus in eodem loco. Ubi sicut antea D. Zdenko in præsentia cancellarii multum sermonem de moneta contrivit. Ex post de statu Zittaviensium loquimur. Ubi Zittavienses temere respondentes aiebant, quomodo antea petivissemus eis insciis, et adhuc literas nostras haberent, ubi promisissemus bona fide, quod vellemus sigillum nostrum appendere, sed hactenus nihil secutum fuisset etc. Et iterum, quomodo multa fecissent, quomodo multa perdidissent, nos vero nullum equum perdidissemus.

Circa horam vesperorum ascendimus curiam D. regis. Ubi intromissi, facta salutatione, pro communi confirmatione instetimus etc. Fuit et ibi abbas de Dobirlugk. Ad quem Caspar Nostitz aiebat: scio vos monachum et probitatem simulare, sed juxta flatum venti pallia pendetis et cappam. Hæc et cetera. Ultimo incepimus in præsentia regis, episcoporum et legatorum ex parte lanæ: ubi D. Ulricus de Hazenburgk hortatur D. Zdenkonem ad expediendum me: qui venit: potzkey, potzkey. Et euntes locuti sunt cum Rochlitz in hunc finem, quod satisfacere deberet Augustino pro lana etc.

Feria quarta (28. Jun.) post prandium hora XVI, quæ fuit vigilia Petri et Pauli, misit pro nobis D. Zdenko de Sternberg et adiecit, quomodo D. rex statuisset Jaroslaum in advocatum cum omnibus angefellis et ceteris quæ in cameram regiam cecidissent etc. De moneta etc. (sic). 2° de croco falso invento, quem ad manus nostras cepissemus et combussissemus, qui venisset in cameram domini et in judicium D. regis. 3° quomodo quidam furatus esset alteri 600 fl. hungaricales, quam pecuniam cepissemus ad prætorium et eum suspendissemus. Numquid illa pecunia fuisset judicis? 4° Unde haberemus, quod nos daremus salvum conductum, quod advocati esset. Respondimus, quod hospitibus daremus, quando pro familiis peterent etc. Nos per longum respondimus, quod gravia essent, quæ nobis objicerentur: quia omne nostrum posse fecissemus, et jam fautores hæreticorum judicaremur: an illa esset merces nostra quam meruissemus per illa tempora apud filium suum? etc. Respondit multis verbis, quod necessarium esset, quod filius suus cautius in illis, quæ libertatem communem respicerent, foret; igitur hoc monuisset obiter etc. Et dixit, quomodo D. rex dedisset filio suo talia, qui in advocatia sua 3000 florenos consumpsisset, et pro illis servirent regi etc. Deberemus servare ea quæ nostra sunt, dimittere autem cameræ quæ cameræ. Ultimo causa de lana ventilata est in præsentia sua et D. Ulrici de Hazenburg, quomodo, novit Augustinus Hirspergk.

Feria quinta (29. Jun.) mane. Jaroslaum accessimus, quem in lecto invenimus, ubi licentiam petivimus et seniorem accessimus etc. Postea exposuit nobis de moneta, quomodo Wratislavienses consensissent, et petivissent quod vellet cudere 28 gr. pro floreno et 16 hl.

pro gr. Insuper petivi pro detento Urbano: ubi respondit per scripta Weigmöller etc. Ex post de infirmitate mea quæsivit, et allegavit monasterium Swetz prope Woleun, ubi quædam monialis etc. Ultimo misit in hospitium nostrum Zittich et D. Valentinum, pro debitis. Scis bene etc. (sic). Et tantum de acticatis in ista conventione.

491.

1469, Jan. 26 (Wratislaviæ).

Die beiden päpstlichen Legaten an den Rath von Eger: wiederholte Ermahnung, dem Könige Matthias als König von Böhmen in die Hände Herrn Bohuslaw's von Schwamberg zu huldigen.

(Orig. im Stadtarchive von Eger.)

Eternam salutem. Providi, circumspecti, in Christo dilecti. Que cum oratore vestro nos L. episcopus Ferrariensis tractaverimus, dum Ratisbone ageremus, non replicabimus; nam non dubitamus, vos ea memori servare pectore. Postea vero cum pro tutela fidei, catholicorum defensione et hereticorum extirpatione serenissimus dom. Mathias Hungariæ rex electus sit in regem Bohemie, eique jam omnis Slesia, duces omnes, nobiles et civitates omnes, tota Lusacia cum sex civitatibus juramentum prestiterint, totaque Moravia fere pareat, pareantque et catholici barones omnes regni Bohemie: optamus hortamurque vos, et tamquam filios ecclesie obedientes in domino requirimus, ut cum aliis catholicis jamjam et vos faciatis. Nam cum regem catholicum et protectorem a tot leto animo susceptum nunc habeatis, nulla ulterior excusatio per catholicum bonum aliquem, qui regno illi pareat, allegari posset, nec quis se ulla tergiversatione celare, si id non faceret, quin de fautoria heretici merito suspectus haberetur et in censuras apostolicas incidisse videretur. Propter quas cum prefatus christianissimus dom. rex generosum et nobilem dominum Bohuslaum de Schwanberg sue serenitatis magistrum curie pleno mandato suffultum ad vos mittat, universitas vestra honori suo, fideique et mandatis apostolicis faciens satis, eundem dominum Mathiam regem Bohemie et dominum suum recognoscat, sibique homagium in personam dicti dn. Bohuslai prestabit aliaque ceu bonos et obedientes catholicos decet, ulla absque ulteriori excusatione faciat. Pro quo ultra gratiam regiam premium ab altissimo recipietis sempiternum. In domino valituri. Datum Wratislavie feria secunda post nativitatem Johannis Baptiste anno dom. 1469.

492.

1469, Jul. 20 (Budissin).

Jaroslaw von Sternberg, vorweser etc., ad sen. Gorlic.

Ich fuge uch wissen, wie mir eigentliche botschafft kommen ist von der stat Breszlaw, dergleichen von meinem gn. h. dem legaten: das die Behmen vnsir finde solchen betedigten frede nicht halden wellen, vnd algereit zugriffen vnd name gethan hetten. Dorumb so begere ich von uch, jr welt von stund herfart vezruffen lassen vnd ewre wagen darzu rüstigen mit speise, büchsen vnd anderm gezeuge etc. in bereitschafft sitzen: wenn ich uch anderwit schreibin würde, das jr von stund an etc. (sic). Geben zu Budissin am Dornstage vor Magdelene.

(Scultetus, III, 255ᵃ.)

493.

1469, Jul. 21 (Wisschaw).

König Matthias an den Legaten Rudolf, Bischof von Breslau: tröstet ihn mit baldiger Zusendung bewaffneter Hilfe zum Schutze von Schlesien.

(Scultetus, III, 282.)

Mathias d. gr. Hung. etc. (sic). Rev^{de} in Ch. p. D. Rudolpho, eccl. Wratisl. episcopo etc. principi devoto nostro dilecto.

Recepimus literas p. v. quibus p. v. notificat fractionem treugarum damnaque ecclesiæ vestræ illata, et quomodo nullas gentes in Slesia reliquerimus. Demum p. v. supplicat, ut p. v. subveniamus.

Pro primo scire v. p. cupimus, quod postquam jam hic in Moravia (Ms. montana) constitueremur et intelligeremus ex apertis diffidationibus, prædis et aliis damnis, ipsos hactenus solito suo more treugas nolle observare, dietam Brunnensem dissolvimus, et iter quod capere Ungariam versus intendebamus intermisimus; et in Wisschaw reversi, gentes nostras in unum hic congregamus, speramusque deum nobis assistere et ultorem fore perfidiæ et adjutorem rerum suarum. Proposuimus etenim in campum progredi et castra prope Thawatzaw locare, quam arcem enim hæretici pro digniore habent, ibique Victorinus ille pro præsenti moram trahit.

Pro secundo articulo, quod gentes in Slesia non reliquerimus: causam scit p. v. quomodo difficultas orta erat de gentibus illis locandis, de loco et etiam de capitaneo deputando. Propter quas difficultates omissum fuit, ut gentes armorum in Slesia non dimisimus. Sed mox his motibus repressis gentes mittere in Slesiam unacum armorum capitaneo non differemus, illique mandabimus et injungemus, ut in omnibus p. v. obsequatur mandatis. Interim igitur v. p. cum ducibus consulant et ad defensionem se parent, quia jam iterum aperto bello pugnare necesse est.

Misimus etiam his diebus ex Brunna ad ser^{mum} D. imperatorem D. Johannem archiepiscopum Strigoniensem, principem devotum nostrum carissimum, una cum D. legato, ad providendum et procurandum vel subsidia et componendum bellum, imperatore motum. Quod tamen vt percepimus, jam esse dicitur modis aliquibus compositum.

Etiam generosum Zdenkonem de Stellis capitaneum nostrum cum aliquibus gentibus in Bohemiam expeditum misimus, ut etiam ex locis illis infestentur hæretici etc. (sic). Dat. ex Wisschaw in profesto S. Mariæ Magdalenæ, anno etc. LXX (sic), regnorum nostrorum Hungariæ XII, Bohemiæ vero primo.

Commissio propria D. regis.

494.

1469, Jul. 21 sq.

Instruction der an König Matthias von Ungarn abgefertigten Räthe Herzog Ludwig's von Bayern.

(Orig. Concept im kön. Staatsarchive in München.)

Beschlossen im Rathe am Eritag vor Mar. Magdalenæ 1469. (Dr. Mart. Meyr war unter den Räthen in der Sitzung.)

Die Räthe wurden gefertigt für den Pfalzgrafen Friedrich, Herzog Albrecht und Herzog Ludwig zusammen.

Sie sollten König Mathias zu seinem Wohlergehen Glück wünschen; man sei erfreut gewesen zu hören, dass die böhm. Herren im Beiwesen des päpstlichen Legaten und der kaiserlichen Anwälte ihn zum Könige in Böhmen erwählt hätten etc. Als der König im nächstvergangenen Winter den Probst von Pressburg an uns gesendet, eine Einung zu beschliessen, waren wir willig und schoben die Sache auf den Tag, der durch den päpstlichen Legaten und die kaiserlichen Anwälte in der Fasten gegen Regensburg gesetzt war. Da jedoch von den Fürsten, die wir mit in die Einung ziehen wollten, keiner auf dem Tage erschien, wurde in der Sache nicht ferner gehandelt. Nun aber habe Herzog Ludwig mit dem Pfalzgrafen und Herzog

Albrecht weiter handeln lassen und sie willig befunden. Er brachte das an den Legaten, dieser an König Matthias, der es mit Wohlgefallen aufnahm und die Abfertigung der Räthe wünschte.

Die Fürsten tragen dem Könige eine freundliche Einung auf Lebenszeit an, jedoch ohne bewaffnete Hilfe einander zu leisten, erkennen ihn als König in Böhmen an, brechen mit Jersik. Sollten sie von diesem desshalb mit Krieg überzogen werden, so nehmen sie Matthias' Hilfe in Anspruch und treten im Kriege für ihn auf.

In diesem Sinne wurde die Einung in Pressburg an S. Egidientag (1. Sept.) 1469 beschlossen und die Urkunden darüber sollten beiderseits bis 1. November in Pressburg ausgewechselt werden.

(Die Originale sind im St.-Arch. Nr. X, 180.)

Ibid. Nr. 181 ist König Matthias' Originalbrief, worin er dem Pfalzgrafen und den beiden Herzogen Hilfe zusichert, wenn ihnen von Jersik oder dessen Anhang etwas Widerwärtiges begegnen sollte. Dat. Pressburg Samstag nach S. Egidientag 1469 (2. Sept.).

495.

1469, Aug. 4 (Kremsier).

König Matthias an die Sechslande und Städte.

— Wir lassen uch wissen, das wir dem edlen Jaroslaw von Sternberg, vnserm sundir lieben getrawen, uwerm foite, enpholen und gebotin haben, das er mit euch in vnserm namen ernstlich schaffe vnd gebiete: das jr alle zu beschirmung vnnsers königreichs zu Behem obristen cantzlers vnd getrawen lieben, vnd seiner geschlosser, die jm die kätzer abezugewinnen meynen, vnd auch anderswo wo es noth würde sein, auffs sterckist zihet mit sampt dem obgenenten Jaroslaw ewrm foite. Dorumb etc. Gebin zu Cremsir, fer. 6 ante Oswaldi.

(Scultetus, III, 256ᵃ.)

496.

1469, Aug. 2—3 (Lignicii).

Verhandlungen des Tages zu Liegnitz.

(Scultetus, III, 266.)

In dieta Lignitz celebrata feria quinta post Petri ad vincula (3. Aug.) anno etc. LXIX°. (M. Joh. Frauenburg.)

Venientibus nobis (1. Aug.) in Boleslaviam, affuerunt duo Poloni, qui recenter de urbe Romana venerunt: qui dixerunt de ingressu legatorum D. regis nostri in urbem etc. (sic). Item de guerris D. papæ cum rege Neapolitano et ceteris ex parte montis ubi Allawn reperitur. Item dixerunt de multitudine vini quod isto anno acto in Italia creverat etc. etc. (sic).

Feria quarta (2. Aug.) circa horam meridiei intravimus Lignitz, ubi exspectavimus D. legatum et ceteros principes Slesiæ.

Feria quinta (3. Aug.) mane in curia D. legati exposuimus D. legato mandata nostra, concernantia quatuor articulos etc. (sic). Super his voluit dominus deliberavimus.

Intrantibus nobis monasterium s. crucis, primo D. legatus exposuit: quomodo post fractionem treugarum D. legatus scripserit D. regi pro subventione etc. Ad quæ respondit rex etc. Sic ad mandata D. regis scripsit principibus. Conradus Albus dedit responsum, quod personaliter venire vellet, sed debilitas corporis eum impediret. Conradus Niger, quomodo Berke eum diffidasset, necesse esset quod personaliter manens in ducatu ad congregandas gentes contra Opavienses; sed mittere vellet cum fratre consiliarios suos. In idem respondit dux Nicolaus. Sed quare non venerunt, ignoramus. Optavit ergo, quia dominus dedisset prosperum successum regi contra Victorinum etc. ubi exposuit scripta Olomucensium, quod in campum cogitaremus etc. (sic).

Habito silentio, Christoff Affe mecum sermonem conterit ex parte Bartholomæi, qui suus esset, et jam eum proscribere vellet ex Slesia juxta eorum jura et plebiscita etc. (sic).

Advenientibus Lignicensibus D. legatus optavit, ut disponeremus nos in campum, ita quod tres quartum expedirent etc. (sic). Sic inter loquendum statuta est hora XVIII[a] post prandium ad dandum responsum ab omnibus.

Post prandium etc. D. legatus etc. optavit etc. responsum (sic). Primo responderunt legati dominorum ducum, quomodo eorum domini diffidati essent ab Oppaviensibus, quare necessarie haberent tueri terras suas.

In ista dieta præsentes fuerunt: D. legatus, Ulricus de Hazenburk, Jaroslaus de Sternberg, consiliarii ducis Hinrici, consiliarii ducis Nicolai, consiliarii ducis Friderici, Wratislavienses, vasalli et civitatenses de districtibus Swidnitz, Jawer, item de terris nostris vasalli et civitatenses.

Ulricus Lepus petivit auxilia ad redimendum fratrem suum etc.

Sic multis verbis alterutrum (sic) contritis, legati ducum abierunt, unde et nos. Et dieta illa absque fine conclusa est. Dii omen melius vertant.

497.

1469, Aug. 16 (Krumau).

Johannes de Rosenberg. Regi Matthiae.

Interpellat ejusdem auxilium; quia „hostes . . armata et bellica manu dominia jam vicina mihi pluralitate equitum occupare coeperunt . . . . imo . . manus adusque dominia D. episcopi Pataviensis et nonnullorum baronum Australium extenderunt; quibus non facile . . resistere valeo . . .“ Petit ad minus ducentos equites sibi mitti; quo facto cum suis et domini de Sternberg armatis in campum processurus est. Petit ignosci sibi tam crebram interpellationem; nuntium mittit Martinum. D. Crumnaw, fer. IV post Assumpt. Mar. an. 1469.

(Concept. in arch. Trebon.)

Johannes de Rosenberg. Laurentio legato.

Martinus nuper ad regem missus necdum reversus. Interea R. Georgius acies suas in Austriam misit multaque ibi damna intulit. Cui ut obicem ponerent DD. de Rosenberg et de Sternberg cum suo exercitu in campum processerunt, jamque unum castellum cuidam Wlachoni hujus districtus catholicorum infestatori expugnaverunt, sperantque multum se contra hostes profecturos esse si præsenti auxilio juventur. Refert innotuisse sibi aliquos in vicinis partibus attentasse capsas pro contributione contra hæreticos deputatas, cui obicem poni petit. D. ex Crumnaw (s. d.).

(Ibidem.)

498.

1469, Aug. 19 (Wratislaviæ).

Der Legat Bischof Rudolf an den Pfarrer zu Eger: gebietet die Beobachtung des Interdicts zu Eger, wenn die Stadt nicht binnen sechs Tagen König Matthias huldigt.

(Abschrift im Stadtarchive von Eger.)

Rudolph von gots gnaden, bischoue zu Preszlaw, vnnsers allerheiligsten in Christo vaters vnd hern, hern Pauls von schikung gotes babsts des andern vnd auch der heiligen cristenlichen kirchen in dy kunigrich zu Behem vnd in Polen auch in dy gegende deutzscher lande mit gewalt eins legaten von der seiten ein legat gesantt, dem erwirdigen hern compthur vnd pfarrer der pfarrkirchen zu Eger, des bistumbs zu Regenspurg, ader seinem stathalder vnnsern grus in den herrn. Sindemmal vormals der allerwirdigst her von Ferrer, auch ein bebstlicher legat, vnd auch wir den firsichtigen hern des rats vnd auch der gemayn zu Eger vnder andern geschrifften wir geschriben haben, das sie zu ruck slahen furpas alle verlengung vnd auszüg, sich in gehorsam geben solten des allerdurchleuchtigisten herrn, hern Matias kunig zu Hungarn vnd zu Behem etc. im ader einen andern, den so sein majestat der sach halben dar ward schicken, nemlich hern Bohuslaw von Swamberg, seiner durchleuchtikait hofmaister, dem manschafft zu thun, ader, als wir vernommen haben, dy von Eger den vorgenanten wolgeborn hern Bohuslaben von Swamberg, der do doromb zu in geschickt wardt, im lehen zu tun in namen des allerdurchluchtigisten hern kuuigs haben verczogen, vnd bisher verzihen; doromb wir euch vorgenanten hern compthur vnd pfarrer ader ewern stathalder bey der pen des ausgesaczten vrtails des pannes beuelhen vnd gepieten, das ir nach aufnemen diser schrift aus oberflüssikait dy vorgemelten hern des rats vnd auch dy gemayn zu Eger von vnnsern wegen auch warhafftig von der heiligen cristenlichen kirchen wegen vermanen vnd besuchen wollet, wir sie auch in laut diss briefs besuchen vnd vermanen, das sie inwendig gesaczter frist in sechs tagen noch diser in geoffenbarter verkundigung, zu ruck geslagen alles verczihen, dem vorgenanten allerdurchluchtigsten hern, hern kunig ader den vorgemelten hern Bohuslaw von Swamberg in namen seiner k. majestat, rechte manschaft vnd gehorsam wergklichen geben vnd tun; anders noch verlauffung der frist sechs tag wir dy vorgenanten stat Eger vnd ire gegend vndertenigen kirchlicher vorpitung in crafft des briffs, wir auch gepieten vnd gehabt wollen haben solchen interdict durch euch vnd auch ander pfarrer vnd brister herticlich zu behüten vnd zu halten, als lang vnd biss auf dy zeit, so dy von Eger ir gepurlichkait dem heiligen Romischen stul vnd dem allerdurchleuchtigisten hern, dem kunig, tun werden. Datum Wratislaviæ sub nostro sigillo anno domini MCCCCLX nono, die vero XIX mensis Augusti, pontificatus præfati sanctissimi domini nostri domini Pauli papæ secundi anno quinto.

499.

1469, Aug. 20 (Budissin).

Jaroslaw von Sternberg voith etc. ad sen. Gorlic.

Ich fuge uch wissen, das mir itzunder in desir stunde botschafft von vnsern allirgn. h. dem konige komen ist, vff zu sein vnd in das feld zu zihen. Als gere ich von uch ernstlichen, jr welt mit ewerm reisigen gezüge uff das sterckste vnd engstigiste mit ewern fuszknechten, drey den vierden, dergleich mit wagen vnd speise uff ein virtel jar uff sein, neben andern mann vnd steten, vnd zu mir uff den nesten Sonnabend gewiss ohn allen behelff vnd vorzihen, in das feld vor die Zittaw kommen. So ander fürsten, herren, mann vnd stete uss der Slesie auch vor dy Zittaw kommen werden zu vns. Jr wolt in keyne weise vssen bleiben, zu vormeiden swere vngnade vnsers allergn. h. des koniges vnd meine mergliche stroffunge. Gebin zu Budissin am Sontage vor Bartolomei 1469.

(Scultetus, III, 259ᵇ.)

500.

1469, Aug. 27 bis Sept. 1 (im Felde vor Zittau etc).

Görlitzer Abgeordnete an ihren Rath: Kriegsnachrichten.

(Scultetus, III, 258.)

Vrban Schelnir, Petir Walde, Hans Mey, M. Johann ad sen. Gorlic.

Wir fugin euch wissin, das wir hy vor der Zittaw bey dem gerichte neben andern mannen vnd steten im felde legin, dy gemeinlich alle allhy sein vnd sich merglich angegriffen han. Nw hat vns der foyth off hewte in der mittag stunde besant vnd vorgehalden, wy dy fraw von Tetzin mit alle den erin eyns fredes begert, eyn jor, 2 oder biss zu gantzem ausstrage des kriges, das sy stille sitzen welde etc. (sic) dy gütter dy der foyt inne hat hindansetzen, vnd alle gefangenen lossgeben etc. (sic). Also habe wir doruff gerothschlaget, dy ding ansteben zu lassen bis off Dinstag konfftig, in dess zu sehen, ob sich die Slesier vnd des koniges feldhauptmann sich zu vns fügiten etc. Morgen die Lausitzer bey vns sein etc. Also harre wir alhy off den feldhoptman, getrawet her dy ding zu endin, welle wir alle mit jm obir das gebirge zyhen. Geschyt das nicht, ist vnser meinunge, die fr. von Tetzin besuchen, vnd off das höchste zubeschedigen etc. Ouch ist Creutzberg hewte vor dem herrn gewest, vnd in vnser kegenwertikeit angelobet, mit hant vnd munde, bey erin vnd trewen, der stadt Görlitz nichts zu schaden handiln welle, das wir keine sorge dorffin habin etc.

Ouch hat der foyt an dem folcke, das jr by her in das fellt geschickt habet, beyde an reysigen vnd trabantin, einen grossen genüge. Gegeben im felde vor der Zittaw, am Sontage noch Bartholomei (27. Aug.).

Vrban Schelner, Peter Waldaw, Hanns Meye, M. Johann ad sen. Gorlic.

Wir fügen uch wissen, das hewte am obende die Breslawer vnd Slesier zu vns ins feld kommen sein mit mengklichem reisigem gezeuge vnd auch zu fusse. Vnd wir hoffen, das mit der hülffe gotes ichtes werde vorgenommen werden, doruff denne biszher nichts gerathschlaget ist etc.

P. S. So des koniges houptman zu vns nicht kommet, düncket vns allen gemeinlich, wir werden die slosz swerlich retten etc. Wir fülen wol das der Jersigk sich weren wil, vnd die slosz nicht obirgeben etc. Wir obir sloēn vnser folck gantz vnd gar, mit Breslaw vnd Slesien, uff das hōeste uff 4000 drabanten vnd 750 reisige pherd. Geben im felde vor der Zittaw, am Dinstage nach Bartholomei (29. Aug.).

(Ibid. f. 256.)

Vrban Schelnyr, Petir Walde, her Hans Mey an sen. Gorlic.

Wir fūgin euch wissin, wie das wir von der legirstad vor der Zittaw geröckt sind keygin Habirdorff 1/2 meyle by dy stant Reychenberg. Aldo selbst hot vns am Donnerstag früe vmb den ymmys gefūrdert, man vnd stete vnd s. g. aldo rotis wurden ein fulck zu schicken 1200 trabantin, zu retten ein sloss Nabur genannt etc. (sic). Was vnser g. h. mit vns wil wort vorhabin, könne wir nicht gewissin. Wenn den Skall haben sy gegebin am Montage (28. Aug.), also wir vndirricht sint. Vnd dieselbigen synt vorn Kost gerückt. Herr Jone der zur Zittaw gelegin, hat mit h. Hasin fulgk reisigem gezeug mit vber das gebirge gerückt bey 70 pferden, dorbey auch der Syttich selber ist etc. Gegeben zu Habirdorff am Donnerstage im mittage nach Felicis et Adaucti (31. Aug.).

(Ibid.)

Iidem ad eundem.

Wir fugin euch wissen, das volck von vns geschickt nisnicht geant hat, wenn sy haben 4 dorffer ausgebrant, zu retten das sloss ist nichts geschehen, wenn js hat an den Slesiern ser gebrochin, doch die vnsern von sechssteten ein gutt wort behalten haben etc. (sic). Herr Jone hat Turnow gedinget vnd ander dörffer vnd sust och eine nome genommen vnd vff den Trost getrieben etc. (sic). Inn eyner sulchen weyse liegen wir in der alten lagerstat etc. (sic). Gegeben im felde doselbst am Freytage nach Felicis et Adaucti (1. Sept.).

P. S. Auch wisset, das herr Bebirstein zu vns komen ist vnd 60 pfherde bracht hat vnd 150 fuszknecht.

(Ibid.)

501.

1469, Sept. 30 (Breslau).

Legat Rudolf an den Rath der Stadt Görlitz.

Nach dem jr vns schreibet, wie uch warnunge inkommen were, das vnser feinde die diese lande durch vnd vberzogen habin, wider vmbkeren vnd euch sönderlich beschedigen vnd vorterbin wuldin etc. thun wir euch wissen, das wir auch dergleichen warnunge habin, das vnser feinde, die itzunder halb zu Glotz vnd halb zu Troppaw legin, wedir in vnser bistbumb, das sie vorhin hoch vnd sere beschediget vnd geschatzt habin, zihen vnd fort grüntlichen vorterbin, vnd ferrer hernachmals zu euch mit heereskrafft wie vormals kommen wullin.

Vnd wie wol wir in zeiten hh. fürsten, land vnd stetin schrieben, das sie ehbessir wedir vnser feinde vffwehren: sunder es ging leyder wenigin zu hertzen, die mit ernst vnd den wercken dorzu thun wulden: wenn das wir vnd die stat Breslaw vnsern reisigen gezeug henübir ken der Sweidnitz zu herrn Hazen vnd Frantze von Hagen fertigen. Vnd do die finde in vnser bistumb kommen, was nymand der en auch hette nachgefolget vnd wedirstand etc. (sic). Gleichwol schreibin wir abir eyn mol allin vnd itzlichen vmblegenden hh. fürsten, land vnd steten, das sie ebessir mir jrer macht vff sein vnd ins feld rücken, getrawende zu gote en nicht alleine wedirsteen, sunder auch mit gotis hülffe niderlegin wullen. Darumb begeren wir vnd jrmanen euch etc. so wir euch noch eyns schreiben, in bereitschafft etc. (sic). Gebin zu Breslaw, am tage sand Jeronimi, 1469.

(Scultetus, III, 237ᵃ.)

502.

1469, Oct. 26 (Neisse).

Legat Rudolf, Bischof von Breslau, ad sen. Gorlic.

Wir schreiben h. Jaroslao der sechsland vnd stete voit, wie der Gindersich des abgesatzten sohn, mit fast grossen heere etc. in Merhern sey, vnd alles das formals von den ketzern vnuerbrant bliben ist, vorbrenne, vorheere vnd vornichtige, in meynunge vnd vorsatze, wider in die Slesie ken Breszlaw vnd dornoch zu euch zu zihen etc. (sic). Vnd baten seine liebe, mit denselben sechslanden und steten, auch mit der Lusatz uffzusein, vnd her zu vns in das feld zu kommen etc. (sic). Als jr biszher löbelich gethan habent, got zue lobe, der euch hie glück vnd dort die ewige selickeit geruche zu geben. Datum in vnser stat Neysse am Dornstage vor Simonis vnd Jude 1469.

(Scultetus, III. 261[b] sq.)

503.

1469, Nov. 19 (Zbiroh).

Hanuš von Kolowrat, Administrator des Prager Erzbisthums, an den Legaten Rudolf: Klagebrief über die kirchlichen Zustände in Böhmen.

(Ms. Prager alte Consistorial-Acten. U. III, 9.)

Domino Rudolpho episcopo Wratislaviensi, sedis apostolicæ legato.

Reverendissime in Christo pater et domine, domine colendissime! Prosperum successum ecclesiæ dei virtute roborata cum sui commendatione. Diversitas multarum implicationum ex varietate casuum currentium in officio generalis mihi commisso vehementer perturbat animum meum, nullo profectu utilitatis subsequente. Nam obtemperando voluntati sanctissimi domini nostri secundum positionem reverendissimi domini legati, episcopi Ferrariensis, rigor præcipitur, quem sequendo juxta scripta apostolica interdictum posui rigorosum etc. Ad reverendam paternitatem vestram respiciens pietati inclinari ob respectum multiplicem sacerdotum et plebium simplicium cum profectu compellor, cum plebani catholici ab ecclesiis eiciuntur, hæretici introducuntur, vulgus spissus seducitur, currens rediviva et ecclesias hæreticorum. Sacerdotes interim occiduntur, aliqui metu et poena ad praxim hereticorum consentiunt, alii sine superiorum requisitione officiant, et sic varii varias vias incedunt. Sunt namque plebes plures absque permixtione katholicæ fidei, quæ dominos habent G. deposito adhærentes; aliquando unus fratrum servit G. et alter domino Zdenkoni aut alicui katholico; aliquando katholicus dominus et plebes mixtæ; interdum parochiani katholici, collator hæreticus, et e contra. Tum etiam aliquando civitas catholica, tamen G. subdita, non habens promptum liberatorem, in qua claustrum religiosorum aut plura degent periculis, aliquando hæretica, in qua plures boni Christiani dati lupis in direptionem. Item si ad tempus relaxatur, tum quibusdam domini katholici indignantur, favere eis indicantes, et alia quam plura, ad quæ simpliciter scio me non sufficere nec voluntates paternitatum vestrarum implere. Cum uni placet, alteri displicet; ego claudo, vos aperitis. Curati seculares tenent interdictum, religiosi, habentes promotione suorum superiorum relaxationem, in scandalum aliorum divina peragunt, parochianos contra suos superiores irritantes: Quare, cum illi officiant, vos non officiatis? etc. Hæc sunt et multo plura alia, quæ profundo maris me absorbere satagunt. Nec salubrius videtur committendo, cui placet, curam, quam quod populus communis, absolutus, exclusis hæreticis, et nominanter excommunicatis, ad divina admittatur, fides catholica, obedientia sancta et ritu ecclesiæ prædicetur, decimæ et jura ecclesiastica pastoribus solvantur; nam propter absentiam divinorum etiam prædicatio et omnis ritus ecclesiæ contempnitur, imo et apud G. hæreticum datus sum in derisionem et scandalum et omnium inimicorum inimicum, qui dicit: Ipse ligat, et monachus nullius auctoritatis solvit. Rego igitur r. p. v. attentissime, velitis me singulariter in omnibus casibus informare, et regimen certum demonstrare, aut certe potius hoc onere absolvere. Rogo atque iterum rogo. Ex Zbyroh castro, anno domini MCCCCLXIX. XIX. Novembris sub sigillo naturali.

E. R. P. V. Hanusius etc.

Reverendissimo domino Ferrariensi forma similis, tamen mutatis mutandis, X. Januarii anno LXX.

504.

1469, Dec. 13 (Jaurini).

König Matthias an den Landvogt Jaroslaw von Sternberg: er und der neue schlesische Hauptmann Franz von Hag sollen einander wechselseitig bewaffneten Beistand leisten.

(J. G. Kloss' Gesch. d. Hussitenkrieges zum Jahre 1469, fol. 245.)

Matthias dei gratia rex Hungariæ, Bohemiæ etc.

Magnifice fidelis nobis dilecte! Quia pro certis et arduis causis, sicuti proposueramus, fidelem nostrum magnificum Johannem comitem de Bosin etc. pro defensione partium illarum tamquam capitaneum mittere nequimus, mandamus fideli nostro egregio et strenuo viro Frantz, quem in Silesia in capitaneum præfecimus, ut vestro auxilio tutelæ et conservationi dictarum partium intendat, et hostibus, si qui aliunde orirentur, obsistat, rebelles etiam, quos pridem malo quodam animo publicum negotium in Silesia turbasse intellexeramus, emendet remedio quo decet ita, ut alii quoque exemplo talium et rem publicam non turbare, et dominis eorum discant obedire. Quamobrem fidelitati vestræ mandamus, quatenus dum per præfatum Frantz capitaneum nostrum requisiti fueritis tam contra hostes quam etiam rebelles, si qui emendandi erunt, cum incolis Lusatiæ et sex civitatum in ejus auxilium procedere debeatis. Mandamus enim et ipsi Frantz, ut dum necesse fuerit ipse etiam in vestrum auxilium procedat, ut mutuo auxilio rebus vestris et conservationi status (tam) Silesiæ quam Lusatiæ et ceterarum partium providere possitis. Datum Jaurini, in festo beatæ Luciæ virginis anno domini MCCCCLXIX, regni nostri anno duodecimo, coronationis vero sexto.

Magnifico Jarislao de Stellis,
præfecto Lusatiæ et Sexcivitatum fideli nobis dilecto.

505.

1470, Januar 1 (Prag).

König Georg's Manifest an die Fürsten und Städte des deutschen Reichs: er nimmt ihren Beistand gegen den Papst in Anspruch, indem er sich sonst genöthigt sehen würde, aus dem Reichsverbande zu treten.

(Ms. Leipziger Univ.-Bibl. Nr. 1092, fol. 316—319.)

Dem hochwirdigen in got vater hern Johansen ertzbischouen zcu Magdeburg etc. vnserm besundern liebenn frunde.

Jurge von gots gnaden konig zcu Behemen marcgraue zcu Mehren etc. Hochwirdiger in got vater, besünder lieber frundt!

Uwer liebe vormerken tegelich vnd scheinberlich wol wie vnnser heliger vater der babist nicht abelesset vns zu durchechten als eynen ubirvunden ketczer, wie wol er vns alle erbere were antwart geinrede vnd verhorung vorsaget vnnd abegeslabin had das vor ym keyn babist keinem konige nye gethan had. Vff das nū uwer liebe clerlich vorstee den gewalt der an vns geleget wirdet, auch das die sache dardurch solche beswerunge gein vns furgenommen ist vrsprūngelich wider cristenglouben noch eynigkeyt der heligen cristenlichen kirchen nicht berurt, ffugen wir uwerr lieben zu wissen als wir durch schickunge des almechtigen gots zu konige gekoren vffgenommen gesälbet vnd gekront wurden gebt got dem konigrich sein gnade so zcuflussiglichen, das es an eren vnnd an gute so scheinberlich zcunam, das wol zcu hoffin stunde, hette die gancze lantschafft des konigrich gemein ere vnnd nūtz so vlissiglichen, als eigen lust adir willenn gesucht, dasselbe konigrich were in kurtzen jaren in sine wirde widerkomen zcu loube gote vnnd zcu troste dem Romischen rich dem das Bemische rich vnnd getzunge zcu czieten grosse hulfe vor allin anderen des richs gelidern vnd loblichen sigk von den fienden hod erwunnen, als auch wir in nuwelich vorgangen jaren den geinwertigen keyser mit vieb vnnd kindern als gancz verlassene lute usz gefenckenisze erledigt haben, sundern als sich menschlich gebrechligkeyt helder alle hoe ere wirde vnde czirde erwerckt nyde in der menschen hertzen die semlicher dingk begirig sein vns selbs nicht erlangen ader telhafftig werden mogenn. Also habin sich etliche vnser lantlute widir vns erhebt vnnd sich vndirstanden den gemein mann durch das gantz konigrich vns obefellig zcu machen durch hernoch gemelte vrsach die sie gein vns geticht furlegen, vnnd an etlicher fursten hofe vbirgebin haben solch yre versigilte schrifft wir noch in vnnszer beheltnisze habin nemlichen inhaldende etlich artikel des konigrichs regirung friheit der manschaft gerichte muntze vnnd ander der glichin sachin berurende nemlichen wie wir das konigrich rigirten durch lichtfertige person, die vns raten noch yrem mute der kronen zcu schaden mit kleyner achtunge gemeines nūtzes, item wie wir ye zcu zcieten in furhelten etliche stück in vnser regirunge gehorende vnnd yren rat so ylendes begeren vnnd in darubir nicht wollin berats noch noittorfft der sach vorgunnen noch gestatin. Item wie wir die reiszige rotthe die brudir gnant vertzieten an vnserin solde gehabt haben nū sey an sie gelangt das wir dy selbtem vfnemen vnnd yn solt in die Slesie schicken wollinn vnnd das sie dar erwunnen jn das zcu schriben, item wie wir vnnsern son bie vnnserm lebenn vnderstehin konig zcu machin, item och von vnsers koniglichiu gerichts wegen die lanttafel gnant, item auch von muntze wegen als ob wir die vnordenlich hielten. Item auch von stewer vnnd vflegung wegen, so wir gethan habenn bie konigk Lassouws geczi-ten loblichir gedechtnisz, vnnd auch darnach bey vnnsers selbs koniglichen regerung. Item das wir herffert uffgepoten habin an yren rat wyssen adir willen. Item von vorkummerung wegen der kronen slosz stett vnd guter. Item anfellin vnnd angestorbin guterr ligendir vnnd farendir habe. Item von frihengutern die wir in lehin pflicht vnd manschafft sollin getzogen habin. Item von der kron kleynoth lantrechtens priuilegia vnd friheyt wegin des konigrichs in der lantherren hand gewalt vnd bewarung zcu settzen. Item von vfsettzunge zcell vnnd muntze etc. Vorsteht uwer libe wol das solch obgerurte stucke yrer furderung nicht anders danne vnnser koniglich wertlich regirung vnnd herligkeyt beruren. Vf welche stuck alle vnnd igliche besundir wir uff eynen offin tag, der in vnser stad Prage darumb durch gemeine lantschafft vnnsers konigrichs gehalden vnd geleyst wurde, solch antwurt teten, vns auch also genediglich erbottin, das gemein lantschafft, edel vnd andir, uszgenomen die houptlute der aufrur, ein gut gnuge hettin vnnd noch huts tages danckberlich haben. Als nu die houplute solchir aufrure vormerckten das sie yren besen versaczt (sic) nicht fulbringen, den gemeinen mann nicht abefellig machin mogen, ertichten sie von vns, das wir soltin geredt habin zcu Prage uf eynem tzwlichin tage, der darselbist gehalten werin, eyn iglicher cristen leye sey pflichtig bie vorlustigkeit des ewigen hels das helige sacrament in beyder gestalt zcu nemen vnd beschuldigen vns solchir freuelichir wort vnnd berufftin vns solchs leyhomūts bie babist keyser vnd anstossenden konigen fursten vnd allen enden da sie getruweten das es vns zu schedigung adir beledigung kommen mochte dadurch vnd dem keyser zugefallen, der vns vnser verbrifft vnnd sigilt schulde vorheldet, vnnser heliger vater der babest vrsach fand vns nicht als eynen Romischen (sic) konig sundir als eynen gemeynen person furzuwenden vor ym zcu Rom personlich zcu erschinen vf bestymmet vnd gesatzt zil vnnd stunde in hangenden zil der verheischnng vorpote er allin vnsern vnd der kron vndirthannen vns in keynen sachin zu gewartenn ane eynich ander furvorderunge.

solch beswerunge wir dem heligenn stul zcu eren gutlich vorduldin in hoffnung so vnnser vnschult erkant werde der helige vatir wurde vns das gein vnsern widirsachin geburlichin erczegen. Dennoch woltin vnser warhafftige vnschult nicht mit uszflucht adir mit vortzigen adir lestigen vorwindongen der procurator aduocatenn vnd anderer personen die solch pflechin werbin adir befleckin, sundir offinbarlich schinbar machin domit keyn zcwiuel in der sach vbirbleibin mochte vnnde begerten an den heligen vatir durch mittel cristenlichir konige und furstin, vns eyne gelegen stad zcu seczen dohin wir personlich kommen mochten, wanne wir also personlich geladin vnd gefordert waren, dahin wir alle trefflich person die uff dem tage zcu Prage da wir solch freuelich rede getan sollin habin geschuldigt wurden gewese sin woltin bringen vnnd vor allin dingk die gelegenheyt der verrigen worten mit gnügsamer vrkundt ertzegen, vnnd dennoch mit rate uwir libe vnd furstin vnd herrin die wir uf solchim tage vollin gebetin habin adir uwerr adir yrerr rete die in solchim tage geschickt wurden weren, allin vlisz furgekert habin, damitt vnser konigrich zcu Behmen in allin zcirden vnd stucken sich noch der heiligen gemeynen cristlichir kirchin ordenung hilte vnnd regirte, solch allis der babst vorachte vnnd teilte vnkristliche vnd vnmenschliche vrteil widir vns zeugeben vnuerhort das er doch noch lauff des Romischin hofes eynen slechtin clericken der vmb eyne slechte pfarre adir pfrunde in gericht steht fug vnd stad thut wanne er zcu nottorfft sienes rechten furtzugt adir meldet dy geschicht tat adir gelegenheyt sine sache berurende die er zcu Rome nicht ertzugen mag, sundir die an den enden da die tat adir geschicht ergangen ist, adir in nehe darbie mit besserem fuge wol zcuerkunden steet, als vir dann in vnnsir sache siner heligkeit furgehabt vnd durch cristenlich konige vnd fursten ersucht habin, das vns allis abegeslagenn vnd vnmenschlich vorsaget ist, darusz uwir libe wol uernemen magk ad der babist enigkeyt der heligen gemeynen kirchen mit erforschung der warheyt vnnd gerechtigkeyt gesucht adir liber habe vnnsern widerwertigenn willenfaren, die jn vortrost habin vns vnsers konigrich zcuuertriben, danne hette er enigkeyt der cristlichin kirchin adir auch der selen heil gesucht, so was ym der weg offin vnd ist ym noch vnuersperret, wie wol der menschen hertzin durch solch obgemelt beswerunge sere beleidiget sin die dach billiger ein rath den ein ortel geheisenn nach dem vns alle were antwurt vnnd vorhorung abgeslagen ist die doch der almechtige vater dem boszem fiend nye abegeslagen had wie wol im alle geheym der hertzin uffinbar sein vnnd wenne nu vnser konigkrich zcu Behmen ein kure des heligen Romischen richs in ym treget auch sich von dem heyligen rich nye gespaltin gesundert noch abegeczogen had, wie wol all cristliche konigrich in wollustigkeyt der friheyt sich von dem Romischen rich gantz abegeczogenn habin vnd keyn cristlichir konigk nach konigrich sich dem Romischen rich angeheffit vndirwurffin adir in eynige wiese pflichtig erkennet, geburet wol uwern lieben vnd allen des Romischen richs kurfursten vnd furstin die zcu dem heligen Romischen rich lieb vnnd begerte tragen vfsehenuge habin damit dasz selbe vnser konigrich von dem selben Romischen reich (sic) nicht empfremdet noch abegeczogen werde, als yr das wol getun magt, wo yr dem heligen vater siens gewalts nicht zculegunge thud, sunder vns zcu williger koniglichir verhorung helffet damit wir nicht vnuerhoret vorthumet werden nach vns vnser antwurt vnd geinwere abegeslagenn werde, vnnd ab yr in uwerrer gewissen irrung adir beswerung hettent von bebstlichir briue adir gepote wegenn, die wider vns vnuerhoret uszgangen sein, da umb das der babst eyner heliger vater wirt genennet, so verstehit yr doch wol das nicht heligeres ist denne got allir heligenn heligk der doch nymant vnvorhoret vorthûmut als wir ubir begerunge vnnd erbitunge eyner vorhorunge gewaldiglich vnnd mutwillig mit schrifftin vnd worten vnschuldich vorthumet sin, beduncket abir uwer liebe das wir dem heligen vatir in vnser erbitunge die wir durch die werlt uszgesandt vnd durch cristlich konige vnnde fursten an den heligen stul habin bringen lassenn nicht gnûg getan hetten, das doch ye mehr ist denn durch procurator advocaten fiscalem adir derglichin personn, so pittin wir uwir libe das yr vns zcuuerstehin geben wollet wie wir vns gnugacher adir vollichir erbiten sollin, darynne wollin wir vns uwerrer vnd anderer des richs kurfursten vnnd furstenn willins also vlissen dadurch meniglich vorsteche das an vns keyner billigkeyt kein gebroch sien wirdet, vnde wollet dy sach also zcu herczen nemen als das Romischen richs nottorff ist, so werdin wir mit gots hulff wege furnemen dadurch wir vns solchs gewalts vnnd mûtwillins mit got vnd eren erweren mogen. Ab abir dadurch die wirdig kron zcu Behmen auch von dem Romischen rich entpfrendet adir abegetzogen werdet, das doch vns von hertzenn leyt were so wollet indencke sin, das wir von uch vnd andern des richs furstin vorlassenn vnnd zcu solchenn von dem heligen vater genottigt vnnd an alle schul (sic) gedrunge werden]sin damit wir vns vnd vnser pflecht als wir vonsir kron zcu Behmen dem heligen rich gewand sin, hoffin genug gethan habin, das wir auch also mit vnd in crafft disses vnsers briues vor gote vnnd in vnsir gewissenn gein allirmenniglich betzugenn wollin vnnd mogen. Gebin zcu Prage am nuwin jarstag vnsers konigrichs im zwelfftenn jare.

Ad mandatum domini regis.

506.

1470, Jannar 4 (Budweis).

Zdenko von Sternberg an die Pilsner.

Es sei ihm Botschaft gekommen von seinem Sohne John, der jetzt bei dem Könige (Matthias) sei. Der König habe in seinem Reiche einen Tag gehalten: da hätten die Stände ihm zu Hilfe von einem Thore einen Gulden, d. i. zusammen 800.000 fl., versprochen zu geben. Dass die Türken sollten angezogen sein, wäre nicht wahr. Der König sei jetzund zu Pressburg und werde sich darauf nach Wien zum Kaiser begeben, um vollends alles zu bereden und zu verschreiben. Am vergangenen Dinstag habe der König mehr denn 600 Pferde gen Budweis gesandt und wolle noch 400 nachsenden. Darnach wolle der König selber mit Macht in's Land folgen. Es solle, wie er hofft, alles gut werden. Dat. Budweis fer. V post circumcisionis 1470.

(Kloss' Geschichte des Hussitenkrieges II, III, 247[b], im Auszuge.)

507.

1470, Jan. 12 (s. l.).

Dr. Martin Mayr an Herzog Albrecht von Bayern: Zeitungen aus Böhmen.

(Orig., Autograph, im kön. Reichsarchiv in München.)

Gnediger herr! Herr Burian von Gůttenstain hat ainen erbern diener zu meinem gnedigen herren herczog Ludwigen alhere geschickt vnd seinen gnaden ettlicher sachhalben geschrieben, der selb diener hat mir gesagt, das sich zwelff herren zu Behaym mit dem genanten hern Burian vertragen haben, hinfuro den krieg die weyl der zu Behaym weret sthill zůsiczen, vnd auff kainer parthey zůsein, vnd in sŏlichem vertrag hab auch herr Jersick gewilliget, er hat auch meer gesagt das der von Rosenberg dermassen auch mit hern Jersicken vertragen werde, so sey der von Sternberg seinesz tayls nû fürtter zu der richtung wol genayget, vnd habe sein pottschafft bey dem legaten in maynung desselben wiellen zuerlangen, vnd mir dabey zuerkennen geben das sich zehen Behemischsz herren die er mir alle genant hat verainigt haben, in kurcz ewer gnaden veind zu werden sôlichs hab ich meinem gnedigen herren herczog Ludwigen zugeschrieben, vnd wolt es euch auch nit verhalten, auff das jr ewer vorsehung ob euch gût bedeucht möget weyter haben, euch darnach wiessen zu riechten. Geben an Freytag nach Erhardj anno etc. LXX^mo^.

Martin Mayr doctor etc.

Gnediger herr. Ich han meinem son Johannes der thumherr zu Regenspurg ist zu doctor Thoman Burckhaymer geschickt, daselbs sein residencz zutun etc. etc.

508.

1470, Januar.

Denkzettel über Georg's von Stein Werbung bei Markgraf Albrecht von Brandenburg von Seite König Georg's über des Herzogs von Burgund Erhebung auf den Thron des römischen Reichs.

(Aus dem Weimarer Archive mitgetheilt von Prof. Droysen.)

Werbung h. Gorgen vom Steyns durch den lantschreiber an meinen gn. hn. bracht.

Item anfangs entdeckt den handel das reich vnd Burgundien berurend, wie der an sein gnad bracht ist, darin bey mgg. Fridrichen selbs zu thun.

Item wie darnach der vom Stein zedeln gemacht, dem von Hohenloh eyne vbergeben hat, die an mgg. Fridrichen zubringen.

Item als bede weg mein gn. hr. abgeslagen, wie darnach der vom Steyn als von jm selbs on beuelhnuss die meynung mggn. Fridrichen geschriben hab, sey daroff geantwortt vnd die sach gantz abgeslagen.

Item wie datz mein gn. hr. verwerff vnd von jm slahe, stellen ander getrewlich darnach, als pfaltzgraue, der fug sich gern in den handel, wo jm das vergonnt mocht werden, aber noch bisshere sey jm das abgeslagen.

Item wie der konig meinem gn. hr. mit sundern gnaden vnd fruntschaft also gewandt sey, solt yemant eyncher nutz darauss entsteen, gonnt er das nymant bass, dann seinen gn. Desshalben jm allerbesten an sein gn. die ansuchung wider geschee vnd zu hawss getragen werde.

Item wo sein gn. sich in den handel geben vnd annemen wolt, solt dem pfaltzgrauen die sach gantz abgeslagen vnd keynerley handels gefurrt werden dann der von Steyn das wol zuverfugen hab nachdem das in seiner macht sey vnd sunst nymant darjnn handel dann er.

Item so das geschee, mein gn. hr. sich in diese dinge begeben wolt, solt seinen gn. werden vnd folgen das lant zu Lausitz inmassen das vor auf der pan gewesen ist vnd es bedorft nicht zweyfels so der konig das verwilligte, wurden sie seinen gn. globen.

Item von der sechs stette wegen, die den jungen hrn. von Sachsen gern huldigten vnd die jungen hrn. sie auffnomen wo der konig das willigen wolt, warumb dann er das auch nicht aufnemen wolle.

Item wolt mein gn. hr. des lands zu Lausitz nicht, solt seinen gn. werden das Egerlandt, das wurd der konig von Ungern willigen, dorfft auch nicht zweyfels. vmb Bernheim vnd (?) Heydingsfelt wurd man die ding arbeyten, es wurd auch erlanget.

Item wolt mein gn. hr. der keynns vnd liber LX^m gulden haben solt der konig bey Burgundien on meins gn. hr. kosten ausstragen jm die nach aller notturfft zu verschreiben vnd par zubezalen vnd solch verschreibung zu hawss vnd hof geschickt werden.

Item wolt mein gn. hr. Laussnitz oder das Egerlant, wer ytzo ausszutragen, wolt er aber das gelt verschriben haben, musst man vor der botschafft erwarten von Burgundien die auff dem weg hinein ist, biss die h erwieder kome.

Item wo mein gn. hr. das anneme, wolt der vom Steyn gut fur sein. Was sein gn. sunst von freyheiten oder begnadung darzu haben wolt das jm der konig das alles ausstragen vnd erlangen solt.

Item wie auch der konig verfugen vnd arbaiten wolt, daz gleichwol das regiment in seiner konigl. gn. vnd meines gn. hr. hannden gantz bleiben, auch die cantzley yemant, dem sie des gonnten, beuelhen solten, als hr. Jorgen vom Stein.

Item wie dieser handel dem konig mer dann ye ein handel so ernstlich anlige, desshalb er in keinen weg feyer den zu erlangen, dann er sunst seine sone in furstlichen eren wirden vnd bey jren freyhaiten nicht getraw zubehalten, dann durch die endrung im reich.

Item das man seinen ernst erkenne vnd das er Burgundien glauben mach, hab er sich darein begeben vnd seiner sone eynen jm zu geysel zu setzen, so lang biss dieser handel vollendet werde.

Item wo dem konig ye kein nutz darauss ergeen mocht, wolle er das vmbsunst thun, wolt das vmbsunst auch nicht sein, darvmb geben vnd thun, das zu vil seye.

Item wie der konig des haundels bey den andern kurfursten willen vnd verstentnuss haben sulle.

Item wie her Jorg von Waldenfels hr. Jorgen vom Steyn des handels mgg. Fridrichen berurende, bericht hab, desshalben sey meinem gn. hr. dest leichter vnd nu bass dann vor, darjnnen zu handeln.

Item wo meyn gn. hr. die widerfart lauffen, sulchs abslahen vnd alleyn besteen wurde, zu besorgen, der konig darob gross missfallen wird empfahen, meinem gn. h. vnd der herschafft wenig nutz, sundern mer vnstaten gepern mocht.

Item nachdem hr. Jorg vom Steyn meinem gn. hr. auch verpflicht vnd gewandt sey, thue er seinen gn. das raten, auff trew vnd ere vnd pflicht.

Item so sich mein gn. hr. in den handel begebe, wolle h. Jorg vom Steyn seinen gn. zusagen sachen zu erlangen, die keynem fursten im reich von einem armen gesellen im reich ye erlangt worden sind.

Item wurd mein gn. hr. sich in die ding so stumpf ye nicht begeben wollen, vnd doch sein gnaden den handel annemen, das er dan her Jorgen vom Stein die antwort hett geben, wie der handel mit mgg. Fridrichen noch nicht zu end komen sey, so aber der beslossen vnd volandet werde, wurde dann ichtes an jne bracht, darzu wolt er erber redlich antwort geben.

Item wolt aber mein gn. hr. ye der aller keyns thun, das dann sein gnad der sachen gernet sess vnd ein heymliche verstentnuss mit dem konige hett, das er weste, das er seinen willen hett vnd waran er wer. Ging dann die sach fur sich, hett er damit einen gnedigen hrn. vnd nutz seiner herschaft erlangt. Ging es aber nicht fur sich, so hett er gleichwol den danck vnd nymant damit verworcht.

Item wie Frankreich sein botschaft bey dem babst gehabt hab, sie sey aber lanng aldo gelegen vnd bey dem babst ganz vngehort.

Item wie Burgunds auch sein botschafft bey dem babst gehabt hab die gar wol gehort, vast gnediglich gehanndelt, zu zweyen oder dreyen malen alleyn bey dem babst gewest ader was durch sie gehandelt sey konne man nicht gewissen, doch versehe man sich, das vnter andern auch jr handel sey das reych berurend vnd das der babst darin willigen sulle.

Item von des konigs von Polen wegen wann der konig von Beheim wolle, hab er mit jm sein end etc.

Item von des konigs von Vngarn wegen wie der ein bericht oder jerlichen friden mit dem konig gesucht hab, sey jm abgeslagen; doch man einen richtigen teydungsman hett, wurd teydung gestatt.

Item nachdem mein gn. hr. vormalen geantwort hab, er sey bey babst vnd keyser vngehort, desshalb er sich in kein teydung hat slahen wollen macht er sich bey dem konig von Vngern richtigung oder fridenshalben zu machen, aber ytzo zu teydingsman wohl darein slahen, an zweiuel er wurd bey jm gehort, mocht auch alssbald die sach erlangen mit Bernheim vnd Heydingsfeldt, dessgleichen das Egerlant.

Item von des tags wegen zu Plawen berurende die jungen hrn von Sachsen vnd hertzog Otten.

Item von ausschickung wegen der brif die bey Jobsten Schicktinger ligen.

509.

1470, Januar 31 (Sagan).

Herzog Balthasar von Sagan ad sen. Gorlic.

Uch ist wol in wissen, wy vnser bruder herzug Hanns vnnser offte gebote uff seyne clage von vns vorslagin, hod der houchwirdigiste in got vater h. Rudolff bischoff zu Breslow babistlicher legat vnserm vetter herzuge Heinrich geschrebin nach lawte etc. (sic). Vnser vetter hod gefraget, ap wir zu solchem tage komen weldin, habin wir vnsers teyles von stund das vorjoget vnd zuvorstehin geben, wir welden noch erer beider liebe jrkentnis vnserm brudern gerecht werden. Also hod vnsir bruder des tagis zu wartin vnserm vetter abgeschreben. Daraus jr mergkin möget, das her nicht anders wenne seynen eygenen mwtwillen keyn vns hud, vnd meynet den wirgklich keyn vns in vben zuvorbrengen etc. Ir möget vns in gantzer worheit glewbin, das wir vorwor wissen, das her domete vmbgehet vns von slosz vnd stat vngebörlich zu brengin. Wir müssen vnser slosz vnd stat mit wachin harticlichen besorgen, nicht weniger wer her vnnser abegesageter fynd etc.

Wir bethen uch vmbe hülffe vnd roth, solch vnbillichs zu denphin, wir wollen vnsers theils gerne darzu thun noch vnserm höchsten vermögen, das dy strossin gereiniget werdin, das die lewte jre narung vnbesorget suchen mögen.

Vns ist worhafftig zuvorstehen gegebin, das vnser bruder bey dem Jersige gewest ist vnd en gebetin eyn hehr uff vns kommen lassen, sundir zweiffel den Sagan leichtlichen inzukriegen, vnd den Jerzig dodurch vortröst, das her alle vmblegende land wedir zu jm möchte qwingen. Also hette jm der Jersigk zugesagit, so balde der sne abeginge vnd vffgetawete, welde her von stund ein hehr vff vns kommen lossin etc. So wir von dem Sagan gedrungen würden, mögit jr mercken, was der h. Röm. kirchen, vnserm allirgn. h. dem konige von Vngarn vnd Behmen, uch vnd allen disem vmblegenden landin doraus kommen möchte. Vnser bruder hot bey kortz gesprochin, seyne eyserne böchse solde byn 4 wochen vor dem Sagan klingen etc. (sic). Gebin zum Sagan an der nesten Mitwoch vor vnser lieben frawentage Lichtweey, 1470.

(Scultetus, III, 277ᵃ.)

510.

1470, Febr. 5 (Budissin).

Zeitungen aus der Oberlausitz.

(Scultetus, III, 275.)

Leonhart Cromer, M. Johannes Frawenburgk etc. ad sen. Gorlic.

Wir sein gestern spete hy gein Budissen kommen, vnd bisz vff hewte data dises briffes noch nichten vorgenommen. Dann vnser h. der bischoff sol noch inkommen, ouch die von Tetschen. Vorsehlich man werde ersten uff morgen Dinstag den handel anfahen.

Wir haben hewte frw mit den herrn von Budissin gereth ern Wilhelms halben gefangenen etc. vnd als feel wir vorsthen, ist vns das sünderlich zugefüget von etzlichen vss Missen, uff das herzog Wilhelm vnd die Missischen fürsten orsache vnwillens zu vns gewonnen. Polentzki hot sich getreulich in der werbung beflisziget etc.

So am negsten Polentzki hoch hülffe begert Schergiszwalde zu halden etc. Ouch ob die sachen mit den von Tetzschen nicht gericht werden, wy vorzunemen mit zügen adder vor den Tollenstein den zu verwaren, vnd zum dritten, so der herr hoch hülffe begert uff den Deben, wy vorzunehmen. Geben am Montag Dorothee vmb den mittag.

Iidem ad eundem (sic). [sine dato.]

Vnser gnedigster h. könig hath geschreben an land vnd stete, deszgleichen an alle fürsten in Slesien, vnd an die in Lusitz auch geschreben ist etc. Wir vorstehen das vnser h. konigk mit gross gewaldiger macht vormeynet in Behemen zu rücken. Vnd der kätzer sich itzunt wider en samlet uffs sterckiste. Hirumb hat der h. voyt begert, jr wollet solche zeitung dem rathe, eldisten vnd gesworncn vnd auch an die gemeine vorkündigen lassen. Dann hewte vmb solches trostes wille vnd gnediglicher vorsorgunge haben sie hir zu Budissin gesungen Te Deum laudamus, vnd vom predigutstule die zeytung dem volcke lossen vorkündigen. Der voit begert auch, jr wellet lassen vff dem marckte balde vnd alle marcktage heerfart lassen ruffen von wegen vnsers h. koniges, vnd uch schicken uff ander vorbottung vnsers h. koniges.

Wir senden uch auch zeitung die der wirdige h. mgr. Alexius thumherr zu Olomuntz geschreben hat, jr ouch wol vorstehen werdet.

Den anslag den der voit vnns zugeschreben hatte, hat er hewte an etzliche eldiste manne vnd an dy stete gemeinlich getragen vnd angesaget, wy zum Wissenwasser 120 pherde legen etc. uff die meynet er eyne reüthe ansloen etc.

Vnd der h. hatt uff itzliche stat obir den reisigen gezeug drabanten geslagen, dorzue sihe willig seyn. Also hat er uff vns geslagen 150 drabanten, 30 pherd vnd 8 wayne. Vnd hat die reute vnserm hauptman Caspar Nostitz entpholen, der der gewalden vnd eyn haupt seyn sol. Vnd der herr wird selber nicht mette. Vnd zu den dingen sollen wir vns alle schicken, das wir uff den Suntag künfftig gereith weren etc.

Wir erheben vns in deser stunde gein Spremberg mit allen steten. Wy wol wir gestern von dem voit sein angeredt, das es en sehr befrembde, das wir vns hinder em besenden vnd vortagen. Vnd hat wöllen vorstehen was wir mit en zu schaffen hetten etc. Geben etc. (sic).

(Ibid.)

511.

1470, Febr. 19 (Wien).

Zdenko von Sternberg an seinen Sohn Jaroslaw.

Lieber son, als du mir geschreben hast, wy der abgesatzte vormeinte sein fulck obir euch vnd in ewr land zuschicken, zu vorterbnis des landis etc. vnd das ich mit vnserm gnedigsten h. dem konige reden solde etc.

Sundir wisse liebir son, das der abgesatzte vnd seine helffer mit en selbis genug zu schaffin habin. Vnd in kurtzer zeit hoffe wir zu gote, werden sy mit vns in grossir not beheffltet, so das sie aus dem lande nicht gezihen türren werden etc. (sic). Ex Wyenna, fer. 2 post festum Juliane virg. et martyris anno 1470.

(Scultetus, III, 280ᵃ.)

512.

1470, Mart. 4 (Schergiswalde).

Wentzlaw von Polentzk ritter off Scherigeswalden gesessin — ad senat. Gorlic.

Ewr schrifft an mich gethon etc. So füge ich euch zu wissen, das dy vinde, die nu am nehsten im lande sein gewest, dy sein gar von andir gezogin. Sunder nu an der neste Mittewoch (28. Febr.) vorgangen haben sich die vynde zu Rawdenitz gesamlet etc. Danck euch früntlich ewer warnunge, dy ich denne dem h. voyte schicke etc. Wiewol er itzund vnwillick ist, das ich nicht mit jm vff den hoff kein Dreszden habe wolt reiten.

Vnd ob jr ichts vorstehin werdet von den finden, so thut mirs zu wissen, so wil ich zu euch kommen mit meinem diener do hen, wo jr mir befelet, vnd euch beholffen sein, noch mynem vormögin, als mein lieben herren etc. Geben off Schergiswalden an der Fasnacht ann. 1470.

(Scultetus, III, 278ᵃ.)

513.

1470, Mart. 11—16.

M. Johann Frauenburg's Nachrichten von den Verhandlungen auf dem Tage zu Breslau.

(Scultetus, III, 282—283.)

In causa ad rev. D. legatum apostolicum episcopum Wratislav. et ad strenuum Franciscum de Hage regalem capitaneum, pro auxilio implorando, versus Wratislaviam euntes dominica Invocavit a. d. MCCCCLXX° legati: Jacobus Poneko, Benedictus Dorheide notarius Budisinensis, Johannes Frawenburg notarius Gorlicensis, it. notarius Zittauiensis.

— Feria tertia (Mart. 13) in Novoforo locutus sum (Johannes Frawenburg) cum Johanne Pulsenitz ex parte Laurentii famuli etc.

Feria quarta (Mart. 14) mane accessimus D. legatum (Wratislaviæ). Ubi incepimus post salutationem quomodo cognitum pat. suæ, quod ad requisitionem nobis factam paruissemus mandatis vestris et singula fecissemus tempore harum guerrarum, quæ catholicos decerent, et supra posse nostrum usque ad homagium præstitum D. nostro regi, et hodie libenter faceremus etc. (sic) cum vicini et Lusacienses nobis in nullo adjumento sunt, et nos tamquam muro protegimus eos. Et cum D. nr. rex in longis partibus sit etc. missi dominorum nostrorum et amicorum petimus, quod nobis adjumento sit, quo damna futura cavere possimus et inimicis resistere etc.

Notarius Zittauiensis secutus est et dixit, se habere in mandatis ut pat. suam accederet pro auxilio. Et licet sua pat. scripserit civitatibus, eis tamen non auxilia præstita sunt, id dumtaxat a Gorlicensibus. Et sabbato habuissent literas, si adhuc se confoederare vellent hostibus in Gablona, non vellent eis abesse. Et multipliciter exposuit paupertatem Zittauiensium. It. quomodo singulis septimanis haberent dare 30 sexagenas stipendiariis etc. Ego adjeci paupertatem Lubanensium, quomodo multa perdidissent, et confirmavi dicta notarii Zittauiensis. Et dixi, si se deberent confoederare Zittauienses, sequerentur Lubanenses et illi de Lobavia. Opus ergo esset, quod pro eis vigilaretur, quia sine aliorum auxilio hoc continuare non possent. Notarius Budissinensis excusat suas suprascriptas ligas, et multis verbis exponit paupertatem eorum et reditus quos singulis annis dant. Idem facit Jacobus de Poniko.

D. legatus respondit: Certe boni amici, novit deus, quod cum amaritudine audivimus illa quæ nobis proponitis. Vellemus quod in proxima servata dieta hoc nobiscum fecissetis, ubi hæc et alia tractata fuissent et aliquid pro subsidio vobis cogitatum etc. (sic). Illi de Richenbach cum omnibus castrensibus juxta montana significaverunt nobis, quod se cum hostibus confoederare vellent, nisi aliunde haberent auxilia. Et fuit eo tempore Frantz in Nissa; ne id facerent, Franciscus cum suis ivit in Richenbach ad tuendum eos etc. Vnd darnach ward ein anslag gemacht: Hinricus 50, Albus et Niger 40, Lignitz 40, et dux Balthasar XII ad ponendum in gadibus. Sed nullus comparet. Sic Frantz se recepit in Richenbach etc. Placuit nobis consilium D. legati, et petivimus quod unum nobiscum mitteret. Tandem decrevit nobis dare scripta sua ad Franciscum.

It. exposuit D. legatus etc. quod nimis laudassemus dominum (advocatum Jaroslaum de Sternberg) et eum ita bonum prædicassemus, quod non fuisset locus contradictioni etc. Sed cum hæc audivissemus, do zoge wir die pfeiffe ein.

It dixit, quomodo D. advocatus etc. (sic) das man zu uch folgk legen sol etc. vnd durch solchen homut kommet jr zu grossem schaden. Vnd vnser h. der konig vnd Frantz, dy awsz seiner vnderrichtung meinen, isz sey vmb uch gar richtig, hetten uch lengest so diss ymandes gesucht hette, hülff vnd rath zugeschickt als andern landen.

It. dixit, quod neque populi neque pecunia terris illis deficerent, sed duo: eyn voit der dy land vnd stete verhilde, vnd sihe nicht alse slammige pawer hilde; et quod esset expeditus in campis et armis et negotia belli intelligeret atque tentare posset; quæ duo in vestro non sunt. Sed tertium, quod est pessimum, putat se sapientem, cum non sit, et in negotiis bellicis expeditum, cum nullum horum intelligat; quod est pessimum et regimento terræ venenum et inexplicabile damnum etc. etc.

Feria quinta mane ivimus in Swidnicz etc.

De novitatibus dixit (legatus?) quod D. Hieronymus Bickensloer sibi ex Wihenna scripserit, quod intentionis fuisset rex ire in Ratisponam per Wratislaviam, sed protrahuntur tractatus, ita quod D. cæsar D. regem apud se tenebit ad eundum ad istam dietam. De filia autem nihil sciret etc. (sic).

Feria sexta (Mart. 16) post prandium coram Francisco de Hage regio capitaneo. Post salutem et literam præsentatam etc. consimilem fecimus narrationem quemadmodum D. legato. Et adjecimus quod audaces ex eo redderemur, quod vidissemus desuper scripta D. regis data ad Jaroslaum etc.

D. Franciscus capitaneus paucis respondit, et dixit se mirari, quod ista proponeremus, quandoquidem significatum foret sibi D. legato, quod satis essemus provisi etc. Dixit etiam de dieta Wratisl. quomodo nos exspectasset. Sed D. Jaroslaus misisset capellanum suum Valentinum, qui post relationem nomine domini et civitatum etc. (sic) si iniquissimi hæretici cum intrarent, literas ipsi etc. (sic) vellent auxilio esse. Et finaliter consuluit, quod D. regem accederemus, absque dubio mitteret nobis auxilia. Si tamen nobis placeret, ipse in continenti mittere vellet ad D. regem ad informandum eum de singulis. Et dixit: merito Jaroslaus pro vobis vigilare deberet etc. (sic). Promisit denique, si et in quantum cum exercitu descendere vellent, quod ocius die et nocte nobis accedere vellet cum omnibus suis etc.

Et ita circa horam XXII^am^ exivimus Swidnitz.

514.

1470, Mart. 23 (Schergiswalde).

Wentzlaw von Polentz ritter off Schergeszwalda gesessin — ad senat. Gorlic.

Ewr schrifft an mich gethan habe ich zu guter massen vorstanden. Vnd als jr berürt, das euch offte vorqweme, wy dy vinde starck gesamlet selden sein etc. so füg ich euch zu wissen, das ich kein ander samlunge nichten weyss, sunder das die von Tetzschin als gestern gein Kempnitz einkommen seynt, nicht alzu starck, nemlich mit 200 trabanten, vnd zu dem Wissenwasser ouch 200 perden vnd 200 trabanten etc. Ouch füg ich euch zu wissen, wye Christoph Ronberg vnd der Haugewitz vnd Weissenbergk sich zusampne vorbott haben. Was sie mitteinander vor werdin habin, kann ich nicht gewissen etc. Gegeben off Schergeszwalda feria 6 ante Oculi ann. 1470.

(Scultetus, III, 278^b^.)

515.

1470, Mai 6.

Heinrich Vinder, Rentmeister von Straubing, an Herzog Albrecht von Bayern, dat. Sonntag Misericordia domini 1470.

Es sei „die gemein sag, das sich herzog Ott zu ettlichen Behemen als Teincz Swamberg Guttenstain vnd andern verpunden hab die wellen jm wider ew. gn. helfen. It. Hans Nusperger hat den

Hirsstain eingenomen vnd herz. Ott hat ihn — gespeist — Hans Nusperger sol vom Prag — pringen auf V oder VI^m^ mann — mit denselben vnd andern Beheimen die zu herz. Otten verpunden seie maynen sy in das land zu ziehen — bis an die tunaw gancz zuuerheren (H. Ottens Feindschaft kam daher, weil H. Albrecht ihn einen Bettler genannt haben sollte) — der Pflug arbait tag vnd nacht zů Můnchen mit polwerchen vnd andern gepaw̃en — mich däucht auch gut das ewr gnad ain erberge potschaft zu dem Girsigken getan hat mit hilf ettlicher stet zu vnderkommen — beschedigung etc.

(Orig. im kön. Reichsarchive in München.)

516.

1470, Mai 9 (Neisse).

Bischof und Legat Rudolf an die Görlitzer.

Der König befinde sich zu Krembsir und mache daselbst Ordnung, dass die Stadt Redisch und andere Städte unter seine Macht und Gehorsam kommen mögen. Alsdann wollte der König nach Schlesien kommen. Ferner, unser Volk mit Herrn Franzen von Hag und etlichen Fürsten und mit denen von Breslau hätten jetzt die Feste Gaspersdorf, zwei Meilen von Neisse, die die Feinde besetzt (sic). Es hätten sich auch die Feinde schon zu Gefangenen ergeben, an der Zahl 58 guter Dienstknechte zu Ross und zu Fuss. It. Herr John von Sternberg habe binnen 8 Tagen den Feinden grossen Schaden gethan und einen Herrn mit 60 guten Reisigen gefangen. Dat. zu Neisse, Mittwoch nach Stanislai 1470.

(Kloss, im Auszuge, fol. 250.)

517.

1470, Mai 9 (Greffenstein).

Wentsch Burggraf von Donen, Herr zum Greffensteine, an die Mannen und Bürger von Görlitz: Betheuerung, er wolle mit den Ketzern in keinen Frieden eingehen.

(Scultetus, III. 278.)

Ich habe vorstanden, wie vor euch land vnd stete gebracht sey, ich würde mein sloss Graffenstein an die Behmen brengen. Wer das vor euch gebracht hat, der leuget vff mich, als ein selbist wachsende vorreterischer ketzer schalck vnd böszwicht. Ich habe etc. meyne junge tage biszher in meyn alder in redlichkeit zubracht, ich meyn fürder etc. das derselbige kotzenschalck eyn logener bleiben wirt vnd eyn vorreterischer schalck vnde bösewicht, der mich gerne vmb hals, eren, gut glimpffen brengen vnde vorrothen welde etc.

Ich habe an vnsern h. den konig gelanget vnd angerufft den hochwürdigen h. den legaten, ouch gesucht an deme voyte, vnd an euch lande vnde steten, vmb hilffe vnde rath, vnd an sulchen orthern vnde stellen gemuttet, do ichs billich gesucht habe, mir ist keyne hulffe weder rath gescheen nach antwort worden.

So jr denne habt herrn Hasen, den von Wartenberg, Dewen vnde den von Lemberg in frede sitzen lassen: so was ich zu swach, nicht alleine der cristenheit finde vffzuhalden etc. habe mich in keyner andern meynunge nach weise andirss nicht gefredt, denn das ich meine mich zu halden als ein from cristenlich herre etc.

Ouch werde ich behorcht von der Sittaw ab vnd zu, meyn sloss abe zu jrsteigen. Vnde meyne doch nicht, das die von der Zittaw zu mir in keynerley sachen schuld adir rechtes hetten etc. So vnde wenne das sloss gewonnen etc. das meyne gutter zu erer stat kommen solden, vnd die manne der cron zu Behmen würden darumb sachen sie vnd jrdencken uff mich was sie wellen etc. Ich habe der von Zittaw allewege bestes gethan etc. hetten sie mir in der nehisten nederlage gefolget, sie hetten solchen merglichen schaden ny emphangen. Wollen sie mir denn vmb gudiss sulch lon geben etc. Dat. ex Greffenstein fer. 4ª post festum S. Stanislai anno 1470.

518.

1470, Mai 18 (Sswamberk).

Bohuslaw von Schwamberg an den päpstlichen Legaten Laurenz Rovarella: bittet um die Erlaubniss für den Tepler Abt Sigmund, mit König Georg und den Seinigen in Verkehr treten zu dürfen.

(Orig. im Archive des Stiftes Tepl.)

Reverendissimo in Christo patri ac domino, domino Laurencio divine providencie episcopo Ferarriensi, nec non sanctissimi domini nostri referendario et datario, sedis apostolice legato de latere, legato quoque ad partes Almanie nec non Ungarie, Bohemie etc. domino suo generosissimo.

Reverendissime in Christo pater et domine! Salutem cum omni promptitudine obsequendi. Si ad memoriam reducuntur ecclesie nascentis exordia, sicut inter credentes erat unitas in fide, in spiritu, in baptismo, sic erat unum omnibus votum, pauperem elevare, indigencias, et omnium necessitates tamquam proprias reputare etc. Rogo ergo, reverendissime pater, et plurimum supplico, ut venerabili in Christo patri, domino Sigismundo, Teplensis monasterii abbati, diocesis Pragensis, licenciam et indultum auctoritate apostolica vobis in hac materia et negocio plene delegata per patentes vestras litteras dare et concedere dignemini, ut pro orthodoxe fidei incremento et augmento, sancteque Romane ecclesie dilatanda obediencia, cum Georgio heretico et ejus fautoribus excommunicatis, suspensis et interdictis, communionem, participacionem et alia comercia sive tractatus sine pene ecclesiastice incursione, ducere et habere posset, et que dictus abbas in hiis egerit et fecerit, tempore et locis opportunis vestre reverendissime paternitati nota faciemus. Quod si feceritis, desideriis meis plurimum complacebitis, meque ad vestre reverendissime paternitatis obsequia procuranda prompciorem efficietis. Ex castro Sswamberk, feria sexta post Sophie, annorum domini etc. LXX°.

Bohuslaus de Sswamberk
supremus magister curie regni Bohemie.

519.

1470, Jun. 27 (Bischofswerde).

Zeitung aus Böhmen.

Sigemunt Halkro an Barthol. Hirsberg, Bürger zu Görlitz.

— Do ich kam am Dinstag (26. Jun.) zobint kein Bischoffwerd, da kam der fr. von Colditz küchenmeister auch hyn, so zu Prage gewest vff Viti etc. Am Freitag nest (22. Jun.) hat Girsick auffgeboten, dy helffte vffzusein, bey leib vnd gutt, auff den nesten Dinstag nach Petri und Pauli (3. Jul.) vor dem Deutschenbrode im felde zu sein etc. Am nesten Montage (25. Jun.) hat man die herfart gerufft uffenberlich aus zu Toplitz etc. (sic). Datum zu Bischoffswerda am Mitwoche vor Petri vnd Pauli 1470.

(Scultetus, III, 276.)

520.

1470, Jul. 13 (Olmütz).

Der Rath zu Olmütz an die Breslauer.

Die Ketzer hätten sich erhoben mit ihrem Heere gen (sic l. von) Goding. Da das der König erfahren, habe er alsbald ungegessen und ungetrunken auftrommeten und paucken lassen, und habe sich darauf bei der Vesperzeit mit reisigem Volke erhoben und sei ihnen die ganze Nacht eilende nachgezogen und gestern, als am Donnerstage, an sie kommen. Sie wären aber über der Brücke gewesen, dass der König nicht hätte zu ihnen gekonnt. Doch hätte er bei 1000 gefangen und auf 200 erschlagen, auch ihnen 200 Wagen hinweggenommen, dessgleichen viel Harnische und Pferde erbeutet. Das sei geschehen bei Grabitz, zwei Meilen von Olmütz, und die Ketzer wären gewichen auf Tobitschau, und der König liege zu Grabitz mit seinem Heere. Dat. Freitags am Tage Margarethæ, 1470.

(Kloss, im Auszuge, f. 251.)

521.

1470, Jul. 30 (s. l.).

Dr. Martin Mayr an Herzog Albrecht von Bayern: Nachrichten aus Böhmen und Mähren.

(Orig., Autograph, im kön. Reichsarchive in München.)

Dem hochgeboren fürsten vnd herren herrn Albrechten pfalczgrauen bey Rein herczogen in obern vnd nydern Bayrn etc. meinem gnedigen herren.

Gnediger herr mir ist an gestern ein brief von dem legaten zůkömen den ich euch hiemit ṽbersende. Vnd nachdem er schreibt das euch oder mich ein münch beriechten werde wie jr verunglimpfft seyet, so bedunckt mich gut sein sobald jr die beriechtung empfahet das jr euch geen dem legaten oder wo das not sein würdet verantwurt vnd den vnglimpff auff euch nit bringen lasset. Es sein auch graue Sigmunden von Schawnburg hofmer geschrieben als die zettel hierinne auszweyset, vnd so nu zu besorgen ist der könig zu Vnngern vnd Jersick werden geriechtet vnd furtter nach innhalt der nestgemelten zettel die vom pund einen zug auff euch fürnemen, so möchte vielleicht gůt sein das jr das gejayd vnd kurczweyl dieser zeyt mit meinem herren abstellet, euch in ewr nyderland füget vnd ewer slosz stet vnd annders zu der were zuriechtet, auch kuntschafft in das Beyhemisch (sic) vnd Vngerischsz here bestellet ob sich ichts begeben, das jr des zeittlich innen würdet vnd ob ewer gnad das gejayd abstellen welle oder nit lasset mich bey dem botten verschrieben wiessen dan mein gnediger herr herczog Ludwig hat sein kundtschafft der ennde auch bestellet, wellet mir auch des legaten brief wieder schicken vnd dem Nuszberger zůschreiben ob der tag zwieschen euch vnd jme an sant Gilgentag zu Regenspurg oder Camb sein sölle. Geben am Montag vor Vincula Petri anno etc. LXX^{mo}.

Martin Mayr doctor etc.

Hofmer der kunig von Vnngern ligt mit seinem here bey Chunicz vnd hat vff VII^{m} pfärt vnd III tausent zů fusz vnd ist vffbrochen vor Göding wann er den selben keczern nichcz hat abgewůnnen mugen. Also ist der alt keczer mit grossen heren zwayen hinab den zů hilff kömen vnd hat zů rosz vnd fusz ob. XXIIII^{m} mannen vnd ist dem kunig vil zů starck vnd mein herr vermaint der könig von Vngern müsz aim tåding tůn des er nye jm synn gehabt hat ewer bruder steet noch in frid vnd hat die wasser allenthalben nach notturfft beseczt das nyemant herůber zu jme mag. Auch haben vil herren im lant zů Österreich vnd zu Kärnten Krain Steyrmargten Vngern vnd zů Beheym ainen bund vnd brůderschafft gemacht mit hern Hannsen vom Degenberg zů ziehen wieder die Bayrischen fürsten vnd kayser vnd kůnig ruck zů halten den selben.

522.

1470, Aug. 1 (Lehnin).

Friedrich Markgraf von Brandenburg an die Herzoge Ernst und Albrecht von Sachsen: Nachricht von den nach Böhmen ziehenden polnischen Gesandten.

(Orig. im königl. sächs. Dresdner Archive.)

Den hochgebornen fursten vnsern lieben oheimen herrn Ernste churfürsten etc. und herren Albrechten gebrůderen hertzogen zu Sachsen etc. etc.

Vnnse freuntlich dienste vnd was wir allezeit liebs vnd guts vermůgen zuuor. Hochgeb. fursten, lieben oheimen!

Die Polenschen rete sint hir by vns gewest von herrn Girsiks vnd der Behmischen sach wegenn, als ew. liebe die legenheit von inn selber so sie by uch kamen auch wol eigentlichen vernehmen werden. Haben sich hewt von hinnen erhabenn nach Wittenberg awsz, vnd wollen forder zu vnnserm herrn keyser, ein sollichs wolten wir ew. liebe vnuerkundt nicht lassen. Gebenn zcu Lehnyn am tage Petri ad vincula anno etc. LXX°.

Frederich marggraue zcu Brandemburg etc.

523.

1470, Aug. 31 (Eger).

Erklärung der Stadt Eger, dass sie aus Gehorsam gegen den Papst König Georg's Feind werden wolle.

(Orig. im Stadtarchive zu Eger.)

Wir burgermaister, rate vnd gemain der stat Eger bekennen offennlich an disem brief, das wir auf vil anzihen, ersuchen vnd gebott, geschickt vnd awsgangen von vnnserm allerheiligsten vater den babst vnd seiner heylikait gesantte legaten, nemlich die hochwirdigen herren vnd vetere, her Lorencz zu Ferrer vnd her Rudolff zu Bresslaw bischoue, des Girziken von Bodiebratt, abgesaczten konigs zu Behem vnd der seynen absag werden, vnd vns, als frommen cristen gebůrt vnd gehorsam der heiligen rŏmischen kirchen halden vnd beweisen sullen. Nii nachdem wir ein versaczung zu der cron gen Behem vnd doch ein reichstat sind, so haben wir lenngern aufflagk vnd vns solchs zu uortragen nit erlangen mŭgen, so mŭssen vnd wollen wir dorauf derselben versaczung vnd pfantweiss halb des genanten Girziken vnd der seynn, als vns gebůrt vnd zu verontwortten haten, veintt sein, vnd zu crafft des brives ir veint werden, doch vns an vnnsern kaiserlichen vnd koniglichen freyhaiten, alten herkomen vnd gewonhaiten, auch an vnnserrn eren vnd vorpflicht vnschedlich vnd vnengolden, on alle geuerde. Des geben wir disen brief mit vnnser stat Eger aufgedrucktem secrett innsigel versigelt, am Freitag vor sand Gilgen tag nach Cristi gepurth vierzenhundert vnd ym sibenczigistem jare.

524.

1470, Ende Juli.

Kriegsnachrichten aus Böhmen und Mähren.

(Ms. Leipzig. Univ.-Bibl. Nr. 1092.)

„Novitates de regno Bohemiæ ann. 1470, a paschate incipiendo."

Nŭwe zeitung. Der konig von Hungern hatte ihm vorgenommen gein Breslaw zu ziehen und hatte sich in den Osterheilgentagen von Denczen (Trentschin?) erhaben mit IV^{m} pferden und ist damit gein Merhern kommen. Indess hat der Gersik uss dem konigreich zu Behemen ein volk gesammelt uf V^{m} mann, darunter I^{m} pferde gewest. Sulch volk hat er befohlen dem Rabanaw vel Rabenn und dem

Koterzinseken: die sind vor den Redisch gezogen und haben den gespiest. Do das der könig von Hungern vornam, hat er sich von stund wieder gein Hungern gefügt, und von dannen VIII^m^ pferd und IV^m^ zu fusse bracht. Eher dannen er mit sulchem volke ist wieder kommen, haben die Behemen die wiele den Radisch gespiest und zwo bastien davon gewonnen, die der konig von Hungern gesazt hatte, daruffe 30 knechte erschlagen und 40 gefangen. Darnach ist der konig von Ungern wieder kommen und sich zu den Behemen gekort. Und eher dannen er kommen ist, haben die seinen der Behemen häuptmann mit namen den Rabane for dem Radisch gefangen. Unde do die Behemen des königs zukunft vornommen, sind sie in einen markt gezogen bei tagenn da gelegen. Indess ist nüwe bothschaf kommen, wie dass der Jersik selbst mit seinem vermögen komme und wolde sein volk retten. Do das der konig von Hungern vornam, brach er uf und zog ihm entgegen zwo tagereisen bie einen markt genannt Kunitz; do ist er etliche tage gelegen. Indess ist ihm botschafft kommen, sich sullen die Behemen zu Koding erhaben unde ufgebrochen haben unde ziehen furder. Sulche botschaft ist dem konig von Hungern am Mittewochen vor Margarethe (11. Jul.) kommen: dar hat er sich alsbald erhaben, und ist dieselbe nacht nachgetrabt mit VI^m^ pferden; das ander syn volk hat er ihm noch folgen lassen. Am Dornstag (12. Jul.) darnach an St. Margarethen abend vor mittag umb des zeigers IX, hat er sie erritten eine mile von Towiczaw; da sind sie von dannen vertrieben flochtig gezogen, und mit allem gezuge hat er sie nicht kunnen erilen. Uff das mal sind dem Behemen VI^c^ und L abgefangen, auch darzu zweihundert und etlich darüber erschlagen wurden; unter den gefangenen sind gewest XLVI spiesser, der sind XX ehrbar. Auch hat man ihm uf das mal angewonnen XVI^c^ weine und I^c^ reisepferd. Noch sulcher niederlage hat sich der konig von Hungern mit allen den sinen gein Brünn gefügt. Dar ist ihm aber botschaft kommen, wie ihm der Gersik nachzoge. Da hat sich der konig von Hungern am Sonntag noch Margarethe (15. Jul.) gegen ihm über ein wasser geschlagen. Darnach am Montag (16. Jul.) ist der Jersik zu ihm gezogen mit VIII^m^ zu fusse und I^m^ zu rosse, und hat sich vor ihm uf eine mile nieder geschlagen, daselbst ist er einen tag stille gelegen. Da haben etliche Behemische herren, nämlich der Rabe, geleits an den konig von Hungern begehrt: das ist ihm wurden, und der Gersik hat sich darnach ilende über ein wasser gnant Swarczaw gefügt, und die nach zu Towiczaw gelegen, sind ihm zu rettunge kommen zw mile. Als das am Dornstag für Jacobi (19. Jul.) geschehn ist. Am Fritag darnach (20. Jul.) haben des konigs von Hungern leute dem von Frawna II^c und X pferde angewonnen. Alsbalde darnach hat sich der Gersik wieder gefügt vor eine stadt genannt Kremsier, ist ganz kezerisch, die burger in derselben stadt haben ihm vertrostung gethan, sie wulden ihn inlassen; doch hat der konig von Hungern vor IV^c pferde und VII^c zu fusse darinne gehabt. Darnach haben die burger ihre stadt bestallt, dass die thör geoffnet sind; dadurch ist gross rumor in der stadt gewest. Die Behemen haben gestormt; des haben sie sich in der stadt müssen wehren. Sie sind us der stadt zu den Behemen gelaufen, und haben XL gefangen; die andern zogen wieder heim, als man sagt. So liht der konig von Hungern bei Brünn mit sinem volke und hat in wahrheit X^m zu ross und VIII^m zu fusse. Es sind noch sint Ostern dem Girsik IV häuptleute abegefangen, mit namen Kapler, der von Bernstein, desselben bruder ist auch vor dem Radisch gefangen, der Stressola, der Rabane unde der Katerzinstin, dem ist sin bruder erschlagen. Die alle haben eine gute notturf leute bie ihn verloren.

Item der kaiser ist mit dem Baumkirchter gericht und der Baumkircher züwt mit sinen leuten als man sagt bei V^m dem konig von Hungern zu hülf.

Herzog Friedrich von Legenitz mit ander Slesiern ist gein Olmüntz gezogen bei II^m zu fusse unde rosse.

Herr Johann von Sternberg ist mit XII^c pferden in das konigreich zu Behemen geschickt; der bornet sehre und thut merklichen schaden.

525.

1470, Sept. 5.

Briefwechsel des Bischofs Ulrich von Passau mit Herrn Johann von Rosenberg über die neuesten Kriegsereignisse in Böhmen.

(Orig. und Concept im Archive zu Wittingau.)

Dem wolgepornnen vnnserm lieben frunde Jan von Rosenberg obristen camrer des kunigreichs zu Beheim.

Vnnser frewntschafft zuuor wolgepornner lieber frude. Vns seinn hewt mer heraus von Passaw komen wie vnnser gnedigister herr der kunig von Hungern den Khutten vnd sunst zway stetl nicht verr dauon, die man nicht wais ze nennen, gewunnen vnd inne soll haben, daran vns aber zweifelt nachdem wir in solchem vertrawen gegen ewer frewntschafft seinn, so dem also wer jr biett vns das wissen lassen, doch das warlichen zu erfarn haben wir ewer frewntschafft hiemit schreiben wellen, wann wo es dem bemelten vnnserm gnedigisten herrn dem kunig von Hungern auch ew glüklich vnd wol gieng, hörtten wir ye gern vnd wern des erfrewt hierumb pitten wir ewer frewntschafft, ob jr der ding halben, icht ain wissen hiett, oder was sunst annder hofmer vorhanden wern, vns die bey dem gegenwürtigen vnnserm poten zuuerkünden vnd wissen zelassen. Geben zu Waldkirchen an Mittichen vor natiuitatis Marie anno domini etc. LXX^{mo}.

Vlreich von gots gnaden bischoue zu Passaw
Romischer canntzler etc.

Antwort.

Hochwirdiger in got etc. Als mir ewer g. schreibt, wie ewern gnaden mere kumen waren das vnser gnediger herr kunig von Ungern Khutten etc. solt gewunnen haben, lesz ich ew. g. wissen, das mir dorumb nicht wissentlich ist, sunder geruht wissen das der benant vnser gnediger herr der kunig mit drein heeren stark geczogen ist angehebt czu Merherischen Tribaw inczt czu Keln inczt czu Kunetiezperg gar inczt an das wasser Elb genant vir mail berait czagt prant vnd vil vesten markt vnd derffer abprant vnd vil lewt erschlagen vnd gefangen vnd den keczern gros merklich scheden tan. Nun ist sein gnad wider gen Merhern czagn vnd ist iecz zcu Cznaim vnd ist im willen als mir verkundet ist ein volk kurczlich herain in disen krais zu schicken vnd schir dornach selber sein gnad sich personleich herein fügen.

526.

1470, Oct. 2 (Prag).

Prinz Heinrich von Böhmen an seinen Schwiegervater Markgrafen Albrecht von Brandenburg: Bericht über den im Laufe des vergangenen Sommers in Böhmen und Mähren geführten Krieg.

(Orig. im königl. geh. Archive in Berlin.)

Dem hochgeboren fursten, herren Albrechten marggraue zu Brandburg, des heiligen Romischen reichs erczkamerer, kurfurste vnd burggraue zu Nurennbergk, vnserm gnedigen herren vnd vater.

Hochgeborner fürst, lieber herre vnd vater! Ewern fürstlichen genaden vnnser willig vnd frewntlich dienst vnd was wir liebs vnd gutes vermugen zuuoran. Wir haben von Ploslein ewern gnaden poten vernomen, wie vnnsers allergnedigisten herren des konigs zu Behem feindt manicherlay auszschreiben vnd verkundigung ewern gnaden vnd andern dewtschen fürsten, dem obgenanten vnnserm liben herren dem konig vnd vater, vnd vns, vnd den hochgebornen fursten vnsern lieben brüderen zu smehe, vnd jn selbst zu herwmunge vnd frölocken, offt vnd dicke thun vnd gethan haben, vnd erhöhen jre macht vnd crafft, vnd pilden die in die lewt auff das allerhochste so sie konnen; dadurch dann ewer väterliche liebe vnd andere vnsere liebe frunde mügen behennet werden etc. Gnediger herre! solchen leichtfertigen vnd vnwarhafftigen lewten mag nyemants jre rede vnd schreiben erweren; es ist zu czeiten solchen lewten nach der natur angeboren, vnd zu czeiten noch inflüssen der lewft der planeten zugeeigent, das sye zu allen czeiten susz pitter, clar vnd lawter trüb, vnd was do gut ist zu vbel auslegen, als dann des feints mundt gewonheit hat. Ober das ewer gnad dieser lewft aller die warheit erfinde: so geruchet zu wissen, als yeczunt in der nehsten vergangen vasten vnser lieber herre vnd vater der konig zu Behmen ein heresz-zug mit einer wagenpurgk gein Merhern bestalt, vnd die noch Ostern (post 22. April.) in das land Merherrn zu rettung der stat Redisch, darumb der konig von Vngern bastheyen gemacht hett, geschicket hatt, das dasselb volk die stat Redisch mit speisz versorgten, vnd czogen weitter hinab an die vngerische greniez an das wasser Maye genant, vnd beschedigten sie mit prant vnd name. Vnd in dem erhub sich der konig von Vngern, vnd sterket sich vnd vil stercker dann die vnnsern waren, vnd zuge in das feld vnd wolt sie vberczieben. So legerten sich die vnnsern bey Gödingen an dem wasser, vnd beschedigten vber das wasser an die vngerischen grenicz auff das höhste sie mochten, das dem vngerischen konig nit lieb was. Vnd dorumb besamelt er sich noch vil stercker dann vor, vnd zug gein Cremsier, vnd wolt den vnsern alle notdorft zu furen zu dem here weren, das er dennoch nicht thun mochte. Vnd so ain sulchs an vnsern allergn. herrn den konig zu Behmen gebracht warde, das sich der vngerisch konig sterket: so zug sein kon. gn. auch hinab gein Merherrn, vnd wolt den vngr. konig im felt mit streit bestetigt haben. Oder so der konig von Hvngern das inne wurde, da zuge er als fluchtiglich gein Cunicz, vnd legt sich hart an das closter dasselbst; vnd indeme zug vnser herre der konig hinab gein Brun zu. Vnd das erste vnuser here was noch bey Gödingen, vnd brach da dann auff, vnd zug hirauff gein Towaczaw. Vnd so des der vngrisch konigk gewar wurd, so lise er sein wagenburg bey Cunicz, vnd zug bey tag vnd nacht mit reisigem czewge auff die vnnsern, vnd bei Towaczaw vnd dae selbst die vnnsern sich also sam versichert hetten vnd an sorg waren, also springt er in die wagen vnd nam den vnsern czehen wagen vnd fieng der vnseren XIII spisser vnd bey II[c] drabanten, die sich verbarlost hatten. Vnd zug von dann gein Brun, vnd slug sein here nider auff den berk nahet bei dem slosz; vnd vnser herre der konig slug sich gar nahent von dann neben sein here auch nider, vnd hette sich mit dem vngrischen konig gar geren geslagen vnd mit streit bestanden: oder derselb konig hatt ein grossen vorteil an dem perg, vnd wolt von dan nindert hin cziehen, die weil wir auff ine daselbst wartende waren. Vnd so vnnser gnedigister herre der konig ain solches mercket, das derselb vngrisch konig von dan nicht wolt noch törst, so zuge sein kon. gn. hinabe gein Redisch, vnd rette die stat Redisch vnd trieb die Vngern ausz den basteyen, vnd speiset dieselbe stat Redisch vnd andere slosser die sich trewlich vnsers gnedigen herrn des konigs hallten, vnd schicket von dan ain mercklich volk hinab gein Vngern zu rosz vnd zu fusz, vnd lisz sie dae beschedigen mit nam vnd prant. In dem zug der vngrisch konig gein Olomuncz vnd slug sich dae nider bei der stat. Do wurd von vnsers gnedigen herrn des konigs reten dem vngrischen konig geschriben in sulcher laut, als ewer furstliche gnad in dieser copien, die wir hiemit senden, wie sich alle sachen begeben haben, wol vernemen wirdet, wie die maynung vnsers herrn des konigs ist, warczu sich sein maiestat erboten hat mit mercklicher erpietung; oder der vngrisch konig hat das alles abgeslagen vnd verachtet. Indem hat sich vnser gn. herre der konig zu Behmen erhůben, vnd ist weiter von im gezogen, vnd hat in also von den steten vnd slossern, darzu er sich durch vorteil gelegert hatt, in das preit felt wollen bringen: oder er ist nurt gein Cremsir in die stat gezogen vnd sein here bei der stat nider gelegt vnd do im leger bliben. Vnd so vnser gn. herre der konig ober weiter von dann zug in derselben maynung als vor, in dem ist derselb konig wider gein Olomuncz gezugen. Vnd in derselben czeit hat es sich mit regen begeben, das die wasser so grosz gewaksen sein, das wir mit der wagenburgk nit haben můgen so bald vber die waser komen. Als pald der vngrisch konig das merckte vnd vernome, so ist er mit dem reisigen zewge von dan gezogen hofwergkweisz, vnd ist durch Chrudeimer kreis eilende mit dem selben reisigen zewge geriten, vnd hat in demselben kreis etwas dorffer obgebrandt, durch anheczung des von Sternberg, vnd also eilende an nachtleger gein der Ygla zugezogen als in fluchten, vnd etlich tag dae gerüet, weiter von dan gein Znoim gezogen. Vnd hat sust kain andern schaden dem lande zugefugt, sunder so vil was ain ald weip als mit prande hat tun mugen; oder was riterlichen sachen berůrt, das hat er nit törren erpeiten noch ůben, sunder mit listigkeit vnd mit vorteilen vnd auff die fluchte vorgenomen; vnd hilfft also dem von Sternberg seiner vntrew, die er an vnsern vnd sein erbherren dem konig zu Behmen auch wider die lobliche crone gethan, vnd hochmut vnd eigenwillen fur sich genomen hatt. Oder wir hoffen zu dem almechtigen got, ire vntrew wirt sich bald finden vnd gerewen, wann nu in der Slesia vnd in den steten zu Merherrn grose geschreie vff sie sein, als ewer gnad auch etlicher masz ausz diesen briuen des bischofs vnd der von Breslaw, die sie auszschreiben, vernemen werdet. Auch haben wir Ploslein ewern furstlichen gnaden diener aller sach weiter vnderricht ewern gnaden zusagen. Vnd alles das wir wůsten ewern furstlichen gnaden zu dinen, als vnserm herren vnd vater, teten wir mit willen geren. Geben zu Prag am Dinstag noch Michaelis annorum domini etc. LXX°.

Henrich von gotes gnaden herczog zu Minsterbergk,
graue zu Glacz etc.

527.

1470, Oct. 26 (Liegnitz).

M. Johann Frauenburg's Nachricht über den zu Breslau abgehaltenen Tag.

(Scultetus, III, 277.)

M. Johannes Frawenburg ad sen. Gorlic.

Mein h. legat, fürsten, stedte etc. haben entlich gerothen, uff eine botschafft zu fertigen an vnsern h. könig mit solcher werbung.

Zum ersten, die gebrechen der land zu vorzehlen, vnd mannichfeldig inreissen der finde vnd gedinge der manschafft der beider fürstenthumb Swidnitz, Jawr vnd mit den finden harte verschreibung etc.

II. Zu bitten von s. k. g. hilff vnd bistand vnd weiter vorsorgung. Ouch zu bitten personliche zukunfft seyner k. g.

III. Zu ende, würde aber seyne k. g. sihe ferner nich vorsorgen, so dy ritterschafft der vntrew mit enen spelet, so konden sihe es in keyne weise nicht gewesen.

Dann wolde schaffen seine kön. g. das sihe in ein stehen qwemen mit dem Girszken, adder en das vorgonnen etc. (sic). Diss wir jrer aller meynung gemeyniglich sein.

Die sendeboten der fürsten herren vnd stete sollen den neesten Sontag noch Omnium Sanctorum zw Breslaw sein, sich ilende zu jrheben.

Werdet jr nw jrkennen eine botschafft aus vnsern landen mit en zu fertigen, möchtet jr den von Budissin etc. jre bothen mit werbung gen Breslaw zu fertigen. Würdet jr aber erkennen, nicht nützlich were, so der Slesier werbunge gar begreifflich sein wird, vnd die ochsen am berge stehen, got helffe vns etc. (sic).

Ich habe mit deser meyner schrifft geeylet, das land vnd stete nicht sprechen, dy von Gorlitz haben uff dem tage zu Breslaw jre botschafft gehabt vnd vns vorhalden etc. Wie wol ich by dem handel nicht gewest bin, sunder mich dess vff jre ruffung geeussert.

Die ritterschafft von Richenbach bisz nohne an den Luban, haben sich alle gefrid vnnd hertlich mit den finden vorschreben. Man nymmet hy allenthalben eyne meyle nohe ½ vmb die stat, vnd ist uff den strossen gar vnsicher.

Machet dese meyne schriffte, der werbung der Slesier vnd inkommen gein Breslaw uff Sontag obenberürt, nicht sehr schalbar, so sihe dess uffs heimelichste beslossen haben. Geben zu Lignitz am Freitag noch Crispini zu nacht in fierden stunden, 1470.

528.

1470 ? (s. d.).

König Georg's Schreiben an einen Cardinal in Rom: über seinen Wunsch, sich mit dem römischen Stuhle auszusöhnen.

(Ms. Sternb. p. 139.)

R^{mo} in Christo patri domino Di. episcopo, sacrosanctæ ecclesiæ cardinali, amico dilecto.

Georgius dei gratia Bohemiæ rex etc. post gratiam regiam optatos eventus. Reverendissime pater! In immensum hilarati sumus, ubi dilectionis vestræ in nostrum commendatæ obsequium palam nobis exstitit relata probatio, ut fidelis noster spectabilium baronum subditorum nostrorum orator nuper de ipsa sacra regressus urbe nobis luce clarius patefecit, quomodo apud SS^{mum} D. N^{rum} V^{m} Pat. honorem nostrum ve regni nostri commodum sollicite cognita est advocasse. Respondet honestis nostra his gratia principiis . . . Meliora denique coeptis vestra opera subsequi sperantes fata, V^{nm} Pat. præsentibus duximus interpellandam, quatenus SS. D. N^{ro} sollicitius suggerere curetis, ut beatitas illius, seclusis perduellium nostrorum delationibus et provocationibus, æquitate ac benignitate moderari dignetur rigorem, et contra nos promulgatas censuras relaxari permittat atque mandet. Nempe ex animo numquam S^{tem} ipsius exacerbavimus, et tristes beatissimæ sedis sentimus iras. Profitemur dilucide sacrosanctam Romanam ecclesiam universis prælatam esse ecclesiis, et totius orbis præcipuum obtinere magistratum; ipsumque SS. D. N^{rum} Jesu Christi credimus esse vicarium ac beati piscatoris successorem, omniumque sacramentorum ecclesiæ præcipuum dispensatorem; in unitate fidei orthodoxæ commoramur, et extra ecclesiam catholicam fatemur non esse spem salutis. Si qua sunt residua, in quibus causamur ab unitate catholica exorbitasse, credimus nos bonæ fidei esse possessorem. Nihilominus data seu concessa nobis audientia, in omnibus et per omnia volumus rex catholicus approbari. Rursus enim ad pedes sanctitatis ipsius nostros statueramus transmittere oratores, nec morosi exstitimus: sed quia ser. princeps, D. Casimirus rex Poloniæ, frater noster carissimus, ubi suo interventu lethiferas intercepit lites, pariter SS. D. N^{ri} ac nostrum commendatum habet dissidium. Verum his nec obstantibus, iterum ad genua beatitatis ejus eum quem dudum nostis, secreta nostra quam festine proferentem oratorem duximus transmittendum, atque venientem v^{re} paternitati commendandum . . .

529.

1471, Januar 3 (Polna).

Zdenek von Sternberg an die Sechsstädte: über die Absetzung seines Sohnes Jaroslaw als Landvogtes der Oberlausitz.

(J. G. Kloss' Gesch. d. Hussitenkrieges etc. fol. 261—263.)

Zdenko von Sternberg an die Bürgermeister und Räthe der Sechsstädte Budissin, Görlitz, Zittau, Luban, Löbau und Kamenz.

Mein dinst mit guten willen bevor, erwirge weissen lieben frunde vnd nachbarn! Ich bin vnderricht, wy der furst von Legenicz als er mit dem Frantzen von Hag von Ofen geritten ist geredt habe, wie jm des koniges gnade vnszir allirgnedigister herre dy voitey mit anndern dingen in sechssteten gegeben haben, das mich gar wunderlich gedeucht, wenn s. k. g. geruchte das zu thuen, wenn ich vnd mein son Jariszlaw dy ansterbende gütter seiner k. g. in sechsstetten in vorschreybunge haben, was uff sein k. g. der geburt zcu fallen, vnnd als mir das vorkundt ist, wy der furst das geredt habe, habe ich von stund an an s. k. g. mit den sachen besandt, als mein allergnedigister herr vnd s. k. g. in gedechtniss beruret. Dorumb traw ich uch, als gutten luthen, den ich zcu allen zceiten gutten willen vnd viel gutes, wo ich hab gemocht, beweist hab, das ir doran gedencken welt durch zcukünfftigen sachen willen, wanne mein gedancken wil sein uch zcu dienen, das ir uch in kein gelub dem fürsten nicht gebet, noch en vor ein voyt uffnemet, es sey dann sach, das ir vor s. k. g. durch uwr eyne botschafft besendet. Was dornach sein k. g. geruecht zcu schaffen, bin ich mit sampt meinem sonn willig seiner k. g. gebot vnd geschafft zcu thun, als vndertann. Wer aber sache, das mein son Jaruszlaw in etlichen sachen mit uch nicht obir ein kommen mechte, das höre ich fast vngerne, vnd doch hett ich annder sonn, dy mit uch, ob got wil, wol vbir ein trügen. Datum Polne, feria quinta post novum annum, a. d. etc. LXX primo.

P. S. Waren liebe frundt! Ich hab meyn wessin vnd end des leben am meist gesezt by uch zcu endten, wanne got dy angehaben sachen weder dy ketzer vorleyet zcu enden, vnd dy voitey dy mir s. k. g. zcu Lusatcz geben had, meinem son einzcugeben, an selbs bey uch zcu sein, wan ich weis, das nach ordnung der krone zcu Behem keyn furst aus der Slesie by uch voyt nicht sein sol.

530.

1471, Januar 27 bis Februar (Görlitz).

Verhandlungen auf dem Landtage zu Görlitz (im Auszuge).

(J. G. Kloss a. a. O. f. 260—267.)

König Matthias' Commissäre waren: Legat und Bischof Rudolf von Breslau, Johann Burggraf von Dohna, Herr auf Gräfenstein, und Hieronymus Beckensloer, Dechant zu Brieg.

Jan. 27 wurde Legat Rudolf zu Görlitz in Procession feierlich empfangen.

Jan. 28 (Montag). Königliche Proposition, auf dem Rathhause den oberlausitzer Ständen eröffnet: 1. König Matthias wolle, um das Werk gegen die Ketzer zu Ende zu führen, in allen seinen Landen 400.000 fl. sammeln, und verlange auch von diesem Lande einen Beitrag zu der Summe. 2. Er wolle den Landen neue bessere Capitaneos setzen, und verordne ihnen insbesondere Herzog Friedrich von Liegnitz zum Voigte. 3. Er wolle zwei Jahre lang Münze schlagen lassen, unbeschadet ihrer Privilegien. 4. Dass am 7. Febr. auch ein Landtag soll gehalten werden.

Jan. 29. Jaroslaw von Sternberg protestirt gegen seine Absetzung und appellirt an König Matthias selbst. Eben so beruft sich Kaspar von Nostitz auf die Privilegien der oberlausitzer Stände, dass ihnen keine fürstliche noch geistliche Person zum Voigte gegeben werden soll. Diese Protestationen finden jedoch von Seite des Landtags keine Unterstützung. Der Legat hat sich bei dieser Gelegenheit über diese Absetzung also erklärt:

„Der alte Zdenko von Sternberg habe sich bei König Matthias ausbitten wollen, dass seinem Sohne die Stadt Brünn mit dem Schlosse Spielberg erblich, und dem andern Olmütz mit dem Schlosse Radisch möchte gelassen werden. Darüber sei der König zornig worden und habe ihm solches abgeschlagen. It. dass sich derselbe alte Herr unterstanden, den König zu regieren. It. dass er ganz und gar in Böhmen gubernire, dass entweder er oder seine Söhne im Reich succediren möchten, gleichwie Girsick nach Ladislao. It. dass der König seiner nicht mehr achtete, wenn er gleich zum Girsicken wieder umkehrete, und auch seine Söhne, und ihm eben so viel wäre, als wenn ihm ein Hund stürbe. It. dass sich der König vorgenommen, in eigener Person wider die von Schweidnitz zu procediren, wo sie nicht den Frantzen von Hagen zum Hauptmann, und auch wider die Sechsstädte, wo sie nicht Herzog Friedrichen zum Voigte annehmen würden. It. dass er (der Legat) alle facta und gesta Jarislai besser als unser einer wisse. It. dass auch Herr Zdenko seine (des Legaten) petitiones honestas um das Schloss Edelstein und die Stadt Münsterberg verhindert hätte etc."

Jan. 31 erneuerte Jaroslaw von Sternberg vor vielen Ständen seine Beschwerde wegen unverdienter Absetzung, fand jedoch kein Gehör.

Febr. 2 nach Mittag kamen die Stände auf dem Rathhause wieder zusammen und beschlossen den Herzog Friedrich als Voigt anzunehmen. Am nächsten Valentinstag sollte er zu Budissin „die Gebräuche dieses Landes bei Einsetzung eines Landvoigtes vollziehen".

Febr. 3 nach einigen anderen Berathschlagungen — Schluss des Landtags.

531.

1471, Januar 27.

Abschrift aus der alten böhmischen Landtafel über die Einkünfte der königlichen Kammer in Böhmen.

(Ms. des böhm. Museums Nr. 768, fol. 237—240.)

Anno domini MCCCCLXX primo. Sequuntur utilitates ad regnum Boemiæ pertinentes: et primo civitates

Praga major,				
Praga minor,	berna	90	marcæ	graves
Newnburga	„	140	„	„
Jaromiř	„	100	„	„
Czaslavia	„	220	„	„
Colonia	„	160	„	„
Gurim	„	160	„	„
Pieska	„	175	„	„
Budweys	„	200	„	„
Wodniana	„	30	„	„
Sicca	„	100	„	„
Glatovia	„	260	„	„
Plzna	„	140	„	„
Miza	„	150	„	„
Slana	„	140	„	„
Luna	„	180	„	„

Zacz	berna	150	marcæ	graves
Cadana	„	170	„	„
Pons Ausk	„	100	„	„
Litomieřic	„	200	„	„
Werona	„	88	„	„
Tachovia	„	120	„	„
Domažlic	„	80	„	„
Grecz	„	330	„	„
Alta Muta	„	230	„	„
Chrudim	„	150	„	„
Policzka	„	110	„	„
Mielnik	„	50	„	„
Rakownik				
Pernaw				

Zitawia, Budissin, Luban, Lubawa, Kamenice: istæ quinque civitates dant pro berna 1000 sch. gr. et quandoque 1500 sch. gr.

Bielaa, Wratislaw, Newmarkt, Namslaw, Mulberk, Lukaw, Luben, Golawa, Frankenstein, Bystrzicz, Novum castrum, Schlakenwerd, Falknaw, Konigsperg, Cubitus, Egra, Trutnow, Dwuor, Landishut, Sweidnicz, Stregovia, Hayn, Herzssperg, Lemberg, Bunczlavia, Jawor, Raytembach, Schonaw, Glacz, Krasnahora, Reichenstein, Karlssperg, Nova civitas, Wayden, Pernaw, Mantellum, Awrbach, Errendroff, Sueptach, Kaltenprun, Raytenbach, Ssambach, Rabstain, Montes Kutnis, Gilowia, Knin.

Sequuntur oppida: Lysa, Turnow medium, Hodkowicz, Secz, Kostelecz, Miroticz, Mirowicz, Doxa, Msseny, Vlicz, Lompnicz, Straz, Zebrak, Horzowice, Mnissek, Milen, Hostonice, Zleby, Přibram, Podnost, Unhosst, Strassicz, Daczicz, Sedlczan, Benessow, Poczap, Zdice, Welwary, Malwary.

Notantur monasteria ad cameram regiam pertinentia:

Brunowia	berna	300	marcæ	graves,
Strahovia	„	100	„	„
S. Georgius	„	220	„	„
Beata virgo in pede pontis	„	330	„	„
Beatus Benedictus cum Chomutaw et Dobrowicz	„	200	„	„
Zderaz	„	120	„	„
Aula regia	„	160	„	„

Ostrow	berna	160	marcæ	graves
Wilemow	„	180	„	„
Sedlecz	„	240	„	„
Opatowicz	„	200	„	„
Podlažic	„	60	„	„
Želiw	„	60	„	„
Lunow	„	80	„	„
Milewsko	„	240	„	„
S. Corona	„	200	„	„
Doxany	„	130	„	„
Osek	„	100	„	„
Teplicz	„	80	„	„
Kladrub	„	300	„	„
Nepomuk	„	270	„	„
Tepla	„	200	„	„
Chotiessowicz	„	330	„	„
Plasy	„	200	„	„
Postoloprty	„	170	„	„
S. Procopius	„	100	„	„
Gredis alias Hradišt	„	120	„	„
Skalicz	„	20	„	„

Hæc sunt monasteria, quæ non pertinent ad cameram regiam: Oberlach, Valksach (sic), S. Anna in Luna, Slavi in Nova civitate Pragensi, S. Ambrosius in civitate Karoli, Sacer campus post Grecz, moniales in Swietecz, Karthusienses, Sezemicz, Owin castrum cum monachis.

Notantur utilitates castrorum regalium:

Summa census et proventuum Zwiekow,

Pieska et Froburg alias Hluboka . . 1192 sch. 6 gr. 7 pf.

Ex istis distribuit(ur) langravio 124 sch.

Wilhelmo de Dražowicz . . . 60 „

Hospitali Pragensi . . . . . 12 „

Burgraviis in pactis . . . . . 193 „ 58 gr.

Summa distributorum 389 sch.

remanent pro camera 802 sch. 2 gr. ex his debet Lichtestein expediri.

Lomnicz . . . . 172 sch. 38 gr. (sic) 8 hal.

pactum burgravii . . . . . 50 „ — „ — „

it. araturæ et prata ad castrum pertinentia.
remanent pro camera . . . . 122 sch. 39 (sic) gr. 8 hal.
Cubitus . . . . 372 „ 33 gr. 6 hal.
pactum burgravii . . . . . . 200 „ — „ — „
remanent pro camera . . . . 172 „ 33 „ 8 (sic) hal.
Bezdiez . . . . 330 „ 56½ gr.
pactum burgravii . . . . . . 150 „ — „
remanent pro camera . . . . 180 „ 56½ „
It. teloneum ibidem circa . . 60 „ gr.
It. piscinæ, silvæ, judicia et bernæ.
Lucaw etc. . . . . 521 „ 39 gr.
pactum capitanei . . . . . . 300 „ sed non plus:
remanent pro camera . . . . 221 „ 39 gr.
Budissin . . . . 538 „ 58 „
pactum capitanei . . . . . . 200 „ — „
remanent pro camera . . . . 438 (sic) sch. 58 gr.
Glacz etc. . . . . 534 sch. 21 gr.
pactum capitanei . . . . . . 200 „ — „
remanent pro camera . . . . 334 „ 21 „
Wratislawia . . . . 700 „ — „
pactum capitanei . . . . . . 400 „ — „
remanent pro camera . . . . 300 „ — „
Summa summarum omnium proventuum
præmissorum . . . . 4462 sch. 7 gr. 3 hl.
Summa omnium præmissorum pactorum
et distributionum . . . . 1890 „ (sic)
Summa omnium remanentiarum pro
camera regali . . . . 2672 sch. 6 gr. 8 hl.
exclusis bernis, silvis, piscinis, judiciis et aliquibus teloneis.

Karlstein specialiter dabit ad cameram ultra pactum et alias distributiones 166½ sch. gr. Hawstein dabit ad cameram ultra pactum suum 30 sch. gr. Zabiehlicz de curiis ibidem et curiis in Michlicz, similiter curiis in Stodolky, tenentur dare ad cameram 400 strichones siliginis, 300 strichones tritici et 300 strichones hordei. It. proventus jumentum medii pro camera, sed lana ovium integre detur; it. emendæ judiciales pro camera; it. piscinæ pro camera; it. silvæ non succidantur nisi pro necessitate curiarum; it. census annualis ibidem 59 sch. 22 gr. de quibus super quamlibet araturam in subsidium recipiantur 6 sch. gr. et residuum ad cameram præsentetur; it. vineæ reformentur cum pecunia cameræ. De curiis Drzewczicz tenentur dare ad cameram 300 strichones siliginis, 300 ordei, 200 tritici et 100 avenæ: it. proventus jumentorum medii pro camera, sed lana præsentetur integre; it. emendæ judiciales pro camera; it. piscinæ et halterzi pro camera; it. silvæ non succidantur nisi pro necessitate curiarum; it. census annuales ibidem 81 sch. 48 gr. 6 hl. de quibus super quamlibet araturam in subsidium recipiantur 6 sch. gr. et residuum ad cameram præsentetur; it. vineæ reformentur cum pecunia cameræ.

Prænotata ex mandato ser^mi^ principis et domini, D. Georgii regis Bohemiæ etc. sunt intabulata libro memoriarum, Wilhelmo de Risenberg et de Rabij supremo camerario regni Bohemiæ referente. Actum dominico post conversionem sancti Pauli.

532.

1471, Mart. 12 (Krumau).

Johannes de Crumlow, decanus et administrator Pragensis, queritur D. Laurentio legato multos ex catholicis cum Georgio R. pro se treugas et pacem facere, D. Johannem de Rosis per hæreticos multis castris exutum multis continuo damnis affligi; propter quæ rogat eidem provideri, ne in totum destruatur omniaque castra et munitiones amittat. „. . . Dux etiam ille Misuensis filiam suam filio hæretici Hynkoni nomine hoc carnisprivio in matrimonium tradidit. Quid sibi vult hæc copula, ut amicitiæ cum hæreticis et consanguineitates contrahantur, ignoro; malum exinde sumunt alii exemplum . . . . Necessaria etiam ex Misna, sal, ferrum, species etc. . . . . ad Pragam et ceteras civitates hæretico subjectas mittuntur; fama etiam est, quod et Normbergenses et Ratisbonenses eadem necessaria mitterent. Rokyczana hæreticus maledictus XXI. die mensis Februarii expiravit et mortuus est morte æterna: utinam et Georgius depositus . . . eum sequeretur“ . . . etc. . . . Dat. Crumlow, 1471, 12. Martii.

(Orig. in arch. Trebon.)

533.

1471, Apr. 23 (Graupen).

Bartil Philip vom Graupen ad senatum Budissin. dat. zum Grawpen am Dinstage nach Quasimodogeniti.

— An dem nehisten Sontag nach Ostern die von Duxsau ein slahen gehabt mit den von Copitz ein viertel wegs von Brix, das der Weitmöller von Commetaw vnd die stadt Cadan besaczt halten do sind die von Toxau davon gezogen. — Den Sonnabend nach Ostern hat der herr von Sternberg sohn vom scharffen swerte die Prager nedir geleget, vnd hat jn die holtzwagen genomen.

(Scultetus, III, 183 sq., ad ann. 1467.)

Beilage A.

Dr. Gregor's von Heimburg Apologie König Georg's (im J. 1467 geschrieben).

(Ms. Sternb. p. 599—611.)

Cogitanti mihi et cum animo sæpe reputanti, an majoris virtutis et meriti apud deum sit, injurias et ineptias Romani pontificis tolerando sustinere, sed et criminationes ejus, quas inclito regi et regno Bohemiæ pro libito inferre non dubitat, silentio et velut aure surda pertransire, an potius reluctari et adversus injuriantem injurias, in conviciantem convicia, et in blasfemantem retorquere blasfemias, occurrit, primum doctrina domini, nulli malum pro malo redendum, alteram percutienti præbendam esse maxillam, palium ei dandum, qui tunicam auferre perstiterit, et cum angariante viam esse duplicandam, insuper illud apostoli, quod a circumstantibus increpatus, quasi injuriam principi sacerdotum irrogasset, respondit: Nescivi, fratres, quia princeps sacerdotum esset. Scriptum est enim, principem populi non maledices. Ex adverso autem pulsat amor patriæ, cunctis post deum nexibus tenacior; nam cum omnia ratione animoque lustravero, omnium amicitiarum nulla est gratior, nulla carior quam ea, quæ cum republica est unicuique nostrum. Cari parentes, liberi, propinqui, familiares, sed omnes omnium caritates patria una complexa est, pro qua vel miles vel vir ordinis militaris mortem appetere non dubitet, si patriæ sit profuturus. Hiis accedit istud Annæi Senecæ: Turpissima est jactura, quæ per negligentiam fit; ac illud jam tritum vulgi sermone proverbium: Crudelis est, qui famam negligit. Nam prædictis exemplis ita demum instruimur accepta injuria ignoscere malle, quam persequi debere, si quidem per patientiam nostram speretur vinci violenti vel injuriantis audacia, sævitia aut percutientis, tunicam auferentis vel angariantis ob nostram patientiam super excrescente non expedit per minimam patientiam fovere angariantis audaciam, exemplo domini, qui cum percuteretur in facie, respondit: Si maledixi, exprobra de malo; si autem bene, quid me cædis? Neque enim præbuit percutienti alteram partem, sed potius vetuit, ne qui fecerat, augeret injuriam, quamvis se volente natus ad hoc venerat ab hiis percussoribus occidi, pro quibus in cruce pendens oravit: Pater ignosce etc. Ita quoque vas electionis in faciem percussus inquit, inquit: O paries dealbate! percutiat te dominus. Sedens secundum legem judicas me, et contra legem jubes me percuti. Cum autem a circumstantibus argueretur, quasi injuriam faciens, principi sacerdotum irridenter increpans admonuit, quod dixit, ut qui saperent, intelligerent, destructum iri parietem dealbatum, scilicet yppocrisim sacerdotii. Quid est aliud paries dealbatus, quam intus glutinio carens, extrinsecus autem firmus apparens, aut quid aliud yppocrita quam super auratus intelligi datur; nam qui in illo populo natus, cretus et ad pedes Gamalielis eruditus erat, illum principem sacerdotum nescire oro qui posset, sed nec eos, quibus ita notus erat, hoc responso fefelisset. Nec tamen ambigitur, illud spiritus sancti habitaculum præcepta patientiæ in cordis purgatissimi benivola præparatione semper tenuisse moderationem, tamen ipsa virtutum magistra præcipue custodita. Si enim justitiæ, ut vere justa sit, temperantia modum ponit teste sapientia, noli nimium esse justus, ut ostendat, non esse probandam justitiam, nisi temperantiæ moderamine frenetur, nec sapientia temperantiæ freno cohiberi dedignetur, apostolo dicente, secundum sapientiam a deo sibi datam, non plus sapere quam oportet sapere, sed sapere ad sobrietatem; nec temperantia laudanda est, nisi justitia duce regatur, cum dominus arguat abstinentiam eorum, qui cibo temperantes, ut hominibus placerent, justitiam animo negligunt. Nulla itaque virtus, quæ non moderatione temperari desideret; ergo et tolerantia seu patientia, fortitudinis æmula, moderationem non refugit, quin imo intolerabile est istam appellare tolerantiam, per quam exaggeratur sævitia. Displicet fortitudo, qua patienter fertur crimen delinquentis, quia peccatum fovet et arma subministrat iniquitati. Ne ergo nimia patientia nostra cor persequentium innocentiam nostram penitus induret, ad narrationem subjectæ materiæ descendamus.

Paulus pontifex Romanus, primæ sedis episcopus, inclitum Bohemiæ regem evocari jussit, falso illum insimulans, quod in heresim relapsus sit, qui tamen de heresi convictus non erat. Dicebat criminator ille, regem in quadam solempni congregatione Pragensi dixisse, quemlibet Christianum, etiam laicum, ad communionem eukaristiæ sub utraque specie panis et vini, de necessitate salutis æternæ astrictum esse. Mox vero, primæ citationis dilatione pendente, dum judicis officium de jure conquiescit, nulla causæ cognitione præmissa, neque ad id rege unquam vocato, vetuit regi de juribus regni responderi, aut illi quomodolibet obediri, ita ut vacuata de facto regia potestate, cognitio super vano regis titulo relicta permansit. Rex ille mitissimus innocentiæ suæ fidens pontificem regibus et principibus intercessoribus summa humilitate crebro interpellans, impetrare non potuit, quatenus pro præmissis cognoscendis et veraciter investigandis locus designaretur, quo personæ graves, quæ tali conventioni interfuerant, ubi rex talia verba dixisse criminabatur, commode adduci potuissent, ut veritas cum omnibus causæ meritis prodiisset in lucem. Novit rex prudentissimus Romanæ curiæ cursum, ne dixerim, coruptelam, quum moribus et sacris legibus inimica contentio consuetudo recte dici nequit. Sciebat, per disputationes advocatorum et pugnas verborum magis ad subversionem quam ad inventionem perveniri veritatis. Hii sunt enim, qui docuerunt linquas suas loqui mendacium, diserti adversus justitiam, dolis eruditi, sapientes, ut foveant malum, eloquentes, ut veritatem impugnent; astruunt non comperta, struunt de suæ calumpnias innocentiæ, destruunt simplicitatem veritatis, obstruunt recti judicii vias. Memini, cum rex ille sincerus consultationem haberet, quid desuper agendum, et quidam forensium causarum periti censerunt (sic) causidicos geros (sic) more vel potius usu Romanæ curiæ pretio conducendos, qui artibus insuetis causam defenderent, neque graviter ferendum esse, si pontifex cum officialibus curiæ quid fructi vel emolumenti ex hoc regno distererent, quibus omnes anguli et insulæ orbis Christiani tributum penderent, cujus oneris neque ipsa Britannia, toto penitus orbe divisa, totaliter expers evaderet, quin de velleribus pecudum suarum, quæ per vepres et spinas camporum evaserunt in amplos Roma discerperet; rex ipse Socratica gravitate respondit: Si me adduci sustinerem innocentiam meam advocatorum fucatis cavillationibus adumbrari vel discolorari ac honorem et gloriam regiam declamatorum verbo sitato defendi, tum me ipse regio diademate regiaque unctione indignum concederem; vera enim boni viri defensio per ostensionem innocentiæ facienda est. Relinquamus clericis et literatis ac verborum concinnatoribus hujusce machinamenta. Regem decet via regia. Plurimis tum consiliariis regiis consideratione pacis inclyti regni Bohemiæ in priore sententia persistentibus, eo quod lites, quæ in foro geruntur, minimo sumtu diriguntur respectu bellorum, quæ equis et armis et innoxii sanguinis effusione peraguntur, quidam historiarum peritus ajebat, Socratem, Græcæ doctrinæ clarissimum culmen, per calumpniam accusatum, Lysiæ, principis atque inventoris rhetoricæ artis defensionem causæ hujusmodi accomodatissime compositam gravissime contempsisse, ne solitæ gravitatis suæ tempore calamitatis oblitus esse videretur, ideoque tumultuariæ sententiæ mulctam vir omnium innocentissimus expertus est. Rex vero solidissimus, hac præfatione præhabita, nil tam absque labore manifestam facit veritatem, ut brevis et pura narratio, in talem resedit sententiam: Asserit pontifex, me sibi delatum super eo, quod in quadam solempni conventione Pragæ celebrata palam dixerim, populum Christianum etiam laicalem ad communicandum sacramento eukaristiæ sub utraque specie de necessitate salutis asstrictum esse. Quid proficit excipere de fama vel suspicione nil constare et si qua subsit, eam ab æmulis et malivolis ortam. Jam scimus a fedifrago (sic) Zdenkone de Ssternberk talia conficta; quid non auderet in alterum, qui jusjurandum nobis præstitum violare non est veritus! qui conjugis et liberorum ac postremo famæ propriæ non pepercit! Rursus quid opus est specificationem criminis injecti postulare, mensem, diem vel locum patrati sceleris a delatore petere designari. Talia mandemus illis, quibus disciplina est veritatem subterfugere et rectum pervertere judicium regi non sat est nuda inficiatione evasisse, ubi suam innocentiam et delatoris calumpniam contraria probatione ac luce meridiana clariore valet ostendere. Scimus Pragæ habitam conventionem, scimus, instigatu scelerati Zdenkonis de communione eukaristiæ inter clericos latino sermone disceptatum esse, ubi nos, memores ordinationis sacri consilii Basiliensis desuper editæ, Bohemica lingua expressimus, nos sub ritu communionis utriusque speciei natos, educatos, illumque ritum paterna et avita imitatione jugiter observasse ac vita comite servaturos esse. Eorum, qui conventioni interfuerunt, nomina in archivis conscripta manent, a quibus veritas luce clarius perdiscetur. Nam quæ domi domesticis resciri oportet, et a senatoribus, quæ ..., quæ in curia vel collegio tractantur, curia... corporatorum ratum manet testimonium. ... Romani pontificis disceptari super causis, ...x factis vel dictis, quæ in capitulis vel con... clericorum, quæ tamen testibus et testimoniis ...judicantur, cur suspicemur Romanum pontificem contra ...ibus uti velle, dum veritas excubat, velut in vestibulo ac digitis hæret! Erant, qui dicerent, verendum esse actoris ...usæ calumpniam testiumque facilitatem: nam hoc tempore raro judicia sinceriter procederent; fuisse etiam in illa Pragensi conventione personas viles, partim malivolas, nonnullas etiam insidiosas ac rem omnem captiose machinatam esse. Rex piissimus omnia sinceriter agi ratus: Nonne videtis, inquit, pro gravitate causarum graviora requiri testimonia? Si vilissimus homo capite dampnandus venit, septem virorum testimonio prævio demum sententia fertur. An non putatis, cum de fama vel de capite regis agitur, non parva (sic) morum et justitiæ gravitas observetur? An putatis, Romanum pontificem virtute et gravitate Pilato inferiorem esse, qui innoxium dampnare contremuit ac per varias vias quæsivit oportunitatem, si absque tumultuatione dimittere posset innocentem? Aderat quidam juris peritus, qui diceret jure provisum esse contra testium facilitatem, ut debitum quingentorum excedens summam aureorum, quinque testium numero demum probaretur, multa insuper adjiciens circa ultimas voluntates defunctorum comprobandas esse constituta de septem et quinque testibus, sed et circa condempnationes episcoporum magnam enarrabat circa numerum et dignitatem testium solempnitatem esse constitutam, ut merito sperandum esset, pontificem in tanta causa minime præcipitare velle. Tunc rex sincerissimus: Præscindamus, inquit, lingwas vaniloquas, et labia dolosa claudamus; non istac opus est arte aut verborum concinnatione; regia via incedendum, omnique velo sublato veritas pandenda est. Romanus pontifex interpellandus est, quatenus locum audientiæ dicat, quo illis gravioribus personis, quæ conventioni illi interfuerunt, in qua hæc dixisse deferimur, super quibus criminamur, sit comparendi facultas, quarum relatione meritæ causæ pandantur. Hoc pacto non solum calumpnias delatoris evademus, et insidiantium dolo illudemus, quin etiam rebellium et perduellium omniumque proditorum, qui vel a fide nostra defecerunt vel in numerum hostium se contulerunt, sacrilega conspiratio prodibit in lucem.

Et sane non illa pervulgata litigantium via, scilicet procuratorum vel advocatorum opera vel astutia dolis et fraudibus implicita, sed potentissimorum regum et Christianorum excellentissimorum principum interventu pontificem interpellavit, quatenus super inquisitione veritatis objecti criminis, quod tam procul ab urbe et loco audientiæ designato patratum esse diceretur, locum diceret gerendis rebus accomodum, quæ graves personæ totius rei consciæ personaliter accedere, et omnem rem gestam adeo patenter aperire valerent, ut non fraudi locus relinqueretur. Sed verba fiunt mortuo, narratur surdo fabula; pontifex ad hujusce preces, quantumlibet sinceriter oblatas, quantalibet ratione vel æquitate subnixas, non aliter se præbuit quam asinus ad liram. Vocem quidem audivit, animum autem non intendit; porro quod immanius est, id, quod clericulo super præbenda litiganti ex stylo curiæ conceditur, id regi armipotenti super honore, fama et statu regni in jus tracto denegatur. Nam etsi pontifex, uti supra diximus, contra jus et fas regi vetuerit obediri, non idcirco regem exarmare quivit, neque prohibere, quominus hii, quorum est fides constantior, quibus est bello vivida virtus, regem sequerentur in bellis; quorum ope rex ipse parva sæpe manu permaximas rebellium suorum copias fudit, arces fortissimas diruit opesque contrivit.

Nunc quid pontificem in tantam crudelitatem illexerit vel seduxerit, tantamque præcipitationem sibi persuaserit, enarrabo, idque faciam interrogantium gratia vel admirantium, quo motu duce pontifex adversus piissimum regem impulsus est, ut vulnera sæva pararet, nec præmia sanguinis ulla speraret; pro qua re clarius explicanda remotius petere juvat exordium. Orto inter Eugenium et Felicem super Romano pontificatu discidio primates et principes imperii Romani sese continuerunt neutri pontificum adhærentes, ne scisma jam pridem exsuscitatum roborare et avaros pontificum animos tanti lucri, quod exinde sperabatur, accremento ardentius inflamare viderentur. Expediebat etiam, priusquam obedientia ulli parti præstaretur, super saluberrimorum sacri Basiliensis consilii decretorum observantia provideri. Imperator instar quæstuariæ, cui nil præter pretium dulce, hæc omnia prætii venalitate perturbavit, qui suam obedientiam centum millium aureorum adstipulatione depactus est.

Insuper et prosenetas subinivit, qui sibi ipsi non parvas succias depaciscerentur, quas tamen omnes avarissimus imperator absorbsit. Erat tunc ærarium pontificis diutinis feriis attenuatum, ut in pecunia numerata parum posset, et tantum facinus majus mereri pretium videbatur. Ergo in supplementum spondebantur imperatori quam plurium ecclesiarum provisiones, dum casus vacationis occurreret, quatenus ab hujusmodi pontificibus aurum eliceret, sicut paulo post electum Pataviensem multo auro emunxit, item et quod a quolibet Romano pontifice durante imperio suo XVIII millia aureorum ferre haberet, Nicolaus in pontificatu succedens prodigaliter etiam super erogavit. Calixtus, primum renissus, postea concessione facultatum super dispositione præbendarum, maxime autem per creationem Aeneæ Sylvii in cardinalem contentum reddidit imperatorem. Qui quidem Aeneas, in pontificatu succedens, Pius secundus nuncupatus, ad nutum imperatoris per Romanum imperium cuncta disponens, omnia pollicita cum foenore multo rependit, et ut per omnia imperatori morem gereret, regem Bohemiæ vexare constituit, ut eum imperatori velut mancipatum astringeret. Sed morte præventus inactum reliquit. Cui succedens hic Paulus secundus, primum interpellatus, quatenus decem octo millia aureorum ex veteri conventione depacta imperatori persolveret, id facere recusavit, offerens se in aliis ad quæcunque imperatori grata et accepta. Inter pontificem et imperatorem adversus regem Bohemiæ conspiratur, mox sub colore juridicialis potestatis et in ipso primæ citationis exordio blasfemiæ conferuntur in regem, sed de hoc alias in apologia regia mansuete dictum est ac modeste, et fortasse, cum hæc scripta nostra in lucem prodierint, nova quæstio animo audientis vel legentis oborietur. Si rex pius et mitis asseritur, quid moverit imperatorem, in illum tam sæva et grandia machinamenta conflare, cum nullum unquam arduum opus egerit, unde odium promereri posset, quin potius terras suas nonnunquam parva manu populari succendi, conflagrari, vastarique sustinuerit. Ommitto superbiam, invidiam, crudelitatem, quæ singulorum vitia tyrannorum sunt; de avaritia communi omnium tyrannorum clare mihi jam verbum est, quam iste imperator in acquirendo indiscretam, in dispensando tenacissimam habet. Hinc evenire consuevit, quod imperator, recusans solvere debita contracta, et præcipue stipendia militaria, sine quibus respublica nulla neque ab internis motibus secura nequa contra vim externam tuta persistere potest, teste Platone, ipso scilicet veritatis archano, qui rem publicam constituens agrorum cultoribus ceterisque artium professoribus, a destinata bellicis negotiis juventute segregatis, concessoque illis, quod cuique eximium a natura datum est, solis illis, qui pro salute omnium bella tractarent, unum hoc munus injunxit protegendæ civitatis vel adversum externos vel adversum intestinos ac domesticos hostes, mitibus quidem judiciis erga obedientes, asperis autem contra armatas acies in congressionibus Martiis. Hii quemadmodum pro salute patriæ mortem obire non dubitant, ita et pro stipendiis sibi negatis recuperandis proprio sanguini vitæque non parcunt. Si enim a malo, quod pro aliis sustinent, militiæ nomen sortiti, qui quondam ab agilitate corporis celeres appellabantur, cur non et pro suo jure persequendo armorum suorum impetum in imperatorem contumacem animose converterent, qui nummos aurumque recondit, nesciens uti compositis metuensque velut contingere sacrum. Sic evenit, ut qui duritia militum ab oppugnationibus hostium quandoque defensi fuerunt, propter negata stipendia vim militum sustinere cogantur, nec tamen ex hoc imperatoris avaritia lentescit; nam fere quidquid se subditis suis extorquet, in archa recondit, et cavet nil acrius, ne si forte minus locuplex uno quadrante periret, ipse sibi nequior videretur. Et quod longe immanius est, si quando de extorta pecunia in solutionem stipendiorum aliquid expendit, tamen ut subditos baronum et militarium virorum, sed et clericos quoque oppidorum in talliam mittat, pro restante debito literis suis ita cavet, ut nisi intra tempus præfinitum satisfiat, liceat terras suas in omnibus finibus invadere et res ac bona subditorum ejus ecclesiasticorum et sæcularium apprehendere. Tunc pauci numero incursiones faciunt per varios comitatus, in illos scillicet, quibus non licuit talliam imponere, quos ceteris conniventibus invadunt, similiter et oppidis minantur abigere pecora ac suburbana et contingentia aedificia exurere, nisi connivendo sustineant eos invadere bona clericorum, prout ipsis ab imperiali splendore concessum esset. Quo fit, ut et illi sese sua sponte talliæ subjiciant, ut rursum exactis nova fraude pecuniis ærarium imperatoris infarciant, quem omnis turpitudinis pudet minime, dum ob rem, apud quem res omnis, virtus, fama, decus, divina humanaque pulcris divitiis parent, quas qui construxerit, ille clarus erit, fortis, justus sapiensque, regum rex et quidquid volet, hoc veluti virtute paratum sperat summæ laudi fore. Qui vero milites hujusmodi originaria natione plerumque Bohemi sunt, exceptis gregariis, honerariis et operariis seu fabricensibus, qui ex omnibus artium professoribus quotidie confluunt et substituuntur, ad regem quandoque recursum est, neque complaciturus imperatori, ac miserans plebem innocentem, piis intercessionibus terras imperatoris hostilibus armis summa pietate liberavit, nonnunquam etiam de suo impendit, ut imperatori gratificaret. Hinc factum est, quod imperator, sentiens regis interventum erga hujusce militiam plurimum valere, in expagandis stipendiis tenacior et gravandis subditis immitior effectus est, et in fratrem germanum, quem unicum habebat, inclementior. Subditi vero gravi jugo pressi, qui ad confinia regni habitabant, nonnulli etiam a rege feuda tenentes, ad regem confugierunt, quos rex hortatu vasallorum suorum, quibus imperatoris vasalli cognatione et variis necessitudinum vinculis asstricti fuere, in suam tutelam recepit, ceteri ad germanum imperatoris commigrarunt. Erat in verbis, honestiorem esse rationem eorum, qui sub fratris tutela commigrassent, quod intra domesticos lares azilum petissent, quia duces Austriæ proprietate dominiorum suorum promiscue possederunt, sola administratione per capita discreta. Rex ne ambitionis reus ageretur, neu, quos susceperat, captasse videretur, eos volentes ad manus germani imperatoris deposuit. Quid plura? Inter imperatorem et germanum subito bellum exarsit. Ejus belli causa erat nova vectigalium impositio cum veterum aggravatione. Albertus imperatoris germanus in milites liberalis parvo pretio et sola libertatis militaris sponsione omnem malum militarem ad se trahens, Wiennam caput Austriæ, tunc sedem imperatoris obsidione cinxit; imperator soli ærario incumbens, non aliter, quam si quis ad ingentem frumenti semper acervum porrectus vigilet, cum longo fuste neque illinc audeat esuriens dominus contingere granum. Albertus ergo urbe potitus, imperatorem cum conjuge et filio in rocha urbis tenuit constrictum, nemine succurrente, vel opem ferente nemine denique conditionem ipsius verbo nutuve miserante. Rex noster non tam personam miserans, quæ se vilissimæ pecuniæ mancipaverat, quam ipsius imperii Romani, cujus ipse rex ratione ducatus Bohemiæ, antequam in regnum Bohemia sublimaretur, princeps elector et primus sæcularium interne permotus est, metuensque, ne dignissimum imperii Romani nomen, toti quondam orbi tremendum, in ignavissimi mancipii persona turparetur, ac subito correptis armis, tumultuario milite Wiennam perexit, et quasi furioso quodam impetu supra moeniis urbis pugna commissa, quamquam propugnatores vim primæ pugnæ repulissent, tamen tantam vim militum experti, maluerunt amicabilem inire tractatum, quam causam ipsam Martiis viribus decertare. Sic ita imperator ipse cum conjuge liberisque dimissus factus, nullam gratitudinem regi rependit, sed jurejurando affirmans, sibi nil esse pecuniarum certam pecuniæ summulam in dies daturum regi se constituit, quam usque modo solvere cessat. Cumque omnium mentes admiratio teneret, et cuncti studio stupidi starent, unus ætate grandior, non insulsus nec literarum penitus expers: Mittite stuporem, inquit, nam maxima pars hominum morbo jactatur eodem. Hic homo, si compedibus aureis hæreret, seseque exuere ac nudus evadere posset, mallet hærere compedibus aureis, quam auro carens plena frui libertate. Servus pretio emptus vindictæ prætoris attractu recipit libertatem, ossibus et nervis hæc servitus infixa est, quam nulla potest eripere vindicta, scilicet virgula censoria. Tu ne mihi dominus, quem ter quaterque vindicta composita capiti haud avaritia purget? Nescitis, ait, qualis est vocatus ad imperii culmen, argenteam coronam apud Aquisgrani, Karoli quondam magni sedem, gaudenter recepit? alteram quæ apud Mediolanum in Moedecia pro singulari misterio bellicæ virtutis ferrea dari debet, quam nunquam meruit, usque modo nondum habet, auream vero per saltum capiti suo Romæ lætus et ovans imponi sustinuit, contestans, se non ferro sed auro velle certare. Pyrrhi de captivis reddendis illa præclara proclamavit Ennius: Nec mihi aurum posco nec mihi pretium dederitis, non cauponantes bellum sed belligerantes, ferro non auro vitam cernamus utrique gloriosius; et illud Fabricii, qui spreto Samnitum auro, maluit auro imperare quam inservire gazæ, cujus se mancipium confessus est imperator noster. Ceteri tulerunt equites peditesque cachinnum. Ac dum circum vectamur imperatoris inepti stupore, non satis vitia ejus enarramus, nec perfidiæ suæ in regem nostrum machinatæ delegimus astutiam. Cum ergo imperator insatiabili cupiditate sæviret angariis, perangariis et super indictis, et adversus sævitiam ejus plurimique armis accingerentur, quod absque Bohemis ductoribus in hiis partibus insuetum est, hactenus imperator inermis regem appellat, ut se adversus eos tutetur, et hos putat verbis confici posse. At tante libertatis est militia Bohemica, ut apud exteros libere militent, modo in hiis, quæ ad regnum attinent, regi fidem servare non dubitent. Eo fit, ut cum rex id precibus efficere nequeat, nec vim inferre liceat, dicatur ista subornasse. Erant ea tempestate in regno Bohemiæ varii motus et dispares hominum affectus, querentium, se a rege negligi, præteriri, contemni, et alios plus justo celebrari, officia et emolumenta regni non pro merito personarum, sed pro libito inter indignos distribui. Hinc pontifex et imperator, rati sibi oportunitatem esse oblatam, regem ac regnum, externis armis semper invictum, in sua victricia arma convertere et intestino malo commovere, suisque viribus mutuis comminuere et conterere, occasionem fingentes ex varietate ritus circa sumtionem eukaristiæ, in qua nulla est fidei diversitas; neque enim imperator et omnes sociales sui de manu papæ bibentes calicem, aut Christianissimus rex Francorum, dum coronatur, de calice bibens, se aliud seu plus sumere dicunt propter alteritatem specierum, si heresim evadere velint, sic et beatus Gregorius Augustino Cantuariensi scribit: Ubi unus colitur Christus, nil officit rituum varietas; ita et Innocentius III. decreto constituit. Conflaverunt tamen et conspiraverunt pontifex et imperator contra regem et regnum, imperator quidem, ut absque reluctatione armorum, quæ ex sola Bohemia metuit, libertate baronum et nobilium omni suppressa in servitutemque redacta, divitias singulorum in suum redigat ærarium, qui argentum, aurum, gemmas et lapillos candidos contemplari, margaritasque varie confusas et permixtas cribris perforatis pro varietate quantitatis figuræque secernere summæ voluptatis loco ducit, excepta ea voluptate, quam turpe est nominare, quam Paulus ad Romanos scribens sobere commemorat. Et ergo tolerabilior scortatio pontificis, cui nil obstat, nisi status sublimitas cum ætatis gravitate. Cetera secundum naturam sunt, ideoque apud comicum vitio non datur, adolescentem scortari. Sed quod suapte natura venia dignatur, exagerat circumstantia perpetrantis, neque dos filiæ gravis est ecclesia Romana, maxime cum gener, licet tolerabiliore complexu prognatus; habent tamen aliquam inter se cognationem ambo complexus, ex quibus filia pontificis generque prognati sunt, et jam mos irrepsit, quod qui præbendam habet petere, et valorem ejus annuum precibus inserere, addit pontifex in precibus decem vel quinque, augendo literarum pretium et vectigal cameræ, ut inpinguet dotem filiæ. Hiis adduntur indulgentiæ, quibus pauperum ac divitum pecuniæ de marsupiis eliciuntur; mox elicita pecunia et cessante divite vena, cassantur priores indulgentiæ et nova confingitur causa novis indulgentiis accomodata. Hiis artibus Pius nepotem suum principem creavit, et hic noster Paulus filiam Sigismundo

Malatestæ collocavit. Interea Ravenna lucro cessit Venetiæ. Enim vero (?) quod contra Fastinum (?) sumsit quondam Mormen. de calice, horret animus dicere. Dira detestatio nulla expiatur victima, ceterorum cardinalium usuras, publicas bibliothecarum expilationes, fraudes in libris commodatis adhibitas, quæ furta sunt, scilicet tenere commodatum invito commodante, prolixum est enarrare. Sed liceat cum Bernhardo Clarevallensi hoc modo perstringere: Ubi omnes sordent, unius foetor minime sentitur. At hii sunt, quibus salvator pacem dedit, pacem reliquit, quosque pacem prædicare jussit, qui tamquam in insidiis stantes observant, sicubi forte caecos videant instare tumultus machinari, fraudem et operta tumescere bella exasperant mentes lundasque(?) et exacuunt iras, ut nuper papa Pius orto inter duces Austriæ discidio, occasionem nactus contra ducem Sigismundum propter ablatam cardinali Brixinensi quandam rocham, quam pridem a duce tenuit inpignoratam, Pius pontifex ducem censuris et maledictionibus persecutus est, donec imperatori tertiam partem ducatus Austriæ remitteret. Quo facto cuncta per Tridentinam et Brixinensem ecclesias, quæ imperatori placuerunt, Romani præsulis auctoritate licuerunt. Ita cum pridem nonnulli baronum et nobilium ac plebejorum regni Bohemiæ, qui sub protectione piissimi regis incrassati, ac sese ferre non valentes, factiones inierunt, conspirantes adversus regem ac deferentes eum finitimis principibus quasi jura et instituta regni violantem, tum circa monetam tum circa jurisdictionem et magistratus ejus, tenutas fortalitiorum, custodiam regii diadematis, feudorum dispositionem et bonorum, quæ devolvuntur in fiscum, vel quæ cadunt in commissum, et cetera jura regalia, quæ delatores ipsi sigillis suis obsignata tradiderunt. Cumque rex humanissimus, congestis libris ex archivis et scrineis publicis omnia ea, quæ bellorum calamitas perturbaverat vel truculenta necessitas inpulerat in statum, quo steterant temporibus veteris quondam regni tranquillitatis, quantum ipsa rerum natura et temporum conditio pateretur, restituere polliceretur, pontifex et imperator veriti, ne sedatis motibus internis ac procellis et turbinibus introrsum pacatis, frustra manus exteras et arma peregrina gentibus admoverent, quæ cunctis finitimis nationibus armorum auxilia ferre solebant. Hæc pontifex prævenire volens, factiosorum hominum mentibus incussit audaciam. Doris amara suam sic intermiscuit undam. Ponderet unusquisque, num hoc est sacerdotis officium. O Paule, Paule! episcoporum episcope! qui oves Christi non tondendas, non mulgendas, minime vero mactandas, sed pascendas accepisti. Nonne magis congruisset pasturæ, si regi petenti diem ac locum dici, qua res omnis super qua regem criminari audieras aut forte subornaveras, annuisses, quin etiam offerenti, si quid in regno dissonum a ritu Romanæ ecclesiæ reperiatur, id salvis sacri Basiliensis consilii saluberrimis institutis ad consonantiam reducatur? Regi regnoque morigerasses sicut beatus Gregorius Augustino Cantuariensi super rituum varietate scripsit, et Jeronymus ad Lucam Beticum meminit. Sed veritus es, ne sacrorum consiliorum jam pridem per te et imperatorem calcata convalesceret auctoritas, et spurcitia tua per mundum veheretur. Denique caruisses deliciis, quas ex interfectione prægnantium et foetuum, quas latrones tui sub velamento signi crucis Christi necaverunt, accepisti, de pueris lactentibus et matribus ubera præbentibus identidem dixisse velim, quos sacrilegi presbyteri tui necari præceperunt. Sed cum regii milites quam plurimis victoriarum gradibus nedum latrones tuos tamquam messem prosternerent, sed arces quoque expugnarent, et terras hostium possiderent, extincta est latronum crudelitas, et ad bellum militare perventum est, in quo nemo ruit nisi arma contrectans. Hac virtute bellica et armorum usu clementissimo rex omnium mitissimus, crudelitatem clericorum tuorum pervicit. Donatistarum insuper hæresim presbyteri tui in hoc regnum introducunt; scilicet si quem de ritu calicis cogunt abjurare calicem, illic et rebaptisant hominem, et injuriam caracteris Christi, quod crimen capitale divinis humanisque legibus damnatum est. Nec enim rebaptisati nuncupandi sunt, quos Baptista baptisaverit, quia baptismo Christi non, sed suo Baptista baptisavit, neque claves regni coelorum in incude crucis adhuc erant fabricatæ. Tolle ergo blasphemiam Christi de rege et regno, ut libuit, lusisti homo cum hominibus, dei blasphemiam pater expiato. Memento pater sancte, quamdiu terrena mole gravaris, te hominem peccatis obnoxium esse, et idcirco tibi videri potuisse aliud, quam veritas habet. Cavendum autem tibi est, ne aliud abs te fiat, quam caritas hortatur. Nonne acrimoniam tuam mitissimus rex noster patientissime sustinuit, seque tibi discutiendum obtulit, quatenus eum per innocentiam, quantum deus donaret, gratum et in excessibus, si qui comperirentur, emendatum invenires? Tu vero censuram tibi datam ad correptionem medicinalem in maximam crudelitatem vertere maluisti. Quid lucri speras, si mutuis congressionibus Martiis tantus sanguis effundatur, ut Hister humano sanguine rubens Scythicum mare conturbet. An tandem te vel invito Bohemi audientur, et tractatus pacis instaurabitur? Sed melius providebit deus. Jam enim et Bohemi et exteri sapere incipiunt, non pro fide Christi nec pro unitate ecclesiæ suæ nec pro honore sedis Romanæ, quæ per authonomasiam apostolica nuncupatur, quia omnis cathedra episcopalis apostolica est, si quidem episcopi successores sunt apostolorum, sed pro libitu uniuscujusque belligerari, qui restrictis odiis et privatis affectibus sepositis, coecis tumultibus post plurima dampna compressis, de publica pace tractabunt, ne tanquam gladiatores se faciant misera spectacula clericorum. Dehortatur insuper eos a digladiatione legatorum tuorum avaritia, qui accepta pecunia indulgentias pro quantitate pecuniæ ac personarum numero dispensant. Rursus quando finitimi populi caritudinem annonariam deflent, legati tui, recepta pecunia indulgent eis annonam de Bohemia, ubi plurimum habundat, extrahere, ut per indirectum vectigal imponant. Quisquis autem se insciis, de crassitudine Bohemiæ finitimis quicquam advexerit id banno subjiciunt, hoc velut immundum vel idololatricum contingere vetant, ipsi vero, dempta particula de unoquoque corpore vel acervo, aspergunt aqua benedicta, ut liceat populo manducare, quod a presbyteris coemptum est. Miserere pater, miserere saltem tuis, quos contra Bohemiam instigasti. Compatere, condole super eis, qui propter te tam diris premuntur mediis et adhuc perseverant in innocentia sua. Difficile est enim, pressum maris (?) innocentiam non dolere, et hoc ipso fide periclitari, quo (sic) se videt injuste sustinere quod patitur. Hiis calamitatibus tua clementia finem imponere potest, si audientiam concesserit, si causam in tractatum assumere, et veritatem reique totius habitudinem ex gravibus personis investigare dignabitur, quod inspiret tibi deus in sæculum sæculi benedictus.

Beilage B.

Nachrichten über M. Rokycana's Leben und Tod.

(Aus Schannat's Nachlass, mitgetheilt von Prof. Höfler.)

Locusta sive de diversitate et multiplicatione Begardorum in Bohemia.

(E Cod. Ms. bibliothecæ emin. Cardin. Ottoboni.)

Generoso et magnifico domino, domino Zdenkoni Leoni de Rosevalle, regni Bohemiæ sub regia majestate supremo in fastigio residenti, domino suo gratioso, frater Johannes Aquensis, ord. minor. observantium, quicquid salutis ac virtutum vtroque in homine per operatorem salutis dominum Jesum introductum est in mundum, totis ex intimis optat etc.

Quoniam competens se hic offert occasio de Rokizano dicere aliqua, non reticendum est, quod ipse illud agnomen a civitate nativa mutuavit, et raro proprio nomine Joannes dicitur. Hic itaque in Rokizana, duobus milliaribus a Plzna, patre pannifico genitus, pro adipiscendis literarum apicibus, Pragam missus, mendicatu miseram sustentabat vitam; succrescens autem cum suæ vitæ ærumnosæ nullis laboribus posset consulere, sinistra se diætim comitante fortuna repedat nativam ad urbem, ibique canonicos regulares adit, petit et impetrat in ipsum se recipi ordinem; illi autem religiosi patres, petulantem videntes adolescentem animo elatum, moribus levem, adhibent antidotum quo sanent ægrotum; dimittitur absque promotione ne in sacris ordinibus magis intumesceret donec mortificaretur hujusmodi mortificatione.

Iste, qui non instinctu divino, sed causa medendæ miseriæ ordinem intravit, arrogans et ambitiosus, coepit magnam habere displicentiam in regimine humilitatis, et rejecto habitu religioso, iter versus Pragam arripuit, ibique incognitus scholas visitat et cujusdam prædivitis institoris genitorum pædagogus efficitur, sentitque fortunæ mitioris afflatum, et magnum hospitis sui erga se favorem; tandem per eundem institorem promovetur in collegio pauperum, et quia ardentis erat ingenii in brevi ad baccalaureatum et tandem ad magisterium elevatur.

Cogitat igitur ut illam sacrorum ordinum celsitudinem attingat; non erat tunc in Bohemia, post incinerationem Joannis Huss, aliquis episcopus, qui clerum ordinaret, sed quidam apostata Hermannus. Ad eum Rokizanus se contulit et minores ordines ab ipso accepit;

verum quia ille episcopus cum quibusdam aliis per Venceslaum Corandam factionis orphanorum capitaneum in Przebenicz incineratus erat, moestus efficitur, nesciens episcopum a quo gradum presbyteratus acciperet, fluctuans aliquamdiu mente, accedit Bernardum Staminensem (lege „Strażnicensem") et Martinum Lupaz, et confert cum eis quid facto opus sit; concludunt tandem omnes hi uno morbo gravati, ut Conradi senis (qui dudum archiepiscopatum ab Alberico, regis Venceslai medico, emerat et totius archiepiscopatus bona invaserat, et apud dominum Smiriceum in Rudnia lurido hæresum tabe infectus, apoplexiaque percussus jacebat) præsentiam adeant; veniunt itaque ad senem corde et oculis captum, nec manus levare valentem, petunt, rogant, instantiusque supplicant, ne eos diutius fatigari sinat. Vident igitur senem retrogradum nedum non velle, sed non posse id facere, rogant igitur coram ut oleum in ampulla deferatur, intungunt ipsi pollicem episcopi in oleo, et manus suas ipsi manu episcopi illiniunt, sed verba consecrationis ab episcopo ista capiunt: Latrones vos reperio, latrones vos relinquo. Hæc prædictus Bernardus, alias Bedisich, Orebitorum quondam capitaneus, ore proprio, in plena convocatione potentum et nobilium aliquoties narravit, hinc relicto sacerdotio, uxorem duxit.

Factus itaque modo prænotato presbyter Rokizanus gaudet se gradatum, et in posterum altiora conscensurum posse; iterum Petro associatur Viclephi discipulo, tamque diligenter erroribus ejus operam dat, quod magister Przibram coram Sigismundo imperatore se obligabat, sub ignis sententia, velle probare XXI articulos Rokizanum tenere, quod propter quemlibet illorum articulorum Rokizanus merito esset comburendus; perceptis igitur regiis monitoriis fugam maturavit, et in Grez reginæ latebras fovit.

Post mortem imperatoris Pragam rediit, et in Albertum regem, et in filium ejus Ladislaum plus solito defervens, etiam mortem eis adsciscere curavit; quibus sublatis in Georgium Podiebracium tunc regni gubernatorem, ora populi convertit et in regem eligi procuravit, et magistrum Papuszonem detrudens, locum ejus velut detestabile jdolum occupavit et se archiepiscopum electum in litteris scripsit; ipse sacerdos consectatores suos hortatus est ut laicos subpetitent ita quod nihil in consiliis sine ipsis faciant aut ordinent; ipsi soli in senatu quem velint vel instituant vel destituant nihil curantes de officio subcamerarii regni; ipsi laicos ad bellum instruant et excitent et interim eorum uxoribus abutantur. Hujusmodi scripta ejus Joannes de Capistrano deprehendit, et occasionem scribendi sibi exinde accepit quamvis nihil in ipso siliceo homine profecit, et cum de his a præsidentibus ecclesiæ metropolitanae coram rege redargueretur, nedum culpam non agnovit, sed insuper gloriabatur; ipse panista fuit et nihil de eucharistia tenuit etc. Statura ejus talis erat: non multum longus, nec multa brevitate correptus, multa plenus grassitie, et magna distentus pinquedine, nudatus fronte calvitie, lato pectore, largis scapulis, in loquela balbutiens, multum tamen affabilis, multa superbia cervicosus, in multis cogitationibus curiosus, mendaciorum maximus commentator, in promissis fallax, yprocrita sceleratissimus, humanum semper sanquinem sitiens, ad quem effundendum solicitus adhortator erat, ut ex litteris ejus habetur. Erat homicida in cives, latro in socios, depopulator terrarum, hostis in amicos, prædo domesticorum, incentor plebis, occisor corporum et animarum, inanis gloriæ cupidus, et superbia ejus ascendebat semper, et sic totus positus extra deum, extra lucem et extra veritatem, nec bonum, nec malum, nec verum, nec falsum poterat discernere, ut patet ex concilio Basileensi, ubi compactata poposcit et suscepit nomine totius cleri consentanei, et hæc ipsa videlicet compactata rupit et transgressus est.

Extrema tandem accubans infirmitate, conscius malorum quæ fecerat, et bonorum quæ obmiserat, angustiatus undique et mente consternatus, fit totus vagus, nec minimam membris suis impartitur quietem, vertitur hinc inde, timet, gemit, angitur, de proximo exspectans justi judicis vindictam; anxie tandem accessito juvene pro abbate Karloviensi mittit (hujusmodi enim ordinis apostata erat) seram heu! poenitentiam acturus; adducitur itaque abbas cupienti sed per bibutinos obsistitur, nec introitus admittitur. Ille vero sæpiuscule ingeminans o! ubinam est? O! quantum tardat! O diu non venit! constrictus doloribus efflavit spiritum, et de illo altissimo, quem ascenderat, superbiæ monte, in Acherusiam (non ambiguum) descendit profunditatem. Continuo sui consentanei damnatam ipsius in sublime attolentes memoriam, marmoreo lapide sculptura in ipsius effigiem, sinistra scapula episcopalem infulam ferentem, sepulchro imposuerunt.

Ex eodem M. S.

Post debitam obedientiam orationum, ut negotia legationis vestræ felicem sortiantur effectum, deo acceptarum frequentiam.

Reverendissime in Christo pater, et domine graciosissime. Quamquam reverendissimam paternitatem minime fugere non dubitem illius heresiarchæ, damnatæ memoriæ, Johannis de Rockenzane mortem in vigilia beati apost. Matthiæ contigisse, de qua Christi fidelium non modicum tripudium, hæreticis vero Hussitis magnum suboriebatur tormentum in terra nostra. De quo infelici obitu varia percurrit loca fama: sed non rei gestæ per omnia consona. Eapropter reverendæ paternitati vestræ his de rebus certiorem reddere volo. Cum heresiarcha ille jam aliquandiu decubuisset in lecto doloris, et futurum supplicium præsentium poenarum nuncio prægustasset; justo dei judicio compulsus est de se veritatem profiteri, et divinæ sententiæ consonans dicere sæpius væ mihi! væ mihi! et in æternum væ! Quæ verba alumni ipsius et capellani aliquoties audientes, cum omni diligentia caverunt ne in eorum confusionem in publicum prodirent, nec cuiquam accessum ad ipsum præbuere. Sed quod prius nefandissimi occultare quærebant, prodiit tandem in palam. Nam certo die Girsikonus misit quendam curiæ suæ militem ad hæreticum Rockensanum in nomine suo visitandum et consolandum, intimans sibi per eundem si quam vellet medicinam, qua refocillari posset, eam sibi promptissimo animo procuraret, etiam si de Venetiis adduci oporteret. Ad quod præfatus nec verbum respondit: væ mihi! væ mihi! et in æternum væ! sic renuntia domino tuo quod heu! tam multos homines seduxi et ad damnationem misi, quos oportebit ad poenam me sequi. Hæc autem miles mirabatur, et si compos rationis ista proferret, ab eo sciscitabatur? Respondit miser ille: ex bona ratione loquor, et iterum dico ut renunties domino tuo quod nunquam extiti legitimus sacerdos: sed simulatis sacramentis populum delusi, et heu! jam non superest tempus poenitentiæ. Videns autem miles quod nec animum nec verba retractaret, valedicens ei rediit ad Girsikonem, dolorem cordis vultus immutatione protendens. Cui Girsikonus quomodo habet magister? Miles ad hæc: Infirmus est valde. Girsikon: Quod respondit ad vota mea? optatne aliquid? Miles: nihil. Girsikonus, dicas. Miles: ad partem dicam serenitati tuæ, alias non. Girsikonus, optat quod publice renunties quia te publice misimus. Tunc miles capta benevolentia, quæ sibi dicta fuerant, publice protulit coram tota curia. Attonitus Girsiconus tandem respondit: jam nimis tarde est; cur ista non revelavit in tempore. Hæc audiens quidam familiaris domini Joannis de Hassemburg mox ei intimavit in Budisnam, et ille per dominum Nicolaum de Judenitz canonicum ecclesiæ Boleslaviensis ulterius intimavit. Ceterum ut ex eodem accepi, postera die hæretici magno numero venerunt ad Rokizanum causa consolandi, qui cuncta laudabilia ejus opera sibi ad memoriam revocarunt. Quibus ille cum multa indignatione respondit: sinite me; non perveniam ad coelos sursum nec erit mihi aliqua sors inter electos; sed extenso indice, deorsum, inquit, erit mihi locus tot animarum seductori, et vos me sequemini nisi errores correxeritis quos seminavi Cum autem illi adhuc loquerentur, jussit eos exire a se, manens in suo desperato statu. Girsikonus hæc audiens misit ad ecclesias ut fierent obsecrationes pro magistro Rotzinga, ut dominus dignaretur alleviare infirmitatem ipsius, ex cujus vehementia rationis usum amisisset. Sic igitur factum est ut hæretici, scilicet ipsi Bohemi, renuntiationem illam errorum non ex rationis arbitrio, sed ex dementia quadam factam divulgaverint. Hæc, reverendissime pater, pro veris scribere audeo.

Sigismundus, decanus Boleslaviensis et Pragensis ecclesiæ canonicus.

Zeitfracht Medien GmbH
Ferdinand-Jühlke-Straße 7
99095 Erfurt, Deutschland
produktsicherheit@kolibri360.de